Gustave Bardy

MENSCHEN WERDEN CHRISTEN

Gustave Bardy

MENSCHEN WERDEN CHRISTEN

Das Drama der Bekehrung
in den ersten Jahrhunderten

Herausgegeben von
Josef Blank

Herder
Freiburg · Basel · Wien

Titel des Originalwerkes:
La conversion au Christianisme
durant les premiers siècles.
© Editions Montaigne, Paris 1949

Übertragung aus dem Französischen von
Josef Blank

Alle Rechte vorbehalten – Printed in Germany
© Verlag Herder Freiburg im Breisgau 1988
Gesamtherstellung: Freiburger Graphische Betriebe 1988
ISBN 3-451-21309-5

Vorwort zur deutschen Ausgabe

Das Buch, das hier der deutschsprachigen Öffentlichkeit zugänglich gemacht wird, erschien 1949 in französischer Originalausgabe mit dem Titel „La conversion au Christianisme durant les premiers siècles". Warum wird es erst jetzt in deutscher Übersetzung vorgelegt? Darauf gibt es verschiedene Antworten.

Das Buch kam damals als Band 15 jener illustren blauen Reihe „Théologie" heraus, die von der Jesuiten-Fakultät Lyon-Fourvière begründet worden war und die als „Nouvelle théologie" unmittelbar nach dem Ende des Zweiten Weltkriegs alle an Theologie Interessierten in ihren Bann schlug. In Frankreich war ein theologischer Frühling ausgebrochen, so schien es, was sich in neuen Fragestellungen und in einer neuen Weise des Theologietreibens bekundete. Worin bestand dieses „Neue?" Zunächst in der Entdeckung einer neuen „Situation" von Gesellschaft, Kirche und Theologie. 1943, also noch während des Krieges, war in Frankreich ein Buch erschienen, das auf die französischen Katholiken wie ein Schock wirkte, mit dem Titel „La France pays de mission?", „Ist Frankreich Missionsland?". Hier wurde von zwei Priestern der französischen katholischen Arbeiterjugend (JOC), Abbé H. Godin und Abbé Y. Daniel, mit den Methoden einer „religiösen Soziologie" der ungeheure Bruch sichtbar gemacht, der die im bürgerlichen Milieu beheimatete Kirche von der modernen Arbeitswelt, dem proletarischen Milieu, trennte. Dieses Milieu war nicht „kirchlich", es war nicht einmal christlich, es hatte überhaupt keine Beziehungen zum traditionellen Christentum mehr. Auch die modernen Intellektuellen waren dem Christentum entfremdet, und sogar weite Gebiete in Frankreich selbst konnten nicht mehr als „christlich" angesprochen werden. Kurz, es war die Entdeckung der dem Christentum weithin entfremdeten „modernen Welt", was in Frankreich zur neuen theologischen Bewußtseinsbildung führte. Man nahm die Herausforderung der Moderne an und begann, sich mit ihr auseinanderzusetzen. Wer diese Jahre unmittelbar nach dem Krieg noch miterlebt hat, erinnert sich daran, mit welcher Spannung man die Entwicklungen in Frankreich verfolgte. Die Namen Henri de Lubac S.J., Jean Daniélou S.J., Teilhard de Chardin S.J., Yves Congar O.P., und M. D. Chenu O.P. zogen damals die Aufmerksamkeit auf sich; auch Emmanuel Mounier, Begründer und Chefredakteur der Zeitschrift „Esprit", ist stellvertretend für viele engagierte Laien zu nennen. Daneben begab sich das Drama der „Arbeiterpriester", das tragisch enden sollte, und der „Mission de France". Dies alles zusammengenommen, ergab einen neuen Stil von Theologie. Man hatte das Gefühl, daß diese Theologie, die von hohem wissenschaftlichem Niveau und von höchstem geistigem Anspruch geprägt war, zugleich eine Theologie für die Menschen und Probleme der Gegenwart war; daß hier die wirklich brennenden Probleme unserer Zeit gesehen und behandelt wurden. Zumindest in Frankreich, wo man sich mit dem modernen Atheismus, dem Marxismus und Existentialismus auseinandersetzen mußte, wo man es mit Literaten wie Albert Camus und Jean-Paul Sartre zu tun hatte. Dabei bekam auch die historische Theologie, insbesondere die Patristik, eine neue Rolle; sie wurde gefragt, ob sie aus ihrer Sicht zu modernen Problemen etwas zu sagen hätte. Man muß nur die historischen Untersuchungen dieser Zeit nachlesen, und man spürt sofort, daß hier das wissenschaftliche Engagement im Dienst des gegenwärtigen Fragens steht. Auf diesem allgemeinen Hintergrund ist auch das Buch von Gustave Bardy zu sehen.

In den Jahren unmittelbar nach dem Zweiten Weltkrieg und in den 50er Jahren konnte dieses Buch nicht übersetzt werden; eine Übersetzung hätte – von den Spezialisten abgesehen; aber für diese brauchte man es auch nicht zu übersetzen, da sie noch gut Französisch konnten – damals kaum Interessenten gefunden, sie hätte keinen Sinn gehabt. Die Deutschen ganz allgemein hatten damals andere Sorgen, den Wiederaufbau; den kalten Krieg; die Auseinandersetzung mit der schweren Nazi-Hypothek, die recht zögerlich begann und bis heute anhält. Was den deutschen Nachkriegs-Katholizismus betrifft, so hatte man nach 1945 eher gewisse triumphalistische Siegergefühle. Als auf dem Katholikentag 1948 in Mainz P. Ivo Zeiger S.J. den Slogan von „Deutschland als Missionsland" prägen wollte, wurde ihm das nicht abgenommen. Man könne die deutsche Situation nicht mit der französischen vergleichen. „Gewiß können wir nicht ohne weiteres das in diesem Buch Gesagte auf deutsche Verhältnisse übertragen. Mit Dank gegen Gott werden wir auch feststellen dürfen, daß die Entchristlichung in den ehemals geschlossenen katholischen Gebieten

Deutschlands noch nicht annähernd das Ausmaß erreicht hat wie im Nachbarland. Wohl aber dürfte die Entchristlichung in den meisten nichtkatholischen Gegenden unseres Vaterlandes nicht weniger weit fortgeschritten sein ...", meinte 1950 Bischof Michael Keller von Münster in seinem Vorwort zur deutschen Übersetzung von „Ist Frankreich Missionsland?" Inzwischen haben die Zeiten sich sehr geändert. Man kann vielleicht sagen, daß sich mit einer gewissen Phasenverschiebung heute alle Probleme, die damals in Frankreich angepeilt wurden, mit leichten Veränderungen auch bei uns in Deutschland stellen. Die Entchristlichung hat auch bei uns große Fortschritte gemacht; wir müssen, zumindest in den Großstädten und Ballungszentren immer mehr mit Nichtgetauften rechnen, so daß sich das Problem einer „Bekehrung zum Christentum" auf ganz neue Weise stellt. Damit bekommt auch dieses Buch einen gewissen aktuellen Stellenwert, den es bei seinem Erscheinen für uns noch gar nicht haben konnte. Es bestätigt sich hier, was der bedeutende Kardinal Suhard von Paris bereits 1947 sagte: „Der unerhörte Dienst, den Frankreich der Welt leistet, besteht darin, daß es vor dieser und für diese eine entscheidende Erfahrung durchlebt, die zugleich für die Fortdauer des Christentums und für das Überleben unserer Zivilisation von Bedeutung ist ... Denn täuschen wir uns nicht; morgen ist es nicht nur unser Vaterland, es ist die ganze Welt, die Missionsland sein wird." Wir verstehen heute, vierzig Jahre danach und nach dem Zweiten Vatikanum, diese Sätze besser.

Ein weiterer Grund, warum dieses Buch in Deutsch erscheint, besteht ganz einfach darin, daß es sich um ein vorzügliches Buch handelt, was viele Kenner bestätigen werden, das man nur mit den bedeutendsten Arbeiten auf diesem Gebiet vergleichen kann, z. B. mit Adolf von Harnacks „Mission und Ausbreitung des Christentums in den ersten drei Jahrhunderten". Ein solches Buch verdient es, einem deutschen Leserkreis erschlossen zu werden, und zwar nicht nur den Spezialisten auf diesem Gebiet. Es gehört vor allem auch in die Hände der Studenten, bei denen die Kenntnis des Französischen immer seltener anzutreffen ist. Man muß es leider sagen, die große französische Nachkriegstheologie nach 1945 gehört bereits heute schon weitgehend zu den „Namen, die keiner mehr kennt". Ein solches Schicksal hat sie aber nicht verdient; denn was ihr am wenigsten entsprach, war geistiger Provinzialismus. Das Buch hat sich *den Vorgang des Christwerdens in den ersten Jahrhunderten der Kirche vor der konstantinischen Wende im Rahmen der antiken Gesellschaft zum Thema gewählt*. Was hat damals Menschen dazu veranlaßt, sich dem christlichen Glauben und der Kirche anzuschließen? Welche Motive waren wichtig und auf welchen Wegen wurden die Gläubigen gewonnen? Dies ist der thematische Leitfaden. Aber im Ganzen bietet die Darstellung noch wesentlich mehr. Sie bringt eine fundierte Einführung in die religions- und geistesgeschichtlichen Verhältnisse der Spätantike, in die das Christentum kam. Durch zahlreiche Quellenzitate vermittelt sie Grundkenntnisse über die antike Religion und Philosophie. Dies gilt auch für die Darstellung der christlichen Probleme. Dem Leser werden durch die ausgiebigen Quellenzitate der Apologeten und Theologen der christlichen Frühzeit Kenntnisse vermittelt, wie er das in dieser Form selten findet. Statt trockener „Patrologie" bekommt er ein lebendiges Bild, einen Gesamteindruck von dieser Zeit. Man darf wohl sagen, ein solches Buch gibt es in der deutschsprachigen theologischen Literatur noch nicht; hier besteht eine echte „Marktlücke", die nicht bloß ausgefüllt werden soll, sondern wovon neue Anregungen zum intensiveren Studium der Patristik ausgehen könnten. Jedem Kenner der frühen Kirchenväter ist wohl der Gedanke vertraut, daß unsere Zeit mehr Ähnlichkeiten mit der Spätantike als mit dem christlichen Mittelalter hat und daß man die Theologie der Kirchenväter nicht als Vorstufe zu den mittelalterlichen Summen, sondern in ihrer eigenen Problematik sehen und verstehen muß. Auch dazu leistet dieses Buch einen hervorragenden Beitrag.

Was nun die vorliegende Übersetzung angeht, so habe ich mir alle Mühe gegeben, das in einem hervorragenden Französisch geschriebene Buch in ein Deutsch zu bringen, das dem französischen Original nicht völlig inadäquat sein sollte; es sollte dem Leser nicht nur die entsprechenden Kenntnisse, sondern beim Lesen auch die Lust des Zu-Ende-Lesens vermitteln. Allerdings habe ich bei den längeren Zitaten antiker Autoren und der Kirchenväter auf vorhandene Übersetzungen (Bibliothek der Alten Welt; – Bibliothek der Kirchenväter etc.) zurückgegriffen, was in den Fußnoten jeweils angemerkt ist. Daß es außer der alten „BKV" keine neueren deutschen Übersetzungen der Kirchenväter – von einzelnen Texten abgesehen – gibt, ist ein großer Mangel und sehr zu bedauern. Hier Abhilfe zu schaffen wäre eine Aufgabe, die von allen Patristikern gemeinsam in Angriff genommen werden müßte. Im übrigen habe ich dort, wo mir eine alte Übersetzung zu problematisch erschien, eine bessere zu bieten versucht. Und natürlich mußten auch häufig Zitate antiker Autoren ganz neu übersetzt werden; auch die in den Fußnoten angegebene, vor allem französische Literatur. Die Literatur ist von Bardy bis 1946 gründlich herangezogen. Wo eine Ergänzung dringlich erschien, habe ich das nachgetragen. Aber das Gesamtbild scheint mir bis heute keineswegs überholt, wie überhaupt auf dem Gebiet der Theologie- und Geistesgeschichte der Begriff eines „Fortschritts" ein recht fragwürdiger ist. Denn nicht immer ist das, was sich dafür hält, ein echter Fortschritt, nur merkt das der Betreffende meist nicht.

Noch ein Wort zum Autor. Gustave Bardy wurde am 25. 11. 1881, am gleichen Tag wie Papst Johannes XXIII., in Belfort geboren und starb am 31. Oktober 1955 in Ville-sur-Illon, Vogesen. Er ist einer der bedeutendsten Patrologen und Historiker des frühen Christentums in diesem Jahrhundert. Er wirkte als Professor in Besançon, Lille und ab 1927 in Dijon, wo er auch Kanonikus war. Immer wieder begegnet man seinem Namen bei Text-Editionen der Reihe „Sources Chrétiennes" sowie der großen französischen Augustinusausgabe der „Bibliothèque Augustinienne". An der großen Kirchengeschichte von Fliche & Martin hat er ebenfalls mitgearbeitet und darüber hinaus zahlreiche Artikel und Bücher geschrieben, darunter zwei Bände „La Théologie de l'Église de saint Clément de Rome à saint Irénée" (1945) und „La Théologie de L'Église de saint Irénée au concile de Nicée" (1947), die als Bände 13 und 14 in der bekannten Reihe „Unam Sanctam" erschienen sind. Ich selbst habe Gustave Bardy 1954, ein Jahr vor seinem Tode, in Dijon kennengelernt und dabei einen unvergeßlichen Eindruck von seiner liebenswerten Persönlichkeit mitgenommen. In diesem Sinne ist die Übersetzung auch ein „hommage à Gustave Bardy".

Ich widme diese Übersetzung meinem Freund Prof. Dr. Fritz Paepcke, der meine Liebe zum Französischen und zu Frankreich am stärksten geweckt und geprägt hat und der wohl am besten ermessen kann, was nach vierzig Jahren daraus geworden ist.

Saarbrücken, im September 1988   *Josef Blank*

Inhalt

Vorwort des Autors

Im Jahre 29 oder 30 unserer Zeitrechnung, zur Zeit des jüdischen Pessach-Festes, standen vor den Toren Jerusalems drei Kreuze. An zwei von ihnen starben Verbrecher im strafrechtlichen Sinn. Das dritte war einem politischen Agitator vorbehalten, so wenigstens nach der Inschrift, die den Namen des Verurteilten und den Grund seiner Hinrichtung trug: Jesus von Nazaret, König der Juden.

Solche Hinrichtungen waren damals häufig; niemand schenkte ihnen Beachtung. Historiker und Chronisten hatten andere Dinge zu tun, als die Geschichten und Taten der armen Kerle zu registrieren, die aus irgendeinem, meist ganz belanglosen Grund zum Tod durch Kreuzigung verurteilt worden waren. Auch die Hinrichtung Jesu wäre unbeachtet geblieben, kein Mensch hätte jemals davon geredet, wenn nicht drei Tage danach einige Freunde, einige Jünger Den, dessen Leichnam sie ehrfürchtig in einem neuen Grab beigesetzt hatten, in vollem Leben hätten erscheinen sehen.

Die Gebildeten belustigten sich über die Frauen, über die einfachen Leute, die Visionen hatten. Die römischen Funktionäre wollten sich nicht noch einmal mit einer Angelegenheit befassen, die sie wegen ihres Standesbewußtseins nicht ernst nehmen konnten. Offiziell war Jesus am Kreuz gestorben. Dem war nichts mehr hinzuzufügen.

Man kennt das Weitere. Einige Tage nach dem Pessach begannen die Apostel die gute Nachricht vom gestorbenen und auferweckten Jesus zu verkünden: „Das ganze Haus Israel soll mit Gewißheit wissen, daß Gott zum Herrn und Messias gemacht hat diesen Jesus, den ihr gekreuzigt habt." Überraschenderweise fanden sie auch gleich Menschen, die ihnen aufs Wort hin glaubten. Sehr schnell versammelten, und zwar in Jerusalem, zahlreiche Gruppen diejenigen, die durch ihre Predigt gewonnen wurden. Die Prediger wurden kühner. Und mit Hilfe günstiger Umstände fingen sie an, außerhalb der Heiligen Stadt von Jesus zu reden, in Judäa, Samaria, in Galiläa; ja noch weiter in Phönikien, Kilikien, Syrien, auf der Insel Zypern. Die Zahl der Gläubigen vermehrte sich beständig, so stark, daß nach weniger als zwanzig Jahren nach dem Tod Jesu der Name dieses Hingerichteten in Rom bekannt war, zumindest unter den Juden. Dies führte zu derart heftigen Unruhen, daß sie den Kaiser Claudius zur Vertreibung der Juden aus der Hauptstadt veranlaßten.

Seither sind neunzehnhundert Jahre vergangen. Die römische Welt bekehrte sich zum Christentum, und noch heute gehört das Christentum zu den großen geistigen Kräften der Menschheit. Oft schon hat man versucht, diese Bekehrung zu erklären: immer noch präsentiert sie den nachdenklichen Geistern sich als eines der irritierendsten Rätsel der Geschichte. Es ist eine bestens gesicherte Tatsache, daß die christliche Religion ihren Ausgangspunkt von der Predigt eines jüdischen Propheten namens Jesus von Nazaret genommen hat, der unter der Herrschaft des Kaisers Tiberius (14–37) lebte, als Pontius Pilatus römischer Prokurator von Judäa war und Herodes Antipas Tetrarch von Galiläa. Ebenso ist es eine Tatsache, daß nicht ganz dreihundert Jahre später der Kaiser Konstantin sich nicht nur damit zufriedengab, das Christentum als eine „religio licita" (= staatlich anerkannte Religion) anzuerkennen, sondern er gab ihm auch einen privilegierten Status und bekehrte sich schließlich persönlich zu ihm, wobei er die Massen nach sich zog.

Inzwischen hatte die neue Religion ihre Eroberungen vermehrt. Umsonst waren die zahlreichen Widerstände, die sich dagegenstellten: Verfolgungen von seiten des Staates; geistiger Widerstand von seiten der Gebildeten, die es ablehnten, einige seiner wesentlichen Dogmen zu akzeptieren; moralische Forderungen, gegen die sich die natürlichsten Leidenschaften sträubten. Keiner dieser Widerstände vermochte es, sich länger gegen die unüberwindliche Kraft des Christentums zu behaupten.

Es wird deshalb nicht verwundern, daß wir, nachdem wir, wie viele andere, im Verlauf unserer Forschungen auf das Problem der Bekehrung zum Christentum gestoßen sind, uns dabei aufgehalten haben und daß wir versuchten, dieses Problem, wenn nicht zu erklären, so doch wenigstens es genauer zu stellen und nach besten Kräften zu beschreiben. Dabei gilt unser ehrerbietigster Dank den Professoren der Theologischen Fakultät von Lyon-Fourvière, daß sie unseren Essai freundlicherweise in die Reihe „Théologie" aufgenommen und ihm auf diese Weise zu einer größeren Bedeutung verholfen haben.

Gustave Bardy

Erstes Kapitel

Die Bekehrung im griechisch-römischen Heidentum

Die Idee einer Bekehrung in dem Sinne, wie wir heute dieses Wort verstehen, blieb der griechisch-römischen Mentalität lange Zeit hindurch, vielleicht sogar bis zum Auftreten des Christentums, völlig fremd. Niemals war es vorgekommen, ja man konnte sich überhaupt nicht vorstellen, daß ein Mensch die Religion seiner heimatlichen Polis und seiner Ahnen preisgeben könne, um sich exklusiv und mit ganzem Herzen einer davon verschiedenen Religion anzuschließen. Um ein derartiges Unternehmen zu entdecken, mußte man warten, bis Christus erklärte, man könne nicht gleichzeitig zwei Herren dienen, vielmehr müsse man zwischen beiden wählen; oder bis Paulus den Sinn dieser Entscheidung gegenüber den Korinthern präzisierte: „Was haben Gerechtigkeit und Gesetzwidrigkeit miteinander zu tun? Was haben Licht und Finsternis gemeinsam? Was für ein Einklang herrscht zwischen Christus und Beliar? Was hat ein Gläubiger mit einem Ungläubigen gemeinsam? Wie verträgt sich der Tempel Gottes mit Götzenbildern (2 Kor 6, 14–16; vgl. 1 Kor 3, 16)?"

1. Politik und Religion

Die antiken Religionen sind unlösbar an das Leben der Familie und der Polis gebunden. Jeder freie Mensch verehrt, einfach deshalb, weil er Teil einer Familie, einer staatlichen Gemeinschaft (einer polis oder civitas) ist, deren Schutzgötter. Von Geburt an steht er vor dem Altar, wo die Schutzgeister seines Stammes verehrt werden, und diese erkennen ihn an, sie adoptieren ihn gewissermaßen. Zugleich ist er eingetragen in die Register einer Phratrie zu Athen, der gens zu Rom. Ähnliche Zeremonien kommen vor, wenn ihm zum ersten Mal das Haupthaar abgeschnitten wird, wenn er in die Zahl der Epheben eintritt oder die toga virilis empfängt. Später, wenn er zu einem öffentlichen Amt berufen wird, hat er religiöse Funktionen genauso zu erfüllen, wie er seine politischen oder richterlichen Aufgaben ausübt; denn die Religion kann vom Staat nicht getrennt werden.

17

In Athen beispielsweise hat der *archon eponymos* die heiligen Spiele der Dionysier und der Thargelier zu organisieren und ihnen zu präsidieren; er leitet die Prozessionen zu Ehren des Zeus Soter und des Asklepios. Der *archon basileus* präsidiert als Verantwortlicher für den Kult die Feste von Eleusis und Lenaia; er organisiert die Lichterprozessionen, die bei diesen Festen stattfinden. Der „Polemarchos" bringt das jährliche Opfer zu Ehren der Krieger von Marathon dar, ebenso das Opfer zu Ehren der Tyrannenmörder Harmodios und Aristogeiton; er präsidiert den Begräbnisfeiern der während des Jahres gefallenen Krieger. Die Strategen bringen den Göttern Opfer dar, vor und nach den Feldzügen, ebenso an großen Dionysosfesten und an den Lenäen; am Panathenäen-Festzug nehmen sie teil. Im 5. und 4. Jahrhundert sind religiöser Kult und Politik so eng miteinander verflochten, daß der Staatsschatz der Polis und ihrer Verbündeten in der Schatzkammer des Parthenon deponiert wird und die hohen Finanzbeamten sich als „Verwalter der heiligen Schätze der Athena und der anderen Götter bezeichnen"[1].

Dasselbe gilt für Rom. Der „rex sacrorum" führt nominell den Vorsitz des Priesterkollegiums und gibt dem Jahr seinen Namen. Vor der Befragung der Auguren können weder die Comitien einberufen noch Wahlen durchgeführt werden, und nur die günstigen Tage (dies fasti) sind für derart wichtige Veranstaltungen geeignet. Bei Kriegserklärungen, bevorstehenden Gefechten, Unterzeichnung eines Vertrages müssen traditionell festgelegte Riten, über welche die Priester zu wachen haben, in staatlichem Auftrag vollzogen werden, um die Götter günstig zu stimmen. Das Leben der Polis ist seinem Wesen nach ein religiöses, und der Bürger, so kann man sagen, ist definitionsgemäß zum Dienst der nationalen Götter verpflichtet. „Je mehr er an den Staatsangelegenheiten teilnimmt, je höher er in der Magistratur hinaufsteigt, desto mehr verbündet er sich mit den lokalen Heiligtümern und mit der Nationalreligion."[2]

Derjenige, der kein Bürger ist, der seßhafte Fremdling, der Metöke, hat auch keinen Anteil am politischen Leben der Polis, in der er wohnt, ebenso hat er keinen Anteil an ihrem religiösen Leben. Er findet seine Rechte in seiner Heimatstadt, sobald er dorthin zurückkehrt. Solange er in der Fremde lebt, lebt er außerhalb des sozialen Verban-

---

[1] *A. J. Festugière*, Le monde gréco-romain au temps de Notre Seigneur, Paris 1935, II, 43–44.

[2] *A. J. Festugière*, a. a. O., I, 53–54.

des, in welchem er aktiv sein könnte. Dabei kann er ungewöhnlich reich sein und in der Stadt, die ihn aufgenommen hat, seinen Reichtum entfalten. Allein durch die Tatsache, daß er kein Einheimischer ist oder daß er keine spezielle Erlaubnis hat, an den öffentlichen Versammlungen und am Kult teilzunehmen, ist er schlechter gestellt als der geringste Bürger. Allerdings kann er, wenn er in seiner Umgebung Landsleute antrifft, sich mit diesen zusammenschließen, um mit ihnen eine Art Verein zu bilden und auf diese Weise die Möglichkeit finden, seine Nationalreligion zu praktizieren. In dieser Hinsicht bezeugen Römer und Griechen dieselbe Liberalität. Wenn sie die verschiedensten Vereine überwachen, die sich in ihren Stadt/Staaten gebildet haben, dann werden diese durchaus toleriert, wenn sie die öffentliche Ordnung nicht gefährden. In manchen Fällen erfahren sie sogar die Ehre einer offiziellen Anerkennung. „Die thrakische Bendis ist in Attika seit Ende des fünften Jahrhunderts v. Chr. bekannt. Gegen Ende der „Politeia" begibt Sokrates sich zum Piräus, um an den Zeremonien des neuen Kultes, der zum ersten Mal gefeiert wird, teilzunehmen."[3] Das Fest geschieht in einer Prozession an der neben den Thrakern auch die Einwohner der Hafenstadt teilnehmen, mit einem Fackelzug zu Pferde, dem ein nächtliches Bankett folgt. Inschriften belegen, daß dieser Kult seit der Mitte des 4. Jahrhunderts florierte. Eine von ihnen bezeugt, daß das Volk von Athen die thrakische „Nation" des Piräus offiziell autorisierte, für sich ein Heiligtum zu errichten; sie hat das alleinige Besitzrecht; sie hat das Recht, jedes Jahr im Juni eine Prozession der Bendis-Anhänger zu veranstalten. So hat es das Orakel von Dodona gewollt. Bendis hat als Partner den Gott Deloptes. Später erscheint der thrakische Reiter als Heros[4].

Überall, wo die Ausländer-Kolonien etwas zahlreicher werden, finden wir denselben Vorgang. In Rom, wo am Beginn der christlichen Ära sich Leute aus allen Völkern und von jeder Rasse einfinden, sind die fremden Kulte schon nicht mehr zu zählen, und jeder von ihnen hat seinen Tempel, seine Priester, seine mehr oder weniger fremdartigen Zeremonien, die auch die Einheimischen selbst als Neugierige anziehen, ehe sie diese als Anhänger gewinnen. Unterhalb der Metöken, auf der untersten Stufenleiter der Gesellschaft, und, zumindest in manchen Fällen, dem Tiere näherstehend als dem Menschen, befinden sich die *Sklaven*. Diese sind keine Personen, sondern Sachen, Be-

---

[3] *Platon*, Res publ. 327a. Die Szene hat sich um 411 abgespielt.
[4] *A. J. Festugière*, a. a. O., I, 44—45.

sitzgüter, die man gekauft hat oder verkauft, die man je nach Bedarf verwendet und von denen man sich trennt, sobald man sie nicht mehr braucht. Dabei kann die Praxis durchaus menschenfreundlich sein, doch bleibt bis zu den Antoninen dies die herrschende Auffassung: Nach dem Gesetz hat der Sklave überhaupt keine bürgerlichen oder religiösen Rechte. Ebenso ist ihm nicht gestattet, eine Familie zu gründen; ebensowenig darf er an den nationalen Kulten teilnehmen. Trotzdem, wie die meisten dieser Unglücklichen einmal Freie gewesen waren, ehe sie der Sklaverei anheimfielen, so bewahren sie trotz allem ihre Gesinnung mit all ihren Wünschen, sie bewahren und praktizieren die Religionen ihrer Heimatländer. „Wir haben", schreibt Tacitus, „in unserer Sklavenschaft jetzt massenhaft Leute, die andere Gebräuche als wir, die eine fremde Religion oder gar keine haben."[5] Sie vor allem sind es, die weit mehr als die ansässigen Ausländer in allen großen Städten des Imperiums die orientalische Kulte einführen und sich zu ihren glühendsten Propagandisten machen. „Wer kennt den Einfluß, den die Kammerfrauen aus Memphis oder Antiochien auf den Geist ihrer Herrinnen ausgeübt haben?"[6]

Im Prinzip national und vom politischen Leben, von dem sie einen konstitutiven Bestandteil bilden, nicht abzulösen, sind die nationalen Religionen keineswegs exklusiv. Wenn der Staat es für richtig hält, kann er ohne weiteres neue Götter in sein Pantheon einführen. Nach einem siegreichen Krieg werden die Götter der besiegten Völker genauso in die Sklaverei geführt wie die Menschen; aber da man trotzdem nicht daran vorbeikommt, sie zu fürchten, hält man es für besser, sie an der Seite der übrigen Götter zu verehren, und fleht sie um ihren Schutz für die Neugläubigen an. Im Falle einer Niederlage wird man gegenüber den nationalen Gottheiten mißtrauisch und läuft, ohne dabei die eigenen Götter zu verlassen, entweder zu den Göttern des siegreichen Volkes über oder zu fremden Göttern, von denen man hat reden hören oder deren Wohltaten man schon einmal bei Gelegenheit erfahren hat. Ebenso häufig, wenn sich zwischen zwei Völkern normale Beziehungen entwickeln, gleicht man ihre Götter mehr oder weniger willkürlich einander an, oder man identifiziert sie miteinander, so daß ihre Pantheons, die ursprünglich verschieden waren, sich am Ende miteinander vermischen. Diese Vorgänge gelten speziell für

---

[5] *Tacitus*, Annalen XIV, 44.
[6] *F. Cumont*, Les religions orientales dans le paganisme romain, 2ᵉ edit. Paris 1909, p. 36 (deutsche Übers. von *A. Burckhardt-Brandenburg*, Die orientalischen Religionen im römischen Heidentum, Darmstadt 1959).

Rom, wo die Kargheit der ursprünglichen Religion die Aufnahme der griechischen, später der orientalischen Götter erleichtert.

Die erste Aufnahme von fremden Kulten in der Stadt des Romulus steht vielleicht in einem Zusammenhang mit der Entwicklung der unteren Klassen: dadurch, daß die Plebejer die fremden Götter verehrten, waren sie der Notwendigkeit enthoben, manche der alten Götter der Patrizier anzubeten[7]. Doch sehr bald erkennen auch die Patrizier selbst die Neuankömmlinge an; seit Anfang des 3. Jahrhunderts lädt man die in Rom eingeführten griechischen Götter zu den Banketts der Lectisternien (= Göttermahlzeiten; gemeinsame Bewirtung mehrerer Gottheiten) ein. Man bestellt spezielle Priester für sie, die *duoviri* (später die *septemviri*) *epulones* (Zwei- oder Siebenmännergremien, die für die Opfer verantwortlich waren) und *duumviri sacris faciundis* (die Zweimänner für die Opfer), welche die sibyllinischen Bücher apollonischen Ursprungs bewachen. Man identifiziert den Herkules mit dem Gott *Sancus* oder *dius Fidius*, Hermes mit Merkur, Demeter mit Ceres. Nach der Niederlage von Cannae schickt man eine Gesandtschaft unter der Führung des Q. Fabius Pictor nach Delphi, um den Apollo zu befragen; man befragt ihn noch einmal 212 nach der Niederlage von Tarent, und man richtet Spiele zu seinen Ehren ein (*ludi apollininanes*), die seit 208/209 alljährlich stattfinden. Von da an ist die Verschmelzung zwischen den griechischen und den römischen Göttern nahezu vollendet, und zwar so weit, daß es schwer ist, sie voneinander zu unterscheiden[8].

205 ist ein anderer, sehr bezeichnender Fortschritt erfolgt, als man die „Große Mutter vom Ida", symbolisiert durch einen schwarzen, vom Himmel gefallenen Stein, im Triumphzug von Pessinonte-Pergamon nach Rom überführt. Zweifellos hat man die phrygische Göttin, man weiß nicht wie, mit der Rhea Silvia, der Mutter des Romulus identifiziert, und aufgrund dieses Titels wurde sie, gleich nach ihrer Ankunft, im Tempel der Victoria auf dem Palatin beheimatet, in der Erwartung, daß man ihr einen eigenen Tempel auf diesem Hügel errichten würde[9]. Doch ist sie keineswegs die erste orientalische Gottheit, die in der zukünftigen Hauptstadt des Imperiums ihren Einzug hält. Sie bezeugt sehr drastisch die nahezu grenzenlose Aufnahmefähigkeit der offiziellen Religionen selbst.

---

[7] E. Pais – J. Bayet, Histoire romaine des origines á l'achèvement de la conquête (Histoire générale, dirigée par G. Glotz, Histoire ancienne, 3e partie, I, Paris 1926, 125.
[8] E. Pais – J. Bayet, a. a. O., 444.
[9] E. Pais – J. Bayet, a. a. O., 445–446. F. Cumont, Die orientalischen Religionen, 43 ff.

Andererseits können die einzelnen alle Götter nach Belieben anbeten, vorausgesetzt, daß sie dem heimatlichen Kult treu bleiben; denn sie haben nicht das Recht, den gesetzlich verpflichtenden Zeremonien fernzubleiben: Sich von der Religion ausschließen heißt, sich von Staat und Gesellschaft ausschließen. Der Atheismus eines Diagoras von Melos[10], die Indifferenz eines Protagoras von Abdera[11] sind skandalös, nicht nur für ihre Zeitgenossen, sondern die ganze Antike hindurch, die ihre Namen mit einem gewissen Abscheu erwähnt. Wenn Sokrates zum Tod durch den Schierlingsbecher verurteilt wird, dann geschieht dies unter dem Vorwand, daß er nicht an die Götter der Polis glaubt und daß er neue Götter einführen will[12]. Aber wenn man diese Bedingung erfüllt, bleibt es jedem freigestellt, in der himmlischen Welt die Schutzgötter zu wählen, die er will, und den Kult zu praktizieren, den er für den besten hält. Die einzigen Regeln, die man einhalten muß, sind diejenigen, die einen Bezug zur öffentlichen Ordnung haben, sowie die Achtung gegenüber der Moral. Im übrigen kümmert sich der Staat um nichts und mischt sich in eine Frage, die nach seiner Auffassung der Privatsphäre angehört, nicht ein.

Am Beginn der christlichen Ära sind alle Länder des Mittelmeerbeckens von den orientalischen Religionen überschwemmt. Es gibt keine Gottheit, die nicht in Athen oder in Rom ihre glühenden Verehrer hätte. Isis und Osiris, Attis, Adonis, Mithras sind die bekanntesten, doch keineswegs die einzigen, und man müßte diese Liste beträchtlich erweitern, um all jene aufzuzählen, denen, gleichzeitig oder nacheinander, die Frömmigkeit der beunruhigten Seelen sich zuwendet[13]. Als die Dynastie der Severer die kaiserliche Macht übernimmt, tragen Stil und Gunst der Herrscher zur Entwicklung des Synkretismus erheblich bei, und die Kaiser gehen beispielhaft voran; sie begnügen sich nicht damit, die heimischen Götter zu verehren, oder das wunderbare Leben des Apollonius von Tyana als Gegen-

---

[10] Vgl. *Th. Gomperz*, Les penseurs de la Grèce. Trad. *A. Reymond*, 2ᵉ edit. Paris 1908, I, 428–429. Die christlichen Apologeten zitieren Diagoras als eine Art Phänomen.
[11] Protagoras erklärt, daß der Mensch sich nur mit menschlichen Dingen beschäftigen soll. „Von den Göttern weiß ich nicht, weder daß sie sind noch daß sie nicht sind; denn vieles hemmt uns in dieser Erkenntnis, sowohl die Dunkelheit der Sache wie die Kürze des menschlichen Lebens" (*Diogenes Laertios,* IX, 51).
[12] *Platon,* Apologie des Sokrates, 24b.c.
[13] Vgl. *F. Cumont,* Die orientalischen Religionen im römischen Heidentum; *J. Toutain,* Les cultes païens dans l'empire romain II, Les religions orientales, Paris 1911; *A. J. Festugière,* Le monde gréco-romain au temps de Notre-Seigneur, Paris 1935, II, 128–166; *A. D. Nock,* Conversion, the old and the new in religion from Alexander the great to Augustine of Hippo, Oxford 1933, 138–156.

stück zum Evangelium verfassen zu lassen. Alexander Severus will sich sogar der Person Christi bemächtigen. Nach seinem Historiker hat er in seinem Larium das Bild des Erlösers neben denen des Apollonius von Tyana, des Abraham, des Orpheus und anderer Götter, die er als beispielhaft ansah, aufgestellt[14]. Er dachte sogar daran, für Christus einen Tempel zu errichten und ihn offiziell unter die Zahl der zu verehrenden Götter aufzunehmen, und er hätte, wie es heißt, dieses Projekt verwirklicht, wenn er nicht durch die Priester daran gehindert worden wäre[15]. Jedenfalls hat er persönliche Beziehungen zu Julius Africanus, für den er die schöne Bibliothek des Pantheon einrichtet[16]. Seine Mutter Julia Mammaea lädt Origenes nach Antiochia ein, um seine Einsicht in die göttlichen Dinge kennenzulernen[17], und führt Gespräche mit ihm; sie akzeptiert von Hippolyt von Rom die Widmung eines Traktats über die Auferstehung[18]; später hat die Legende keine Hemmungen, sie zu einer Christin zu machen[19].

Je mehr Götter man hat, desto mehr ist man des himmlischen Schutzes versichert. Je mehr der Zustand des Imperiums sich verschlechtert, die Barbaren ihre Einfälle und Plünderungen vermehren, die Sicherheit des irdischen Lebens dahinschwindet, wenden die Blicke sich zum Himmel, um dort Erlöser zu finden, und die Gebete richten sich, mit täglich wachsender Inbrunst, an alle, die man für fähig hält, über das Schicksal zu triumphieren und das Heil zu vermitteln. Gegen Ende des 4. Jahrhunderts ist die heidnische Frömmigkeit verzweifelter denn je; sie vermehrt, ohne zu zählen, die Initiationsriten in die fremden Mysterienkulte, die der Orient in Rom bekanntgemacht hat. Alfenius Ceionius Julianus Kamenius, Stadtpräfekt von Rom im Jahre 333, rühmt sich, daß er *septemvir epulonius, quindecemvir,* Vater der Opfer des Mithras, Hierophant der Hekate, Archibucolus des Liber und Eingeweihter in die Mysterien der Göttermutter war[20].

Der Senator Ulpius Egnatius Faventinus, Vater und geweihter Heros des unbesiegbaren Sonnengottes Mithras, Chef der Ochsentreiber

[14] *Lampridius,* Vita Severi Alexandri, 29.
[15] *Lampridius,* Vita Severi Alexandri, 43.
[16] Oxyr. Papyri, 412, 1.56 und ff.; vgl. *Grenfell et Hunt,* Oxyrinchus Papyri III, Cambridge 1903.
[17] *Eusebius,* Kirchengeschichte (KG) VI, 21,3.
[18] Vgl. *Eusebius,* KG VI, 21,3; 22; Die erhaltenen Fragmente dieses Werkes findet man bei *H. Achelis,* Hippolytus Werke, I, 2, p. 251 und ff.
[19] *Rufin,* Hist. eccles. VI, 16; *Orosius,* Hist. VII, 18,6; *Vinzenz von Lerin,* Commonitorium, XVII.
[20] *Buecheler,* Carmina latina epigraphica, n. 654.

des Bacchus, Priester der Isis, weiht im Jahre 376, nachdem er die Bluttaufe des Tauroboliums empfangen hat, eine Spende der Großen Mutter und dem Attis[21]. Tamesius Augentius Olympius erbaut ein dem Mithras geweihtes Heiligtum neben der via Flaminia und erklärt, daß er dafür überhaupt keine offizielle Subvention haben will; denn eine fromme Seele gibt einer solchen Spende den Vorzug vor dem Gewinn[22]. Etwas später finden wir Veltius Agorius Praetextatus, 362 Proconsul von Achaia, 367 Stadtpräfekt, 384 Präfekt des italischen Praetoriums als Augur, Pontifex der Vesta, Priester des Sonnengottes, quindecemvir, Curiale des Herkules, Eingeweihter in die Mysterien des Liber und von Eleusis, als Hierophant, Neokoren, der das Taurobolium empfangen hat, und als *Pater patrum*[23]. Seine Frau Aconia Fabia Paulina steht ihm in der Frömmigkeit keineswegs nach; denn sie ist Eingeweihte der Ceres und der eleusinischen Mysterien, der Hekate und ihrem Heiligtum von Egina geweiht, hat das Taurobolium empfangen und ist Hierophant[24].

Virius Nikomachus Flavianus, 377 Vicarius in Africa, gilt als ein großer Experte in der Kunst der Augurien[25]; eine gegen ihn gerichtete Invektive macht ihm den Vorwurf, daß er sich für problematische Riten wie das Taurobolium interessiert oder für absurde Riten wie die Mysterien der Kybele, des Serapis, der Isis und des Osiris[26]. Wir kennen aufgrund der prächtigen Inschriften, die ihr Andenken bewahrt haben, bis in viele Einzelheiten hinein diese hohen Herren der römischen Aristokratie; doch können wir sicher sagen, daß diese nicht die einzigen waren, die bei ihren Schutzgöttern eine Heilssicherheit gesucht haben. Viele haben es ohne Zögern und Skrupel genauso gemacht wie sie[27].

---

[21] Corpus Inscript. latin. VI, 564 = *Dessau,* Inscr. latin. selectae Nr. 4153.

[22] *Dessau,* Inscr. latin. selectae, Nr. 4269.

[23] *Buecheler,* Carm. lat. epigr. Nr. 111; *Dessau,* Inscript. lat. selectae Nr. 1259; der Titel „Pater patrum" bezeichnet die höchste Dignität im Mithraskult.

[24] *Buecheler,* ibid.

[25] *Macrobius,* Saturnal., I, XXIV, 17; *Sozomenos,* Hist. eccl. VII, 22.

[26] Advers. Nicomach., 57, 69, 91; 98, edit. *L. Delisle* in: Bibliothèque de l'école de Chartes, t. III de la 6ᵉ série, Paris 1867, S. 295 ff.; vgl. *C. Morel,* Recherches sur un poème latin du IVᵉ siècle, Paris 1868. Die Frau des Nikomachos wird nicht übergangen: „Deine schutzflehende Gattin mag noch so viel tun, wenn sie die Altäre aller fruchtbaren Gottheiten, die du in ihren Heiligtümern verehrst, mit Opfergaben bedenkt, und wenn sie an der Schwelle der Tempel ihre Gelübde einlöst ... und wenn sie den Acheron mit magischen Beschwörungen zu bewegen versucht, sie hat dich trotzdem, Unglücklicher, in den höllischen Tartarus fallen lassen."

[27] Siehe vor allem *P. De Labriolle,* La réaction païenne. Etudes sur la polémique antichrétienne du 1ᵉʳ au VIᵉ siècle, Paris 1934, S. 348–354.

Wie kann man unter den vorgenannten Bedingungen von einer Bekehrung zu den heidnischen Religionen sprechen, mag es sich dabei um offizielle Kulte oder um die orientalischen Mysterien handeln, deren Anwachsen immer größer wird, je näher man den christlichen Jahrhunderten kommt? Die Bekehrung ist, wie wir wissen, ein Bruch mit der Vergangenheit, die totale Hingabe des Menschen an eine neue Lebensform. Doch genau das hat das Heidentum von seinen Gläubigen niemals verlangt. Zunächst, weil es praktisch unmöglich war, der Religion der Familie und des Staates abzusagen, ohne sich vollständig und endgültig von seinem sozialen Milieu zu trennen. Die alte römische Formel *igni et aqua interdicere* ruft auf tragische Weise manche Konsequenzen eines solchen Ausschlusses in die Erinnerung. Der Unglückliche, der seine Götter verwirft oder der wegen eines schweren Verbrechens aus dem Staatswesen ausgeschlossen wird, verliert all seine Rechte auf Wasser und Feuer, das heißt auf die unentbehrlichsten Lebens-Elemente. Wo immer er sich jetzt aufhalten mag, er hat keine Heimat mehr, keine Familie, keine Religion. Er ist zur Einsamkeit verurteilt, zu einem Leben, das unerträglicher ist als der Tod. Außerdem ist es völlig nutzlos, die Religion zu wechseln und eine andere anzunehmen. Die heidnischen Götter sind nicht, wie JHWH bei den Juden, eifersüchtige Götter. Weit davon entfernt, ihre Gläubigen zu einem exklusiven Kult zu verpflichten, ertragen sie ohne Schwierigkeiten ihre Nachbargötter, die keine Rivalen sein können. Im allgemeinen hat jede Polis ihre Schutzgottheit, der sie einen speziellen Kult darbringt, der dafür das lebendige Symbol ist, die auf dem höchstgelegenen Ort herrscht, auf der Akropolis, und die auf den Münzen das Symbol des Staates darstellt: so Athena in Athen, Artemis in Ephesus, Apollo in Kyrene. Aber diese Gottheit wird in der Stadt, deren Schutzgottheit sie ist, nicht allein verehrt. Neben ihr haben viele andere Götter ihre Tempel und Altäre, die die Frömmigkeit der Gläubigen ansprechen; es sind dieselben Leute, die beispielsweise in Ephesus, nachdem sie der Artemis ihre Verehrung erwiesen haben, zur Demeter beten gehen, zum Zeus, um zu opfern, oder um die Dionysos-Prozession mitzufeiern [28].

In der Kaiserzeit überlagern die Kulte der Roma und des Augustus überall die traditionellen Religionen; und dies ist das deutlichste Symbol für die Bindung an den römischen Staat; aber dieser Kult verdrängt nicht die anderen und hat keinen Augenblick die Absicht, sie

---

[28] Über die Kulte in Ephesus vgl. *A. J. Festugière*, Le monde gréco-romain II, 57–67.

zu ersetzen. Im Orient unter der Herrschaft des Augustus entstanden unter dem Eindruck des Glückes einer endlich wiedergekommenen Friedenszeit nach ungezählten Kriegen, breitet er sich rasch aus, und zwar als Ausdruck der bürgerlichen Loyalität wie der religiösen Anhänglichkeit. Wehe dem, der ihn zurückwies; er stellte sich außerhalb des Staates, das heißt faktisch außerhalb der zivilisierten Welt[29].

Sobald man die zu Ehren des Herrschers vorgeschriebenen Riten vollzogen hat, hat man jede Freiheit anzubeten, wen man will; und die Zentralregierung bietet zahlreiche Möglichkeiten für die lokalen Kulte an; zuweilen wird der Herrscher selbst mehr oder weniger mit den lokalen Schutzgottheiten identifiziert, und beide Kulte werden zusammen gefeiert oder reduzieren sich auf einen einzigen. Auch hier kann man nicht von Bekehrung sprechen, weil die Vergangenheit vollständig beibehalten wird und weil es sich nicht darum handelt, einen Ersatz zu beschaffen, sondern nur eine weitere Form der Gottesverehrung hinzuzufügen.

2. Der Formalismus

Darüber hinaus, jede Bekehrung setzt einen inneren Wandel voraus. Sie ist nicht nur Modifikation eines äußeren Gehabens, Transformation einer rituellen Geste, das Ersetzen einer Zeremonie durch eine andere, sie ist vielmehr eine Erneuerung der Seele, die sich von einer Vergangenheit lossagt, um eine neue Existenz zu beginnen. Vor allem unter diesem Gesichtspunkt gibt es bei den heidnischen Religionen keinerlei Ansatz, der in dieser Definition unterzubringen wäre.

Wenn man Cicero glauben darf, dann bezieht sich das Wort *religio* auf das Verbum *religere*: „Nicht nur die Philosophen", sagt er, „sondern auch unsere Vorfahren haben den Aberglauben (*superstitio*) von der Religion (*religio*) unterschieden. Denn jene, die den ganzen Tag gebetet und Opfer dargebracht haben, damit ihre Kinder sie überleben würden, sind Abergläubische genannt worden, ein Wort, das spä-

---

[29] Nur die Juden sind von der Teilnahme am Kaiserkult befreit. Das hängt damit zusammen, daß sie eine eigene Nation darstellen, ein Volk, und als solche anerkannt sind. Sie haben ihren Nationalgott, dem sie einen Kult darbringen. Das genügt. Dazu kommt vor allem, daß sie für den Kaiser Opfer darbringen, solange der Tempel in Jerusalem existierte, und daß sie danach dieses Opfer durch mehr oder weniger freiwillige Gaben ersetzten.

ter eine größere Bedeutungsbreite erhielt; diejenigen dagegen, die alles sorgfältig durchführten, was zum Kult der Götter gehört und dieses genau einhielten (*tamquam relegerent*), wurden *religiosi* genannt (d. i. die Sorgfältigen) von *relegere* (= genau einhalten)." [30] Diese Etymologie paßt sehr genau zu dem extrem formalistischen Charakter der römischen Religion, in welcher die Formeln und Riten minutiös festgelegt waren. Es verwundert daher nicht, daß Männer, die außerordentlich gewissenhaft, sorgfältig, peinlich genau und skrupulös waren, eben *religiosi*, die Gewohnheit hatten, alles noch einmal zu überprüfen (*religere*), ob etwa die traditionellen Formeln exakt ausgesprochen wurden, auch wenn man sie nicht verstand, und die Riten, auch wenn sie noch so bizarr und unbedeutend waren, exakt ausgeführt wurden [31].

Wie immer es sich mit der Etymologie auch verhalten mag, alle antiken Autoren stimmen darin überein, daß das Wesentliche einer Religion darin besteht, die überlieferten Zeremonien exakt durchzuführen. Varro unterscheidet drei Arten von Theologie, die mystische Theologie der Poeten, die physikalische Theologie der Philosophen und die politische Theologie der Gemeinwesen und definiert die letztere so: „Nosse atque administrare in quo est, quos deos colere, quae sacra et sacrificia facere quemquam par sit" („Man muß die üblichen Bräuche kennen und ausüben, welche Götter zu verehren sind, welche Riten und Opfer jedem angemessen sind") [32]. Cicero erklärt, Heiligkeit sei die Kenntnis der Riten [33]. Nach Apuleius bedeutet „Priester sein" über eine gründliche Kenntnis des kultischen Wissens, der Praxis kultisch-ritueller Vorgänge, der Kult-Regeln und der Verordnungen des Religionsgesetzes zu verfügen [34]. Ebenso schreibt Lactanz, für

---

[30] *Cicero*, De natura deorum II, 72. „Non enim philosophi solum, verum etiam maiores nostri superstitionem a religione separaverunt. Nam qui totos dies precabantur et immolabant, ut sui sibi liberi superstites essent superstitiosi sunt appellati. quod nomen patuit postea latius: Qui autem omnia quae ad cultum deorum pertinerent, diligenter retractarent et tamquam relegerent, sunt dicti religiosi."

[31] *P. Joüon*, L'étymologie de „religiosus" dans Cicéron et un trait caractéristique de l'homme religieux en Israël, in: Recherches de Science religieuse, XXVI, 1936, 183–184; vgl. *W. Otto*, Religio und superstitio, in: Archiv für Religionswissenschaft XII, 1909, S. 533 ff; *A. Ernout–A. Meillet*, Dictionnaire étymologique de la langue latine, 2ᵉ ed., Paris 1939, S. 859: „Es scheint richtiger zu sein, *religio* von *religare* abzuleiten: *religio* scheint eigentlich die Tatsache einer Bindung an die Götter auszudrücken, symbolisiert durch die Verwendung von *vittae* und *stemmata* im Kult."

[32] *Varro*, Fragmenta, 214, Bipont.

[33] *Cicero*, De natura deorum II, 41: „Sanctitas ... est scientia colendorum deorum".

[34] *Apuleius*, Apologia XXV, ed. *Vallette*, 31: „Quod tandem est crimen sacerdotem esse et rite nosse atque scire atque callere leges ceremoniarum, fas sacrorum, ius religionum?"

die Römer bestünde die ganze Religion in der Einhaltung rein äußerlicher Rituale[35].

Mag in diesen Formulierungen auch manches übertrieben sein, wie wir gerne zugeben, so ist es doch sicher, daß sie den Eindruck der Sorgfältigkeit und Kompliziertheit des Rituals bestens wiedergeben. Die Riten sind so kompliziert, daß der Beter häufig zwei Priester an seiner Seite hat, einen, der die auszusprechende Formel diktiert, und einen anderen, der im Buch mitliest, um sich zu vergewissern, daß sie auch genau wiederholt wird. Und die Römer sind von diesen Formeln so stark hypnotisiert, daß sie dieselben bewahren, auch wenn ihr Sinn schon lange in Vergessenheit geraten ist. Auf diese Weise haben, noch in der Kaiserzeit, die Arvales-Brüder der Dea Dia oder der nährenden Erd-Göttin einen Kult dargebracht, indem sie alljährlich ein altes Lied sangen, das man seit Jahrhunderten nicht mehr verstand, was nicht daran hinderte, dieses Lied bis zum Ende des Imperiums getreulich zu wiederholen."[36] So verstanden, ist die Religion ein reiner Formalismus.

Bei den Griechen war es genauso. Das religiöse Wissen beruht auf einer speziellen Tugend, der εὐσέβεια. Wir übersetzen es gewöhnlich mit Frömmigkeit (piété), die selber ein Teil der Gerechtigkeit ist. Man muß den Göttern geben, was ihnen zukommt; genauer gesagt, „man muß wissen, mit Beten oder Opfern etwas zu sagen oder zu tun, was den Göttern wohlgefällig ist, dann ist das das Fromme, und solches Tun bringt den Familien und den Gemeinwesen Segen. Das Gegenteil aber vom Wohlgefälligen ist das Gottlose. Es zerstört und vernichtet denn auch alles ... Die Frömmigkeit ist ein bestimmtes Wissen von den Opfern und Gebeten ... Die Frömmigkeit ist das Wissen um die Gaben und Gebete, die man den Göttern darzubringen hat."[37]

Was diese, im übrigen sich ergänzenden Definitionen angeht, so stammt die erste von Eutyphron, während die beiden anderen von Sokrates seinem Gesprächspartner suggeriert werden, der sie ohne mit der Wimper zu zucken, akzeptiert; sie geben die gängige Meinung bestens wieder. Bestimmte Tage sind den Göttern geweiht, bestimmte Zeremonien sind verpflichtend, bestimmte Gebete werden ihnen von allen ehrenhaften Leuten verrichtet. Wenn man diese ritu-

---

[35] *Lactanz*, Inst. IV, 3: „Deorum cultus habet ... tantummodo ritum colendi, qui ministerio corporis constat."
[36] *C. Martindale*, La religion des Romains, in: *J. Huby*, Christus, Manuel d'histoire des religions, Paris 1912, 366 f.
[37] *Platon*, Eutyphron, 14b; 14c.d.

ellen Pflichten erfüllt hat, ist das Verhältnis zu den Göttern in Ordnung[38].

Die Inschriften bestätigen das Zeugnis des Platon. Die Wörter εὐσεβής, εὐσέβαια, εὐσεβῶς bedeuten immer die Art und Weise, wie man die Riten des öffentlichen Kultes durchführt. „Fromm sind jene Gemeinwesen, die die Zeremonien stiften oder erneuern und die zu solchen Festen offizielle Abordnungen bestellen. Fromm sind die Priester und Magistrate, die sich in vollkommener Weise der für das Wohl des Staates vorgeschriebenen Opfer annehmen. Fromm ist der Priester oder Wohltäter, der es unternimmt, die Interessen eines Heiligtums zu verteidigen, oder durch seine Opfer zu dessen Glanz beiträgt. Fromm sind die dionysischen Künstler, die nach Delphi kommen, um kostenlos Spiele zu Ehren des Apollon zu veranstalten; fromm der Dichter aus Melos, der einen selbst komponierten Chor auf eigene Kosten vorführen läßt."[39] Man darf da keine tieferen Gefühle oder eine innere Frömmigkeit erwarten; es reicht, daß die Zeremonien gut durchgeführt werden.

Die Gebete sind nach einem Formular verfaßt, das nicht viel variiert. Man betet bei den öffentlichen Zeremonien „für das Wohl der Stadt und ihres Territoriums, für die Bürger, ihre Frauen und Kinder, für alle anderen Einwohner der Stadt und des Stadtgebietes, für Frieden, Reichtum, reichen Ertrag der Ernte und alle anderen Früchte, für die Fruchtbarkeit der Herden"[40]. Privat betet man zu den Göttern, um von ihnen Gesundheit, Reichtum und alle anderen irdischen Güter zu erflehen, oder um ihnen für die erhaltenen Güter zu danken. Ein charmanter Mimus des Herondos zeigt und das Dankgebet einer Frau von Cos namens Cymno, die dem Asklepios ihre Verehrung bezeugt, indem sie ihm einen Hahn opfert:

„Heil dir, Herr Päan, der du über Tricca herrschst und in Cos, der sanften, ebenso wohnst wie in Epidauros; und mit dir sei Heil der Coronis, die dich gebar, und dem Gott Apollon, der Hygia, die du mit deiner rechten Hand berührst; und denen, die hier ihre verehrten Altäre haben, Panatios, Epio, Jeso; Heil denen, die das Haus und die Mauern des Laomedon zerstört haben, den Heilkundigen der schweren Krankheiten Podaleiros und Machaon; Heil allen

---

[38] Vgl. *Platon,* Politikos, 290 d: „Und dann doch auch der Stand der Priester, der sich nach der gebräuchlichen Meinung darauf versteht, in unserem Namen den Göttern Opfergeschenke nach ihrem Sinn darzubringen und umgekehrt von ihnen durch Gebete den Besitz des Guten für uns zu erflehen ..."

[39] *A. J. Festugière,* Le monde gréco-romain II, 50–51.

[40] *Dittenberger,* Sylloge Inscript. graecar. 3ᵉ ed., 589, 27–31. Es handelt sich um eine Inschrift aus Magnesia am Mäander, um 496 v. Chr.

Göttern und Göttinnen, die in deinem Hause wohnen, verehrungswürdiger Päan; komme mit Wohlgefallen hierher, um das bescheidene Mahl dieses Hahns zu empfangen, den ich dir opfere, erhabener Heros, auf den Mauern des Hauses. Unsere Quelle ist nicht reich und steht uns nicht immer zur Verfügung, so daß wir dir ein Rind oder ein fettes Schwein hätten opfern können anstatt eines Hahns, für die Heilung der Krankheiten, die du weggenommen hast, Herr, durch die Auflegung deiner sanften Hände." [41]

Dieses Gebet ist von klassischem Muster: Anrufung des Gottes, an den man sich wendet, mit Angabe der Heiligtümer, wo er besonders verehrt wird, Anrufung seiner Familie und aller Götter und Göttinnen, damit man keinen der Bewohner des Olymps verärgert, Einladung zu dem Opfer, das dargebracht werden soll, Bitte um ein freundliches Gesicht als Zeichen der göttlichen Gunst: fast alle griechischen Gebete sind nach dem gleichen Modell gemacht.

Die Mysterienreligionen, die ungefähr mit der christlichen Ära in allen Milieus so rasche Eroberungen machen, verlangen von ihren Gläubigen keine innere Frömmigkeit; die Initiationsriten garantieren denen, die sich ihnen unterziehen, den Heils-Besitz. Geheime Offenbarungen, Geheimparolen, die es ermöglichen, über das Schicksal zu triumphieren, oder Lehren, die eine Kenntnis vom Jenseits vermitteln, bewirken dasselbe Resultat. Zuweilen unterscheidet man zwischen den Kult-Mysterien, die eine Handlung, eine Liturgie einschließen, und literarischen Mysterien, die vor allem als Offenbarung eines heiligen Buches, eines ἱερὸς λόγος vorkommen [42]. Diese Unterscheidung ist nicht ohne Grundlage, aber für unsere Fragestellung von keiner großen Bedeutung, denn die literarischen Mysterien sind genauso formalistisch wie die Kult-Mysterien.

Die am meisten ausgebildete Form der „literarischen Mysterien" ist der Hermetismus, so wie er uns durch die Traktate I (Poimandres) und XIII (Über die Wiedergeburt) des *Corpus hermeticum* bekannt ist. Der Gott offenbart seinem Gläubigen die verborgenen Mysterien, und dieser findet in solcher Erkenntnis das Prinzip des Heils. Nachdem er dem Tat das Prinzip der Wiedergeburt bekannt gemacht hat, fährt Hermes fort:

„Sei ruhig, mein Kind, und höre jetzt die wohlangemessene Preisung, den Hymnus der Wiedergeburt, den ich so rückhaltlos nicht mitteilen konnte, sondern erst dir am Ende meiner Reden. So ist dieser Hymnus auch nicht Inhalt der Lehre, sondern im Schweigen verborgen. Darum, mein Kind, stelle dich

---

[41] *Herondas*, Mim., IV, 1,17.
[42] Vgl. *A. J. Festugière*, L'idéal religieux des Grecs, 116–132.

auf einen Ort, wo der Himmel offen ist, und schaue gen Süden im Augenblick des Falles der untergehenden Sonne, und wirf dich zur Anbetung nieder; ebenso beim Sonnenaufgang, indem du dich nach Osten wendest. Bleibe ruhig, mein Kind."[43]

Danach singt er den geheimen Hymnus und schließt:

„Ich freue mich, mein Kind, daß du so gute Früchte der Wahrheit gewonnen hast, eine unsterbliche Ernte. Da du solches von mir gelernt hast, versprich mir Schweigen, daß du keinem, mein Kind, etwas über diese religiöse Überlieferung der Wiedergeburt mitteilst, damit wir nicht unter die geschwätzigen Ausplauderer (der Mysterien) gerechnet werden. Denn wir haben uns beide genügend Mühe gemacht, ich als Redner, du als Hörer. Du hast mit der Vernunft dich selbst erkannt und unseren Vater."[44]

Hier wird also vom Eingeweihten ein absolutes Schweigen verlangt (sog. Arkandisziplin), was die erworbenen Kenntnisse angeht. Der Traktat I dagegen zeigt stärkere missionarische Absichten, denn der Eingeweihte, einmal über die Natur des Alls unterrichtet, nachdem er die höchste Vision empfangen hat, beginnt sogleich, den Menschen die Schönheit der Frömmigkeit und der Erkenntnis zu verkünden:

„Von den Hörern nun wandten sich einige mit Verspottungen ab, um sich dem Weg des Todes auszuliefern; andere dagegen baten darum, belehrt zu werden, und setzten sich zu meinen Füßen. Und ich richtete sie auf, indem ich zum Wegführer meiner Generation wurde, die Worte lehrend, wie und wodurch sie könnten gerettet werden. Und ich säte unter ihnen aus die Worte der Weisheit, und sie wurden genährt durch ambrosisches Wasser. Als es Abend geworden war und das Licht der Sonne gerade vollständig unterging, gebot ich ihnen, Gott dankzusagen."[45]

Die Astrologie, der sich Vettius Valens in gewisser Weise gewidmet hat, ist ebenso ein derartiges Mysterium wie die Medizin, wie Thessalos sie praktiziert[46]. Jeder, der die traditionellen Lehren dieser beiden Wissenschaften kennt, besitzt zugleich die ganze heilige, unsterbliche, göttliche und erhabene Kontemplation. Vettius erforscht lange die Wahrheit über die Gestirne, bis ihn eines Tages der göttliche Wille in seiner Güte die Übergabe der Geheimnisse erreichen läßt und ihn so der Unsterblichkeit teilhaftig macht. Andererseits, Thessalos hat in

---

[43] Vgl. Hermès Trismégiste (Corp. herm.), ed. *Nock-Festugière*, Paris 1960 (Corp. herm. XIII, 16).
[44] Corp. herm. XIII, 22.
[45] Corp. herm. I, 29 (Poimandres).
[46] Vgl. *A. J. Festugière*, L'expérience religieuse du médecin Thessalos, in: Revue Biblique XLVIII, 1939, 45–77.

Asien damit begonnen, sich der Grammatik und der Philologie zu widmen; in Ägypten läßt er sich durch die Medizin verführen, für die er in unglaublicher Hingabe entbrennt, und er wandert durch ganz Ägypten, um die wirksamen Hilfsmittel, die er braucht, zu finden. Schließlich offenbart ihm Asklepios diese während einer Vision, so daß seine Wissenschaft eine im strengen Sinne göttliche ist. Der eine wie der andere werden nach dieser Information zur Geheimhaltung verpflichtet. „Ich schwöre dir, verehrungswürdiger Bruder, schreibt Vettius Valens, diese Lehren sorgfältig geheimzuhalten und sie keinem Nichteingeweihten auszuliefern, sondern nur solchen, die ihrer würdig sind."[47] Asklepios macht dem Thessalos dieselbe Auflage.

„Durch meinen kurzen Lehrvortrag, den ich dir überliefert habe, bist du vollständig ausgerüstet, viele sehr schwere Krankheiten zu behandeln und sogar die allerschwierigsten zu heilen. Du brauchst diese Vorschriften nur noch anzuwenden und dabei sorgfältig zu beachten den Vortrag, den ich dir übergeben habe und den du keinem profanen Außenseiter unserer Kunst übergeben darfst."[48]

Die Kult-Mysterien sind uns etwas besser bekannt, denn sie haben schon seit längerem die Aufmerksamkeit auf sich gezogen, und sie haben auch den größten Einfluß auf die Gemüter ausgeübt. Es liegt in der Natur der Dinge, daß sich nur die Gebildeten, die Gelehrten und Philosophen dem Studium einer Gnosis widmen können, die um so abseitiger ist, je mehr sie sich als Erklärung verborgener Mysterien ausgibt. Demgegenüber haben auch die einfachen Leute das Recht, zu einer Initiation zugelassen zu werden, bei der nur ganz einfache Gesten zu vollziehen und ganz kurze Formeln zu behalten sind. Eine Reihe solcher Formeln sind uns durch Firmicus Maternus und andere antike Schriftsteller bekannt. „Ich habe gegessen vom Tamburin und von der Zymbel getrunken, ich wurde ein Myste des Attis"[49], heißt es in den Mysterien der Kybele und des Attis; „Ich bin eingedrungen in den Schoß der Herrin, der unterirdischen Göttin, als Zicklein bin ich in die Milch gefallen"[50], so in den orphischen Mysterien; „Singe,

---

[47] *Vettius Valens*, Florilegium, 87, 21, zitiert bei *A. J. Festugière*, L'idéal religieux des Grecs, 226.
[48] *Thessalus*, De plantis, in: Catalogus codicum astrologorum graecorum, VIII, 3, 163.
[49] *Firmicus Maternus*, De errore profan. relig., XVIII, 1; vgl. *Clemens Alexandrinus*, Protreptikos II; *Eusebius*, Praepar. evang., XI, 3,15. Die beiden letztgenannten Autoren bringen das Ende der Formel etwas anders: „Ich bin in die Kammer der Göttin hinabgestiegen."
[50] *O. Kern*, Orphicorum fragmenta, Berlin 1922, 106; *M. J. Lagrange*, Les Mystères: l'orphisme, Paris 1937, 139.

schöne Braut, singe schöner Bräutigam, Gruß dem neuen Lichte"[51], und: „Gott geht hervor aus dem Stein"[52], so in den Mysterien des Mithras; „Ah, du hast zwei Hörner und zwei Formen"[53], so in den Mysterien des orphischen Dionysos; „Mut, du Myste des erlösten Gottes, auch aus unseren Nöten geht Heil hervor"[54], so in den Mysterien des Attis. Die Interpretation dieser Formeln ist längst nicht gesichert, und schon Firmicus Maternus, der sie uns mitteilt, kennt bereits nicht mehr den genauen Sinn.

Das Wesentliche für den Mysten ist, daß er sie im richtigen Augenblick rezitiert; denn sie sollen ihm als Schutzmittel dienen, vor allem dann, wenn nach dem Tod seine des Leibes beraubte Seele zu den göttlichen Wohnungen durchdringen soll. Auch hier ist der Formalismus wichtig. Wenn die Initiation ihre Wirkungen zeitigen soll, dann kommt es darauf an, daß die traditionellen Zeremonien fehlerfrei durchgeführt werden, die rituellen Worte korrekt wiederholt werden, auch die unverständlich gewordenen Formeln müssen irrtumsfrei überliefert werden.

Im übrigen bleibt es wahr, daß man sowohl bei Griechen wie bei Römern mitunter Spuren einer wahren Frömmigkeit in unserem Sinne findet. Der Formalismus ist eine Klippe, an der sich bei Gelegenheit alle Religionen stoßen, auch die vergeistigten, und es wäre ungerecht, wollte man in den Kulten der klassischen Antike nur das materielle Element sehen. Hier zeigen sich die unterschiedlichsten Ausdrucksformen des religiösen Gefühls je nach ihrer Rolle. Man beachte den Ton des Vertrauens bei der jungen Ion, die im Tempel von Delphi die Funktionen einer Sakristanin ausübt:

„Des Phoibos Stufen rein zu erhalten … Und netzen die heilige Myrte, die mir die Flur des Gottes fegt, wenn ich täglich am Morgen mit Helios' eiligem Flügel das Tagwerk beginne …
O Paian, o Paian, reines Glück, reines Glück sei du mir, o Sohn der Leto!
Phoibos strahlendes Amt üb' ich vor seinem Haus,
den Seher ehrend, rühmliche Mühe,
Göttern die dienende Hand zu leihen, keinem Sterbling, nur den Unsterblichen!
Heiligstes Dienen ermüdet mich nicht.
O Phoibos, du heiliger Vater, der mich ernährt, dich preist mein Mund!

[51] *Firmicus Maternus*, De errore profan. relig. XIX, 1.
[52] A. a. O., XX, 1.
[53] A. a. O., XXI, 1.
[54] A. a. O., XXII, 1.

Meinem schützenden Helfer, ihm geb' ich den Namen des Vaters, dem Herrn dieses Tempels."[55]

Oder die Sehnsucht nach dem Jenseits, wie sie in dem wunderbaren Gebet zum Ausdruck kommt, das Clemens von Alexandrien zitiert:

„Dir, Herrscher des Alls, bring' den Weihgruß ich dar und Gebäck, ob nun Zeus du genannt sein willst oder Unterweltsgott; nimm gnädiglich an das reiche Geschenk von mancherlei Frucht, das geopfert dir wird ohne Feuer ... In dem himmlischen Reich bist du Herrscher allein mit dem Zepter des Zeus, das du trägst in der Hand, und mit Hades die Macht bei den Toten du teilst ... Doch send Seelen ans Licht aus der Tiefe zu uns, die zu wissen verlangt, welche Not uns bedroht und woher sie entstammt, was die Wurzel des Leids, wem ein Opfer gebührt aus der Himmlischen Schar, daß er Ruhe uns schenk von der Mühsal."[56]

Oder der ungeduldige Glaube des Arztes Thessalos, der in seinem Verlangen, mit Asklepios in Verbindung zu treten, einen Priester bittet, ihm dabei zu helfen, dieser Gunst teilhaftig zu werden:

„Ich erkläre ihm, daß mein Leben in seinen Händen ist, daß ich unbedingt mit einem Gott sprechen muß, und wenn dieses Verlangen nicht zum Ziel führt, dann bin ich bereit, die Welt zu verlassen. Nachdem ich mich vom Boden erhoben habe und durch die freundlichsten Aussagen getröstet worden war, verspricht er mir herzlich, sich an meinem Gebet zu beteiligen, und verordnete mir ein dreitägiges Fasten. Ich aber, da meine Seele von seinen Verheißungen ganz erfüllt war, küßte ihm die Hand und bedachte ihn mit Dankesworten, wobei ich wie ein Brunnen weinte."[57]

Oder das zärtlich dankbare Gebet des Apuleius an Isis:

„Heilige Frau und Menschheitsretterin immerdar, allezeit hilfreicher Hort der Erdenkinder, ja du erweisest süße Mutterliebe den Elenden und Geschlagenen! Nicht Tag noch Nacht oder auch nur ein kurzer Augenblick vergeht ohne deine Gnadenwirkung; keiner, da du nicht zu Meer und Land die Menschen behütest, Gewitter des Lebens verscheuchst und deine Rechte zur Hilfe reichst, sie, die selbst unentwirrbar verstrickte Parzenfäden auflöst, Schicksalsstürme besänftigt und böse Sterne in ihrem Lauf hemmt. Dich ehren die droben, achten die unten; du drehst das Firmament, entfachst die Sonne; die Welt ist dein Thron, die Hölle dein Schemel. Nach dir wandeln die Gestirne, wechseln die Jahreszeiten; dir jauchzen die Geister, dienen die Elemente.

---

[55] *Euripides*, Ion, 121–139; zitiert nach *E. Buschor*, Griechische Tragödien 9, Euripides, Zürich-München 1963, 116 f.

[56] *Euripides*, Fragmenta 912 *Nauck*; vgl. *Clemens Alexandrinus*, Stromateis V, 70, 3–6, zit. nach BKV (Übs. *Stählin*), München 1937, 180.

[57] *Thessalos*, De plantis praefat. übers. v. *A. J. Festugière*, Rev. Bibl. 1939 (vgl. Anm. 46), 61.

34

Dein Wink macht Winde wehen, Wolken gießen, Samen sprießen, Sprosse wachsen. Vor deiner Hoheit erbeben Vögel am Himmel ziehend, Tiere auf Bergen schweifend, Schlangen am Boden lauernd, Wale im Meere schwimmend. Doch mir gebricht es an Gaben, dein Lob zu verkünden, und fehlt es an Gütern, dir Opfer zu bringen. Ich habe nicht Stimmkraft genug zu sagen, was ich von deiner Hoheit fühle, nicht tausend Münder und Zungen gleicher Zahl oder ewig regen Redestrom. Was allein der Mensch zu tun vermag, der fromm, aber sonst arm ist, das soll also meine Sorge sein: dein himmlisches Antlitz und hochheiliges Gotteswesen will ich auf alle Zeit in meinem Herzenschrein bewahren, hüten und vor Augen haben." [58]

Oder endlich das von majestätischem Ernst erfüllte Gebet, das die fromme Aconia Fabia Paulina an ihren verstorbenen Gatten richtet:

„Frommer Myste, du hältst im Geheimnis deines Herzens verschlossen die Wahrheiten, die dir durch heilige Einweihungen geoffenbart worden sind, und du ehrst als gelehrter Kenner (der himmlischen Dinge) die vielgestaltige Macht der Götter; in Güte nimmst du mit deine (Frau als) Vertraute der Götter und Menschen, deine treue Genossin bei den heiligen Zeremonien. Wozu soll man reden von den Ehren, vom Einfluß, von den Freuden, die die Menschenherzen bewegen? Du hast sie immer für hinfällig und armselig gehalten. Priester der Götter, deine Rangabzeichen stellen dich in der öffentlichen Meinung hoch. Du weißt es, mein Gemahl, der, aufgrund wohltätiger Übungen, meine Reinheit und meine Ehrbarkeit vom Todeslos befreit, mich einführt in die Tempel und den Göttern als Dienerin meine Gelübde überbringt." [59]

Auch der öffentliche Kult erweckt zwanglos die reinsten religiösen Gefühle. Denken wir zum Beispiel an die großen Prozessionen der Panathenäen, wie das Genie eines Phidias sie am Parthenonfries dargestellt hat: ein ganzes Volk, im hellen Licht der Athena, auf dem Weg zum Tempel seiner Schutzgöttin; dazu die Hymnen, gesungen von den Chören junger Knaben und Mädchen; die heiligen Geräte langsam mitgetragen wie bei einem Triumphzug, darübergebreitet der ganze Schleier der Göttin: welch feierliche Majestät, welche respektvolle Verehrung in diesem langen Festzug, der die Gesamtheit der Bürger zu einstimmigem Lobpreis versammelt. Oder denken wir auch an die Feste, die man in Olympia zu Ehren des Zeus gefeiert hat, dessen großartige Statue die Menge beherrscht. Im Stadion messen sich die Athleten mit ihren glänzend-harmonischen Körpern mit Geschick und Kraft in Kämpfen, denen es an Grazie nicht fehlt. Die Dichter ge-

---

[58] *Apuleius*, Metamorphosen (Der goldene Esel), hrsg. und übersetzt von *E. Brandt* (Tusculum-Bücherei), München 1958, XI, 25, 1–6, 490 ff.
[59] *Bücheler*, Carmina lat. epigraph., No. 111; vgl. *P. De Labriolle*, La réaction païenne, Paris 1942, 350.

ben sich Mühe, die Leistungen der Sieger zu besingen. Im Theater lösen die Tragödien, welche die überlieferten Ruhmestaten von Hellas und die Wohltaten der Götter für ihre Verehrer feiern, einander ab. Alle Gedanken vereinigen sich, alle Herzen streben zusammen: es gibt nur noch eine einzige Seele, die sich erhebt zum Vater der Götter und Menschen, der das Ziel, der einzige Gegenstand dieser Feier ist.

Die orientalischen Religionen sind weniger feierlich-ernst, weniger geordnet; aber auch ihre Zeremonien sind durchaus geeignet, religiöse Gefühle hervorzurufen. Man lese dazu beispielsweise die Beschreibung der Kybele-Prozession durch Lucretius:

„Drum ist sie die große Mutter der Götter und Mutter der Tiere... Sie, so sangen die alten gelehrten Dichter der Griechen, treibt auf erhabenem Sitz im Wagen das Doppel der Löwen ... Haben den Scheitel des Haupts mit der Mauern Reife bekrönet, weil, auf ragendem Felsen befestigt, sie Städte emporhält; mit diesem Zeichen geschmückt wird jetzt durch mächtige Länder schauererregend das Bild der großen Mutter getragen ... Pralle Pauken ertönen unter den Händen und Becken rings, die hohlen, es droht das Horn mit belegtem Gesange, und im phrygischen Takt peitscht Pfeife der Flöten die Sinne; Waffen trägt man voran, die Zeichen gewaltsamen Wütens, daß sie den danklosen Sinn und die unfrommen Herzen des Volkes schrecken können in Furcht mit dem göttlichen Willen der Göttin. Wenn sie darum, kaum eingeführt in die stattlichen Städte, stumm, mit schweigendem Gruß die Sterblichen reichlich gesegnet, streuen den ganzen Pfad sie der Straßen mit Kupfer und Silber, reich mit erklecklicher Gabe sie machend, und lassen mit Blüten schnein es der Rosen, die Mutter beschattend und folgenden Scharen. Wenn hier vielleicht der bewaffnete Trupp, Kureten mit Namen, wie ihn die Griechen nennen, unter den phrygischen Scharen tollt und hoch nach dem Takt aufspringt, schwelgend im Blute, schüttelnd die schreckenerregenden Mähnen mit Werfen der Köpfe ...“ [60]

In diesen schönen Versen geht es nur um die verschiedenen Emotionen: Furcht, Achtung, ekstatische Erregung, heiliger Wahnsinn; die beste Übersetzung kann nur in sehr unvollkommener Weise die eigentümlichen Klangfarben wiedergeben, mit deren Hilfe es dem Dichter gelingt, seine Leser an den Gefühlen teilnehmen zu lassen, welche die Zuschauer selber bei diesem langen Festzug erfüllen. Man kann dieser Darstellung gegenüber nicht gleichgültig bleiben; man ist gleichsam gegen seinen Willen gepackt, hingerissen, und schade für die, die

---

[60] *Lucretius*, De rerum natura / Welt aus Atomen, Textgestaltung, Einleitung und Übersetzung von *Karl Büchner*, Zürich 1956, II, 598–633; vgl. auch *Apuleius*, Metam. VIII, 24 f.; *Lukian*, De Dea Syra, 35, die Beschreibung der Feste der syrischen Göttin; *Apuleius*, Metam. XI, 8 f., die Zeremonien zu Ehren der Isis.

nicht über genügend Selbstbeherrschung verfügen, um sich nicht mitten unter die Gallen zu stürzen und, wie diese, das zweifelhafte Opfer ihrer Männlichkeit darzubringen.

Der Ritus des Tauroboliums, der uns heute barbarisch und widerlich vorkommt, ist ebenfalls in der Lage, heftige Emotionen zu erregen. Prudentius gibt davon eine interessante Beschreibung: Man hebt eine Grube aus, in welche der Myste hinabsteigt; an der Stirne hat er Bänder angeklebt, er trägt einen goldenen Reif und ist in eine seidene Toga gekleidet. Die Grube ist mit Brettern bedeckt, in welche Löcher gebohrt sind und auf denen der Stier geopfert wird. Der einzuweihende Myste empfängt das Blut des Opfertieres. „Er hält seinen Kopf hin zur Berieselung durch den Blutstrom, der sein Gewand und seinen ganzen Körper überströmt. Er hält seine Gestalt hin, seine Wangen, seine Ohren, seine Lippen, seine Nase, seine Augen, ja selbst seine Zunge, bis er ganz mit Blut überströmt ist." Wenn das Opfertier tot ist, erhebt man laut die Stimme. „Der Eingeweihte kommt heraus, schrecklich anzusehen, stolz zeigt er seinen nassen Kopf, seinen schweren Bart, seine tropfenden Bänder, seine besudelten Kleider." [61] Er ist glücklich; denn er ist für die Ewigkeit wiedergeboren, *in aeternum renatus*, wie dies manche Inschriften behaupten [62]. Obwohl die Wirkung des Tauroboliums nicht länger als zwanzig Jahre anhält und, sobald dieser Zeitraum vorbei ist, die Zeremonie wiederholt werden muß [63], ist der Myste wenigstens für diese Zeit gegenüber allen feindlichen Mächten gefeit und der Teilhabe an der Unsterblichkeit versichert; ist das nicht genug, um seine freudige Unterwerfung unter die blutige Initiation zu erklären?

Die Mysterien von Eleusis sind einfacher, obwohl sie auch verschiedene Zeremonien einschließen. Dazu gehört ein Lauf in der Finsternis, an dessen Ende man im vollen Lichte ankommt. Plutarch, in einem uns durch Stobäus überlieferten Text, beschreibt uns diesen Lauf:

---

[61] *Prudentius*, Peristephanon X, 1011 ff.; vgl. auch *Gregor von Nazianz*, Oratio IV, die Beschreibung des Tauroboliums Julians des Abtrünnigen. Im Hinweis auf den wilden Charakter der Zeremonie sind sich beide Autoren einig.
[62] Corpus inscript. latin., VI, 510 (= *Dessau*, Inscript. selectae, 4152).
[63] Vgl. Carmen contra paganos, 63: „Vivere cum speras viginti mundus in annos". Corpus inscript. latin, VI, 504: „Vota Faventinus bis deni suscepit orbis. Ut mactet repetens aurata fronte bicornes." Diese Inschrift stammt aus dem Jahre 376 n. Chr. 390 hat Volusianus anscheinend sein Taurobolium für weitere zwanzig Jahre erneuert, Corp. inscr. latiner., VI, 512: „Iterato viginti annis expletis taurobolii sui, aram instituit et consecravit." Vgl. *M. J. Lagrange*, Attis et le christianisme, in: Rev. Bibl. 1919, 465.

„Der Lauf beginnt ganz zufällig, mit seltsamen Abweichungen, beunruhigenden und endlosen Bewegungen im Finstern. Dann, vor dem Ende, erreicht die Angst ihren Höhepunkt, mit Schauder, Zittern, kaltem Schweiß und Schrekken. Doch jetzt bietet sich den Augen ein wunderbares Licht dar. Man schreitet durch reine Orte und durch Wiesen, wo Stimmen erklingen und Tänze; heilige Worte, göttliche Erscheinungen machen einen geheimnisvoll-religiösen Eindruck. Dann schreitet der Mensch, der jetzt vollkommen eingeweiht und frei geworden ist, zwanglos dahin, er feiert, mit einer Krone auf dem Haupt, die Mysterien." [64]

Jetzt ist er vollkommen glücklich, erfüllt von einem Glück, wie es der Demeter-Hymnus besingt:

„Selig ist der von den Menschen auf Erden, der solches geschaut hat. Doch wer an heiligen Weihen nicht teilhat, dem widerfährt nie gleiches Geschick, auch wenn er gestorben im modrigen Hades." [65]

Es wäre ebenso leicht wie zwecklos, die Texte zu vermehren, und wir fragen uns, ob wir nicht schon zu viele Zitate gebracht haben; denn es ging uns darum, zu zeigen, daß der Formalismus der heidnischen Religionen, bei Griechen und Römern, nicht jeden religiösen Empfindens bar gewesen ist, und das heißt beinahe offene Türen einrennen. Doch für uns liegt hier nicht die entscheidende Frage. Die Emotionen, von denen wir gesprochen haben, sind wesentlich vorübergehender Art, sie begleiten die religiösen Akte; wenn dieser vollendet ist, verschwinden sie wieder und lassen nur eine unfruchtbare Erinnerung zurück. Sie kommen nicht dazu, eine geistliche Veränderung zu bewirken, worin ja die Bekehrung besteht, keine Erneuerung der Seele von ihrem Grund auf bis zu ihrem Gipfel. Selbst die ausdrucksvollsten Riten der Mysterien-Initiationen haben zwar eine eigentümliche Wirkung, ohne daß der Myste dazu eine moralische Vorbereitung bräuchte; vor allem braucht er sich nicht auf Zukunft hin zu engagieren und den Göttern keine bessere Existenz zu versprechen. Manche machen es doch, wie Lucius, der Held der *Metamorphosen* des Apuleius, aber das sind Ausnahmen, so sehr, daß sie beim Historiker Verwunderung erregen und Stoff zu unerschöpflichen Studien liefern. Die andern, ja alle andern denken nicht einmal daran.

Das Taurobolium hält zwanzig Jahre, während deren man tun kann, was man will, zur Großen Mutter, deren Eingeweihter man ist,

---

[64] *Plutarch,* bei *Stobaeus,* Floril. IV, 107; vgl. *M. J. Lagrange,* Les Mystères d'Eleusis et la christianisme, in: Rev. Bibl. 1919, 299–300.
[65] Demeter-Hymnus, zitiert nach *M. P. Nilsson,* Die Religion der Griechen, in: *Bertholet,* Religionsgeschichtliches Lesebuch, Tübingen 1927, 50.

beten oder nicht, leben nach seinem Geschmack und dabei, wenn es einem gut dünkt, alle göttlichen und menschlichen Gesetze mit Füßen treten. Das Heil ist einem ja garantiert, und wenn die zwanzig Jahre vorbei sind, muß man sich nur von neuem der blutigen Taufe unterziehen, um für die Ewigkeit wiedergeboren zu werden. Die Formeln und Zeremonien wirken mechanisch, ganz im Unterschied zu den christlichen Sakramenten, die immer eine bestimmte seelische Disposition voraussetzen und deren Gnade ohne Wirkung bleibt, sobald ein *obex* vorhanden ist, das heißt ein Widerstand moralischer Art.

Hier liegt das entscheidende Element. Weder die Mysterien noch die Opfer oder die anderen heidnischen Kulthandlungen sind darauf angelegt, die Geister und Herzen zu erneuern. Die Eingeweihten sind keine Bekehrten. Das sind nur Menschen, die Geheimnisse kennen, bestimmte Geheimparolen wissen, um durch die Schranken der unsichtbaren Welt gut durchzukommen, die unsägliche Spektakel erlebt haben. Sie sind befreit vom Zwang der bösen Mächte und haben die Gewißheit, über das Schicksal zu triumphieren. Nichtsdestoweniger bleiben sie arme Menschen, ausgesetzt der Versuchung und der Sünde. Doch das interessiert sie nicht.

3. Die Heiligkeit

In der Tat, fast niemals haben die heidnischen Religionen von ihren Gläubigen das verlangt, was uns eigentlich als normal und als das Wesentliche jeder Bekehrung erscheint, was wir als „Heiligkeit" bezeichnen. Wenige Begriffe sind historisch so belastet und schwieriger zu definieren als dieser Begriff. Für uns ist Heiligkeit in erster Linie die Verwirklichung eines hohen moralischen Ideals; der Heilige ist derjenige, der sich durch die Praxis seiner Tugenden über das gewöhnliche Menschenmaß hinaus erhebt, und obwohl wir gewöhnlich das Wort für religiöse Ideen und Gefühle gebrauchen, sprechen wir doch mitunter auch von „heiligen Laien"; wenn wir in bestimmten Fällen diese Bezeichnung bestimmten Menschen beilegen, dann wollen wir damit ihren geistigen Rang, der bis zum Heroismus gehen kann, bezeichnen.

Im Gegensatz hierzu sind, ursprünglich gesehen, Religion und Heiligkeit unlöslich miteinander verbunden; doch ist Heiligkeit im Verständnis der Alten in erster Linie die rituelle Reinheit, die von den Göttern verlangt wird und die sowohl die Menschen als auch die Heiligtümer als auch die für den Gottesdienst notwendigen Dinge besitzen müssen. Daß man über die rituelle Reinheit, die im Grunde nichts anderes ist als eine gewisse Sauberkeit, hinausgehen kann und muß zu einer inneren Reinheit der Seele, zur moralischen Sauberkeit, versteht sich ohne weiteres, und dieser Übergang vollzieht sich auch bei allen Völkern mit Schnelligkeit und mehr oder weniger großem Tiefgang. Der primitive Sinn wurde freilich nicht vergessen, und manchmal taucht er auch ganz plötzlich und unerwartet wieder ins volle Licht.

Bei den Griechen beispielsweise beziehen die Wörter ἅγιος und ἁγνός, die sich von der Wurzel αγ herleiten, sich ursprünglich auf das, was die religiöse Scheu und Furcht erregt. Ἅγιος, das im klassischen Griechisch selten vorkommt, wird gebraucht für geweihte Gegenstände, Altäre oder Tempel, im Hellenismus für die Götter selbst, vor allem für die orientalischen Götter wie Isis, Serapis und Baal[66]. Dagegen bezeichnet ἁγνός genauer das, was einem religiösen Verbot unterliegt, was also *tabu* ist. Es wird vor allem gebraucht, wenn man von Göttern spricht; insbesondere von den unterirdischen Göttern und Dingen, die mit ihnen näher zusammenhängen; dann weiter von der liturgischen („kultischen") Reinheit, wann man sich den Göttern nähern und ihnen einen Kult verrichten will; es drückt also diejenige Reinheit aus, die das religiöse Leben fordert[67]; schließlich bezieht es sich auch auf die moralische Reinheit[68], insbesondere auf die Enthaltung von sexuellen Beziehungen. Bei den apostolischen Vätern und bei den Apologeten bezeichnet das Wort ἁγνεία fast ausschließlich die sexuelle Reinheit.

In der lateinischen Sprache bezieht der Term *sanctus* sich auf alles, was der Gottheit geweiht ist oder irgendwie zum Kult in Beziehung steht, wie Tempel oder Götterbilder, die *sanctissima templa*, die *sanctissima sacella* und die *simulacra sanctissima*, Bereiche, über die sich Verres frech hinwegsetzt[69], ganz allgemein alles, was unter die Sanktionen der Religion fiel ... Etwas jünger ist der Begriff, der alles das als heilig bezeichnet, was durch die öffentliche Autorität ge-

---

[66] Vgl. *Kuhn*, Art. ἅγιος, in ThWNT I, Stuttgart 1932, S. 87–88; *E. Williger*, Hagios, Untersuchungen zur Terminologie des Heiligen in den hellenisch-hellenistischen Religionen, Gießen 1922.

[67] Vgl. *Euripides*, Hipp. 316: „Ἁγνὰς μέν, ὦ παῖ, χεῖρας αἵματος φέρεις."

[68] Ωγλ. *Euripides, Orest.*, 1604: „Ἁγνὸς γαρ εἰμι χεῖρας, ἀλλ' οὐ τὰς πρένας"; *Porphyrius,* De abstinentia II, 44: „ἀνδρὸς θείου ἡ ἔσω καὶ ἡ ἐκτὸς ἁγνεία". Vgl. *Hauck, Art.* ἁγνός, in: ThWNT I, S. 123 f.

[69] *Cicero*, In Verrem, V. 185–185; In Q. Caecilium divinatio, 3; *G. Link*, De vocis sanctus uso pagano, Königsberg 1910, 22.

schützt wird und für unverletzlich erklärt wurde. *Sanctum est quod ab injuria hominum defensum atque munitum est*[70], und die Juristen nennen als Beispiel die *res sanctae*, die Mauern und die Tore der Stadt. Dabei schließt *sanctus* die religiöse Komponente durchaus nicht aus. Wenn Gaius von der Unterscheidung des göttlichen und des menschlichen Rechts spricht, dann rechnet er zur ersten Kategorie die *res sacrae et religiosae* und fügt hinzu: *sanctae quoque res veluti muri et portae quodam modo divini iuris sunt*[71] („auch die heiligen Dinge wie Stadtmauern und Tore sind gleichsam göttlichen Rechts"). Für Ulpian steht das *Heilige* (saint) in der Mitte zwischen dem Geheiligten und dem Profanen (entre le sacré et le profane): *Proprie dicimus sancta quae neque sacra neque profana sunt, sed sanctione quadam confirmata*[72]. Der höchste Schutz, den man für das Eigentum oder für das Recht garantieren konnte, war der Schutz der Gottheit. Und die wirksamste Methode, um die Achtung davor zu sichern, bestand darin, daß man sie mit einem bestimmten Heiligkeits-Charakter umgab: *Sancire autem,* sagt Servius, *proprie est sanctum aliquid, id est consecratum facere fuso sanguine hostiae, et dictum sanctum quasi sanguine consecratum*[73]. („Etwas heiligen ist genau etwas heilig machen, das heißt, es geweiht machen durch das Blut eines Opfers, und etwas heilig nennen ist soviel wie durch Opferblut geweiht"). „Wie immer man über diese Etymologie denken mag, sie verdeutlicht das religiöse Element, das dem Wort *sanctus* unlöslich anhaftet, in seinem juristischen Sinn genommen, der unbedingt festgehalten werden muß."[74]

Bei den Semiten wird „Heiligkeit" allgemein ausgedrückt durch die Wurzel *qdsch*, die, wie es scheint, die Idee von „abschneiden oder trennen" zum Ausdruck bringt. Die „heilige Sache" ist eine vorbehaltene Sache, also ausgesondert und vom profanen Gebrauch unterschieden. Sie gehört Gott und ihm allein; den Menschen ist sie untersagt, solange diese nicht ebenfalls dem göttlichen Dienst ge-

---

[70] *Marcianus*, Dig., I, VIII, 8.   [71] *Gaius*, Dig., I, VIII, 9.
[72] *Ulpianus*, Dig. I, VIII, 9.
[73] *Servius*, In Aeneid., XII, 200.
[74] H. *Delahaye*, Sanctus, Essai sur le culte des saints dans l'antiquité, Brüssel 1927, 3–4; vgl. A. *Ernout – A. Meillet*, Art. sancio, in: Dictionnaire etym. de la langue latin, 2. Aufl., 884. Siehe auch *Ernout–Meillet*, a. a. O., 882, Art. sacer: „Was *sacrum* ist, gehört zur göttlichen Welt und unterscheidet sich wesentlich von allem, was zum alltäglichen Leben der Menschen gehört ... Der Begriff des Heiligen fällt nicht mit dem des Guten oder Bösen zusammen; es handelt sich um einen eigenen Begriff. *Sacer* bezeichnet den oder das, was nicht berührt werden darf, ohne daß man selbst befleckt würde oder befleckt." Man braucht kaum zu betonen, daß die Terme *sacer* und *sanctus* zu derselben Wortfamilie gehören und verwandte Ideen zum Ausdruck bringen.

weiht sind; und wenn andere sie berühren, haben sie allein dadurch an ihrer Heiligung teil und sind selbst durch diese geheiligt[75]. Offenkundig wird hier Heiligkeit zum Ausgangspunkt für eine äußere Qualifikation, sie erreicht nicht das Sein in seinem Wesen; aber um den Grad an Spiritualisierung deutlich zu machen, der hier erreicht werden kann, genügt es, die Berufungsvision des Propheten Jesaja zu lesen:

„Im Todesjahr des Königs Usija sah ich den Herrn. Er saß auf einem hohen und erhabenen Thron. Der Saum seines Gewandes füllte den Tempel aus. Serafim standen über ihm. Jeder hatte sechs Flügel: Mit zwei Flügeln bedeckten sie ihr Gesicht, mit zwei bedeckten sie ihre Füße und mit zwei flogen sie. Sie riefen einander zu:
    Heilig, heilig, heilig ist der Herr der Heere.
    Von seiner Herrlichkeit ist die ganze Erde erfüllt.
Die Türschwellen bebten bei ihrem lauten Ruf, und der Tempel füllte sich mit Rauch. Da sagte ich: Weh mir, ich bin verloren. Denn ich bin ein Mann mit unreinen Lippen und lebe mitten in einem Volk mit unreinen Lippen, und meine Augen haben den König, den Herrn der Heere, gesehen. Da flog einer der Serafim zu mir; er trug in seiner Hand eine glühende Kohle, die er mit einer Zange vom Altar genommen hatte. Er berührte damit meinen Mund und sagte: Das hier hat deine Lippen berührt: Deine Schuld ist getilgt, deine Sünde gesühnt" (Jes 6, 1–7).

JHWH ist heilig, weil er durch seine Transzendenz von der Welt geschieden ist, aber Heiligkeit ist noch etwas anderes als dieses. Sie ist vor allem absolute moralische Vollkommenheit. Der Prophet ist tief erschrocken, weil er als Sünder den Heiligen schlechthin gesehen hat; erst nachdem er von seinen Fehlern durch die glühende Kohle, mit der der Engel seinen Mund berührt, gereinigt wurde, kommt er wieder zu sich. Von diesem Augenblick an wird er selbst ein Heiliger und verliert damit auch das Recht, ein gewöhnliches Leben in Gleichgültigkeit und Sünde zu führen.

Zu solcher Höhe erheben die Religionen der griechischen und römischen Welt sich nicht; die sie praktizieren, dürfen sich mit einer rein äußerlichen Heiligkeit zufriedengeben. Mit der Reinheit ihrer Seelen, der Praxis der Tugend, dem Mühen um das Ideal brauchen sie

---

[75] Vgl. *M. J. Lagrange,* Études sur les religions sémitiques, 2. Aufl., Paris 1905, 146. Man muß in diesem Buch das ganze wichtige Kapitel über „Sainteté et impiété", 141–157, lesen, das aufzeigt, wie heilige Personen oder Dinge als unrein oder rein betrachtet werden, und deshalb unberührbar sind. Ebenso ist zu erinnern an den religiösen, heiligen, ja geheimnisvollen, aber zugleich auch unreinen Charakter von allem, was mit der Zeugung zu tun hat.

sich nicht zu befassen. Es reicht, wenn sie die Vorschriften des Reinheits-Gesetzes erfüllen. „Um sich dem Heiligen zu nähern, muß man sich in einen Zustand physischer Reinheit bringen; dem Unreinen, sagt Plato, ist es nicht erlaubt, das Reine zu berühren[76]. Zahllos sind die Motive der Unreinheit: Schmutz im gewöhnlichen Sinn oder ein physischer Defekt; vergossenes Blut, ob der Mord gewollt war oder nicht; Einnahme bestimmter Nahrungsmittel oder von Wein; sexuelle Kontakte zwischen Verheirateten oder Nichtverheirateten; Berührung eines Leichnams, eines Angehörigen, den man selbst zur Bestattung hergerichtet hat, oder Teilnahme an Begräbnisfeierlichkeiten; Berührung einer Frau im Wochenbett; für die Frau der Verlust der Jungfräulichkeit, Menstruation, Geburt und Fehlgeburt. Zur Reinigung läßt man eine größere oder geringe Frist verstreichen zwischen dem Vorgang, der die Unreinheit bewirkt hat, und dem Besuch des Heiligtums, wo man sich wäscht, entweder den ganzen Körper oder nur den unmittelbar verunreinigten Körperteil. Das Tragen eines Kranzes hat ebenfalls eine reinigende Wirkung, so ist es häufig vorgeschrieben, ebenso das Tragen bestimmter Gewänder."[77]

Man kann sich hier tatsächlich täuschen; denn das Vokabular der moralischen und der physischen Reinheit gleichen einander, und die besten Köpfe haben am Ende doch begriffen, daß man wirklich heilig sein müßte, um das Recht zu haben, sich der Gottheit zu nähern. Aber diese Vorstellung ist nicht von langer Dauer. In den *Kretern* des Euripides drückt sich der Myste, der gerade in die Mysterien des Zagreus eingeweiht wurde, folgendermaßen aus:

„Sohn der Europa von Tyrus, die von den Phönikiern kommt, und des großen Zeus,

Herrscher von Kreta mit den hundert Städten, ich komme, indem ich die göttlichen Heiligtümer verlasse, wo ein einheimischer Balken, mit der Axt der Kabiren geschlagen und mit Leim vom Ochsen eingefügt Verstrebungen undurchdringlicher Zypressen bewirkt.

Ich führe ein reines Leben, seit ich ein Myste des Zeus vom Ida geworden bin und ein Ochsentreiber des nachtwandlerischen Zagreus. Angetan mit weißen Gewändern fliehe ich die Geburt der Sterblichen und berühre keinen einzigen Sarg mehr und hüte mich, belebte Wesen zur Nahrung zu nehmen."[78]

---

[76] *Platon*, Phaidon, 67b.
[77] *A. J. Festugière*, Le monde gréco-romain II, 84–86. Man findet in diesem Buch zahlreiche Hinweise. Analoge Vorschriften kann man bei den Semiten beobachten. Im Buch Leviticus nimmt das „Heiligkeitsgesetz" (Lev Kap. 17–27) einen großen Platz ein.
[78] *Euripides*, Fragm. 472; *Nauck*; vgl. *A. J. Festugière*, Les mystères de Dionysos, in: Revue Biblique, XLIV (1939), 372 f.

Was immer es mit diesen Mysten, von dem in unserem schwierigen Text die Rede ist, genauer auf sich haben mag, die von ihm beanspruchte Reinheit berührt nicht die Tiefen der Seele: ein weißes Kleid zu tragen und sich einer vegetarischen Lebensweise zu unterwerfen, den Kontakt mit Toten zu meiden und selbst den Begräbnisfeierlichkeiten fernzubleiben, das sind lauter formalistische Vorschriften. Was soll die Einweihung nützen, wenn sie keine höheren Ambitionen hat und kein höheres geistiges Ziel verfolgt?

Interessanter ist da zweifellos eine Inschrift aus Philadelphia in Lydien, die anscheinend aus dem 1. Jahrhundert v. Chr. stammt und die uns mit dem Gesetz eines Privatheiligtums bekannt macht, das ein gewisser Dionysius zu Ehren der Agdistis errichtet hatte; in diesem Heiligtum befanden sich nebeneinander Altäre des Zeus, der Hestia, anderer Retter-Gottheiten und, dem Geschmack der Zeit entsprechend, göttliche Personifikationen wie des Glückes, der Gesundheit, des Reichtums, der Tugend, der Fortuna, des Guten Genius, der Memoria, der Charitinnen und der Victoria.

„Ihr Männer und Frauen, Sklaven und Freie, die ihr in dieses Heiligtum kommt, schwört bei allen Göttern, daß ihr euch niemals hinterhältig gegen einen Mann oder eine Frau, die ihr nicht kennt, verhalten wollt; daß ihr nicht Giftmischerei, Zauberei, magische Handlungen betreibt, euch nicht schuldig macht der Abtreibung, des Diebstahls oder des Mordes; sei es, daß ihr selber solche Handlungen vollbracht hättet, oder daß ihr Schuldige nicht angezeigt habt. Ein Mann darf keine Beziehungen zur Frau eines andern haben, es mag sich um eine Freie oder um eine Sklavin handeln, oder zu einem Knaben oder zu einer Jungfrau; er darf sie auch nicht mit einem andern verkuppeln. Wird er Zeuge derartiger Verbrechen, soll er sie bekanntmachen und nicht geheimhalten. Diejenigen Männer und Frauen, welche die aufgeführten Fehler begangen haben, sollen dieses Haus nicht betreten; denn die allmächtigen Götter haben hier ihren Wohnsitz und sehen alle diese Fehler und ertragen diejenigen nicht, die ihre Gebote übertreten. Eine freie Frau soll keusch sein und keinen anderen Mann als ihren Gatten kennen; verstößt sie dagegen, dann wäre sie nicht keusch (ἁγνή), sondern befleckt und unwürdig, den Gott, dessen Wohnung hier ist, zu verehren oder ihm Opfer darzubringen ... Agdistis, Wächterin und Herrin dieses Heiligtums, gib allen, Männern und Frauen, Freien und Sklaven, gute Gedanken, damit sie diese Gebote befolgen ... O Zeus, Heiland, höre unsere Worte, und gib uns ein gutes Gewissen, Gesundheit, Freiheit, Frieden und Sicherheit auf dem Land und auf dem Meer."[79]

---

[79] *Dittenberger*, Sylloge, 3. Aufl., 985; *A. D. Nock*, Conversion, 216–218; *A. J. Festugière*, Le monde gréco-romain II, 159–160.

44

Hier mischen sich moralische Anliegen eigentümlich mit den traditionellen Sorgen um rituelle Reinheit; doch darf man die Hoffnungen dieses Dionysius nicht übertreiben. Die Normen, die er den Besuchern seiner Hauskapelle auferlegt, sind völlig negativ; kein Verbrechen zu begehen ist etwas anderes, als ein Heiliger zu sein im christlichen Sinn. Im übrigen sind die zu vermeidenden Fehler solche, bei denen man sich eine legalistische Unreinheit zuzieht, von der man sich mehr oder weniger bald wieder befreien kann: die Abtreibung (oder Fehlgeburt) verlangt vierzig Tage der Reinigung, die Berührung eines Leichnams zehn, illegitime Beziehungen zu einer Frau zwei Tage. Sind diese Unterbrechungen vorbei, dann ist man wieder ohne Befleckung und braucht den Zorn der Götter nicht zu fürchten[80]. Wenn wir heute diese Inschrift von Philadelphia bewundern, so deshalb, weil sie in ihrer Art einzigartig dasteht[81]; auch weil die Auffassungen, die sie zeigt, eine wirkliche Erneuerung des moralischen Bewußtseins darstellten.

Eigentlich muß man bis zum 4. Jahrhundert warten, bis auf Julian den Abtrünnigen, um im Heidentum einer wirklichen Sorge um (moralische) Heiligkeit zu begegnen. Aber Julian ist selbst ein Bekehrter des Christentums und überdies zu intelligent, um sich darüber nicht im klaren zu sein, welchen Schaden er der von ihm verteidigten Sache zufügen würde, wenn er die Tugend vernachlässigte. Aus Erfahrung weiß er, was das Christentum seinen Heiligen alles verdankt, ja selbst dem geringsten Gläubigen, weil die Praxis der Liebestätigkeit in der Kirche gang und gäbe ist. Er träumt davon, die Heiden, vor allem die Priester der Götter, zu einem besseren Leben, wie es die Jünger Christi führen, zu bekehren:

„Sehen wir nicht", schreibt er an den Oberpriester von Galatien, Arsacius, „daß das, was am meisten zur Verbreitung der Gottlosigkeit" (gemeint ist das Christentum) „beigetragen hat, die menschliche Güte gegen die Fremden, die Vorsorge für die Bestattung der Toten und ein geheuchelter Ernst in der Lebensführung ist? Alle diese Tugenden müssen von uns, aber ohne Heuchelei geübt werden. Und es ist nicht genug, daß du allein dich darum bemühst, nein,

---

[80] Vgl. A. D. Nock, Conversion, 216.
[81] Neben der Inschrift von Philadelphia zitiert man gewöhnlich noch eine spätere Inschrift aus der Kaiserzeit, Dittenberger, Sylloge, 3. Aufl., 1042. Es handelt sich um die Anordnung für ein Privatheiligtum bei Sunion in Attika zu Ehren des Gottes Men Tyrannos. Diese Kapelle „steht allen, die sich an die gewöhnlichen Reinheitsvorschriften halten, offen. Der Gott wird gnädig sein allen, die ihm in Einfalt des Herzens dienen. Wer die Gottheit beleidigt, macht sich gegenüber Men Tyrannos einer unvergebbaren Sünde schuldig." A. J. Festugière, Le monde gréco-romain II, 160–161.

alle Priester von Galatien ohne Ausnahme müssen es tun. Nimm sie bei ihrer Ehre oder bei ihrer Einsicht, daß sie Ernst damit machen. Enthebe sie ihres Priesteramts, wenn sie nicht mit Weib und Kind und ihrem Gesinde zur Verehrung der Götter gehen, sondern zulassen, daß ihre Bedienten oder ihre Söhne oder ihre galiläischen Gattinnen die Pflicht gegen die Götter vernachlässigen und die Gottlosigkeit der Frömmigkeit vorziehen. Dann ermahne sie, daß ein Priester weder das Theater besuchen noch in der Schenke trinken, noch ein ehrloses und übel beleumdetes Handwerk oder Gewerbe ausüben darf. Ehre die, welche dir gehorchen, die Ungehorsamen entsetze ihres Amtes. Richte in jeder Stadt zahlreiche Herbergen ein, damit die Fremden unsere Menschenfreundlichkeit erfahren, und zwar nicht nur jene, die zu den Unseren zählen, sondern auch alle andern, die ihrer bedürfen ... Was die Statthalter betrifft, so besuche sie nur selten in ihrer Amtswohnung; verkehre in der Regel schriftlich mit ihnen. Wenn sie in die Stadt kommen, soll ihnen kein Priester entgegengehen, sondern nur, wenn sie die Göttertempel aufsuchen, aber auch da nicht weiter als bis in den Vorhof. Drinnen soll ihnen kein Soldat vorangehen; hinter ihnen hergehen mag, wer will. Denn sobald einer die Schwelle des heiligen Bezirks überschritten hat, ist er nur noch Privatmann. Du bist es, wie du weißt, der im Innern gebietet; so fordert es die göttliche Satzung." [82]

Derartige minutiöse Anordnungen aus der Feder eines abgefallenen Kaisers amüsieren uns ein wenig, wenn er da zum „Prediger kirchlicher Exerzitien" wird [83]. Sie bewegen uns aber auch, weil sie ein unmöglich zu erreichendes Ideal anvisieren und Julian sich darüber Rechenschaft geben mußte. Umsonst vermehrt er die Ermahnungen an seinen Klerus, umsonst bemüht er sich um die Rekrutierung seiner priesterlichen Berufungen:

„Vielleicht wäre es richtig gewesen, vor alledem zu sagen, aus welchem Kreis und nach welchen Gesichtspunkten die Priester zu berufen seien. Aber es ist auch ganz angebracht, wenn ich damit meine Ausführungen beschließe. So erkläre ich denn, daß man die Besten in den Städten auslesen muß, und zwar vor allem die, welche am meisten Liebe zu den Göttern, dann jene, die am meisten Liebe zu ihren Mitmenschen zeigen, gleichviel, ob sie nun arm seien oder reich. Im Hinblick auf dieses Amt soll keinerlei Unterschied zwischen einem unbekannten und einem angesehenen Mann gemacht werden. Denn es ist nicht recht, daß einer, der mit seiner stillen Art im Hintergrund geblieben ist, wegen seines geringen Ansehens benachteiligt sein soll. So mag denn einer arm, mag er ein Mann aus dem Volke sein: wenn er die beiden Voraussetzungen erfüllt, die Götter und die Menschen zu lieben, soll er zum Priester er-

---

[82] *Julian*, Epist. 84, zitiert nach Kaiser Julian der Abtrünnige, Die Briefe, eingeleitet, übersetzt und erläutert von *L. Goessler*, Zürich-Stuttgart 1981, 114 ff.
[83] Die Formulierung stammt von *M. J. Lagrange*, der einem Artikel den Titel gab: „Julien l'Apostat, prédicateur de retraites ecclésiastiques."

nannt werden. Der Beweis für seine Liebe zu den Göttern liegt darin, daß er sein ganzes Haus dazu bringt, die Götter fromm zu verehren, für seine Liebe zu den Menschen darin, daß er von dem wenigen, das er besitzt, den Bedürftigen gerne etwas gibt und bereitwillig mit ihnen teilt und daß er sich bemüht, so vielen er nur kann Gutes zu tun. Auf diesen Punkt muß man sein Augenmerk richten; hier muß man mit der Heilung der jetzigen Zustände einsetzen."[84]

Wie konnte Julian nur hoffen, dem absterbenden Heidentum eine Heiligkeit zu vermitteln, welche dieses in seinen kräftigsten Tagen niemals hat erreichen wollen? Konnten die Heiden sich für ihren Lebenswandel etwa am Beispiel ihrer Götter orientieren? Wir kennen diese Götter zu gut aus den alten Legenden: als schamlose, ehebrecherische, päderastische und kriegerische Gesellen, stets zu Zorn und Beleidigungen aufgelegt. Die christlichen Apologeten haben es sich nicht entgehen lassen, ihre Verbrechen zu tadeln, und wir möchten manchmal bei ihren Schilderungen ermüden, weil sie uns überholt vorkommen; mit ihrer reichen Häme, die wir nicht mehr als geistvoll empfinden, so oft werden sie in ihren Büchern wiederholt. Dabei sollte man freilich nicht vergessen, daß sie, wenn sie so oft sich wiederholen, das nicht aus Vergnügen oder literarischen Ambitionen tun. Kein Mensch, so sagt man, glaubte im 2. und 3. Jahrhundert noch an die Fabeln der Mythologie; schon möglich, aber trotzdem wurden sie noch immer weitererzählt, und vor allem, man wandte sich noch immer mit Gebeten an die Götter, die Helden dieser Geschichten. Im makedonischen Philippi hat man eine alte Sammlung von 136 Reliefs gefunden, die in einem Steinbruch auf einen gemeinsamen Felsen gehauen waren, die Götter darstellend, die man während der zweiten Hälfte des 1. Jahrhunderts n. Chr. verehrte. Kaum ein Name fehlt: Zeus, Hera, Athene, Ares, Aphrodite, Hermes oder ihre römischen Pendants; die Dioskuren, Nemesis, Nike, die den Griechen gehören, und die thrakische Bendis mit ihrem Genossen, dem göttlichen Reiter. Wer also will behaupten, daß diese Götter in Makedonien tot gewesen wären, wenn man sie nach vielen Jahrhunderten noch derart lebendig sieht?[85] Und so war es überall. In der Schule dieser Gestalten konnte man keine Moral lernen.

Selbst der Kult der griechisch-römischen Götter besaß noch eine gewisse Würde und man beobachtete noch immer mit einer gewissen Dezens die elementaren Gesetze. Von den praktizierten Kulten der

---

[84] *Julian*, Epist., 89, vgl. Briefe, 143 f.
[85] Vgl. *A. J. Festugière*, Le monde gréco-romain II, 79–83.

orientalischen Religionen, die am Beginn der christlichen Ära so zahlreiche Anhänger anzogen, läßt sich nicht dasselbe sagen. Hier gab es hauptsächlich die aufgewühlten Umzüge, obszöne Darstellungen und Schlimmeres. Die Philosophen erklärten alle diese Riten, auch die geschmacklosesten, mit Hilfe der Allegorie. Die andern gingen nicht so weit auf die Suche; sie begnügten sich mit den sehr grobschlächtigen Genüssen, die ihnen diese Kulte boten; oder man fiel der aufgeregten Hektik anheim, die durch frenetische Verrenkungen, aufgelöste Tänze, durch Heulen und durch Schreie provoziert wurden. Völlig überflüssig, in all dem eine Aufforderung zur Heiligkeit zu suchen. Als Julian das Heidentum restaurieren wollte, da fühlte er sich in seiner Frömmigkeit dazu verpflichtet, an all diesen Kulten teilzunehmen, einschließlich an dem der syrischen Gottheiten; in Antiochien befand er sich in einer Gesellschaft, die an seine strengen Sitten nicht gewöhnt war. Die einen nahmen Ärgernis an seinem Verhalten, die anderen lachten über ihn. Weder Religion noch Moral hatten dabei etwas zu gewinnen, und der Kaiser mochte durch diese schmerzliche Erfahrung erkennen, daß er seine Zeit vertan hatte, wenn er sich damit abgab, Tugend zu predigen, während die Götter selber Beispiele größter moralischer Verkommenheit gaben und die Priester gewissermaßen selbst dazu verurteilt waren, Zeremonien zu begehen, bei welchen die Moral alles zu verlieren hatte.

4. Der Fall des Lucius bei Apuleius (Metamorphosen).

Unter welchem Gesichtspunkt man sie auch studieren mag, die im Römischen Imperium praktizierten Religionen haben mit dem, was für uns das Wesen einer Bekehrung ausmacht, schlechterdings nichts gemein. Die Leichtigkeit, mit der man alle Götter aufnehmen und nebeneinander verehren kann, der formalistische Charakter der religiösen Verpflichtungen und der gefeierten Kulte, die nahezu vollständige Gleichgültigkeit gegenüber den Vorschriften der Moral, das alles läuft darauf hinaus, eine innere Umwandlung der Bekehrten, wenn nicht überhaupt unmöglich, so doch überflüssig zu machen.

Man sucht in dieser Zeit vergeblich nach Seelen, die eine Religion verlassen haben, um sich vollständig und exklusiv einer anderen zuzuwenden. Man findet Fromme, die, um ihre Heilschance möglichst sicher zu machen, zahlreiche Einweihungen auf sich nehmen; man findet Gläubige, die, um ihrem Lieblingsgott zu gefallen, eine harte asketische Praxis auf sich nehmen[86]; man entdeckt auch Philosophen, die den Synkretismus lehren und sich rühmen, die einzige Gottheit unter verschiedenen Namen zu verehren[87], aber es gibt, genau genommen, keine wirkliche Bekehrung[88]. Der einzige Fall, den man kennenlernen und studieren sollte, ist der des Lucius (in den „Metamorphosen" oder „Der goldene Esel" von Apuleius), aber hier handelt es sich um eine Romanfigur, und es ist schwierig zu beurteilen, in welchem Maße hier Apuleius seine persönlichen Erfahrungen beschreibt[89]. Das Thema der „Metamorphosen", wo diese Geschichte erzählt wird, ist bekannt. Lucius war durch eine magische Prozedur in einen Esel verwandelt worden und konnte die menschliche Gestalt nur dadurch zurückgewinnen, indem er Rosen fraß. Nach außergewöhnlichen Abenteuern beschließt er, den Schutz der Isis anzuflehen in der festen Überzeugung, daß die allmächtige Göttin eine überragende Würde besitze, die menschlichen Dinge durch ihre Vorsehung beschützt würden, und daß nicht nur alle Tiere im Haus und in der Wildnis, sondern sogar die unbelebten Wesen durch den Willen, das Licht und die Kraft der Gottheit belebt würden[90]. Isis erhört tatsächlich sein Gebet und erscheint ihm:

„Scheue keine meiner Anordnungen als zu schwierig! Denn in eben diesem Augenblick, da ich hüben erscheine, bin ich auch drüben nahe und weise meinen Priester im Traum an, das Weitere zu besorgen. Auf meinen Befehl werden dir die Leute im Gedränge des Festzugs ausweichen, und niemand wird sich bei den frohen Zeremonien und im festlichen Gepränge an deinem häßli-

---

[86] Vgl. *Juvenal*, Sat. VI, 522–531: „Mitten im Winter da bricht sie das Eis und steigt in die Fluten, taucht, wenn noch dämmert der Tag, dreimal in den Tiber, entsühnt so selbst mit den Wogen das ängstliche Haupt, rutscht dann in des stolzen Königs ganzem Gefilde dahin auf blutigen Knien, nackt und zitternd vor Frost; ja wollt es die schneeige Jo, geht sie zum äußersten Ende Ägyptens und holt von dem heißen Meroë Wasser herbei, um den Tempel damit zu besprengen, welcher, der Isis geweiht, sich erhebt am alten Ovile. Hält sie sich doch für gemahnt von der eigenen Stimme der Herrin: Das ist der Sinn und der Geist, mit welchem die Götter nachts sprechen!" (zitiert nach *W. Krenkel* [Hrsg.], Römische Satiren, Berlin-Weimar, 3. Aufl., 1984, 378).
[87] Vgl. z. B. den Brief des *Maximus von Madaura* an Augustinus, Epist. 16, der folgendermaßen schließt: „Mögen die Götter dich behüten, jene Götter, in welchen wir alle wie wir da sind, auf tausend verschiedene Weisen, aber in ein und demselben Accord den gemeinsamen Vater der Götter und Menschen verehren und anbeten."
[88] Der Übertritt vom Christentum zum Heidentum, der in gewissem Sinne auch eine Bekehrung darstellt, wird uns später beschäftigen.
[89] Man diskutiert noch immer und wird das noch weiterhin tun, über den mehr oder weniger autobiographischen Charakter des Buches XI der Metamorphosen. Vgl. *G. Lafaye*, Histoire du culte des divinités d'Alexandrie, Paris 1884, 75 ff.
[90] *Apuleius*, Metamorphosen, XI, 1. – Wir zitieren nach *E.Brandt–W. Ehlers,* Apuleius, lateinisch und deutsch, Der goldene Esel/Metamorphosen, München 1958.

chen Äußeren da stoßen, keiner wird deine plötzliche Verwandlung mißverstehen und dich böswillig verleumden. Doch mußt du dir dessen ganz bewußt sein und es immer mit allen Fasern deines Herzens festhalten: mir ist der Rest deines Erdenlaufs bis zum allerletzten Atemzug verfallen! Billig ist's, der dein ganzes künftiges Leben zu weihen, deren Gnade dich unter die Menschen zurückgeführt hat. Doch ein Leben voller Glück, ein Leben voll Ruhm wartet auf dich unter meiner Obhut. Und ist einst die Frist deiner Zeitlichkeit abgelaufen und bist du zur Unterwelt hinabgestiegen: auch dort in der unteren Halbkugel werde ich, wie du mich siehst, der Höllenfinsternis leuchten und dem Totenpalast gebieten, du aber wirst – auch selbst dann Bewohner der elysischen Gefilde – beständig zu mir, deiner Gönnerin, beten. Hast du mit emsigem Gehorsam, frommem Dienst und zäher Kasteiung unsere Gnade verdient, so wisse: über die dir vom Schicksal gesetzte Spanne hinaus gar dein Leben zu verlängern ist mir allein verstattet." [91]

Am nächsten Morgen findet das Wunder statt, wie Isis es angekündigt hatte. Im Verlauf einer großen Prozession zu Ehren der Göttin reicht der Priester der Göttin dem Esel die Rosen, die er in seinen Händen trägt, und sogleich, nachdem dieser sie gefressen hatte, gewinnt er, zum Staunen der Menge, seine menschliche Gestalt zurück. Daraufhin hält der Priester die folgende Ansprache:

„Viele Leiden mancher Art hast du bestanden, heftige Stürme des Schicksals und die heftigsten Orkane haben dich umgetrieben; aber endlich, Lucius, bist du zum Port des Friedens und zum Altar des Erbarmens gelangt. Nirgends waren dir deine Abkunft, wenigstens dein Stand oder selbst deine prächtige Bildung nütze; sondern in haltlos-unreifem Jugendungestüm bist du in niedere Wollust gefallen und hast für unangebrachte Neugier schlimmen Lohn davongetragen. Aber wie dem auch sei, so hat dich das blinde Schicksal im Augenblick schlimmster Gefahr und Pein in diese Glaubensseligkeit geleitet, aus Versehen in seiner Bosheit! Fort jetzt mit ihm, mag es grenzenlos rasen und wüten, sich aber für seine Grausamkeit ein anderes Objekt suchen! Denn bei denen, deren Leben unsere erhabene Göttin sich dienstbar gemacht hat, findet tückisches Ungefähr keine Stätte. Was haben die Räuber, was die wilden Tiere, was der Frondienst, was das ewige Umher auf den rauhsten Pfaden, was die tägliche Todesangst dem ruchlosen Schicksal genützt? In seine Obhut hat dich jetzt ein Schicksal aufgenommen, aber ein sehendes, dessen Lichtglanz auch die anderen Götter bestrahlt. Blicke nun fröhlicher drein, wie es deinem weißen Gewand da ansteht, und schließe dich dem Zug der göttlichen Erlöserin mit jubilierendem Schritt an! Laß schauen die Ungläubigen, laß sie schauen und ihren Irrtum erkennen: ›Seht nur, aus früheren Drangsalen erlöst durch die Fürsorge der großen Isis, feiert Lucius über sein Schicksal einen frohen Triumph!‹ Aber zu deinem besseren Schutz und Schirm verschreibe dich diesem heiligen Streitertum – ihm den Eid zu leisten, wurdest du schon vor

---

[91] *Apuleius,* Metamorphosen XI, 6,2–5; 464 ff.

kurzem aufgefordert – weihe dich nunmehr als Jünger unserem Glauben, und nimm freiwillig das Joch des Dienens auf dich! Denn hast du die Knechtschaft bei der Göttin begonnen, dann wirst du doppelten Gewinn an Freiheit spüren!"[92]

Die Menge hört die Ansprache mit Begeisterung; voller Bewunderung betrachtet sie den Lucius; sie rufen ihm zu:

„Den hat heute die allmächtige Göttin nach ihrem hohen Willen durch Verwandlung wieder unter Menschen gebracht. Wahrlich: glücklich ist er und dreimal selig! Hat er doch durch Unschuld und Geradheit im früheren Leben vom Himmel so herrlichen Schutz gewonnen, daß er gleichsam wiedergeboren sofort zur heiligen Jüngerschaft verpflichtet wurde."[93]

Nach Beendigung des Festes führt Lucius eine Zeitlang das Leben der Priester im Innern des Tempels, wo er an den Zeremonien des privaten Kultus teilnimmt. Doch zögert er noch, trotz der eindringlichen Mahnung der Göttin, sich einweihen zu lassen und sich ihr ganz zu nähern. Seine Bekehrung bleibt unvollständig. Er fürchtet, wie er sagt, die Schwere der asketischen Übungen, denen er sich unterziehen müßte; er macht immer mehr Einwände, die ihn an einer vollständigen Hingabe hindern; trotzdem erkennt er die Wahrheit seiner Berufung an und nimmt die weltlichen Gewohnheiten, die er vor kurzem noch selbst praktizierte, nicht wieder auf. Die unverhoffte Verwirklichung eines Traumes überzeugt ihn endlich. Er sucht den Oberpriester auf und erbittet die Einweihung, die ihn auf unwiderrufliche Weise engagiert:

„Aber er – übrigens ein Mann von Gewichtigkeit, der für seine Beobachtungen der Kasteiungsvorschriften berühmt war – hielt in freundlicher Milde und in der Art, wie Eltern verfrühte Wünsche ihrer Kinder zu dämpfen pflegen, mein Drängen hin, vertröstete mich auf eine günstigere Zeit und suchte so meine stete Ungeduld zu beruhigen. Denn erstens gebe die Göttin Wink und Zeichen, an welchem Tag der betreffende eingeweiht werden könne; zweitens wähle sie ebenso fürsorglich den Priester aus, der bei der heiligen Handlung fungieren solle; und außerdem ergehe eine ähnliche Weisung, um den notwendigen Aufwand für die Zeremonien zu bestimmen. All dem, empfahl er, solle sich auch unsereiner achtsam und geduldig fügen; ich müsse mich nämlich vor Begier und Widerspenstigkeit gründlich in acht nehmen und beide Sünden vermeiden, sei es bei Berufung zu zögern, sei es ohne Befehl zu hasten. Doch sei auch niemand aus seinem Kreis so gottvergessen oder vielmehr so auf den Tod versessen, daß er, ohne besonderen Befehl der Herrin auch an

---

[92] *Apuleius*, Metamorphosen XI, 15; 475 ff.
[93] *Apuleius*, Metamorphosen XI, 16, 3; 477 ff.

ihn, eine eigenmächtige und frevlerische Amtshandlung vorzunehmen und sich eine Todsünde zuzuziehen wagen würde. Denn die Riegel der Hölle ebenso wie der Schutz des Lebens seien in der Göttin Hand. Die Weihenerteilung selbst begehe man unter dem Bild eines freiwilligen Todes und einer Erlösung aus Gnade. Denn wenn nach vollbrachter Lebenszeit das Dasein ein Ende habe und man unmittelbar auf seiner Schwelle stehe, pflege die Göttin die zu berufen, denen etwa die großen Glaubensgeheimnisse sicher anvertraut werden könnten, und pflege die durch ihre Obhut gleichsam Wiedergeborenen nochmals in einen neuen Lebenslauf einzusetzen. Infolgedessen müsse also auch ich mich dem Himmelsgebot fügen, auch wenn mich die deutlich sichtbare Gnade der großen Gottheit schon längst zum seligen Dienst ausersehen und erkoren habe. Und ebenso wie die übrigen Anbetenden solle ich mich schon jetzt von unheiligen und sündigen Speisen enthalten, um auf desto geraderem Weg zu den geheimen Mysterien des reinsten Glaubens vorzudringen." [94]

Diese Ermahnung erreicht ihr Ziel. Lucius besänftigt seine Ungeduld, ohne sein Verlangen nach einer absoluten und endgültigen Einweihung aufzugeben. In Frieden und in Schweigsamkeit wartet er, daß der Wille der Isis sich offenbare. Sein Gehorsam wird auch prompt belohnt. Die Göttin läßt mit der Offenbarung ihres Willens nicht auf sich warten und bezeichnet auch die Person, die Lucius unter die Zahl der Mysten aufnehmen wird. Sobald Lucius den auserwählten Priester trifft, begrüßt dieser ihn herzlich:

„Ach, Lucius, Glück und Segen, daß dich die erhabene Gottheit aus ihrem gnädigen Willen so hoher Ehre würdigt!" Und er setzt hinzu: „Was stehst du immer noch müßig da und bist dir selbst im Wege? Heute ist der Tag, den du immer auf das innigste herbeigesehnt hast; heute sollst du nach den himmlischen Weisungen der namenreichen Göttin durch diese meine Hände zu den einzig frommen Geheimweihen eingehen!" [95]

Die Einweihungsriten werden nach der üblichen Weise gefeiert. Lucius erfreut sich jetzt eines vollkommenen Glücks; er kann nicht aufhören, das Bild der Göttin, der er nunmehr angehört, zu betrachten und zu ihr die dankbarsten und innigsten Gebete emporzuschicken. Unablässig dankt er dem Priester, dem er solch großes Glück verdankt und der gleichsam sein geistlicher Führer geworden ist; das Herz voll heiliger Erregung kehrt er in seine Heimat zurück.

Als treuer Isis-Anhänger macht er nach einiger Zeit eine Reise nach Rom. Dort findet er in unsagbarer Freude ein Heiligtum der heißge-

---

[94] *Apuleius*, Metamorphosen XI, 21; 483 ff.
[95] *Apuleius*, Metamorphosen XI, 22, 6.

liebten Göttin. Obwohl in der Hauptstadt des Imperiums ein Fremdling, fühlt er sich doch, wenn er betet, zu Hause. So verrichtet er täglich seine Frömmigkeitsübungen und versäumt keines der Gebete, die seine Ergebenheit bezeugen können. Als er eines Tages bemerkt, daß ihm zur Vollkommenheit doch noch etwas fehlt, nämlich die Einweihung in die Mysterien des Osiris, beeilt er sich, darum zu bitten; um die Kosten der Zeremonie zu bestreiten, zögert er nicht, einen Teil seiner Garderobe, die ohnehin nicht aufwendig ist, zu verkaufen. Seine Freude wäre nach dieser Einweihung vollständig, wenn er nicht noch einen letzten Schritt tun müßte, nämlich sich unter die Zahl der Pastophoren aufnehmen zu lassen, das heißt in das Priesterkollegium der Isis einzutreten. Die Göttin gewährt ihm, als sie ihn dazu auffordert, eine ganz außerordentliche Gunst; er dagegen ist glücklich, diese empfangen zu können, indem er bis zum Ende den Forderungen seiner Berufung gehorcht.

Die Erzählung des Apuleius ist in jeder Hinsicht bemerkenswert. Wir haben sie deshalb gebracht, weil sie in der heidnischen Antike ohne Beispiel ist. „Lucius", schreibt A. D. Nock, „gleicht einem Menschen, der in die katholische Kirche aufgenommen wurde und der sich zurückzieht, um in einem Kloster Exerzitien zu machen; eine Zeitlang schiebt er, wie dies in den ersten Jahrhunderten öfter geschah, seine Taufe wegen der damit verbundenen Verpflichtungen auf. Einmal getauft, strebt er voran ... und wird am Ende ein Mitglied des dritten Ordens des heiligen Franziskus; nun lebt er in der Welt, als würde er nicht zu ihr gehören. Der Priester, der ihm die erste Einweihung erteilte, bleibt für ihn eine Art geistlicher Führer. Das Ideal, wie der Verfasser es schildert, ist geprägt von Unterwerfung, Freude und Gefühlen, welche die Betrachtung des Bildes der Isis steigern, von ihren Willensoffenbarungen im Traum und durch die tägliche Feier des heiligen Offiziums." [96]

So unvollkommen der Vergleich zwischen den heidnischen Kulten und dem Christentum gewöhnlich ausfällt, man muß zugeben, daß er im Falle des Lucius sich geradezu aufdrängt. Freilich, Lucius bleibt es freigestellt, auch andere Götter kultisch zu verehren, ohne daß die Isis darob eifersüchtig werden könnte; für ihn selbst jedoch zählt allein die allmächtige Göttin, von der er so viele Gnaden empfangen hat und der er sein volles Vertrauen geschenkt hat. Die Gefühle, die er ihr gegenüber zeigt, die seltene Treue, wie er sie ihr gelobt, das alles zeigt

---

[96] A. D. Nock, Conversion, 155.

bei ihm eine echte Bekehrung, wie sie in diesem Begriff für das Christentum mitschwingt. Nur eines fehlt dem Lucius noch: nämlich die Sorge um wahre Heiligkeit. Freilich gibt es bei ihm die Frage der Keuschheit, des Fastens, eine Nahrungs-Abstinenz; doch das sind rituelle Verpflichtungen, die mit moralischer Vollkommenheit nur entfernt etwas zu tun haben. Man muß zehn Tage vor jeder Einweihung fasten; ebenso muß man unter gleichen Bedingungen die Keuschheit wahren. Sobald jedoch die Zeremonien durchgeführt waren, findet die Natur ihre Rechte wieder, und man braucht sich keinen weiteren Zwang mehr aufzuerlegen. Das reicht – machen wir uns da keine falschen Vorstellungen – vollkommen aus. Mag Lucius dem Apuleius als Pseudonym dienen, oder der Dichter alle Gefühle, mit denen er seinen Helden ausstattet, frei erfunden haben, das kann uns im Grunde gleichgültig sein. So sympathisch der Isis-Gläubige erscheint, so fromm das Leben nach seiner Bekehrung auch ist, wir sind trotzdem noch nicht zufrieden. Außerdem darf man nicht vergessen, daß sein Fall einzigartig ist; das Heidentum konnte sich bei seinem Niedergang eine Bekehrungsgeschichte schon vorstellen. Das entstehende Christentum aber hat die Welt wirklich bekehrt. Das reicht aus, um den Unterschied deutlich zu machen.

Zweites Kapitel

Die philosophische Bekehrung

Griechen und Lateiner, die sozusagen keine wirkliche religiöse Bekehrung kannten, können nun freilich, vor allem die Erstgenannten, der historischen Betrachtung gegenüber auf zahlreiche Fälle der philosophischen Bekehrung verweisen. Männer wie Pythagoras, Sokrates, der Kyniker Diogenes, Epikur, Epiktet, Mark Aurel, um nur einige unter vielen zu nennen, begnügen sich nicht mit einem rein spekulativen Studium der Probleme von Welt und Seele, oder damit, mehr oder weniger sorgfältig Theorien zu konstruieren, die keinen Einfluß auf das wirkliche Leben haben. Sie sind die ersten, die in voller Übereinstimmung mit ihren Prinzipien ihr Leben gestalten wollen; sie wollen, wenn es sein muß, so weit gehen, daß sie von der Welt sich trennen und auf alle ihre Güter verzichten, um für die Praxis ihrer Lehren vollständig frei zu sein. Manchmal schließen sie sich mit ihren Schülern, die sie durch ihr Beispiel und durch ihre streng geregelte Lebensweise gewonnen haben, zu Gemeinschaften zusammen, die schon von ferne an die christlichen Klöster erinnern. Viele von ihnen fühlen sich dazu berufen, die andern zu lehren und zu bekehren, und üben ein echtes Apostolat aus. Sokrates predigt sein Evangelium auf den öffentlichen Plätzen und Straßen von Athen. Die Kyniker ziehen durch die Welt, verdreckt, verlottert, selbstgefällig bekleidet mit den Fetzen eines alten Mantels. Seneca macht sich zum gerne gehörten Gewissensführer des römischen Adels. Plotin kümmert sich in großer Sorge um alle Bedürfnisse seiner Schüler, wacht über die Verwaltung ihrer Güter wie über ihre Gesundheit, nimmt sich nach ihrem Tod ihrer verwaisten Kinder an, um sie zu erziehen, und bemüht sich gleichzeitig darum, sie zu einem göttlichen Leben zu führen.

Kurz gesagt, die Philosophie, die für uns kaum etwas anderes ist als das mehr oder weniger trockene Studium metaphysischer und moralischer Probleme, ist für einen großen Teil der Alten eine Regel und Methode des richtigen Lebens und nimmt in ihren Augen denselben

Platz ein, wie bei uns heute die Religion[1]. Man bekehrt sich zur Philosophie, wie man sich zum Christentum bekehrt, und diese Bekehrung bedeutet im Geist und im Herzen derer, die sie vollziehen, einen Umbruch der Werte und zugleich den Beginn einer neuen Existenz.

---

[1] Es wäre recht interessant, ist jedoch nicht unsere Absicht, die Begriffsgeschichte des Wortes *Philosophie* darzustellen. Man schreibt dem Pythagoras die Einführung des Terms zu, vgl. *Cicero*, Tuscul. V, 8 f.: „Von ihm (von Pythagoras) erzählt Herakleides von Pontos, ein überaus gelehrter Mann und Schüler Platons, er sei einmal nach Phleius gekommen und habe sich dort mit Kon, dem Fürsten von Phleius, gelehrt und lange unterhalten. Leon bewunderte seinen Geist und seine Redegabe und fragte ihn, auf welche Kunst er am meisten Wert lege. Da erwiderte jener, er verstände keine Kunst, sondern er sei ein Philosoph. Da habe sich Leon über die Neuheit des Namens gewundert und ihn gefragt, wer denn die Philosophen seien und was sie von den anderen Menschen unterscheide. Darauf habe Pythagoras geantwortet, das Leben der Menschen scheine ihm gleich zu sein wie jener Markt, der im ganzen Glanz der Spiele und in der Anwesenheit ganz Griechenlands abgehalten zu werden pflege ... Es gebe aber einige seltene, die alles Andere verachteten und die Natur der Dinge aufmerksam betrachteten. Diese nannten sich Liebhaber der Weisheit, eben Philosophen. Und wie jenes das vornehmste sei, zuzuschauen ohne für sich etwas zu erstreben, so rage auch im Leben die Betrachtung und Erkenntnis der Dinge weit über alle anderen Beschäftigungen hinaus." Vgl. *Marcus Tullius Cicero*, Gespräche in Tusculanum. Lateinisch-deutsch mit ausführlichen Anmerkungen neu herausgegeben von *Olof Gigon*, 5. durchges. Aufl., München–Zürich 1984, 323.

Die Philosophie des Pythagoras ist rein spekulativ. Die des Epikur dagegen ist rein praktisch. „Eitelkeit ist der philosophische Diskurs, wenn es ihm nicht darum geht, auch nur das geringste Übel der Seele zu heilen. Diejenige Medizin ist nutzlos, die keine Krankheit des Leibes vertreiben kann; genau so die Philosophie, die kein Übel der Seele ausmerzt" (fragm. 221, 169, 14 ff. *Usener*).

Im NT kommt φιλοσοφία nur Kol 2, 8 vor, und zwar in einem pejorativen Sinn, der die falsche Weisheit bezeichnet: „βλέπετε μή τις ὑμᾶς ἔσται ὁ συλαγωγῶν διὰ τῆς φιλοσοφίας καὶ κενῆς ἀπάτης κατὰ τὴν παράδοσιν τῶν ἀνθρώπων, κατὰ τὰ στοιχεῖα τοῦ κόσμου καὶ οὐ κατὰ Χριστόν" („Sehet zu, daß euch keiner verführe durch Weltweisheit und leeren Betrug nach der Überlieferung der Menschen, nach den Elementen der Welt und nicht nach Christus"). Das Wort φιλόσοφος (Philosoph) erscheint Apg 17, 18 für die Epikuräer und Stoiker, die bei der Rede des Apostels Paulus auf dem Areopag in Athen anwesend sind.

Im 2. Jahrhundert wird die Philosophie zu einer Religion. Für *Maximus von Tyrus* ist die Philosophie die einzige reine Religion, die einzige Möglichkeit des Gebets für den Menschen; τὸ μόνον εὔχεσθαι ἐπιστάμενον, *Dissert*, V, 8, Hobein. Der Asklepius des Pseudo-Apuleius erklärt (Kap. 12): (philosophia) quae sola est in cognoscenda divinitate frequens obtutus et sancta religio.

Apuleius, De Platone II, 7 und II, 23 kommentiert Platon: „Die Gerechtigkeit als Königin der Tugenden verbindet sich in einem gewissen Sinn mit der Heiligkeit", und das letzte Wort der Weisheit lautet: „Ich bin die Spur Gottes." – Ein hermetischer Text, den Stobäus zitiert, Ecl. I, 698, enthält diese Aussagen: „Sei fromm, mein Kind. Die Frömmigkeit ist der Gipfel der Philosophie, ebenso kann man ohne Philosophie den Gipfel der Frömmigkeit nicht erreichen." Der Philosoph wird zu einer Art Magier; *Apuleius*, Apol. XLI, bezeichnet den Philosophen als „omnium animalium haruspicem, omnium deum sacerdotem" („der Beschauer aller Lebewesen und Priester aller Götter").

Dion Chrysostomus, Orat. XII, betrachtet ihn als „Interpret, als den wahrsten und als den vollkommensten Propheten des unendlichen Wesens".

In der christlichen Sprache bezeichnet „Philosophie" häufig die christliche Lehre

1. Die antike Philosophie

Der nach unserer Kenntnis erste, der die Philosophie auf die Wege praktischer Tätigkeit geführt und Schüler um sich gesammelt hat, um sie zu einer strengen Lebensführung anzuleiten, ist Pythagoras aus Samos [2]. Freilich entziehen sich sein Leben und Werk weitgehend unserer Kenntnis. Wenn wir uns an die alten Nachrichten halten, wurde er zu Samos geboren, wanderte zu gelegener Zeit nach Groß-Griechenland (= Unteritalien, Sizilien) aus, nach Kroton (Unteritalien), wo er Schüler um sich sammelte; diese Vorgänge ereigneten sich vor dem Ende des 6. Jahrhunderts (v. Chr.).

Er war zweifellos eine starke Persönlichkeit. Nur wenige Menschen haben einen so bestimmenden, persönlichen Einfluß auf ihre Anhänger ausgeübt. Sie bezeichneten sich als Pythagoreer, was bis zu Epikur beispiellos war, dessen Anziehungskraft nicht geringer war. Ein Wort von ihm wurde als ein Orakel betrachtet. Die Pythagoreer (les Pythagoriens) oder, wie man sie später bezeichnete, die Pythagoristen (les pythagoriciens) [3] waren eine Gemeinschaft mit Sympathisanten, die in der Welt blieben und eine politische Aktivität anstrebten. Sie führten ein Gemeinschaftsleben und bildeten eine Art Brüderschaft mit besonderen Ernährungs-Vorschriften und einer Vernachlässigung des Äußeren, worüber die mittlere Komödie sich gerne mokierte ... Die direkte Einheit der Bruderschaften durch die Bindung an die Lehre des Meisters ergibt sich in aller Deutlichkeit aus der Tatsache, daß sie in Griechenland zu Anfang des 4. Jahrhunderts als Schüler mit vollkommen kohärenten Lehren erscheinen, was die Bewunderung Platons und das neugierige Interesse eines Aristoteles erregte [4].

---

selbst, als ein Ensemble von Wahrheiten verstanden, als eine lehrhafte Synthese. Vgl. *Gregor von Nazianz,* Orat. in Basil., XIII, 4; Orat. in Caesar., I, 5; häufiger versteht man darunter das strenge und asketische Leben, das monastische Leben, vgl. *Eusebius,* KG VI, 3, 8.9.13; VII, 9, 6; *Gregor von Nyssa,* Orat. catech., XVIII, 3; *Gregor von Nazianz,* Orat. in Caesar. IX, 4, 6; Orat. in Basil., LIX, 3; vgl. *F. Cumont,* L'Égypte des astrologues, Brüssel 1937, 122; *F. Doelger,* Zur Bedeutung von φιλόσοφος und φιλοσοφία in byzant. Zeit, in: Τεσσεράκοντα ἑτηρὶς Θεοφίλου Βορέα, Athen 1940, I, 125.

[2] Die Geschichte des Pythagoras und der Pythagoreer bleibt trotz zahlreicher Untersuchungen völlig im Dunkeln. Vgl. *I. Lévy,* Recherches sur les sources de la légende de Pythagore, Paris 1927; *A. Delatte,* Étude sur la littérature pythagoricienne Paris 1915; La vie de Pythagore de Diogène Laerce, édition critique avec introduction et commentaire, Bruxelles 1922; *J. Carcopino,* La basilique pythagoricienne de la Porte Majeure, Paris 1927; *M. J. Lagrange,* Les légendes pythagoriciennes et l'Évangile, in: Revue Biblique t. XLV, 1936, 481–511; t. XLVI, 1937, 5–28.

[3] Im Deutschen kennt man diese Differenzierung nicht; wir bleiben deshalb bei den Termen „Pythagoreer, pythagoreisch" (Anm. d. Übers.).

[4] *M. J. Lagrange,* art. cit. in: Revue Biblique, XLV, 484.

Schließlich bemächtigte sich die Legende der Person des Gründers und umgab ihn mit der Aura des Wunderhaften und Geheimnisvollen. Man behauptete, daß allein schon sein Name seine göttliche Sendung zum Ausdruck brächte und den apollinischen Ursprung seiner Lehre anzeige[5]. Man erzählte, die Pythia selbst habe ihn unterrichtet[6]. Auch erstellte man einen Stammbaum, der seine Abstammung vom pythischen Gott (= Apollon) belegen sollte[7]. Wenn man einer Nachricht glauben darf, die wahrscheinlich auf *Abaris* aus Herakleia in Pontus zurückgeht, soll er, um die Ungläubigen zu überzeugen, nur seinen goldenen Schenkel vorgezeigt haben[8]. Nach dem Zeugnis des Aristoteles hätten seine ersten Schüler, als sie weggingen, immer wieder gesagt: Es gibt eine Art vernünftiger Lebewesen, nämlich die göttliche; eine andere Art ist der Mensch; Pythagoras ist das Exemplar einer dritten Art[9]. Vierhundert Jahre später steht seine Göttlichkeit für seine Anhänger außer Zweifel und Trogus Pompeius hält im 1. Jahrhundert v. Chr. eine Überzeugung fest, daß man sein Haus zu einem Tempel umgebaut habe, wo er intensiv angebetet würde[10] ... Die Pythagoreer hielten dafür, eine übernatürliche Erkenntnis zu besitzen und brauchten für ihre Glaubenswahrheiten keinen anderen Beweis als das Wort ihres göttlichen Meisters: „Αὐτὸς ἔφα", „Er hat's gesagt"; dies war die Behauptung, gegen die es keinen Einwand gab; das unbestrittene Postulat, das genügte, die Gemüter zu beruhigen und ihre Gewissen zu erfüllen."[11]

---

[5] Bereits im 5. Jahrhundert v. Chr. gab Aristipp bereits jene Etymologie, die uns *Diogenes Laertius,* Vita Pyth., VIII, 21 überliefert hat: „ὅτι τὴν ἀλήθειαν ἠγόρευεν οὐχ ἧττον τοῦ Πυθίου" („weil er im Verkünden der Wahrheit nicht hinter dem pythischen Gott zurückstand"). Apollonius von Tyana, dem *Jamblich,* Vita Pyth. 7 folgt, gibt eine andere Erklärung: ὅτι ἄρα ὑπὸ τοῦ Πυθίου προηγορεύθη αὐτῷ (Μνησάρχῳ), (= „Als sie dann zu Sidon in Phönizien niedergekommen war, gab er dem neugeborenen Sohn den Namen Pythagoras, weil Apollon Pythios ihn ihm angekündigt hatte"). Jedenfalls wird der Name Pythagoras mit dem pythischen Apollon in Verbindung gebracht.

[6] *Porphyrios,* Vita Pyth., 41; *Diogenes Laertios,* VIII, 21.

[7] *Porphyrios,* Vita Pyth., 2; *Jamblich,* Vita Pyth., 5.

[8] *Porphyrios,* Vita Pyth., 28; *Jamblich,* Vita Pyth., 91–92 und 135; *Diogenes Laertios,* VIII, 21.

[9] *Aristoteles,* fragm., 187.

[10] *Trogus Pompeius,* ap. *Justin,* XX, 4. (Vgl. Der kleine Pauly 4, Sp. 1031 ff.)

[11] *J. Carcopino,* La basilique pythagoricienne, 173–175. „Cicero, der Philosoph bleibt und Rationalist", meint hier *Carcopino,* „hat die Bedeutung des ἱερὸς λόγος überhaupt nicht verstanden". Vgl. De nat. deor. I, 5, 10: „Nec vero probare soleo id quod de Pythagoreis accepimus, quos ferunt, si quid affirmarent in disputando, cum ex iis quaereretur quare ita esset, respondere solitos: ipse dixit. Ipse autem erat Pythagoras" (= „Auch pflege ich nicht zu billigen, was wir von den Pythagoreern annehmen, daß diese, wenn man sie in einer Diskussion fragt, warum etwas so sei, zu antworten pflegen: Er selbst hat

Nicht weniger als Pythagoras selbst wurden die „Hetärien" (Vereine), die sich auf ihn beriefen, von der Legende aufgegriffen. In welchem Umfang war die Aktivität der frühen Pythagorasanhänger auf die Politik ausgerichtet? Ist die Vorherrschaft von Kroton über Sybaris und andere Städte Groß-Griechenlands in der Zeit zwischen 510 und 450 v. Chr. abhängig von der Lehre des Meisters und bedeutet seine Niederlage für den pythagoreischen Orden den Anfang eines neuen Lebens, in welchem die Mystik entschieden das Übergewicht über die Politik und sogar über die rationale Philosophie gewann? In welchem Umfang ist der Pythagoreismus von seinen Ursprüngen her vom Orphismus beeinflußt und hat schon Pythagoras selbst seine Lehre mit religiösen Vorsichtsmaßnahmen umgeben, die ihm einen Anstrich geheiligter Mysterien gaben?

Allerlei Fragen neben vielen anderen, auf die man keine sicheren Antworten geben kann. Manche Historiker vertreten hier einen nahezu vollständigen Skeptizismus. „Daß es von den Anfängen an pythagoreische Gemeinschaften gegeben hat", schreibt A. J. Festugière, „das ist möglich, ohne daß man darüber hinaus sagen könnte, welches nun genau ihre Eigenart war, ob diese religiös oder politisch war. Sicher ist auf jeden Fall, daß die Beschreibung des pythagoreischen Ordens, wie man sie bei Jamblich Kap. XVII (S. 76–85) und Kap. XXI (S. 103–107)[12] liest, ein Phantasie-Produkt ist, gestaltet nach einer in der hellenistischen Zeit wohlbekannten literarischen Gattung, das idealisierte Bild von Priesterkasten oder von religiösen Bruderschaften barbarischer Völker, Ägypter, Juden (Therapeuten oder Essener), der Brahmanen in Indien, der Gymnosophisten am Nil.

Zwei Züge sind für solche Beschreibungen charakteristisch. Einmal die Enthaltsamkeit, ἐγκράτεια, der beschriebenen Priester oder Weisen. Sodann die Trennung von der Welt, der Hang zur Abgeschiedenheit in einem den Städten entlegenen Ort, wo diese Weisen eine besondere Gruppe bilden. Das Gemälde eines idyllischen, ländlichen Lebens mußte, allein schon durch seinen Kontrast, die blasierten Städter des hellenistischen Alexandrien oder des imperialistischen Rom beeindrucken. Die Regeln dieser Gattung, zu denen auch das Stück ‚De vita pythagorica' gehört, liegen bereits fest: es handelt sich

---

es gesagt. Mit „Er selbst" ist Pythagoras gemeint"). Der Appell an die Autorität des Meisters hat nur dann einen Sinn, wenn dieser mehr ist als ein Mensch und wenn man sein Wort als eine Art Offenbarung betrachtet.

[12] *Jamblich* ist eine unserer wichtigsten Quellen für das Studium der pythagoreischen Lebensform.

um ein griechisches Modell des philosophischen Lebens, das nicht weniger bewundernswert ist als die (Beschreibungen) der barbarischen Völker."[13]

Vielleicht ist der Skeptizismus, wie er aus diesen Darlegungen spricht, übertrieben, und die Informationen, die wir von den Pythagoreern haben, mögen besser sein, als Festugière meint. Trotzdem bleibt die Geschichte der pythagoreischen Bruderschaften, ihre Werbe- und Aufnahme-Praxis, ihre asketischen Praktiken, ihre religiösen Tendenzen für uns von Dunkelheit umhüllt. Schon ein so aufmerksamer Beobachter wie Herodot kommt zu keiner klaren Unterscheidung zwischen Pythagoreismus und Orphismus[14]. Im Lauf der Jahrhunderte entwickelten sich noch andere Einflüsse, dies um so leichter, als der Pythagoreismus im römischen Milieu seine glühendsten Anhänger fand. Poseidonios von Apamaea (135–51 v.Chr.) vermischte ihn mit dem Stoizismus; und nach ihm „gibt es sozusagen keinen Philosophen von irgendwelchem Rang, ganz gleich von welchem System, der dem Meister von Kroton, dessen Prestige den Höhepunkt erreicht hat, nicht seine Anerkennung bezeugen oder ihm nicht den Tribut einer wenigstens teilweisen Anhängerschaft entrichten würde."[15]

Von den Pythagoreern jener Zeit kennen wir am besten P. Nigidius Fidulus, einen Freund Ciceros[16], Parteigänger des Pompeius, der auch am meisten den Eindruck eines Konvertiten macht: „Dieser ist nicht nur literarisch und wissenschaftlich gebildet, ein Philosoph. Er ist auch ein Apostel, den das Wort des Pythagoras, so wie er es zu hören meint, begeistert hat. Er hat zweifellos die Lösung für alle Rätsel der Natur entdeckt und die Regeln für alle menschlichen Handlungen. Jedenfalls bekennt er sich zum Pythagoreismus wie zu einem Glauben und hat sich der Aufgabe verschrieben, in Rom nicht nur seine Ideen wieder aufblühen zu lassen, sondern auch seine Lebensordnungen und seinen Kult[17]. Bei ihm finden Versammlungen statt,

---

[13] A. J. Festugière, „Sur le ‚De vita pythagorica' de Jamblique", in: Revue des Etudes Grecques, L 1937, 476–477. P. Boyancé, Sur la vie Pythagoricienne, in: Revue des Etudes Grecques, LII 1939, kritisiert sehr heftig die Schlußfolgerungen von Festugière und sucht zu zeigen, daß zumindest das 21. Kapitel „De Vita Pyth." des Jamblich von Aristoxenes von Tarent abhängt, der ein glaubwürdiger Zeuge sei. Trotzdem hat Festugière nicht unrecht, wenn er die Aufmerksamkeit auf die konventionellen Züge in der Beschreibung des Jamblich lenkt. Ob es schon sehr früh pythagoräische Vereinigungen gegeben hat, darüber können wir nichts mit Sicherheit sagen.
[14] Herodot, Hist. II. 81.
[15] J. Carcopino, La basilique pythagoricienne, 190.
[16] Plutarch, An seni … XXVII, 8.
[17] Cicero, Timaeus, fram. 1: „Fuit enim vir ille (Nigidius) cum ceteris artibus, quae qui-

60

die nichts mit einer Akademie zu tun haben, sondern eher den Mysterien gleichen. In der von ihm begründeten Vereinigung, der er präsidiert, kommentiert er die dem Pythagoras zugeschriebenen geheiligten Lehrvorträge, ebenso jene, welche die Pythagoreer dem Orpheus zugeschrieben haben."[18] Er ist mehr ein Erleuchteter als ein Philosoph, und wenn die Nachwelt sein Andenken erinnert, dann legt sie ihm Bezeichnungen bei wie *mathematicus*/Astrolog[19] oder *magus*/ Magier[20]. Er verkündet die Zukunft; sagt am Tag seiner Geburt die wunderbaren Schicksalswege des Augustus voraus[21], erklärt, als Caesar den Rubicon überschreitet, daß ein neues Zeitalter für die Welt beginnen würde[22]. Er prüft die Gestirne, horcht die Eingeweide von Opfertieren ab oder macht Gebrauch von der Gabe des zweiten Gesichts eines Kindes in Hypnose. Schließlich stirbt er im Exil, das ihm seine politischen Ideen eingebracht haben und worin ihn seine mystisch-philosophischen Überzeugungen eher bestärken.

Ungefähr hundert Jahre später erregt ein Konvertit des Pythagoreismus unsere Aufmerksamkeit, T. Statilius Taurus, auf dessen Anordnung zweifellos die 1917 wiederentdeckte Basilika in der Nähe der Porta Maior in Rom errichtet worden war[23]. Übrigens kennen wir die Basilika besser als ihren Besitzer, von dem wir nur wissen, daß er 40 n. Chr. Konsul gewesen war und daß man ihn, zehn Jahre später, während seiner Statthalterschaft in Afrika wegen Unterschlagung und vor allem wegen abergläubischer Magie angeklagt hat; er wurde zum Selbstmord verpflichtet, um seiner unvermeidlichen Verurteilung zu entgehen[24]. Einzig das Monument, das er ausschachten, erbauen und ausschmücken ließ, unterrichtet uns über seinen Glauben und über den Kult, den er zusammen mit seinen Freunden praktizierte. Doch sagt es uns nichts über das moralische Leben, das die Mitglieder dieser aristokratischen Tafelrunde privat oder öffentlich führten; diese waren zu wenige und viel zu reich, um an eine Verbreitung ihrer Ideen

---

dem dignae libero essent, ornatus omnibus, tum acer investigator et diligens earum rerum quae a natura involutae videntur; denique sic iudico, post illos nobiles Pythagoreos, quorum disciplina extincta est quodam modo, cum aliquot saecula in Italia Siciliaque viguisset, extitisse qui illam renovaret."

[18] *J. Carcopino,* La basilique pythagoricienne, 198.
[19] *Augustinus,* De civitate Dei, V, 3.
[20] *Hieronymus.* Chronic., ad annum 45, ante Chr.
[21] *Dion Cassius,* XLV, 1,3–5; vgl. *Sueton,* Augustus, 94.
[22] *Lucian,* Pharsalos, I, 639 ff.
[23] Die grundlegende Arbeit über diese Basilika ist nach unserer Auffassung *J. Carcopino,* La basilique pythagoricienne de la Porte Majeure, Paris 1927.
[24] *Tacitus,* Annalen XII, 59.

zu denken, oder auch spirituell sich zu verändern. Im Laufe seiner langen Lebenszeit konnte der Pythagoreismus manche hochgestimmten Geister ansprechen, manche Träumer, die sich um Vollkommenheit bemühten. Die Menge hat er nie bekehren wollen.

Ganz anders erscheint uns das Lebenswerk des Sokrates. Dieser ist ein Bekehrter im strengsten Sinn. Er hat eine Sendung auszuführen. Seit dem Tag, da er die innere Stimme gehört hat, die ihm auftrug, zu predigen, hat er sich völlig dieser Aufgabe hingegeben. „Dreißig Jahre lang sieht man ihn durch die Straßen Athens irren, von morgens bis abends, ärmlich gekleidet, unbekümmert um Frost und Hitze, unbekümmert um seine persönlichen Angelegenheiten, einzig damit beschäftigt, seine Mitbürger besser zu machen. Überall stellt er sie, auf dem Marktplatz, in den Verkaufsräumen, im Gymnasium und befragt sie auf seine Weise. Eine sehr ernste Prüfung! Der auf diese Weise Angesprochene fühlte sich zuerst verführt durch den Humor seines Gesprächspartners, durch seinen Witz und Esprit, aber die Fragen häuften sich, sie wurden zudringlicher, indiskret, man sagte Sachen, die man gar nicht sagen wollte; man sah sich mit unangenehmen Wahrheiten konfrontiert; man mußte zugeben, daß man unrecht hatte oder sich unweigerlich in Widersprüche verwickeln. Man war gefangen und durfte sich doch nicht ärgern, was nicht ohne manch Gelächter abging."[25] So lebte er lange Jahre hindurch, geliebt und hochgeachtet bei den einen, lächerlich gemacht von den andern, von vielen mißtrauisch beäugt, bis zu dem Tag, an dem man gegen ihn einen Kapitalprozeß in Gang setzte.

Niemals aber war er so groß, wie in dieser tragischen Situation. Er hätte versuchen können, sich zu verteidigen, mildernde Umstände erbitten können, wenigstens sich erklären können über sein Werk oder über seine Methoden. Doch zuversichtlich übernahm er die ganze Verantwortung für sein Verhalten.

„Wenn ihr", so sagt er zu seinen Richtern, „mir sagen würdet: ,Sokrates, wir folgen dem Anytos nicht, sondern sprechen dich frei unter der Bedingung aber, daß du dich nicht mehr mit dem Suchen nach Wahrheit abgibst und nicht mehr philosophierst. Wenn du aber noch einmal darüber betroffen wirst, mußt du sterben.' – Wenn ihr mich, wie gesagt, unter diesen Bedingungen freiließet, dann würde ich zu euch sagen: ,Ich verehre und liebe euch sehr, ihr Athener. Aber ich will lieber dem Gotte als euch gehorchen, und solange ich atme und die Kraft dazu habe, nicht ablassen, zu philosophieren, auch zu

---

[25] *M. Croiset*, Platon, Oeuvres complètes (Collection des Universités de France) I, Paris 1920, 119.

62

mahnen und jeden von euch, den ich antreffe, zu überführen, indem ich in meiner gewohnten Art zu ihm sage: Mein Bester, du bist doch ein Athener, ein Bürger der größten und an Bildung und Macht berühmtesten Stadt. Schämst du dich nicht, daß du dich zwar darum bemühst, wie du zu möglichst viel Geld, zu Ruhm und Ehre kommst, um die Einsicht aber und um die Wahrheit und darum, daß deine Seele möglichst gut werde, dich weder sorgst noch kümmerst ... so will ich es mit jedem halten, dem ich begegne, mit jung und alt, mit Freunden und Bürgern, vor allem aber mit euch Bürgern, die ihr mir von Natur ja nähersteht ... Denn wenn ich umhergehe, tue ich nichts anderes, als euch, jung und alt, zu überreden, nicht mehr so sehr für den Leib zu sorgen noch für das Geld, sondern mehr um die Seele und darum, daß sie möglichst gut werde.'"[26]

Diese Rede machte in ihrer persönlichen und direkten Art großen Eindruck auf die Gemüter der jungen Leute, die sich dem alten Meister mit glühender Leidenschaft angeschlossen hatten und seiner Anziehung widerstandslos unterlagen. Am Ende des „Symposions" (Gastmahl) erklärt beispielsweise Apollodoros:

„Wenn ich es nun auch euch erzählen muß, so soll es denn geschehen. Geht es mir ja auch sonst so: sooft ich über Philosophie entweder selbst rede oder andere reden höre, freue ich mich maßlos darüber, ganz abgesehen von dem Nutzen, den ich darin sehe. Höre ich dagegen andere Gespräche, insbesondere von euch, die ihr reiche Leute und Geldmenschen seid, dann habe ich selbst Verdruß daran; euch aber, ihr Freunde, bedaure ich, weil ihr meint, damit etwas Wesentliches zu leisten, während ihr doch nichts ausrichtet. Vielleicht haltet ja auch ihr mich für einen armen Teufel, und ich glaube, daß ihr damit recht habt; von euch aber meine ich es nicht nur, sondern weiß es bestimmt."[27]

Es sind nicht nur naive Jünglinge wie Apollodoros, sondern auch ältere Playboys wie Alkibiades, die sich von Sokrates bestricken lassen[28]. Wort und Beispiel des Meisters[29] ziehen tatsächlich die Jugend von Athen an, und eine Zeitlang mochte man glauben, daß die Philosophie sich aller Geister bemächtigen würde. Aber die Begeisterung ist bald vorbei, so aufrichtig und tief sie auch gewesen war; nachdem

---

[26] *Platon,* Apologie des Sokrates 29 cd; 30 ab; deutsches Zitat, *Platon,* Jubiläumsausgabe sämtlicher Werke zum 2400. Geburtstag, VIII Bde., Artemis-Verlag, Zürich und München, 1974, II, 230 f.

[27] *Platon,* Symposion, 173 cd, vgl. *Platon,* Jubiläumsausgabe III, 106 f. Apollodor erscheint auch im „Phaidon", 59 ab; 117 d; er ist mehr als die andern Schüler vom nahe bevorstehenden Tod des Sokrates betroffen.

[28] *Platon,* Symposion, 215 d–216 e.

[29] *Platon,* Symposion, 170 b, erwähnt, daß Aristodemos stets barfuß lief, ohne Zweifel um sich dem Sokrates möglichst anzugleichen.

Sokrates den Schierlingsbecher getrunken hatte, zerstreute sich der Kreis, der sich um ihn gebildet hatte[30]. Der größte und treueste seiner Schüler, Platon, lehrt, wie er, die Philosophie. Doch anstatt durch die Straßen zu laufen, unterrichtet er im Hain des Akademos und versammelt in seiner Schule nur ausgewählte Hörer. Er geht so weit, daß er politische Verfassungen entwirft, in denen die Philosophen eine bevorzugte Rolle zu übernehmen hätten, und als er nach Sizilien fährt, tut er dies in der Hoffnung, dort am Bau des idealen Staates mithelfen zu können. Er bleibt bis zuletzt ein Professor, voller Verachtung für die menschlichen Realitäten; er ist kein Apostel, und zum Platonismus bekehrt sich niemand.

Die wahren Nachfolger des Sokrates, die Erben seines Geistes und seines Eifers sind die Kyniker, deren Idealtyp Diogenes von Sinope darstellt. Die ganze Antike hindurch sieht man, nicht ohne Verwunderung, diese unermüdlichen Wanderer auf den großen Straßen der griechischen, später der römischen Welt, bekleidet mit dem kurzen Philosophen-Mantel, mit Bart und langen Haaren, den Stab in der Hand und auf dem Rücken den Sack, barfüßig im Sommer wie im Winter. Man hört ihre einfachen und fesselnden Reden, die von direkten Fragen unterbrochen werden, mit Bonmots und Späßen gespickt, mit Anekdoten, Erzählungen und Legenden. Man fragt sich auch nicht ohne Besorgnis, ob man sie bewundern oder über sie lachen soll; schließlich bewundert man sie doch, auch wenn man mißtrauisch bleibt und fürchtet, übers Ohr gehauen zu werden, gibt es doch darunter genügend Simulanten, die die Leichtgläubigkeit des Publikums ausbeuten und sich zuweilen unter die wahren Weisen mischen. Bis zum Ende des 4. christlichen Jahrhunderts und noch darüber hinaus[31] verkünden die Kyniker der Welt die asketische Praxis, Verachtung der Reichtümer und die Eitelkeit der materiellen Güter. Ohne Scheu machen sie sich über alles und alle lustig und lassen vor allem

---

[30] Man darf freilich nicht vergessen, daß während der langen Jahre der Wirksamkeit des Sokrates der Schülerkreis sich wiederholt erneuerte. Es waren hauptsächlich die jungen Leute, die für den Meister empfänglich waren. Wenn das begeisterungsfähige Alter einmal vorbei war, verschwanden der eine nach dem andern, um alsbald Ersatz zu finden. Unter den Getreuen hielten manche, ja sogar mehrere, an ihrer Bewunderung für Sokrates fest, aber sie hatten keine Zeit mehr, um ihm zu folgen.

[31] „Ein Kyniker namens *Sallustius,* der sich wie ein Fakir gegen die Wirkung der Flammen unempfindlich zu machen versuchte, wagte es noch mitten im fünften Jahrhundert, sich in den Kreisen heidnischer Verschwörer zu bewegen, wo er sich mit Brahmanen anfreunden konnte; deren Nahrung bestand lediglich aus Reis, Datteln und Wasser und war noch schlichter als die seine, was ihm Anlaß zur Bewunderung gab", *J. Bidez,* Kaiser Julian. Der Untergang der heidnischen Welt, rde 26, Reinbek 1956, 161.

bei ihren erbarmungslosen Späßen die heidnischen Götter und ihre schlüpfrigen Legenden nicht aus. Ihren Schülern stellen sie das idealisierte Beispiel des Herakles vor Augen, welcher der Tugend, nachdem er sie einmal erwählt hatte, immer treu blieb und auf diese Weise seinen Platz unter den Unsterblichen errang. Die Kaiser empfangen sie ebenso wie die Bischöfe. Julian der Abtrünnige läßt nach seinem Regierungsantritt mehrere dieser Wander-Missionare an seinen Hof kommen, „einen gewissen Asklepiades, dann Serenianus, weiter einen Chytron, ferner einen blonden, hochgewachsenen jungen Mann, dann Heraklius und nach diesen noch doppelt so viele andere"[32]. Man verpflichtet ihn sogar zu Konstantinopel, sich die Ratschläge des Heraklius über die beste Art zu regieren anzuhören, ebenso die Spötteleien über die heidnischen Kulte, was ihn zu einer Satire über den Kynismus veranlaßte. Wenig später sieht Gregor von Nazianz sich von einem gewissen Maximus aus Alexandrien ganz fürchterlich betrogen, den er in der vollen Kirche in einer eloquenten Lobrede hochgepriesen hatte und der ihm, als Anerkennung, daraufhin den Bischofssitz abzulisten suchte[33].

Das lange Überleben des Kynismus und sein Erfolg sowohl im volkstümlichen Milieu als auch bei kultivierten Leuten stellen Probleme, die wir nicht zu lösen brauchen. Sicher ist, daß es unter denen, die bekleidet mit dem Philosophen-Mantel, von Stadt zu Stadt zirkulierten, „eine ziemlich freche, dreckige und grobe Menge gab, die sich aus flüchtigen Sklaven und Bettlern zusammensetzte"[34]. Doch muß man auch mit einer sehr großen Zahl aufrichtiger und verläßlicher Leute rechnen, die das arme, fahrende Leben aus Verachtung der trügerischen Reichtümer und aus Freiheitsliebe auf sich nahmen. Das waren häufig echte Konvertiten. Das Beispiel des Dion von Prusa ist am besten bekannt, es ist auch eines der charakteristischsten[35].

---

[32] *Julian,* 224 A, *Hertlein.*
[33] Vgl. *Duchesne,* Histoire ancienne de l'Église, II, Paris ²1910, 418–446, 425; *R. Asmus,* Gregor von Nazianz und sein Verhältnis zum Kynismus, in: Theol. Studien, LXVII (1894) 314 und ff.
[34] *M. Caster,* Lucien et la pensée religieuse de son temps, Paris 1937, 65.
[35] Man könnte, unter vielen anderen, die Namen des Krates und des Demonax erwähnen. Der erstere, der im 4. Jahrhundert v. Chr. lebte, hat eine bedeutende Erinnerung hinterlassen durch seine Verachtung der Reichtümer und seine Ungeniertheit, die keine Hemmungen kannte. Schon von den Komikern zitiert, wie *Philemon* (fragm. 46, *Koch,* t. II, p. 523) und *Menander* (fragm. 117; 118; *Koch* III, 35), kennt ihn auch *Lukian* in seinem „Dialog der Toten"; *Hieronymus* lobt ihn öfter, In Matth. comment. III, P. L. XXVI, 138–139, auch *Augustinus,* Opus imperfectum contra Julianum, IV, 43; P. L. XLV, 1362, und noch andere.
Demonax ist vor allem bekannt durch Lukian von Samosata, der sein Leben mit offen-

Dion, um 40 n. Chr. zu Prusa in Bithynien geboren, gehörte einer reichen und geachteten Familie an. Er begann seine Literatur-Karriere mit der Sophistik und hatte Erfolg mit Reden, die ebenso inhaltslos wie brillant waren, mit klug berechneten Antithesen, harmonisch ausgewogenen Phrasen, kurz mit dem ganzen Aufwand der Wörter und des Stiles, mit dem er seine Zeitgenossen beeindrucken konnte. Für ihn selbst war das nur eine Zerstreuung. Die Verwaltung und geschickte Ausnutzung dieser Domäne brachten ihm reiche Vermögen ein, die er in nobler Weise seinen Mitbürgern zugute kommen ließ. Diese, wie es schien, glänzende Karriere zeigte eines Tages einen Bruch. Wie kam es, daß Dion „mit einem Schlag das Vertrauen und die Zuneigung seiner Mitbürger verlor? War dies eine der plötzlichen Wandlungen in der Stimmung der Massen, der Ausbruch langsam angestauter Aggressionen, abgekühlter Empfindlichkeiten? Drohte man wirklich, ihn zu steinigen oder sein Haus in Brand zu stecken? Er begab sich nach Rom, wo alte Beziehungen seiner Familie zum Kaiserhof ihm eine gute Aufnahme versprachen. Aber dort begegnete er Domitian, den er verachtete. Er wagte es, seinen Horror gegenüber dem kahlköpfigen Nero offen zu zeigen; fand sich durch den Sturz einer edlen Persönlichkeit der römischen Aristokratie kompromittiert, ging freiwillig in die Verbannung, oder er wurde verbannt."[36]

Die Verbannung bedeutete Armut für ihn, das heißt das Elend, verbunden mit der Sorge um das tägliche Brot. Er nahm das mutig auf sich und begann von da an das Leben eines Wander-Philosophen zu führen. Vierzehn Jahre lang, bis zum Tode des Domitian, durchwanderte er den Orient im Elendsgewand der Kyniker. Schon vor seiner Verbannung hatte er das Alte Asien durchwandert und Ägypten besucht. Er ging nach Griechenland, hielt sich an den Ufern der Donau und des Dnjepr auf. Beim Regierungsantritt des Nerva war er dabei, die Geten zu missionieren. Zugleich bedeutete dies das Ende seines Mißgeschicks; er wurde eine einflußreiche Persönlichkeit, nicht nur in Prusa, sondern sogar in Rom, wo er mit allen Mitteln die Politik der

---

kundiger Sympathie beschreibt: Er gehörte der hohen Aristokratie von Zypern an und seine philosophische Berufung ist wesentlich praktisch orientiert; Philosophieren, das hieß für ihn vor allem auf materielle Güter und die von ihnen auferlegte Sklaverei zu verzichten; vgl. *M. Caster*, a. a. O. 73–81.

[36] *L. François*, Essai sur Dion Chrysostome, philosophe et moraliste cynique et stoïcien, Paris 1921, 6–7. Die Persönlichkeit, um die es sich handelt, ist der Schwiegersohn des Titus, Flavius Sabinus, den man 82 n. Chr. in den Tod schickte. Vgl. *P. Mazon*, Dion de Pruse et la politique agraire de Trajan, in: Lettres d'humanité II, Paris 1943, 47.

neuen Regierung unterstützte, ohne deshalb der Philosophie zu entsagen.

Dion hat freilich als Prediger, der er geworden war, nicht auf seine frühere Rolle als Grandseigneur verzichtet. Weder in seinem Leben noch in seinen Reden findet man die irritierenden Extreme, die man so oft bei den Kynikern antrifft. Wenn er die anerkannten Heroen der Sekte beschreibt, Diogenes, Sokrates und Herakles, dann hält er sich an die Üblichkeit; und wenn er das Bild des Diogenes zeichnet, dann übergeht er die heftigen Farben nicht, auch nicht die am meisten kritisierten Züge des Grobschlächtigen. Er selbst bemüht sich um ein gemäßigtes Verhalten; er wirkt erbaulich, ohne Anstoß zu geben, und er spricht ohne herauszufordern. Seine Sprache ist die eines gebildeten Menschen, weit besser als die eines versierten Stilisten, dem es nicht gelingt, gegenüber der von ihm gebrauchten Sprache indifferent zu bleiben. In dieser Hinsicht betrachtet er sich als einen „Arzt der Seelen", als ihren Wächter und Aufseher, κατάσκοπος Καὶ ἐπίσκοπος [37], und er erfüllt mit einer offenkundigen Redlichkeit die Aufgabe, zu der er sich berufen glaubt.

„Nach ihm läßt sich der wahre Philosoph bei keiner Gelegenheit davon abhalten die Vorschriften der Weisheit zu verkünden, weder durch Schwierigkeiten noch durch Unrecht, noch durch Spott. Mögen die Leute über diese friedfertige Seelenhaltung lachen, über ihre Verachtung der Lebensgüter und der Ehren, über diese freiwillige Enthaltsamkeit, und mögen sie den Philosophen mit Verachtung strafen, dieser läßt sich dadurch nicht in Rage bringen ... Er ist zu allen wohlwollender als ein Bruder, als Freunde; er vergißt niemals seinen Auftrag, und je mehr er sich zum Diener des Interesses seiner Mitbürger, seiner Nächsten, seiner Familienglieder macht, um so mehr Eifer, der freilich immer maßvoll ist, verwendet er auf seine Ermahnungen; eine Haltung, die ihn dazu veranlaßt, nichts zu vergessen, dies um so weniger, je näher ihm die Zuhörer stehen; er erhebt die Stimme, so gut er kann, um sie zu verwarnen oder zu ermahnen, er selbst mit ihnen, mit eindringlicher Beredsamkeit." [38]

Der Kynismus, wie ihn Dion Chrysostomus lehrt und praktiziert, berührt sich direkt mit dem Stoizismus, und gegen Ende des 1. Jahrhunderts ist es in der Tat schon lange so, daß die beiden Lehren gegenseitige Anleihen gemacht haben, bis dahin, daß es fast unmöglich ist, beide genau voneinander zu unterscheiden. Die Römer haben sich darum überhaupt wenig gekümmert; das, was sie von der Philo-

---

[37] Zu diesen beiden Wörtern und ihrer Funktion in der kynischen Predigt vgl. *L. François,* a.a.O., 155 ff.
[38] *L. François,* a.a.O., 153; vgl. *Dion,* Orat. 27.

sophie erwarten, sind keine Schul-Subtilitäten, sondern konkrete Ergebnisse, Heilmittel, wenn man so will, um gut zu leben und gut zu sterben; daher nehmen vor allem bei ihnen um den Beginn der christlichen Ära die Philosophen die Gestalt von Bekehrten oder von Bekehrern an; sie übernehmen die Funktion von Predigern und Führern des Gewissens.

Die letztere Rolle ist am leichtesten. Man verlangt nicht, daß sie selbst nach ihren eigenen Prinzipien leben, und die Weisheit, mit der sie sich beschäftigen, bedeutet in ihren Augen keineswegs ein unwiderrufliches Engagement der ganzen Person. Das Wesentliche ist für sie das Lehren. Ihre Freunde, die zu ihnen kommen, erwarten eher einen guten Rat als ein gutes Beispiel. Unter dem Regiment des Nero ist Seneca das große Beispiel eines solchen Seelenführers, fast möchte man sagen, eines Beichtvaters, um den sich eine zahlreiche aristokratische Klientel schart, um seine Ermahnungen entgegenzunehmen, die sie mit rührendem Eifer verbreitet. Seneca lebt ohne Zweifel ziemlich nüchtern; er enthält sich raffiniert zubereiteter Speisen, ißt Früchte und Gemüse, trinkt nur Wasser und schläft auf einem so harten Bett, daß sein Körper nicht die geringste Spur hinterläßt[39]. Aber er legt Wert darauf, uns über diese Kasteiungen nicht in Unkenntnis zu lassen, und das Aufheben, das er davon macht, beunruhigt. Er redet Wunderbares von seinen Sklaven: „Es sind ja nur Sklaven! – Aber sind es nicht auch Menschen? Sklaven sind's! – Gehören sie aber nicht auch zur Hausgemeinschaft? Es sind Sklaven! – Sind sie aber nicht auch unsere Freunde, wenn auch aus niedrigerem Stand? Es sind Sklaven! – Sind sie nicht eher unsere Mitsklaven? Denn du mußt ja bedenken, daß das Schicksal uns alle in seiner Gewalt hat."[40] Nur, nachdem er diese schönen Erklärungen geschrieben hat, denkt er überhaupt nicht daran, auch nur einen einzigen seiner Sklaven freizulassen, und er hütet sich sehr, sie einzuladen, den Lebensstandard mit ihnen zu teilen. Er selbst besitzt immense Reichtümer, die er, wenn nicht auf unredliche Weise erworben hat, wie ihm einige seiner Zeitgenossen vorwerfen[41], so doch durch die Freigebigkeit des Kaisers Nero, und wenn er schreibt: „Ich hätte die gleiche Verachtung für vorhandene oder nichtvorhandene Reichtümer, ohne Traurigkeit, sie anderswo zu sehen, ohne Anmaßung, sie um mich herum glänzen zu

---

[39] *Seneca,* Epist., CVIII.
[40] *Seneca,* Epist., XLVII.
[41] *Tacitus,* Annal. XIII,42; XIV, 52.

sehen, und ob das Glück kommt oder geht, es ließe mich kalt"[42], dann macht er nicht die geringste Geste, um sich von diesem nutzlosen Glück zu befreien. Im übrigen werden die Schwächen seines Lebens durch sein adeliges Sterben ausgeglichen; noch heute liest man den großartigen Bericht des Tacitus von seinem Sterben nicht ohne Bewegung[43]. Hat die Philosophie es auch nicht fertiggebracht, daß Seneca ein heroisches Leben führte, so hat sie ihm doch die Kraft zum Sterben gegeben, und dies ist ja der höchste Beweis für ihren Wert.

Dennoch, Epiktet bewegt uns mehr. Er war Sklave gewesen und hatte sogar am eigenen Leib unter seinem Sklavendasein gelitten, wenn es stimmt, daß sein Herr ihm beim Schlagen ein Bein kaputtschlug. Niemals ist er nach seiner Freilassung zu Reichtümern gelangt; trotzdem erlangte er ein solches Ansehen, daß es ihm gelang, die aristokratische Jugend Roms nach Nikopolis in Epirus zu ziehen, wo er sich niedergelassen hatte. Als Schüler des Musonius war er so gründlich zur Philosophie bekehrt worden, daß er sich, wie Sokrates, eine wahre Sendung zutrauen konnte. „Betrachtet mich als ein Beispiel, das Gott euch gesandt hat", konnte er sagen; „ich habe kein Vermögen, kein Haus, keine Frau, keine Kinder, kein Bett, keine Tunika und keinen Hausrat."[44] Er sieht im absoluten Güterverzicht eine Forderung seines Apostolats. „Bei dem gegenwärtigen Stand der Dinge, wo wir uns sozusagen im vollen Kampf befinden, muß da der Kyniker nicht völlig frei bleiben von allem, was ihn ablenken könnte, ganz dem Dienste Gottes verfügbar, um sich unter die Menschen begeben zu können, ohne durch private Verpflichtungen gehindert zu sein, ohne in sozialen Beziehungen engagiert zu sein, denen er sich nicht entziehen könnte, wenn er seine Funktion als Ehrenmann (d'honnête homme) erfüllen will – könnte er sonst in sich selbst den Boten, den Aufseher und Herold der Götter unversehrt bewahren?"[45] Er versteht sich selbst als einen Zeugen der Götter: „Zeus hat gewollt, daß ich ein Beweis dafür sei; er wollte seinerseits erkennen, ob es noch einen Soldaten, wie er sein soll, gibt, einen Bürger, wie er sein soll; und einen Zeugen für die Dinge, die nicht von uns abhängen:

---

[42] *Seneca,* De vita beata, XX.
[43] *Tacitus,* Annal., XV, 62–63.
[44] *Epiktet,* Dissert. IV, 8,31.
[45] *Epiktet,* Dissert. III, 22,69. Man hat diese Stelle mit Recht mit 1 Kor 7,32–33 verglichen: „Der Unverheiratete sorgt sich um das, was des Herrn ist, wie er dem Herrn gefalle. Der Verheiratete aber sorgt sich um das, was der Welt ist, wie er dem Weibe gefalle und ist geteilt." – Vgl. *M. J. Lagrange,* La philosophie religieuse d'Epictète et le Christianisme, in: Revue Biblique 21 (1912) 208.

Seht, wie ihr ohne Grund erscheint und wir ihr umsonst begehrt, was ihr begehrt. Sucht die guten Dinge nicht außerhalb von euch, sucht sie in euch selbst." Und damit dieses Zeugnis größeres Gewicht bekommt, da es soviel gekostet hat, schickt Zeus seinen Zeugen in die Armut, überläßt er ihn der Krankheit, schickt ihn in die Verbannung, ins Gefängnis; nicht, weil er ihn hassen würde, sondern um ihn einzuüben und um sich seiner als Zeuge vor andern zu bedienen[46].

Bei alledem bewahrt sich Epiktet die tiefste Freude; weiß er doch, daß er in allem dem göttlichen Willen gehorcht. In seiner Todesstunde möchte er sich Gott präsentieren und ihm sagen können:

„Habe ich vielleicht deine Gebote übertreten? Habe ich die Fähigkeiten, die du mir gegeben hast, zu etwas Verkehrtem gebraucht, meine Sinne oder meine Ideen? Habe ich dich angeklagt? Deine Weltordnung kritisiert? Ich war krank, wenn du es wolltest; die andern freilich auch, aber ich war es willig. Durch deinen Willen wurde ich arm, dennoch war ich fröhlich. Nie hatte ich ein öffentliches Amt; denn das wolltest du nicht; niemals habe ich Regierungsämter angestrebt. Aber hast du mich deshalb jemals trauriger gesehen? Bin ich nicht immer mit einem strahlenden Gesicht vor dich hingetreten, stets bereit, ob du mir ein Gebot oder ein Zeichen gäbest? Nun ist es dein Wille, daß ich das Fest verlasse; ich gehe fort, mit lauter Dank, daß du mich gewürdigt hast, zusammen mit dir das Fest zu feiern und zu sehen deine Werke und deine Weltordnung zu durchschauen."[47]

Hier und öfter gewinnt die Sprache Epiktets religiösen Klang. Der Philosoph kehrt den Blick nicht ab vom Schicksal. Er hält sich aufrecht, um seinen Willen völlig mit dem Willen Gottes zu vereinen:

„Erhebe endlich dein Haupt; als einer, der von der Knechtschaft freigeworden ist; wage es, zu Gott aufzublicken und zu sprechen: Mache fortan Gebrauch von mir, wie du willst; deine Gedanken sollen die meinen sein, ich gehöre ja dir; ich will nichts anderes, als dir gut scheint; führe mich, wohin du willst; kleide mich mit dem Gewand, das dir gefällt. Willst du, daß ich ein Amt übernehme oder ein Privatmann bleibe; hierbleibe oder fliehe; arm oder reich sei? Ich werde dich für alles vor den Menschen verteidigen."[48]

Ohne Zweifel sind diese Formulierungen bewunderswert und zeigen uns eine dem Willen Gottes ergebene Seele, die im strengsten Sinne des Wortes bekehrt wurde. Doch dürfen wir nicht vergessen, Epiktet hat das Christentum gekannt und vielleicht schon die Paulus-Briefe gelesen, so daß wir das Recht haben, uns zu fragen, ob das Phänomen

---

[46] *Epiktet,* Dissert., III, 24,112 ff.
[47] *Epiktet,* Dissert., III, 5,8 ff.
[48] *Epiktet,* Dissert., II, 16,41 ff.

der christlichen Missionspraxis auf ihn nicht einen stärkeren Einfluß ausgeübt hat, als man für gewöhnlich annimmt[49].

Im Gegensatz zur ruhigen Freude eines Epiktet steht die Unruhe eines Mark Aurel; zum religiösen Optimismus des alten Freigelassenen die verbrauchte Klage des sterbenden Kaisers:

„Daß du nach nicht langer Zeit nichts und nirgends sein wirst, so wenig sein wirst wie etwas von dem, was du jetzt siehst, und jemand von denen, die jetzt leben. Denn alles ist von Natur geneigt, sich zu wandeln und zu verändern und zugrunde zu gehen, damit anderes daraufhin entsteht."[50]

„Welch geringer Teil der unendlichen und gähnenden Ewigkeit ist jedem zugeteilt! Denn schnell verschwindet er im Ewigen. Welch geringer Teil der ganzen Substanz! Welch geringer Teil der ganzen Seele! Auf welch geringer Scholle der ganzen Erde gehst du! All dies bedenke und stell dir nichts als wichtig vor, als zu handeln, wie deine eigene Natur es weist, und zu leiden, wie die allgemeine Natur es bringt."[51]

Mark Aurel glaubt mit ganzer Seele an die Philosophie. Er hat das Bedürfnis, sein Leben gut zu regeln:

„Wie die Ärzte stets für die plötzlichen Behandlungen die Instrumente und die eisernen Geräte zur Hand haben, so halte du die Leitsätze bereit, um das Göttliche und Menschliche zu verstehen und auch das Geringste so zu tun wie jemand, der sich der gegenseitigen Verknüpfung der beiden erinnert. Denn du wirst weder ein Menschliches ohne Mitbezug auf das Göttliche gut durchführen noch umgekehrt."[52]

Er bedarf dessen vor allem, um recht sterben zu lernen, obwohl ihm das über das Geheimnis des Schicksals nicht jene Klarheiten bringt, die er mit Recht erwarten könnte; endlich findet er sich ab mit der Perspektive einer völligen Vernichtung seines Wesens:

„Wie übersahen doch die Götter, die alles so gut und menschenfreundlich eingerichtet haben, dies eine, daß einige Menschen, die besonders gut waren und zu den Göttern gleichsam die meisten vertraglichen Beziehungen hatten und die am meisten durch fromme Werke und durch heilige Handlungen dem Göttlichen vertraut wurden, wenn sie für einmal gestorben sind, nicht mehr wiedergeboren werden, sondern vollständig ausgelöscht sind. Gesetzt, es verhalte sich so, wisse wohl, daß, wenn es sich anders verhalten müßte, sie es auch so gemacht hätten. Denn wenn es gerecht wäre, wäre es auch möglich, und wenn es naturgemäß wäre, hätte es die Natur auch mit sich gebracht. Dar-

---

[49] Vgl. *M. J. Lagrange,* Art. a. a. O., 210 ff.
[50] *Kaiser Mark Aurel,* Wege zu sich selbst, hrsg. und übertragen von *W. Theiler,* 2. verbesserte Auflage, Zürich und München 1974, XII, 21; 285.
[51] *Mark Aurel,* Wege XII, 32; 291.
[52] *Mark Aurel,* Wege III, 13; 69.

aus nun, daß es sich nicht so verhält, gesetzt, es verhalte sich nicht so, komm zur Überzeugung, daß es nicht so sein dürfte."[53]

Soll dies das letzte Wort des Stoizismus sein, der doch die edelste Erscheinung der Philosophie in ihrer Suche nach Wahrheit und Glück bedeutet? Resignierte Annahme der Naturgesetze und des Todes selbst, Unterwerfung unter das Schicksal, gegen das zu kämpfen sinnlos ist, soll dies die wahre Weisheit sein? Mark Aurel möchte nicht jenen Löwenbändigern gleichen, die schon halbzerfetzt, blutüberströmt und mit Wunden bedeckt, trotzdem darum bitten, für den nächsten Tag aufbewahrt zu werden, um aufs neue denselben Klauen und Bissen ausgeliefert zu werden:

„So leg dich nun auf diese wenigen Namen, und wenn du bei ihnen zu bleiben vermagst, so bleib bei ihnen, als ob du auf Inseln der Seligen übergesiedelt wärest. Wenn du aber bemerkst, daß du sie verlierst und nicht festhältst, geh tapfer in einen Winkel, wo du sie halten kannst, oder tritt auch gänzlich aus dem Leben ab, nicht erzürnt, sondern in einfacher, freier, zurückhaltender Weise; ein einziges wenigstens hast du dann im Leben geleistet, so abzutreten."[54]

Mark Aurel ist der letzte der großen Stoiker, welchen die Antike gekannt hat. Nach ihm bemüht sich der Neuplatonismus darum, die Seelen zu gewinnen. Sein Gründer ist selbst ein Bekehrter. „Mit 28 Jahren", so berichtet sein Biograph Porphyrius, „ergab sich Plotin der Philosophie. Man bringt ihn mit den früheren Berühmtheiten von Alexandrien in Verbindung, doch verläßt er ihre Vorlesungen enttäuscht und verbittert. Einem Freund erzählt er seine Eindrücke; dieser Freund verstand den Wunsch seiner Seele und brachte ihn zu Ammonius, den er noch nicht kannte. Sobald er bei ihm eintrat und ihn hörte, sprach er zu seinem Freund: „Das ist der Mann, den ich gesucht habe."

Von diesem Tag an besuchte er ununterbrochen den Ammonius[55]. Nichts ist bemerkenswerter als diese entschiedene und endgültige Bekehrung. Als sie stattfindet, ist Plotin ein Gequälter; er ist auf der Suche nach einer Lehre, die zugleich die Wahrheit und eine Lebensregel bringt. Schon hat er sich aufgemacht zur Suche und mehrere Schulen durchlaufen, ohne das zu finden, wonach er sich sehnte. Die Lehre des Ammonius ist für ihn eine Offenbarung; von da an ergibt er sich

---

[53] *Mark Aurel,* Wege XII, 5; 279 f.; vgl. *M. J. Lagrange,* Marc-Aurele, Le jeune homme, Le philosophe, L'empereur, in: Revue Biblique 1913, 243–259, 394–420, 568–587.
[54] *Mark Aurel,* Wege X, 8; 235.
[55] *Porphyrius,* Vita Plotini, 3.

ihr ganz. Elf Jahre lang besucht er ohne Unterbrechung die Vorlesungen des Meisters; 262 n. Chr. verläßt er Alexandrien nur, weil die äußeren Umstände stärker sind; denn in dieser Zeit brach Kaiser Gallien auf zur Eroberung Persiens. Seine Ungeduld, die Weisheit der Barbaren, vor allem die der Perser und vielleicht auch die der Inder kennenzulernen ist so groß, daß er nicht zögert, das Abenteuer auf sich zu nehmen und die römische Armee persönlich zu begleiten. Die Niederlage zwingt ihn zum Rückzug nach Antiochien; von dort aus gelangt er nach Rom, und in Rom eröffnet er seine eigene Schule.

Doch bleibt er den Lektionen, die er gelernt hat, treu. Mit einigen seiner Studienkollegen, den engsten Schülern des Ammonius, darunter Herennius und Origenes, hatte er sich verpflichtet, die Lehren des Meisters geheimzuhalten; er hat dieses Versprechen gehalten [56]. Dieses Geheimnis ist nicht unbedingt gleichbedeutend mit dem, welches die Eingeweihten der Mysterien bindet, dieses ist viel strenger. Es gilt auch nur für die Mitglieder der Schule; denn die Lehren, die sie gehört haben, „waren nicht einfache Auslegung einer bestehenden Lehre wie des Platonismus, des Aristotelismus oder des Stoizismus" [57]; sie betrafen mehr das gesamte geistliche Leben als nur die geistige Ausbildung. Im übrigen kennen wir sie zu wenig, um Sicheres darüber sagen zu können. Immerhin zeugt der Einfluß des Ammonius auf Männer wie Plotin und Origenes von seiner hohen Qualität.

In Rom widmet sich Plotin völlig der Philosophie, und wie sein alexandrinischer Meister sammelt er begeisterte Schüler um sich. Amelius beginnt ihn im dritten Jahr der Regierung des Philipp (Arabs) zu hören, im Jahre 247 n. Chr. Er besucht seine Kurse noch im ersten Jahre des Claudius 271, also 24 Jahre lang. Als er zu seiner Schule stößt, ist er im Studium der Philosophie schon sehr weit fortgeschritten; denn er besitzt die Lehre des Stoikers Lysimachos [58]; doch war er noch nicht richtig gewonnen. Plotin ist der einzige, der ihn völlig gewinnt. Genauso verhält es sich mit Porphyrius. Er ist bereits dreißig Jahre als, als er dem Amelius begegnet, der ihn zu Plotin führt; er hat bereits die Vorlesungen des Longinus gehört [59]. Plotin hat einen kränklichen Magen; geschwächte Augen; alsbald befällt ihn ein chronisches Leiden an der Kehle und eine Hautkrankheit. Er ist nervös, hektisch; hat ein merkwürdiges Bedürfnis, dauernd den Platz zu

---

[56] *Porphyrius,* Vita Plotini, 3.
[57] *E. Bréhier,* Plotin, Ennéades, Paris 1924, I; Introduction, IV. Über die Lehre des Ammonius Sakkas, vgl. *R. Cadion,* La jeunesse d'Origène, Paris 1936, 184–203.
[58] *Porphyrius,* Vita Plotini, 3.   [59] *Porphyrius,* Vita Plotini, 4.

wechseln, und seine Lebensweise trägt dazu bei, seinen schlechten Gesundheitszustand zu vergrößern[60]. Nichts scheint bei ihm darauf angelegt, ihn besonders anziehend zu machen; trotzdem ist Porphyrius vom ersten Augenblick an verzaubert; er bindet sich unwiderruflich an Plotin, wird der Vertraute seiner Gedanken, ehe er der Herausgeber seiner Werke wird, und bewahrt ihm bis zum Ende eine grenzenlose Anhänglichkeit.

Ein anderer seiner Schüler, Rogatianus, ist Senator:

„Er brachte es zu einem solchen Desinteresse gegenüber dem Leben, daß er alle seine Güter aufgab, seine Sklaven wegschickte und auf seine Amtswürden verzichtete. Da er Prätor und schon auf dem Gang zum Tribunal war, während die Liktoren schon dort waren, wollte er nicht mehr hingehen und vernachlässigte seine Funktionen. Nicht einmal sein eigenes Haus wollte er noch bewohnen; er blieb bei seinen Freunden oder Angehörigen, bei denen er auch aß und schlief. Auch aß er nur alle zwei Tage. Dieser Verzicht und diese Sorglosigkeit hinsichtlich seiner Lebensweise, während er doch so stark an der Gicht litt, daß man ihn auf einem Stuhle tragen mußte, stellte ihn wieder her; und während er kaum in der Lage war, die Hände zu öffnen, lernte er, sich ihrer mit größerer Leichtigkeit zu bedienen, als jeder Kunsthandwerker. Plotin liebte ihn, er lobte ihn über alles und stellte ihn den Philosophen als Beispiel hin."[61]

Das Vertrauen seiner Schüler zu ihm war vollkommen. Es geht so weit, daß ihm viele von ihnen vor ihrem Sterben ihre Kinder anvertrauen. Knaben oder Mädchen, samt ihrem ganzen Vermögen. Er kümmert sich mit Eifer um diese ganze Adoptiierten-Familie; interessiert sich für die Studien seiner Schutzbefohlenen, achtet auf die Verwaltung ihres Erbes und läßt sich von ihren Wärtern Rechenschaft geben. Er erklärt: Solange diese Kinder noch keine Philosophen sind, muß man ihre Güter und ihr Einkommen unversehrt erhalten[62]. Er zeigt denselben gesunden Hausverstand bei den Problemen von philosophischer oder religiöser Bedeutung. Als Amelius, der keine Gele-

---

[60] Vgl. *Porphyrios,* Vita Plotini, 2; *E. Brehier,* a. a. O., VIII.
[61] *Porphyrius,* Vita Plotini, 7. In demselben Kapitel erwähnt Porphyrius noch andere Schüler Plotins: einen Arzt Paulinus aus Skythopolis; Eustochius, einen Arzt aus Alexandrien, der ihn während seiner letzten Krankheit versorgt und bei seinem Tod anwesend ist; der Kritiker und Dichter Zoticus, durch seine Rezensionen des Antimachos bekannt; der Araber Zethus, ebenfalls Arzt, der dem verehrten Meister sein Vermögen zur Verfügung stellte; die Senatoren Marcellus, Grontius und Sabinus; Serapion von Alexandrien, ein ehemaliger Rhetor, der sich, allerdings unvollkommen, zur Philosophie bekehrt hatte. Ferner Frauen: Gemina, aus dem Hause, wo er wohnte, und ihre Tochter Gemina; Amphiklea und andere. Auch der Kaiser Gallienus selbst und seine Frau Salonina unterlagen der Anziehung des Plotin und wollten ihn hören.
[62] *Porphyrius,* Vita Plotini, 9.

genheit, Opfer darzubringen, verstreichen ließ, ihn einlädt, mitzuge-
hen, begnügt er sich mit der Antwort: Es ist Sache der Götter, zu mir
zu kommen, nicht meine, zu ihnen zu gehen, und der gutgläubige Porphyrius, der uns diese Worte überliefert, kann sich nicht enthalten
hinzuzufügen, er habe sie nicht verstanden [63].

Seine eigene Hingabe an die Philosophie und an seine Freunde ist
so total, daß er eines Tages davon träumt, in der Campania eine Stadt
zu gründen, die nach den Gesetzen Platons regiert werden sollte und
die man deshalb Platonopolis benennen sollte [64]. Es scheint, daß der
Kaiser Gallienus diesem Projekt nicht ablehnend gegenüberstand;
doch rieten ihm Personen aus seiner Umgebung, offenbar kluge und
umsichtige Funktionäre, davon ab, dieser Chimäre seine Zustimmung
zu geben. Allmählich verließen seine Schüler, einer nach dem andern,
den alten Meister, angezogen von den Reizen der Welt; viele wurden
ihm durch den Tod entrissen. Am Ende war Plotin vereinsamt; doch
bewahrte er bis zum Ende seine Heiterkeit und sein Vertrauen und
gab so das wunderbare Beispiel eines einer edlen Sache geweihten Lebens.

Seine Vorlesungen gingen nicht verloren. Die neuplatonische
Schule blieb Jahrhunderte hindurch das letzte Refugium der antiken
Weisheit. Hierher kommen die letzten Heiden, um Lehrvorträge für
das Leben und gegebenenfalls auch für den Tod zu hören. Im übrigen
veränderten sie sich sehr schnell und fast vollständig. Schon Porphyrius ist kein Intellektueller mehr: „Ein kritischer und zugleich naiver
Geist, von redlichem Enthusiasmus und gewandtem Optimismus, so-
lider Wissenschaft und kindlicher Gelehrsamkeit; man findet bei ihm
die Neugierde eines Hellenen, der begierig ist, zu wissen und zu verstehen, ebenso die Verirrungen eines Okkulten; die Freisinnigkeit eines Denkens, das diskutiert und räsoniert; die Gelehrigkeit eines
Gläubigen, der bereit ist, alle Offenbarungen zu akzeptieren; moralischen Apostolat von einem hohen Niveau, aber auch kompromittie-
rende Beziehungen; helle und leichte Fähigkeit, zu vermitteln;
Kompilationen und sogar Absurditäten: es scheint, daß es im Werk
des Porphyrius von all dem etwas gibt." [65] Nach ihm wird der Niedergang immer schneller. Jamblich ist ein Theurg, Maximus von Ephesus
ein Magier und vielleicht ein Roßtäuscher. Die Bekehrungen, die er
bewirkt, haben fast nichts Philosophisches mehr an sich.

[63] *Porphyrius,* Vita Plotini, 10.   [64] *Porphyrius,* Vita Plotini, 12.
[65] *J. Bidez,* Vie de Porphyre; Gand 1913, 11.

2. Philosophische Heiligkeit

So erstaunlich das heute auch für uns sein mag, die Bekehrung zur Philosophie ist also eine Tatsache, die in der Antike ziemlich häufig vorkam. Wie ist das zu erklären? Welches sind die Gründe, weshalb so viele wertvolle Geister sich der profanen Weisheit zuwandten und von ihr eine Hilfe erbaten, welche die Religion ihnen nicht bieten konnte? Die Gründe, die man dafür ins Feld führen kann, sind zahlreich.

Zum voraus ganz allgemein: die Philosophie verspricht ihren Adepten, ihnen ein klares und gesichertes Weltbild zu liefern. Seit Jahrhunderten sind die Philosophen die einzigen, die über die Einrichtung des Universums nachdenken und seine Gesetze zu erklären suchen, um sie zu einer Einheit zurückzuführen. Auch nachdem Sokrates der Weisheit die Erkenntnis des inneren Menschen zum wesentlichen Ziel gesetzt hat, suchen die Philosophen auch weiterhin, zum Geheimnis der Dinge vorzudringen. Stoiker wie Epikuräer haben eine Physik, an der sie festhalten, weil sich ihre Moralsysteme direkt darauf beziehen. Dagegen macht es nichts aus, daß die Frage nach der moralischen Lebensführung zunehmend den ersten Platz in den Geistern einnimmt. Seneca, der schreibt: „Mehr wissen zu wollen, als genügt, ist eine Art Unenthaltsamkeit"[66], der behauptet, die Mathematiker und die Astronomie zu verachten[67], schreibt trotzdem Bücher ‚*Über die Fragen der Natur, über die Lage Indiens, über die Lage und die Religion der Ägypter*'. Diese Kenntnisse haben zwar mit der moralischen Bildung nichts zu tun, aber sie erheben das Gemüt und tragen es empor zur Größe der Dinge, die hier behandelt werden."[68].

Es ist richtig, daß seit dem 4. Jahrhundert v. Chr. die positiven Wissenschaften sich außerhalb der Philosophie entwickelt und beachtliche Fortschritte gemacht haben, aber am Anfang der christlichen Ära haben sie aufgehört, die Geister zu beschäftigen; man hat ihnen einen möglichst beschränkten Platz im freien Erziehungsprogramm eingeräumt, denn ein Gebildeter sollte schon auch etwas von Arithmetik, Geometrie, von Musik usw. wissen ... Man entwickelte jedoch die hier erworbenen Kenntnisse kaum weiter. Was man wissen will, ist das Geheimnis der Welt im ganzen, ihrer Ursprünge und ihrer Bestim-

---

[66] *Seneca,* Epist. LXXXVIII, 36.
[67] *Seneca,* Epist., CVI, 11.
[68] *Seneca,* Epist., CXVII, 19.

mung. Von daher rührt der Erfolg der gnostischen Systeme, die ihren Anhängern eben solche Kenntnisse versprechen. Die kultiviertesten Geister gefallen sich darin, die Entstehung der Äonen aufzuzeigen, durch welchen stufenweisen Abstieg das Übel aus dem Guten hervorgegangen ist und wie eines Tages die universale Wiederherstellung vor sich gehen soll. Diejenigen Systeme, die wir am besten kennen, sind tief vom Christentum beeinflußt; in sich selbst ist die Gnosis jedoch keine christliche Erscheinung, sondern gehört zur allgemeinen menschlichen Geistesgeschichte[69]. Sie ist aber auch keine hellenistische Erscheinung, und man versteht die Verachtung Plotins für Leute, die den Anschluß an die antike Kultur der Griechen verweigern:

„Später haben sie ihre Lehre von jenen (scil. den Alten) übernommen und dieselbe in der Absicht, zu widersprechen, mit ungehörigen Erweiterungen versehen, indem sie allerlei Entstehungen und Untergänge aufbrachten, das All tadelten, die Gemeinschaft der Seele mit dem Körper schmähten, den Lenker dieses Alls entwürdigten, den Demiurgen mit der Seele auf eine Stufe stellten und ihm dieselben Pathe (= Leidenschaften) zuschrieben wie den Teilwesen."[70]

Die Gnosis, die wie die Religionen, die um die Herrschaft über die Seelen kämpfen, aus dem Orient kam, entsprach einem Bedürfnis. In einer wißbegierigen Zeit erhebt sie den Anspruch, eine definitive Antwort auf die großen Probleme zu geben. Doch seit längerer Zeit verspricht die Philosophie dasselbe; jene, die am Gnostizismus kein Interesse haben, bleiben auch weiterhin bei ihr, um die Gründe der Dinge zu erkennen und sich auf diese Weise von aller Angst, wie sie Unwissenheit und Irrtum mit sich bringen, frei zu machen.

„Wären die Menschen imstand, wie sichtlich Empfindung sie haben, daß ein Gewicht in der Seele, das sie durch Schwere ermüdet, auch, aus welchen Gründen das rührt, zu erkennen und woher denn in der Brust eine solche Last des Übels bereitliegt, würden sie nicht das Leben so führen, wie meistens wir sehen jetzt, wie keiner weiß, was er will, und dauernd bestrebt ist, auszuwechseln den Ort, als ob er die Last damit ablät. Oft geht jener hinaus aus einem prächtigen Hause, den daheim zu bleiben es ekelt, und plötzlich kehrt um er, da natürlich er merkt: es ist draußen um nichts ihm nur besser. Jagend die

---

[69] Seit dem Abschluß dieses Werkes (1946) hat die Erforschung der Gnosis, hauptsächlich bedingt durch den umfangreichen Fund gnostischer Originaltexte in Nag Hammadi (Ägypten) im Jahre 1945/46, große Fortschritte gemacht; zur Einführung vgl. das Werk von *K. Rudolph,* Die Gnosis. Wesen und Geschichte einer spätantiken Religion (Lit.), Göttingen 1977 (d. Übers.).
[70] *Plotin,* Ennead., II, IX, 6, 55. Deutsche Übers. nach *R. Hardt,* Die Gnosis, Wesen und Zeugnisse, Salzburg 1967, 152.

Rosse zum Haus auf dem Land stürmt Hals über Kopf er: als ob dem brennenden Dach zu Hilfe er eilte, so drängt er. Gähnend sperrt er das Maul, kaum daß er berührt seine Schwelle, oder er sinkt in Schlaf bleischwer und sucht nach Vergessen, oder er strebt auch mit Hast zur Stadt und naht sich ihr wieder. So flieht ein jeder das Selbst, dem doch zu entfliehen nicht möglich wie natürlich und klar: er haftet und haßt's wider Willen, deswegen, weil er, krank, nicht kennt den Grund seines Leidens. Wenn er erkännte ihn recht, würde jeder das andere lassen und sich bemühen zuerst, das Wesen der Dinge zu lernen, da einer ewigen Zeit, nicht nur einer einzigen Stunde Stand auf dem Spiele steht, in dem die Sterblichen alle Zeit, die nach dem Tode verbleibt, verharren dann müssen."[71]

Nicht alle Philosophien geben auf die von Lukrez mit Eloquenz beschriebenen Beunruhigungen die nämliche Antwort. Die Epikuräer leugnen die Existenz der Vorsehung und entledigen sich auf diese Weise von den Wahngebilden der Religion. Die Stoiker dagegen predigen die Unterwerfung unter die Vorsehung, die alles nach den Regeln höchster Weisheit lenkt. Wer hat Recht? Was soll man wählen? Jene, die den Mut zu einer Entscheidung nicht aufbringen, flüchten sich schließlich in den Skeptizismus. Nichts ist enttäuschender, nichts entmutigender als das Fazit von *De natura deorum* von Cicero; nach so vielen Waffengängen und brillanten rhetorischen Treffen trennen sich die Dialogteilnehmer, ohne sich über einen guten Abschluß einigen zu können. „Also handelt es sich darum, zu wissen, ob es einen Gott gibt und ob dieser Gott sich für die Menschen interessiert, ob es eine Verbindung gibt zwischen ihm und uns. Es handelt sich darum, zu wissen, was die menschliche Seele ist, ob sie einen Bezug zu Gott hat, ob sie von Gott kommt und zu ihm zurückkehrt. Kurz, es handelt sich um unsere Glückseligkeit, um unser alles. Das ist es, was die Elite von den Philosophen erwartet. Negationen, Zweifel, ein blasiertes Lächeln, ein Wortgeklingel reichen nicht hin. Man will eine Gewißheit, ein Licht, das strahlt, überzeugt, standhält, tröstet. Hier spielen die Philosophen sich die Bälle zu."[72]

Aber auch wenn die Philosophien die Geheimnisse der Dinge nicht erklären, so enthalten sie trotzdem einen bestimmten Wert, weil sie lehren, wie man leben soll. In der Kaiserzeit stimmen sie weitgehend überein, wenn es sich um praktische Antworten auf die existentiellen Probleme handelt. Man kann Stoiker oder Epikuräer sein, Pythago-

---

[71] *Lukrez,* De natura rerum, III, 1053–1073; deutsche Übers. nach *J. Büchner,* Welt aus Atomen, 315–317.
[72] *A. J. Festugière,* L'idéal religieux des Grecs, 99.

reer oder Kyniker: sobald man Philosoph ist, weiß man, daß man den Schmerz ertragen, den Tod verachten, Krankheit in Geduld ertragen muß; man darf seine Seele nicht verwirren lassen, und um glücklich zu sein, sich mit der Tugend allein begnügen[73]. Eine kurzschlüssige Weisheit, ohne Zweifel, aber hinreichend für chaotische Zeiten; sie befriedigt die besten Geister Roms in den letzten Zuckungen der Republik ebensogut wie unter den schmerzhaften Regierungen eines Caligula, Nero oder Domitian. Auch wenn man noch so neugierig ist, den Sinn der Dinge zu erkennen, so gibt es doch Umstände, wo man weder die Zeit noch den Mut hat, interesselose Forschungen durchzuführen. Das Leben des Alltags hat nicht weniger Verpflichtungen. Der Philosoph zählt diese Verpflichtungen auf[74]. Was will man mehr von ihm verlangen?

In manchen Fällen ist man gezwungen, von ihm noch weniger zu erwarten; denn die Philosophie wird verdächtig, und diejenigen, die sich mit ihr befassen, sind Gegenstand der allerstrengsten Maßnahmen. So wird unter der Regierung des Nero der Enkel des Augustus Rubellius Plautus neben anderen Verbrechen auch des Stoizismus angeklagt, und er wird zum Selbstmord verpflichtet. Gegen 65 n. Chr., nach der Verschwörung der Pisonen, werden die Stoiker Musonius und Cornutus auf Veranlassung Neros zum Exil verurteilt, weil sie, vor allem der erstere, junge Leute die Philosophie lehren. 71 n. Chr. werden unter Vespasian alle Philosophen aus Rom verjagt, und in der gleichen Zeit verkündet Dion von Prusa, damals noch Rhetor, die Rede „Gegen die Philosophen", „diese Pest der Städte und Provinzen". Etwas später, im Jahre 85, läßt Domitian den Sophisten Maternus hinrichten, weil er für schuldig befunden wurde, eine Schul-Rede gegen die Tyrannen vorgetragen zu haben; Rusticus Arulinus, weil er ein Philosoph ist und den Thraseas als Heiligen verehrt; Herennius Senecon, weil er ein Leben des Helvidius Priscus verfaßt hat[75]. Unter diesen Umständen handelt es sich nicht mehr darum, gut zu leben, sondern gut zu sterben.

Die Philosophen der Kaiserzeit haben das unvergängliche Beispiel

---

[73] Diese fünf Vorschriften fassen die fünf Bücher der Tusculanen des Cicero zusammen. Man findet sie ohne Schwierigkeiten, mehr oder weniger modifiziert, bei allen Philosophen seiner Zeit und der folgenden Periode.

[74] Um 140 v. Chr. verfaßt der Stoiker Panaitios einen Traktat „Über die Pflicht". Von diesem Traktat ließ Cicero sich in den beiden ersten Büchern „De officiis" inspirieren.

[75] *Dion Cassius,* Hist. rom., LXVI, 12–19; LXVII, 13; vgl. *H. Bréhier,* Histoire de la Philosophie I, 420.

des Sokrates vor Augen, der der erste Märtyrer der Liebe zur Weisheit war und der das vollendete Beispiel der Tapferkeit angesichts des Todes ist[76]. Wenn es darauf ankommt, läßt man sich von diesem Beispiel inspirieren. Von Caligula zum Tode verurteilt, widmet Junius Canus sich dem Brettspiel, während der Centurio, der mit einer Gruppe anderer Verurteilter an ihm vorbeizieht, ihn auffordert, zu folgen.

„Der Aufgerufene zählte noch seine Steine und sagte zu seinem Gefährten: ‚Behaupte ja nicht nach meinem Tod, du habest gesiegt.' Dann nickte er dem Centurio zu: ‚Du bist Zeuge, ich habe einen Stein mehr!' Für Canus sei das nur eben ein Spiel gewesen, meinst du? Hohn war's! Trauer überkam die Freunde, die einen solchen Freund verlieren sollten; so sprach er zu ihnen: ‚Warum so traurig? Für euch ist die Unsterblichkeit der Seele noch ein Problem; ich werde es bald gelöst haben.' Die Wahrheitssuche vergaß er selbst über dem eigenen Ende nicht, noch seiner Todesstunde versuchte er, eine Fragestellung abzugewinnen. Als man sich dem Hügel näherte, wo unserem Gott, dem Kaiser, täglich geopfert wurde, fragte ihn ein Philosoph, der neben ihm ging: ‚Canus, woran denkst du jetzt? Wie fühlst du dich?' Canus erwiderte: ‚Ich möchte gern feststellen, ob uns in jenem schnellsten aller Augenblicke der Austritt aus der Seele bewußt wird', und er versprach, sein Beobachtungsergebnis und überhaupt das Wißbare über das Los der Seelen ringsum seinen Freunden mitzuteilen."[77]

„Betrachte nun", fügt Seneca hinzu, „diese Ruhe mitten im Sturm, diese der Unsterblichkeit würdige Gesinnung, die noch im eigenen Untergang nach der Wahrheit forscht, noch im letzten Augenblick die scheidende Seele befragt und nicht nur bis zum Tod, sondern noch im Tod selbst etwas dazulernt. Länger hat gewiß kein Mensch Philosophie betrieben."[78] Das ist wahr. Doch könnte man noch andere Geschichten von ähnlicher Art erzählen. Rubellius Plautus hatte als Gewissensführer noch die Philosophen Coeranus und Musonius um sich, als man ihm das Hinrichtungskommando schickte. Einer seiner Freigelassenen riet ihm zum Widerstand; seine Philosophen überzeugten ihn, einem unsicheren und schwankenden Leben die Festigkeit eines nahen Todes vorzuziehen, und er folgte tapfer ihren Auffassungen. Selbst Seneca ließ, nachdem er sich die Pulsadern geöffnet hatte, durch seine Sklaven eine Rede aufzeichnen, von der Tacitus sagt, daß er sie nicht wörtlich wiedergeben wolle, da sie

---

[76] Der Tod des Sokrates lieferte ein nahezu unerschöpfliches Thema. Vgl. z. B. *Seneca,* De providentia, III, 4 und 12; De constant. sapient., VII, 3; De tranquillitate animi, V, 2–3; XVI, 1; De otio, VIII, 2.

[77] *Seneca,* De tranquillitate animi, XIV, 7–9; Übers. *H. Berthold,* 203.

[78] *Seneca,* a. a. O., XIV, 10; *Berthold,* 203 f.

ohnedies in aller Hände sei[79]. Wie hätte das Schauspiel solcher Sterbefälle nicht das Verlangen hochgesinnter, aber vor dem großen Übergang beunruhigter Seelen erwecken und zur Philosophie hinziehen sollen?

Konfrontiert mit dem Tod der christlichen Märtyrer, zeigen die Besten unter den heidnischen Weisen kaum ein Verständnis. Epiktet schreibt ihren Mut der Gewohnheit zu und wünscht, daß alle seine Schüler der gleiche Mut erfüllen möge, jedoch aufgrund der Vernunft und Logik: Da Gott alles in der Welt gemacht habe und die Teile nur im Hinblick auf das Ganze existieren, ziemt es sich da für die Menschen nicht, wissend, daß sie ein Teil des Ganzen sind, es auch zu akzeptieren, zum Nutzen des Ganzen hingeopfert zu werden und nicht zu klagen, wenn die Stunde des Hinscheidens für sie gekommen ist?[80]

Mark Aurel seinerseits schreibt: „Wie herrlich ist die Seele, die bereit ist, wenn sie nunmehr vom Körper abscheiden und entweder verlöschen bzw. sich zerstreuen oder fortdauern muß; doch soll diese Bereitschaft aus eigenem Urteil kommen. Scheide nicht auf Grund reiner Widersetzlichkeit wie die Christen, sondern überlegt und ernsthaft, und daß auch ein anderer überzeugt wird, untheatralisch."[81] Nur Gallien läßt den Christen größere Gerechtigkeit widerfahren, wenn er zugibt, man müsse sie als wahre Philosophen betrachten wegen ihrer Todesverachtung[82]. Jedenfalls erklären die Heiden, kein Verlangen zu haben, nach dem Beispiel der Christen zu leben und zu sterben. Es genügt ihnen, ihrer eigenen Philosophie zu folgen und die Lektionen nachzuahmen, die ihnen ihre Weisen und ihre Heiligen hinterlassen haben.

Denn auch die Philosophie beansprucht, ihre eigenen Heiligen zu haben, das heißt Menschen, welche größer sind als die Natur und würdig, allen Generationen als Beispiel vor Augen gestellt zu werden. Die Legende bemächtigt sich der Größten unter ihnen mehr oder weniger schnell nach ihrem Tode und schreibt ihnen einen quasi göttlichen Ursprung zu, ebenso wunderbare Fähigkeiten. Platon erhält fast unmittelbar nach seinem Hinscheiden aus dieser Welt einen Kult; auch zögert man nicht, ihn als einen Sohn des Apoll zu betrachten. Seit der Zeit des Aristoteles wird Pythagoras als ein Wundertäter angesehen, der zahllose Wunder und Prophezeiungen bewirkt habe: er

---

[79] *Tacitus,* Annalen, XV, 63.
[80] *Epiktet,* Dissert., IV, 7,6.
[81] *Mark Aurel,* Wege zu sich selbst, XI,3.
[82] *Gallien,* zitiert bei *Ibn-Al-Athir,* vgl. *P. de Labriolle,* La réaction païenne, 96.

bekommt den Namen des Apollon Hyperboräus, und die Einwohner von Metapontus weihen ihm einen Kult. Seine Schüler bezeichnen ihn als den „Göttlichen"; sie wollen ja aus ihm keinen Gott im strikten Sinne machen, aber sie betrachten ihn als einen, der durch sich selbst eine Art Mittler zwischen der Gottheit und der Menschheit darstellt. Im Laufe der Jahrhunderte wird die Pythagoras-Legende durch immer neue Elemente bereichert, und es ist leicht, dieses fortschreitende Anwachsen zu verfolgen, von Heraklides aus Pontos zu Diogenes Laërtius, von Diogenes zu Porphyrius, von Porphyrius zu Jamblich[83]. Dieser wird schreiben:

„Die einen hielten ihn für den pythischen Gott, die anderen für Apollon aus dem Hyperboreerland, manche für Paian, wieder andere für einen der Daimonen, die den Mond bewohnen; jeder erklärte ihn für einen anderen Olympier, der den damals Lebenden in Menschengestalt erschienen sei, um dem todgeweihten Leben aufzuhelfen, es zurechtzubringen und um der vergänglichen Natur den heilbringenden Funken der Glückseligkeit und der Philosophie gnadenvoll zu bescheren – nie kam und nie wird ein größerer kommen! – jenen Funken, der uns von den Göttern durch diesen Pythagoras geschenkt wurde."[84]

Lukrez ist nicht weniger enthusiastisch, wenn er von Epikur spricht:

„Du, Vater, bist der Dinge Erfinder, du bist's, der Vaters-Lehren uns darbringt reich, und aus deinen Blättern, Erlauchter, wie auf blumiger Trift die Bienen alles benaschen, weiden genau so wir uns ab alle goldenen Worte, goldene, immer zumal am würdigsten ewigen Lebens. Denn sobald die Vernuft deiner Lehre zu künden begonnen, wahres Wesen der Dinge, aus göttlichem Geiste erstanden, fliehen die Schrecken davon der Seele, die Mauern der Welt hier weichen, im ganzen Raum erblick ich das wahre Geschehen."[85]

Mit Apollonius von Tyana bewegen wir uns ganz auf dem Gebiet des Romans; wir kennen diese Persönlichkeit nur durch Philostrat, und dieser prätendierte Historiker ist im Grunde nur ein Rhetor, der das Haupt eines heidnischen Wundertäters „mit dem Nimbus der Heiligkeit, wie er im Gemüt der Gläubigen vom Antlitz Christi strahlt", umgeben möchte[86]. Tatsächlich hat dieser Roman Bekehrungen bewirkt; nach dem Zeugnis des Dion Cassius errichtete Caracalla dem Apollonius ein Heiligtum[87]; Alexander Severus stellte sein Bild im Lararium

---

[83] Über das Anwachsen der Pythagoraslegende vgl. *M. J. Lagrange,* Die pythagoreischen Legenden und das Evangelium, in: Revue Biblique XLV (1936), 481–511.

[84] *Jamblich,* Pythagoras 30, 39.

[85] *Lukrez,* De natura rerum III, 9–17; Welt aus Atomen, 235.

[86] *P. de Labriolle,* La réaction païenne, 188.

[87] *Dion Cassius,* Hist. rom., LXXVIII, 18.

neben den Bildern des Abraham, des Orpheus und Christi selbst auf[88], und Aurelian verschonte die Stadt Tyana, die zu zerstören er geschworen hatte, aus Respekt vor der Erinnerung an jenes außerordentliche Wesen, das hier geboren war[89].

Diejenigen, die wir zitiert haben, sind die Größten unter den Heiligen der Philosophie; doch gibt es noch viele andere. Sokrates wurde, worauf wir nicht länger insistieren wollen, von der ganzen Antike verehrt; der Kyniker Diogenes ist hundert Jahre nach seinem Tode für Kerkidas ein himmlisches Wesen, Epiktet wird zum Heros einer Art von Kult. Kelsos meint, daß Orpheus Anaxarchos und Epiktet durchaus einer ähnlichen Ehrung würdig wären. Die Karpokratianer, es handelt sich um christliche Gnostiker, besitzen Bilder Christi neben solchen des Pythagoras, Platon, Aristoteles und anderen[90]. Doch sind es nicht nur die mehr oder weniger engagierten Schüler, die auf solche Weise die Philosophen verehren. Auch das Volk läßt sich durch die schönen Erzählungen ihres Lebens und Sterbens beeindrucken. Es bewundert ihren Mut gegenüber den grausamsten Tyrannen, denen zu schmeicheln sie ablehnen und die sie dann zum Tod verurteilen und hinrichten lassen, ohne das geringste Zugeständnis erreicht zu haben. Es ist nicht weniger beeindruckend durch den Bericht ihrer asketischen Anstrengungen, ihrer Ausdauer in der Kälte, im Hunger, in Nacktheit. Es betrachtet sie ungefähr wie Magier, und Porphyrius hat keine Hemmungen, dem Plotin wundertätige Kräfte zuzuschreiben, indem er sagt, er sei durch einen jener Dämonen, die den Göttern nahestehen, unterstützt worden[91].

Unter diesen Bedingungen versteht man, daß man den Philosophen, wenn nicht der Philosophie überhaupt, die Fähigkeit zuschreiben konnte, nicht nur eine Erklärung der Natur zu liefern, eine Lebens-Regel aufzustellen, wenigstens mitzuhelfen, gut zu sterben, sondern auch einen Heilsweg zu lehren, das Wort in jenem komplexen und unpräzisen Sinn verstanden, wie es ihn zu Beginn der christlichen Ära hatte. „Erlöst werden", das bedeutet zu dieser Zeit vor allem, vor Zusammenbrüchen und Gefahren aller Art bewahrt zu werden: vor Krankheit, Ertrinken, Verlust der Güter, Krieg, Raubüberfall, Ungerechtigkeit; es heißt positiv: Fruchtbarkeit des Bodens, der Herden und des Herdes. Die Erlöser-Götter (die Retter-Götter, „Heilande", griech. θεοὶ σωτῆρες, Anm. d. Übers.) sind diejenigen, die die

---

[88] *Lampridius,* Alex. Sever., 29.   [89] *Lampridius,* Aurel, 24.
[90] *Irenäus,* Advers. Haeres. I, 20,4; vgl. *A. D. Nock,* Conversion, 176 und 295–296.
[91] *Porphyrius,* Vita Plotini, 10.

Individuen und Gemeinwesen verteidigen und beschützen. Asklepios und Isis erhalten unter den Unsterblichen vor allem diese Titel; Asklepios weil er Arzt ist, der die Krankheiten heilt und den geschwächten Leibern ihre Kraft wieder zurückgibt; Isis, weil sie den Schutz der Herden und die Fruchtbarkeit des Bodens garantiert. Unter den Menschen betrachtet man vor allem die Könige und Kaiser als „Heiland". Ausdrücklich trägt ein Ptolemäer diesen Titel. Im Jahre 9 v. Chr. zeigt eine Provinzversammlung in der Provinz Asia ihre Gefühle gegenüber dem Augustus in folgenden Worten:

> „Nachdem die Vorsehung, die den Lauf unseres Daseins lenkt und ihm so große Sorge und Freigebigkeit widmet, den Gipfel der Vollkommenheit unseres Lebens dadurch bewirkt hat, daß sie uns den Augustus gab, indem sie ihn uns und unseren Nachkommen als einen Heiland gesandt hat, um den Krieg zu beenden und alle Dinge neu zu ordnen; nachdem der Cäsar nach seinem Erscheinen alle Hoffnungen, die unsere Väter in ihn gesetzt hatten, erfüllte, nicht nur indem er alle ihm vorausgegangenen Wohltäter übertraf, sondern auch darin, daß er keinem seiner Nachfolger eine Möglichkeit hinterließ, es besser zu machen als er, zumal der Geburtstag des Gottes für die Welt der Anfang der ihm zu verdankenden Freudenbotschaften (εὐαγγέλια) war: daher beschließt die Versammlung auf Vorschlag des Prokonsul P. Fabius Maximus, das neue Jahr jeweils als Geburtstag des Kaisers zu beginnen."[92]

In den Mysterienreligionen ist das Heil etwas mehr. Der Mensch will nicht nur hienieden glücklich werden, sondern auch ewig im Wohnsitz der Götter: er braucht einen Führer, um die gefährliche Lebensreise zu wagen und den Weg zu finden, der ihn an das ersehnte Endziel gelangen läßt. Der Erlöser-Gott ist jener, der seine Gläubigen leitet, der ihnen den einzuschlagenden Weg weist, sie abhält vom Moor[93], in

---

[92] *Dittenberger,* Orientis graeci inscriptiones selectae, 468. Vgl. eine Inschrift von Halicarnass, nach 2 n. Chr. (Inscr. Brit. Mus., 894: „Nachdem die ewige und unsterbliche Natur des Universums uns den Gipfel ihrer unermeßlichen Wohltaten gegen das Menschengeschlecht hat gewähren wollen, gewährte sie uns als höchstes Gut und zum Glück unseres Lebens den Cäsar Augustus, Vater seines eigenen Vaterlandes, die Göttin Roma, väterlicher Zeus und Retter des ganzen Menschengeschlechts; mit ihm hat die Vorsehung die Gebete aller Menschen nicht nur gekrönt, sondern noch weit übertroffen - in der Tat: Land und Meer sind im Frieden, die Städte blühen in Gesetzlichkeit, Eintracht und Wohlstand; es gibt kein Land, das nicht den Gipfel seines Glücks erreicht hätte und nicht an Reichtümern Überfluß hätte; die Menschheit ist voll von glücklichen Hoffnungen für die Zukunft, und in der Gegenwart zufrieden"; nun kommt es darauf an, die Götter durch öffentliche Spiele und Statuen, mit Opfern und Hymnen zu ehren. Vgl. *A. J. Festugière,* Le monde gréco-romaine II, 7–8.

[93] Vgl. *Platon,* Phaidon, 69, c: „So mögen auch die bekannten Stifter der Geheimlehren keine geringen Leute gewesen sein, haben sie doch in Wirklichkeit schon lange angedeutet, daß, was ohne die Weihen und ungeheiligt in die Unterwelt kommt, im Schlammstrom liegen muß, während der, der gereinigt und geweiht dorthin kommt, bei den Göttern wohnen wird" (Jubiläums-Ausgabe III, 22).

dem sie versinken könnten. Das Heil wird also zur glückseligen Unsterblichkeit. Die Philosophie verheißt dieselbe Befreiung, dasselbe Heil wie die Religion. So sagt Albinus in seinem „Handbuch der platonischen Philosophie": „Sie ist zugleich Verlangen nach Weisheit und Befreiung der Seele und ihre Abkehr weg vom Körper, die uns zum Intelligiblen und dem wesenhaft seienden Wesen hinlenkt."[94] Der Philosoph ist ein Arzt, er versorgt die kranken Seelen und heilt sie von all ihren Schwächen[95].

Vor allem erhält Epikur die Titel eines Arztes und eines Heilandes. Er begnügte sich nicht damit, einen Traktat „Über die Krankheiten und den Tod" zu verfassen, sondern er fügte auch ein Allheilmittel hinzu, ἡ τετραφάρμακος[96], tetrafarmacum[97], eine ideale Formel von vier Vorschriften, die ausreichen sollten, um alle schmerzlichen Wunden der gesamten Menschheit zu heilen … Wegen seiner Verdienste betrachten ihn seine Schüler als ein Wesen, das über die allgemeine Seinsverfassung der Menschen erhaben sei. Unmerklich verwandelte seine Schule sich in eine Kirche[98]. Sie hat ihre Opferpriester und ihre Zeremonien, die regelmäßig zu Ehren des Meisters, der der Menschheit das Heil gebracht hatte, gefeiert werden[99]. Auch Lukrez ruft ihn wie einen Gott an[100], und seine Verehrer feiern ihn in glühender Dankbarkeit als σωτήρ: ὑμνεῖν καὶ τὸν σωτῆρα τὸν ἡμέτερον (als Heiland: „Wir feiern mit Hymnen unseren Heiland")[101].

---

[94] *Albinus,* Enchirid. philos. Platon.
[95] Vgl. *Philon von Larissa,* zitiert bei *Stobäus,* Eclog. II, 40 ff.: „Man sagt, der Philosoph gleiche dem Arzte … Mit ärztlichem Eifer geschieht alles zu einem Endzweck; das eine für die Gesundheit, die Philosophie für die Glückseligkeit"; *Epiktet,* Dissertationen III, 23, 30: „Die Schule eines Philosophen ist eine ärztliche Praxis; wenn man sie verläßt, soll man nicht Lust empfunden, sondern Schmerzen erlitten haben." Vgl. *A. J. Festugière,* L'idéal religieux, 74 n.1.
[96] *Croenert,* Rhein. Mus., LVI (1901), 617.
[97] Hist. August. I, 21, 4; IV, 5, 4; XVIII, 30, 6.
[98] Vgl. *F. Picavet,* Epicure, fondateur d'une religion nouvelle, in: Rev. d'Hist. des Relig., t. XLVII (1983) 315–344.
[99] *Seneca,* Epist. XXVIII, 9.
[100] *Lukrez,* De natura rerum, III, 15; V, 8.
[101] *Papyrus,* zit. bei *Croenert,* Rhein. Mus. LVI (1901), 625; *J. Carcopino,* Aspects mystiques de Rome païenne, 245; dem bei Carcopino zitierten Texten ließen sich noch andere hinzufügen, z. B. *Cicero,* Tuscul. I, 48: „Liberatus enim se per eum (Epicurum) dicunt gravissimis dominis", ders., De finibus, I, 14: „eum, quem arbitror … maximis erroribus animos hominum liberavisse". – Bei *Lukian,* Alexandr., 61: „Ἐπικούρῳ … ἀνδρὶ ὡς ἀληθῶς ἱερῷ καὶ θεσπεσίῳ τὴν φύσιν … καὶ μόνῳ … ἐλευθερωθῇ τῶν ὁμιλησάντων αὐτῷ γενομένῳ". Epikur wurde auch in einer Inschrift von 121 n. Chr. als Soter bezeichnet (Brief der Plotina, der Frau des Trajan, an die Epikuräer zu Athen), bei *Dittenberger,* Sylloge 3. Aufl., 834.

Wie hätte die Philosophie als Heilpraktikerin für die Seele, als Befreierin vom Tode, als Lehrmeisterin des menschlichen Lebens mit allen ihren Verheißungen nicht zahlreiche Geister, die auf der Suche nach Befreiung und Glück waren, anziehen sollen, welche die Religionen selbst nicht festzuhalten noch zu gewinnen vermochten? Während einer längeren Zeit und für eine gewisse Anzahl kultivierter Intellektueller war sie die höchste Zuflucht in den Unruhen und Ängsten dieser Welt. Als Seneca an Lucilius schrieb: „Ich spüre, Lucilius, wie ich nicht nur immer fehlerfreier, sondern gleichsam verwandelt werde. Allerdings kann ich noch nichts versprechen und gebe mich auch nicht der Hoffnung hin, daß an mir nun gar nichts Änderungsbedürftiges mehr zurückbliebe. Warum sollte ich nicht auch manches an mir haben, das weiter verstärkt, gemildert oder noch mehr hervorgehoben werden müßte? Eben dies aber darf als Merkmal eines zum Besseren bekehrten Sinnes gelten: das Gewahrwerden bisher übersehener Mängel.

Bei manchen Kranken ist man heilfroh, wenn sie anfangen sich krank zu fühlen. Daher möchte ich diese unvermutete Wandlung meines Wesens so gern mit dir teilen ..."[102], dann drückt er damit Gefühle aus, die viele seiner Zeitgenossen, die ähnlich wie er bekehrt worden waren, mit ihm teilten. Bleibt noch die Frage, mit welchen Mitteln die Philosophie ihre Erfolge erzielte.

3. Die philosophische Propaganda

Die Mittel der philosophischen Propaganda sind ebenso zahlreich wie abwechslungsreich. Angefangen beim Privatunterricht, den der philosophische Hauslehrer dem Sohn des Hauses und häufig auch dem Vater erteilt, bis zu den Diskussionen auf einem öffentlichen Platz vor einem interessierten und auf schöne Reden erpichten Publikum[103]; von Privatkursen für einige Schüler im Hain des Akademos oder in den Wandelgängen des Poikilos, bis hin zu Vorträgen, gehalten vor einem ausgewählten Publikum in einem vielbesuchten Saal;

---

[102] *Seneca,* Epist. VI, 1.
[103] Vgl. Apg 17, 18–19. Wenn die epikuräischen und stoischen Philosophen, die Paulus in der Synagoge mit den Juden hatten disputieren hören, den Apostel zum Areopag mitnehmen, damit er dort seine Ideen öffentlich darlege, dann verhalten sie sich den Bräuchen eines redegewandten und neugierigen Volkes konform. Alle, die etwas zu sagen haben, können sich freimütig äußern; sie werden immer ihre Zuhörer, wenn nicht sogar Anhänger finden.

von Briefen zur Gewissens-Führung, gern geschrieben an einen Freund, die mehr oder weniger ausdrücklich zur Veröffentlichung bestimmt sind, bis zu großen Werken in Prosa oder in Versen, die ein System methodisch entwickeln; alle diese Verfahrensweisen kommen in Frage; die einen wie die anderen haben Erfolg.

Seit der Zeit Alexanders des Großen, wenn nicht schon früher[104], werden die Philosophen die häufigsten Berater der Könige. Alexander selbst war von Aristoteles erzogen worden, und während seiner Feldzüge hat er den Kallisthenes bei sich. Der Stoiker Perseus hat seinen Platz in der Nähe des Antigonos Gonatas; der Stoiker Sphairos in der Nähe des Königs Kleomenes von Sparta[105]; Hekataios, der Schüler des Pyrrhus neben Ptolemaios Lagus; Theodor beim Sohne des Lagus; Diodor Kronos und Stilpon neben Ptolemaios Soter; Panaretus, Schüler des Askesilaos neben Ptolemaios Philometor; Krates neben Attalos von Pergamon[106]. Die Rolle, die sie spielen, variiert freilich je nach den Königen, denen sie dienen, und je nach den Umständen, in denen sie leben; immerhin sind sie da und bezeugen durch ihre Anwesenheit die hohe Achtung und moralische Autorität, die man ihnen zuerkennt.

155 v. Chr. erscheint die griechische Philosophie zum ersten Mal in Rom. Der Akademiker Karneades, der Peripatetiker Kritolaos und der Stoiker Diogenes von Babylon fungieren zugleich als Gesandte, um vor dem Senat die Sache der Athener zu verteidigen, die wegen der Zerstörung der Stadt Oropos zu einer Geldstrafe von 500 Talenten verurteilt worden waren. Diese fremden Gesandten erregen durch ihre öffentliche Diskussionen Aufsehen in der römischen Welt. Karneades fällt auf durch seine hinreißende Eloquenz und die Wendigkeit, mit der er zwei einander widersprechende Thesen gleichermaßen verteidigt. An Kritolaos rühmt man die wohlabgerundeten und sentenzartigen Sätze, an Diogenes seine ebenso kraftvolle wie gemäßigte Art. Der alte Cato läßt, aus Sorge um die Strenge der überlieferten Sitte, die Griechen so schnell wie möglich wieder fortschicken; fünf Jahre später vertreibt ein Senatsbeschluß alle Rhetoren und fremden Philosophen aus Rom.

---

[104] Man kann an die Aufenthalte Platons bei Dionysios von Syrakus erinnern. Doch muß man zugeben, daß die Ratschläge des Philosophen sich im Hinblick auf die Lebensführung und die Politik des Tyrannen als wenig wirksam erwiesen.
[105] Vgl. *F. Ollier,* Le philosophe stoïcien Sphairos et l'oeuvre réformatrice des vois de Sparte Agis et Cleomène, in: Revue des Etudes grecques, Bd. XLIX (1936) 536–570.
[106] Vgl. *Diels*, Doxographi Graeci, Prolegom., 82, Anm. 2

Doch bald danach rächen sich die Philosophen und kehren im Triumph nach Rom zurück. Alsbald sieht man sie in der ständigen Umgebung der bekanntesten Männer des öffentlichen Lebens, die ihre Gegenwart und ihre Ratschläge nicht mehr entbehren können. Metrodorus ist bei Paulus Aemilius; C. Blossius Schüler von Antipater, bei Tiberius Gracchus; Panaitios von Rhodos bei Publius Scipio; Athenodoros von Tarsus und Cordylion bei Cato von Utica; der Stoiker Diodotos bei Cicero; Antiochos bei Lucullus, Philodemos bei Pison, der Peripatetiker Nikolaos bei Herodes. Darüber hinaus haben die meisten der genannten Persönlichkeiten in ihrer Jugend die griechischen Schulen besucht und die Philosophen in ihrem heimatlichen Milieu gehört; sie blieben ihren alten Gewohnheiten treu und wenden sich nach ihrer Rückkehr nach Rom weiter an sie.

Das Imperium behält die Traditionen der Republik bei, und die Kaiser sind das erste Beispiel dafür: Arius Didymus, Athenodoros und Theon sind gleichsam die privaten Hofkapläne des Augustus. Mark Aurel, selbst ein Philosoph, macht den Rusticus zu seinem intimen Berater und erwähnt in seinen „Betrachtungen" mit Anerkennung alle, die an seiner geistigen Ausbildung mitgewirkt haben, die Stoiker Apollonius, Sextus, Catulus Maximus, den Platoniker Alexander, den Peripatetiker Severus. Zwischendurch, unter den Regierungen des Nero und vor allem des Domitian, hatte man schwere Zeiten durchzumachen. Aber auch da haben die Philosophen ihr Apostolat nicht unterbrochen, wie wir durch Seneca wissen[107]. Im ersten Jahrhundert der christlichen Ära haben die großen römischen Familien ihre Hausphilosophen, die die jungen Leute unterrichten und die Gewissen ihrer Väter leiten. Diese Philosophen geben ihren Schülern auch Privatlektionen. Manchmal dürfen, in geringer Zahl, auch Freunde dabei anwesend sein, aber sie fungieren nur als stille Zuhörer, ohne an den Diskussionen, die sich zwischen dem Lehrer und seinem Schüler entwickeln können, aktiv teilzunehmen; es ist für sie schon eine seltene Gunst, wenn sie zu den vertraulichen Belehrungen überhaupt zugelassen werden[108]. Als geistliche Führer sind die

---

[107] „Seneca nennt von diesen Philosophen Attalus, Fabrianus, die beiden Sextius, Sotion; man kann noch hinzufügen den Platoniker Thrasyllus unter Tiberius, Musonius Rufus, ein römischer Ritter, der der stoischen Schule angehört, unter Nero, der übrigens zum Exil verurteilt wurde und der bei der Bekehrung einer gewissen Anzahl Römer aus der Oberschicht eine bedeutende Rolle spielte." *A. J. Festugière* und *P. Fabre,* Le monde gréco-romain I, 175, n.2.
[108] Vgl. *A. J. Festugière,* Le logos hermétique d'enseignement, in: Revue des Etudes grecques, t. LV, 1942, 88 ff.

Philosophen in die Intimitäten des Hauses eingeweiht. Sie bringen den Familienmitgliedern ihres Hauses das Geheimnis gut zu leben bei und bei Gelegenheit auch das Geheimnis, gut zu sterben. Häufig wird, zumal unter den Tyrannen wie Caligula, Claudius, Nero und Domitian, der Senat stark dezimiert, der Adel hart getroffen; in diesen Zeiten vor allem tragen die Lektionen der Weisen ihre Früchte.

Unter den professionellen Philosophen erstrecken viele ihre Aktivität nicht allein auf den Binnenbereich einer Familie, wie hochgestellt diese auch sein mag. Sie haben in der ganzen römischen Gesellschaft Leute, die sich von ihnen führen lassen. Der bekannteste Fall ist Seneca, der eine Zeitlang für Paulinus, Marcellinus, Severus, Lucilius und viele andere, die das Bedürfnis nach einer soliden Unterweisung haben, der geistige Führer ist. „Ein Familienvater kann nicht größere Sorge aufwenden als Senca, der über die kleine Familie seiner Schüler oder, wenn man will, seiner Beichtkinder, wacht. Er schreibt ihnen die Lektüre vor; er regelt ihren Tagesablauf; er verlangt genaue Berichte über die geringsten Zwischenfälle ihres moralischen Lebens. Er liest zwischen den Zeilen der Briefe, die sie ihm schreiben, um zu sehen, ob sie ihn hinters Licht führen wollen, und er scheut sich nicht, bei Leuten, die sie öfter besuchen oder die in der gleichen Provinz wohnen, sich nach ihrem Befinden zu erkundigen ... Er ist der penibelste dieser Seelenführer." [109]

Der Stoiker Cornutus spielt später eine ähnliche Rolle, und Persius hat uns mitgeteilt, was dieser über alles geliebte Lehrer für ihn selbst in seiner Jugend bedeutet hat:

„... wo doch so trügerischer Weg, so weltunkundiger Irrtum auf vielästigen Pfaden die bangen Gemüter umhertreibt, gab dein Fittich mir Schutz; du hebst, Cornutus, die zarten Jahre in sokratischer Liebe empor, du gleichst, das Richtscheit still und geschickt benutzend, die Krümmungen aus im Charakter; zahm wird durch die Vernunft das Gemüt, strebt an, sich zu fügen, und dein Daumen als Bildner verleiht ihm zierliche Formen. Habe mit dir lange Tage verbracht – eine liebe Erinnerung – und auch mit dir den Anfang der Nacht zum Mahle verwendet: Arbeit und Zeit für die Ruhe, die hatten wir beide gemeinsam, und bei bescheidener Tafel entspannten wir uns vom Studieren." [110]

---

[109] *L. Levrault,* Senèque, Lettres à Lucilius, I–XVI, Paris 1897, 39.
[110] *Persius,* Sat. V, 34–44, trad. *Cartault.* Ferner Sat. III, 66 ff. Persius zählt alles auf, was man von der Philosophie erwarten kann: „O ihr Unglücklichen, unterrichtet euch und gebt euch Rechenschaft über die Ursachen der Dinge! Wer sind wir und zu welchem Dasein kommen wir in die Welt; welcher Platz ist uns angewiesen, oder besser, von wo und wodurch gewinnt man am leichtesten den Angelpunkt der Grenze; welches ist die

Der schulmäßige Unterricht erreichte einen breiteren Kreis als die persönliche Gewissensführung. Spätestens seit Pythagoras gab es hinreichend geschlossene Philosophenschulen, in deren Binnenbereich der Lehrer ohne Furcht seine Lehren entwickeln konnte, die er in der breiten Öffentlichkeit nicht vortragen wollte. Es scheint, daß die traditionellen Methoden noch in den Anfangszeiten des Christentums funktionierten und daß Jamblich sich auf die Gepflogenheiten seiner eigenen Zeit bezieht, wenn er die in der Schule des Pythagoras überkommene Lehrweise folgendermaßen beschreibt:

„Denn wer aus dieser Schule hervorging, vor allem die frühesten Anhänger, die in ihrer Jugend noch den greisen Pythagoras erlebt hatten und seine Schüler gewesen waren ... eine große Schar geachteter, überragender Männer – sie alle haben ihre Gespräche, ihre wechselseitigen Unterredungen, ihre Aufzeichnungen und Niederschriften, ihe eigentlichen Werke und alle Veröffentlichungen, die zum größeren Teil heute noch erhalten sind, nicht durch die allgemein verbreitete, volkstümliche und daher allen anderen geläufige Redeweise den Zuhörern auf Anhieb verständlich gemacht, im Bemühen, ihre Gedanken so darzulegen, daß man leicht folgen konnte: vielmehr wählten sie, treu dem Gebot des Pythagoras über die göttlichen Mysterien zu schweigen, Redewendungen, deren Sinn den Uneingeweihten verborgen bleiben mußte, und schützten ihre wechselseitigen Gespräche oder Schriften durch den Gebrauch verabredeter Zeichen (Symbola)."[111]

Plotin verfährt nicht anders als die pythagoreischen Lehrer. Er will seine Gedanken nur vor solchen Hörern entwickeln, auf deren Treue und Verschwiegenheit er sich verlassen kann; notfalls zögert er nicht, mit Leuten, die ihn verraten könnten, zu brechen. Am Anfang eines Kurses beginnt man mit der Lektüre eines Abschnittes aus Aristoteles oder Platon oder von irgendeinem andern Philosophen, verbunden mit einem Kommentar. Danach ergreift der Lehrer das Wort, um das Gelesene zu erklären; doch geht es ihm nicht darum, einen fortlaufenden Vortrag zu halten; er zieht es vor, sich durch einen Schüler fragen zu lassen und auf seine Fragen zu antworten, so daß die Vorlesung aus einer Reihe von Fragen und Antworten besteht. Man wundert

---

Grundlage der Währung, welche Wünsche gestehen die Götter uns zu, wofür kann Geld mit einer bestimmten Prägung uns dienen, welche Spenden soll man für seine Heimat und die geliebten Eltern aufbringen, was befiehlt die Gottheit dir zu sein und welchen Platz sollst du in der Menschheit einnehmen?" Hier sind die Probleme ziemlich gemischt. Aber der oberste Rang ist, wie es sich gehört, dem moralischen Anliegen vorbehalten.

[111] *Jamblich,* Pythagoras 104, S. 111; zu diesem Text vgl. *W. Bousset,* Jüdisch-christlicher Schulbetrieb in Alexandria und Rom. Göttingen 1915, 4; *A. J. Festugière,* Le logos hermétique d'enseignement, in: Revue des études grecques, t. LV, 1942, 86ff.

sich manchmal darüber. Wenn man mich nicht fragen würde, hätte ich keine Einwände aufzulösen und hätte nichts zu sagen, was man aufschreiben könnte, lautet Plotins Antwort[112]. Er spricht nicht gerne vor Kollegen oder Konkurrenten: „Als eines Tages Origenes in seine Vorlesung kam, wurde er rot und wollte sich erheben; als ihn Origenes darum bat, weiterzusprechen, sagte er, daß er keine Lust habe, weil er sicher sei, sich an Leute zu wenden, die ohnedies alles wissen, was er sagen würde. Er setzte die Diskussion noch etwas fort, dann erhob er sich und ging."[113] Nichts ist weniger feierlich und weniger aufgemacht als seine Vorlesungen. Der Meister folgt einer streng festgelegten Ordnung; er legt keinen Wert auf die Abfassung einer Summe seiner Erkenntnisse oder auf eine Synthese seiner Ideen. Er läßt sich vom Zufall der Umstände leiten, indem er dem folgt, was er für die Bildung seiner Hörer am nützlichsten hält. In seinen Augen ist das Entscheidende, die Geister zu formen, sie zu überzeugen, sie zu erheben und zu verändern.

Die öffentlichen Vorträge wenden sich dagegen an ein breiteres Publikum als die schulmäßigen Lehrvorträge; aber ihre Zuhörer kommen mehr aus Neugier denn als wahre Freunde der Weisheit. Es sind Müßiggänger, die nicht wissen, wie sie tagsüber ihre Zeit totschlagen sollen; mondäne Leute, die aus Höflichkeit eine Einladung annehmen, die man ihnen gemacht hat; Gleichgültige, die sich an die Gepflogenheiten der Gesellschaft anpassen wollen und die meinen, sie wären dazu verpflichtet, einen gerade gängigen Vortrag anhören zu sollen[114]. Zu einer Zeit, wo man relativ wenig liest, weil die Manuskripte rar und teuer sind, fühlen sich alle renommierten Autoren dazu verpflichtet, Vorlesungen aus ihren Werken zu halten[115]. „Fast alle Schriften der Kaiserzeit entsprechen einem herrschenden Bedürfnis, nämlich vor einem Auditorium laut vorgelesen zu werden. Jede Schrift ist entweder von vornherein für die öffentliche Vorlesung vorbereitet, oder sie ist eine, vielleicht stenographierte, Redaktion einer

---

[112] *Porphyrius,* Vita Plotini, 13.
[113] *Porphyrius,* Vita Plotini, 14.
[114] Vgl. *Seneca,* Epist., 108,3: „Quidam veniunt ut audiant, non ut discant: sicut in theatrum voluptatis causa, ad delectandas aures oratione, vel voce vel fabulis ducimur. Magnam hanc auditorum partem videbis, cui philosophi schola diversorium otii sit" („Manche kommen zum Zuhören, nicht um zu diskutieren, so wie man des Vergnügens wegen ins Theater geführt wird, um durch eine Rede die Ohren zu erfreuen oder durch eine Stimme oder durch Geschichten. Du wirst einen großen Teil von Zuhörern sehen, für die die Philosophenschule ein Aufenthaltsort der Muße ist").
[115] Unter vielen anderen Zeugnissen vgl. *Plinius Minor,* Epist. I, 13; III, 18; IV, 5; V, 17; VI, 17 etc.

Vorlesung. Gattungen, wie selbst die Historie, können diesem Gesetz nicht ausweichen, die Philosophie noch viel weniger. Die Vorliebe für die öffentliche Vorlesung ist so groß, daß man auch ältere Werke, die für diesen Gebrauch nicht gemacht waren, rezitiert"[116], indem man z. B. die platonischen Dialoge dramatisch aufführen ließ[117].

Die meiste Zeit drehen die philosophischen Vorträge sich um praktische Probleme, wie die Ehe, das Recht der Eltern, die Verbannung, die Gewalt, den Zorn, die Milde, die Rolle der Frau in der Gesellschaft, die Freundschaft etc. Diese Themen verbinden sich mühelos mit den Deklamationen der Rhetoren, die häufig die gleichen Fragen als Thema aufgreifen; abgesehen von ihrem Äußeren, unterscheiden sich die Rhetoren hauptsächlich dadurch, daß sie den Geist üben wollen, indem sie den Problemen in ihren Deklamationen oder Kontroversen eine paradoxe Wendung geben; die Philosophen dagegen fassen die Dinge höher auf und interessieren sich mehr für die Lösungen selbst als für die Methoden, wie man sie erreicht. Der Unterschied ist nicht immer leicht zu bestimmen; und es ist nicht erstaunlich, daß die Philosophen bei manchen Gelegenheiten gegen die Rhetorik Stellung beziehen und sich energisch dagegen verwahren, mit den Sophisten verglichen zu werden[118]. Andererseits, als der Rhetor Seneca bei seinem jungen Sohn bemerkt, daß er zuviel Interesse für die Philosophie zeigt[119], holt er ihn fast gewaltsam zur Rhetorik zurück. Seine Rechnung geht nicht so glatt auf, wie er meint; unmittelbar neben dem Rhetor findet der junge Seneca die Gelegenheit, sich mit den Dingen, die ihm am Herzen liegen, zu befassen. Ohne jeden Bruch kommt er im gegebenen Moment zur Philosophie.

Außer dem kultivierten Publikum, an das sich die renommierten Conferenciers halten, gibt es die große Menge. Für sie wird die Philosophie hauptsächlich durch die Kyniker repräsentiert. Wir haben schon von diesen Straßenpredigern gesprochen, die das Niedervolk

---

[116] *E. Brehier,* Plotin, Ennéades I, XXV.
[117] *Plutarch,* Symposia c., VII, 1.
[118] Epiktet zeigt häufiger seinen Unwillen, wenn seine Schüler Vorträge gehalten haben, auch wenn sie talentvoll waren und fragt sich, ob er da für die Zukunft nicht eher Rhetoren als Philosophen ausbildet, Dissert. II, 1, 29 ff. – *Porphyrius,* Vita Plotini 13 und 18, beklagt sich über Leute, die über Plotin in unaufhörlichem Geschwätz daherreden. „Sie verachteten ihn, weil sie ihn nicht verstanden ... War er doch völlig frei vom Gehabe und vom Stolz eines Sophisten; seine Lehrvorträge glichen Unterhaltungen." – *Aulus Gellius,* Noct. Attic., V, 1 zitiert von *Musonius Rufus,* harte Worte gegen die Vortragskünstler.
[119] *Seneca,* Epist. CVIII; Consolatio ad Helviam, XV.

zu bekehren suchen und durch die Straßen laufen, verdreckt, zerlumpt, mit vernachlässigten Haaren und mit Stoppelbart. Die Leute aus den höheren Schichten machen sich je länger je mehr darüber lustig, und die Literatur beutet ihre Lebensform als unerschöpfliche Fundgrube der Komik aus. Die Kyniker lassen sie reden und setzen ihre Propaganda unbeirrt fort. Daß es unter ihnen auch gerissene Geschäftemacher gibt, ist nur zu gewiß, aber andere, sehr viele andere, sind davon überzeugt und bestrebt, möglichst viele Seelen zu ihrer Weisheit zu bekehren, manchmal etwas zu schnell, häufig auch kräftiger, als es das Beispiel der Satiren des Horaz vermuten läßt[120].

Man muß wohl zugeben, daß der Erfolg der Kyniker nicht immer groß ist. Die Kinder machen sich lustig über sie, über ihr dreckiges Aussehen, über ihren Stock, der sie an die Keule des Herkules erinnert. Die Erwachsenen lassen sie nach Lust und Laune reden und halten sich nicht damit auf, ihren Predigten und Ermahnungen zur Tugend, die sie unablässig wiederholen, zuzuhören. Trotz allem hinterlassen ihre Bedürfnislosigkeit, ihr zugleich feierlicher und burlesker Stil, die ständig wiederholten Appelle zur allgemein-menschlichen Brüderlichkeit, ihre Verheißungen einer besseren Zukunft am Ende doch einen gewissen Eindruck. Auch diejenigen, die sich nicht bekehren, und das sind schließlich fast alle ihre Gelegenheitshörer, behalten irgend etwas von ihrer Rede. Sie sind etwas besser darauf vorbereitet, auf den Reichtum, wenn es denn sein muß, zu verzichten, ohne Klage Prüfungen und selbst den Tod anzunehmen, vielleicht sogar Tugend zu praktizieren. Da sie auf tausend Arten wiederholt werden, dringen die kynischen Ideen, freilich vermischt mit vielen anderen aus dem Pythagoreismus, dem Platonismus und der Stoa in die Seelen ein und schaffen so eine bestimmte Mentalität. In den An-

---

[120] Vgl. *Horaz,* Sat. II, 3. Damasippus hatte sich, nachdem er sein ganzes Vermögen verloren hatte, zur Philosophie bekehrt und berichtet von seiner Bekehrung: „Mein Lieber, täusch dich nicht: du selbst bist toll, und alle fast sind Toren, so wahr Stertinius recht behält mit seiner Predigt; von ihm hab ich die wunderbaren Lehren selbst gehört und eifrig aufgezeichnet. Er redete mir damals tröstlich zu, riet mir, ich solle einen Weisheitsbart mir wachsen lassen und von der Brücke des Fabricius frohgemut nach Hause gehen. Denn als ich nach dem Scheitern meines Glücks bereit war, mit verhülltem Haupt mich in den Strom zu stürzen, da stand er wie ein guter Engel mir zur Rechten: ‚Tu nichts, was deiner unwert!' sprach er, ‚eine falsche Scham bedrückt dich, denn du fürchtest, unter lauter Tollen selbst für toll zu gelten'" (vgl. *Horaz,* Sämtliche Werke, Lateinisch-deutsch, hrsg. von *H. Färber,* München 1967, 89). Danach hält der Philosoph eine lange Predigt, an deren Ende der Verzweifelte sich für die Philosophie gewonnen erklärt. Außerdem, nach Sat. II, 7, wird Darus, der Sklave des Horaz, selber ein Philosoph, der seinen Meister abkanzelt; daher macht er sich die Freiheit der Saturnalien zunutze.

fängen der christlichen Ära, früher oder später je nach Ort und näheren Umständen, bildet ein Großteil dieser Ideen einen integrierenden Bestandteil des geistigen Haushaltes des griechisch-römischen Imperiums.

4. Das Ungenügen der Philosophie

„Die Griechen suchen Weisheit" (1 Kor 1,22). Mit diesen Worten glaubt der Apostel Paulus einen geistigen Grundzug seiner neuen Hörer bestimmen zu können, nachdem er einen großen Teil Kleinasiens und Makedoniens missioniert hat und nach Griechenland kommt. Auf der ersten Etappe in diesem Land erregt er zu Athen zunächst den Anstoß der stoischen und epikureischen Philosophen, die begierig sind, ihn zu hören (vgl. Apg 17,18). In Korinth muß er sich vor dem Prokonsul von Achaia, Gallio – keinem Geringeren als dem Bruder des Seneca – verantworten und dieser hohe Funktionär macht sich nicht die Mühe, ihn anzuhören, sondern schneidet ihm gleich zu Beginn das Wort ab: „Wenn ein Verbrechen oder eine Freveltat vorläge, ihr Juden, so würde ich eure Klage ordnungsgemäß annehmen. Handelt es sich aber um Streitigkeiten über Lehre, Namen und das bei euch geltende Gesetz, dann seht ihr zu! Darüber will ich nicht Richter sein" (Apg 18,14–15).

Damals sind mehr als vierhundert Jahre vergangen, seit Sokrates dafür, daß er die Selbsterkenntnis als das Allerwichtigste gelehrt hat, den Giftbecher hatte trinken müssen. Etwa zweihundert Jahre sind vergangen, seit die griechischen Philosophen den Fuß nach Rom gesetzt hatten. Welchen Gebrauch haben Griechen und Römer von der Philosophie gemacht und wie viele von ihnen haben sich bekehrt? Es scheint, daß in dieser langen Periode nichts fehlte, um eine möglichst hohe Zahl von Bekehrungen zu erreichen. Sie brachte zunächst das Prestige, das Wissenschaft und vornehme Geburt verleihen. Wenn Sokrates selbst der Sohn eines Steinmetzen und einer Hebamme war, so gehört bereits Plato einer aristokratischen Familie Athens an; einer seiner Vettern, Kritias, gehört zu den dreißig Tyrannen. In Rom widmen die Angesehensten, fast unmittelbar nach der Vertreibung des Karneades und seiner Mitgesandten, sich der Philosophie. Als Cicero durch seine Schriften die gängigen Themen der griechischen Philosophie vulgarisiert, hat er fast alle Staatsämter mit Glanz absolviert und die Republik vor den Intrigen eines Catilina gerettet. Lukrez ist von vornehmer Abstammung, die *gens lucretia* gehört zu den bekanntesten und bedeutendsten Familien der Stadt. Später ist es Seneca, der das Werk eines Cicero weiterführt, der Erzieher des Nero, der während der ersten Regierungsjahre seines Zöglings die Funktion des Ersten Ministers ausübt. Mit Mark Aurel endlich besteigt die Philosophie den Kaiserthron, und das Imperium bemerkt ohne Erstaunen, daß ein Weiser seine Geschicke lenkt.

Freilich, die meisten unter den Philosophen haben nicht solche berühmte Herkunft, viele haben mit einem sehr bescheidenen Leben angefangen. Epiktet war sogar Sklave, was er ohne Probleme und ohne falsche Scham zugibt. Alle genießen das Prestige, das der Besitz der Weisheit verleiht; dieses Prestige war bereits zu Platons Zeiten ziemlich hoch und ist im Laufe der Zeit immer mehr gestiegen. Der Weise, der zu den Gründen der Erscheinungen durchgedrungen ist, wurde schon von seinen Zeitgenossen glücklich gepriesen[121]. Die Reichen gewähren ihm Zutritt in ihre Kreise, auch wenn er ihnen an Vermögen und Geburt nicht gleichsteht, während das Volk ihm respektvoll Sympathie entgegenbringt, häufig mit etwas Furcht vermischt. Alle Türen stehen ihm offen. Fast scheint es, er brauche nur aufzutreten, um seine Erfolge zu mehren. Selbst die Kyniker, die man verspottet, gewinnen am Ende eine große Zahl von Anhängern.

Wie kommt es, daß unter diesen Bedingungen die Bilanz der Philosophie mit einem Bankrott endet? Man muß es schon so sagen. Nach langen Jahrhunderten, die unter den glücklichsten Vorzeichen begonnen wurden, hat die Philosophie die Menschen nicht bekehrt. Zweifellos hat sie eine gewisse Anzahl schöner, ja großartiger Erfolge errungen. Wir haben einige der von ihr bewirkten Bekehrungen erwähnt, auf die sie mit Recht stolz sein kann[122]. Doch was ist das im Vergleich zu den Massen, die weiterhin in Unwissenheit und Ungewißheit verbleiben? Die Mehrzahl der Philosophen kümmern sich nur um die Freien, die Vollbürger, die Reichen. Sie haben ein gutes Spiel.

---

[121] *Vergil,* Georgica II, 490: „Felix qui potuit rerum cognoscere causas" („Selig ist zu preisen, wer die Ursachen der Dinge erkannt hat").

[122] Besonders bewegend ist die Anziehungskraft der Philosophie auf die jugendlichen Gemüter. Apollodor ist begeistert von Sokrates. Seneca praktiziert von seiner Jugend an die Enthaltsamkeit der Pythagoreer, Epist. 108, und sein Vater, der seinen Eifer zügeln will, sieht sich veranlaßt, ihn nicht nur in die Schule der Rhetoren zurück-, sondern ihn auf eine Reise nach Ägypten fortzuschicken. Persius ist vom Beispiel des Cornutus gewonnen. Mark Aurel, im Alter von vierzehn Jahren, wünscht, auf einer Pritsche zu schlafen; doch muß seine Mutter intervenieren, daß er wenigstens auf Tierfellen anstatt auf einer Matratze schläft.

Ihre Predigt ist vorwiegend aristokratisch. In dieser Hinsicht unterliegen sie den tyrannischen Forderungen der Üblichkeit und der Gesetze, die es ihnen zwar erlauben, sich selbst als Weltbürger und Brüder ihrer Sklaven zu betrachten, sie aber zugleich verpflichten, die Fremden als Barbaren und ihre Sklaven als Untermenschen, manchmal sogar als Lasttiere zu behandeln. Am Beginn der christlichen Ära wird durch die Entwicklung des Römischen Reiches mit allen ihren politischen und sozialen Konsequenzen die alte Ordnung der Dinge zwar etwas modifiziert; aber sie wird doch nicht so tiefgreifend verändert, daß die schönen Theorien der Stoiker Wirklichkeit würden. Es wäre nicht schwer, in den Werken selbst der besten Stoiker, vor allem bei Seneca, „trotz der immer wieder vorgebrachten Behauptung der Gleichheit aller Menschen, Texte zu finden, wo sein römisches Selbstbewußtsein und seine mit Verachtung durchsetztes Mißtrauen gegenüber den *Graeculi* zum Ausdruck kommt"[123].

Auch später noch, viel später, als das Christentum schon in allen Klassen der Gesellschaft seine Eroberungen gemacht hat, sogar bei den weisheitsbeflissenen Intellektuellen, ist einer der gravierendsten Vorwürfe, den man ihm immer noch macht, seine Einfalt, seine Verachtung, nicht nur für die trügerischen Lehren der menschlichen Philosophenweisheit, sondern auch für die Kunst der guten Rede (die Rhetorik), für die stilistische Sorgfalt und für die Regeln der Grammatik. Bis gegen Ende des 4. Jahrhunderts hat es die Kirche immer wieder mit Gegnern dieser Art zu tun. Ist dies nicht das beste Eingeständnis eines angeborenen Makels bei allen Heiden, die für die Philosophie gewonnen worden waren? Ein Wort genügt, um sie zu charakterisieren und damit zugleich zu verurteilen: Sie sind Hochmütige! Sie halten sich den andern gegenüber für überlegen, weil sie etwas wissen, was die andern nicht wissen, weil sie häufig eine Askese praktizieren, der sich zu unterwerfen die andern verweigern. Und doch gehören zu ihnen die Besten; was soll man über die anderen sagen?

Weiter, die Philosophie bringt nicht das wahre Heilmittel für die Gebrechen, an denen die Menschheit leidet. Die am meisten Überzeugten, die Ehrlichsten unter ihren Konvertiten, flüchten sich am Ende in die Skepsis. Sie wissen nicht; zumindest sind sie selbst ihres Wissens nicht sicher. Cicero wagt das Problem der Natur der Götter nicht zu lösen. Am Ende des Dialogs, der diesen Titel („De natura De-

---

[123] *P. Fabre,* Le monde gréco-romain I, 176.

orum") trägt, vertagt er die Prüfung auf eine bessere Gelegenheit, eine elegante Methode, sich daran vorbeizudrücken. Seneca weiß nicht sehr viel über die Seele und begnügt sich damit, Fragen zu stellen:

„Zahllose Fragen gibt es allein im Hinblick auf die Seele: Woher kommt sie? Wie ist sie beschaffen? Wann hat sie angefangen? Wie lange bleibt sie? Geht sie von einem Ort zum andern und wechselt sie den Wohnort, um in andere Formen von Lebewesen und in andere Verhältnisse überzugehen? Oder ist sie nicht mehr als einmal zu Diensten und schweift danach im Ganzen umher? Ist sie ein Körper oder nicht? Was wird sie tun, wenn sie durch uns etwas tun möchte? Welche Freiheit hat sie zur Verfügung, wenn sie aus dieser Höhle entflohen sein wird? Wird sie die früheren Dinge vergessen und dort, wo sie vom Körper getrennt, in einem höheren Zustand ist, anfangen, sich selbst zu erkennen?" [124]

Die Fragen sind deutlich gestellt. Doch sie bekommen keine Antwort. Zuweilen läßt sich Seneca von edlen Hoffnungen bewegen und verleiht der Seele folgende Sprache:

„Möge doch der Tag kommen, da diese Mischung aus Göttlichem und Menschlichem sich auflöst, da ich diesen Körper, in dem ich mich befinde, zurücklasse, mich selbst aber den Göttern zurückgebe. Zwar existiere ich auch jetzt nicht ohne sie, doch werde ich durch die Last des Irdischen daniedergehalten ... So werden wir durch die Zeitspanne, zwischen Kindheit und Greisenalter reif für eine andere Geburt" [125].

Solche Passagen finden sich in seinem Werk selten. Wären sie häufiger, würde ihre Unbestimmtheit uns unbefriedigt lassen. Unter dem Wortgeklingel kann die Leere der Gedanken sich nur schlecht verbergen. Der Philosoph weiß nicht weiter. Er hofft und zweifelt, je nach Umständen und moralischem Temperament. Er ist sich in keiner Weise sicher und gibt das auch zu. „Wieviel Zeit bleibt uns noch? Verstehen wir zu leben? Verstehen wir zu sterben?" [126]

Im Grunde ist es das letztere Problem, das den Philosophen am meisten interessiert. Das Wesentliche ist, gut aus dem Leben zu scheiden. Was hat es da viel zu bedeuten, wenn nur drei Akte von den fünf, mit denen man gerechnet hatte, zu spielen waren? Auch drei Akte sind ein vollendetes Stück [127]. Sobald der Vorhang fällt, soll man in der Lage sein, das Publikum zu grüßen und mit Anstand von der Bühne abzutreten. Mark Aurel sagt: „Wie du, wenn dir ein Gott sagte:

---

[124] *Seneca,* Epist., 88.
[125] *Seneca,* Epist., 102.
[126] *Seneca,* Epist., 45.
[127] *Mark Aurel,* Wege zu sich selbst, XII, 36, 293.

du wirst morgen sterben oder jedenfalls übermorgen, die Aussicht ‚übermorgen eher als morgen' nicht hoch einschätzen würdest, wenn du wenigstens nicht äußerst unvornehm bist (denn wie gering ist die Zwischenzeit), so halte auch dafür, daß die Aussicht ‚viele Jahre später eher als morgen' nichts Großes ist." [128] Das sind kräftige Gedanken; sie suchen freilich die tiefe Ratlosigkeit, die sie beseelt, nicht mehr zu verbergen. Handeln ohne zu wissen wofür, weil man ein Teil dieses Universums ist, an die Götter glauben ohne zureichenden Grund [129], endlich sich hinlegen, um den Tod zu erwarten, darauf läuft das Bemühen der alten Philosophie hinaus. Vom Menschen verlangt sie, er möge ihr sich vollständig weihen, und sobald sie von ihm eine rückhaltlose Ergebung bekommen hat, führt sie ihn zu einem frisch ausgehobenen Grab, um ihm seinen endgültigen Ruheplatz anzuweisen: In der Tat, verdient solch Schauspiel eine vollständige Bekehrung?

---

[128] *Mark Aurel,* Wege zu sich selbst, IV, 47, 93.
[129] *Mark Aurel,* Wege zu sich selbst, XII, 28: „Denen, die fragen: wo hast du die Götter gesehen, oder woraus hast du entnommen, daß sie existieren, und verehrst sie nun so? Einmal sind sie auch mit den Augen sichtbar. Dann aber habe ich auch meine Seele nicht gesehen und ehre sie trotzdem. So nun auch hinsichtlich der Götter: aus den Wirkungen, aus denen ich jeweils ihre Macht erfahre, entnehme ich, daß sie existieren und scheue sie" (289).

Drittes Kapitel

Die Bekehrung zum Judentum

Unter den Religionen, welche die Antike gekannt hat, gibt es eine, die sich durch bestimmte Merkmale von allen anderen unterscheidet: das Judentum. Tatsächlich ist das Judentum zunächst ein Volk ebenso wie eine Religion. Dieser Zug allein würde auf Anhieb nicht genügen, ihm eine Sonderstellung zuzubilligen. Alle antiken Religionen sind, wie wir gesehen haben, direkt mit einer Nationalität verbunden; der politische Sträfling, der ins Exil geschickt wird, verliert in einem Atemzug seine Rechte als Bürger und seine religiösen Prärogativen; er hat weder einen Herd noch einen Altar. Der Metöke, der in einer fremden Polis lebt, hat dort keinerlei politische Rechte und kann auch, von Ausnahmen abgesehen, an keinem Kult aktiv teilnehmen. Im Maße jedoch die autonomen Stadtstaaten den großen Imperien weichen müssen, beginnen diese Bindungen sich zu lockern. Die lokalen Kulte werden von Nationalkulten, schließlich von internationalen Kulten überlagert, die von allen und überall zelebriert werden konnten. Es gibt keinen Griechen, der Zeus, Apollo, Demeter nicht verehren würde. Vom 1. Jahrhundert der christlichen Ära an nehmen alle Bürger des immensen römischen Reiches an der Religion der Roma und des Augustus teil, und die Begehung des Kaiserkultes bringt sie einander näher, als die schönsten Erklärungen der Philosophen über die allgemeinmenschliche Brüderlichkeit es vermocht hätten.

Nur die Juden machen eine Ausnahme von dieser Regel. Da macht es nichts aus, daß die politischen Verhältnisse in ihrer Umgebung sich verändern; es macht auch nichts, daß sie, nachdem sie der persischen Herrschaft unterworfen waren, dann der griechischen, schließlich Untergebene des Imperiums wurden. Sie bestehen nicht weniger darauf, daß sie ein Volk, eine Nation sind. Sie haben ihren Tempel und ihre Priester in Jerusalem; es reicht in ihren Augen, daß Jerusalem die Hauptstadt ihres Staatswesens bildet. Sie sind über aller Herren Länder hin zerstreut; sie haben in allen wichtigen Städten des Mittelmeerbeckens, ja über die Grenzen des Imperiums hinaus, ihre Synagogen; sie sprechen Griechisch, Lateinisch, Persisch und Syrisch, je nachdem, was soll's? Sie sind in erster Linie Juden, und das exklusiv. Am bemerkenswertesten ist, daß die Zivilbehörden nacheinander ihre Vorstellungen anerkennen und ihnen Privilegien einräumen, die sie keiner anderen Bevölkerungsgruppe zugestehen würden. Die Bezeichnungen für die jüdischen Gemeinden können wechseln; die Wirklichkeit, die hinter diesen Bezeichnungen steht, bleibt im Wesen die gleiche: das jüdische Volk als solches wird von den Nachfolgern Alexanders des Großen genauso anerkannt wie von den römischen Imperatoren, und das ist ein einzigartiger Fall[1].

Darüber hinaus, die jüdische Religion schließt jede andere aus. Die Heiden können alle Götter anbeten, die sie wollen; je mehr sie anbeten, desto mehr Beschützer haben sie im Himmel und desto größere Chancen, daß ihre Gebete erhört werden. Dasselbe Individuum kann in die Mysterien der Isis, des Mithra und der Demeter eingeweiht werden; diese Institutionen schließen sich gegenseitig nicht aus, so wenig wie z. B. im Katholizismus die Zugehörigkeit zu verschiedenen Bruderschaften. Die Gebildeten sagen außerdem, daß unter zahlreichen Namen doch nur das eine göttliche Prinzip angebetet würde, und man kann das, je nachdem, genausogut in einem monotheistischen wie in einem polytheistischen Sinne verstehen. Die Allgemeinheit schaut nicht so genau hin; ohne darüber nachzudenken, begnügt man sich damit, den verschiedenartigsten und den zahlreichsten Göttern seine Verehrung zu erweisen.

Ganz anders beim Judentum. Das erste Gebot, das Gott dem Mose gab, lautet: „Ich bin JHWH dein Gott, der dich herausgeführt hat aus Ägypten, aus dem Sklavenhaus. Du sollst neben mir keine anderen Götter haben. Du sollst dir kein Götterbild machen und keine Darstellung von irgend etwas am Himmel droben, auf der Erde unten oder im Wasser unter der Erde. Du sollst dich nicht vor anderen Göttern niederwerfen und dich nicht verpflichten, ihnen zu dienen. Denn

---

[1] Vgl. *E. Schürer*, Geschichte des Jüdischen Volkes im Zeitalter Jesu Christi III (1909), Neudruck Hildesheim 1964, 11–121; *J. Juster*, Les Juifs dans l'empire romain, leur condition juridique, économique et sociale, Paris 1914, I, 413–424; – Die jüdischen Organisationen bezeichnen sich je nach den Orten als πολίτευμα, πολιτεία, κατοικία, θίασος, προσευχή, σύνοδος, συναγωγή, στέματος, ἔθνος, λαός, universitas, corpus oder einfach Judaei. „Ihr eigentümlicher Charakter wird durch die Verschiedenheit dieser Bezeichnungen keinesfalls verdeckt ... Vielleicht entspricht den verschiedenen Bezeichnungen eine Verschiedenheit der internen Organisation; eines jedoch ist sicher: unter verschiedenen Namen, mit mehr oder weniger ausgedehnten örtlichen Rechten präsentiert sich die örtliche Organisation der Juden im römischen Imperium mit dem gleichen spezifischen nationalen Charakter, als Zelle der jüdischen Nation." *Juster, a. a. O.,* I, 417–418.

ich, JHWH dein Gott, bin ein eifersüchtiger Gott: bei denen, die mir feind sind, verfolge ich die Schuld der Väter an den Söhnen, an der dritten und vierten Generation; bei denen, die mich lieben und auf meine Gebote achten, erweise ich Tausenden meine Huld" (Ex 20, 2–6). Seit der Heimkehr aus dem babylonischen Exil, vor allem jedoch seit der triumphalen Erhebung der Makkabäer, sind die Versuchungen des Polytheismus, gegen die die Propheten jahrhundertelang vergeblich ankämpften, endgültig überwunden: es gibt in der ganzen Welt keinen einzigen Juden, der nicht bis in den Tod hinein sich an das Fundamental-Dogma der Einzigkeit Gottes gebunden wüßte[2].

Daraus folgt, daß ein Heide, wenn er sich zum Judentum bekehren möchte, den Dienst der National-Götter, den Göttern seiner Familie, seiner Heimatstadt absagen muß; ebenso muß er sich vom offiziellen Kult der Roma und des Augustus enthalten[3], um sich ausschließlich dem JHWH-Dienst zu weihen; zugleich muß er sich von seiner Nationalität, von seiner Rasse und seiner Heimat distanzieren, um einer jener verachteten Juden zu werden, gegen die die heidnischen Massen

---

[2] Manche heidnischen Kreise waren mehr oder weniger stark von der jüdischen Religion beeinflußt und haben JHWH in ihr Pantheon eingefügt. Die Zauberpapyri sind voll von Anrufungen des Jao, vgl. A. Dietrich, Abraxas, Göttingen 1891, 68–71; A. Festugière, L'idéal réligieux, 287–288. In den Provinzen Pontus und Kappadokien findet man noch im 4. Jahrhundert n. Chr. σεβόμενοι τὸν θεὸν ὕψιστον mit jüdischem Einschlag; zu den Anhängern dieses Kultes gehörte auch Gregor der Ältere, der Vater des hl. Gregor von Nazianz, vgl. E. Schürer, Die Juden im bosporanischen Reiche und die Genossenschaften der σεβόμενοι θεὸν ὕψιστον ebendaselbst, in: Sitzungsberichte der Berliner Akademie der Wissenschaften, 1897, 200–225; F. Cumont, Hypsistos, in: Supplément à la Revue de L'Instruction publique en Belgique, 1897. Eine in der Umgebung von Eleusa (Kilikien) gefundene Inschrift erwähnt eine Gemeinschaft von σαββατισταί, die τὸν θεὸν τὸν σαββατίστην verehren, Dittenberger, Orientis graeci inscriptiones selectae, 573. Die Bezeichnung σαββατιστής, die man dem Namen des Gottes beifügte, ist seltsam und verrät deutlich den jüdischen Einfluß. Wir brauchen uns mit diesem Synkretismus und ähnlichen Fällen nicht näher zu befassen, da es sich nicht um Bekehrungen handelt; aber aufschlußreich sind sie trotzdem.

[3] Dieser Punkt bietet jedoch keine speziellen Probleme; denn in den meisten Fällen bekamen die Juden die Erlaubnis, ihre Loyalität gegen den Kaiser auf eine andere Weise als durch die von den Heiden geforderten Zeremonien zu bezeugen. „In der Diaspora ersetzten die Juden das Opfer für den Kaiser, wie man es in den kaiserlichen Tempeln darbringen mußte, durch Gebete für den Kaiser zu Jehovah in den Synagogen, die nach Philo für die Juden Stätten sind, wo das Kaiserhaus verehrt wird (In Flacc. 49). In Palästina, das heißt zu Jerusalem, brachte man im Namen aller Juden Opfer dar; doch wurden diese Jehovah dargebracht, nicht dem Kaiser, im Tempel des jüdischen Gottes, nicht in einem Kaiser-Tempel. Diese spezifisch jüdischen Gebete und Opfer sind keine freiwilligen Ehren oder spontane und zufälligen Verrichtungen von seiten der Juden, abhängig von ihrem guten Willen, vielmehr handelt es sich um die obligatorischen Formen des Kaiserkultes, deren Unterlassung eine strafbare Handlung darstellt"; J. Juster, Les Juifs dans l'empire romain I, 346–347.

genug Spötteleien parat zu haben scheinen. Ist eine solche Bekehrung mit allen ihren Anforderungen, die dazugehören, überhaupt möglich? Das ist die erste Frage, die wir uns stellen.

1. Die Verbreitung der Juden im Imperium

Am Beginn der christlichen Ära sind die Juden in der ganzen Welt verbreitet. Man findet sie überall, wo man Geld verdienen und Handel treiben kann; dabei bilden sie eine eigene Gruppe und führen ein Sonder-Leben, abseits von den Nationen, deren Gastfreundschaft sie genießen. In den Großstädten haben sie häufig ihre eigenen Stadtviertel. Zu Alexandrien haben die Diadochen ihnen ein eigenes Quartier reserviert, „damit sie dort ein reines Leben führen können, ohne sich mit den Fremden zu vermischen". Zur Zeit des Philo haben sie sich stark vermehrt und sind zahlreich genug, um zwei von insgesamt fünf Quartieren zu bevölkern, genug, um einen starken Einfluß auf die ganze Stadt auszuüben. Zu Rom wohnen sie hauptsächlich in der transtiberinischen Region (in Trastevere), aber man findet sie auch in der Subura und anderswo; sie besitzen mindestens dreizehn Synagogen; zur Zeit des Tiberius gibt es 50 bis 60 000 Juden bei einer Gesamtbevölkerung von 800 000 Einwohnern. Zu Antiochien, wohin sie durch den Gründer der Stadt selbst gerufen wurden, erfreuen sie sich beachtlicher Privilegien und besitzen wichtige Einkommensquellen [4]. Josephus versichert, jedoch ohne genauere Angaben, daß sie einen wichtigen Teil der Gesamtbevölkerung bilden. Man könnte die Beispiele leicht vermehren. Von Dura Europos bis Spanien gibt es kein Land, das von der jüdischen Diaspora nicht bewohnt wäre.

Aber überall ziehen die Juden auch die öffentliche Aufmerksamkeit auf sich; denn sie leben nicht wie die anderen Leute. Sie besuchen nicht die Götter-Tempel; sie bringen keine blutigen Opfer dar; sie haben keine Götter-Bilder, die sie verehren würden. Zum Gebet versammeln sie sich in den Synagogen, die sie auf eigene Kosten erbauen und ausstatten lassen, und die sie regelmäßig besuchen. Sie haben ihre Feiertage, die sie nach besonderen Riten begehen. Vor allem

---

[4] Vgl. *A. von Harnack,* Die Mission und Ausbreitung des Christentums, 4. Aufl., 9–13; *E. Schürer,* Geschichte des jüdischen Volkes III, 1–30; *J. Juster,* Les Juifs dans l'empire romain I, 179–212. Auch wenn wir nicht über genaue Statistiken verfügen, so darf man doch mit einer hohen Anzahl von Juden rechnen, die als Händler in allen Städten des Römischen Reiches leben.

halten sie jede Woche, und zwar ganz streng, die Sabbat-Ruhe ein; umsonst sind die Versuche, sie an diesem Tag zur Arbeit zu bewegen. Sie haben strenge Fasttage und enthalten sich von bestimmten Speisen, vor allem von Schweinefleisch. Auch tragen sie eine besondere Kleidung und die Frömmsten unter ihnen halten an den Gebetsriemen fest, auf denen ein paar Verse ihres Gesetzes stehen. Wie sollte man solche Leute, die ein so besonderes Verhalten zeigen, nicht wahrnehmen? Wie sollte man nicht den Wunsch haben, sie näher kennenzulernen?

Vor allem fiel die Arbeitsruhe am Sabbat auf. Sehr bald wurde sie auch von zahlreichen heidnischen Kreisen eingehalten. „Die Juden", bemerkt J. M. Lagrange zutreffend, „haben zweifellos, wie auch heute, in manchen Bereichen des Handels ein Monopol, vom Geldgeschäft einmal ganz abgesehen. Wenn sie ihren wöchentlichen Streik praktizierten, waren manche Industriebetriebe lahmgelegt. Das beste war, mit ihnen zu feiern ... In der Antike war man arbeitsfreudiger als in der Welt des Islam. Das Prinzip der ungünstigen Tage wurde von der ganzen Antike respektiert. Die Oberpriester haben die Strenge dieser erzwungenen Ruhetage gemildert, man fand es natürlich und sogar logischer, sie regelmäßig über das ganze Jahr von Woche zu Woche zu verteilen. Die Sabbatruhe vor allem machte Eindruck auf Ovid; an diesem Tag betreibt man keine Geschäfte[5]; man unternimmt keine Reisen[6]; die Frauen brauchen nicht zu arbeiten[7]; andererseits war die Vorstellung der Arbeitsruhe selbstverständlich mit einem ungünstigen Tag verbunden, so daß mancher Heide denken mußte, die Juden wären deshalb so skrupulöse Beobachter des Sabbat, weil sie so schlechte Erfahrungen gemacht hatten. Das war für sie ein Grund, die Sabbatpraxis mit ihrem Aberglauben an schlimme Vorzeichen zu verbinden."[8]

Die Juden rufen nicht nur die Neugier hervor, manchmal auch die Nachahmung. Sie dringen in alle Gebiete ein und machen sich

---

[5] *Ovid,* Ars amatoria I, 415–416: „Quaque die redeunt, rebus minus apta gerendis, Cultu palaestino septima ferta Syro."

[6] *Ovid,* Remedium amoris, 217–218: „Nec pluvias opta, nec te peregrina morentur Sabbata nec damnis Allio nota suis." Das Jahrgedächtnis der Schlacht von Allia (gegen die Gallier, 390 v. Chr.) war einer der strengsten dies nefasti (Unglückstage).

[7] *Ovid,* Ars amatoria I, 75–76: „Nec te praetereat Veneri ploratus Adonis Cultaque Judaeo septima sacra Syro."

[8] *M. J. Lagrange,* Le messianisme chez les Juifs, Paris 1909, 276. Die das Judentum betreffenden klassischen Texte sind bequem zusammengestellt bei *Th. Reinach,* Textes d'auteurs grecs et romains relatifs au judaïsme, Paris 1895. – Zu denen, die den Sabbat als Unglückstag erwähnen, gehören *Tibull,* Elegien I, 3, 17–18; *Horaz,* Satiren I, 9, 60 ff.

schließlich unentbehrlich. Diejenigen, die kein ordentliches Handwerk ausüben, machen sie zu Wahrsagern einer guten Zukunft und stellen Horoskope aus, um bei ihren abergläubischen Kunden etwas Geld locker zu machen. Juvenal beschreibt, ohne die geringste Sympathie, wie er sie häufiger amüsiert beobachtet haben mag:

„Wich dann jener vom Platz, dann bettelt sich zitternd die Jüdin heimlich zum Ohre, nachdem sie verlassen das Heu und den Tragkorb, als Interpret der Gesetz der Hebräer und mächtige Priesterin unter dem Baum und des obersten Himmels getreue Prophetin: Ihr auch füllt sich die Hand, doch kärglicher; weniges Geld nur rechnen die Juden, wofür sie nach Wunsch dir die Träume verkaufen."[9]

Es bringt nichts, wenn man manchmal versucht, sie loszuwerden, wenn das Volk sich gegen sie erhebt und ein allgemeines Massaker organisiert, die Kaiser eingreifen und die Vertreibung aller Juden aus Rom anordnen. Bald sieht man die Verfemten wieder zurückkommen, zahlreicher und einflußreicher als je. Man muß sie wohl oder übel ertragen. Man muß sogar manche ihrer Gewohnheiten übernehmen. Zahlreich sind, im 2. Jahrhundert, in Rom diejenigen, die am Freitag Abend ihre Lampen anzünden, sich am Sabbat mit einer mageren Mahlzeit begnügen, um an diesem Tag kein Feuer anzünden zu müssen, was den giftigen Spott eines Persius hervorruft:

„Aber sind des Herodes Tage genaht, wo am triefenden Fenster öligen Qualm ausspeien die in Reihen geordneten Lampen, wenn auch, mit Veilchen bekränzt, auf rötlicher Schüssel des Thunfischs Schwanz, breit streckend sich, schwimmt und in glänzenden Humpen der Wein schäumt, regest du leise den Mund und verehrst den beschnittenen Sabbat."[10]

In der ganzen Welt finden die jüdischen Bräuche begeisterte Nachahmer. Josephus selbst bezeugt es uns, und wir haben keinen Grund, sein Zeugnis anzuzweifeln:

---

[9] *Juvenal,* Satiren VI, 542 ff.; vgl. Römische Satiren, Berlin – Weimar 1984, 378.
[10] *Persius,* Satiren V, 176 ff.; Römische Satiren 205; *Tertullian,* Ad nationes I, 13: „Vos certe estis, qui etiam in laterculum septem dierum solem recepistis, et ex diebus ipso priorem praelegistis, quo die lavacrum subtrahatis aut in vesperam differatis, aut otium et prandium curetis. Quod quidem facitis exorbitantes et ipsi a vestris ad alienas religiones. Judaei enim festi sabbata et coena pura et iudaici ritus lucernarum cum azymis et orationes litorales, quae utique aliena sunt a diis vestris." – *Seneca,* von *Augustinus,* De civitate Dei VI, 21 zitiert: „Cum interim usque eo sceleratissimae gentis consuetudo convaluit ut per omnes iam terras recepta sit: victi victoribus leges dederunt. Illi tamen causas ritus sui noverunt: maior pars populi facit quod cur faciat ignorat" (Da inzwischen der Brauch dieses verfluchten Volkes so verbreitet war, daß er schon von allen Ländern übernommen wurde, haben die Besiegten den Siegern die Gesetze gegeben. Sie selbst kennen freilich die Gründe ihres Brauches; der größte Teil des Volkes aber tut etwas, wovon er nicht weiß, warum er es tut"); *Commodian,* Instruct. I, 28, 11 ff.; I, 37.

„Seit langem sind die Volksmengen von einem großen Eifer für unsere frommen Bräuche erfaßt, und es gibt keine Stadt bei den Griechen oder bei den Barbaren, kein einziges Volk, wo nicht unser wöchentlicher Ruhetag verbreitet wäre, ebenso unsere Fasttage, unser Lichteranzünden, und viele von unseren Speisegewohnheiten ... Wie unser Gott in der ganzen Welt verbreitet ist, so wandert auch unser Gesetz durch alle Menschen. Jeder mag seine Heimat und seine Familie prüfen, und er wird meine Aussagen nicht bezweifeln." [11]

Viele freilich geben sich nicht damit zufrieden, jüdische Riten nachzuahmen oder ihre Verhaltenweisen zu kopieren. Sie wollen wissen, was dieses seltsame, von allen andern so verschiedene Volk, das unter allen Völkern zerstreut ist und sich doch keinem anpaßt, wirklich lehrt und glaubt. Es fehlt nicht an Mitteln, sich darüber zu informieren. In vielen Häusern gibt es jüdische Sklaven. Die Einnahme Jerusalems durch Pompeius, die Eroberung Palästinas durch Vespasian und Titus, der Feldzug Hadrians gegen Bar Kochba haben eine große Zahl von Gefangenen, somit auch von Sklaven, eingebracht. In den Straßen häufen sich die jüdischen Bettler, stets bereit, die Passanten anzusprechen, nicht nur um von ihnen Almosen zu bekommen, sondern auch um ihnen Geschichten zu erzählen von ihrer Familie, ihrem Land und ihrer Religion. Überall kennt man Juden, die nur darauf warten, daß man sie befragt. Gebildete schließlich können die apologetischen Werke vorlesen, die speziell, direkt oder indirekt, für die Propaganda konzipiert waren.

An erster Stelle erregen die schon seit langem ins Griechische übersetzten heiligen Bücher die Aufmerksamkeit; daneben verfügt man über eine ganze Bibliothek von Büchern moralphilosophischer oder religionsphilosophischer Art wie die Schriften des Aristobul oder das 4. Buch der Makkabäer [12]; Prophezeiungen wie die Sybillinischen Orakel, die Tragödien des Ezechiel oder Dichtungen wie die des Älteren Philo und des Theodot; die historischen Berichte des Pseudo-Hekatäus, des Artapan und des Aristeas. Mit Ausnahme weniger Texte ist diese ganze Literatur verschollen; doch können wir uns aufgrund der Werke des Josephus und des Philon, die uns vollständig erhalten sind, eine gute Vorstellung von ihrer Eigenart und ihren Tendenzen machen; vielleicht hat Philo, obwohl oder vielleicht gerade weil er Alexandriner ist, vor allem für diejenigen seiner Religionsgenossen

---

[11] *Flavius Josephus,* Contra Apionem II, 39, 282ff.; vgl. II, 8,9. 217.
[12] Vgl. *A. Dupont-Sommer,* Le quatrième livre des Machabées, introduction, traduction et notes, Paris 1939; und die Besprechung des Werkes von *A. J. Festugière,* in: Revue des Etudes grecques, t. LIV, 1941, S. 127–131.

geschrieben, die wie er im heidnischen Milieu lebten und versucht sein konnten, das Gesetz zu verlassen und dem Götzendienst zu verfallen, während Josephus, ein Pharisäer aus priesterlicher Familie, sich mehr an die Heiden wendet, um ihnen das hohe Alter des Judentums aufzuzeigen, ebenso den unendlichen Wert seines Glaubens und seiner Gebote. Der eine wie der andere haben sich in den Dienst der jüdischen Sache gestellt; doch mag man sich fragen, ob die Bücher ihre Erwartungen erfüllt haben. Jedenfalls konnte die jüdische Literatur die Aufmerksamkeit der Heiden auf sich ziehen, die sich über die Religion, die man vor ihren Augen praktizierte, informieren wollten; es gab sie, auch war sie reich und abwechslungsreich genug, um allen Anforderungen zu genügen.

Von allen jüdischen Glaubenslehren ist es der rigorose Monotheismus, der sich an erster Stelle einprägt. Die Juden rühmen sich, daß sie allein unter allen Menschen keine Mehrzahl von Göttern zulassen[13]. Für eine große Anzahl von Heiden bietet dieses Dogma keine besonderen Schwierigkeiten. In gewisser Hinsicht ist es das normale Ergebnis der philosophischen Reflexion, zumal schon seit längerem die Götter der traditionellen Mythologie das Opfer einer auflösenden Kritik geworden waren. Während nun die Philosophie dem Verehrungsbedürfnis der Menschen nur eine abstrakte Gottheit anbieten konnte, die häufig mit der Welt vermischt war, als Weltseele oder als weltimmanente Kraft, oder die in eine unzugängliche Weite entrückt war, gleichgültig gegenüber allen menschlichen Dingen; während die Kritik es dabei beließ, die alten Mythen zu zerstören, ohne sie durch etwas Besseres zu ersetzen, präsentiert sich das Judentum als der Erbe einer langen Tradition, die viel älter war als selbst die der ersten griechischen Weisen, und als der Bote eines lebendigen Gottes, der durch Übermittlung des Mose das Gesetz gelehrt und sich zu wiederholten Malen und auf die verschiedene Weise durch die Propheten geoffenbart hatte. Es hat das Recht, auf die empfangenen Vorzüge stolz zu sein, denn in Wahrheit, „wo gibt es ein so großes Volk, das Götter hat, die ihm so nahe wären, wie der Herr unser Gott uns nahe ist, so oft wir zu ihm rufen" (Dtn 4,7). Die Argumente, welche die Juden für ihre Religion vorbringen, haben eine unbestreitbare Kraft und können ihren Eindruck auf die Geister nicht verfehlen[14].

---

[13] Aristeasbrief 132.
[14] Vgl. *Bergmann,* Jüdische Apologetik im neutestamentlichen Zeitalter, Berlin 1908; *M. J. Lagrange,* Le Judaïsme avant J.-C., Paris 1931, S. 338 ff.

Diejenigen, die sich durch diese Argumente überzeugen lassen und dem Götzendienst entsagen, werden von den geborenen Juden mit Freuden aufgenommen. „Die rabbinische Literatur bezeichnet die Mitglieder dieser Kategorie mit dem biblischen Ausdruck des *ger toschab*, der ursprünglich den nicht voll in Israel integrierten Fremdansässigen meinte. Im Griechischen und im Lateinischen nennt man sie gewöhnlich ‚Gottesfürchtige‘, ein Ausdruck, der ursprünglich aus dem Hebräischen kommt, wie die spezielle Bedeutung des Verbums ‚fürchten‘ anzeigt.“ [15] Das Neue Testament macht uns mit einer Reihe von Heiden bekannt, die auf diese Weise dem Judentum zugetan sind und die den Titel tragen φοβούμενοι τὸν θεόν, σεβόμενοι τὸν θεόν, oder ganz einfach σεβόμενοι: der Hauptmann von Kapharnaum, dem die Juden das Zeugnis ausstellen: „Er liebt unser Volk, und die Synagoge hat er uns erbaut“ (Lk 7,5); der Hauptmann Cornelius, der dem Volke reichlich Almosen spendet und unablässig zu Gott betet (Apg 10,1–2); die Purpurhändlerin Lydia von Philippi, die aus Thyatira stammt, die den Apostel Paulus und seine Begleiter aufnimmt (Apg 16,14); der Korinther Titus Justus, dessen Haus, das neben der Synagoge liegt, für eine gewisse Zeit der Raum für die Predigt des Paulus wird (Apg 18,7). Die gute Nachricht des Christentums findet bei ihnen wohl einen leichteren Zugang als bei den Juden, weil sie nicht gegen die ethnischen Vorurteile kämpfen muß, wie sie den Sinn der letzteren umnebeln (vgl. Apg 17,4.17).

Die „Gottesfürchtigen“ gehören nicht zur Gemeinschaft „Israel“, obwohl sie regelmäßig an den öffentlichen Gottesdiensten der Synagogen teilnehmen; der Name „Proselyten des Tores“, den man ihnen häufig beilegt, zu Unrecht allerdings, denn er taucht erst im 13. Jahrhundert bei den Rabbinen auf, bringt gleichwohl ihre Situation treffend zum Ausdruck: Sie haben ihren Platz nahe am Eingang und warten auf ihre definitive Zulassung. Daher fordert man, abgesehen vom ausdrücklichen Bekenntnis zum Monotheismus, nichts anderes als die Beobachtung der sieben Gebote, die Gott einst dem Noach gegeben hat und die die Grundlagen des ganzen sozialen Lebens bilden: Enthaltung vom Götzendienst, von Mord, Inzest und Diebstahl, von Entweihung des Gottesnamens, der Enthaltsamkeit des Essens von Gliedern eines lebenden Tieres, ein geordnetes Gerichtswesen [16]. Es sind das auch jene Gebote, welche die in Jerusalem versammelten

---

[15] *J. Bonsirven,* Le Judaïsme palestinien I, S. 26.
[16] *J. Bonsirven,* a.a.O., I, S. 251.

Apostel und Ältesten, als sie die schwierige Frage der Zulassung der Heiden in die werdende Kirche behandelten, diesen aufzulegen beschlossen: die Versammlung war der Auffassung, man solle sie zu nichts anderem verpflichten als zur Enthaltung von Götzenopferfleisch, vom Blutgenuß, vom Fleisch erstickter Tiere und von Unzucht (Apg 15,20–21.29; vgl. Apg 21,25). Im übrigen können die Gottesfürchtigen Fleisch essen, das für unrein gilt, mit den Heiden Gemeinschaft haben, die Sabbatruhe verletzen. Diese strengen jüdischen Vorschriften gelten für sie nicht.

Unter diesen Voraussetzungen versteht man auch, daß relativ häufig die Kinder eines Gottesfürchtigen, der aus persönlichen Gründen seinen Weg zum Judentum nicht weitergehen wollte, nun selbst die letzten Schritte tun, die sie von der vollständigen und endgültigen Bekehrung trennen. Juvenal beschreibt das Endziel dieser Bemühung, freilich nicht ohne Ironie:

„Einige haben 'nen Vater erlost, der den Sabbat streng einhält,
beten zu nichts als den Wolken allein und der Gottheit des Himmels,
menschliches Fleisch auch halten sie gleich mit dem Fleische des Schweines,
welches der Vater vermied; und bald wird die Vorhaut beschnitten.
Doch zu verachten gewohnt, was Roms Gesetze gebieten,
lernen sie jüdisches Recht, und sie wahren es, ängstlich beachtend,
was in verborgener Schrift einst Moses dem Volk überliefert:
keinem zu zeigen den Weg als dem, der Gleiches verehrt,
und die Beschnittenen allein zum Quell, dem gesuchten, zu führen.
Aber der Vater ist schuld, dem immer der siebente Tag ein
Feiertag war, der dann sich mit keinem Geschäfte befaßte." [17]

Auf eine ähnliche Lösung wartend, verblieben die Gottesfürchtigen am Rand des strengen Judentums. Sie bilden, wenn man so will, um jede Judenschaft herum einen entsprechend weiten Kreis von Ausstrahlung und Einfluß. Trotzdem wurden sie als Heiden angesehen und entsprechend behandelt. Manche Rabbinen verheißen ihnen, daß sie den Namen Israel empfangen werden und teilhaben werden an der kommenden Welt; andere machen ihnen mit Ernst klar, daß die Gegenwart auch nur eines von ihnen für die Stadt, in der sie wohnen, ein Segen ist [18], oder daß auch sie, wie alle wahren Juden, von der

---

[17] *Juvenal,* Satiren XIV, 96–106, nach: Römische Satiren, S. 435 f.

[18] Bereschit Rabba, XXVIII, nach Zeph 2,5: „Von den Bewohnern der Seestädte wird erzählt: Sie sind ein Volk, welches Ausrottung verdient, weshalb wurden sie erhalten? Wegen des Verdienstes eines Volkes oder eines Gottesfürchtigen, welche von ihnen in jedem Jahre hervorgehen", zit. nach *Wünsche,* Bibliotheca Rabbinica, Der Midrasch Bereschit

Muttermilch der Sara genährt werden in der Person ihrer Vorfahren[19]. Doch weigert man sich, sich mit ihnen an den gleichen Tisch zu setzen und mit ihnen zu essen. Petrus braucht ausdrückliche himmlische Weisung, um der gemeinsamen Mahlzeit mit Cornelius zuzustimmen; in Antiochien dagegen läßt er sich von den Intriganten kleinkriegen und wiederholt seinen Fortschritt von Cäsaräa nicht (Apg 10, 14.28; Gal 2, 11ff.). Man erlaubt ihnen nicht die Ehe mit jüdischen Mädchen und verweigert ihnen jede Teilhabe an den Privilegien, welche die Würde des auserwählten Volkes ausmachen. Die einzige Anerkennung, die man ihnen bezeugt, besteht darin, daß man verbietet, sie zu demütigen oder zu unterdrücken[20]. Während man die Götzenanbeter kaum als Menschen betrachtet, an deren Irrtümern bei Geldgeschäften man durchaus profitieren und die man sogar absichtlich täuschen kann, deren Eigentum zurückzubehalten man das Recht hat, die man in Todesgefahr nicht zu retten braucht, denen man den Weg nicht zeigen muß, an denen man sich rächen darf etc., muß man sich gegen die Verehrer des wahren Gottes freundlich verhalten. Zweifellos bedeutet das schon etwas, aber der Unterschied gegenüber den wahren Israeliten ist schon recht beachtlich.

Was nun die Heiden betrifft, so braucht man kaum zu betonen, daß sie für die Leute, die, nachdem sie ihrer traditionellen Religion entsagt haben, und sogar den Mut aufbringen, sich Juden zu nennen, keine große Achtung übrig hatten. Diese Einstellung ohne Energie und freiheitlichem Sinn mißfällt ganz besonders den stoischen Philosophen, und Epiktet geißelt sie ohne Zögern:

„Weshalb bezeichnest du dich als Stoiker? Warum begrüßt du die Menge? Warum ahmst du, obwohl du ein Grieche bist, die Juden nach? Weißt du nicht, warum man einen Menschen als Juden, Syrer oder Ägypter bezeichnet?

Rabba, Neudruck Hildesheim 1967, S. 125. – Man findet zahlreiche Texte zitiert bei *I. Levi,* Le prosélytisme juif, in: Revue des Etudes Juives, t. L (1905) 1 ff.; t. LI (1906) 1 ff.; vgl. *Bialoblocki,* Die Beziehungen des Judentums zu Proselyten und Proselytentum, Berlin 1930; *Causse,* La propagande juive et l'hellénisme, in: Revue d'histoire et de philosophie religieuses, 1923, 397–414.

[19] Pesiqta Rabbathi, zitiert bei *M. J. Lagrange,* Le messianisme S. 283: „Die Heiden brachten ihre Kinder zu Sara, damit diese sie stille. Die einen taten es guten Glaubens, die andern um sie zu prüfen, doch weder die einen noch die andern wurden enttäuscht. Dazu sagt R. Levi: Die es guten Glaubens taten, haben sich bekehrt. Darum steht geschrieben: ,Sara hat deine Kinder genährt'; denn sie wurden Kinder Israels. Jene, die nur Sara prüfen wollten, wurden, nach unseren Weisen, Große in dieser Welt. Alle in der Welt, die sich bekehrten und alle ,Gottesfürchtigen', die es in der Welt gibt, gehören zu denen, die von der Milch der Sara genährt wurden."

[20] *J. Bonsirven,* Le judaïsme palestinien I, 28; II, 261.

Und wenn wir an ihnen etwas Zweideutiges sehen, dann sagen wir gewöhnlich: Der ist gar kein Jude, sondern er gibt sich nur so! Wenn er freilich die Grundhaltung eines Getauften und Abgesonderten annimmt, dann ist er in Wirklichkeit ein Jude und wird auch so genannt. So sind auch wir falsche Getaufte (παραβαπτισταί), dem Namen nach Juden, in Wirklichkeit etwas ganz anderes."[21]

War es unter diesen Umständen für die „Gottesfürchtigen" nicht besser, den letzten Schritt, der sie vom Judentum trennte, zu tun und sich vollständig der Religion ihrer Wahl anzuschließen? Manche denken so und ziehen die Konsequenzen. Andere zögern bis zu ihrer Todesstunde, und man versteht ihr Zögern um so besser, je schwieriger die Forderungen einer Konversion sind. Die erste und die gebieterischste von allen ist die Beschneidung. Sie ist das Unterscheidungsmerkmal des Juden, sein Ruhm, das Zeichen des Bundes. Sie ist das große Gebot: Abraham und Mose gelten erst nach ihrer Beschneidung als Vollkommene. Ein wahrer Jude erleidet lieber das Martyrium, als darauf zu verzichten, und wenn die Geschichte Apostasie-Fälle verzeichnet, wo Beschnittene ihre Beschneidung durch einen chirurgischen Eingriff zu verheimlichen suchten, so sind derartige Fälle doch selten und bleiben vereinzelt[22]. Gewiß spricht Epiktet in dem oben zitierten Text nicht von der Beschneidung, dagegen erwähnt er die Taufe, als wäre sie der wesentliche Ritus der jüdischen Initiation. Aber die Taufe (das Tauchbad, Anm. d. Übers.), die im jüdischen Ritual einen bedeutenden Platz einnimmt und die von den Rabbinen sogar als notwendig angesehen wird, genügt als solche nicht. Ihr muß das symbolische Blutvergießen (der Beschneidung) vorangegangen sein.

Hat es niemals Lehrer gegeben, die toleranter waren und bereit, in gewissen Fällen auf die Beschneidung zu verzichten? Man hat dies zuweilen aus der von Josephus berichteten Geschichte des Izates geschlossen und es ihm häufig nacherzählt. „Es gibt kaum etwas Charakteristischeres über den Eifer und die verschiedenen Tendenzen der jüdischen Missionare, über das Gewissensproblem, das sich für die Neubekehrten stellte. Der Jude, der den Izates von der Gottesfurcht überzeugt hatte, hieß Ananias. Die Mutter des jungen Prinzen und andere Damen des Hofes waren von einem anderen Missionar bekehrt worden. Für sie gab es keinerlei Schwierigkeiten. Doch als sich Izates entschlossen zeigte, den Weg zu Ende zu gehen, da war es

[21] *Epiktet,* Dissert. II, 9,19–21.
[22] Vgl. 1 Makk 1,16: unter dem Regiment des Antiochus IV. Epiphanes hat es Apostasien dieser Art gegeben; siehe auch 2 Makk 4,7–17.

niemand anderer als seine Mutter (die Königin Helena von Adiabene), der Idealtyp eines Proselyten, die sich mit Hilfe des Ananias dieser Absicht widersetzte, weil sie einen Volksaufstand befürchten muß und vor diesem Risiko, das er eingeht, zurückschreckt. Das Entscheidende, so heißt es, wäre die Gottesverehrung, und diese sei viel wichtiger als die Beschneidung. Das war aber nicht die Auffassung eines dritten Apostels, des Eleazar von Galiläa, der im Hinblick auf die nationalen Gepflogenheiten viel penibler war. Es reicht nicht, das Gesetz nur zu lesen; man muß es auch einhalten. Daraufhin läßt Izates sich beschneiden." [23]

Ananias ist eine seltene Ausnahme, und die schwerwiegenden politischen Gründe, die seine Prinzipien über den höheren Wert des inneren Lebens nur schlecht verbergen, haben in den Augen der meisten Rabbinen überhaupt keinen Wert. Auch der Schriftgelehrte, der Jesus nach dem obersten Gebot befragt, denkt absolut nicht daran, die Notwendigkeit der Beschneidung in Zweifel zu ziehen; denn er denkt nur an die Juden. Und wenn er erklärt: „Gott lieben aus ganzem Herzen, aus ganzem Denken und aus ganzer Kraft und den Nächsten lieben wie sich selbst, das ist weit mehr als alle Brandopfer und anderen Opfer" (Mk 12, 33), dann begnügt er sich damit, das Liebesgebot den rituellen Geboten entgegenzustellen. Man kann Jude sein, ohne Opfer darzubringen; man ist es jedoch nicht ohne Beschneidung. Man braucht dazu nur die Apostelgeschichte und vor allem den Galaterbrief zu lesen, um sich über die Bedeutung, welche die jüdischen Lehrer der Beschneidung beimaßen, Rechenschaft zu geben. Paulus, der es wagt, die Christen von ihr zu dispensieren und der darin nicht mehr das Zeichen des Bundes zwischen Gott und seinem Volk erblickt, erscheint als ein Revolutionär [24]. Vom jüdischen Standpunkt aus betrachtet, sind die großen Gehässigkeiten, die er provoziert, das Legitimste, was es gibt.

Für einen Heiden hat die Beschneidung einen entehrenden und grotesken Charakter. Apologeten wie Philon setzen alle Kräfte ein, um sie zu rechtfertigen, indem sie sagen, sie verhüte den Aussatz, sie mache den Körper reiner, erleichtere die Zeugung, stelle eine Ähn-

---

[23] *M. J. Lagrange,* Le messianisme chez les Juifs, 280–281, vgl. *Flavius Josephus,* Jüdische Altertümer XX, 2, 1–4. Izates war König von Adiabene zur Zeit des Claudius. Er ließ seine fünf Söhne in Jerusalem erziehen, wo seine Mutter Helena und sein Bruder schon länger residierten. Vgl. *E. Schürer,* Geschichte des jüdischen Volkes III, 169–172.
[24] Paulus selbst hat den Timotheus, Sohn eines Heiden und einer jüdischen Mutter, beschneiden lassen, Apg 16, 3.

lichkeit mit dem Herzen her und bezeichne die Vertreibung der bösen Begierden[25]. Man sieht an diesem Aufwand, daß sie zahlreiche Vorurteile überwinden müssen. Was die heidnischen Autoren betrifft, so sparen diese nicht mit Spott und scharfem Witz über eine Operation, die so einschneidende Spuren hinterläßt[26]. Aber das ist nicht alles. Wer sich beschneiden läßt, setzt sich, zumindest unter der Regierung Hadrians, schweren, für die Kastration angeordneten Strafen aus; die Historia Augusta versichert sogar, das Gesetz über die Beschneidung sei der Grund zum Ausbruch des jüdischen Krieges gewesen[27]. Es ist richtig, daß Antoninus Pius die geborenen Juden von dieser Bestimmung ausnimmt[28]. Doch bleiben ihr die gebürtigen Heiden unterworfen, und bis zum Ende des Imperiums setzen sich alle, die sich beschneiden lassen, dem Verlust ihrer Güter, der Verbannung, ja sogar dem Tode aus[29]. Zwar kann das Gesetz nicht immer durchgeführt werden, obwohl es immer wieder erneuert wird[30], und Kaiser Heliogabal ist der erste, der es verletzt[31]. Trotzdem bleibt es in Geltung und droht seinen Übertretern mit hohen Strafen[32].

Die Beschneidung ist das Zeichen des endgültigen Eintritts in die jüdische Gemeinde. Wer sie vollzieht, ist für sein Leben geprägt. In den Augen seiner Landsleute ist er von da an ein Abtrünniger, noch

---

[25] *Philon,* De spec. leg. I, 1 De circumcisione 1, 2; De migratione Abraham 16.

[26] Vgl. *Horaz,* Satiren I, 9, 70: „Curtis Judaeis"; *Persius,* Satiren V, 184 „recutitaque sabbata palles"; *Martial,* Epigramm. VII, 30, 5; XXXV, 11, 94 „verpe poeta"; *Juvenal,* Satiren XIV, 99: „mox et praeputia ponunt"; *Petronius,* Fragm. 37: „... Ni tamen et ferro succident inguinis aram et nisi nodatum soluerit arte caput". – Die jüdischen Autoren, wie z. B. *Philon,* De special. legib., 1 De circumcisione 1 und *Josephus,* Contra Apionem II, 13 referieren ihrerseits die Spötteleien der Heiden über die Beschneidung.

[27] Vita Hadriani IV, 2: „Moverunt ea tempestate et Judaei bellum quod vetabantur mutilare genitalia" („Um jene Zeit griffen auch die Juden zu den Waffen, weil ihnen die Beschneidung verboten wurde").

[28] Digest. 48, 8.11 pr. (Modestin): Circumcidere Judaeis filios suos tantum rescripto divi Pii permittitur: in non eiusdem religionis qui hoc fecerit castrantis poena irrogatur" („Nur den Juden wird durch ein Reskript des Divus Pius erlaubt, ihre Söhne zu beschneiden; wer nicht zu dieser Religion gehört und dies tut, wird wegen Kastration bestraft").

[29] *Paul,* Sent., 5, 22, 3: „Cives romani qui se iudaico ritu vel servos suos circumcidi patiuntur bonis ademptis in insulam perpetuo relegantur, medici capiti puniuntur" („Die römischen Bürger, die sich selbst oder ihre Sklaven nach jüdischem Ritus beschneiden lassen, werden mit Verlust ihrer Güter und mit immerwährender Verbannung auf eine Insel bestraft; Ärzte werden mit dem Tode bestraft").

[30] Septimius Severus z. B. erneuert die Maßnahmen seiner Vorgänger, *Spartian,* Vita Severi 27, 1: „Post hoc ... Alexandriam petit ... In itinere plurima iura fundavit. Judaeos fieri sub gravi poena vetuit. Item de christiana sanxit („Danach ... kam er nach Alexandrien ... Unterwegs bekräftigte er die meisten Rechte. Unter schweren Strafen verbot er, Jude zu werden. Dasselbe verfügte er im Hinblick auf das Christentum").

[31] Vita Elagab. 7.

[32] Vgl. J. *Juster,* Les Juifs dans l'empire romain I, 269–271.

mehr, ein Atheist[33], ein Feind des Menschengeschlechts[34], ein Taugenichts[35]. Er hat es verdient, daß er die gemeinsten und infamsten Verleumdungen auf sich zieht, die über das jüdische Volk im Umlauf sind[36] und die bis zum Überdruß nicht nur vom gewöhnlichen Volk wiederholt werden, wie die Fabeln von den thyestischen Mahlzeiten oder vom Verbrechen des Ödipus[37], sondern auch von den ruhigsten und gebildetsten Männern wie Tacitus, der nicht zögert, auf Kosten der Juden die schlimmsten Sachen weiterzuerzählen[38].

2. Die Situation der zum Judentum Bekehrten

Konnten diejenigen, die sich zum Judentum bekehrten, nachdem sie von den Heiden als Deserteure, vom allgemeinen Recht als Kriminelle abgestempelt waren, wenigstens damit rechnen, bei ihren neuen

---

[33] Manethon, zit. bei Josephus, Contra Apionem I, 239 und 248; Apollonius Molon, zit. bei Josephus, Contra Apionem II, 148.

[34] Manethon, zit. bei Josephus, Contra Apionem I, 248; Lysimachos, a. a. O. I, 309; Apollonius Molon, a. a. O. II, 148.

[35] Apollonius Molon, zit. bei Josephus, Contra Apionem II, 148; Apion, a. a. O. II, 135.

[36] Vgl. die Liste der Verleumdungen bei J. Juster, Les Juifs dans l'empire romain, I, 45–48, der sie unter zweiundzwanzig Punkten zusammenfaßt und angibt, die Liste damit nicht zu erschöpfen. Vgl. Bergmann, Jüdische Apologetik, 146.

[37] Apion, zitiert bei Josephus, Contra Apionem II, 90–96. Die Christen waren, wie man weiß, das Opfer ähnlicher Verleumdungen.

[38] Tacitus, Historien V, 5: „Hi ritus, quaquo modo inducti, antiquitate defenduntur; cetera instituta sinistra, foeda pravitate valuere. Nam pessimus quisque, spretis religionibus patriis, tributa et stipes illuc congerebant; unde auctae Judaeorum res et quia apud eos fides obstinata, misericordia in promptu. Sed adversus omnes alios hostile odium. Separati epulis, discreti cubilibus, proiectissima ad libidinem gens, alienarum concubitu abstinent; inter se nihil inlicitum. Circumcidere genitalia instituerunt, ut diversitate noscantur. Transgressi in morem eiorum, idem usurpant; nec quidquam prius imbuuntur quam contemnere deos, exuere patriam, parentes, liberos, fratres, vilia habere" („Wie immer diese Gebräuche eingeführt worden sind, sie finden ihre Rechtfertigung in ihrem hohen Alter. Alle übrigen Einrichtungen sind widerwärtig, abscheulich und haben nur durch ihre Widernatur Geltung erlangt. Denn es waren gerade die schlechtesten Elemente, die unter Verleugnung ihrer heimischen religiösen Gebräuche Tribute und Gaben dort zusammentrugen. Davon wuchs die Macht der Judäer. Einen weiteren Grund hierfür bildete die Treue, die sie einander unverbrüchlich halten, sowie das Mitleid, das sie bereitwillig walten lassen, während sie gegen alle anderen einen feindlichen Haß betätigen: sie speisen getrennt und schlafen abgesondert, und während sie ein Volk sind, das sich sinnlichem Genuß ganz hingibt, halten sie sich dem Beischlaf mit fremdbürtigen Frauen fern. Unter sich selbst kennen sie nichts Unlauteres. Sie haben die Sitte der Beschneidung eingeführt, um durch diese Verschiedenheit sich kenntlich zu machen. Ihre Proselyten nehmen denselben Brauch an, und nichts wird ihnen früher beigebracht, als ihre Götter zu verachten, ihr Vaterland zu verleugnen, Eltern, Kinder, Brüder geringzuachten" [zitiert nach Tacitus, Historien, übersetzt und mit Anmerkungen versehen von W. Sontheimer, Stuttgart 1968, 290]).

Religionsgenossen eine Aufnahme zu finden, die ihnen über die von ihren früheren Freunden erlittenen Beleidigungen hinweghalf? Das kann man keineswegs sagen. Selbst diejenigen Juden, die den Proselyten am wohlwollendsten gegenüberstanden, sahen sich doch verpflichtet, zwischen ihnen und den geborenen Israeliten einen Unterschied zu machen.

Das ist zunächst sehr überraschend, wenn man sich an die großartigen Aussagen der Propheten über die Berufung aller Völker zum messianischen Reich erinnert. Aber die Propheten sind schon weit weg. Seit ihrer Verkündigung hat das auserwählte Volk das babylonische Exil erfahren, wo es auf sich selbst zurückgeworfen wurde. In den folgenden Jahrhunderten hat es diese Bewegung der Rückbewegung und der Konzentration auf sich selbst noch verstärkt. Gegenüber den lasterhaften Heiden, die sich aller Verbrechen schuldig machten, begibt es sich in eine hochmütige Isolierung. Es, und es allein, ist das vorherbestimmte Volk, mit dem Gott einen ewigen Bund geschlossen hat, weil er kein anderes Volk fand, das würdig gewesen wäre, sein Gesetz zu empfangen.

„Der Heilige, gesegnet sei er, sprach zu den Israeliten: Ihr habt mir einen einzigartigen Gegenstand der Liebe (oder: eine einzigartige Kraft) in der Welt gemacht; denn es steht geschrieben: Höre Israel, JHWH unser Gott ist ein einziger JHWH (Dtn 6,4); und auch ich werde aus euch einen einzigartigen Gegenstand der Liebe (oder: eine einzigartige Kraft) in der Welt machen; denn es heißt: Und wer ist wie dein Volk Israel, eine einzigartige Nation auf Erden."[39]

Auch wenn Israel gesündigt hat, so bleibt es doch immer der Sohn Gottes, den es einlädt oder nicht, sei es schuldig oder nicht, abtrünnig oder nicht[40]; und die Liebe des Herrn zu seinem Volk nimmt die Form einer wunderbaren Zärtlichkeit an:

„Womit kann man das vergleichen? Mit einem Menschen, der eine Reise machte und seinen Sohn vor sich her ziehen ließ. Da kamen Räuber, die wollten ihn wegnehmen und ihn gefangenführen. Da nahm er ihn von vorne weg und ließ ihn hinterdrein ziehen. Da kam ein Bär, um ihn von hinten wegzunehmen. Darauf nahm er ihn von hinten und schickte ihn wieder voran. Da kamen Räuber von vorn und von hinten ein Bär; da nahm er ihn auf seine Arme. Der Sohn begann, unter der brennenden Sonne zu leiden; sein Vater nahm ihn unter sein Gewand. Er hatte Hunger, da gab er ihm zu essen; er hatte Durst,

[39] Hagiga, 3a, b, zit. nach *J. Bonsirven,* Les idées juives au temps du Notre Seigneur, Paris 1934, 61.
[40] Sifre Deut., XXXII,5 (308) 133a, b; zit. bei *Bonsirven,* Les idées juives, 63.

und er gab ihm zu trinken. Genauso verhält sich der Heilige, gepriesen sei er, gegenüber Israel."[41]

Aber nur die geborenen Israeliten, die Nachkommen Abrahams, haben teil an den Privilegien der göttlichen Erwählung. Jene dagegen, die nicht durch Geburt der jüdischen Nation zugehören, werden niemals ein Sohn Abrahams. Alle Anstrengungen stoßen hier auf eine absolute Unmöglichkeit. Es genügt, einige Texte im Neuen Testament nachzulesen, um sich von dem unvergleichlichen Stolz, der die echten „Söhne Abrahams" erfüllte, ein Bild zu machen; z. B. in der Rede des Johannes des Täufers: „Ihr Natterngezücht! Wer hat euch gelehrt, ihr könntet dem kommenden Zorn entfliehen? Bringt also Frucht, die der Umkehr entspricht, und laßt euch nicht einfallen, in eurem Innern zu denken: Wir haben Abraham zum Vater. Ich sage euch: Aus diesen Steinen da kann Gott dem Abraham Kinder erwecken" (Mt 3,7–9; vgl. Lk 3,7–8). – Der Vorwurf der Juden an Jesus: „Wir sind Nachkommen Abrahams und nie jemandes Sklaven gewesen. Wie kannst du behaupten: Ihr werdet frei werden?" (Joh 8,33) – Die freimütige Antwort des Paulus: „Womit aber einer prahlt – ich rede im Unverstand –, damit prahle ich auch. Hebräer sind sie? Ich auch. Israeliten sind sie? Ich auch. Nachkommen Abrahams sind sie? Ich auch" (2 Kor 11,21 f.)[42].

Manche jüdischen Schriftsteller, die sich an Heiden wenden und die ihre Volksgenossen um jeden Preis verteidigen wollen, untertreiben zweifellos die Bedeutung der Volkszugehörigkeit und der Abrahamskindschaft. „Diejenigen, die mit uns unter denselben Gesetzen leben wollen, die nimmt unser Gesetzgeber gerne auf; denn er meint, daß nicht nur die Volkszugehörigkeit, sondern auch die moralische Einstellung die Menschen einander näherbringt. Doch wollte er nicht, daß die Eintags-Gäste an unserem Lebenswandel teilnehmen sollten", heißt es bei Josephus[43]. Und weiter: „Wir legen zwar keinen Wert darauf, die anderen nachzuahmen; aber jene, die an unseren Gesetzen teilhaben wollen, nehmen wir bereitwillig auf. Und dies ist, so

---

[41] Mekhilta Ex., XIV, 19, p. 101, zit. bei *Bonsirven,* Les idées juives, 65.
[42] Man kann noch hinzufügen, daß nach Paulus die Verheißungen Gottes an Abraham den Ausgangspunkt bilden für die übernatürlichen Gnaden, die Gott seiner Nachkommenschaft verleiht, d. h. in erster Linie Christus, der wahrhaft von Abraham abstammt (vgl. dazu die beiden Stammbäume bei Matthäus und Lukas), und durch die Vermittlung Christi allen, die sich auf ihn berufen. Auf die natürliche Abstammung folgt eine spirituelle; vgl. Apg 13,32; 26,6; Gal 3,16ff.; Röm 4,13.14.16; Eph 2,12.
[43] *Josephus,* Contra Apionem II, 210.

meine ich, ein Beweis der Menschenfreundlichkeit und Großmut."[44]
Ähnlich wie Josephus scheint auch Philon von Alexandrien die gebürtigen Juden und jene, die es aus eigener Wahl geworden waren, auf eine Stufe der Gleichberechtigung, der ἰσοτιμία zu stellen[45]. Man darf sich durch solch beruhigende Äußerungen jedoch nicht blenden lassen; man braucht die Lektüre dieser Autoren nur weiter zu verfolgen, um bei ihnen dieselbe Selbsteinschätzung wie bei ihren Volksgenossen zum Vorschein kommen zu sehen.

Auch wenn er kein Abrahams-Sohn ist, ist der Konvertit, sobald er beschnitten ist, das rituelle Reinigungsbad genommen hat und – vor der Zerstörung des Tempels – ein Opfer dargebracht hat[46], Mitglied der Gemeinschaft Israels; das heißt in erster Linie, er hat die gleichen religiösen Verpflichtungen wie die übrigen Juden. Jeder, der beschnitten ist, ist verpflichtet, das ganze Gesetz zu halten (vgl. Gal 5,3). Diese paulinische Formulierung gilt ebenso für die Proselyten wie für die gläubigen Juden. Und wenn vom „Gesetz" die Rede ist, dann muß man dies im Sinne der rabbinischen Auffassung verstehen, mit allen seinen Subtilitäten und kasuistischen Kleinigkeiten. Dem Proselyten bleibt nichts erspart, obwohl man sich diesbezüglich Fragen gestellt hat wie diese: Müssen sie am zweiten Pessach teilnehmen, wenn sie sich erst nach dem ersten bekehrt haben? Die Texte präzisieren bis ins Detail die Vorschriften, zu denen sie verpflichtet sind, und bemerken ausdrücklich, daß sie zur Levirats-Ehe nicht verpflichtet sind.

Andererseits sind ihre Rechte denen der geborenen Juden nicht in jeder Hinsicht gleich. Gewiß können sie geliebt und unterstützt werden, man kann ihnen in allen Situationen helfen, wenn die neuen Brüder Hilfe brauchen. Da sie, wie Abraham, der erste Proselyt, Gott angenehm sind, sollen sie mit Freuden aufgenommen und unter die Flügel der Schechina geführt werden. Sie nehmen an allen kultischen Zeremonien teil, bringen Opfer und legen den Opfertieren die Hände auf. Aber sie bleiben minderen Ranges und Untergeordnete. Ihre Töchter dürfen keine Priester heiraten, wenigstens nicht gegen Ende des 1. Jahrhunderts; in dieser Epoche verspricht Josua dem Prosely-

---

[44] A.a.O. II,261.
[45] *Philon,* De monarchia I,76 (M., II,219).
[46] Zu dieser dreifachen Verpflichtung vgl. *E. Schürer,* Geschichte des jüdischen Volkes III,181–185. Bei seiner Konversion nahm der Proselyt einen jüdischen Namen an und gibt seinen heidnischen Namen, wenigstens in manchen Fällen, auf. Vgl. *J. B. Frey,* Corpus inscriptionum iudaicarum I, Paris 1936, Nr. 523: „Veturia Paulina ..., die 86 Jahre und sechs Monate gelebt hat, war 16 Jahre hindurch Proselytin und trug den Namen Sara, Mutter der Gemeinden des Marsfeldes und des Volumnius. Sie ruhe in Frieden."

ten Aquila, daß die Söhne seiner Töchter auf dem Altar werden Opfergaben darbringen dürfen[47], doch kann man sich fragen, ob alle Rabbinen dem zugestimmt hätten. „In der Rangordnung geht ein Priester einem Leviten voran, ein Levit einem Israeliten, ein Israelit einem Bastard, ein Bastard einem Nathin, ein Nathin einem Proselyten, ein Proselyt einem freigelassenen Sklaven."[48] Diese Präzedenz-Liste sagt sehr viel aus über die Stellung der Konvertiten im Vergleich zu den Abrahamskindern. Schließlich haben nur diese das Privileg, solche Gebete zu sprechen, in welchen Abraham „unser Vater" genannt wird: „Ein Proselyt bringt die Erstlingsfrüchte dar ohne das Bekenntnis (Dtn 26,3 ff.) zu sprechen, weil er nicht sagen kann: welches du *unseren* Vätern geschworen hast, uns zu geben. Wenn aber seine Mutter aus Israel war, so spricht er das Bekenntnis. Wenn ein solcher für sich allein betet, so sagt er: Der Gott der Väter *Israels*. Und wenn er in der Synagoge ist, so sagt er: Der Gott *eurer Väter*. Wenn aber seine Mutter aus Israel ist, so sagt er: der Gott *unserer Väter*."[49] Nach alledem hat Philon gut reden, daß man die Proselyten lieben soll, nicht nur wie Freunde und Eltern, sondern wie sich selbst[50]. Die Forderungen der Praxis schränkten die Tragweite solcher Formulierungen stark ein.

Übrigens, ging es den Juden wirklich darum, möglichst viele Proselyten zu gewinnen, oder versuchten sie nicht auf allerlei Weise, das Verlangen nach einer Konversion eher zu entmutigen als zu bestärken? Die Antwort auf solche Fragen ist schwierig; dabei muß man die historischen Situationen genau unterscheiden. Vor der Eroberung Jerusalems im Jahre 70 n. Chr. machte die jüdische Missionspropaganda zweifellos große Anstrengungen, wie sie durch das Jesus-Wort gut illustriert werden: „Wehe euch, ihr Schriftgelehrten und Pharisäer, ihr Heuchler! Ihr zieht über Land und Meer, um einen einzigen Menschen zum Proselyten zu machen; und wenn er das geworden ist, dann macht ihr ihn zu einem Sohn der Hölle, doppelt so schlimm als ihr" (Mt 23,15). Das Neue Testament konfrontiert uns überall mit jüdischen Missionaren, die darauf aus sind, der Predigt der christlichen Apostel Konkurrenz zu machen: in Antiochien, wo sie Petrus dazu verführen, sich nach den jüdischen Gesetzen zu richten (Gal 2,12); in

---

[47] Vgl. *J. Bonsirven,* Le Judaisme palestinien I 32; *E. Schürer,* Geschichte III,186.
[48] Horajoth III,8; zit. bei *Schürer,* Geschichte, 187, Anm. 102.
[49] Bikkurim I,4; zit. bei *Schürer,* Geschichte, 187, Anm. 101.
[50] *Philon,* De caritate, 12 (M., II,392): „κελεύει (Μώσης) ἀγαπᾶν τοὺς ἐπηλύτας, μὴ ἠόνον ὡς φίλους καὶ συγγενεῖς ἀλλὰ καὶ ὡς ἑαυτούς."

Galatien, wo sie die Christen von den von Paulus aufgestellten Richtlinien abspenstig machen (Gal 3, 1; 5, 7); in Korinth, wo sie unter den Brüdern Spaltungen hervorrufen (1 Kor 1, 11 ff.; 2 Kor 10, 12 ff.; 11, 22 ff.) und wo sie versuchen, Person und Autorität des Apostels zu schmälern[51]. Sie kommen und gehen in allen Städten, wo die Boten des Evangeliums sich aufhalten, und versuchen, die jungen Gemeinden, die diese gegründet haben, zu zerstören[52].

Dies ist genau die Zeit, in der Rabbi Hillel die Formulierung prägt: „Sei den Schülern Aarons ähnlich! Liebe den Frieden! Strebe nach Eintracht! Liebe die Geschöpfe! Lehre sie das Gesetz!"[53] Was man so erklärt: Israel ist deshalb unter die Heidenvölker zerstreut worden, um ihnen Gutes zu tun[54]. Man verstand dies als Verpflichtung, den Namen Gottes unter allen Menschen bekannt zu machen. Hillel erscheint vor allem als derjenige, der es verstand, die Herzen zu gewinnen, die von der Intoleranz eines Schammai abgeschreckt wurden:

„Einst trat ein Nichtjude vor Schammai und sprach zu ihm: wieviel Gesetze (toroth) habt ihr? Dieser erwiderte: Zwei; eine schriftliche und eine mündliche (Tora). Da sprach jener: Die schriftliche glaube ich dir, die mündliche glaube ich dir nicht; mache mich zum Proselyten unter der Bedingung, daß du mich nur die schriftliche Tora lehrst. Dieser schrie ihn an und entfernte ihn mit einem Verweise. Darauf trat er vor Hillel, und dieser machte ihn zum Proselyten. Am ersten Tag lehrte er ihn *Aleph, Beth, Gimel, Daleth,* am folgenden Tag aber lehrte er ihn umgekehrt. Da sprach jener: Gestern hast du mich ja anders gelehrt! Dieser erwiderte: Wenn du dich auf mich verläßt, so verlasse dich auch auf mich bezüglich der mündlichen Tora!"

Eine andere ähnliche Geschichte:

„Abermals ereignete es sich, daß ein Nichtjude vor Schammai trat und zu ihm sprach: Mache mich zum Proselyten unter der Bedingung, daß du mich die ganze Tora lehrst, während ich auf *einem* Fuß stehe. Da stieß er ihn fort mit der Elle, die er in der Hand hatte. Darauf kam er zu Hillel, und dieser machte ihn zum Proselyten und sprach zu ihm: Was dir nicht lieb ist, das tue auch deinem Nächsten nicht. Das ist die ganze Tora, und alles andere ist nur die Erläuterung; geh und lerne sie!"

---

[51] Hier ist darauf hinzuweisen, daß es sich bei den erwähnten „Gegnern" des Apostels Paulus nicht so sehr um *jüdische,* als vielmehr um *judenchristliche* Missionare handeln dürfte (Anm. d. Übers.).
[52] Zur jüdischen Propaganda vgl. *Friedländer,* La Propagande religieuse des Juifs avant l'ère chrétienne, in: Revue des Études Juives, t. XXX (1895) 161–181; *Causse,* La propagande juive et l'hellénisme, in: Revue d'histoire et de philosophie religieuses, 1923, 397–414.
[53] Abot I, 12.
[54] II Bar. I, 4.

In einem dritten Fall will sich der Proselyt bekehren, um Hoherprie-
ster zu werden. Hillel bringt ihn dazu, daß er von selber einsieht, wie
unangebracht eine derartige Ambition ist. Der Talmud zieht daraus
die Folgerung:

„Nach Tagen kamen alle die Proselyten an einem Ort zusammen; da sagten
sie: Die Reizbarkeit Schammais wollte uns aus der Welt verstoßen; die Sanftmut Hillels aber hat uns unter die Fittiche der Schechina geführt."[55]

Nach dem Fall Jerusalems nahm das Mißtrauen gegenüber den Proselyten zu. Man verlangt von den Bekehrungswilligen Garantien. Rücksichtslos werden alle abgewiesen, die aus egoistischen Motiven
konvertieren wollen. Man besteht nicht nur energisch auf dem Prinzip, daß jeder Mensch freiwillig Gott finden muß, nicht gezwungenermaßen[56], sondern auch auf der Tatsache, daß der wahre Proselyt sich
einzig und allein um Gottes willen bekehrt, im Namen des Himmels;
darüber hinaus versucht man, die Halbwilligen zu entmutigen. Eine
Baraita aus dem Traktat Jebamot bringt einen Dialog zwischen einem
Rabbi und einem Bekehrungswilligen:

„Was veranlaßt dich, Proselyt zu werden; weißt du denn nicht, daß die Israeliten der Jetztzeit gequält, gestoßen, gedemütigt und gerupft werden und Leiden über sie kommt? Wenn er sagt, er wisse dies und sei dessen gar nicht
würdig, so nehme man ihn sofort auf und mache ihn mit manchen der leichteren und manchen der strengeren Gesetze bekannt."[57]

Andere Rabbinen sind viel strenger. Eliezer ben Hyrkanos, gegen
Ende des 2. Jahrhunderts, schätzt die Proselyten nicht sehr. Er meint,
man müsse sie fernhalten, weil sie von Natur aus schlecht sind und
man sie hindern müsse, in ihre alten Fehler zurückzufallen. R. Khelbo
aus Babel, der im 3. Jahrhundert in Palästina wohnt, erklärt kategorisch: „Die Proselyten sind für Israel genauso schädlich wie der Aussatz für die Haut; daher sagt die Schrift: Die Proselyten werden sich
an Israel hängen und ein Aussatz sein für das Haus Israel." – Eine andere Baraita meint, daß die Proselyten, auch diejenigen, die Kinder
haben, das Kommen des Messias verzögern; das Beispiel, das dafür
ins Feld geführt wird, ist kein geringeres als die Homosexualität. Solches Mißtrauen ist zu erklären aus der Furcht, daß die Proselyten
rückfällig würden; das meint unter anderen R. Khiya gegen Ende des

---

[55] b. Schabbat, 31a, zit. nach *L. Goldschmidt,* Der babylonische Talmud, Berlin ²1964,
I, 521 f.
[56] *Josephus,* Vita, 112 f.
[57] b. Jebamot, 47a.

2. Jahrhunderts: „Einem Proselyten darf man nicht trauen bis zur 24. Generation; denn er bleibt seinem Sauerteig verbunden. Aber wenn der Proselyt sich am Tag des Herrn mit Liebe und Ehrfurcht unterwirft und sich vor dem Himmel bekehrt, dann weist Gott ihn nicht zurück; denn es steht geschrieben: Gott liebt den Proselyten." Dieses abschließende Zugeständnis erfolgt, wie es scheint, etwas zögernd. Es reicht nicht aus, um den Eindruck zu verwischen, daß, zumindest nach dem Mißerfolg der letzten Versuche der jüdischen Restauration, die Konversionen von den Rabbinen nicht mehr ermutigt wurden und daß sie auch von den Heiden nicht gern gesehen waren.

Dies ist das letzte Wort des Judentums zur Bekehrung von Heiden. Nachdem die Propheten verkündigt hatten, alle Nationen würden sich zum wahren Gott bekehren, haben sie ihre Stimme nicht mehr erhoben; sie hatten ihre Botschaft ausgerichtet. Ihre Nachfolger verstanden sie nicht mehr. Im 2. Jahrhundert der christlichen Ära lehren sie eindringlicher als je, daß die Weltvölker es allein Israel verdanken, wenn sie der göttlichen Wohltaten nicht ganz beraubt sind: ohne Israel hat die Welt keinen Bestand[58]. Wenn „Gott sich allein um Israel kümmert und sich um es allein sorgt, so geschieht es gewissermaßen um dieser Sorge willen, daß er auch die übrigen Menschen in acht nimmt und sich um sie kümmert"[59]; daß die Segnungen, die in die Welt kommen, nur durch die Söhne Israels kommen, nicht durch die Weltvölker[60]. Schon vorher hatte Pseudo-Aristeas gesagt:

„Dies alles erwog nun der Gesetzgeber in seiner Weisheit; denn Gott hatte ihn zur Erkenntnis aller Dinge befähigt. Und so umgab er uns mit undurchdringlichem Gehege und eisernen Mauern, damit wir uns mit keinem der anderen Völker irgendwie vermischten, sondern rein an Leib und Seele und frei vom törichten Wahne blieben und den einen und mächtigen Gott über alle Kreatur verehrten."[61]

Trotz schöner Erklärungen auf seiten mancher Rabbinen und trotz vieler Anstrengungen, die Zahl der Proselyten zeitweilig zu vermehren[62], ist das Judentum im ganzen den partikularistischen und natio-

---

[58] Aboda Zara, 10 b: „Darum hat Gott sie in die vier Winde zerstreut. Wie das Öl, bringt Israel der Welt das Licht." – Pesiq., 7 a: „Das Zelt gab der Welt Gediegenheit (solidité) und Festigkeit (fermeté)".

[59] S. Deut., XI, 12 (40), 78 b.

[60] P. Schebuot, IV, 3, 35 b.

[61] *Pseudo-Aristeasbrief,* 13 q.

[62] Der Proselytismus war immer integrierender Bestandteil der religiösen Tradition Israels; seit ältesten Zeiten war Israel gewachsen, indem es Fremde aufnahm. Noch während

nalen Ideen treu geblieben. Es hat die Konvertiten nur unter der
Bedingung akzeptiert, sie nicht nur in das religiöse, sondern auch in
das soziale Leben des Gottesvolkes zu integrieren. Oder anders gesagt, es hat es niemals im Sinne der großen prophetischen Tradition
vermocht, das religiöse und das nationale Moment voneinander zu
trennen. Auf diese Weise hat es, als ihm sich die Gelegenheit bot, die
Chance vertan, die Vielzahl der Heiden, die Gott suchten, an sich zu
ziehen.

3. Der verhältnismäßig geringe Missionserfolg

Der missionarische Appell des Judentums: schwierig im Hinblick auf
die Heiden mit ihrer Verachtung und ihrem Spott, schwierig aber
auch von seiten der intransigenten und hochmütigen Juden – welchen
Erfolg hatte dieser Appell und warum haben immerhin manche darauf positiv reagiert?

Es ist nicht einfach, diese beiden Fragen zu beantworten. Einerseits
fehlen uns alle statistischen Angaben; auch ist es nicht möglich, die
Wirkung der jüdischen Propaganda zur Zeit ihrer größten Intensität,
das heißt ungefähr im 2. Jahrhundert der christlichen Ära, abzuschät-
zen. Wir wissen freilich, daß diese Propaganda alle Teile des Römischen Reiches erfaßte und noch darüber hinaus ging, daß sie in allen
sozialen Schichten, bei den Reichen wie bei den Ärmsten, die Sklaven
eingeschlossen, Interesse fand. Letztere wurden manchmal mit Gewalt beschnitten, vorausgesetzt, daß dies keine unangenehmen straf-
gesetzlichen Folgen hatte. „Beim Kauf eines unbeschnittenen Sklaven
von einem Heiden richtet sich alles nach den formulierten Bedingungen; hat man sie gekauft, um sie zu beschneiden, behandelt man sie
wie männliche Sklaven und beschneidet sie, auch gegen ihren Willen.
Hatte man nicht vor, sie zu beschneiden, dann behandelt man sie wie
Freie, die man zur Beschneidung nicht zwingen darf.“ [63]

Eine Anekdote, die Isaak-ben-Nachman im Namen von Josua-ben-

---

des babylonischen Exils nahmen die Judäer eine Anzahl von Fremden auf, die ihre
authentische jüdische Herkunft nicht nachzuweisen brauchten. Zur Zeit der Makkabäer
gingen die siegreichen Juden so weit, ihre neuen Untertanen zwangsweise zu beschneiden. Josephus erwähnt mehrere Beispiele von Bekehrungen, Bell. II, 560; VII, 45; Antiqu.
XIV, 110; XVIII, 82; XX, 34.38.49 ff.; IV, 75; VII, 139.146; VIII, 195; vgl. *J. Bonsirven,* Le
judaisme palestinien I, 22–23.
[63] Jebamot, trad. *Schwab* VII, 113.

Levi, einem führenden Amoräer gegen Ende des 3. Jahrhunderts, erklärt das Prinzip: ‚Ein Mann hatte eine von lauter heidnischen Sklaven bewohnte Ortschaft gekauft, um Leute zum Judentum zu bekehren und sie zu beschneiden, aber sie weigerten sich.'[64] Es scheint, daß der neue Eigentümer nicht weiter zu gehen wagte und sich an die Regel hielt, daß jeder Gott freiwillig verehren müsse und nicht gezwungenermaßen".[65] Wir sind der Auffassung, daß in der hier behandelten Epoche die missionarische Kraft des Judentums sehr groß war. Würden sonst die heidnischen Autoren so viel über die Juden reden, wie es tatsächlich der Fall ist, wenn diese nicht das Ohr ihrer Zeitgenossen gewonnen hätten? Horaz, Seneca, Dio Cassius, Sueton, Tacitus, der ältere Plinius, Persius, Juvenal und viele andere behandeln die Juden, beschreiben ihre Sitten, kritisieren oder verdammen sie. Es gibt fast keinen Schriftsteller zwischen 50 und 150 n. Chr., der sie nicht kennt und zitiert. Dagegen werden die Christen, die allerdings gerade im Kommen sind und erst angefangen haben, sich auszubreiten, in derselben Zeit noch kaum erwähnt. Das Judentum zieht im Gegenteil, wie die anderen orientalischen Kulte in dieser Zeit des intensiven Synkretismus, die Aufmerksamkeit auf sich, und es besitzt auch ganz sicher, sogar an höchster Stelle, ausdrückliche Sympathien.

Einige diesbezügliche Fakten seien erwähnt. Die Kaiserin Livia hatte eine jüdische Sklavin namens Akmé und schickte Geschenke an den Tempel in Jerusalem[66]. Der Kaiser Claudius hatte den Arabarchen Alexander zum Freund, der seiner Mutter Antonia gedient und ihre Finanzen verwaltet hatte[67]. Eine Inschrift aus der Zeit des Claudius macht uns mit einem jüdischen Sklaven des Kaisers aus Jerusalem bekannt[68]. Am Hofe des Nero begegnet uns ein jüdischer Schauspieler mit Namen Alityrus[69], und Neros Konkubine Poppaea war eine Gottesfürchtige[70]; nach ihrem Tod wurde sie nicht nach römischem Brauche eingeäschert, sondern nach Art ausländischer Könige beerdigt[71]. Von derselben Regierung wurde Pomponia Graecina

---

[64] Ebd., 111.
[65] *Josephus,* Vita, 112 f. Manche Rabbinen gehen so weit, daß sie die Idolatrie damit entschuldigen, daß sie eine Gewohnheit der Alten sei und es gut ist, sich an die väterliche Überlieferung zu halten.
[66] *Josephus,* Ant. XVII, 141; Bell. I, 641–645; V, 562 ff.
[67] *Josephus,* Ant. XIX, 276 f.
[68] Corpus Inscript. latin. X, 1971.
[69] *Josephus,* Vita, 16.
[70] *Josephus,* Ant. XX, 119; Vita, 16.
[71] *Tacitus,* Annalen XVI, 6.

wegen superstitio externa vor Gericht angeklagt[72], vermutlich weil sie
zum Judentum neigte, weniger zum Christentum. Einige Zeit später
läßt Domitian den Konsul Flavius Clemens und seine Frau Domitilla,
die zur kaiserlichen Familie gehörten, wegen Atheismus und jüdischer Glaubens-Bräuche verurteilen[73], was die meisten Historiker auf
das Christentum deuten, das man damals noch als „Judentum" bezeichnen konnte[74]. Auch wenn diese Fakten nicht ausreichen, um allgemeine Schlußfolgerungen zu ziehen, so genügen sie doch, um die
Anziehungskraft, die das Judentum bis in die Umgebung des Kaisers
hinein ausübte, zu belegen. Hinzuzufügen wäre noch, daß unter den
drei Regierungen des Vespasian, Titus und Domitian der jüdische Historiker Josephus persona grata bei den Kaisern war und daß er zum
Protektor, wenn nicht sogar zum Freund den mächtigen Freigelassenen des Nero, Epaphroditus, hatte, dem er auch die *Vita* und die
Schrift *Contra Apionem* gewidmet hatte[75], und endlich noch, daß fast
alle Söhne Herodes' des Großen in Rom erzogen worden waren und
freundschaftliche Beziehungen zu den Prinzen des Kaiserhauses unterhielten[76].

Allerdings – und das interessiert uns hier vor allem – die öffentlichen oder heimlichen Sympathien für die Juden, selbst bei den reich-
sten und mächtigsten Heiden, führen nicht sehr weit auf dem Weg zu
einer Bekehrung. Selten sind schließlich jene, die den entscheidenden
Akt vollziehen[77]. Die meiste Zeit hält man sich im Vorbereitungssta-
dium auf. Vom Judentum übernimmt man den monotheistischen
Glauben; man entlehnt ihm einige Bräuche wie die Sabbat-Ruhe, das
Fasten, die Abstinenz von gewissen Speisen. Dies alles ist relativ
leicht. Wenn dieses Joch eines Tages zu schwer wird, dann wirft man
es ebenso leicht wieder ab, weil man doch nicht wirklich engagiert ist.
Die Gottesfürchtigen gehören nicht zur Gemeinschaft Israels. Sie

---

[72] *Tacitus,* Annalen XIII, 32.
[73] *Dio Cassius,* LXVII, 14, 1 ff.; *Sueton,* Domitian, 15.
[74] *J. Juster,* Les Juifs dans l'empire romain I 257, n. 1.
[75] Diese Identifikation ist freilich nicht sicher, aber relativ wahrscheinlich; vgl. *Th. Reinach,* Flavius Josephus, Contre Apion, Paris 1930, 1, 2.
[76] Agrippa I. verbrachte die meiste Zeit vor seiner Thronerhebung in Rom; er war der
Freund des Drusus Sohn des Tiberius (*Josephus,* Ant. XVIII, 143), und später des Caligula. Die intensiven Beziehungen von Berenike und Agrippa II. zu den Kaisern Vespasian und Titus sind bekannt. Doch muß man zugeben, daß die herodianischen Prinzen
keine sehr eifrigen Juden waren, auch wenn sie nicht abgefallen sind.
[77] Die Beschneidung bleibt für die meisten Männer ein unübersteigbares Hindernis.
Wahrscheinlich rührt es daher, daß die Frauen sich leichter bekehrten als die Männer.
Jedenfalls kennen wir mehr Frauen, die zum Judentum übergetreten sind, als Männer.

bleiben für sich persönlich frei. Ihre Situation erlaubt jede Form der Neugier und der Ablehnung[78].

Was die Gründe für eine Hinwendung zum Judentum betrifft, so sind diese alles andere als klar. Man könnte hinweisen auf die lebendige Apologetik, die das beeindruckende Bild des jüdischen Familienlebens bedeutete, ihre religiösen und moralischen Tugenden; ebenso auf die Anziehung, die der jüdische Synagogen-Gottesdienst, der auch den Fremden weitgehend offenstand, auf geistlich anspruchsvolle Gemüter ausübte; auch war die Bibel aufgrund der griechischen Übersetzung der „Septuaginta" jedem Gebildeten zugänglich[79]; der Anspruch des Monotheismus, und zwar eines konkreten, lebendigen Monotheismus, bewährt durch eine lange und glorreiche Geschichte; das Interesse, das durch die Ausschließlichkeit göttlicher Wohltaten, die aus Israel ein ganz besonderes Volk machten, hervorgerufen wurde, erweckte auch das Verlangen, sich diesem auserwählten Volk anzuschließen. Man könnte wohl noch andere Motive hinzufügen, ohne daß auch nur eines davon in der Lage wäre, zu erklären, wie, bei allen Widerständen von innen und von außen, sich das Judentum unter den Nationen nicht nur hat halten, sondern auch Fortschritte hat machen können.

Die Bekehrung zum Judentum ist eine Art Paradox, wie das Judentum selber. Alle Momente laufen, wie es scheint, darauf hinaus, eine Bekehrung unmöglich zu machen; das Heidentum hat nur Verachtung oder Haß gegen die JHWH-Religion, welche jenes verurteilt. Das Imperium erträgt nur schwer eine ethnische Gruppe, die sich nicht, wie die andern, assimilieren läßt und trotzdem, ohne Oberhaupt, ohne Hauptstadt, ohne eigenes Territorium, ohne eigene Sprache beansprucht, ein Volk und Vaterland zu bleiben. Das Judentum stellt den Konversions-Kandidaten so viele Bedingungen und macht

---

[78] *Josephus,* Contra Apionem II, 232 ff., schmeichelt sich sehr, wenn er im Hinblick auf die geborenen Juden schreibt: „Auch bei uns hat man, zwar nicht sehr viele, aber doch zwei oder drei Leute gekannt, die die Gesetze verraten und Furcht vor dem Tode hatten. Dabei meine ich nicht jenen leichten Tod, wie er den Kämpfenden (in der Schlacht) widerfährt, sondern jenen, der mit der Folter des Leibes verbunden ist und als die schrecklichste Todesart erscheint. Ihrer bedienten sich manche unserer Eroberer, nicht aus Haß gegen mißliebige Menschen, sondern weil sie das seltsame Schauspiel von Menschen sehen wollten, die es für das einzige Übel halten, daß man sie zwingt, eine Handlung gegen ihre Gesetze zu begehen oder ein Wort gegen sie zu sagen." – Ohne den Heroismus der jüdischen Märtyrer zu schmälern, wird man freilich sagen müssen, daß das Judentum auch eine gewisse Anzahl von Apostasie-Fällen zu beklagen hatte.
[79] *J. Bonsirven,* Le judaisme palestinien I, 25.

ihnen so viele Schwierigkeiten, die sie zugleich auf eine geringere Stufe stellen, daß es auch die Gutwilligsten davon abschreckt.

Gleichzeitig hat das Judentum seine ergebenen Missionare, Sklaven, Kaufleute, Gebildete, die die Bemühungen der Propaganda multiplizieren. Das Imperium gewährt dem jüdischen Volk außergewöhnliche Privilegien, die es allen anderen Völkern verweigert und die diese nicht einmal im Traum zu fordern wagen. Das Heidentum übernimmt jüdische Bräuche, so fast überall, zumindest in den Großstädten, den Sabbat, der den größten Feiertagen gleichgestellt wird. Dies alles läuft offenkundig darauf hinaus, die Gemüter abzustoßen, und ist doch zugleich dazu angetan, sie anzuziehen. Die enttäuschten Gemüter zögern. Nur sehr wenige gehen den Weg zu Ende und lassen sich definitiv gewinnen. Doch eine große Anzahl hört den Predigern zu, die Mose und die Propheten vorlesen und kommentieren. Eine große Anzahl ist auch bereit, den lebendigen Gott anzubeten, der verheißen hat, alle Nationen in seine Gemeinschaft zu rufen und ihnen sein Licht zu spenden.

Während das Judentum seinen Weg sucht und die Seelen sich mühsam dem wahren Gott zuwenden, liest in der Synagoge von Nazaret ein unbekannter Arbeiter seinen Landsleuten eine bekannte Stelle aus dem Jesaja-Buch vor: „Der Geist des Herrn ist auf mir, denn er hat mich gesalbt; Armen frohe Botschaft zu bringen sandte er mich, Gefangenen Befreiung zu künden und Blinden das Augenlicht, Gequälte zu entlassen in Freiheit und auszurufen ein Gnadenjahr des Herrn! Er rollte das Buch zusammen, gab es dem Diener zurück und setzte sich. Aller Augen in der Synagoge waren voll Spannung auf ihn gerichtet. Er aber begann zu ihnen zu sprechen: Heute hat sich diese Schrift erfüllt vor euren Ohren" (Lk 4, 16–21). An diesem Tag nimmt die Bekehrung der Welt zum Christentum ihren Anfang. Ein neues Licht, das nicht erlöschen wird, ist aufgegangen.

Viertes Kapitel

Die christliche Bekehrung

I. Ihre Motive

Die griechisch-römische Welt hat sich zu keiner der orientalischen Religionen bekehrt, die eine nach der anderen oder gleichzeitig um Anhänger warben; sie hat sich auch nicht zur Philosophie bekehrt, trotz der Predigt und der Beispiele der Stoiker und Kyniker; auch zum Judentum hat sie sich nicht bekehrt, wie publikumswirksam auch die Propaganda des mosaischen Gesetzes war; aber sie hat sich zum Christentum bekehrt. Etwa dreißig Jahre nach dem Tod des Erlösers konnte man in der römischen Christengemeinde auf eine bedeutsame Zahl von Märtyrern blicken[1]; am Anfang des 2. Jahrhunderts erklärte ein so integrer Funktionär wie der jüngere Plinius, daß in seiner Provinz Bithynien der „neue Aberglaube" nicht nur die Städte, sondern bereits die Dörfer und das flache Land ergriffen habe[2]. Man hat gesagt, daß die Welt, wenn sie nicht christlich geworden wäre, dem Mithraskult anheimgefallen wäre[3]. In Wahrheit wissen wir darüber nichts[4], und vor allem, die Welt ist nicht dem Mithras verfallen, sondern sie ist christlich geworden und ist dies jahrhundertelang geblieben. Die Schnelligkeit, die Tiefe dieser Bekehrung werfen schwierige Probleme auf, unter anderem dieses: Warum hatte das Christentum Erfolg, wo alle anderen Versuche der Umformung oder der Eroberung der antiken Welt gescheitert sind?

Eine zufriedenstellende Antwort auf diese Frage ist nicht möglich. Das Geheimnis der menschlichen Seele gehört ihr allein, und wir dürfen nicht das mächtige Wirken der göttlichen Gnade vergessen, die jene erwählt, die sie will, und sie auf jene Wege bringt, die zu Ihm füh-

---

[1] 1 Kl 6,1; *Tacitus,* Annalen XV, 44.

[2] *Plinius Minor,* Epist. X, 96.

[3] Vgl. *F. Cumont,* Die Mysterien des Mithra. Ein Beitrag zur Religionsgeschichte der römischen Kaiserzeit. Autorisierte deutsche Ausgabe von *G. Gehrich,* Neudruck Darmstadt 1981, 178–198.

[4] *A. von Harnack,* Die Mission und Ausbreitung des Christentums in den ersten drei Jahrhunderten, unv. Nachdruck der 4. Auflage 1924, 938–946.

ren. Der bekannteste Konvertit der ersten christlichen Jahrhunderte ist der Apostel Paulus; seine Bekehrung ist auch die geheimnisvollste. Man hat immer wieder versucht, sie zu erklären. Man hat auf die Hitze hingewiesen und auf die heiße Sonnenreflexion des Landes; auf die nervöse Erregbarkeit des jungen Pharisäers, der, je näher er dem Ziel seiner Reise kam, sich um so mehr vom Gedanken seiner Mission ergreifen ließ, mit der er beauftragt war; auf die Verarbeitung und die mehr oder weniger bewußte Meditation der Eindrücke, die der heroische Tod des heiligen Stephanus auf seine lebhafte und leidenschaftliche Intelligenz gemacht hatte, und dergleichen mehr.

Es genügt nach alledem, den Bericht der Apostelgeschichte nachzulesen (Apg 9, 1–19; 22, 3–21; 26, 9–20) oder den ergreifenden, weil direkten Bericht des Galaterbriefes, um sich über das Ungenügen der rein menschlichen Erklärungen klar zu werden:

„Denn ich erkläre euch, Brüder: Das Evangelium, das von mir verkündet wird, ist keine menschliche Erfindung; denn ich habe es weder von einem Menschen empfangen noch (in einer Schule) erlernt, sondern durch Offenbarung Jesu Christi.

Ihr habt ja von meinem früheren Lebenswandel im Judentum gehört, daß ich die Gemeinde Gottes maßlos verfolgte und sie zu vernichten suchte, und daß ich mich im Judentum mehr als viele Altersgenossen in meinem Volk hervortat als ein besonders strebsamer Eiferer für die von meinen Vätern überkommenen Traditionen. Als es aber Dem, der mich vom Mutterleib an ausgesondert und durch seine Gnade berufen hatte, gefiel, mir seinen Sohn zu offenbaren, damit ich ihn unter den Heidenvölkern verkündige, da wandte ich mich nicht sofort an Fleisch und Blut um Rat; ich zog auch nicht nach Jerusalem hinauf zu denen, die vor mir Apostel waren, sondern ich ging weg nach Arabien und kam dann wieder nach Damaskus zurück" (Gal 1, 12–17).

Nach seiner Bekehrung behält Paulus ohne Zweifel all jene Qualitäten, die er von seiner Geburt her besaß, seine lebhafte Empfindsamkeit, die Glut seines Willens, die Tiefe seiner Intellektualität und darüber hinaus die ganze Begeisterungsfähigkeit, mit der er sich vollkommen einer Aufgabe widmete, von der er ergriffen war. Als Jude gehörte er mit Leib und Seele JHWH und seiner Tora. Als Christ ist er ganz ausschließlich der erwählte Apostel Jesu Christi. Sein Herz duldet keinen Zwiespalt. Niemals war er ein Mann der Ausreden oder der halben Maßnahmen. Von dem Tage an, da er in Jesus den von den Propheten verheißenen Messias und Erlöser der Menschen erkannte, fühlte er sich gedrängt, ihn in seiner Umwelt zu verkünden. Gleich nach seiner Bekehrung beginnt auch sein Apostolat, und was uns in seiner Lebensgeschichte am meisten überrascht, ohne daß wir den

Schleier lüften könnten, sind die Jahre der Zurückgezogenheit und des Schweigens, die er in Arabien, in Kilikien, wir wissen nicht genau, wo, zubringt, bevor er seine großen Missionsreisen unternimmt. Aber auch wenn die Bekehrung seine natürlichen Anlagen nicht veränderte, so hat sie diese doch so grundlegend verwandelt, daß Paulus der vollendete Typus des Konvertiten bleibt. Er weiß und erklärt es ohne Umschweife: „Allein durch Gottes Gnade bin ich, was ich bin, und seine Gnade gegen mich ist nicht ohne Wirkung geblieben" (1 Kor 15,10).

Der Fall des Apostels Paulus ist von besonderer Art und würde für sich allein Gegenstand einer ausführlichen Studie sein; denn es gibt wenig Bekehrungen, die wir so detailliert und genau kennen. Die meisten, die ihre Bekehrung zum Christentum und ihren Eintritt in die Kirche erzählt haben, taten dies mit einer Zurückhaltung, die wir bedauern. Ein paar verstreute Anspielungen in einem umfangreichen Werk finden wir bei Tertullian; einen mehr oder weniger romanhaften Bericht von Justin in den Eingangskapiteln seines „Dialogs mit dem Juden Tryphon"; eine ziemlich vage und unpersönliche Erzählung wie bei Tatian, Cyprian, Commodian, bei Firmicus Maternus, Hilarius von Poitiers und vielen anderen; dies ist die normale Gattung der Zeugnisse, mit denen wir uns abzufinden haben. Augustinus, der Konvertit, der sich am rückhaltlosesten seinen Zeitgenossen und der Nachwelt offenbart hat, gehört einer sehr speziellen Kategorie an; denn er brauchte das Christentum nicht von außen zu entdecken. Der Sohn des Patricius und der Monica war in einer christlichen Atmosphäre geboren und aufgewachsen, er war von frühester Kindheit an unter die Zahl der Katechumenen aufgenommen; beinahe wäre er mit elf oder zwölf Jahren auf eigenen Wunsch hin getauft worden; der Manichäismus, in dessen Netzen er so lange verstrickt war, ist eine christliche Häresie, trotz allen fremden Elementen, die sich eingemischt haben [5]. Diese Momente sind wichtig und verpflichten den Historiker dazu, die Bekehrung des Augustinus abzuheben von der Bekehrung der Heiden, die direkt aus der Finsternis des Götzendienstes zum Licht des Christentums kamen.

Darüber hinaus, diejenigen, die mehr oder weniger offen von ihrer

---

[5] Man kann bis ins Endlose darüber diskutieren, wie groß der Anteil der christlichen Elemente im Manichäismus ist. Jedenfalls, auch wenn man ihn gering veranschlagen möchte, darf man dabei nicht vergessen, daß Mani selbst sich als „Apostel Jesu Christi durch die Vorsehung Gottes des Vaters" bezeichnete, am Anfang der „Epistula Fundamenti".

Bekehrung gesprochen haben, sind Gebildete, Literaten, Philosophen, eine Minderheit also in der Gesellschaft. Sie sind es erst recht in der Kirche, die lange Zeit hindurch die Mehrzahl ihrer Gläubigen unter den Ungebildeten und Armen fand. Wir gäben viel darum, wenn wir wüßten, was diese kleinen Leute, diese Sklaven, Händler, Matrosen, Gartenbauer gedacht oder empfunden haben, die zu Antiochien, Thessalonich oder Korinth zum ersten Mal etwas von der Botschaft vom Reich Gottes und vom Ruf zur Freiheit durch das Kreuz Christi gehört haben. Keiner dieser Kleinen dachte daran, davon etwas aufzuschreiben, und wenn sie daran gedacht hätten, wären sie dazu kaum fähig gewesen. Viele dieser frühen Bekehrungen erfolgten kollektiv im Anschluß an die Predigt des Apostels. Wie kam es, daß bei der Pfingstpredigt des Petrus zu Jerusalem (Apg 2, 14–36) und bei der Heilung des Gelähmten an der „Schönen Pforte" des Tempels (Apg 3, 12–26) sich Tausende von Juden zur Abkehr von ihren Sünden und zur Taufe veranlaßt sahen? Warum hat die Rede des Paulus auf dem Areopag, diese in ihrer Form so ausgefeilte und bestens vorbereitete Rede (Apg 17, 22–31), so gar keinen Erfolg gehabt, und warum wurde sie vom Spott der Hörer unterbrochen? Warum hat der Apostel nach seiner Ankunft in Korinth seine Missionsmethoden so entschieden geändert und sich dazu entschlossen, außer Jesus Christus, und zwar dem gekreuzigten, nichts anderes mehr zu predigen, und warum hat gerade diese ganz einfache Predigt des Kreuzes-Mysteriums eine so zahlreiche und neue Gemeinschaft geschaffen (1 Kor 2, 1–2)? Man könnte solche Fragen vermehren; doch blieben die meisten ohne Antwort.

So unvollständig und ungenügend nach Lage der Dinge die Zeugnisse der Bekehrten auch sind, so können wir von ihnen doch alles erwarten, was sie uns tatsächlich geben können. Wir erfahren, auf eine zwar unvollständige, aber exakte Weise einige der Gründe, die die antiken Geister zur Religion des Erlösers hingezogen haben.

1. Motive der Bekehrung. Das Verlangen nach Wahrheit

Von diesen Gründen ist einer der ersten *das Verlangen nach Wahrheit*. Dieses Verlangen gibt es zu allen Zeiten. Doch hatte es niemand mit solcher Kraft der Beredsamkeit ausgeschmückt wie Augustinus. Er war 19 Jahre alt, als er zum ersten Male davon gepackt wurde, durch ein philosophisches Werk, den *„Hortensius"* des Cicero. Die Wahrheitsliebe, die er dort fand, hat seine Seele niemals mehr verlassen. Sie führte ihn zunächst zu den Manichäern.

„Und sie sagten: ‚Wahrheit und Wahrheit', und vieles sagten sie mir von ihr, aber niemals war sie in ihnen, sondern Falsches redeten sie nicht nur von ihr allein, der du wahrhaft die Wahrheit bist, sondern auch über die Bestandteile dieser Welt, deiner Schöpfung. Aber auch über das, was die Philosophen Wahres darüber zu sagen wissen, habe ich hinausgehen müssen aus Liebe zu dir, höchster, bester Vater, Schönheit über allen Schönheiten! O Wahrheit, Wahrheit, wie innig seufzte schon damals das Mark meiner Seele nach dir, während jene mir immer vielerlei von dir schwätzten mit Worten und in dickleibigen Büchern."[6]

Die Wahrheitsliebe führte ihn schließlich zum Katholizismus; dort endlich fand er das Glück der Wahrheit:

„Manchen habe ich gefunden, der andere täuschen wollte, aber keinen, der getäuscht sein wollte. Wo also sind sie das Selige Leben innegeworden, wenn nicht dort, wo sie auch die Wahrheit innegeworden? Denn auch diese lieben sie alle, da sie nicht getäuscht sein wollen, und wenn sie das Selige Leben lieben, das nichts anderes ist als Freude an der Wahrheit, so lieben sie ja auch die Wahrheit, und sie könnten sie nicht lieben, besäßen sie nicht irgendwelche Kenntnis von ihr im Gedächtnis.[7] Spät hab' ich Dich geliebt, Du Schönheit, ewig alt und ewig neu, spät hab' ich Dich geliebt. Und siehe, Du warst innen, und ich war draußen, und da suchte ich nach Dir, und auf das Schöngestaltete, das Du geschaffen, warf ich mich, selber eine Mißgestalt. Du warst bei mir, ich war nicht bei Dir. Was doch nicht wäre, wär es nicht in Dir: das eben zog mich weit von Dir. Du hast gerufen und geschrien und meine Taubheit zerrissen; Du hast geblitzt, geleuchtet und meine Blindheit verscheucht; Du hast Duft verbreitet, und ich sog den Hauch und schnaube jetzt nach Dir; ich habe gekostet, nun hungere ich und dürste; Du hast mich berührt, und ich brenne nach dem Frieden in Dir."[8]

Andere vor Augustinus kannten die nämliche Sehnsucht; es hat den Anschein, daß die antike Welt, mehr als die unsere, zumindest in bestimmten Epochen, von einer geistigen Unruhe bewegt war. In den späten Briefen des Apostels Paulus finden wir ein Echo dieser Unruhe[9]. Die Christen von Kleinasien, an die der Apostel sich wendet,

---

[6] *Augustinus,* Confessiones III, 6,10.
[7] *Augustinus,* Confessiones X, 23,33.
[8] *Augustinus,* Confessiones X, 27,38; vgl. *C. Boyer,* L'idée de vérité dans la philosophie de saint Augustin, Paris 1921.
[9] Die heutige Forschung erblickt in den „späten" Briefen des Apostels Paulus, den ‚Deuteropaulinen' (2 Thess, Kol, Eph, Pastoralbriefe), keine authentischen Paulusbriefe, sondern Zeugnisse einer späteren Paulus-Tradition, was die inhaltlichen Aussagen keineswegs schmälert. Anm. d. Übs.

sind in der Gefahr, sich durch Philosophien und eitle Lehren nach den Überlieferungen der Menschen verführen zu lassen, gemäß den Elementen dieser Welt (Kol 2, 7–8); wir verstehen diese letzten Worte im Hinblick auf die astrologischen Spekulationen, mit denen sich aller mögliche Aberglaube, den man dem Judentum entnahm, vermischen konnte; man befaßt sich mit Festen, Neumonden und mit dem Sabbat und verbindet damit eine unglaubliche Bedeutung des Engelkultes. Das sind, erklärt Paulus, Visionen von Eingebildeten, die, aufgebläht von eitlem Stolz und beherrscht von einer rein fleischlichen Vernunft sich von Christus trennen (Kol 2, 18–19)[10]. Die wahren Christen lassen sich freilich nicht verführen, sind sie doch davon überzeugt, die ganze Wahrheit schon zu besitzen. Aber eine große Zahl noch unvollkommener Gläubigen ist durch diese falschen Lehren anfechtbar und verbindet extravagante Spekulationen mit dem authentischen Christentum und seiner Tradition, die dessen Reinheit gefährden. Eine der letzten Äußerungen, die Paulus an seinen Schüler Timotheus richtet, erfolgt, um ihn gegen die falschen Lehrer, die sich in leeren und unfrommen Disputationen gefallen, zu wappnen, ebenso gegen die Antithesen der falschen Gnosis (1 Tim 4, 1–3; 6, 20)[11].

Das Wort „Gnosis" ist sehr bezeichnend[12]. Man bezeichnet damit eine religiöse Bewegung, die sich in einer Vielzahl von Gruppen und Richtungen manifestiert und die sich vom Ende des ersten bis in die Mitte des dritten Jahrhunderts am Rand des authentischen Christentums entwickelt und daher zu einer Gefahr für die frühe Kirche wurde. Die endgültige Geschichte dieser Bewegung ist noch nicht geschrieben, wenn es je dazu kommen sollte; denn sie beeinflußte ebenso die orientalischen Religionen, das Judentum, das griechisch-römische Heidentum und schließlich auch das Christentum und versuchte auf unterschiedliche Weise, das allgemeine Bedürfnis der Menschen dieser Zeit, zum innersten Geheimnis der Dinge vorzudringen, zu befriedigen. Über die ganze Natur ist ein unendliches Mysterium ausgebreitet. Es kommt darauf an, den Schleier, der über allem liegt, hinwegzunehmen, und dies kann nicht anders geschehen als

---

[10] Vgl. *J. Huby,* Les Epîtres de captivité, Paris 1905, 76 ff.

[11] Die „Gegensätze" („Antithesen"), von denen der Apostel spricht, sind möglicherweise von derselben Art, wie sie wenig später Marcion entwickeln wird und die den Gegensatz zwischen der Lehre Christi und dem Alten Testament besonders betonen.

[12] Zur modernen Gnosis-Forschung vgl. vor allem *K. Rudolph,* Die Gnosis. Wesen und Geschichte einer spätantiken Religion, Göttingen 1978; Anm. d. Übs.

durch eine Offenbarung, die einzig und allein den Eingeweihten zuteil wird[13].

Seligzupreisen sind alle, die an dieser Offenbarung Anteil haben; sie kennen ebenso die Eigenschaften der Pflanzen[14] wie die Astrologie[15], die Alchemie, die Physiologie, die Iatromathematik (= „mathematische Heilkunde"), Rhetorik und manch andere Dinge. An einer seiner interessantesten Stellen erklärt das „Buch der Weisheit": „Denn er (Gott) verlieh mir untrügliche Erkenntnis der Dinge, daß ich den Bau des Weltalls verstünde und die Wirksamkeit der Elemente, Anfang, Ende und Mitte der Zeiten, den Wechsel der Sonnenwende und den Wandel der Jahreszeiten, den Ablauf des Jahres und die Stellungen der Gestirne, die Natur der Tiere und die Triebe der wilden Tiere, die Gewalt der Geisterwelt und das Denken der Menschen, die Unterschiede der Pflanzen und die Heilkräfte der Wurzeln" (Weish 7, 17–20)[16]. In der „Pistis Sophia" verspricht der

---

[13] Die Idee der Offenbarung und die des Geheimnisses hängen eng miteinander zusammen. Der Eingeweihte darf anderen das, was er gelernt hat, mitteilen („Arkandisziplin"). Die hermetischen Schriften z. B. dürfen nicht ins Griechische übersetzt werden, um nicht in profane Hände zu gelangen; vgl. C. H. 16, 2; 13, 22. Man liest bei Asclepius 32: „Et vos, o Tat et Asclepi et Hammon, intra secreta pectoris divina mysteria silentio tegite et tacitumitate celate" („Und nun, ihr, o Tat, Asklepius und Hammon, bewahrt die göttlichen Mysterien mit Schweigen in eurer Brust und haltet sie mit Stillschweigen verborgen"). – Über die Mysterien in der Astrologie vgl. *A. J. Festugière*, L'idéal religieux des Grecs, 120 ff.; in der Magie a. a. O., 303 ff.; L'expérience religieuse de médecin Tessalos, in: Revue Biblique t. 48 (1939) 50–51; La révélation d'Hermès Trismégiste: 1. L'astrologie et les sciences occultes, Paris 1944, 309–354.
In den gnostisch-koptischen Schriften kommt kaum ein Wort häufiger vor als das Wort „Geheimnis" („Mysterium"), vielleicht noch das Wort „Offenbarung". Im zweiten Buch Jeû z. B. erklärt Jesus den Aposteln, daß man, um an den Geheimnissen teilzuhaben, man der Welt völlig entsagt haben müsse, ebenso allen weltlichen Geschäften und Gütern, und man dürfe keinen anderen Glauben haben als den Glauben an das Licht. Diese Geheimnisse sind heilig und dürfen niemand enthüllt werden; Jesus besteht auf dieser Geheimhaltungspflicht. In der ersten Schrift des Papyrus Bruce offenbart Jesus den Eingeweihten die Losungs-Worte, die es ihnen ermöglichen, die Grenzstationen bzw. die Stockwerke in der unsichtbaren Welt ungehindert zu passieren. Aber diese Losungen dürfen nicht unbesehen jedem mitgeteilt werden.
[14] Der Arzt Thessalos möchte die Eigenschaften der Pflanzen kennenlernen, um die Kranken, die zu ihm kommen, heilen zu können und seine Kollegen durch seine Kenntnisse zu erstaunen; vgl. *Festugière*, a. a. O., 58–59.
Die Geschichte des Magiers Cyprian, der alle möglichen und vorstellbaren Wissenschaften in Griechenland, Phrygien, Ägypten und Babylonien studiert, bevor er sich in Antiochien niederläßt, ist für diesen Wissensdurst besonders charakteristisch. Vgl. *A. J. Festugière*, La révélation d'Hermès Trismégiste, 37–40; 369–383.
[15] Der Astrologe Vettius Valens betreibt seine Kunst mit außergewöhnlichem Eifer. Vgl. *A. J. Festugière,* L'idéal religieux des Grecs, 120–127; *F. Cumont,* L'Egypte des astrologues, Brüssel 1937, 151 ff.
[16] Freilich ist die Offenbarung, um die es sich hier handelt, die der wahren Weisheit und

Offenbarer dem Eingeweihten, er werde die Mysterien der wilden Tiere, der Reptilien, der Kuh und der Vögel erkennen, der Berge und der Edelsteine, des Kupfers, des Eisens und des Bleis, von Glas und Wachs, der Pflanzen, der Erde und des Meeres sowie der Meerestiere; ebenso wird er erkennen die Mysterien der Windrichtungen, der Dämonen und der Menschen, des Feuers und der Luft, der Gestirne und der Wolken, der Erde und des Wassers, des Trockenen und Feuchten, des Regens und des Taues und noch vieler anderer Dinge[17]. Die Aufstellung erstreckt sich über viele Seiten, deren einziger Gewinn darin liegt, uns mit der allgemeinen Neugierde, die die Menschen des zweiten und dritten Jahrhunderts erfüllte, bekannt zu machen[18].

Natürlich konnten diese Naturkenntnisse jene Neugierde nicht befriedigen. Denn in erster Linie will man die Geheimnisse der unsichtbaren Welt erkennen. „Für die Wißbegierigen ist diese Welt nicht leer. Neben dem unzugänglichen Gott muß es Wesenheiten geben, die abstrakt und lebendig zugleich sind. Was sind das für Wesenheiten? In welcher hierarchischen Ordnung sind sie gegliedert? Was haben sie getan? Welche Umstürze (revolutiones) haben in der transzendenten Sphäre stattgefunden? Welche Auswirkungen haben die Ereignisse in der oberen Welt auf die Geschichte des Kosmos und der Menschheit? Welche Beziehungen gibt es zwischen der übersinnlichen Welt und der unseren?"[19] Das sind die Probleme, mit denen man sich beschäftigt. Da man hofft, eines Tages in diese unsichtbare Welt einzutreten, möchte man dafür ein sicheres Mittel haben; man möchte die geheimen Losungs-Wörter besitzen, die einen freien Durchgang ermöglichen. Manche Mysterienkulte teilen, wie wir gesehen haben[20], den Initiierten solche Formeln mit, die sie des Heils versichern, und das koptische Buch Jeû ist voll von solchen Formeln, die es ermöglichen, die himmlischen Sphären ohne Schwierigkeiten zu durchschreiten.

Freilich, auch das am meisten authentische Christentum ist eine

stammt vom wahren Gott; doch „ist es nicht schwierig, in diesem Text einen Reflex jüdischer Polemik gegen die alexandrinisch-hellenistischen Geheimlehren zu sehen." So *R. P. De Vaux,* nach *A. J. Festugière,* art. cit. 48, Anm. 2.

[17] Pistis Sophia, Kap. 92–93, vgl. *C. Schmidt,* Koptisch-gnostische Schriften, 3. Aufl., hrsg. v. *W. Till,* Berlin 1959, 135ff.

[18] Man könnte hinzufügen, daß diese Neugierde an der Oberfläche bleibt und zu keinen großen wissenschaftlichen Entdeckungen führt. Man sucht hauptsächlich Rezepte und Techniken zur Beherrschung der Welt. Daher findet man mehr Magier als Weise.

[19] *E. De Faye,* Gnostiques et gnosticisme, Étude critique des documents du gnosticisme chrétien, Paris ²1925, 454.

[20] Vgl. oben S. 32ff.

Gnosis: „In ihm (dem göttlichen Logos) war das Leben", verkündet Johannes im Prolog zu seinem Evangelium, „und das Leben war das Licht der Menschen; und das Licht scheint in der Finsternis, und die Finsternis ergriff es nicht ... Das wahre Licht, das jeden Menschen erleuchtet, kam in die Welt. Er war in der Welt, und die Welt ward durch ihn geschaffen, allein die Welt erkannte ihn nicht" (Joh 1, 4–5.9–10). „Gott ist Licht", so heißt es ebenfalls bei Johannes, „und Finsternis ist in ihm nicht die geringste" (1 Joh 1, 5). Jesus Christus erklärt selbst, darin bestünde das ewige Leben, den Einen, wahren Gott zu erkennen und seinen Gesandten Jesus Christus (Joh 17, 1). Er behauptet, daß Er Selbst die Wahrheit ist (Joh 14, 6) und daß die Wahrheit ihre Jünger frei machen würde (Joh 8, 32). Paulus stellt der menschlichen Weisheit, nach der die Griechen streben, den gekreuzigten Christus gegenüber, der für die Griechen eine Torheit und für die Juden ein Ärgernis ist, aber Gottes Weisheit und Gottes Kraft für die Glaubenden (1 Kor 1, 18–25). Ebenso erklärt er, das Wissen mache aufgeblasen, während die Liebe aufbaut, und er fügt hinzu, wenn man auch alle Geheimnisse wüßte, aber die Liebe nicht habe, dann nütze das nichts (1 Kor 13, 2). Auf der anderen Seite kann er schreiben, er sei damit beauftragt, den Heidenvölkern das seit ewigen Zeiten verborgene Geheimnis zu offenbaren, das jetzt den Heiligen enthüllt werden solle (Kol 1, 23–27). Oder noch etwas präziser: „Mir, dem geringsten unter allen Heiligen, ist diese Gnade zuteil geworden, den Heiden den unergründlichen Reichtum Christi zu verkünden und ans Licht zu bringen die Verwirklichung des Geheimnisses, das von Ewigkeit her in Gott, dem Schöpfer des Alls verborgen war, damit jetzt den Mächten und Gewalten in Himmelshöhen durch die Kirche die vielfältige Weisheit Gottes kundgetan würde" (Eph 3, 8–10).

Wen ließen solche Äußerungen gleichgültig? Unter den orientalischen Mysterienreligionen sind viele rein literarischer Art; sie stehen in einem Buch, dessen Kenntnis nur den Eingeweihten vorbehalten ist und ihnen das Geheimnis der Befreiung vermittelt [21]. In mancher Hinsicht erscheint auch das Christentum als eine „Religion des Bu-

---

[21] Vgl. bei *A. J. Festugière,* L'idéal religieux des Grecs, das Kapital „Mystères cultuels et mystères littéraires", 116–142. – Nach *A. Boulanger,* Le salut selon l'orphisme, in: „Mémorial Lagrange", Paris 1940, 69–79, wäre der Orphismus unter die „literarischen Mysterien" einzureihen. Die orphische Initiation hätte wesentlich darin bestanden, daß man ein „heiliges Buch" überreichte, einen „hieros logos". Für den Hermetismus vgl. *A. J. Festugière,* Le „Logos" hermétique d'enseignement, in: Revue des études grecques, t. 55 (1942) 77–108.

134

ches"[22]. Es brachte der Welt die heiligen Schriften der Juden, die bis dahin von dieser Welt im allgemeinen ignoriert worden waren, und lehrte sie als Prophezeiungen verstehen, deren Erfüllung das Christentum brachte. Gegen Ende des ersten Jahrhunderts, wenn nicht schon früher, fügte es diesen andere Schriften hinzu, die sich auf die Autorität der Apostel sowie auf die Eingebung des Heiligen Geistes beriefen. Wenn es die Gemüter auch nicht durch den äußeren Glanz seines Kultes, durch das Gepränge seiner Liturgie oder durch die Attraktion seiner Geheimformeln beeindrucken konnte, so hatte es den verzweifelten Seelen, den von der nutzlosen Suche nach dem wahren Gut ermüdeten und erschöpften Herzen das anzubieten, was diese überall vergeblich gesucht hatten, nämlich die Zusage des wahren Heils. Man brauchte nur die alten Orakel der Propheten, die Briefe der Apostel und vor allem die vier Evangelien mit den bekannten Texten, die unter den Namen des Orpheus, Zoroaster oder Hermes umliefen, zu vergleichen, um den gewaltigen Unterschied, der zwischen diesen und jenen besteht, zu erkennen. Auf der einen Seite unverständliche Wörter, magische Prozeduren, manchmal fromme Betrügereien oder kindische Schwindeleien, die man mit etwas gesundem Verstand und etwas Courage aufdecken könnte[23]. Auf der anderen Seite die Redlichkeit, Fairneß und Offenheit; darüber hinaus die Lehre dessen, der, obwohl er in Gottesgestalt war, die Gottgleichheit nicht wie ein Beutestück festhielt, sondern sich selbst erniedrigte, um die Knechtsgestalt anzunehmen und gehorsam zu werden bis zum Tod am Kreuz (Phil 2,6–8).

Viele unternahmen lange und unbequeme Reisen, um die Wahrheit zu finden. So der Arzt Thessalos; nachdem er sich in der Asia (= römische Provinz, die heutige westliche Türkei an der Ägäis, Anm. d. Ü.) in der Naturwissenschaft und in Grammatik geschult hatte, ging er nach Alexandria, danach durchstreifte er Ägypten auf der Su-

---

[22] Vgl. *A. von Harnack,* Die Mission und Ausbreitung I, 289 ff. „Die Religion des Buches und der erfüllten Geschichte."
[23] Vgl. *Hippolyt,* Philosophumena IV, 32–35, ed. *Wendland,* 58 ff. – Hippolyt berichtet eingehend, wie man es anstellt, naive und leichtgläubige Gemüter zu überreden, daß einem wirklich ein Gott erschienen sei: „Der Magier läßt einen Dämon im Feuer erscheinen, indem er auf der Wand irgendeine Zeichnung anbringt und sie hernach heimlich mit einem folgendermaßen bereiteten Zaubermittel bestreicht: mit lakonischem Purpur und zakyetischem Asphalt … Dann bringt er, wie um zu beleuchten, die Lampe an die Wand. Das Zaubermittel aber glänzt auf und brennt …" Deutsche Übers. nach BKV 40, Des heiligen Hippolytus von Rom Widerlegung aller Häresien (Philosophumena) übers. von Graf *K. von Preysing,* IV, 35; 72. Vgl. *R. Ganschinietz,* Hippolytos Capitel gegen die Magier, TU XXXIX/2, Leipzig 1913. – Es gab noch andere derartige Prozeduren.

che nach der Göttin, die ihm die Geheimnisse der Pflanzen offenbaren konnte[24]. Der Astrologe Vettius Valens durchstreift Länder und Meere, besucht zahlreiche Nationen, wobei er das Geheimnis der Elemente entdeckt, das seine Beschäftigung sein wird[25]. Lucius, in den *Metamorphosen* des Apuleius, kommt erst nach langen und schrecklichen Prüfungen an das Ziel seiner Irrfahrt[26].

Manche Geister finden die christliche Wahrheit erst nach langen, ähnlichen Irrfahrten. So der Philosoph und Märtyrer Justin († um 160 n. Chr.), der von sich folgendes berichtet:

„Auch ich hatte anfangs diesen Wunsch, mich einem dieser Männer anzuschließen, und wandte mich deshalb an einen Stoiker. Nachdem ich längere Zeit mit ihm verkehrt war, ohne meine Kenntnisse über Gott zu bereichern – er selbst kannte ihn nämlich nicht, noch hielt er das Wissen um ihn für notwendig –, wandte ich mich von diesem ab und ging zu einem anderen Manne, einem sogenannten Peripatetiker, der sich für geistreich ansah. Dieser hatte nur die ersten Tage Geduld mit mir, dann verlangte er schon, ich solle die Bezahlung festsetzen, damit unser Verkehr nicht nutzlos wäre. Das war der Grund, warum ich auch ihn verließ, der nach meiner Ansicht überhaupt kein Philosoph war. Da ich aber immer noch begierig war, den wesentlichen Vorzug der Philosophie kennenzulernen, ging ich zu einem sehr berühmten Pythagoreer, einem Manne, der sich viel auf seine Weisheit einbildete. Als ich mich sodann mit ihm in der Absicht unterhielt, sein Hörer und Genosse zu werden, fragte er: ‚Wie? Hast du dich mit Musik, Astronomie und Geometrie abgegeben? Oder glaubst du etwas von dem, was zur Seligkeit beiträgt, zu schauen, ohne zuvor das gelernt zu haben, was die Seele vom Sinnlichen ablenken und für das Geistige empfänglich machen wird, so daß sie das Schöne selbst und das Gute selbst sieht?‘

Nachdem er diesen Wissenschaften großes Lob gespendet und ihre Notwendigkeit betont hatte, schickte er mich weiter, weil ich ihm gestand, nichts davon zu wissen. Selbstverständlich ärgerte es mich nun, daß ich in meiner Hoffnung getäuscht war, um so mehr, da ich glaubte, er verstünde etwas. Ich achtete auf die Zeit, welche ich mit jenen Wissenschaften hätte verbringen müssen, und wollte mich deshalb nicht lange hinhalten lassen. In meiner Ratlosigkeit entschloß ich mich, auch die Platoniker aufzusuchen; denn auch sie hatten großen Ruf. Da sich nun erst seit kurzem in unserer Stadt ein Gelehrter aufhielt, der unter den Platonikern eine hervorragende Stellung einnahm, verkehrte ich so oft wie möglich mit ihm; auch machte ich Fortschritte und vervollkommnete mich soviel wie möglich Tag für Tag. Sehr interessierte mich die Geistigkeit des Unkörperlichen, das Schauen der Ideen gab meinem Den-

---

[24] *A. J. Festugière*, L'experience religieuse de médecin Thessalos, in: Revue Biblique, t. 48 (1939) 57–59.

[25] *Vettius Valens*, Florilegium, ed. *Kroll*, Catalog. codic. astrolog. V, II, 49,19–21.

[26] *Apuleius*, Metamorphosen XI, 15.

ken Flügel, in kurzer Zeit wähnte ich, weise zu sein, und in meiner Beschränktheit hegte ich die Hoffnung, unmittelbar Gott zu schauen …"[27]

Eine weitere Enttäuschung führt Justin zum Christentum. Er hatte das Glück, einem christlichen Greis zu begegnen, der ihm die wahre Natur der Gottesschau eröffnet[28], das Ziel seiner Sehnsucht, und ihm zugleich Christus offenbarte.

Man kann in diesem Bericht des heiligen Justin einen fiktiven Teil vermuten, oder doch wenigstens eine literarische Gestaltung[29]. Das Motiv der Reisen und der Suche bei verschiedenen Philosophenschulen gehört zu den Gemeinplätzen der Bekehrungsgeschichten. Man findet es auch in den „Klementinischen Homilien". Ähnlich wie Justin beginnt auch Pseudo-Klemens damit, daß er die Philosophen aufsucht. Doch diese „wiederlegten Lehrsätze und stellten neue auf, stritten und zankten sich, entwickelten ausgeklügelte Folgerungen und erfanden neue Schlüsse; aber etwas anderes vermochte ich bei ihnen nicht zu erblicken. Einmal hieß es, um ein Beispiel zu geben, die Seele sei unsterblich, ein andermal, sie sei sterblich … Ich hatte den Eindruck, daß die aufgestellten Hypothesen je nachdem, wer sie verficht, als falsch oder richtig angesehen und nicht in ihrem Wahrheitsgehalt herausgestellt werden."[30] Von den Philosophen enttäuscht, wendet Klemens, um sein Erkenntnisstreben zu befriedigen, sich den Magiern zu. „Ich begab mich nach Ägypten. Dort verband ich mich freundschaftlich mit den Hierophanten und mit den Tempel-Propheten. Nachdem ich einen Magier gesucht und gefunden hatte, brachte ich ihn, nachdem ich eine große Geldsumme aufgewendet hatte, dazu, eine Seele durch die sogenannte Nekromantie zurückzurufen, so als wollte ich mich über bestimmte Geschäfte informieren; doch war mein eigentliches Ziel die Frage nach der Unsterblichkeit der Seele."[31] Ein befreundeter Philosoph riet ihm von diesem Abenteuer

---

[27] *Justin,* Dialog mit dem Juden Tryphon, BKV 33, deutsche Übers. von *Ph. Häuser,* 2, 3–6, S. 3 f.
[28] Gottesschau, Ähnlichkeit mit Gott, Gespräch mit Gott, das sind die wesentlichen Ziele, die sich in der hellenistischen Welt die Wahrheitssucher setzten. Vgl. *A. J. Festugière,* L'idéal religieux des Grecs, 117–122; La rélévation d'Hermès Trismégiste, 45–66; *J. Groß,* La divinisation du Chrétien d'après les Pères grecs. Contribution historique à la doctrine de la grâce, Paris 1938, 18–38.
[29] Vgl. *A. Puech,* Les apologistes chrétiens du deuxième siècle, Paris 1912, 48–50.
[30] Die Pseudo-Clementinen, in: *Hennecke-Schneemelcher,* Neutestamentliche Apokryphen, 3. Auflage, II. Apostolisches und Verwandtes, Tübingen 1964, 373–398, H 3, 2–3, 376.
[31] Homel. Clément. I, 5. Das Verlangen nach Belehrung über die Unsterblichkeit der Seele ist in dieser Zeit nicht selten; vgl. oben S. 80 die von *Seneca,* De tranquillitate animi XIV, 2 ff. berichtete Anekdote.

137

ab und empfahl ihm, nach Judäa zu gehen und dort die Predigt Jesu zu hören. Wir bewegen uns hier mitten in einem Roman. Ein ähnlicher Fall begegnet uns in den Akten des heiligen Cyprian von Antiochien; hier sehen wir, wie der Magier selbst durch Berge und Täler auf der Suche nach der Wahrheit ist [32].

Mit dem Syrer Tatian, dem Schüler Justins († um 170 n. Chr.), bewegen wir uns auf gesichertem historischem Terrain. Wie sein Meister, so hat auch Tatian sich auf die Suche nach der Wahrheit begeben:

„Denn ein großes Stück Erde habe ich bereist", so sagt er, „und sowohl eure Sophistik betrieben als auch mancherlei Künste und Erfindungen zu sehen bekommen, bis ich zuletzt in der Stadt der Römer Aufenthalt nahm und die von euch dorthin gebrachten Statuen aller Art aus eigener Anschauung kennenlernte. Auch suchte ich nicht, wie die Mehrzahl zu tun pflegt, meine Meinung durch fremde Ansichten zu stützen ..." [33] „Da ich nun dies alles gesehen, obendrein noch in die Mysterien eingeweiht worden war und überall die Kulte, die von weichlichen Eunuchen besorgt werden, geprüft und schließlich erfahren hatte, daß bei den Römern ihr Zeus Latiaris sich an Menschenopfern und Menschenblut ergötzte, daß Artemis nicht weit von der großen Stadt die gleiche Art von Opferhandlungen beanspruche, daß der eine Dämon hier, der andere dort an Auswüchsen frevelhaften Tuns Gefallen finde: da ging ich in mich und forschte nach, auf welche Weise ich die Wahrheit finden könnte. Und während ich über das Gute nachsann, traf sich's, daß mir einige *barbarische Schriften* in die Hand fielen, die im Vergleich mit den Lehrsätzen der Griechen ein höheres Alter, im Vergleich mit griechischer Irrlehre göttliche Erleuchtung aufwiesen. Und es fügte sich, daß diese Schriften mich überzeugten durch die Schlichtheit ihres Stils, durch die Anspruchslosigkeit der Vorschriften und die wohlverständliche Darstellung der Weltschöpfung, durch die Voraussicht der Zukunft, die Ungewöhnlichkeit der Vorschriften und die Zurückführung aller Dinge auf *einen* Herrn: sie haben meine Seele über Gott belehrt ..." [34]

Manch anderer, vor allem unter den Gebildeten, dürfte den gleichen geistlichen Weg genommen haben. Es war normal, daß sie zuerst sich der Philosophie zuwandten, um die Wahrheit zu entdecken; man fand überall Professoren oder Gesprächspartner, die, zumal bei entsprechendem Honorar, die Wissenschaft vom Universum und vom Menschen zu vermitteln versprachen. Die Widersprüche zwischen den

[32] Vita S. Cypriani, in: Acta sanctorum septembris VII, 222. Vgl. *A. J. Festugière,* La révélation d'Hermès Trismégiste, 37–40.
[33] Tatian, Orat. 35, Deutsche Übs. BKV 12, Frühchristliche Apologeten und Märtyrerakten, Tatians Rede an die Bekenner des Griechentums, von *R. C. Kukula,* 174–207; 250.
[34] Tatian, Or. 29, a. a. O., 240 f.

verschiedenen Systemen zeigten freilich bald die Problematik auf. Die Entdeckung des Christentums, das zugleich einfach, vernünftig und voll tiefer, religiöser Geheimnisse war, war also wirklich eine Offenbarung.

Nach Justin und Tatian läßt sich auch Klemens von Alexandrien von der Anziehungskraft der Wahrheit gewinnen. Er stammte vielleicht aus Athen; seine natürliche Neugier führt ihn bei Gelegenheit zu philosophischen und religiösen Problemen, und es ist zumindest wahrscheinlich, daß er sich in die Mysterien von Eleusis hat einweihen lassen; denn er spricht davon wie einer, der sich auskennt. Jedoch weder die traditionellen Kulte noch die Mysterien befriedigten ihn, und die Wahrheit, die er suchte, scheint ihn, je näher er ihr kommt, desto mehr zu fliehen. Er unternimmt lange Reisen, und es scheint, daß die Lehrer, die er hört, fast alle Christen waren. Ein gebürtiger Jonier wirkt in Griechenland; andere leben in Groß-Griechenland (= Unteritalien); unter ihnen stammt einer aus Coelesyrien, ein anderer aus Ägypten. Andere leben im Orient, darunter ein Syrer und ein Jude aus Palästina. Schließlich findet er einen, dem er sich endgültig anschließt; dieser wohnt in Ägypten. „Er war in der Tat eine sizilische Biene, indem er aus den Blumen der prophetischen und apostolischen Wiese Honig sog und in den Seelen seiner Zuhörer ein lauteres Erkenntnisgut erzeugte." [35]

Unter seiner Leitung macht Klemens große Fortschritte. Er begnügt sich nicht damit, eine theoretische Kenntnis des Christentums zu erwerben, er wird selbst ein „Gnostiker", das heißt nach der christlichen Terminologie, ein so vollkommener Christ, wie es in dieser Welt überhaupt möglich ist.

Nach seiner Bekehrung verzichtet er nicht auf die Philosophie; diese hatte ihm einmal geholfen, zur christlichen Wahrheit zu gelangen und dementsprechend will er sie dazu benützen, andere Geister zu Christus zu führen.

„Aber wenn auch die griechische Philosophie die Wahrheit nicht in ihrer ganzen Größe erfaßt und außerdem nicht die Kraft hat, die Gebote des Herrn zu erfüllen, so bereitet sie doch wenigstens den Weg für die im höchsten Sinn königliche Lehre, indem sie irgendwie zum Nachdenken veranlaßt, die Gesinnung beeinflußt und zur Aufnahme der Wahrheit geeignet macht ..." [36] „Aber die griechische Philosophie reinigt gewissermaßen die Seele im voraus und ge-

---

[35] *Clemens Al.,* Stromateis (Teppiche), I, 11, 2; zit. nach BKV (Des Clemens von Alexandria ausgewählte Schriften, III–V) übersetzt von *O. Stählin.*
[36] *Clemens Al.,* Stromat. I, 80.

wöhnt sie im voraus an die Aufnahme des Glaubens; auf diesem Grund erbaut dann die Wahrheit die Erkenntnis."[37]

Doch hier begegnet er in manchen christlichen Kreisen einer erklärten Opposition. Er kennt eine Menge von Gläubigen, „die sich vor der griechischen Philosophie fürchten, wie die Kinder vor Gespenstern"[38], weil sie ihren Glauben wenig zu schätzen wissen[39], und meint: „Es sind die gleichen Leute, die die Philosophie tadeln und über den Glauben losziehen, die Ungerechtigkeit loben und das Leben in Lüsten glücklich preisen."[40] Er fühlt sich verpflichtet, seinen offenen und fröhlichen Optimismus mit Energie zu verteidigen, was ihn übrigens nicht daran hindert, bei Gelegenheit festzustellen, daß auch manche „Anhänger der griechischen Philosophie ihre Ohren gegen die Wahrheit verschließen, indem sie die Sprache der Barbaren verachten oder sich auch vor Todesgefahr fürchten, die nach den Staatsgesetzen den Gläubigen droht."[41] Daher ist auch die Sympathie, die das Christentum von den Philosophen erwarten darf, nicht sehr groß; weder im Hinblick auf die Überwindung der Todesangst noch was die Überwindung ihrer oberflächlichen literarischen Vorurteile angeht. Klemens selbst hat diese Widerstände mit großem Mut und mit einer Wahrheitsliebe überwunden, die ihn durch dick und dünn zur Kirche Christi geführt haben. Er hofft darauf, daß auch andere sich genauso wie er selbst bekehren; doch die Tatsachen zwingen ihn zu dem Eingeständnis, daß diese immer nur eine kleine Zahl sein werden und daß es anderer Argumente bedarf, um die Menschen zum Herrn zu führen.

Die Erfahrung des Klemens wurde nicht völlig enttäuscht. Im Verlauf der ersten christlichen Jahrhunderte kamen andere, ebenso edle Geister wie er zu Christus, weil sie in Ihm allein und in den Lehren seiner Kirche die Wahrheit fanden, die sie bei den Weisen der Welt vergeblich gesucht hatten. Es mag genügen, noch das Beispiel des hei-

---

[37] A. a. O., Stromat. VII, 20; vgl. *P. Camelot,* Clément d'Alexandrie et l'utilisation de la philosophie grecque, in: Recherches de Science religieuse, t. 12 (1931) 540–589.
[38] *Clemens Al.,* Stromat. VI, 80.
[39] A. a. O., Stromat. VI, 81. „Sie haben Angst, die Philosophie könnte sie mit fortreißen. Wenn aber der Glaube – denn Erkenntnis kann ich das nicht nennen – bei ihnen derart ist, daß er durch beredte Worte erschüttert werden kann, so soll er erschüttert werden, da die Leute dadurch am meisten veranlaßt würden, zuzugeben, daß sie nicht im Besitz der Wahrheit sind; denn unerschütterlich fest, so heißt es, steht die Wahrheit, ein Irrglaube aber kann wankend gemacht werden."
[40] A. a. O., Stromat. V, 85.
[41] A. a. O., Stromat. VI, 67.

ligen *Hilarius von Poitiers* anzuführen, der am Beginn seines Werkes *De Trinitate* ausführlich von seinen Erinnerungen spricht.

Ausgangspunkt der Überlegungen des Hilarius ist das Problem des Lebens und die Frage nach seinem Sinn. Geboren in Aquitanien, vermutlich in Poitiers, als Sohn einer großen und reichen heidnischen Familie, fragt sich der junge Mann, wozu er auf der Erde sei, etwa dazu, um in Luxus und Bequemlichkeit dahinzuleben? Oder um seinen Leidenschaften zu frönen? Dann würde er sich ja kaum von den Tieren unterscheiden, und das Leben wäre nicht wert, gelebt zu werden. Man muß also glauben, daß der unsterbliche Gott uns das Leben nicht zum Tod gegeben hat; denn das wäre eines so gütigen Wohltäters nicht würdig, die Freude und das Glück so eng an ein Leben gebunden zu haben, dessen Aussicht die traurige Todesfurcht wäre[42]. Man muß also weitergehen. Leben ohne Fehler zu machen, das Übel und die Prüfungen des Lebens nach Möglichkeit zu vermeiden oder sie wenigstens in Geduld zu ertragen, das ist zwar gut, aber nicht ausreichend.

„Mein Geist", sagt Hilarius, „war nicht nur glühend bewegt, das zu tun, was nicht getan zu haben er für ein Verbrechen und einen Schmerz gehalten hätte, sondern auch den Gott zu erkennen, der uns ein so großes Geschenk gemacht hat und dem zu dienen er für eine Ehre erachtete; er verdankte sich selber diesem Gott und wollte ihm auch alle Motive seiner Hoffnung zurückgeben; er zieht sich in seine Güte zurück wie in einen sicheren Hafen, aufgrund so großer Beweise in allen Lebenslagen. Zu ihm, zu seiner Intelligenz oder Erkenntnis war mein Geist von außerordentlicher Sehnsucht entflammt."[43]

In solcher Unruhe und Glut der Seele, die ihn zu Gott trug, befragt der gelernte Philosoph sich über die heidnischen Götter. Hilarius sagt uns nichts darüber, ob er den Göttern jemals mit großer Hingabe gedient hat; es ist möglich, sogar eher wahrscheinlich, daß er sich mit einer strikt förmlichen Verehrung begnügte, ohne sich über ihre Bedeutung weiter Gedanken zu machen. Als er darüber zu reflektieren beginnt, leiht er sein Ohr den widersprüchlichen Auskünften der Philosophen. Die einen behaupten, Gott existiere nicht; andere, Gott und die Welt seien miteinander vermischt; wieder andere meinen, die Götter der Mythologie seien nur verschiedene Aspekte der Einen Gottheit. Andere Antworten befriedigen nicht. Er hält es für gewiß, daß das göttliche Wesen ewig sei und nur Eines sein könne und daß es

---

[42] Hilarius, De Trinitate I, 2; PL 10, 26–27.
[43] A. a. O., De Trinitate I, 3; PL 10, 27.

ohne Leidenschaften sei; daß seine Allmacht keine Abstufungen kenne, seine Ewigkeit kein Vorher oder Nachher, sondern daß in ihm nur Ewigkeit und Allmacht sei.

„So weit war ich mit meinem Nachdenken gekommen, als ich auf die Bücher stieß, welche die Religion der Hebräer unter dem Namen des Mose und der Propheten vorstellt; in welchen Gott der Schöpfer so von sich selber gesprochen hat: Ich bin, *der da ist*; und weiter: Das sollst du den Söhnen Israels sagen: *Der da ist,* hat mich zu euch gesandt. Ich bewundere eine so vollkommene, so vollendete Gottes-Lehre, die auf so angemessene Weise zur menschlichen Vernunft von der Unbegreiflichkeit Gottes spricht. Denn man versteht, daß Gott nichts angemessener ist als das Sein; das, was in der Tat weder anfängt noch aufhört; was eine unveränderliche und ewige Glückseligkeit besitzt und was niemals oder jemals nicht nicht sein kann; das Göttliche ist weder Gegenstand der Zerstörung noch der Verderbnis." [44]

Solche und ähnliche Gedanken haben den Geist des Hilarius lange beschäftigt, der, ausgehend von der Unendlichkeit Gottes, nacheinander die Attribute, die man Gott zusprechen kann, entdeckt und der über solche Entdeckungen zutiefst erfreut ist. Er geht noch weiter. Es würde nichts bringen, so meinte er, über Gott exakte Ideen zu haben, wenn der Tod uns alles Gefühl rauben würde, und es wäre Gottes nicht würdig, daß er dem Menschen Weisheit und Klugheit verliehen habe, damit dieser einmal aufhöre zu leben und für die Ewigkeit tot sei. Die Unsterblichkeit der Seele ist deshalb ein Postulat, das sich aus der Gottes-Erkenntnis ergibt. Erst nachdem er das Gesetz und die Propheten studiert hat, wagt Hilarius sich an das Johannesevangelium heran. Sofort ist er von dem Prolog gepackt und hingerissen. Hier findet er das, wonach er so lange gesucht, und mit ganzer Seele gibt er sich Christus unwiderruflich hin.

Wir haben hier das vollendete Beispiel einer intellektuellen Bekehrung. Vom Anfang bis zum Ende hat hier die Reflexion die Führung, den Fortschritt und das Ziel in der Hand. Zumindest läßt Hilarius nichts anderes erkennen als die Schritte seiner Intelligenz auf der Suche nach der Wahrheit. Wie Justin, Tatian und Klemens, so wendet er sich zunächst an die Philosophie; diese liefert ihm mehr oder weniger gesicherte Ausgangspunkte, ohne ihn jedoch vollständig zu befriedigen. Hier vor allem bleibt unsere Neugierde unbefriedigt; denn Hilarius gibt uns sowenig wie die andern eine vollständige Erklärung. Sicher ist nur, daß er ähnlich wie Tatian bei einer guten Gelegenheit

---

[44] A.a.O., De Trinitate I, 5; PL 10, 28.

auf die heiligen Schriften stößt und sie zu Ende liest, trotz der Vorbehalte, die ein gebildeter Geist wie er gegenüber den Werken von Barbaren, wie die Juden, haben konnte, die außerdem noch in einer vulgären Sprache, gespickt mit Solözismen und Barbarismen, verfaßt waren. Ebenso wie Tatian von der so offenkundig göttlichen Lehre dieser Bücher angetan, von den prophetischen Orakeln, die sich so genau in Christus und seinen Aposteln erfüllt haben; er bekennt sich als Christ. Von den menschlichen Werkzeugen, deren Gott sich bedient hat, um ihn zur Kirche zu führen, erfahren wir nichts; doch ist es sicher, daß er die letzten Schritte nicht allein gemacht hat und daß er, ehe er die Bibel aufschlug, in seiner Umgebung zahlreiche Christen kennengelernt hatte. Sein Bericht schematisiert ein wenig die Wirklichkeit. Doch zeigt er klar das entscheidende Motiv seiner Bekehrung: es war die Liebe zur Wahrheit, die er im Christentum fand. Sie veranlaßte Hilarius, sich zu bekehren.

2. Die Befreiung von Schicksal und Sünde

So lebendig das Verlangen nach Wahrheit und vollkommener Erkenntnis auch war, so war dies bei weitem nicht das einzige Motiv, das die Menschen der christlichen Kirche zuführte. Man kann nicht einmal sagen, daß es das wichtigste war. Schließlich ist es nicht besonders wichtig, zu wissen, ob die Wissenschaft die Menschen von ihren Problemen befreit. Wenn sie den Heilsweg nicht kennenlehrt, wenn sie die geringsten Zweifel über das Leben im Jenseits anstehen läßt, dann interessiert sie die meisten Menschen nicht mehr. Ein paar wissensdurstige Geister, mehr oder weniger, im Lauf der Zeit und in verschiedenen Ländern, mögen sich wohl ohne andere Nebenabsichten auf die Wahrheitssuche machen und sich für ihre Person damit zufriedengeben. Die Mehrzahl ist anderer Auffassung. Viele glauben, daß die Wissenschaft nur Enttäuschung und Trauer mit sich bringt. Sie lehrt, daß die Erscheinungen sich nach unabänderlichen Gesetzen vollziehen; daß wir unfähig sind, uns aus den Zwängen des Schicksals zu befreien; daß die Welt in all ihren Teilen von einem Determinismus beherrscht ist, dem auch der Mensch unterworfen ist und daß auch die großartigsten Siege dieses Gefängnis nicht aufschließen können.

Das Gesetz des universalen Determinismus hat auch die Griechen und Römer beherrscht, auch wenn es in der Antike nicht ganz so deutlich war, wie es dies für das moderne Denken geworden ist. Allein schon der Name, den es bei ihnen trägt, machte es furchtbar: es nennt sich *Heimarmene, fatum,* Schicksal oder Bestimmung.

Die antike Welt lebte gewissermaßen im Banne der Sklaverei. Unzählige Massen sind Sklaven einer sehr kleinen Gruppe von privilegierten Freien, ohne jede irdische Hoffnung, ihrem Los zu entkommen. Aber auch die Freien sind niemals sicher, ihre Freiheit behalten zu können; denn es gibt zu viele Mittel, sie in die Sklaverei zu befördern. Das gewöhnlichste ist die Eroberung durch Fremde. Kein Krieg, der dem Sieger nicht Unmengen von Gefangenen brächte, die man zunächst in großartigen Triumphzügen aufführt, um sie anschließend auf den Märkten feilzubieten; man verkauft sie wie nutzlose Tiere. Aber es gibt auch noch andere Mittel; die Schuldsklaverei als Strafe für bestimmte Delikte oder irgendeine plötzliche Veränderung der Lebenssituation. Die Sklaverei ist bedrohlich nahe und läßt ihre Beute nicht locker.

Über die Sklaverei ist so ziemlich alles gesagt worden. Man hat bis zum Überdruß die Formulierungen des Aristoteles über die Barbaren von niedriger Rasse wiederholt, deren Bestimmung es sei, als Sklaven zu leben; oder die Ratschläge des älteren Cato, der empfiehlt, sich der altgewordenen oder nutzlosen Sklaven genau so zu entledigen wie altgewordener Gäule oder überflüssigen Schrotts. Man hat endlos über das gute oder schlechte Los der Sklaven diskutiert; sicher war ihr Los recht unterschiedlich, ja nach den Umständen. Aber über einen Punkt konnte man sich schnell einigen, das ist die Tatsache, daß die Sklaven nicht als Personen zu behandeln seien. Sie haben überhaupt kein Recht, weder ein ziviles noch ein religiöses. Daran kann der beste Herr nichts ändern. Hier stimmten Gewohnheit und Gesetze überein; sie gelten mit absoluter Strenge. Für einen Sklaven war das einzige Mittel, die Menschenwürde, die man ihm erbarmungslos verweigerte, zu erlangen, die Freilassung. Zuweilen kommt es vor, daß großzügige Herren ihre Sklaven freilassen, oder wenigstens einen gewissen Teil von ihnen. Es kommt auch vor, daß Sklaven im Rahmen der ökonomischen und der Arbeitsverhältnisse sich die nötige Summe zusammensparen, um sich freizukaufen. Doch waren solche Fälle niemals häufig, denn Staat und Gesellschaft sind scharf darauf, eine Institution, die sie beide brauchen, zu verteidigen. Es ist nicht schwer, die Freude derer zu begreifen, denen es gelang, die Freiheit zu gewinnen. Die Ketten, die sie zerbrachen, sind jene, die sie von der Menschenwelt ausschließen. Einmal erlöst, gehörten sie zu dieser Welt; sie hatten Gesetze und sie hatten Götter. Welche neuen Horizonte eröffneten sich mit diesen einfachen Wörtern.

Es gibt aber noch eine andere Sklaverei, die schwerer wiegt als jene, von der wir gerade gesprochen haben; denn sie betrifft alle Menschen ohne Ausnahme und von ihr kann man sich nicht befreien, das ist die Sklaverei des Schicksals. Der antike Mensch findet weder in der Philosophie noch in der Religion jene mächtige Stütze, die für Juden und Christen der Glaube an die Vorsehung bereithält. Weil wir wissen, daß alles von einem unendlich weisen und gütigen Gott gelenkt wird, können wir uns auch der Übel dieser Welt trösten in dem Gedanken, daß sie entweder von diesem Gott gewollt oder doch zugelassen sind und daß im Grunde nichts geschieht, das nicht auf ein gutes Endziel hinauslaufen würde, sowohl was das ganze Universum angeht als auch jeden einzelnen Menschen[45]. Griechen und Römer hatten diesen Halt nicht. Der Gott Platons ist das absolute Gute; vielleicht ist er auch eine Vorsehung, doch hat er kaum Gläubige, und man muß erst die neuplatonische Renaissance abwarten, bis dieser Gedanke lebendig und fruchtbar wird, um eine religiöse Stimmung in die Lehre vom Guten und Einen hineinzubringen. Der Gott des Aristoteles, dieser „actus purus", Denken des Denkens, interessiert sich nicht für eine Welt, die er kaum kennt. Der Gott der Stoiker ist weltimmanent; denn er ist ihr Gesetz. Weit davon entfernt, eine Befreiung zu bringen, versklavt er seine Anhänger noch sicherer in den Fesseln eines universalen Determinismus. Am Beginn der christlichen Ära wird diese Last immer schwerer.

„Weil der Mensch, nachdem die Rahmenordnung der Polis verschwunden ist, noch mehr seiner eigenen Unsicherheit preisgegeben ist; weil der Egoismus der Herren und derer, die es sein wollen, die Grausamkeit der Kriege steigert, die Massaker vermehrt und man sich daran gewöhnt, das Blut der Schwachen geringzuachten, fühlt der Mensch das Joch der *Heimarmene* immer schwerer auf sich lasten ... Und wieviel religiöse Glaubenslehren, die nicht unbedingt neu sind, aber deren Verbreitung etwas Neues ist, hängen sich am Schicksalsglauben auf. Vom Orient importiert, finden sie in der griechischen Weisheit eine Stütze. Das ist, wie wenn ein und dasselbe göttliche Feuer durch den großen Körper der Natur kreisen würde, das überall

---

[45] Ohne das an dieser traditionellen Auffassung Richtige schmälern zu wollen, darf man doch sagen, daß auch der Gläubige von heute sich mit dem Übel in der Welt nicht mehr so leicht abfinden wird; er wird sich weniger passiv verhalten (Anm. d. Übers.).

gegenwärtig, alles belebt; es ist eine einzige Syggeneia unter allen Wesen, eine Beziehung aller Teile zum Ganzen und des Ganzen zu allen Teilen. Zwischen beiden herrscht eine Korrespondenz, Sympathie."[46]

Nirgends ist diese Sympathie offenkundiger als zwischen den Gestirnen und dem Menschen. Das menschliche Lebensschicksal steht am Himmel geschrieben; es genügt, den Lauf der Sterne zu kennen und vor allem ihre Position zur Stunde der Geburt (die „Nativität"), um zu wissen, was sein wird bis in die Details, das ganze Leben. Freilich bewirkt solche Kenntnis nicht, daß man von der Linie des Schicksals abweichen könnte; sie ändert daran nicht das mindeste; aber man fühlt sich instinktiv beruhigt allein durch die Tatsache, daß man es kennt. Es gibt eine Art innerer Ruhe, die von der Kenntnis der Sterne herkommt. Daher rührt der außerordentliche Einfluß der Astrologen, der „Chaldäer", wie man sie nennt, oder der *mathematici* am Anfang der christlichen Ära[47]. Dieser Einfluß macht sich bis in die Kreise der Neubekehrten bemerkbar. Origenes kennt Christen, die sich noch immer von den verrückten Einbildungen der *mathematici* täuschen lassen.[48] Gegen Ende des vierten Jahrhunderts wendet sich der *Ambrosiaster* heftig gegen jene, die behaupten, daß der Erlöser selbst dem Schicksal unterworfen gewesen sei[49]. Diodor von Tarsus, der

---

[46] *A. J. Festugière,* L'idéal religieux des Grecs, 104–105. Zum spätantiken Schicksalsglauben vgl. ferner E. R. Dodds, Pagan and Christian in an Age of Anxiety, Cambridge 1965 (deutsche Übers. von *H. Fink-Eitel,* Heiden und Christen in einem Zeitalter der Angst, Frankfurt a.M. 1985).

[47] Vgl. *F. Cumont,* Die orientalischen Religionen im römischen Heidentum, Kap. VII, Astrologie und Magie, 148–177; *Bouché-Leclercq,* L'astrologie grecque, Paris 1899; *A. J. Festugière,* La révélation d'Hermès Trismégiste, 89–186.

[48] *Origenes,* In Jerem., hom. XX, 4: „Si quis vestrum mathematicorum deliramenta sectatur, in terra Chaldaeorum est. Si quis nativitatis diem supputat, et variis horarum momentorumque rationibus credens, hoc dogma suscipit, quia stellae taliter ac taliter figuratae faciunt homines luxuriosos, adulteros, castos, aut certe quodcumque eorum, iste in terra Chaldaeorum est ... Iam quidam existimant ex astrorum cursibus christianos fieri ... Deus his spiritualiter comminatur, qui seipsos genealogiis et fato consecraverint, asserentes cuncta quae inter morales fiunt, aut ex astrorum motibus aut ex fati necessitate pendere" („Wenn einer von euch den Phantastereien der Astrologen folgt, dann ist er im Land der Chaldäer. Wenn jemand seinen Geburtstag berechnet und an die unterschiedlichen Konstellationen von Stunden und Gelegenheiten glaubt, dabei die Auffassung übernimmt, daß die so oder so stehenden Sternbilder die Menschen ausschweifend machen, ehebrecherisch oder keusch, oder überhaupt irgend etwas dergleichen mit Sicherheit bewirken, der ist auch im Land der Chaldäer ... Manche glauben sogar, daß durch den Lauf der Gestirne Christen würden ... Diesen droht Gott auf geistliche Weise, die sich mit den Genealogien und mit dem Schicksal beschäftigen und behaupten, daß alles, was mit der Moral zusammenhängt, entweder vom Lauf der Gestirne oder der Notwendigkeit des Schicksals abhängig sei").

[49] *Ambrosiaster,* Quaestiones V. et N. Testam., 79: „Quid de christianis quibusdam dicimus, qui in solo nomine mutati pristinis erroris vindicant varietatem, in tantum hebetati

146

Arianer Maximus weisen die Argumente der Astrologen zurück; man braucht nur die „Confessiones" des heiligen Augustinus zu lesen, um die vielfältigen Zeugnisse kennenzulernen, die das nahezu allgemeine Vertrauen in die Astrologie bekunden[50].

Freilich genügt es nicht, wir sagten es schon, dies alles zu erkennen. Man muß auch das Mittel finden, um davon loszukommen. Wenn man spürt, daß man aus eigener Kraft nichts vermag, dann wendet man sich natürlicherweise an die Götter; und da auch die nationalen Götter des römisch-griechischen Pantheons ohnmächtig sind[51], ist es dann nicht richtig, daß man sich den Göttern des Orients zuwendet, die vielleicht stärker sind als das Schicksal selbst?

In der Tat, diese Götter sind Erlöser; sie versprechen ihren Verehrern Befreiung. Der syrische Gott Bel ist der Lenker des Schicksals, *Belus fortunae rector*[52]. Isis, Herrin der Mysterien, ist auch eine Herrin der Gestirne und des Schicksals: „Ich bin es, die den Sternen die Bahn gewiesen, der sie zu folgen haben. Ich habe den Lauf von Sonne und Mond bestimmt. Ich sitze neben der Sonne bei ihrem Lauf. Ich triumphiere über das Schicksal; denn das Schicksal gehorcht mir."[53] Folglich kann nur Isis uns befreien. Was sie befiehlt, das geschieht, und durch sie sind daher alle, die in den Fesseln des Schicksals sind, befreit.

Trotz allem bleibt das Heil der Isis unvollständig und ungewiß. Ohne Zweifel ist es ein Privileg und eines der wertvollsten dazu, wenn

---

ut ipsum dominum sub fato egisse contendunt dicentes: Ipse dixit: nondum venit hora mea" („Was sollen wir von solchen Christen sagen, die sich nur dem Namen nach bekehrt haben, aber in ihrem alten Irrtum festhalten und so weit gehen, zu behaupten, der Herr sei dem Schicksal unterworfen gewesen, mit dem Argument: Er selbst sagt ja: Meine Stunde ist noch nicht gekommen"); vgl. *ders.,* quaest. 115; *Hieronymus,* In Matthaeum comment. II.

[50] Vgl. *Augustinus,* Conf. IV, 3,4–6; VII, 6,8–10.

[51] Die griechischen Götter sind dem Schicksal unterworfen. Zeus selbst vermag nichts gegen die Moira. Bei Homer kommt diese Idee immer wieder zum Ausdruck. Wenn Achilles den Hektor tötet, wird er jung sterben; das ist seine Bestimmung, der er folgen muß. Vgl. *P. Nilsson,* Götter und Psychologie bei Homer, in: Archiv für Religionswissenschaft, t. 22 (1923) 385. Auch die Tragiker Aischylos und Sophokles kommen häufig auf diese Idee zu sprechen, vgl. *A. Bremond,* La théologie d'Eschyle, in: Recherches de Science Religieuse, t. 15 (1925) 127–163.

[52] Corp. Inscript. latin. 12, 1277.

[53] Hymn. ad. Isid., 1.11–12.43.53–54. Diese Hymne ist von Kymé von Äolis. Man findet die gleichen Ideen und fast die gleichen Ausdrücke in der Hymne des Andros, vgl. *P. Roussel,* Un nouvel hymne à Isis, in: Revue des études grecques, t. 42 (1929) 139–168. Der Text der Kymé-Hymne könnte aus dem 1. Jahrhundert n. Chr. stammen und einen Griechen aus Alexandrien zum Verfasser haben. Die Andros-Hymne ist etwas älter und datiert wohl aus dem 1. Jahrhundert v. Chr.

man den Unglücksfällen eines widrigen Schicksals entkommt, oder wenn man seine Tage über die von den Göttern bestimmte Zeit hinaus verlängern kann. Doch was nützt das Ganze, wenn man eines Tages eben doch sterben muß? Der Hymnus der Kymè hat darüber hinaus keinen Funken Hoffnung[54], ebensowenig der Hymnus des Andros, der etwas älter ist[55]. Man muß, wie es scheint, auf das zweite Jahrhundert warten, um in der Umgebung der Isis ausdrücklich Versicherungen im Hinblick auf ein jenseitiges Weiterleben zu finden; in den Metamorphosen des Apuleius bezeichnet Isis selbst sich als Göttin der Unterwelt und der Manen und erklärt dem Lucius:

„Doch mußt du dir dessen ganz bewußt sein und es immer mit allen Fasern deines Herzens festhalten: mir ist der Rest deines Erdenlaufs bis zum allerletzten Atemzug verfallen! Billig ist's, der dein ganzes zukünftiges Leben zu weihen, deren Gnade dich unter die Menschen zurückgeführt hat. Doch ein Leben voll Glück, ein Leben voll Ruhm wartet auf dich unter meiner Obhut. Und ist einst die Frist deiner Zeitlichkeit abgelaufen und bist du zur Unterwelt hinabgestiegen: auch dort in der unteren Halbkugel werde ich, wie du mich siehst, der Höllenfinsternis leuchten und dem Totenpalast gebieten, du aber wirst – auch selbst dann Bewohner der elysischen Gefilde – beständig zu mir, deiner Gönnerin, beten."[56]

Wirklicher und tiefer als die aus dem Orient gekommenen Götter ist die Befreiung, die Christus bringt. Wenig Begriffe werden im Neuen Testament so häufig gebraucht wie der Begriff „Freiheit", so daß in den Ohren der versklavten Menschen die Botschaft des Evangeliums wie die fröhliche Kunde ihrer Freilassung klingt. Freilich, den Sklaven im sozial-rechtlichen Sinn bringt der Herr nicht die leibliche Freiheit. Paulus empfiehlt ihnen sogar in Christi Namen den Gehorsam gegenüber ihren irdischen Herren: „Ihr Sklaven, seid in allem euren irdischen Herren gehorsam, nicht mit Augendienerei, um Menschen zu gefallen, sondern in Herzenseinfalt, in der Furcht des Herrn" (Kol 3,22; vgl. Eph 6,5; Tit 2,9ff.; 1 Petr 2,18). Und noch etwas präziser: „Jeder soll in dem Stande bleiben, in dem er berufen wurde. Bist du als Sklave berufen worden? Laß dich's nicht kümmern. Aber auch wenn du frei werden kannst, bleibe erst recht dabei: Ist doch der im Herrn berufene Sklave ein Freigelassener des Herrn; ebenso ist der

---

[54] *P. Roussel*, art. cit. 166.
[55] Vgl. *M. J. Lagrange*, in: Revue Biblique, t. 29 (1920) 440–441, zu einer dritten Hymne, der des Jos; *ders*. in: Revue Biblique, t. 25 (1916) 290–292, zu der Anrufung in den Oxyrhynchus Papyri XI, Nr. 1380.
[56] *Apuleius*, Metamorphosen XI, 6,5–6.

als Freigeborener Berufene ein Sklave Christi. Ihr seid teuer erkauft; werden keine Menschenknechte. Brüder, jeder bleibe vor Gott in dem Stande, in dem er berufen wurde" (1 Kor 7, 20–24; vgl. Phlm 16).

Man kann sich gut vorstellen, welches Echo solche Verheißungen in den Menschen hervorrufen mußten. Anstelle einer bürgerlichen Freiheit, die nur allzuoft illusorisch ist, finden die Sklaven im Christentum zunächst die wahre Freiheit der Seele, und was in ihren Augen vielleicht noch kostbarer ist, die volle religiöse Gleichberechtigung mit ihren Herren. Philosophen wie Seneca konnten leicht sagen, daß im Hinblick auf die menschliche Natur die Sklaven ihre Brüder wären; als solche behandelt haben sie diese nie. In den Versammlungen der Christen dagegen stehen die Sklaven neben ihren Herren; sie nehmen, genau wie diese, teil an derselben Eucharistie und empfangen dieselben geistlichen Güter. Nach der Gottesdienst-Versammlung kehren sie wieder in ihre untergeordnete Situation zurück; aber während einer gewissen Zeit fühlten sie sich frei, als wahre Menschen und noch mehr, als wahre Kinder des einzigen Gottes. Wie hätten sie den Aufruf des Herrn zur Freiheit nicht hören sollen?

Das ist freilich längst nicht alles. Christus befreit von aller inneren Knechtschaft, die bis dahin die Menschen beherrschte. Er befreit die Juden vom Joch des mosaischen Gesetzes und seinen unerträglichen Forderungen: „Denn solange wir noch im Fleische lebten, wirkten die durch das Gesetz erregten sündhaften Leidenschaften in unseren Gliedern, so daß wir Frucht brachten für den Tod. Jetzt also sind wir vom Gesetz frei geworden dadurch, daß wir dem starben, worin wir gefangengehalten wurden, so daß wir nun im neuen Wesen des Geistes und nicht mehr im alten Wesen des Buchstabens dienen" (Röm 7, 5–6) … „Denn diejenigen, die aus Gesetzeswerken sind, sind unter dem Fluch. Denn so steht geschrieben: Verflucht sei jeder, der nicht bei allem bleibt, was im Gesetzbuch geschrieben steht, es zu tun (Dtn 27, 26). Daß aber niemand durch Gesetz vor Gott gerechtgemacht wird, ist offenkundig; denn es heißt: Der aus Glauben Gerechte wird leben (Hab 2, 4). Das Gesetz ist aber nicht aus Glauben, sondern: Wer sie (die Gebote) tut, wird durch sie leben (Lev 18, 5). Christus hat uns freigekauft vom Fluch des Gesetzes, da er selbst für uns wurde zum Fluch, da geschrieben steht: Verflucht sei jeder, der am Holzpfahl hängt (Dtn 21, 23; vgl. Gal 3, 10–13)."

Er befreit die Heidenvölker von der Sklaverei der Sünde, die wohl eine noch viel schwerere Last darstellt als das Gesetz für die Juden. „Aber Gott sei Dank! Ihr waret Knechte der Sünde, nun aber seid ihr von Herzen der Gestalt der Lehre gehorsam geworden, der ihr übergeben wurdet. Frei von der Sünde seid ihr Knechte der Gerechtigkeit geworden. Ich rede nach Menschenart mit Rücksicht auf die Schwachheit eures Fleisches. Wie ihr nämlich eure Glieder dem Dienst der Unreinheit und Gesetzeswidrigkeit zur Gesetzeswidrigkeit hingegeben habt, so gebt nun eure Glieder dem Dienst der Gerechtigkeit zur Heiligkeit hin. – Solange ihr Knechte der Sünde waret, da wart ihr gegenüber der Gerechtigkeit frei. Welche Frucht hattet ihr damals von den Dingen, deren ihr euch jetzt schämt? Ihr Ende ist ja der Tod. Jetzt aber, da ihr frei von der Sünde und Gott gegenüber Knechte geworden seid, habt ihr eure Frucht zur Heiligung, als das Ende aber ewiges Leben. Denn der Sold der Sünde ist der Tod, Gottes Gnadengeschenk aber ist ewiges Leben, in Christus Jesus unserem Herrn" (Röm 6, 17–23)[57].

Endlich ist in erster Linie befreit das Menschengeschlecht in seiner Gesamtheit, Juden und Heiden, von der Versklavung durch den Tod, die am bedrängendsten ist, weil ihr niemand entrinnen kann. Umsonst geht unsere Sehnsucht nach dem ewigen Leben; umsonst versprechen die heidnischen Erlöser-Gestalten, auch ihre mächtigsten, das ewige Leben. Es gibt kein menschliches Mittel, uns dessen zu versichern. Christus allein bringt seinen Gläubigen eine definitive Gewißheit. „So sind wir also, Brüder, dem Fleisch nicht schuldig, daß wir fleischlich leben. Denn wenn ihr fleischlich lebt, werdet ihr sterben. Wenn ihr aber mit dem Geist die Werke des Fleisches tötet, werdet ihr leben. Alle, die sich vom Geist Gottes leiten lassen, die sind Söhne Gottes. Ihr habt doch nicht den Geist der Knechtschaft empfangen, so daß ihr euch wieder fürchten müßtet, sondern den Geist der Sohnschaft, in dem wir rufen: Abba, Vater! Der Geist selbst bezeugt mit unserem Geist, daß wir Kinder Gottes sind. Wenn aber Kinder, dann auch Erben, Erben Gottes, Miterben Christi, wenn anders wir mitleiden, um auch mitverherrlicht zu werden" (Röm 8, 12–17).

Unschwer begreift man die Freude, welche die ersten Hörer der frohen Botschaft ergriff. Für alle diese Elenden, die unter ihrem Sklavenlose leiden, für alle die Gequälten, die das Joch des Schicksals auf

---

[57] Vgl. Joh. 8, 31–36: „Jesus sagte nun zu den Juden, die zum Glauben an ihn gekommen waren: Wenn ihr in meinem Worte bleibt, dann werdet ihr wirklich meine Jünger sein; und ihr werdet die Wahrheit erkennen, und die Wahrheit wird euch frei machen ... Wahrlich, wahrlich, ich sage euch: Jeder, der Sünde tut, ist ein Sklave der Sünde. Der Sklave aber bleibt nicht für immer im Hause. Der Sohn bleibt immer. Wenn also der Sohn euch frei macht, werdet ihr wirklich Freie sein."

sich lasten fühlen, hat das Wort „Freiheit" eine Art magische Attraktion[58]. Sie ist das unzugängliche Ziel eines Traumes, an den man nicht mehr zu glauben wagt und den man doch unaufhörlich weiterträumt. Da hört man, mitten in der tiefsten Finsternis, im Abgrund der Verzweiflung eine Stimme: Ich werde euch freimachen; ich werde euch wiedergebären zu einem neuen Leben, das keine Knechtschaft kennt. Wie sollte diese Stimme keine nachhaltige Resonanz finden? Wie hätte sie keine Hoffnungen wecken und die so oft enttäuschten Illusionen nicht aus dem Grab herauskommen lassen sollen?

Die Neubekehrten liefern uns manche Zeugnisse dieser Freude, die der Anruf der christlichen Botschaft in der alten Welt auslöste. Sie erfahren sich als Befreite, als Erleuchtete und als Erlöste, über die das Schicksal keine Macht mehr hat. „Das neue Gesetz unseres Herrn Jesus Christus ist ohne das Joch des Schicksals."[59]

Justin präzisiert den Sinn der christlichen Befreiung: „Bei unserer ersten Entstehung wurden wir ohne unser Wissen nach Schicksalszwang aus feuchtem Samen infolge gegenseitiger Befruchtung unserer Eltern gezeugt ... Damit wir nicht Kinder des Schicksalszwanges und der Unwissenheit blieben, sondern Kinder der Erwählung und der Einsicht würden, welche die Vergebung ihrer früheren Sünden erlangt haben, wird im Wasser über dem, der nach der Wiedergeburt verlangt und der sich von seinen Sünden bekehrt, der Name des Vaters des Alls und Gottes des Herrn ausgerufen."[60]

Tatian äußert sich noch klarer: „Wir aber sind über die Heimarmene erhoben und haben anstatt der irrenden Dämonen den Einen irrtumslosen Herrn kennengelernt und nicht mehr umhergetrieben durch die Heimarmene, haben wir mit deren Gesetzgebern nichts mehr zu tun."[61] Weiter: „Was bringt es, daß du, von der Heimarmene getrieben, aus Geldgier mit mir lange Nächte durchwachst? Daß du, von der Heimarmene getrieben, oft der Lust verfällst, um oft zu sterben? Stirb der Welt ab, indem du ihrem tollen Treiben entsagst; lebe für Gott, indem du durch seine Erkenntnis den alten Menschen hinter dir läßt."[62]

Klemens von Alexandria entwickelt diesen Gedanken ebenfalls, sofern man seine Ideen in den „Excerpta ex Theodoto" findet. Nachdem er das Reich der Heimarmene geschildert hat, ruft er aus: „Von

[58] Vgl. *H. Schlier*, Art. ἐλεύθερος, in: ThWNT II, 484–492.   [59] *Barnabas-Brief* 2, 6.
[60] *Justin*, Apol. I, 61, 10.   [61] *Tatian*, Oratio ad Graecos 9, 2.
[62] *Tatian*, a. a. O., 11, 12.

diesem Aufstand und Kampf der Mächte befreit uns der Herr; er verschafft uns Frieden von diesen Mächten und von den abgefallenen Engeln … Von daher kommen die meisten Übel für den Menschen. Darum ist auch der Herr abgestiegen, um den Frieden zu bringen, den himmlischen, auf die Erde, wie der Apostel sagt: ‚Frieden auf Erden und Ehre in den Himmelshöhen.' Darum ging auf ein seltsamer und neuer Stern, der die alte Ordnung der Gestirne auflöste. Er erstrahlte in einem neuen Licht, das nicht von dieser Welt war, das die neuen und heilbringenden Wege erschloß. So hat der Herr es bewirkt, der Wegführer der Menschen, der auf die Erde kam, damit er jene, die an Christus glauben, versetze aus der Heimarmene in den Bereich der Vorsehung … So hat die Geburt des Erlösers uns vom Werden und von der Heimarmene herausgeholt; seine Taufe hat uns vom Feuer befreit, sein Leiden vom Leiden, damit wir ihm in jeder Weise nachfolgen."[63]

Seit das Tauf-Ritual endgültig festgelegt war, um 200 etwa, vermehren sich die Zeichenhandlungen, welche die Befreiung zum Ausdruck bringen. Nach der Aufnahme in das Katechumenat versammeln sich die Taufbewerber täglich; dabei legt man ihnen die Hände auf und unterzieht sie dem Exorzismus (= dem Ritus der Teufels-Austreibung)[64]. Hat der Tag der Taufe sich genaht, werden die Exorzismen vom Bischof selbst vorgenommen, der sich Gewißheit verschafft, daß alle Taufbewerber vom Einfluß des Teufels frei sind; jene, die ihm noch unterliegen, müssen besonders sorgfältig behandelt werden. Am Karsamstag erfolgt im Rahmen einer letzten Versammlung eine feierliche Handauflegung auf das Haupt der Kandidaten durch den Bischof; er beschwört zum letzten Mal die bösen Geister, damit sie sich von den Kandidaten entfernen und niemals mehr zurückkehren. Danach haucht er ihre Gesichter an und bezeichnet sie auf der Stirn, der Nase, der Brust und den Ohren mit dem Kreuz. Diese Zeremonien sind äußerst aufschlußreich. Sie stellen zeichenhaft die Besitzergreifung des Menschen durch Christus nach der Vertreibung des Teufels dar. Diejenigen, die bisher den bösen Mächten unterworfen waren, sind von diesen jetzt für immer frei. Sie gehören jetzt endgültig zum

---

[63] Clemens Alexandrinus, Excerpta ex Theodoto, Nr. 72–76, übers. nach ed. *F. Sagnard,* Extraits de Théodote, SC 23; vgl. dazu den Kommentar von *A. J. Festugière,* L'idéal religieux des Grecs, 112.
[64] *Hippolyt,* Traditio apostolica 20. Vgl. den Text des Tauf-Rituals nach *B. Capelle,* L'introduction du catéchuménat à Rome, in: Recherches de théologie ancienne et médiévale, t. V (1933) 137.

Herrn, der ihnen sein Siegel aufprägt, ein unauslöschliches und endgültiges Siegel. Nach der Taufe ist die Befreiung vollständig[65], jedenfalls was die bösen Geister betrifft.

Die Befreiung vom Tod, die man am meisten ersehnt, kann erst am jüngsten Tag voll zur Geltung kommen. Doch ist schon ihre Verheißung durch den Herrn von einer Reihe von Garantien umgeben, wie man sie bei den alten Religionen, auch den orientalischen mit ihren Einweihungen und Mysterien, nicht findet. Allein das Christentum bringt den Beweis: Christus ist auferstanden; er ist der „Erstling der Entschlafenen, der Erstgeborene von den Toten" (1 Kor 15, 20). Kann man den großartigen Text vergessen, wenn man ihn einmal gelesen hat, den triumphalen Akzent, mit welchem Paulus die Auferstehung des Erlösers feiert: „Wenn es keine Auferstehung der Toten gibt, so ist auch Christus nicht auferweckt worden. Ist aber Christus nicht auferweckt worden, so ist damit auch unsere Predigt nichtig, und nichtig ist euer Glaube. Dann aber stehen wir auch als falsche Zeugen Gottes da, weil wir wider Gott Zeugnis dafür abgelegt haben, er habe Christus auferweckt, während er ihn doch nicht auferweckt hat, wenn wirklich keine Toten auferweckt werden. Denn falls keine Toten auferweckt werden, so ist auch Christus nicht auferweckt worden. Ist aber Christus nicht auferweckt worden, dann ist euer Glaube unsinnig, dann seid ihr noch in euren Sünden. Folglich sind auch die in Christus Entschlafenen verloren. Wenn wir weiter nichts sind als Leute, die nur in diesem Leben ihre Hoffnung auf Christus gesetzt haben, so sind wir die bedauernswertesten unter allen Menschen. Nun aber ist Christus

---

[65] Vgl. Didascalia apostolorum, ed. *H. R. Connolly,* 246–247: „Quae ergo, cum egressus fuerit immundus spiritus, nusquam requiem invenit discite: quoniam omnis homo repletus est, fidelis quidem de sancto spiritu, infidelis autem de immundo et ingressum non suscipit alieni spiritus. Qui vero per baptismum reiecit et deposuit et liberatus est ab immundo spiritu, sancto repletur. Si itaque bonum operatus fuerit permanet in illum spiritus sanctus, et manet repletus et immundus locum non invenit ... Nulla est alia curatio ut abscedat ... spiritus immundus, nisi per sacram purgationem et sanctum baptismum" („Lerne, warum der unreine Geist, wenn er ausgefahren ist, nirgends Ruhe findet: der Grund ist, daß jeder Mensch von einem Geist erfüllt ist, Gläubige von heiligem Geist, der Ungläubige vom unreinen Geist, der keinem anderen Einlaß gewährt. Doch durch die Taufe hat er den unreinen Geist verworfen und abgesetzt und ist von ihm befreit worden; er wurde mit dem heiligen Geist erfüllt. Wenn er nun Gutes tut, dann bleibt der heilige Geist in ihm, er bleibt von ihm erfüllt, während der unreine Geist keinen Raum mehr findet ... Es gibt keine andere Heilung, daß der unreine Geist weiche, außer durch die heilige Reinigung und durch die heilige Taufe"). Zu den Namen, die man den Neugetauften gibt, die die in ihnen bewirkte Wandlung zum Ausdruck bringen, vgl. *A. von Harnack,* Die Terminologie der Wiedergeburt und verwandter Erlebnisse in der ältesten Kirche, TU 42,3, Leipzig 1918.

von den Toten auferweckt worden als Erstling der Entschafenen"
(1 Kor 15, 13–20).

Der Apostel stellt dies betont heraus, denn er muß sich mit einer
starken Gruppe [66] auseinandersetzen und für die Griechen, an die er
sich wendet, scheint keine Lehre schwerer anzunehmen zu sein, als
die von der Auferstehung der Toten, trotz aller Hoffnungen, die sie
bringt und aller Klarheit, die sie über das jenseitige Leben verbreitet
(vgl. Apg 17, 32). Er fühlt, daß er das Recht und die Pflicht hat, dies zu
tun; denn nichts ist in seinen Augen besser gesichert als die Auferstehung Christi; und nichts ist für die Neubekehrten unerläßlicher als
die Überzeugung von ihrer eigenen Auferstehung.

Freilich ist auch bei manchen Mysterienreligionen die Rede von
verstorbenen und auferstehenden Göttern. So begeht man festlich die
Auferstehung des Attis, der alljährlich im Frühling wiedergeboren
wird und singt ihm zu Ehren eine Hymne: „Habt Mut, ihr Mysten des
erlösten Gottes; denn auch uns wird Erlösung vom Leiden zuteil." [67]
Das Fest der Auffindung des Osiris erinnert den Tod des Gottes, der
unter den Schlägen des Seth fiel, aber auch seinen Triumph und seine
Rückkehr zum Leben [68]. Was sind diese legendären Auferstehungen,
deren naturalistischer Charakter unverkennbar ist, im Vergleich zur
Auferstehung Christi, der für unsere Sünden gestorben ist gemäß der
Schrift (1 Kor 15, 3–4)? Die ersteren sind reine Symbole; sie drücken
aus und offenbaren die Rückkehr der Natur zu den wirkenden Kräften des Frühlings nach einem lähmenden Winter. Die zweite ist wirk-
liches historisches Ereignis, das seine Zeugen hat, die mit dem
auferstandenen Erlöser gegessen und getrunken haben, die ihn gesehen haben mit ihren Augen und angefaßt mit ihren Händen. Er
konnte auf einwandfreie Weise verifiziert werden und bis gegen Ende
des ersten Jahrhunderts lebten seine Zeugen in der Kirche, um das,
was sie erfahren hatten, zu verkünden.

Man begreift unschwer den Wert solcher Zeugnisse und wie das
Christentum das Gemüt zahlreicher Menschen durch seine Verheißung von Heil, Befreiung, Erlösung und Unsterblichkeit, die es der

---

[66] Es handelt sich um die „Auferstehungs-Leugner" in Korinth, mit denen der Apostel in
1 Kor 15 sich intensiv auseinandersetzt; vgl. dazu die Kommentare (Anm. d. Übers.).
[67] Der Hymnus ist zitiert bei *Firmicus Maternus,* De errore profanarum religionum 22, 1;
es ist nicht ganz sicher, ob er sich an Attis richtet, wie man oft meint, sondern an Osiris.
Vgl. *M. J. Lagrange,* Attis et le christianisme, in: Revue Biblique, t. 28 (1919) 447–448.
[68] Vgl. *M. J. Lagrange,* Rezension von *A. Loisy,* Les mystères paiens et le mystère chrétien, in: Revue Biblique, t. 29 (1920) 436 ff.

Welt anbot, angezogen hat. Als Arzt der Seelen[69] heilt Christus die Wunden. Als Befreier erlöst er sie von allen Formen der Knechtschaft, die auf ihnen lasten. Als Sieger über den Tod versichert er sie der Unsterblichkeit. Neben vielen anderen, die diesen Titel zu Unrecht beanspruchen, ist er der wahre Retter. Wie sollten die Massen durch solche Verheißungen, die ihnen zuteil werden, nicht ergriffen worden sein, und noch mehr durch die ihnen gemachten Zusicherungen?

3. Die christliche Heiligkeit

Von allen Formen der Knechtschaft, von welchen Christus die Menschheit befreit, ist für feinfühlige Gemüter die Knechtschaft der Sünde die am schwersten erträgliche Last des Alltags. Bei Paulus bewirkt sie eine unvorstellbare Angst: „Ich weiß, daß in mir, das heißt in meinem Fleisch, das Gute nicht wohnt. Denn das Gute wollen, dazu bin ich bereit, aber nicht, es auszuführen. Ich tue nämlich nicht das Gute, das ich will, vielmehr was ich nicht will, das Böse, das tue ich. Wenn ich aber das tue, was ich nicht will, dann führe nicht mehr ich es aus, sondern die in mir wohnende Sünde. Ich finde also das Gesetz, daß mir, der das Gute will, das Böse liegt. Denn ich habe dem inneren Menschen nach Freude am Gesetz Gottes. Aber ich sehe ein anderes Gesetz in meinen Gliedern, das dem Gesetz meiner Vernunft widerstreitet und mich in dem Gesetz der Sünde, das in meinen Gliedern ist, gefangenhält. Ich unglückseliger Mensch! Wer wird mich von dem Leib dieses Todes befreien?" (Röm 7, 18–24). Und dazu die Antwort, die Paulus auf diese angstvolle Frage gibt: „Die Gnade Gottes durch Jesus Christus unseren Herrn" (Röm 7, 25)[70].

In der Tat, die Christen sind „Heilige"; dies ist eine ihrer frühesten Selbstbezeichnungen[71]; Heilige aufgrund ihrer Berufung[72]. Der Ausdruck bezeichnet nicht nur ihre Trennung von der Welt und ihre Gott-

---

[69] Vgl. *A. von Harnack,* Mission und Ausbreitung, 129–150; *P. Monceaux,* Christus medicus, in: Comptes-rendus de l'Académie des Inscriptions 1920, 77 ff.

[70] Diese Übersetzung folgt der Vulgata, die den Sinn besser ausdrückt, jedoch weniger bewegend ist wie der griechische Text: „Dank sei Gott durch Jesus Christus." „Der Ausruf ist wie ein Blitz in der Nacht, die Antwort einer entfernten Stimme auf einen herzzerreißenden Ausruf", so *M. J. Lagrange,* Saint Paul, Epître aux Romains, Paris 1916, 180.

[71] Vgl. Apg 15,32.41; Röm 16,2; 2 Kor 1,1; 13,12; Eph 1,1; Phil 1,1; 4,22; 1 Thess 3,13; 2 Thess 1,10; zur Bedeutung des Begriffs vgl. *L. Cerfaux,* La théologie de l'Église suivant Saint Paul, Paris 1942, 97–115; *A. von Harnack,* Mission und Ausbreitung I,416 ff.

[72] Röm 1,1; 1 Kor 1,1; *L. Cerfaux,* A.a.O., 95–97.

Zughörigkeit. Er besagt auch die moralische Umwandlung, welche die Taufe in ihnen bewirkt, die Vollkommenheit, nach der sie streben und um deren Verwirklichung sie sich bemühen. Wie tief diese Umwandlung gehen soll, macht Paulus seinen Kritikern klar: „Oder wißt ihr nicht", so fragt er sie, „daß Ungerechte keinen Anteil am Reiche Gottes haben werden? Gebt euch keiner Täuschung hin! Weder Unzüchtige, noch Götzendiener, noch Ehebrecher, noch Weichlinge, noch Knabenschänder, noch Diebe, noch Habsüchtige, noch Trunkenbolde, noch Lästerer, noch Räuber werden Anteil haben am Reiche Gottes. Und Leute dieser Art seid ihr, einige von euch, gewesen. Doch ihr seid reingewaschen, ihr seid geheiligt, ihr seid gerechtfertigt worden im Namen des Herrn Jesus Christus und im Geiste unseres Gottes" (1 Kor 6,9–11).

Das alles versteht sich ohne weiteres. Es ist leicht festzustellen, daß das Leben eines Menschen, wenn er Christ wurde, sich total veränderte. Er ist nicht nur der zu einem neuen Kult Bekehrte, sondern er hat sich auf eine neue Existenz eingelassen. Von den ersten Zeiten der Urgemeinde an sind die Juden in Jerusalem betroffen von dem Bild, das ihnen die entstehende Gemeinschaft bietet, in der alle Glaubenden ihre Güter der Gemeinschaft zur Verfügung stellen, ihr Privateigentum verkaufen und den Erlös an die Mitglieder je nach Bedarf verteilen (vgl. Apg 2,44–45; 4,32–34). Die christliche Bruderliebe erregt noch mehr die Bewunderung der Heiden; viele lassen sich durch das Beispiel, das sie vor Augen haben, gewinnen[73]:

Justin sagt: „Hatten wir früher an unzüchtigen Dingen Gefallen, so huldigen wir jetzt der Keuschheit allein; gaben wir uns mit Zauberkünsten ab, so haben wir uns jetzt dem guten und ungezeugten Gotte geweiht; wenn wir Geldmittel und Besitz über alles schätzten, so stellen wir jetzt, was wir haben, in den Dienst der Allgemeinheit und teilen jedem Dürftigen davon mit; haßten und mordeten wir einander, und hielten wir mit denen, die nicht unseres Stammes sind, wegen der verschiedenen Stammesgewohnheiten nicht einmal Herdgemeinschaft, so leben wir jetzt nach Christi Erscheinen als Tischgenossen zusammen, beten für unsere Feinde, und suchen die, welche uns mit Unrecht hassen, zu bereden, daß auch sie nach Christi schönen Weisungen leben und guter Hoffnung seien, daß auch sie dieselben Güter wie wir von dem allherrschenden Gott erlangen werden ..."[74] „(Gott) hat keineswegs gewollt, daß wir es den Bösen nachtun, er hat uns vielmehr ermahnt, durch Geduld und Sanftmut alle von der Schande und von der Lust am Schlechten abzubringen. Das können wir auch an vielen, die früher bei euch waren, nachweisen: sie haben

---

[73] Vgl. *A. von Harnack*, Mission und Ausbreitung I, 270–280.
[74] *Justin*, 1. Apologie 14, 2–3.

ihr gewalttätiges und herrisches Wesen abgelegt, überwunden entweder durch den Anblick des geduldigen Lebens ihrer Nachbarn oder durch Beachtung der außerordentlichen Sanftmut übervorteilter Reisegenossen oder dadurch, daß sie diese an solchen erprobten, mit denen sie Geschäfte machten."[75]

Um seine Argumentation noch überzeugender zu machen, zögert Justin nicht, Fakten, deren Zeuge er war, zu berichten:

„Eine Frau, die früher ausschweifend gewesen war, lebte mit einem lasterhaften Manne zusammen. Nachdem sie die Lehre Christi kennengelernt hatte, war sie züchtig geworden und suchte nun auch ihren Mann zu einem züchtigen Wandel zu bewegen, indem sie ihm die Lehren vorlegte und die Strafe vorhielt, die den unzüchtigen und vernunftwidrig Lebenden im ewigen Feuer bevorsteht. Der aber verblieb in demselben Lasterleben und entfremdete sich durch seine Handlungsweise seine Gattin ... Endlich trennte sie sich von ihm ... und gab ihm nach römischer Sitte den Scheidebrief. Ihr trefflicher Gatte aber, der sich hätte freuen sollen, daß sie, die früher mit Dienern und Angestellten leichtfertig gelebt hatte und dem Trunke und allem Laster ergeben war, von diesen Dingen abgekommen war und auch ihn davon abbringen suchte, erhob gegen sie, da sie sich von ihm gegen seinen Willen getrennt hatte, die Anklage sie sei eine Christin."[76]

Das Beispiel ist aus dem Leben gegriffen. Wir nehmen hier an einem Vorfall des täglichen Lebens teil, wie er in den ersten christlichen Jahrhunderten wohl häufig vorkam und lernen dabei die normalen Vorgänge einer christlichen Propaganda kennen. Bekehrt durch das Beispiel ihrer Nachbarn und Freunde, hat die bekehrte Sünderin, von der Justin berichtet, keine größere Sorge, als ihren Gemahl zu jener Praxis der Tugend zu führen, die sein ewiges Heil garantieren würde. Sie hat Pech damit, wie viele andere zu ihrer Zeit. Aber die Fälle eines klaren Erfolges fingen an, sich zu vermehren.

Die *Oratio ad Graecos* des Pseudo-Justin ist fast in jeder Hinsicht eine Verherrlichung des göttlichen Wortes, das die Seele reinigt, das keine Philosophen und gewandte Rhetoren macht, sondern das durch seine Lehren die Sterblichen unsterblich macht, die Menschen in Götter verwandelt und uns von dieser Welt zu den jenseitigen Regionen des Olymp erhebt[77].

---

[75] *Justin,* 1. Apologie 16,3–4. Deutsche Übs. von *G. Rauschen,* in: Frühchristliche Apologeten und Märtyrerakten I, BKV, München 1913.

[76] *Justin,* 2. Apologie 2,1–3.6–7.

[77] *Pseudo-Justin,* Oratio ad Graecos 5, PG 6,237. Zur Datierung des Werkes, dessen Autor unbekannt ist, vgl. *A. Puech,* Les Apologistes grecs du IIe siècle de notre ère, Paris 1912, 230: „Man kann ihn nicht unter die ältesten Apologeten rechnen, aber man darf ihn auch nicht zu spät datieren; er gehört spätestens in die ersten Jahre des 3. Jahrhunderts und möglicherweise ans Ende des 2. Jahrhunderts."

Der unbekannte Autor erklärt, indem er von seiner Bekehrung spricht, Folgendes: „Das ist es, was mich angezogen hat: der göttliche Charakter der Lehre und die Macht des Logos, der, wie ein guter Magier, die gefährliche Schlange, den Teufel, aus ihrer Höhle herauskommen läßt und in die Flucht schlägt, der aus den Abgründen unserer Seele die verderblichen Leidenschaften unserer Sinne hinausjagt: zuerst das Begehren, das der Vater alles Bösen ist; danach den Haß, die Dispute, Eifersucht, Streit, Zorn und alles, was dem gleicht. Wo die Begierde einmal vertrieben ist, wird die Seele ruhig und heiter. Von den Übeln, die auf ihr lasten und sie bedrücken, einmal befreit, wendet sie ihrem Schöpfer sich zu; denn sie muß wieder zu ihrer Stätte zurück, von der sie sich entfernt hatte."[78]

Athenagoras bekennt nicht ganz so deutlich, daß er seine Bekehrung dem Eindruck der christlichen Sittenreinheit verdankt, aber er läßt es schon durch die Art und Weise, wie er die Sitten seiner Brüder beschreibt, erkennen:

„Welche unter denen, die die Schlüsse entwickeln und die mehrdeutigen Aussprüche lösen und die Wortbedeutungen feststellen, oder unter denen, die das Homonyme und das Synonyme, die Aussageweisen und die Axiome, die Substanz und das Prädikat erklären – dabei versprechen sie, ihre Schüler durch diese und ähnliche Lehren glücklich zu machen –, haben eine solche Reinheit der Seele, daß sie ihre Feinde nicht hassen, sondern sogar lieben und denen, die ihnen zuerst Schmach zugefügt haben, nicht Übles nachreden (solchen Übles nur nachzureden wäre für sie schon der höchste Grad der Mäßigung), sondern sie sogar segnen, und für die, welche ihnen nach dem Leben streben, sogar beten? Im Gegenteil, sie fragen einander immer in böser Absicht nach den obengenannten Geheimnissen aus und wollen immer etwas Böses ins Werk setzen, da sie sich kunstvolles Spiel mit Worten, aber nicht Aufzeigung von Werken zur Aufgabe gemacht haben. Bei uns dagegen könnt ihr ungebildete Leute, Handwerker und alte Mütterchen finden, die, wenn sie auch nicht imstande sind, mit Worten die Nützlichkeit ihrer Lehre darzutun, so doch durch Werke die Nützlichkeit ihrer Grundsätze aufzeigen. Denn nicht auswendig gelernte Worte sagen sie her, sondern gute Taten zeigen sie auf: geschlagen nicht wieder zu schlagen, ausgeraubt nicht zu prozessieren, den Bittenden zu geben, die Nebenmenschen wie sich selbst zu lieben. Würden wir uns nun solcher Reinheit befleißen, wenn wir nicht glaubten, daß Gott über der Menschheit walte? Gewiß nicht; sondern weil wir überzeugt sind, daß wir Gott, der uns und die Welt erschaffen hat, über unser genzes Erdenleben einst Rechenschaft geben müssen, deshalb entscheiden wir uns für das maßvolle, menschenfreundliche und unscheinbare Leben ..."[79]

---

[78] Pseudo-Justin, Oratio ad Graecos 5; PG 6, 237–240. Man hat die Bezeichnung „Magier" auf Christus angewandt. Die Befreiung von der Sünde erschien als etwas so außergewöhnliches, daß sie an Hexerei grenzte.
[79] *Athenagoras,* Supplicatio 11–12; vgl. 32–33; deutsche Übs. von *P. Anselm Eberhard* in: Frühchristliche Apologeten und Märtyrerakten, BKV, 288 f.

Man könnte die Zeugnisse leicht vermehren; denn es gibt fast keinen Apologeten des zweiten Jahrhunderts, der nicht auf den Vorzug der christlichen Sitten den Finger gelegt und ihren apologetischen Wert herausgestellt hätte. Wenn auch nicht alle sich aufgrund des Beispiels und der Heiligkeit bekehrt haben, so waren sie doch wenigstens davon beeindruckt; sie weisen wiederholt ihre potentiellen Leser auf die Wohltaten hin, welche die Religion der Erlösung der Menschheit bringt, indem sie sie von der Sünde befreit. Wichtig ist es, in diesem Zusammenhang die Geschichte des heiligen Cyprian zu erwähnen; denn er ist ein hochgebildeter Mann, aus guter Familie und bestens erzogen. Trotz ihrer philosophischen Bildung, die man freilich nicht überbewerten darf, sind ein Justin und Athenagoras im Vergleich zu ihm eher kleine Leute. Sie müssen ihren Lebensunterhalt verdienen, indem sie je nach Gelegenheit Unterricht erteilen [80].

Cyprian von Karthago dagegen ist ein Aristokrat, der in der Oberschicht seiner Geburtsstadt gute Beziehungen hat, die er auch nach seiner Bekehrung weiter pflegt, bis zum Tag seines Martyriums. Als er vor dem Prokurator erscheint, um sein Todesurteil entgegenzunehmen, bezeugt dieser ihm ausgesprochene Hochachtung und verliest sein Urteil nicht ohne Bedauern. Auch bei seinem Tod benimmt Cyprian sich als Grandseigneur und bittet seine Freunde darum, dem Henker dreißig Goldstücke zu zahlen. Wir möchten gerne wissen, warum dieser glänzende, reiche und in den Wissenschaften (sciences humaines) hochgebildete Mann Christ geworden ist. Er sagt es uns selbst, freilich mit mancherlei Ungenauigkeiten. Es ist das Verlangen nach Heiligkeit, das ihn anzog.

„Als ich selbst noch in der Finsternis und in dunkler Nacht schmachtete und auf den Wegen der sturmbewegten Welt schwankend und unsicher irrend kreuz und quer umhertrieb, ohne meinen Lebensweg zu kennen, ohne die Wahrheit und das Licht zu ahnen, da hielt ich es bei meinem damaligen Lebenswandel für höchst schwierig und unwahrscheinlich, was mir die göttliche Gnade zum Heile verhieß: daß man von neuem wiedergeboren werden könne und daß man durch das Bad des heilbringenden Wassers zu neuem Leben be-

---

[80] Unter den Apologeten des 2. Jahrhunderts ist nur Theophilus von Antiochien mit Sicherheit Bischof, wenigstens unter denen, deren Werke uns erhalten geblieben sind. Justin und Tatian unterhielten eine Schule; man wird dies mit hoher Wahrscheinlichkeit auch für Aristides und Athenagoras annehmen dürfen; für letzteren haben wir das Zeugnis des Philipp von Sida, das freilich ziemlich unsicher ist. Es ist nicht unmöglich, daß Quadratus Bischof von Athen war; vgl. *P. Andriessen,* L'apologie de Quadratus conservée sous le titre d'épître à Diognète, in: Recherches de théologie ancienne et médiévale, t. 13 (1946) 126 f.

seelt, das ablege, was man früher gewesen, und trotz der Fortdauer der leiblichen Gestalt den Menschen nach Herz und Sinn umändere. Wie, sagte ich mir, ist so eine gewaltige Umwandlung möglich? ... So dachte ich oft bei mir. Denn auch ich war durch ziemlich viele Irrtümer in meinem früheren Leben in Banden gehalten und hatte nicht geglaubt, daß ich davon loskommen könnte. So völlig war ich den mir anhaftenden Lastern ergeben, und in der Verzweiflung an einer Besserung hielt ich es mit meinen Übeln wie mit unbedingt zugehörigen Hausgenossen." [81]

Die näheren Umstände der Bekehrung Cyprians liegen im Dunkeln. Wir wissen nur, daß ein Priester namens Caecilianus für ihn zum Werkzeug der Gnade wurde. Was wir freilich mit Sicherheit wissen, ist dies, daß für ihn wie für viele andere die moralische Umkehr nach seiner Taufe eine radikale und totale war:

Er sagt: „Nachdem aber mit Hilfe des lebenspendenden Wassers der Taufe der Schmutz der früheren Jahre abgewaschen war und sich in die nun entsühnte und reine Brust von oben her das Licht ergossen hatte, nachdem ich den himmlischen Geist eingesogen hatte und durch die zweite Geburt in einen neuen Menschen umgewandelt war, da wurde mir plötzlich auf ganz wunderbare Weise das Zweifelhafte zur Gewißheit, das Verschlossene lag offen, das Dunkel lichtete sich, als leicht stellte sich dar, was früher schwierig erschien ... Du weißt es ja und erkennst es so gut wie ich, was dieser Tod der Sünden, was dieses Leben der Tugenden uns gewonnen oder gebracht hat. Du weißt es selbst, und ich will mich nicht rühmen." [82]

Trotz seiner Bescheidenheit hat Cyprian das Recht, so zu reden. Bald nach seiner Taufe verteilte er, wenn nicht sein ganzes Vermögen, wie sein Biograph Pontius behauptet, so doch ein Großteil seiner Güter an die Armen. Er gab die Lektüre profaner Bücher auf, um sich ganz dem Studium der Bibel und der Werke kirchlicher Autoren zu widmen, vor allem der Werke Tertullians, der sein Wegführer in die kirchliche Literatur wurde, und die hervorragende Tugend, die er in allen Situationen bewies, sorgte dafür, daß er sehr schnell zum Priester und schließlich zum Bischof avancierte.

Der Fall des Arnobius weist in andere Richtung. Auch er kam in reifem Alter zum Christentum; er war zweifellos älter als die meisten Konvertiten und sein Eintritt in die Kirche erfolgte so unerwartet, daß sein Bischof ihn um eine Garantie seiner Aufrichtigkeit bat [83]. Im Verlauf einer langen Karriere als Lehrer der Rhetorik hatte Arnobius

---

[81] *Cyprian,* An Donatus 3; deutsche Übs. von *J. Baer,* Des heiligen Kirchenvaters Caecilius Cyprianus sämtliche Schriften, BKV 1. Band, München 1918, 41 f.
[82] *Cyprian,* An Donatus 4; A. a. O., 42 f.
[83] *Hieronymus,* Epist. 70, 5.

häufig die Gelegenheit, sich über das Christentum und die unbedarfte Schlichtheit seiner Anhänger lustig zu machen. Er glaubte, den Wunsch des Bischofs nicht besser erfüllen zu können als dadurch, daß er öffentlich alles, was er bisher verehrt hatte, verbrannte und eine Apologie des Christentums, oder richtiger, eine Streitschrift gegen die Heiden zu verfassen.

Das Werk „Adversus nationes" ist außerordentlich interessant; denn es zeigt eine nahezu vollständige Unkenntnis der christlichen Dogmen. Von einem Neophyten verfaßt, enthält es kein einziges Zitat aus der Heiligen Schrift; kaum findet man darin, und auch das nur bei einigem gutem Willen, ein paar Anspielungen auf das Neue Testament. Es äußert sich engagiert und häufig gegen alle Anthropomorphismen, so als hätte das Judentum mit dem Christentum überhaupt nichts zu tun [84]. Christus erwähnt er kaum und spricht von ihm in Begriffen, die man ebenso heidnischen Göttern beilegen könnte. Aber seine Redlichkeit ist offenkundig, auch muß man seinen Glauben loben. Das Christentum hat ihn ganz gewonnen.

Er sagt: „O diese Verblendung! Vor kurzem noch verehrte ich Bilder, die aus dem Schmelzofen kamen, Götter, die unter Hammerschlägen auf dem Amboß zurechtgeschmiedet worden waren, Elfenbein vom Elefanten, Gemälde, Girlanden, die man an alten Bäumen aufgehängt hatte; sah ich einen Stein, den man eingesalbt hatte oder der von Öl nur so troff, dann betete ich ihn an, als wäre in ihm eine göttliche Macht; ich wandte mich ihm zu und erbat mir Wohltaten von einem gefühllosen Stein ... Jetzt aber, durch einen so großen Führer (= Christus) auf den Weg der Wahrheit geleitet, weiß ich, was all das wert ist; meine Verehrung gilt jetzt dem, was wirklich verehrungswürdig ist; ich schmähe den Namen Gottes nicht mehr und gebe jedem, was er verdient." [85]

Soweit wir es diesem Bericht entnehmen können, erfahren wir, daß Arnobius durch ein Nachdenken über die Nichtigkeit der Idole zum Christentum geführt wurde. Ebenso durch den Eindruck der christlichen Sitten; denn wenig Apologeten haben so sehr wie er die Schlechtigkeit und Schamlosigkeit des Heidentums herausgestellt. Man hat neuerdings vermutet, daß er vor seiner Bekehrung einer hermetischen Sekte angehört habe; dann wäre er wohl schon darauf vorbereitet gewesen, die christlichen Dogmen von der Geistigkeit Gottes und der Vergöttlichung des Menschen leichter anzunehmen [86]. Sein Verlangen

---

[84] *Arnobius,* Adversus Nationes, III, 12.
[85] *Arnobius,* A. a. O., I, 39.
[86] Vgl. *J. Carcopino,* Aspects mystiques de Rome païenne, Paris 1941.

nach moralischer Reinheit fand erst im Christentum seine volle Befriedigung.

Die von uns besprochenen Fälle sind Einzelfälle. Ihre Bedeutung beruht auf der Persönlichkeit und dem Wert der Bekehrten. Doch darf man darüber nicht vergessen, daß die christlichen Tugenden in der antiken Welt ein großartiges Licht verbreiteten und die Massen für die Kirche gewonnen haben. Einige Texte aus vielen mögen genügen, um die Bedeutung aufzuzeigen, die man allgemein von dem Eindruck der Heiligkeit hatte.

Ignatius von Antiochien († um 105 n. Chr.) ermahnt die Christen von Ephesus, die Heiden durch ihre Güte zu gewinnen:

„Doch auch für die andern Menschen betet ohne Unterlaß! Denn es besteht bei ihnen Hoffnung auf Umkehr, auf daß sie Gottes teilhaftig werden. Gewährt ihnen darum, wenigstens aus den Werken von euch belehrt zu werden! Gegenüber ihren Zornesausbrüchen sollt ihr sanftmütig sein, gegenüber ihren Prahlereien demütig, ihren Lästerungen sollt ihr die Gebete entgegensetzen, gegenüber ihrem Irrwahn sollt ihr feststehen im Glauben, gegenüber ihrer Wildheit sollt ihr zahm sein, nicht bestrebt mit ihnen darin konkurrieren zu wollen. Als ihre Brüder wollen wir durch ein gütiges Wesen erfunden werden; bestreben wollen wir uns, Nachahmer des Herrn zu sein – wer hätte mehr Unrecht erlitten, wer wäre mehr beraubt, wer mehr mißachtet worden? –, damit keiner unter euch als Gewächs des Teufels erfunden werde, sondern ihr in aller Keuschheit und Mäßigung fleischlich und geistig in Jesus Christus verbleibt.“ [87]

Irenäus von Lyon (+ um 205 n. Chr.) spricht bewegt von den barbarischen Völkern, deren Sprache er benützt und unter denen er lebt und die er für das Evangelium gewinnen möchte: „Diese Anordnungen befolgen viele Barbaren-Völker, die an Christus glauben. Ohne Papier und Tinte haben sie ihr Heil durch den Heiligen Geist in ihren Herzen geschrieben und sorgfältig bewahren sie die alte Tradition ... Die diesen Glauben ohne Schrift angenommen haben, sind hinsichtlich unserer Sprache zwar Barbaren, in Anbetracht ihrer Gesinnung, ihrer Gebräuche und ihres Lebenswandels freilich wegen ihres Glaubens höchst weise und Gott wohlgefällig, da sie in aller Gerechtigkeit, Keuschheit und Weisheit wandeln. Käme ihnen einer mit häretischen Erfindungen und wollte darüber mit ihnen in ihrer Sprache reden, dann würden sie sich sogleich die Ohren zuhalten und weit, weit fliehen, weil sie das gotteslästerliche Gerede nicht ertragen könnten.“ [88]

---

[87] *Ignatius,* Eph 10; zit. nach *J. Fischer,* Die apostolischen Väter Griechisch und Deutsch, München 1956, 148 ff.
[88] *Irenäus,* Adv. haer. III, 4,2 – BKV I, 214.

Origenes gab nach vielen Zeugen das großartige Beispiel eines asketischen Lebens; er ermunterte nicht von ungefähr eine große Anzahl seiner Schüler zur Nachahmung, aber auch ungläubige Heiden, Gebildete, Philosophen, und nicht nur die ersteren waren bereit, seinen Lehrveranstaltungen zu folgen. Eusebius fügt an dieser Stelle hinzu: „Auch diese haben sich, da sie aufrichtig in der Tiefe ihres Herzens den Glauben an das göttliche Wort von Origenes entgegennahmen, in der damaligen Verfolgung ausgezeichnet, so daß manche von ihnen gefangengenommen wurden und im Martyrium zur Vollendung kamen." [89]

Zur Zeit der großen Verfolgung (gemeint ist die Verfolgung unter Diokletian 303–311) treffen die schwersten Übel den christlichen Osten: Hunger, Pest und Kriege und natürlich die öffentliche Moral machen sich als schärfstes Elend bemerkbar. Aber trotz all dieser offiziell gegen sie gerichteten Maßnahmen

„wurde die allseitige Dienstbereitschaft der Christen und ihre Frömmigkeit allen Heiden in deutlichen Zeichen offenbar. Denn sie waren die einzigen, die in den so großen Drangsalen ihr Mitgefühl und ihre Nächstenliebe durch die Tat kundgaben. Die einen widmeten sich Tag für Tag der Pflege der Sterbenden und ihrer Bestattung – es waren deren Tausende, um die sich niemand annehmen wollte –, andere versammelten die von Hunger Gequälten aus der ganzen Stadt an einem Orte und teilten Brot unter sie aus. Ihr Tun sprach sich bei allen Menschen herum, und man pries den Gott der Christen und be-

---

[89] *Eusebius,* KG VI, 3,13; deutsche Übers. von *Ph. Häuser* (BKV), neu herausgegeben und eingeleitet von *H. Kraft,* München 1967, 281. Hier sei darauf hingewiesen, daß Origenes in seinem Werk „Contra Celsum" das christliche Leben, wenn es in Lauterkeit und religiöser Tiefe gelebt wird, für die frappierendste Demonstration der Göttlichkeit der Kirche hält: „Jesus wird nun immer von falschem Zeugnis bedroht und jederzeit angeklagt, solange die Bosheit unter den Menschen herrscht. Er selbst schweigt diesen Anschuldigungen gegenüber auch jetzt und redet zu seiner Verteidigung kein Wort. Es spricht aber für den Wandel seiner wahren Jünger und redet laut für ihn und ist kräftiger als jedes falsche Zeugnis und widerlegt und vernichtet die falschen Zeugnisse und Anklagen" (Contra Celsum, Vorrede 2). Es gibt Christen, die „aus Liebe zu einer ganz außerordentlichen Reinheit, und um der Gottheit in reinerer Weise zu dienen, selbst nicht einmal die vom Gesetz erlaubten Freuden der Liebe genießen wollen" (I, 26); „radikale Askese ist das beste Mittel, zur Gemeinschaft mit Gott zu gelangen (IV, 26) und deshalb eine Form der Frömmigkeit (IV, 26). Selbst bei den Durchschnittschristen ist die Besserung der Sitten das sicherste Zeichen ihres Standes. Das Christentum ist wie eine neue Methode zur Heilung der Seelen; wie kann man also, gegen die Wahrheit, seinen Nutzen bestreiten (I, 64)". Es bewirkt täglich, in der moralischen Ordnung, wunderbare Heilungen, die größer sind als selbst die des Meisters. „Denn immerfort öffnen sich die Augen blinder Seelen; und die Ohren, die für die Lehren der Tugend verschlossen waren, hören mit Freuden von Gott und von dem seligen Leben bei Gott reden" (II, 48). Vgl. *P. de Labriolle,* La réaction païenne, 145–147.

kannte, daß diese allein die wahrhaft Frommen und Gottesfürchtigen seien, da ihre Werke dies bewiesen."[90]

Die Homilie, die unter dem Namen des Klemens von Rom (sog. 2. Klemensbrief) überliefert ist, erbringt den Gegenbeweis. Wenn Christen sich schlecht verhalten, wird der Name Gott gelästert und die Heiden, weit entfernt, sich zum Christentum zu bekehren, machen es lächerlich:

„Wenn nämlich die Heiden aus unserem Munde die Aussprüche Gottes hören, staunen sie darüber als über gute und erhabene (Worte); wenn sie aber hernach bemerken, daß unsere Werke den Worten, die wir reden, nicht entsprechen, kommen sie infolgedessen zur Gotteslästerung und sagen: es sei irgendein Mythus und Irrtum. Wenn sie nämlich von uns hören, daß Gott sagt: Ihr bekommt keinen Dank, wenn ihr die liebt, die euch lieben, aber ihr bekommt Dank, wenn ihr eure Feinde liebt und die, welche euch hassen! Wenn sie dies hören, werden sie staunen über die übergroße Güte; wenn sie aber sehen, daß wir nicht nur die uns Hassenden nicht lieben, sondern nicht einmal die uns Liebenden, dann lachen sie über uns und der Name wird entehrt."[91]

Vor allen Tugenden, welche die Christen praktizieren, ist die Festigkeit angesichts des Todes und die Standhaftigkeit, mit der sie die grausamsten Torturen ertragen, diejenige, welche die Heiden am meisten beeindruckt, auch diejenige, die sie, wenigstens in bestimmten Fällen, am unmittelbarsten für die Religion des Evangeliums gewinnt. Hier gibt es etwas, das ihr Fassungsvermögen übersteigt. Manche, wie Epiktet[92] und Mark Aurel[93], nehmen Anstoß an dieser nahezu tragischen Haltung und ziehen dem eine größere Schlichtheit vor. Die Masse jedoch teilt solche Skrupel nicht und läßt sich einfach gewinnen. Von den frühesten Zeiten an war dieses Beispiel am wirkungsvollsten, wenn man der Notiz des Klemens von Alexandrien aus seinen „Hypotyposen", die Eusebius zitiert, glauben darf:

Klemens berichtet im siebten Buch der „Hypotyposen", daß sich der Henker, der den Apostel Jakobus d. Jüngeren, Bruder des Johannes, geführt habe (vgl. Apg 12,2), „beim Anblick seines Bekennermutes sich zum Christentum bekannt habe. Nun wurden – so sagt er – beide zusammengeführt. Unterwegs bat

---

[90] *Eusebius,* KG IX, 8,13–14. Im 4. Jahrhundert empfiehlt Julian der Abtrünnige den heidnischen Priestern das Beispiel der christlichen Nächstenliebe, zweifellos nicht, um sie zu bekehren, sondern im Gegenteil, um die Christen wieder zum Heidentum zurückzuführen; vgl. Epist. 84 und 89. Dieses Zugeständnis, daß die Heiligkeit der Kirche einen starken Einfluß ausübt, ist sehr bezeichnend.
[91] 2. Klemensbrief 13,3–4.
[92] *Epiktet,* Diatriben IV, 7,6.
[93] *Mark Aurel,* Betrachtungen 11,3.

jener den Jakobus um Verzeihung. Dieser zögerte ein wenig, dann antwortete er: Friede sei mit dir! Und küßte ihn. So wurden beide zugleich enthauptet."[94]

Ähnliche Fälle wiederholen sich später häufig. Tertullian, in seinem *Apologeticum* erklärt, daß die Hartnäckigkeit, welche die heidnischen Magistrate an den Christen so sehr kritisieren, eine Lehre sei: „Denn wer werde nicht bei ihrem Anblick aufgerüttelt, zu ergründen, was der Kern der Sache ist? Wer wird nicht, hat er es ergründet, sich anschließen und, hat er sich angeschlossen, zu leiden wünschen, um die volle Gnade Gottes zu erkaufen, um alle Verzeihung von ihm um den Preis des Blutes zu erlangen?"[95] Es ist denkbar, daß Tertullian dabei an seine eigene Bekehrung denkt und an die Motive, die ihn dazu bewogen haben[96]. Eine lapidare Formulierung kennzeichnet seine Denkweise: *„Etiam plures efficimur quotiens metimur a vobis, semen est sanguis christianorum." („Nur zahlreicher werden wir, sooft wir von euch niedergemäht werden: ein Same ist das Blut der Christen.")*[97] Hippolyt, in seinem Daniel-Kommentar, verweist gleichfalls auf die Fruchtbarkeit des von den Märtyrern gegebenen Beispiels[98], ebenso Klemens von Alexandrien in seinen Stromateis[99]. Unter den von Eusebius überlieferten Fakten ist am bekanntesten die Bekehrung des Basilides, eines der Soldaten, die die Potamiäna zur Hinrichtung geführt haben, und der sich daraufhin sofort als Christ bekannte. „Auch mehrere andere Bewohner von Alexandrien", berichtet Eusebius weiter, „sollen sich damals plötzlich der Lehre Christi zugewendet haben, da ihnen Potamiäna im Schlafe erschienen sei und zu ihnen geredet habe."[100]

Die durch das Beispiel der Märtyrer bewirkten Bekehrungen müssen so zahlreich und eindrucksvoll gewesen sein, daß sie in der hagiographischen Literatur schließlich zum Gemeinplatz wurden. Vor

---

[94] *Eusebius,* KG II, 9,3.
[95] *Tertullian,* Apologeticum 50,15.
[96] Die Bekehrung Tertullians war wohl noch durch andere Motive veranlaßt, vor allem durch die Kraft der christlichen Exorzismen, Apologet. 23,7 und durch die Lektüre der Bibel, im besonderen der Propheten, Apologet. 18,1–4; 47.
[97] Apologeticum 50,13.
[98] *Hippolyt,* In Daniel., I,20–21.
[99] *Clemens Alexandrinus,* Stromateis VII, 12,74.
[100] *Eusebius,* KG VI, 5,7. Man kennt noch andere Fälle von Bekehrung durch einen Traum, so, wenn uns *Hieronymus* richtig informiert, die des Arnobius, *Chronic.* ad annum 326. Der Autor der pseudo-klementinischen Homilien 18,14–19 ist der Auffassung, daß Visionen und Träume keineswegs zureichende Bekehrungs-Gründe seien, und *Origenes,* In Numer., hom. 27,1 warnt seine Hörer vor Visionen, die auch vom Satan kommen können.

allem sind es die Henker selbst oder die Gefängniswächter, die zuallererst dieser Überlegenheit ihrer Opfer unterliegen. H. Delehaye erwähnt unter vielen anderen: Anatolios und Protoleon in den Akten des heiligen Georg; Antiochus und Patricius in denen des heiligen Theodor; Aphthonius, einer der Henker des heiligen Acindynus; der Offizier Felix, der den heiligen Eleutherius und noch drei andere verhaften soll; Dionysius und Callimachus, die Folterknechte, die den Leib des heiligen Paphnutius zerfleischen sollen. Nicht selten ziehen diese Konvertiten zahlreiche andere mit. Kelsus, ein Offizier des Licinius, bekennt sich vor versammelter Truppe, deren Kommandeur er ist, zu Christus, ebenso Anatolius, der ein Bataillon von mindestens 3099 Mann kommandierte. An der Spitze ihrer Soldaten bekehren sich die Tribunen Nikostratus und Anatolius und erleiden den Märtyrertod. Vorgänge, wie die Bekehrung von 49 Soldaten bei der Hinrichtung des heiligen Callistratus, sind durchaus normal[101].

Solche Berichte verdienen nicht das geringste Vertrauen, so wenig wie diejenigen, wo eine Menge von Zuschauern mit einem Schlag sich zum wahren Glauben bekennt[102]. Aber wenn auch die Legende ihre Blüten in dieser Richtung trieb, so zeigt uns die Historie doch, daß ähnliche Fälle in unterschiedlichen Situationen wirklich vorgekommen sind. Justin legt einem Heiden dieses an Christen gerichtete Wort in den Mund: „Ihr alle, ihr bringt euch selber um; geht nun zu eurem Gott und macht uns daraus keine Affäre."[103] Tertullian berichtet, daß der Prokonsul von Asien, Arius Antoninus, die Christen heftig verfolgte; eines Tages seien alle Christen der Stadt vor seinem Tribunal erschienen und hätten ihre Verurteilung gefordert. Er ließ tatsächlich einige hinrichten und sagte zu den übrigen: Ihr Unglücklichen, wenn ihr schon sterben wollt, hier habt ihr Fleischerhaken und Stricke![104] Hier handelt es sich zweifellos um überzeugte Christen; wir bezwei-

---

[101] *H. Delehaye,* Les passions de martyrs et les genres littéraires, Brüssel 1921, 249–250. Man könnte hier noch den bekannten Fall des heiligen Genesius erwähnen, der als Schauspieler die Rolle des Katechumenen, der nach der Taufe verlangte, zu spielen hatte und der dabei von der Gnade ergriffen wurde und sich als Christ bekannte. Er wurde daraufhin sofort vom Kaiser verurteilt, vgl. *P. Monceaux,* La vraie légende dorée, Paris 1928, 295ff. Allerdings kennt man wenigstens drei Versionen dieser Geschichte, des Gelasinus, des Andelion und des Porphyrius, was die Glaubwürdigkeit keineswegs fördert. Doch ist es gut möglich, daß derartige Bekehrungen wirklich vorkamen.

[102] So sollen bei der Hinrichtung des heiligen Primus und Felicianus zwölftausend Personen dabeigewesen sein, ungeachtet der Frauen und Kinder; davon hätten eintausendfünfhundert den christlichen Glauben angenommen; vgl. *Delehaye,* a.a.O., 251.

[103] *Justin,* 2. Apologie, 4, 1.

[104] *Tertullian,* Ad Scapulam 5.

feln nicht, daß ein ähnlicher Enthusiasmus aufrichtige Heiden beim Anblick solch heroischer Tapferkeit, wie sie die Märtyrer an den Tag legten, ergriffen hat.

4. Die christlichen Wunder

Verlangen nach Wahrheit, Verlangen nach Befreiung und Heil, Verlangen nach Heiligkeit: dies sind die großen Motive der Bekehrung zum Christentum im Lauf der ersten Jahrhunderte. Es gibt sicher auch noch andere. Der Gesichtspunkt der von Christen bewirkten Wunder, vor allem die Kraft ihrer Exorzismen, hat viele überzeugt, angefangen bei Simon dem Magier, der für Geld die Fähigkeit kaufen wollte, den Heiligen Geist auf diejenigen herabkommen zu lassen, denen er die Hände auflegte (vgl. Apg 8, 19). Tertullian beschreibt glänzend dieses Argument und läßt ihm die Dämonen trotzig widersprechen:

„Doch nun genug der Worte: es folge jetzt die Vorführung der Sache selbst, womit wir beweisen werden, daß beides Namen sind für ein und dieselbe Wesenheit. Erscheinen soll hier an dieser Stelle vor einem Richtersitze einer, von dem feststeht, daß er von einem Dämon besessen ist; wenn ein beliebiger Christ ihm zu sprechen befiehlt, wird dieser Geist sich ebensosehr der Wahrheit gemäß als Dämon bekennen wie andernorts fälschlich als Gott. Ebenso führe man einen von denen vor, die angeblich unter der Gewalt eines Gottes leiden, die mit an den Altar gepreßten Lippen die Gottheit aus dem Opferdampf einsaugen, die durch Aufstoßen Heilung finden, die mit fliegendem Atem wahrsagen ... Sollten (diese Götter) sich nicht als Dämonen bekennen und vor dem Christus zu lügen wagen, auf der Stelle vergießt dann das Blut dieser über alle Maßen unverschämten Christen! Was kann deutlicher sein als diese Verweigerung? Was zuverlässiger als solch ein Beweis? Schlicht und einfach tritt die Wahrheit in die Schranken; ihre ganze Kraft steht ihr bei; für Verdächtigungen bleibt da kein Raum."[105]

Gleichwohl spielen in der frühchristlichen Apologetik die Wunder keineswegs eine dominierende Rolle, und schon Paulus hatte erklärt: „Während nämlich die Juden Zeichen fordern und die Griechen Weisheit suchen, predigen wir Christus, den Gekreuzigten, den Juden ein Ärgernis, den Heiden eine Torheit, den Berufenen aber, Juden wie Griechen, (verkünden wir) Christus als Gottes Kraft und Gottes Weisheit. Denn die göttliche Torheit ist weiser als die Menschen, und die

---

[105] *Tertullian,* Apologeticum 23, 4–7.

göttliche Schwäche ist stärker als die Menschen" (1 Kor 1, 22–25).
Auch die Heiden haben ihre Wunder, und die Tempel des Asklepios
oder anderer heilkräftiger Gottheiten sind voll von Votiv-Tafeln, die
die Dankbarkeit ihrer Verehrer bezeigen. Selbst intelligente Männer
wie Aelius Aristides gehören zu ihnen und gefallen sich darin, in ihren
Reden die unzähligen Wohltaten aufzuzählen, die sie ihren Wohltä-
tern zu verdanken glauben[106]. Wie soll man unter diesen Voraussetzungen die christlichen Wunder von ihren heidnischen Ebenbildern
unterscheiden können?[107] Und wie soll man daraus überzeugende Argumente schmieden gegenüber einer Mentalität, die gleichsam ganz
im Wunderbaren lebt und darin eingetaucht ist? Viele wurden durch
die Wunder in der frühen Kirche bekehrt; vom dritten Jahrhundert an
bemerken die Apologeten, daß die Zeit der Anfänge die große Zeit
der christlichen Wunder war und daß zu ihrer Zeit nicht mehr allzu-
viel Wunder vorkommen[108].

Andererseits hat die Lektüre der Heiligen Schrift dem Christentum
viele rechtschaffene Geister zugeführt. Hier liegt die große Schwierigkeit darin, Gebildete zur Lektüre der Bibel zu bewegen; wir kommen
darauf noch zurück[109]. Doch nachdem die ersten Schwierigkeiten einmal überwunden waren, war es nicht mehr leicht, dem Eindruck zu
widerstehen, den einerseits das ehrwürdige Alter des mosaischen Gesetzes, andererseits die prophetischen Weissagungen, die sich so genau in Jesus Christus erfüllt hatten, machten. Dieser zweite Beweis
hatte seine Bedeutung vor allem gegenüber Juden; er wurde vor allem
in der antijüdischen Kontroverse entwickelt, aber auch die Heiden

---

[106] Vgl. *A. Boulanger*, Aelius Aristide, Paris 1923, 272.
[107] Man kann hier die Bemerkungen von *A. J. Festugière*, La révélation d'Hermès Trismégiste, 310 wiederholen: „Keine Epoche scheint leichtgläubiger gewesen zu sein als die
ersten vier Jahrhunderte unserer Ära. Die absurdesten Wunder begeistern die Menge.
Heiden und Christen lassen sich gleichermaßen durch die Kunststücke der Magier täuschen. Was diesen Punkt betrifft, so bietet die Romanliteratur der apokryphen Apostel-
akte kuriose Beispiele dieses Zeitgeistes. Diese christlichen Romane, von denen manche
einen unglaublichen Erfolg hatten, hatten keineswegs die Absicht, zu gefallen; jedenfalls
war dies nicht ihr erstes Ziel; sie wollten vor allem erbauen, und man kann von daher
sicher sein, daß die Wunder der Apostel dieser Absicht dienen sollen."
[108] Vgl. *Origenes,* Contra Celsum I, 2; II, 8.48; *Eusebius* KG III, 37; *Ambrosiaster,*
Quaestiones Veteris et Novi Testamenti CXIV, 22: „Virtutum autem gestarum nunc usque apparet umbra, quia enim (nunc) tempus non est faciendarum virtutum, initium autem fieri oportuit, et semen fidei per hanc crementum faceret; tamem etiam modo
daemonia nominata cruce Christi terrentur" („Bis heute erscheint der Schatten der Wundertaten; denn jetzt ist nicht die Zeit, Wunder zu wirken; am Anfang freilich mußten sie
geschehen, damit dadurch der Same des Glaubens wuchs; aber dennoch fürchten auch
jetzt noch die erwähnten Dämonen das Kreuz").
[109] Vgl. oben, S. 243 ff.

blieben ihm gegenüber nicht gleichgültig, und Justin, um nur diesen zu nennen, widmete ihm in seinen Apologien einen wichtigen Platz[110].

Für andere war das entscheidende Argument die Ankündigung des Endes der Welt. Alle christlichen Generationen haben nacheinander die große Endkatastrophe erwartet, und es gibt kaum einen christlichen Schriftsteller, der ihre Vorzeichen nicht da oder dort bemerkt hätte. Tertullian und seine Zeitgenossen beten darum, daß die gewaltige Katastrophe, die dem Erdkreis droht, ja daß das Ende der Welt, das entsetzliche Leiden heraufbeschwört, möglichst lange durch den Bestand des Römischen Reiches hinausgeschoben würde[111]. Cyprian erklärt den Gläubigen von Thibaris, daß sie es wissen und für gewiß halten sollen, daß das Ende der Welt und die Zeit des Antichrist nahe seien[112]. Den Kirchen von Emerita, Legio und Asturia schärft er ein, sie sollten sich nicht darüber aufregen, wenn am Ende der Zeit der Glaube schwankend wird und die Gottesfurcht erlischt[113]. Ambrosius schreibt, daß man am Ende der Zeit angelangt sei[114]; Martin von Tours zweifelt nicht daran, daß der Antichrist schon in die Welt gekommen sei und bald die Macht ergreifen würde[115]. Wie hätte diese von allen Seiten vorgetragene Aussage nicht Eindruck machen sollen und in der Kirche die verängstigten und um ihr Heil besorgten Gemüter nicht dazu führen sollen, durch moralische Anstrengung sich zu wahrer Heiligkeit zu erheben?[116]

Nach dem Frieden der Kirche (der „konstantinischen Wende", Anm. d. Übs.) wird das Christentum von einer Masse von Leuten auf-

---

[110] *Justin* war selbst durch den Greis, der ihm das Christentum gezeigt hatte, zur Lektüre der Bibel geführt worden, vgl. Dialog 7. – Gegen Ende des 5. Jahrhunderts führt der Trug der heidnischen Orakel Severus von Antiochien und seine Freunde zum Christentum, vgl. *Zacharius Scholasticus,* Vita Severi, P. O., I, 2, S. 40: „Erinnert euch, so schrieb um 491 der Student Paralios von Aphrodisias in Karien, welch zahllose Opfer wir als Heiden darbrachten, als wir uns an diese sogenannten Götter wandten, indem wir Schweine sezierten und sie mit Hilfe der Magie prüften, um uns zu sagen, ob wir mit Leontios, Illus und Pampsepios und allen, die mit ihnen zusammen sich auflehnten, den Kaiser Zenon seligen Angedenkens besiegen würden. Wir bekamen eine ganze Menge von Orakeln, gleichzeitig auch Verheißungen, als könne der Kaiser Zeno ihrem Schock nicht widerstehen; aber jetzt sei der Augenblick gekommen, wo das Christentum sich auflösen und verschwinden werde, und der heidnische Kult würde wieder aufblühen. Aber die Ereignisse haben gezeigt, daß diese Orakel trügerisch waren; das gilt auch für jene, die von Apollo dem Krösus von Lydien und dem Pyrrhus von Epirus zuteil wurden."
[111] *Tertullian,* Apologeticum 22, 1; vgl. De Oratione 5, 29; Ad uxorem 1, 5.
[112] *Cyprian,* Epist. 58, 1.   [113] *Cyprian,* Epist. 67, 7.
[114] *Ambrosius,* Expositio Lucae 10, 2.
[115] *Sulpicius Severus,* Dialoge 2, 14.
[116] Vgl. *G. de Plinval,* Pélage, ses écrits, sa vie et sa réforme. Étude d'histoire littéraire et religieuse, Lausanne 1943, 115–120.

genommen, die sich unter den allergewöhnlichsten Vorwänden bekehren; die einen denken nur daran, dem christlich gewordenen Kaiser damit den Hof zu machen, jederzeit bereit, wieder abzufallen, wenn ein Kaiser wie Julian das entsprechende Beispiel gibt, oder ein Usurpator wie Eugen die Macht zu gewinnen scheint[117]; andere lassen sich schnell von syrischen und orientalischen Wandermönchen gewinnen, die den Okzident mit Reliquien durchwandern, „wie zweihundert Jahre zuvor ihre Vorgänger die Vorzüge der Bona Dea gepriesen haben oder Amulette verkauften und die römische Plebs sich von diesen Fremdlingen das ewige Heil versprechen oder verkaufen ließ"[118]. Andere sind durch die Verheißung ewigen Lebens angesprochen; der Glaube, sagt man ihnen, genüge, es zu gewinnen: „Zuerst soll man sie taufen; anschließend soll man sie über den Lebenswandel und die Sitten belehren."[119] Man tauft sie tatsächlich, und die Kirche füllt sich mit Trunkenbolden, Wucherern, Ehebrechern und sogar mit Prostituierten, die nicht daran denken, ihr lukratives Gewerbe aufzugeben[120]. Andere erklären sich aus Todesfurcht für Christen, vor allem bei der Eroberung Roms durch Alarich (410 n. Chr.). Doch nachdem die Gefahr vorbei ist, kehren sie ohne Scheu zu den Göttern, die sie verlassen haben, zurück[121]. Diesen bekehrten Eintagsfliegen versichern ein Jovinian und seine Anhänger, daß die Taufgnade unverlierbar sei und daß nach dem Tode alle Getauften ein und denselben Lohn bekämen[122].

Es ist überflüssig, bei solchen Simulanten zu verweilen, oder auch bei jenen schwachen und unwissenden Seelen, die zum Christentum mehr geschoben wurden, als daß sie freiwillig und in voller Kenntnis der Sache sich dafür entschieden hätten. Die wirklich interessanten Bekehrungen sind jene, die sowohl aus freiem Willen als auch aus persönlicher Reflexion heraus erfolgen. Diese Bekehrungen waren in den ersten drei Jahrhunderten besonders zahlreich. Wir haben die Motive genannt, denen sie gewöhnlich folgten. Wir müssen nunmehr die schweren Forderungen, die damit gegeben waren, sowie die Widerstände, mit denen sie notgedrungen zu kämpfen hatten, genauer studieren.

---

[117] *J. R. Palanque,* Saint Ambroise et l'empire romain, Paris 1933, 277–286.
[118] *G. de Pinval,* A. a. O. 16.
[119] *Augustinus,* De fide et operibus, 9.
[120] *Augustinus,* a. a. O., 25.
[121] *Augustinus,* De civitate Dei I, 1.
[122] *Hieronymus,* Adversus Jovinianum I, 1.

Fünftes Kapitel

Die christliche Bekehrung

II. Ihre Forderungen

Wie die Bekehrung zum Judentum, und vielleicht noch mehr als diese, stellt auch die Bekehrung zum Christentum beachtliche Forderungen. Sie erhebt einen Totalanspruch und fordert den ganzen Menschen, es ist nicht erlaubt, irgend etwas davon zurückzuweisen oder irgendwelche Vorbehalte zu machen. Manche machten sich an diesem Punkt falsche Vorstellungen, wie der Brief des Hadrian an Servianus zeigt[1], ebenso der Brief des heiligen Cyprian an die spanischen Kirchen in Emerita, Legio und Asturica[2], die Kanones des Konzils von Elvira im Hinblick auf christliche Flamines[3]: all diese zeigen uns Vorgänge, die uns mit Recht sehr ungewöhnlich vorkommen[4], und es

---

[1] *Vopiscus,* Vita Saturnini VIII, 1: „Diejenigen, die den Serapis anbeten, sind zugleich Christen, und die sich als Bischöfe Christi bezeichnen, sind Verehrer des Serapis. Da ist kein Vorsteher einer jüdischen Synagoge, kein Samaritaner, kein christlicher Presbyter, der seine Funktionen nicht mit denen des Astrologen, des Weissagers oder eines Scharlatans verbinden würde. Selbst der Patriarch sieht sich, wenn er nach Ägypten kommt, von den einen gezwungen, den Serapis, von den andern, Christus anzubeten." Dieser Text hat alle Chancen, nicht authentisch zu sein. Wäre er es doch, dann müßte man ihn eher als ein lockeres Spiel des Hadrian betrachten, eines ebenso oberflächlichen wie neugierigen Geistes bei seinen Reisen, denn als eine korrekte Wiedergabe der Realität.

[2] *Cyprian,* Briefe, 67, 6: „Außerdem hat Basilides, abgesehen von diesem befleckenden Zeugnis, auch noch auf dem Krankenbett Gott gelästert und diese Lästerung auch eingestanden ... Auch Martialis hat nicht nur lange Zeit schändliche und schmutzige Gelage in der Gesellschaft der Heiden besucht und seine Söhne in der gleichen Gesellschaft nach heidnischer Sitte in ungeweihten Gräbern beigesetzt und neben Andersgläubigen bestattet, sondern er hat auch in der öffentlichen Gerichtsverhandlung vor dem Prokurator Ducenarius versichert, daß er sich dem Götzendienst gefügt und Christus verleugnet hat." Basilides und Martialis waren christliche Bischöfe.

[3] Concil. Iliberrit., can. 2–4 und 55. Diese Canones beziehen sich auf Christen, die das Amt eines Flamen übernehmen. Das Konzil verurteilt deutlich die Übernahme des Amtes eines Flamen durch Christen, ausgenommen diejenigen, die den Kranz als Insignium tragen mußten, jedoch an den Opfern nicht teilnahmen. Letztere werden nach zweijähriger Kirchenbuße auch wieder zur Kirchengemeinschaft zugelassen. Vgl. *L. Duchesne,* Le concile d'Elvire et les flamines chrétiens, in: Mélanges Renier, Paris 1887 171 ff.

[4] Vgl. *Ch. Guignebert,* Les demi-chrétiens et leur place dans l'Église antique, in: Revue d'Histoire des Religions, 1923.

171

dürfte noch manch andere dieser Art gegeben haben [5]. Aber das sind Ausnahmen. Man muß sich hüten, darin das Ideal zu sehen, wie es die Kirche immer proklamierte und wie es die Großzahl ihrer Gläubigen verwirklicht hat. Die Konvertiten wußten genau, worauf sie sich einließen, wenn sie die Taufe empfingen. Damit unterschrieben sie präzise Forderungen, die sich wesentlich auf die folgenden Punkte bezogen: absolute und endgültige Absage an die Vergangenheit; Bindung an geheimnisvolle Dogmen; Praxis einer strengen Moral, verbunden mit einer Enthaltung von Sünde.

1. Die Absage an die Vergangenheit

An erster Stelle steht die Absage an die heidnische Vergangenheit. Der Christ ist der Sünde gestorben und zum Leben Christi auferweckt. Wenige Aussagen kommen bei Paulus so häufig vor wie diese: „Wißt ihr nicht", schreibt Paulus an die Römer, „daß wir alle, die wir auf Christus Jesus getauft sind, auf seinen Tod getauft sind? Wir sind also durch die Taufe auf seinen Tod mit ihm begraben, damit, wie Christus durch die Herrlichkeit des Vaters von den Toten auferweckt wurde, so auch wir in einem neuen Leben wandeln. Denn wenn wir mit dem Bilde seines Todes zusammengewachsen sind, so werden wir es erst recht auch (mit dem Bilde) der Auferstehung sein. Wir wissen ja, daß unser alter Mensch mitgekreuzigt worden ist, damit der Sündenleib vernichtet würde, auf daß wir nicht mehr der Sünde dienten. Denn wer gestorben ist, der ist von der Sünde frei geworden. Sind wir aber mit Christus gestorben, so glauben wir, daß wir auch mit ihm leben werden. Wir wissen ja, daß Christus, nachdem er von den Toten auferweckt ist, nicht mehr stirbt; der Tod hat keine Gewalt mehr über ihn. Denn mit seinem Sterben ist er der Sünde gestorben ein für allemal, mit seinem Leben aber lebt er für Gott. So müßt auch ihr euch als solche betrachten, die für die Sünde tot sind, für Gott aber in Jesus

---

[5] Vgl. *Origenes,* In libr. Jesu Nave, hom. VIII, 4: „Illi qui cum christiani sunt, solemnitates gentium celebrant, anathema in ecclesias introducunt. Qui de astrorum cursibus vitam hominum et gesta perquirunt, qui volatus avium et cetera huius modi quae in saeculo prius observabantur, inquirunt, de Jericho anathema inferunt in ecclesiam et pollunt castra Domini et vinci faciunt populum Dei" („Jene, die, obwohl sie Christen sind, heidnische Festveranstaltungen mitfeiern, führen in die Kirchen das „anathema" ein. Diejenigen, die aus dem Lauf der Gestirne das menschliche Leben und seine Ereignisse erforschen wollen oder den Vogelflug und dergleichen, was man so in der Welt beobachtet, erkunden, bringen das „anathema" von Jericho in die Kirche ein; sie beflecken das Heerlager des Herrn und bringen dem Volke Gottes eine Niederlage bei"). Vgl. auch *Porphyrius,* zit. bei *Macarius Magnes,* Apocritic., IV, 21.

Christus leben" (Röm 6, 5–11). Und an die Korinther: „Einer ist für alle gestorben, also sind alle gestorben. Und zwar ist er für alle gestorben, damit die Lebenden nicht mehr für sich selbst leben, sondern für den, der für sie gestorben und auferweckt worden ist ... Also, wenn einer in Christus ist, so ist er ein neues Geschöpf. Das Alte ist vergangen; siehe, Neues ist geworden" (2 Kor 5, 14–15.17). An die Epheser: „Legt ab den alten Menschen eures früheren Lebens; denn er richtet sich seiner trügerischen Lüste wegen zugrunde. Erneuert euch vielmehr durch den Geist eures Denkens, und zieht den neuen Menschen an, der nach Gott geschaffen ist in Gerechtigkeit und Heiligkeit der Wahrheit" (Eph 4, 22–24). Man könnte die Zitate vermehren[6].

Paulus ist nicht der einzige, der auf dieser tiefgreifenden Erneuerung durch die Taufe besteht. Fast alle frühen Autoren halten es genauso. So der Barnabasbrief: „Da wir Verzeihung der Sünden erlangten und gehofft haben auf den Namen des Herrn, sind wir neu geboren worden, wiederum von neuem geschaffen; deshalb wohnt in uns, im Gemache (unseres Herzens) Gott wahrhaftig."[7] Und weiter: „Als er uns nun erneuerte in der Vergebung unserer Sünden, da machte er uns zu einer anderen Art, so daß wir die Seele von Kindern haben, wie wenn er uns ein zweites Mal geschaffen hätte."[8] Hermas, der Verkünder einer großen Buße für die Sünder, die sich bekehren, fordert von denen, die seinem Aufrufe folgen, eine vollständige Erneuerung: „Ich habe dem Herrn dafür gedankt, daß er sich erbarmt hat über alle, über die sein Name angerufen worden ist, und daß er den Engel der Buße zu uns geschickt hat, die wir gegen ihn gesündigt haben, und unseren Geist erneuerte, und uns das Leben wieder gab, als wir schon verloren waren und keine Hoffnung fürs Leben mehr bestand."[9] Auch der Autor des Diogenet-Briefes sagt ebenfalls, daß der Christ ein neuer Mensch sei[10]; Justin auf seine Weise auch[11].

[6] Vgl. z. B. 1 Kor 5, 7: „damit ihr ein neuer Teig seid"; Röm 7, 6: „in der Neuheit des Geistes"; 12, 2: „durch Erneuerung eurer Vernunft"; Tit 3, 5: „Erneuerung des heiligen Geistes"; 2 Kor 4, 16: „so wird doch der innere Mensch erneuert"; Kol 3, 10: „indem ihr den neuen Menschen anzieht, der erneuert ist zur Erkenntnis, nach dem Bilde seines Schöpfers"; Eph 2, 15: „zu einem einzigen neuen Menschen"; Hebr 6, 6: „wiederum erneuern zur Umkehr".
[7] Barnabasbrief 16, 8. [8] Barnabasbrief 6, 11.
[9] Der Hirte des Hermas Simil. IX, 14, 3; vgl. Vis. III, 12, 3; „es wurden erneuert unsere Geister", Simil. VIII, 6, 3; Vis. III, 8, 9.
[10] Diognet-Brief 2, 1: „Werde gleichsam von Anfang an eine neuer Mensch, um gleichsam auch eines neuen Wortes Hörer zu sein".
[11] *Justin,* 1. Apologie 61: „Neugeschaffen durch Jesus Christus"; Dialog 119, 3: „Und nachdem jener Gerechte umgebracht war, sind wir als anderes Volk erblüht und zu neuen vollen Ähren herangereift."

Ein anziehendes Bild, das man schon im Barnabasbrief findet und das bereits der 1. Petrusbrief vorher aufgegriffen hatte, bringt die Neuheit des christlichen Lebens besonders schön zum Ausdruck; es ist das Bild der Kindheit. „Wie neugeborene Kindlein verlangt nach der geistigen, truglosen Milch, damit ihr durch sie zum Heil heranwachset" (1 Petr 2,2)[12]. Der Barnabasbrief klingt wie das Echo auf dieses Wort des 1. Petrusbriefes, wenn er schreibt: „Was bedeuten die Milch und der Honig? Das Kind wird zuerst mit Honig und Milch am Leben erhalten. So nun auch wir: weil wir durch den Glauben an die Verheißung und durch das Wort am Leben erhalten werden, werden wir leben als Beherrscher der Erde."[13] Hermas bringt weitere Details:

„Die Gläubigen aber vom zwölften, weißen Berge sind also beschaffen: sie sind gleich unschuldigen Kindern, in deren Herzen nichts Böses sich regt, und sie haben nicht (erkannt), was Bosheit ist, vielmehr bewahrten sie allezeit die kindliche Unschuld. Diese werden also sofort Wohnung bekommen im Reiche Gottes, weil sie in keinem Stücke die Gebote Gottes verletzt haben, sondern in kindlicher Unschuld alle Tage ihres Lebens in der gleichen Gesinnung verharrten. Wenn nun ihr alle ... bleibet und sein werdet wie die Kinder, frei vom Bösen, dann werdet ihr angesehener sein als alle die schon Genannten. Denn alle Kinder sind angesehen vor Gott, und zwar als die ersten vor ihm. Glücklich seid also ihr alle, wenn ihr die Bosheit von euch werfet und euch bekleidet mit der Unschuld; als erste von allen werdet ihr in Gott leben."[14]

Der Seher Hermas kommt auf diese Idee noch öfter zurück: „Ich preise euch alle selig, ich, der Engel der Buße, die ihr unschuldig seid wie die Kinder, da euer Anteil gut und ehrenvoll ist bei Gott."[15] Weiter: „Die Gläubigen dieses Berges waren allezeit aufrichtig, ohne Falsch und glücklich, sie hatten nichts gegeneinander, sondern freuten sich stets über die Diener Gottes ... Da nun der Herr ihren geraden und in allem kindlichen Sinn sah, gab er ihnen reichen Segen bei ihrer Hände Arbeit und schenkte ihnen seine Gnade bei jeder Unternehmung."[16] Man spürt, wenn man diese Zeilen liest, daß Hermas für

---

[12] Der Ursprung dieses Bildes ist in den Evangelien zu suchen, denn Christus selbst sagte zu seinen Jüngern, daß sie wie Kinder werden sollten, um am Reiche Gottes Anteil zu haben, Mt 18,3; Mk 10,5; Lk 18,17; und er hat dem Vater feierlich dafür gedankt, daß er „dieses" den Weisen und Klugen verborgen, den Unmündigen aber geoffenbart habe, Lk 10,21; Mt 11,25. Paulus verwendet diese Metapher in etwas anderem Sinn, wenn er von den Christen spricht, die noch nicht vollkommen sind und noch keine feste Speise vertragen, vgl. 1 Kor 3,1ff.; Eph 4,14.

[13] Barnabasbrief 6,17.

[14] Hirte des Hermas, Simil. IX, 29,1–3.

[15] Hirte des Hermas, Simil. IX, 31,3.

[16] Hirte des Hermas, Simil. IX, 24,2–3; vgl. Mandat. II, 1.

die Kinder eine besondere Zuneigung hat und daß er sich um ihre Unschuld sorgt. Er ist ein Echo der lautersten Tradition, wenn er wünscht, daß ihnen alle Christen gleichen sollen.

Doch Klemens von Alexandrien übertrifft ihn noch an Wärme und Gefühl, wenn er diesen Zustand der Kindheit beschreibt:

„Wir müssen unsere Aufmerksamkeit dem Begriff ‚Unmündige‘ zuwenden; denn dieser Begriff bezieht sich nicht auf Menschen, die noch nicht im Vollbesitz ihrer Vernunft sind, als würde es sich um ‚Dumme‘ handeln. Vielmehr meint die Bezeichnung ‚Unmündige‘ einen ganz neuen Sprößling, der ganz zart und fein ist; zart ist der, dessen Gedanken zärtlich sind und der auf ganz neue Weise einen zarten und feinen Charakter gewonnen hat ... Ebenso ist das ‚unmündige Kind‘ (νήπιος) freundlich (ἤπιος), und deshalb ist es auch lauterer, zärtlich, einfach, arglos, ungeheuchelt, gerade und ordentlich in seinem Denken; es ist die Einfachheit und Wahrheit in Person. So sollen auch wir lauter sein im Überzeugen, gewandt beim Gutestun, ohne Zorn und ohne jede böse Absicht noch üble Gesinnung. Denn die alte Generation war verkehrt und hartherzig; der Chor der ‚Unmündigen‘, wir, das neue Volk, wir sind gelehrig wie die Kinder ... Unser Pädagoge und Meister nennt uns ‚Unmündige‘, die wir für das Heil besser vorbereitet sind als die Weisen dieser Welt, die deshalb blind sind, weil sie sich für Weise halten. Von Freude ergriffen und frohlockend rief Jesus, als wollte er im Lallen der Unmündigen ein Echo anstimmen: ‚Ja, Vater, so war es wohlgefällig vor dir‘ (Mt 11, 26). Darum wird das, was den Weisen und Klugen dieser Welt verborgen ist, den Unmündigen geoffenbart. Den Unmündigen, denn sie sind es wirklich, Kinder Gottes, die den alten Menschen und den Rock seiner Schlechtigkeit abgelegt haben, aber angezogen haben die Unvergänglichkeit Christi, um Neulinge zu werden, ein heiliges Volk; als Wiedergeborene sollen wir den neuen Menschen unbefleckt bewahren und Unmündige sein, wie eine Speise Gottes, gereinigt von Unzucht und Laster.“ [17]

Zwei Grundzüge, die übrigens komplementär sind, kennzeichnen die in der Seele durch das Christentum erfolgte Erneuerung: die Absage an den Götzendienst und die Bindung an Christus. Der Christ hat mit den Götzen nichts mehr zu schaffen. Indem er sie als das ansieht, was sie sind, nämlich als Werke von Menschenhand, hält er es für erlaubt, Götzenfleisch zu essen, unter der einzigen Bedingung, damit keinem einen Anstoß zu geben. In der Tat, was haben die leeren Zeremonien, bei welchen dieses Fleisch geopfert wurde, noch zu bedeuten? [18] Er

---

[17] *Clemens Alexandrinus,* Paidagogos I, 19, 1.4 f.; 32, 2–4; vgl. III, 98–101.
[18] Vgl. Röm 14; 1 Kor 8–10; man muß diese Kapitel immer wieder lesen, denn sie sind modelltypisch für Weisheit und Liebe. Paulus gestattet den Christen den Genuß von Götzenopferfleisch, da die heidnischen Opfer im Grunde wert- und bedeutungslos sind. Aber er möchte vor allem den Skandal der „Schwachen“ vermeiden, ob es sich dabei um

weiß, daß er sich ganz und gar dem Herrn verdankt, dem er den Dienst gelobt hat, und macht sich die Aussage Tertullians, deren volle Bedeutung er verallgemeinert, zu eigen: „Was also die Ehrenbezeigungen für Könige oder Imperatoren betrifft, so ist uns genügsam vorgeschrieben, den Obrigkeiten, Fürsten und Mächten untertan zu sein, jedoch innerhalb der Grenzen der Moral, soweit wir dabei vom Götzendienst frei bleiben."[19]

Wir brauchen darauf nicht weiter einzugehen. Was die Bindung an den Herrn angeht, die positive Kehrseite der Absage an die Götzen, so begegnet uns diese in allen Schriften der frühen Kirche. Diese Einhelligkeit macht ihr Zeugnis ausgesprochen ergreifend. Nicht alle, das ist klar, verwenden die gleiche Sprache; auch haben sie nicht alle das gleiche geistige Temperament. Die einen sind mehr enthusiastisch, andere ruhiger; doch nur die Wörter sind verschieden, die Geister sind in derselben Liebe verbunden. Ignatius von Antiochien gehört zu den Enthusiasten:

„Habt Nachsicht mit mir; was mir frommt, ich weiß es! Jetzt fange ich an, ein Jünger zu sein. Nichts des Sichtbaren und Unsichtbaren möge sich um mich bemühen, damit ich zu Jesus Christus gelange. Feuer und Kreuz und Rudel von Bestien, Zerreißen der Knochen, Zerschlagen der Glieder, Zermalmung des ganzen Körpers, des Teufels böse Plagen sollen über mich kommen, nur damit ich zu Jesus Christus gelange. Nichts werden mir nutzen die Enden der Welt und die Königreiche dieses Äons. Besser ist es für mich zu sterben auf Jesus Christus hin, als König zu sein über die Enden der Erde. Jenen suche ich, der für uns starb; jenen will ich, der unseretwegen auferstand. Das Gebären steht mir bevor. Seid nachsichtig mit mir, Brüder! Haltet mich nicht ab vom Leben, wollt nicht meinen Tod, verschenkt den, der Gottes sein will, nicht an die Welt und verführt ihn nicht mit der Materie! Laßt mich reines Licht empfangen! Dort angekommen, werde ich Mensch sein. Gestattet mir, ein Nachahmer des Leidens meines Gottes zu sein!"[20]

Polykarp von Smyrna (✝ um 155 n. Chr.) ist ruhig; aber er steht am Ende eines langen Lebens. Als man ihn dem Prokonsul zum letzten Verhör vorführt, im Beisein einer Volksmenge, die mit lautem Schreien seinen Tod verlangt, wird der Bischof aufgefordert, Christus

---

Heiden oder um Christen handelt. In anderen Situationen sieht die Kirche sich dazu veranlaßt, jede Teilnahme am Götzenopfer aus Gründen der Klugheit zu verbieten. Dabei wird das Prinzip als solches festgehalten.

[19] *Tertullian,* De idololatria XV, Quod attinet ad honores, regum vel imperatorum, satis praescriptum habemus in omni obsequio esse nos oportere secundum apostoli praeceptum subditos magistratibus et principibus et potestatibus, sed intra limites disciplinae, quousque ab idololatria separamur."

[20] *Ignatius,* Röm 5,3 – 6, 3; vgl. *Fischer,* Die Apostolischen Väter, 189.

zu leugnen. „Schwöre beim Glück des Kaisers!" redet ihm der Beamte zu. „Gehe in dich, sprich: Weg mit den Gottlosen!" Da schaute Polykarp mit ernster Miene über die ganze Masse der in der Rennbahn versammelten heidnischen Scharen hin, streckte die Hände gegen sie aus, seufzte, sah gen Himmel und sprach: „Weg mit den Gottlosen!" Der Prokonsul aber drang noch mehr in ihn: „Schwöre, und ich gebe dich frei, fluche Christo!" Da entgegnete Polykarp: „Sechsundachtzig Jahre diene ich ihm, und er hat mir nie ein Leid getan; wie könnte ich meinen König und Erlöser lästern?"[21]

Justin und seine Gefährten reden vor dem römischen Stadtpräfekten Rusticus, der sie über ihren Glauben befragt, nicht anders:

„Ich folge den Christen, weil ihre Lehre wahr ist ... Die christliche Gottesverehrung besteht darin, daß wir an *einen* Gott glauben, der die ganze sichtbare und unsichtbare Schöpfung gemacht und hervorgebracht hat, und an den Herrn Jesus Christus, von dem die Propheten vorherverkündet haben, daß er dem Menschengeschlechte erscheinen werde als Herold des Heiles und als Verkünder trefflicher Lehren. Ich, ein Mensch, bin zu schwach, solches auszusagen, was seiner unendlichen Gottheit würdig wäre, ich kenne aber seine prophetische Macht an; denn über ihn, den ich hier Sohn Gottes genannt habe, ist vorherverkündet worden; ich weiß, daß durch Eingebung Gottes die Propheten über sein zukünftiges Verweilen unter den Menschen vorhergesagt haben."[22]

Die Schüler des Philosophen wiederholen diese festen Aussagen. „Ich bin ein Sklave des Kaisers, aber ein Christ", sagt Euelpistus; „von Christus bin ich frei gemacht und nehme an derselben Hoffnung teil durch die Gnade Christi." „Unser wahrer Vater ist Christus und unsere Mutter ist der Glaube an ihn", fügt Hierax hinzu, den man nach seinem Vaterlande und nach seinen Eltern befragte. „Meine irdischen Eltern aber sind gestorben; übrigens bin ich aus Ikonium in Phrygien hierhergekommen."[23]

Diese und viele andere Erklärungen einer Treue ohne Schwanken, die man zitieren könnte, kommen von Männern und Frauen jeden Alters und Standes. Pothinus ist ein Greis von mehr als neunzig Jahren; Ponticus ein Jüngling von fünfzehn; Blandina eine junge Sklavin von 17 Jahren. Perpetua ist eine junge vornehme Frau, die zu einer der besten Familien Carthagos gehört, aber Felicitas und Revocatus, die zu ihrer Begleitung im Gefängnis gehören, sind Sklaven, Saturnus, der

---

[21] Martyrium des Polykarp 9,2–3; vgl. Frühchristliche Apologeten und Märtyrerakten II, BKV 301/13.
[22] Märtyrerakten Justin 2; vgl. a.a.O. BKV 309/21.
[23] Märtyrerakten Justin 3–4; vgl. a.a.O. BKV 310/22 f.

Katechet der Märtyrer, ist ein anspruchsloser Laie von bescheidener Herkunft. Die Märtyrer von Scilli, Männer und Frauen, haben keinen kostbareren Schatz als die Briefe des Apostels Paulus, und es ist nicht einmal sicher, daß sie diese fließend lesen konnten. Justin dagegen trägt stolz den Philosophenmantel und macht unter seinen heidnischen Zeitgenossen keine schlechte Figur. Die einen wie die andern wissen bei ihrer Bekehrung genau, welches die Forderungen der Religion, deren Anhänger sie wurden, waren und daß sie in den Tod führen konnten. Klemens von Alexandrien kannte Philosophen, welche die Bekehrung aus Furcht vor den Gesetzen, die inzwischen über die Christen verhängt worden waren, verweigerten[24]. Es hat in den ersten Jahrhunderten sicher eine gewisse Anzahl von furchtsamen Christen gegeben. Aber die wahren Gläubigen zeigten sich unbeugsam, und das wußten die Heiden sehr wohl. Plinius der Jüngere schreibt an Trajan, daß keiner die Christen dazu überreden könne, Christus zu verfluchen; da er an ihnen nicht die geringsten Verbrechen entdecken kann, verurteilt er sie trotzdem zum Tode wegen ihrer Hartnäckigkeit und ihres bösen Willens[25].

Der Präfekt Perennis vermehrt die Instanzen, um den Senator Apollonius zum Abschwören zu bringen; als er die Nutzlosigkeit seiner Bemühungen einsieht, entschließt er sich, ihn zu verurteilen: „Apollonius, ich wollte dich freisprechen; aber das ist nun durch das Dekret des Kaisers Commodus verboten. Doch werde ich dich bis zum Tode human behandeln." Danach läßt er ihn enthaupten[26]. Als Cyprian vor dem Prokonsul Galerius Maximus erscheint, spricht dieser nach dem Verhör sein Urteil mit Bedauern[27]. Nach dem Zeugnis des Tertullian suggeriert ein Gouverneur von Africa, Cincius Severus, den vor seinem Tribunal angeklagten Christen die Antworten, die sie geben sollen, damit er sie freisprechen kann, ohne sie dabei zum Abfall nötigen zu müssen. Ein anderer Gouverneur namens Asper erklärt seinen Beisitzern, es ginge ihm gegen den Strich, daß er über Christen aburteilen und sie trotz ihrer Unschuld zum Tode verurteilen müsse[28].

---

[24] Vgl. *Clemens Alexandrinus,* Stromateis, 6,67 ed. *Staehlin* t. II, 465.

[25] *Plinius Minor,* Epist. X, 96: „Qui negabant esse se christianos aut fuisse, cum praeeunte me … maledicerent Christo, quorum nihil posse cogi dicuntur, qui sunt revera christiani, dimittendos esse putavi."

[26] Vgl. V. Martyrium des hl. Apollonius, Frühchristliche Apologeten und Märtyrerakten I, BKV 319/31–328/40.

[27] VIII. Die prokonsularischen Akten des hl. Cyprian, a.a.O., BKV 366/78 ff., Kap. 4, 368/80.

[28] *Tertullian,* Ad Scapulam, 3–4.

Wie groß die Zahl der Märtyrer in den ersten drei Jahrhunderten wirklich gewesen sein mag und unter welchen juristischen Formen die antikirchliche Gesetzgebung sich auch darstellte, sicher ist auf jeden Fall, daß jeder Christ per definitionem ein Todeskandidat war und für sich die bemerkenswerte Erklärung Justins am Anfang seiner ersten Apologie zitieren konnte: „An den Kaiser Titus Älius Hadrianus Antoninus Pius Cäsar Augustus ... richte ich, Justinus, Sohn des Priskus und Enkel des Bakchius, aus Flavia Neapolis in der syrischen Landschaft Palästina für die Leute aus jedem Volksstamm, die mit Unrecht gehaßt und verleumdet werden, zu denen ich auch selbst gehöre, folgende Ansprache und Bittschrift."[29] Ebenso könnte er die Sätze des Origenes unterschreiben, die in einer relativ ruhigen Periode formuliert wurden: „Der Teufel, der genau weiß, daß durch die Leiden der Märtyrer unsere Sünden vergeben werden, will nicht, daß die Heiden eine Verfolgung gegen uns veranstalten; er weiß ja auch, daß, wenn wir vor Königen und Statthaltern vor Gericht gestellt werden wegen des Namens Christi, um vor Juden und Heiden Zeugnis abzulegen, wir dann freudig und begeistert sind, weil unser Lohn im Himmel groß sein wird. Unser Widersacher verdrängt deshalb die Verfolgungen, weil er auf unsere Verherrlichung eifersüchtig ist; vielleicht ist es auch so, daß Der, der alles voraussieht, weiß, daß wir nicht fähig sind, das Martyrium zu ertragen."[30] Die letzte Bemerkung, die einen etwas traurigen Akzent auf einen heroischen Kontext setzt, scheint bereits die bevorstehenden Schlappen der Verfolgung des Decius vorauszusehen.[31] Die allgemeine Bedeutung der Aussagen des Origenes wird dadurch nicht geschmälert. Im dritten Jahrhundert mußte man, genauso wie im zweiten zum Martyrium bereit sein, wenn man ein Jünger Christi sein wollte. Die Selbstverleugnung ging so weit und die Forderung des Christentums konnte hinter der des Meisters nicht zurückbleiben: „Wenn einer mir nachfolgen will, so verleugne er sich selbst und nehme sein Kreuz auf sich und folge mir nach. Denn wer sein Leben retten will, der wird es verlieren. Wer aber sein Leben verliert um meinetwillen und um der Heilsbotschaft willen, der wird es retten" (Mk 8,34–35).

---

[29] *Justin,* 1. Apol. I, Apologeten und Märtyrerakten I, BKV 65/11.
[30] *Origenes,* In Numer. hom. X,2.
[31] Vgl. Kap. VIII.

2. Die Annahme der Glaubensregel

An zweiter Stelle muß der Kandidat für das Christentum die traditionelle Lehre annehmen, wie sie ihm durch die Kirche vorgegeben wird, und diese Lehre enthält eine Reihe von Dogmen, die er ohne Vorbehalt annehmen muß. Justin, der Philosoph, gibt den Lesern seiner Apologie eine Zusammenfassung:

„(Wir glauben an) den wahren Gott, den Vater der Gerechtigkeit und Weisheit und der übrigen Tugenden, der mit dem Schlechten nichts gemein hat. Ihn und seinen Sohn, der von ihm gekommen ist und uns diese Dinge gelehrt hat, auch das Heer der anderen guten Engel, die ihm anhangen und ganz ähnlich sind, und den prophetischen Geist verehren und beten wir an, indem wir ihn mit Vernunft und Wahrheit ehren und jedem, der ihn kennenlernen will, wie wir ihn kennengelernt haben, neidlos mitteilen."[32]

Justin spricht nicht ausdrücklich davon, daß der Taufkandidat vor der Taufe ein Glaubensbekenntnis ablegen muß; aber das erscheint klar, denn er schreibt: „Diejenigen, die sich von der Wahrheit unserer Lehren und Aussagen überzeugen lassen, die glauben und versprechen, daß sie es vermögen, ihr Leben danach einzurichten, werden angeleitet zu beten und unter Fasten Verzeihung ihrer früheren Vergehungen von Gott zu erflehen."[33] Ferner: „Diese Speise heißt bei uns Eucharistia. An ihr darf nur derjenige teilnehmen, der glaubt, daß unsere Lehren wahr sind, der das Bad zur Sündenvergebung und Wiedergeburt empfangen hat und der so lebt, wie es der Christus überliefert hat."[34] Ein verhältnismäßig einfacher und kurzgefaßter Unterricht geht der Taufe notwendigerweise voran.[35] Dieser umfaßt vor allem die Glaubensartikel im Hinblick auf die göttliche Trinität, aber auch noch andere; denn das oben zitierte Symbol ist nicht vollständig; es sagt z. B. nichts über das letzte Ziel und über die Auferstehung der Toten, die in der Lehre der Kirche einen breiten Raum einnehmen und worauf die Apologeten hinweisen.[36]

Die Glaubensformeln aus der Zeit nach Justin sind vollständiger. Anfang des 3. Jahrhunderts haben die Tauf-Zeremonien, zumindest diejenigen in Rom, eine Befragung über die wichtigsten Glaubenswahrheiten.

---

[32] *Justin,* 1. Apol. 6, 1–2; vgl. BKV 70/16; hier muß es 6, 1 „Weisheit" statt „Keuschheit" heißen.

[33] *Justin,* 1. Apol. 61, 2.   [34] *Justin,* 1. Apol. 66, 1; vgl. 65, 1.

[35] Vgl. Doctr. Apost. VII, wenigstens soweit man diesem Dokument trauen kann.

[36] *Justin,* 1. Apol. 19; 2. Apol. 7.

„Der Täufer legt die Hand auf das Haupt des Taufkandidaten und fragt ihn: ‚Glaubst du an Gott, den allmächtigen Vater?' Der Kandidat antwortet: ‚Ich glaube.' Daraufhin tauft (d.i. taucht unter) der Täufer den Kandidaten zum ersten Mal, wobei er noch immer die Hand auf seinem Kopf hält. Dann fragt er: ‚Glaubst du an Jesus Christus, den Sohn Gottes, der geboren ist vom Heiligen Geist aus Maria der Jungfrau, der gekreuzigt wurde unter Pontius Pilatus, der gestorben und begraben wurde, der auferstanden ist am dritten Tage als Lebender von den Toten, der aufgestiegen ist zum Himmel, zur Rechten des Vaters sitzt, der kommen wird, zu richten die Lebendigen und die Toten?' Der Kandidat antwortet wieder: ‚Ich glaube.' Daraufhin wird er zum zweiten Mal getauft. Endlich fragt der Täufer: ‚Glaubst du an den Heiligen Geist, die heilige Kirche, an die Auferstehung des Fleisches?' Der Kandidat antwortet: ‚Ich glaube', und wird daraufhin zum dritten Mal getauft." [37]

In allen Kirchen der Welt verkündet man dieselbe Lehre. Irenäus, der in Kleinasien erzogen worden war, wo er die Lehrvorträge des Polykarp gehört hatte, der eine Zeitlang in Rom gelebt und dort Justin gehört hatte, der schließlich Gallien missionierte und einer seiner ersten Apostel war [38]; Tertullian, der um 200 n. Chr. der autorisierte Repräsentant einer blühenden Christenheit in Carthago ist [39]; der Papyrus von Der-Balyzeh [40] und Origenes [41] als Stimme Ägyptens; die „Epistula Apostolorum" [42], die vielleicht aus Kleinasien stammt, stimmen hier völlig überein, und der Bischof von Lyon trägt das Denken seiner Glaubensbrüder vor, wenn er, nachdem er die Grundwahrheiten in Erinnerung gerufen hat, schreibt:

„Nun wohl, diese Botschaft und diesen Glauben bewahrt die Kirche, wie sie ihn empfangen hat, obwohl sie, wie gesagt, über die ganze Welt zerstreut ist, sorgfältig, als ob sie in einem Hause wohnte, glaubt so daran, als ob sie nur eine Seele und ein Herz hätte, und verkündet und überliefert ihre Lehre so einstimmig, als ob sie nur einen Mund besäße. Und wenngleich es auf der Welt

---

[37] *Hippolyt,* Traditio Apostolica Nr. 21; vgl. La Tradition Apostolique d'après les anciennes versions, ed. *B. Botte,* SC 11, 2ᵉ édition revue, Paris 1984, 84 ff.; vgl. *B. Capelle,* L'introduction à le catéchumenat à Rome, in: Recherches de Théologie Ancienne et Médiévale t. V (1933) 141 ff. – Nach *P. Nautin,* Je crois à l'Esprit Saint …, études sur l'histoire et la théologie du symbole, Paris 1947, wäre die dritte Frage folgendermaßen formuliert: „Glaubst du an den Heiligen Geist, an die heilige Kirche zur Auferstehung des Fleisches?" Wir brauchen uns hier mit dieser Frage nicht zu befassen.

[38] *Irenäus,* Adv. haer. I, 10,1; Demonstr. VI.

[39] *Tertullian,* De praescriptione haereticorum 13; 26; De virgin. veland. I; Advers. Prax. 2;

[40] Vgl. *H. Lietzmann,* Die Anfänge des Glaubensbekenntnisses, in: Festgabe für A. von Harnack, Tübingen 1921, 226.

[41] *Origenes,* De principiis I, prooem.

[42] Vgl. *H. Lietzmann,* a.a.O., 229.

verschiedene Sprachen gibt, so ist doch die Kraft der Überlieferung ein und dieselbe. Die in Germanien gegründeten Kirchen glauben und überliefern nichts anderes als die in Spanien oder bei den Kelten, die im Orient oder in Ägypten, die in Libyen oder in der Mitte der Welt (d. h. in Palästina). So wie Gottes Sonne in der ganzen Welt eine und dieselbe ist, so dringt auch die Botschaft der Wahrheit überall hin und erleichtert alle Menschen, die zur Erkenntnis der Wahrheit kommen wollen."[43]

Die Frage, die sich uns hier stellt, ist diese, in welchem Umfang die wesentlichen Dogmen des Christentums für jene Geister, die vom griechisch-römischen Heidentum geprägt waren, annehmbar waren. Es handelt sich um ein komplexes Problem. Zunächst, die heidnischen Zeitgenossen des Herrn und der Apostel konnten kaum überrascht sein, daß sie es mit einer geoffenbarten Religion und ihren geheimnisvollen Lehren zu tun bekamen. Denn sie waren daran gewöhnt, zu glauben, daß Götter sich der Menschheit offenbaren; entweder indem sie auf die Erde herabstiegen oder indem sie Propheten und Wahrsager inspirierten, die in ihrem Namen sprachen. Sie waren durch die orientalischen Mysterienreligionen sogar daran gewöhnt, daß es Geheimnisse gab, die nur die Eingeweihten kannten, Formeln, die oft unverständlich waren und die als Parolen dienten, um durch die verschiedenen Sphären der oberen Welt hindurchzukommen; Lehren, die man genau von Mund zu Mund weitergab, ohne schriftliche Grundlagen, so daß beim Christentum eher die großzügige Offenheit überraschen konnte, mit der es seine Glaubenslehren und Riten offen darlegte. Gewiß spricht Paulus von einem Mysterium, das den früheren Geschlechtern verborgen war, aber dieses Mysterium – es handelt sich um das Mysterium Christi – ist ja genau dazu bestimmt, durch den Apostel allen Völkern enthüllt zu werden (vgl. Eph 1,9; 3,1–12; Kol 1,24–28). Die Apologeten folgen diesem Beispiel. Wenn sie in ihren Darlegungen nicht vollständig sind, dann nicht deshalb, weil sie etwas zu verbergen hätten; vielmehr wollen sie die Gemüter auf die christliche Wahrheit vorbereiten, bevor sie diese vollständig darlegen. Der größte von ihnen, Justin, hat für seine heidnischen Leser überhaupt kein Geheimnis. Er spricht von der Trinität ebenso wie von der Inkarnation, vom zukünftigen Leben einschließlich der Auferstehung des Fleisches wie von der Taufe und der Eucharistie. Im zweiten Jahrhundert sind es nicht die Leiter der Großkirche, sondern die gnostischen Häretiker, oder unter den Orthodoxen diejenigen, die

---

[43] *Irenäus,* Adversus haereses I, 10,2.

an einen exklusiven Wert der Gnosis glauben[44], die den Anspruch erheben, über geheime Traditionen zu verfügen.

Vom dritten Jahrhundert an ist dies freilich nicht mehr so. Das Christentum sieht sich veranlaßt, wenigstens zum Teil die Sprache der Mysterien zu übernehmen und gewisse Vorsichtsmaßregeln zu ergreifen. Klemens von Alexandrien und Origenes kennen bereits die Arkan-Disziplin und sprechen davon in technischen Ausdrücken. „Man darf", sagt Origenes, „den Jüngern nicht gleich von Anfang an die tiefen und geheimnisvollen Mysterien mitteilen, sondern man muß sie zuerst zur Änderung ihrer Sitten anleiten, zur Besserung ihres Lebenswandels und sie mit den Grundelementen des christlichen Lebens und des einfachen Glaubens vertraut machen."[45] Und in „Gegen Kelsos" schreibt er: „Sobald aber die Fortgeschrittenen unter den Bekehrten die (innerliche) Reinigung durch den Glauben und eine nach Kräften bessere Lebensführung aufweisen, dann rufen wir sie zu unseren Mysterien."[46]

Aber auch als die Arkan-Disziplin eingeführt ist, bleibt sie streng auf den Bereich des Kultes und der Liturgie beschränkt. Nach der Homilie werden die Taufbewerber aus dem Gottesdienst fortgeschickt; am eucharistischen Opfer nehmen sie nicht teil, aber sie hören die Predigt von Gott, von Jesus Christus, von der Trinität und vom kommenden Leben. Unbekannt blieben ihnen vor allem die Lehren über die Sakramente, weniger die Gotteslehre. Man darf deshalb behaupten, daß, allgemein betrachtet, das Christentum keine „Mysterienreligion" ist, auch zu keiner Zeit eine war.

Aber ist es nicht doch eine irrationale Religion, die als solche für kultivierte Geister unannehmbar ist, darüber hinaus für alle, die sich die Freiheit eines gesunden Urteils bewahren wollen? Richtig ist, daß die Kirche von allen, die zu ihr kommen, zuerst einen totalen und bedingungslosen Glauben verlangt. Ein Philosoph wie Kelsos hat für die Lehrer, die, nachdem sie die Armen und Unwissenden unterrich-

---

[44] Zu diesen gehört vor allem Klemens von Alexandrien, dessen festgegründete Orthodoxie nicht zu bezweifeln ist, der aber mit den Gnostikern die Vorstellung von einem fast ausschließlich durch die Gnosis bewirkten Heil teilt. Klemens übernimmt mühelos die Idee einer Geheim-Tradition, die durch beglaubigte Lehrer weitergegeben wurde. Bei Origenes wollte man zuweilen dieselbe Lehre finden; das ist aber, trotz mancher mehrdeutiger Äußerungen des großen Lehrers sehr zweifelhaft. Wohl kennt Origenes die Existenz von zwei Klassen von Christen, aber die „Vollkommenen", von denen er spricht, verdanken ihre Vorzüge einer vertieften Kenntnis der Heiligen Schrift, nicht aber der Kenntnis unzugänglicher Mysterien oder geheimer Traditionen.

[45] *Origenes,* In Judic., Hom. 5, 6.

[46] *Origenes,* Gegen Kelsos VII, 59.

tet haben, von diesen verlangen, ihnen aufs Wort hin zu glauben, nur ausgiebigen Spott übrig, und er verurteilt die stupide Annahme solch unbegreiflicher Dogmen. In seiner Antwort auf den „Alethés Logos" („wahrhaftiger Diskurs"[47]) muß Origenes zugeben, daß der Großteil der Christen einfache Leute sind, denen es schwerfallen dürfte, Argumente für ihren Glauben zu finden. Er entschuldigt sie, indem er zunächst sagt, daß dies auch bei den allermeisten Heiden so wäre; denn die Leute, die für eine philosophische Untersuchung geeignet sind, sind in jedem Milieu selten, es sei aus Zeitmangel oder auch aus mangelhafter Intelligenz[48]. Schaut man jedoch auf die Qualität ihres Lebenswandels, wie er durch das Christentum verändert worden ist, dann steht er auf einer höheren und heiligeren Stufe als derjenige der Spitzen-Denker[49]. Danach ist es leichter, hinzuzufügen, daß die wahre Kultur keineswegs ein Übel ist und daß der Unterricht der Weg ist, der zur Tugend führt[50]; und daß diejenigen Christen, die in der Lage sind, die heiligen Schriften allegorisch auszulegen, dadurch auch vollkommener sind als die einfachen[51]. Die Antwort des Origenes ist nicht ohne Interesse. Doch sind die Einwände damit noch nicht erledigt. Der erste Glaubensartikel des christlichen Symbolums, nämlich das Bekenntnis zum einzigen Gott und Schöpfer, konnte schon für sich allein eine ganze Anzahl von Denkern schockieren. Die entscheidende Schwierigkeit lag hier keineswegs beim Monotheismus als solchem. Den hätten auch viele Heiden annehmen können. Darin ist sich Origenes mit Kelsos schnell einig, wenn er behauptet, daß Gott einer ist, unveränderlich, glückselig; daß er alles vermag außer dem, was unvernünftig ist und widersprüchlich; daß er nicht der Urheber des Bösen ist.[52] Platon hatte schon früher ähnliche Ideen vertreten und seine freilich unter stoischem Einfluß mehr oder weniger modifizierte Auffassung hatte sich in der ganzen griechischen Welt

---

[47] Die Schrift „Alethes Logos" des Philosophen Kelsos, die um 170 n. Chr. entstand, war die erste wirklich bedeutende heidnische Kampfschrift gegen das Christentum. Ihr setzte Origenes auf Betreiben seines Freundes und Gönners, des alexandrinischen Großkaufmanns Ambrosius, seine Schrift „Gegen Kelsos" entgegen, um 248 n. Chr. Vgl. dazu *P. de Labriolle,* La réaction païenne, 111–169; *K. Pichler,* Streit um das Christentum. Der Angriff des Kelsos und die Antwort des Origenes, Regensburger Studien zur Theologie 23, Frankfurt a. M. 1980 (Anm. d. Übers.).
[48] *Origenes,* Gegen Kelsos I,9; IV,9.
[49] *Origenes,* Gegen Kelsos VII, 44.49.
[50] *Origenes,* Gegen Kelsos III, 49.72; VII, 46.
[51] *Origenes,* Gegen Kelsos I, 13; IV, 9; III, 58; V, 15.
[52] *A. Miura-Stange,* Celsus und Origenes, das Gemeinsame ihrer Weltanschauung, nach den acht Büchern des Origenes gegen Celsus, Gießen 1926, 58 ff.

verbreitet. Die Apologeten, vor allem Aristides[53] und Athenagoras[54], können genauso von Gott sprechen und seine Attribute aufzählen, ohne damit großen Widerspruch zu riskieren[55]; und wenn, am Beginn des fünften Jahrhunderts, Augustinus zu Maximus von Madaura und Volusian Beziehungen aufnimmt, dann drücken seine heidnischen Briefpartner Ideen über Gott aus, die den seinen ziemlich ähnlich sind[56].

Gottes Vaterschaft gegenüber allen Menschen, seine allgemeine Vorsehung sind keineswegs Lehren, welche die Geister vom Christentum fernhalten würden. Schon lange haben die heidnischen Dichter gelehrt, daß Zeus der Vater der Götter und Menschen ist, und trotz allem Ärger über seine amourösen Abenteuer, die ihm eine große Anzahl von Kindern bescherten, wollen sie eben dadurch sagen, daß Zeus den Menschen gegenüber eine wirklich väterliche Haltung einnimmt. Der Stoizismus hat diese traditionelle Einstellung in sein System eingebaut. Seneca erklärt, daß Gott unser Vater ist[57] und daß er vor allem für die tugendhaften Menschen väterliche Gefühle hat[58]. Auch Epiktet lehrt, daß Gott der Vater von allem ist, was existiert, vor allem jedoch der vernunftbegabten Lebewesen, weil diesen die Vernunft erlaubt, mit ihm in Kontakt zu kommen. Cicero, der ein Wort des Poseidonios aufgreift, erklärt, die edelste Gesellschaft sei diejenige, die sich aus den Menschen und aus Gott zusammensetzt[59]. Darüber hinaus haben die meisten Philosophen von der Vorsehung gesprochen. Aristoteles ist einer der wenigen, der sie ausdrücklich geleugnet hat, und die Polemiker, Juden wie Christen, haben ihn deshalb ausgiebig getadelt. Mehr als alle anderen bestehen die Stoiker auf dem providentiellen Handeln (Gottes); man braucht nur an die Traktate „De natura Deorum" von Cicero oder „De providentia" von Seneca zu erinnern. Von daher ergibt sich als wesentliche Pflicht, Gott zu loben und ihm ohne Unterlaß zu danken:

„Was soll's? Da die Vielen unter euch erblindet sind, muß es da wenigstens nicht Einen geben, um euren Platz einzunehmen und stellvertretend für alle

---

[53] *Aristides,* Apologie, 15–17.
[54] *Athenagoras,* Supplicium 10, 1.
[55] Vgl. *G. L. Prestige,* God in patristic thought, London 1936.
[56] Vgl. *Augustinus,* Epist. 16 und 234.
[57] *Seneca,* Epist. 110, 10: „Deus et parens noster ...“; De benef. II, 29, 4: „Parens noster".
[58] *Seneca,* De providentia II, 6: „patrium deus habet adversus bonos viros animum et illos fortiter amat".
[59] *Cicero,* De natura deorum II, 154: „Est enim mundus quasi communis deorum atque hominum domus aut urbs utrorumque"; vgl. *Diogenes Laertios* VII, 138.

den Hymnus für Gott zu singen? Was kann ich, der ich alt und lahm bin, anderes tun als Gott zu lobsingen? Wäre ich eine Nachtigall, würde ich das Werk einer Nachtigall verrichten; wäre ich ein Schwan, das eines Schwans. Aber da ich vernunftbegabt bin, muß ich Gott lobpreisen."[60]

Was bei den Heiden freilich in höchstem Maße Anstoß erregte, ist die Idee der Erschaffung der Welt. „Es ist notwendig", schreibt Sallustios, „daß das Universum unvergänglich und unerschaffen ist ... Wenn es unvergänglich ist, hat es nicht anfangen können; denn alles, was einen Anfang hat, hat auch ein Ende. Darüber hinaus, wie das Universum als eine Wirkung der Güte Gottes existiert, ist es auch notwendig, daß Gott immer gütig sei und die Welt immer seiend, genauso wie das Licht zusammen mit der Sonne existiert und Feuer und Schatten mit den Körpern."[61]

Mit diesen Worten drückt Sallustios nur eine Lieblingsidee des Hellenismus aus, wonach man die Lehre von einer zeitlichen Erschaffung immer für eine Absurdität gehalten hatte. „Wie die Sonne allein dadurch leuchtet, daß sie ist, und das Feuer erwärmt, genauso hört der, der ewig gut ist, niemals auf, ewig das Gute zu wollen."[62] Weiter: „Die Welt kann nur durch die Auflösung ihrer Teile enden. Doch wie könnte Gott, der sie geschaffen hat, da er gut ist, das Werk seiner Güte zerstören? Also ist die Welt unauflöslich, folglich auch unvergänglich. Was nicht vergehen kann, hat auch nicht angefangen; es ist also ewig."[63] Selbst Philo als Jude teilt in diesem Punkt die Auffassung der Griechen. Er behauptet, die Schöpfung sei nicht ein vergänglicher, sondern ein notwendiger und bleibender Akt der göttlichen Allmacht. Unablässig schafft Gott, weil es seine Natur ist, zu schaffen, wie es die Natur des Feuers ist zu brennen[64].

Man sieht hier, die eigentliche Schwierigkeit liegt weniger in der Idee der Schöpfung als solcher als in der einer zeitlichen Schöpfung und des Wohlgefallens Gottes. Ein Grieche kann ohne allzugroßen Schwierigkeiten zugeben, daß Gott die Welt erschafft oder zumindest sie ordnet; mit dieser letzteren Aufgabe befaßt sich der Demiurg Platons. Aber er kann nicht akzeptieren, daß Gott die Welt in der Zeit erschafft, am allerwenigsten jedoch, daß er sie in Freiheit erschafft. Beide Aussagen jedoch sind wesentlich für den christlichen Glauben.

[60] *Epiktet,* Dissert. I, 16, 18; vgl. *M. J. Lagrange,* La philosophie religieuse d'Épictète et le Christianisme, in: Revue Biblique, 1912, 192 ff.
[61] *Sallustios,* De diis et de mundo; traduct. *M. Meunier,* Paris 1931, 93–94.
[62] *Proklos,* Comment. in Tim. II, 11.   [63] *Proklos,* Comment. in Tim. II, 11.
[64] *Philon,* De leg. alleg. I, 41; De mundi opit. 1.

Trotz seiner hellenistischen Erziehung gibt Origenes ohne weiteres zu, daß der erste Artikel der apostolischen Predigt der ist, daß es nur einen einzigen Gott gibt und daß er die Welt aus dem Nichts geschaffen hat[65]. Darin nimmt er eine Formel aus dem „Hirten" des Hermas auf[66] und begnügt sich damit, die herrschende Lehre zu überliefern[67].

Der zweite Artikel bezieht sich auf Jesus Christus, den Sohn Gottes, der Mensch geworden ist. Dieser ist für die Heiden vielleicht noch schwieriger anzunehmen als der erste. Kelsos sagt es ganz klar:

„Daß aber sowohl einige von den Christen als auch Juden sagen, ein Gott oder ein Sohn Gottes sei als Richter der irdischen Dinge entweder schon auf die Erde herabgekommen oder werde noch herabkommen, dies ist das Schmählichste, und die Widerlegung bedarf auch nicht einmal langer Rede ... Was hat denn solch ein Herabkommen des Gottes für einen Sinn? ... Etwa damit er die Zustände bei den Menschen kennenlerne? ... Weiß er denn nicht alles? ... Er weiß es also, bessert es aber nicht, und es ist ihm nicht möglich, es mit göttlicher Macht zu bessern ... War es ihm nicht möglich, es mit göttlicher Macht zu bessern, außer wenn er leibhaftig jemanden zu diesem Zwecke sandte? ..."[68] „Aber vielleicht war Gott bei den Menschen nicht bekannt und glaubte, dementsprechend weniger geehrt zu sein, und wünschte deshalb wohl bekannt zu werden und die Gläubigen und Ungläubigen auf die Probe zu stellen, wie die vor kurzem reich gewordenen Menschen, die mit ihrem Reichtum zu prahlen pflegen? ... Wenn Gott, wie die Christen sagen, die Menschen auf den Weg der Tugend und des Heiles bringen wollte, warum hat er sie dann jahrhundertelang in die Irre gehen lassen?"[69]

Das sind die populären Einwände; aber Kelsos gibt sich damit nicht zufrieden. Man muß mehr philosophische Einwände gegen die Inkar-

---

[65] *Origenes,* De principiis I, praefat. 4: „Primo quod unus est deus qui omnia creavit atque composuit, quique, cum nihil esset, esse fecit universa" („Erstens, daß *ein* Gott ist, der alles geschaffen und geordnet hat und der alle Dinge aus dem Nichtsein ins Sein gerufen hat"). Vgl. *Origenes,* Vier Bücher von den Prinzipien, herausgegeben, übersetzt, mit kritischen und erläuternden Anmerkungen versehen von *U. Görgemanns* und *U. Krapp,* Texte zur Forschung 24, Darmstadt 1976; vgl. auch De principiis, praef. 7: „Est praeterea et illud in ecclesiastica praedicatione, quod mundus iste factus sit et a certo tempore coeperit et sit pro ipsa complexione sui solvendus" („Außerdem enthält die kirchliche Verkündigung auch die Lehre, daß diese Welt geschaffen ist und zu einer bestimmten Zeit ihren Anfang nahm und daß sie entsprechend ihrer Verderbtheit vergehen muß"). Vgl. auch Gegen Kelsos I, 37, IV, 9.
[66] *Hermas,* Mandat. I, 1: „πρῶτον πάντων πίστευσον ὅτι εἷς ἐστιν ὁ θεὸς ὁ τὰ πάντα κτίσας καὶ καρτίσας καὶ ποιήσας ἐκ τοῦ μὴ ὄντος εἰς τὸ εἶναι τὰ πάντα" („Fürs allererste: Glaube, daß es *einen* Gott gibt, der alles erschaffen und vollendet und aus Nichts gemacht hat, daß es sei").
[67] Vgl. *J. Guitton,* Le temps et l'éternité chez Plotin et chez saint Augustin, Paris 1933, 131–178, bes. 164–168.
[68] *Origenes,* Gegen Kelsos IV, 2–3.
[69] *Origenes,* Gegen Kelsos IV, 6 f.

nation vorbringen. Wie kann man sich einen Gott vorstellen, der auch nur vorübergehend auf seine wesenhaften Attribute verzichtet? So fragt er.

„Doch wir wollen", sagt er, „die Erörterung von Anfang an mit mehr Beweisen wieder aufnehmen. Ich sage aber nichts Neues, sondern was längst als richtig angenommen ist, Gott ist gut, schön und glücklich und befindet sich in dem schönsten und besten Zustande. Steigt er nun zu den Menschen hernieder, so muß er sich einer Veränderung unterziehen, und zwar einer Veränderung vom Guten zum Schlechten, vom Schönen zum Häßlichen, vom Glück zum Unglück, und von dem besten zu dem schlimmsten Zustand. Wer möchte nun wohl eine solche Änderung wählen? Und nur das Sterbliche ist von Natur der Wandlung und Umgestaltung unterworfen, das Unsterbliche aber ist seinem Wesen nach immer ein und dasselbe: Gott könnte also eine derartige Veränderung nicht eingehen."[70]

Die Kritiken des Kelsos sind, zumindest teilweise, traditioneller Art. Porphyrios[71], Julian der Abtrünnige[72], der heidnische Freund des Diakons Deogratias von Carthago[73] kommen auf verschiedene Weisen auf die Schwierigkeiten zu sprechen, warum sich das Kommen des Erlösers zur Rettung der Menschheit so lange hinausgezögert hat. Die anderen Kritiker sind mit den Einwänden der Gebildeten ebenfalls vertraut. Es gibt fast keinen einigermaßen gebildeten Menschen, der dem Mysterium der Inkarnation spontan aufgeschlossen wäre.

Nock bemerkt mit Recht, daß die Idee eines Sohnes Gottes und sogar eines Gottes, der zu den Menschen herabsteigt, den Völkern der griechisch-römischen Welt durchaus vertraut war[74]. Die Mythologie ist tatsächlich randvoll von mehr oder weniger skandalösen Geschichten über fruchtbare Verbindungen zwischen den Göttern und den Menschentöchtern, zwischen Göttinnen und Sterblichen. Justin bemüht sich darum, auch nur die Möglichkeit einer Beziehung zwischen diesen schlüpfrigen Geschichten und der jungfräulichen Empfängnis des Erlösers, die von Jesaja vorhergesagt war, auszuschließen: „Doch

---

[70] *Origenes,* Gegen Kelsos IV, 14; vgl. *J. Guitton,* a. a. O., 298–306.
[71] *Porphyrius,* fragm. 81 und 82, in: *A. von Harnack,* Porphyrius „Gegen die Christen", 15, Bücher, Zeugnisse, Fragmente, Referate, in: Abhandlungen, Berlin 1916.
[72] *Julian,* Contra Christianos, ed. *Neumann,* Leipzig 1880, 178: „Durch Myriaden, oder wenn man will, Jahrtausende hindurch ließ dieser Gott die Götzenanbeter in friedlicher Unwissenheit, wie ihr sagt, in allen Orten vom Sonnenaufgang bis Sonnenuntergang, mit Ausnahme einer schwächlichen Rasse, die seit zweitausend Jahren einen kleinen Teil Palästinas bewohnt. Wenn er der Gott aller ist, der Schöpfer der Dinge, warum hat er sich dann so wenig um uns gekümmert?"
[73] *Augustinus,* Epist. 102.
[74] *A. D. Nock,* Conversion 232.

soll niemand uns aus Mißverständnis der genannten Weissagung dasselbe vorwerfen, was wir den Dichtern zum Vorwurf machen, wenn sie erzählen, Zeus sei aus Liebeslust zu den Weibern gekommen."[75]

Man hat derlei Abenteuer sogar historischen Persönlichkeiten zugeschrieben. Bald nach dem Tode Platons erzählte man, daß sein natürlicher Vater im Traum die Weisung empfangen habe, sich seiner Frau nicht zu nähern, bis sie das Kind zur Welt gebracht hätte, das sie gerade empfangen hatte und das ein Sohn des Apollon sei. Eine ähnliche Legende erzählte man von Augustus. Im Zusammenhang mit den Intrigen, die sich in Sparta ergaben, als dort Lysander Veränderungen an der traditionellen Verfassung vornehmen wollte, läßt man einen angeblichen Sohn des Apollon erscheinen, der für Lysander günstige Orakel abgeben sollte[76]. Auch glaubte man gerne, daß eine Persönlichkeit zugleich der Sohn eines Menschen und eines Gottes sein konnte. Trotzdem kam es niemand in den Sinn, zu leugnen, daß Alexander der Große der Sohn des Philipp und der Olympias war. Das Orakel von Ammon in der Libyschen Wüste behauptete gleichwohl seine göttliche Herkunft und die Orientalen waren darauf vorbereitet, sie zu akzeptieren. Sogar die Griechen weigerten sich nicht, denn sie wußten ja, daß Herakles zwei Väter gehabt hatte, Zeus und Amphytryon. Und die Römer konnten in der vierten Ekloge Vergils von einem Kinde lesen, das der Dichter folgendermaßen anspricht: „Cara deum soboles, magnum Jovis incrementum"[77], obgleich er ihm eine menschliche Herkunft zuspricht und bewegt vom ersten Lächeln erzählt, das es an seine Mutter richtet. Weiter, diese göttlichen Kinder sind keineswegs von Natur aus unsterblich. Niemand in Ägypten wundert sich darüber, daß der Pharao stirbt. Asklepios, Sohn des Apollon, wird vom Blitz des Zeus getötet, weil er einem Toten das Leben wiedergegeben hatte; man betrachtet ihn daraufhin als den Gott der Gesundheit und der Heilkunst. Herakles stirbt auf dem Scheiterhaufen von Oeta, und auf diese Weise in den Flammen seiner sterblichen Hülle entkleidet, steigt er hinauf zum Olymp, um dort an der Glückseligkeit der Götter teilzunehmen.

Andere haben weniger Glück, Achilles z. B., der sich nach seinem Tode mit dem traurigen Aufenthalt bei den Schatten begnügen mußte.

---

[75] *Justin,* 1. Apologie, 33,3.
[76] *Plutarch,* Lysander 16.
[77] *Vergil,* Bucolica IV,49: „Teurer Sprosse der Götter, des mächtigen Jupiter Nachwuchs", vgl. *Vergil,* Landleben, ed. *J.* und *M. Götte,* 4. verb. Neuauflage München 1981.

Es wäre ebenso leicht wie überflüssig, solche Berichte zu vermehren. Doch wenn die Alten solche Geschichten erzählten, dann konnten sie damit ein ironisches Lächeln verbinden. Daß solche Dinge vorkamen, ist schon sehr lange her, und keiner war dabeigewesen. Man wiederholte diese hübschen Geschichten immer wieder, ohne viel Glauben darauf zu verschwenden; auch verlangte man dafür keine Beweise.

Im Unterschied dazu war für einen Christen die Geschichte Jesu von einem schrecklichen Ernst. Man mußte daran glauben und beim Bekenntnis des Glaubens sein Leben einsetzen. Und je mehr man versuchte, den Glauben zu vertiefen, desto mehr schienen auf diesem Wege die Schwierigkeiten zuzunehmen. In erster Linie mußte man die Existenz eines Sohnes Gottes mit dem strengsten Monotheismus vereinbaren können. Für die Heiden war es nicht wichtig, ob Zeus einen oder mehrere Söhne hatte. Ihre Pantheons hatten schon so viele Gottheiten, daß man ruhig, ohne Aufsehen zu erregen, die eine oder andere hinzufügen oder wegnehmen konnte. Die Christen jedoch bekannten sich zum Glauben an die Einheit Gottes. Und nachdem sie diese bekräftigt hatten, führten sie einen zweiten Gott ein, der doch zugleich mit seinem Vater ein einziger war, gleichwohl von ihm unterschieden. Die Logos-Lehre konnte strenggenommen für die Gebildeten eine zufriedenstellende Auskunft bieten. Gregor von Nyssa bestätigt das in seinem „Katechetischen Diskurs": „Jedenfalls", sagt er, „kann vielleicht ein Heide aufgrund allgemeiner Ideen und ein Jude durch die Vorstellungen der Schrift dazu geführt werden, die Existenz eines göttlichen Wortes und eines göttlichen Geistes nicht zu bestreiten. Aber im Hinblick auf die menschliche Heilsgeschichte Gottes wird das Wort sowohl von dem einen wie von dem andern gleichermaßen zurückgewiesen als eine ganz unwahrscheinliche der Natur der Gottheit nicht entsprechende Theorie."[78]

Nichts konnte einen hellenistisch gebildeten Geist mehr schockieren als die Idee der Inkarnation. Hier war ein zweiter Widerstand zu überwinden. Man akzeptierte ohne weiteres, daß die Götter menschliche Gestalt annehmen, um sich zu offenbaren und nach Belieben auf der Erde zu reisen. Alle Dichter hatten so ähnliche Abenteuer erzählt, und die beiden Apostel Paulus und Barnabas waren eines Tages in Lystra sehr darüber erstaunt, daß man sie für Götter hielt, den einen für Hermes, den anderen für Zeus, weil sie ein Wunder gewirkt hatten (Apg 14, 10 ff.). Aber die so für einen Augenblick von den Göttern an-

---

[78] *Gregor von Nyssa,* Orat. catech. V, 1.

genommene Menschheit war nichts anderes als ein ausgeliehenes Gewand, eine äußerliche Erscheinung; bei der Heimkehr in den Olymp ließ man es dann leicht wieder zurück, wie man es angenommen hatte. „Keiner der himmlischen Götter verläßt den himmlischen Aufenthalt und kommt auf die Erde", versichert einer der Autoren des „Corpus Hermeticum"[79], er drückt das Denken der gesamten Antike aus. Diesen Gedanken versuchten die Doketen im Christentum zu verbreiten, indem sie sagten, der Sohn Gottes sei nicht wirklich geboren, er habe auch nicht wirklich gelitten und sei nicht wirklich gestorben. Aber Ignatius von Antiochien bringt den erbitterten Protest aller christlichen Gewissen zum Ausdruck, wenn er sich gegen eine Lehre wendet, welche die durch Christus gebrachte Offenbarung bis in ihre Fundamente hinein erschüttert[80].

Waren diese fundamentalen Schwierigkeiten einmal ausgeräumt, dann konnte der Heide, der seinen Weg weitergehen wollte, an die Lektüre des Evangeliums herangehen. Dort fand er bald vertraute Namen, angefangen bei den Kaisern Augustus und Tiberius. Dadurch wurde ihm klar, daß er es mit echter Geschichte zu tun hatte, deren Ereignisse genau zu datieren waren. Allein die Feierlichkeit, mit der Lukas die Chronologie vor der Predigt Johannes' des Täufers beginnt (Lk 3, 1–2), konnte ihn darauf aufmerksam machen. Dann freilich stieß er sich an vielen Begebenheiten aus dem Leben des Heilands, die für ihn ein Gegenstand der Verwunderung oder des Ärgernisses sein konnten. Man lese daraufhin aus den Werken eines Kelsos, Porphyrios oder Julian gegen die Christen: hier kann man sehen, bis zu welchem Grad die stolze hellenistische Weisheit sich über die armselige Geschichte Jesu aufregen konnte[81]. Da wird nichts übergangen, weder die Jungfrauengeburt noch die Geburt im Stalle, noch der wunderbare Stern von Bethlehem. Jesu Wunder sind auf keinen Fall denen eines Asklepios überlegen, wenn sie diese überhaupt erreichen; seine Lehren kommen an die der alten Weisen nicht heran. Doch vor allem haben sein Tod und seine Auferstehung nichts Göttliches an sich.

„Warum", so schreibt Porphyrios, „hat Christus, als man ihn dem Hohenpriester und dem Prokurator vorführte, kein einziges Wort gesprochen, das eines

---

[79] Vgl. C. H. X, 25; vgl. *Kelsos,* bei *Origenes,* Gegen Kelsos V, 2: „Ein Gott und ein Sohn Gottes ist niemals auf die Erde herabgekommen, noch durfte er herabkommen"; vgl. *A. D. Nock,* Conversion 236–237.
[80] *Ignatius von Antiochien,* Trall. 9, 1–2; Smyrn. Kap. 1–2.
[81] Vgl. *P. Labriolle,* La réaction païenne, p. 111–170; 223–297; 369–437.

Weisen oder göttlichen Mannes würdig gewesen wäre? Er hätte damit doch den Richter und die Umstehenden erziehen und besser machen können. Statt dessen ertrug er es, mit einem Rohr geschlagen, angespuckt und mit einer Dornenkrone gekrönt zu werden. Warum verhielt er sich nicht wie Apollonius von Tyana, der, nachdem er dem Kaiser Domitian eine freimütige Rede gehalten hatte, plötzlich vom Kaiserhof verschwand und sich einige Stunden später ganz öffentlich in Dikaiarchia, dem heutigen Puteoli, zeigte? Auch wenn Christus den Geboten Gottes gemäß leiden mußte, so hätte er diese Strafe doch nicht erleiden dürfen ohne einen öffentlichen Protest; er hätte einige kräftige Worte an Pilatus, seinen Richter, richten müssen, anstatt sich wie irgendein Straßenräuber unmenschlich behandeln zu lassen"[82].

Was die Auferstehung betrifft, so hat sie es nicht nur mit den allgemeinen Schwierigkeiten zu tun, denen die Idee der Wiederbelebung eines Toten überall begegnet; sie provoziert darüber hinaus beachtliche Einwände. Porphyrios „regt sich über die armseligen Bedingungen auf, unter denen Christus diese glorreiche Auferstehung glaubte bewirken zu müssen, von der man überall schwätzt, warum ist Christus nicht dem Pilatus, dem Herodes oder dem jüdischen Hohenpriester erschienen, oder noch besser, dem römischen Volk und Senat, anstatt der Maria Magdalena zu erscheinen, dieser recht gewöhnlichen Frau aus einem unbedeutenden Ort, die einmal von sieben Dämonen besessen gewesen war, oder einer anderen Maria, ihrer unbedeutenden Freundin? Er hätte damit seinen Gläubigen die kapitale Beschuldigung der Irreligiosität erspart; denn niemand hätte eine derart auffallende Demonstration bestreiten können"[83]. Auch Julian insistiert seinerseits auf der Unwahrscheinlichkeit der evangelischen Berichte: nach Matthäus kamen Maria Magdalena und die andere Maria zum Grab nach dem Sabbat in der Frühe des ersten Wochentages; nach Markus kamen sie am hellen Tag, nachdem die Sonne aufgegangen war. Nach Matthäus hatten sie einen Engel gesehen, nach Markus einen Jüngling. Bei Matthäus gingen sie weg, um den Jüngern die gute Nachricht zu bringen; bei Markus haben sie zu niemand etwas ge-

---

[82] *Porphyrius,* fragm. 63, *Harnack.* Man muß hinzufügen, daß Porphyrius den Finger auf die Widersprüche legt, die er in den vier Fassungen der Passionsgeschichte entdeckt, woraus er schließt: „Es ist klar, daß diese unzusammenhängende Fiktion entweder mehrere Gekreuzigte darstellt, oder einen Einzigen, der so miserabel stirbt, daß er denen, die dabei waren, keine klare Vorstellung seiner Leiden geben konnte. Aber wenn diese Leute (die Evangelisten) nicht fähig waren, wahrheitsgemäß zu sagen, auf welche Weise er gestorben war, und daraus nur Literatur gemacht haben, dann gilt auch für den Rest, daß sie nichts, was Vertrauen verdient, berichten."
[83] *P. de Labriolle,* La réaction païenne, 271; vgl. *Porphyrius,* fragm. 64.

192

sagt[84]. Sind diese Widersprüche nicht der beste Beweis für die Unhaltbarkeit all dieser Geschichten?

Die Christen hatten darauf eine Antwort. Sie konnten erwidern, daß alles, was Christus getan und erlitten hat, schon lange Zeit durch geisterfüllte Propheten vorherverkündet war und daß Jesus die Realität seiner göttlichen Sendung dadurch erwies, daß er diese alten Orakel erfüllte. So sagt es, neben anderen, Justin:

„Damit aber niemand uns entgegenhalte: ‚Was steht im Wege, daß nicht auch der, den wir Christus nennen, als Mensch von Menschen geboren, durch Zauberkunst die Wundertaten vollbracht hat, die wir ihm zuschreiben, und daß man deswegen geglaubt hat, er sei Gottes Sohn?', so wollen wir nunmehr den Beweis führen, wobei wir uns nicht auf die stützen, die es behaupten, sondern auf die, welche von ihm vorhergesagt haben, ehe er geboren wurde, denen wir notwendigerweise glauben müssen, weil wir mit Augen die Prophezeiungen erfüllt oder sich erfüllen sehen, eine Beweisführung, die, wie wir glauben, auch euch als die sicherste und richtigste erscheinen wird ... In den Büchern der Propheten finden wir nun vorherverkündigt, daß Jesus, unser Christus, in die Welt kommen, von einer Jungfrau geboren, zum Manne herangewachsen, jede Krankheit und jede Schwachheit heilen und Tote auferwecken werde, daß er gehaßt, verkannt und gekreuzigt werden, sterben, auferstehen und in den Himmel auffahren werde, daß er Sohn Gottes sei und heiße, daß von ihm zu allen Völkern Sendboten mit dieser Botschaft geschickt, und daß die Menschen aus den Heidenvölkern mehr (als die Juden) an ihn glauben werden. Es wurde das teils 5000, teils 3000, teils 2000, 1000 und 800 Jahre vor seiner Ankunft vorherverkündet; denn wie die Geschlechter aufeinander folgten, traten immer neue Propheten auf."[85]

Für einen Menschen der alten Welt gab es auf das Argument der Prophezeiungen keine Antwort. Man mochte über Ursprung und Tragweite der Wunder aburteilen; ein Orakel zu diskutieren war nicht

---

[84] *Julian,* Contra Christianos, édit. *Neumann,* 236. – Manche Verfasser von apokryphen Märtyrerakten scheinen den Eindruck der polemischen Schriften von Porphyrius und Julian geteilt zu haben, auch wenn sie diese nicht gelesen haben; denn sie genieren sich nicht, ihren Helden wortreiche Apologien des Christentums in den Mund zu legen, um sie gegenüber den Magistraten als große Maulhelden darzustellen und sie sogar nach Torturen, die tödlich hätten enden müssen, unvermutet vor jenen erscheinen zu lassen. Diese hübschen Geschichten sind genau das, was die Heiden in den Evangelien gerne von Christus gelesen hätten. Vgl. *H. Delehaye,* Les passions des martyrs et du genres littéraires, Brüssel 1927, 287–303.

[85] *Justin,* 1. Apologie, 30; 31,7–8; vgl. *M. J. Lagrange,* Saint Justin, Paris 1914, 24ff. – Auch wenn die anderen Apologeten von dem Argument der Prophezeiung nicht denselben Gebrauch wie Justin gemacht haben, so haben sie es doch gelegentlich verwendet; vgl. *Athenagoras,* Supplicatio, Kap. 7; *Tatian,* Oratio Kap. 29; *Theophilus,* Ad Autolycum, 1,14; 2,9; 3,17.

möglich. Es ist richtig, daß den Heiden vor ihrer Bekehrung die heiligen Bücher der Juden ganz oder nahezu vollständig unbekannt waren, daß die griechische Übersetzung der Septuaginta außerhalb des begrenzten Kreises der Diaspora kaum einen Propaganda-Erfolg hatte, und daß von diesen Büchern praktisch nur der Pentateuch zugänglich war[86]. Aber nachdem sie einmal in die Kirche eingetreten waren, hörten sie, daß die Schriften der Propheten genau so gelesen und ausgelegt wurden wie die Denkwürdigkeiten der Apostel[87], und sie waren recht erstaunt über die zahlreichen Anklänge, die es zwischen den beiden Schriftensammlungen des Alten und des Neuen Testaments gab. Die einzige – freilich für uns nicht mehr zu lösende – Frage, die sich stellt, wäre diese, ob der Glaube an die Prophezeiungen genügte, um die Geschichte Jesu völlig aufzuschließen. Jedenfalls war diese Geschichte selbst einer der größten Steine des Anstoßes, an dem viele Gutwilligen sich stießen.

Es gab noch einen anderen, der genau so schwierig war; das war die Lehre von den Letzten Dingen (die „Eschatologie") und von der Auferstehung der Toten. Als Paulus die frohe Botschaft nach Athen brachte, hörten ihm die Gebildeten zunächst mit Interesse zu, bis zu dem Punkt, da er das Wort von der Auferstehung sprach. Da gab es einen Tumult, die einen machten sich lustig, die andern sagten nur: darüber magst du ein andermal reden, so daß der Apostel seinen Diskurs beenden mußte (Apg 17,31–32). Der Prokurator Festus war genau derselben Ansicht wie die Philosophen von Athen, als er Paulus in Caesaraea in Anwesenheit des Agrippa befragte. Als sein Gefangener auf die Auferstehung Jesu zu sprechen kam, erklärte er ihm ohne Umschweife: „Paulus, du bist wahnsinnig, dein vieles Studieren hat dich verrückt gemacht" (Apg 26,24). Im übrigen hatte er seine königlichen Gäste schon darauf vorbereitet, daß es sich bei Paulus und seinen Gegnern um Fragen der Religion handele, vor allem im Hinblick auf einen gewissen Jesus, der gestorben war und von dem Paulus behauptete, daß er lebe[88]. Vor einem Heiden des ersten Jahrhunderts

---

[86] Philon von Alexandrien, dessen Werke fast alle Schrift-Kommentare sind, interessiert sich faktisch nur für den Pentateuch. Zwar kannte er die anderen Bücher, da er sie manchmal zitiert; aber er kommt doch immer wieder auf das Gesetz (die Tora) zurück. Die Propheten lassen ihn gleichgültig.

[87] *Justin,* 1. Apologie, 67,3.

[88] Vgl. Apg 25,19. Die Juden selber waren in der Frage der Toten-Auferstehung gespalten; die Pharisäer vertraten sie, die Sadduzäer lehnten sie ab (Apg 23,8). Bei Griechen und Römern war die Ablehnung einmütig.

von der Auferstehung der Toten reden, das hieß, daß man sofort für verrückt gehalten wurde.

Denn die Einwände gegen das christliche Dogma nahmen zu; die einen waren mehr volkstümlicher Art, die andern kamen aus philosophischer Reflexion, beide von unterschiedlichem Gewicht, doch machten sie durch ihre Masse Eindruck. Warum unterbrach Gott zu einem bestimmten Zeitpunkt die Abfolge der Kreaturen und die unbegrenzte Erhaltung der Arten? Die von ihm festgelegte Ordnung muß ewig dauern, im Gegensatz zu einer immer gefährdeten menschlichen Ordnung? Wenn das Universum plötzlich zerstört würde und die Auferstehung dazuträte, würde man neben Priamos und Nestor Menschen sehen, die erst kurz davor gestorben wären; wäre das nicht seltsam, da plötzlich Leute nebeneinander zu sehen, die in ihrem Leben durch Jahrhunderte voneinander getrennt sind? Hätte die Erde überhaupt genügend Platz, um alle, die seit Beginn der Menschheit gelebt haben, darauf unterzubringen? Mit welchem Alter werden die Toten auferstehen? Werden sie alle das gleiche Alter haben; woran soll man sie dann erkennen? Und wäre das nicht sehr langweilig, unter Genossen leben zu müssen, die nichts oder fast nichts unterscheidet? Wenn sie aber das Alter haben, in welchem sie starben, was für ein Interesse hätte man an der Auferstehung der Neugeborenen oder der Abgetriebenen? Behalten die Alten ihre Gebrechen? Oder wie soll man sich die Wiederherstellung verlorener Organe vorstellen? Man kann zwar, streng genommen, begreifen, daß Christus auferstehen konnte; denn da er erst vor kurzem gestorben war, besaß er noch seinen eigenen (nicht verwesten) Körper. Aber was sollte nach so zahllosen Jahrhunderten noch von den allermeisten Toten existieren? Um den Einwänden mehr Durchschlagskraft zu geben, konstruierte man den folgenden Fall:

Ein Mann erlitt Schiffbruch, die Meeresungeheuer verschlangen seinen Leib; die Fischer fingen die Meeresungeheuer, so daß auch diese zugrunde gingen und ihre Kadaver von den Hunden gefressen wurden, die selbst wieder die Beute der Aasgeier wurden: was ist aus dem Fleisch der Schiffbrüchigen geworden?

Auf solche Fragen gaben die einfachen Christen sich mit der Antwort zufrieden, daß bei Gott nichts unmöglich ist. Aber diese Antwort befriedigte nicht die denkenden Heiden: „Das stimmt nicht", sagen sie, „Gott kann keineswegs alles. Er könnte nicht bewirken, daß Homer kein Poet gewesen wäre; daß Ilion nicht zerstört worden wäre; daß 2 + 2 = 5 wäre und nicht 4. Gott kann kein Bösewicht und kein

Sünder werden, nicht einmal wenn er das wollte; denn er ist wesenhaft gut"[88a]. Über den letzten Punkt stimmen die christlichen Intellektuellen mit ihren heidnischen Gegnern durchaus überein. Weder Athenagoras[89] noch Origenes halten sich bei solchen Abstechern auf: „Wir aber ziehen uns nicht zu einer ganz abgeschmackten Ausflucht zurück mit der Behauptung, daß für Gott alles möglich wäre; denn wir wissen, daß der Begriff ‚alles' sich nicht auf Dinge bezieht, die nicht vorhanden oder undenkbar sind. Auch behaupten wir, daß ‚Gott Häßliches gar nicht zu tun vermag', da Gott sonst in der Lage wäre, nicht ‚Gott' zu sein. Denn wenn Gott etwas Häßliches (Böses) ist, dann ist er nicht Gott"[90].

Allmählich verstärken die Christen ihre Bemühungen, den Ungläubigen annehmbare Lösungen anzubieten. Dabei hatten sie im Hinblick auf das Dogma selbst nicht die geringsten Bedenken. Denn die Texte des Neuen Testaments sind zu zahlreich und klar, um auch nur den geringsten Zweifel oder subtile allegorische Interpretationen zuzulassen. Was diesen delikaten Punkt betrifft, so hat die Kirche von Anfang an eine erfreuliche Unbeugsamkeit gezeigt. Tertullian bringt nur die allgemeine Auffassung zum Ausdruck, wenn er erklärt, die Auferstehung des Fleisches sei Inhalt des gläubigen Vertrauens der Christen[91]; und wenn griechisch gebildete Christen wie Origenes sich bemühen, das Dogma so auszulegen, daß sie auf der Vergeistigung der auferweckten Leiber bestehen, dann sehen sie sich einer so geschlossenen Phalanx gegenüber, daß sie ihre Thesen zurücknehmen müssen. Die Polemik, die durch die kühnen Thesen des Origenes hervorgerufen worden war, läßt sich noch lange Zeit nach seinem Tode verfolgen, bis ihr Justinian und sein Konzil von Konstantinopel (552 n. Chr.) durch eine reguläre Verurteilung ein Ende macht.

Die Heiden ihrerseits machen ebenfalls keine Konzessionen. Noch gegen Ende des vierten, Anfang des fünften Jahrhunderts verfolgen sie in ihren Traktaten die Anhänger der Auferstehung. Das Epitaph eines gewissen Gaius, das man in Enurjük in Phrygien gefunden hat, ist in jeder Hinsicht charakteristisch, da es die Auffassung des gehobenen Bürgertums zum Ausdruck bringt, wie sie in den ersten Jahrhunderten verbreitet war. „Für alle", erklärt Gaius, „ist der Hades

[88a] *Porphyrius,* fragm. 94.
[89] *Athenagoras,* De resurrectione, 14.
[90] *Origenes,* Gegen Kelsos V, 23; vgl. III, 70; De principiis II, 9, 1; vgl. *E. de Faye,* Origène, sa vie, son œuvre, sa pensée III, Paris 1928, 33.
[91] *Tertullian,* De resurrect. carn., 1: „Fiducia christianorum, resurrectio mortuorum".

derselbe und das Grab gleich. Erfreut euch, ihr Sterblichen, so gut ihr könnt, denn das Leben ist süß und bemessen. So ist es, Freunde. Was soll danach noch kommen? Es ist aus. Dieser Gedenkstein sagt es euch, nicht ich. Hier sind die Tore und der Weg zum Hades; man kehrt niemals mehr ans Licht zurück." Das Epitaph schließt mit vier jambischen Versen, die wahrscheinlich von verärgerten Leuten hinzugefügt worden sind und von denen man nur noch den Anfang lesen kann: „O all ihr Unglücklichen, die ihr an die Auferstehung glaubt …" Wahrscheinlich folgten diesem Anfang Spottverse an die Adresse der Christen[92]. Später legt der Ambrosiaster den Heiden diese Einwände in den Mund. „Euer Glaube ist absurd. Die Vernunft kann nicht zulassen, daß tote und in Verwesung befindliche Leiber sich wiederherstellen und neu belebt werden."[93] Später vermehrt der unbekannte Autor der *„Quaestiones et responsiones ad Orthodoxos"*[94] die Probleme: man findet bei ihm die bereits tausendmal vorgetragenen Schwierigkeiten bezüglich der Auferstehung der kleinen Kinder, die noch überhaupt nichts getan haben und weder Lohn noch Strafe verdienen[95], über die Verschiedenheit der Geschlechter bei der Auferstehung[96] und sogar die Geschichte vom Schiffbrüchigen, der von einem Fisch gefressen wurde[97]. Die Tatsache, daß diese Einwände so hartnäckig sich halten konnten, macht deutlich, daß das heidnische Denken sich am Dogma der Auferstehung der Toten mehr als an jedem anderen Dogma stieß.

Nicht viel weniger stieß man sich am damit verbundenen Dogma vom Ende der Welt. Auch hier ist die Antinomie eine totale. Schon lange hatten die jüdischen Propheten die Aufmerksamkeit ihres Volkes auf das messianische Zeitalter gelenkt, das den Gerechten ein vollkommenes Glück bescheren würde. Am Beginn der christlichen Ära hatten sich die Apokalypsen in der jüdischen Welt vermehrt. Das Grundthema all dieser Offenbarungen war das Verschwinden der al-

---

[92] Man datiert die Inschrift des Gaius in die erste Hälfte des 3. Jahrhunderts, in die Zeit des Caracalla und des Alexander Severus. – Vgl. *M. Ramsay,* Cities and bishoprics of Phrygia II, 386; *P. Batiffol,* La paix constantinienne, 145–146; Gaius präsentiert sich als ein Geschäftsmann, der in den Musen bewandert ist; er rühmt sich als Literat; zum Beweis dafür verfaßte er sein Epitaph in Versen.
[93] *Ambrosiaster,* Quaest. Vet. et Novi Testamenti, 124, 18.
[94] Der Autor könnte Theodoret von Kyros sein. Es scheint jedenfalls erwiesen, daß es sich um einen Syrer anfangs des 5. Jahrhunderts handelt.
[95] *Pseudo-Justin,* Quaestion. et Respons., 13 (26).
[96] Ders., a. a. O., quaest. 60 (74); 53 (66).
[97] Ders., a. a. O., quaest. 75 (87); 76 (88).

ten Welt (des „alten Äons") und das Heraufkommen einer neuen Welt (des „neuen Äons"). Wie bei vielen anderen Punkten so hat auch hier das Christentum das jüdische Erbe übernommen[98]. Die Lehre Jesu ist freilich etwas anderes als eine Apokalypse; aber wie immer man sie betrachten mag, so schließt sie doch mit Äußerungen über die Endvollendung und die Erneuerung des Universums. Die Paulus-Briefe, die Petrus-Briefe, der Judas-Brief und die Johannes-Apokalypse sind erfüllt von der Hoffnung auf die großen Endereignisse, die der gegenwärtigen Welt ein Ende setzen und einen neuen Himmel und eine neue Erde heraufführen werden. Die Parusieerwartung des Christus, der auf den Wolken des Himmels in seiner Herrlichkeit erscheinen wird als Richter der Lebendigen und der Toten, hat einen unterschiedlichen, aber immer gewichtigen Platz unter den Glaubensvorstellungen der ersten christlichen Generationen. Die montanistische Bewegung, die Vorgänge, wie sie Hippolyt in seinem Daniel-Kommentar berichtet, zahlreiche Texte, in denen bis ins 6. Jahrhundert und noch darüber hinaus die Prediger die Nähe des Endgeschehens ankündigen, bezeugen, daß die Kirche nicht aufgehört hat, den Blick auf die Zukunft zu richten und die Endkatastrophe mehr herbeizusehnen als zu befürchten.

Die Griechen dagegen glauben an die Ewigkeit der Welt. „Der Hellenismus", schreibt E. Bréhier, „ist von der Ewigkeit der Ordnung in den Dingen geprägt, ein ewiges Prinzip, aus dem ewig dieselben Konsequenzen fließen."[99] Auch Kelsos bezeugt diese Einstellung: „Die Natur des Universums ist eine und stets mit sich selbst identische; die Dinge bewegen sich ewig im selben Kreislauf, der stets derselbe in Vergangenheit, Gegenwart und Zukunft war, ist und sein wird."[100] Sallustios widmet in seinem Buch „Von den Göttern und der Welt" ein langes Kapitel dem Nachweis, daß die Welt von Natur aus unvergänglich ist: „Alles, was vergeht, vergeht entweder durch sich selbst oder durch ein anderes, so wie auch das Feuer sich selbst verzehrt und das Wasser von selber vertrocknet. Wenn dagegen das Weltall durch ein anderes zerstört würde, dann nur durch eine körperliche oder unkörperliche Instanz ..."[101] Die Beweisführung geht nach dieser Me-

---

[98] Vgl. z. B. *M. J. Lagrange,* Le messianisme chez les Juifs, Paris 1909.

[99] *E. Bréhier,* Histoire de la philosophie, Paris 1928, t. I, 501; vgl. *J. Guitton,* a. a. O., 156–160.

[100] *Origenes,* Gegen Kelsos IV, 62 und 67; vgl. *L. Rongier,* Celse ou le conflit de la civilisation antique et du christianisme primitif, Paris 1925, 379–380.

[101] *Sallustios,* De diis et mundo XVII.

thode weiter und erweist sich in ihren Schlußfolgerungen als unausweichlich. Das heißt nicht, daß diese These keinerlei Schwierigkeiten hätte. Der zweite Traktat der Zweiten Enneade des Plotin bemüht sich ausdrücklich, eine ganze Anzahl von Einwänden, die von den Stoikern und anderen gegen die traditionelle Lehre vorgebracht werden, zu entkräften. Plotin erklärt dort, daß die wahren Gründe der Unzerstörbarkeit der Welt in der Natur der Seele, die den Leib trägt und durchformt, zu suchen wären, und daß die Veränderungen, die der Leib des Universums in seinen sublunaren Teilen erleidet, keineswegs verhindern, daß die Elemente in ihrer Quantität und ihrem Verhältnis zueinander konstant bleiben; auch ist der Leib des Himmels in sich selbst unzerstörbar [102].

Auch Porphyrius bleibt dem Hellenismus treu, wenn er sich gegen die Formulierung des Apostels Paulus erhebt:

„Die Gestalt dieser Welt vergeht" (1 Kor 7,31):

„Wie soll die Gestalt dieser Welt denn vergehen? Wer könnte sie vergehen lassen und zu welchem Ende? Etwa der Demiurg? Er würde sich damit dem Vorwurf aussetzen, ein friedlich geordnetes Ganzes zu verhindern. Auch wenn er sie dadurch verbessern wollte, daß er ihre Gestalt verändert, dann würde ihn doch die Anklage treffen, daß er im Augenblick der Schöpfung keine adäquate und passende Form für das Universum gefunden hatte, und daß er es unvollkommen und ohne die beste Ausstattung zurückgelassen hätte. Wie aber könnte man dessen sicher sein, daß sich das Wesen des Universums in etwas Schöneres verwandeln würde, wenn das Ende noch lange aussteht? Welchen Vorteil brächte eine Veränderung der Erscheinungen? Wenn der Zustand der sichtbaren Welt wirklich so grauenhaft und traurig wäre, dann müßte sich ein vielstimmiger Protest gegen den Demiurgen erheben; jawohl, ein Konzert von gerechten Vorwürfen, weil er die Elemente des Universums auf eine derart ungewöhnliche Weise, nämlich in Verachtung der vernünftigen Natur, angeordnet hätte, nur um schnell damit fertig zu sein und in der Absicht, alles zu verändern." [103]

Allerdings finden die Christen hier im Stoizismus einen unerwarteten Verbündeten, der ebenso wie sie die Lehre von der Ewigkeit der Welt ablehnt. Nach den Stoikern „verläuft die Geschichte der Welt in verschiedenen, aufeinander folgenden Perioden; in einer von diesen hat der höchste Gott oder Zeus, der mit dem Feuer und der tätigen Kraft identisch ist, alle Dinge in sich selbst absorbiert und zurückgenom-

---

[102] Vgl. *Plotin*, Schriften, übersetzt von *R. Harder*, Band IV (Philos. Bibl. Band 214a). Hamburg 1967, Enn. II, 2f., S. 64ff.
[103] *Porphyrius*, fragm. 34.

men, während in einer anderen Periode er eine geordnete Welt belebt und lenkt. Die Welt, wie wir sie kennen, vollendet sich also in einem Weltenbrand, der alles in die göttliche Substanz auflöst; danach beginnt, genau wie es gewesen war, mit den gleichen Personen und denselben Ereignissen die Welt von neuem; ewige Wiederkehr in strengem Sinn, die keiner Innovation Raum läßt ... Zenon und Chrysipp bezeichnen diesen Weltenbrand als eine Reinigung der Welt und geben damit zu verstehen, daß es sich, ähnlich wie bei der Sintflut oder dem Feuersturm der alten semitischen Mythen, hier um eine Wiederherstellung des Standes der ursprünglichen Vollkommenheit (‚restitutio in integrum‘) handelt. Chrysipp betont, daß dieser Weltenbrand nicht den Tod der Welt bedeutet, denn der Tod ist ja die Trennung von Seele und Leib; doch die Welt-Seele trennt sich nicht von ihrem Leib; vielmehr vergrößert sie sich auf seine Kosten, bis sie die ganze Materie absorbiert hat." [104]

Selbstverständlich beuten die Christen die stoischen Thesen zu ihren eigenen Gunsten aus, so Justin ausdrücklich in seinen Apologien. „Die Philosophen, welche Stoiker heißen, lehren, Gott selber gehe in Feuer auf und sagen, die Welt entstehe alsdann wieder neu durch *Umwandlung* ... Wenn wir behaupten, daß alles von Gott geordnet und geschaffen sei, so wird man erkennen, daß wir einen Satz Platons ansprechen; sprechen wir aber von einem Weltbrand, so einen der Stoiker." [105] Er vergißt freilich den Vorbehalt nicht: „Darum, nämlich um der zarten Saat des Christentums willen, das Gott als Grund für den Fortbestand der Natur ansieht, verzögert er den Untergang und die Zerstörung der ganzen Welt, durch die dann auch die bösen Engel, Dämonen und Menschen ihr Ende finden würden. Wenn das nicht wäre, so könntet auch ihr nicht mehr solches tun und euch von den bösen Dämonen als Werkzeuge gebrauchen lassen; es hätte vielmehr das herniederfahrende Feuer des Gerichtes schonungslos allem ein Ende gemacht, wie einst die große Flut ... Derartig wird, so behaupten wir, der *Weltbrand* sich vollziehen, nicht, wie die Stoiker sagen, in der Art eines Überganges aller Dinge ineinander, was uns als ganz unwürdig erschiene." [106] Was Justin und mit ihm alle Christen stört, ist die Idee der ewigen Neuanfänge. Er will die Lehre von einem Weltenbrand am Ende gern akzeptieren; aber er glaubt, daß der neue Stand der Dinge, der dadurch in Kraft tritt, endgültig sein wird.

---

[104] *E. Bréhier,* Histoire de la philosophie I, 310–311; 333.
[105] *Justin,* 1. Apol. 20,2 und 4.   [106] *Justin,* 2. Apol. 7,1–3.

Auch Origenes macht auf seine Weise von der stoischen Theorie Gebrauch. Er läßt, wenigstens als eine wahrscheinliche Hypothese, die Aufeinanderfolge einer Vielzahl von Welten zu und für die Seelen die Möglichkeit, daß sie sich verschiedenen Prüfungen unterwerfen müssen, ehe ihr Schicksal endgültig festgelegt wird. Seine Gegner Hieronymus und Theophil von Alexandrien vor allem, werfen ihm freilich vor, viel weiter gegangen zu sein und die Lehre von der zyklischen Wiederkehr der Zeit mit ihrem ganzen Inhalt gelehrt zu haben; er habe gesagt, Christus werde von neuem verraten, von Petrus verleugnet und ans Kreuz geschlagen [107]. Doch ist es sehr unwahrscheinlich, daß er Dinge gelehrt hätte, die in solch krassem Gegensatz zur christlichen Tradition stehen, und die Übersetzung des Rufinus schließt es vollkommen aus [108]. Daraus lassen sich wenigstens zwei

---

[107] Vgl. *Hieronymus,* Epist. ad Avit., 5; Pl XXII, 1063: „In secundo autem libro mundos asserit innumerabiles, non juxta Epicurum uno tempore et sui similes, sed post alterius mundi finem alterius esse principium. Et ante hunc nostrum mundum alium fuisse mundum, et post hunc alium esse futurum, et post illum alium, rursumque caeteros post caeteros. Et dubitat utrum futurus sit mundus alteri mundo ita ex omni parte consimilis ut nullo inter se distare videantur, an certe numquam mundus alteri mundo ex tot indiscretus et similis sit futurus" („Im zweiten Buch jedoch versichert er – Origenes –, es gäbe zahllose Welten, nicht wie bei Epikur mehrere und sich selber ähnliche gleichzeitig, sondern so, daß das Ende der einen Welt der Anfang einer neuen ist. Und vor dieser unserer Welt habe es eine andere Welt gegeben und nach dieser wird es wieder eine andere geben, und nach jener wieder eine andere, und andere nach anderen. Und er zweifelt daran, daß eine zukünftige Welt einer anderen genau so ähnlich sei, daß sie sich in nichts voneinander unterscheiden, oder ob niemals eine Welt völlig verschieden von einer anderen sei und ähnlich sein werde"). – Weiter apol. adversus Rufin. I, 20; PL XXIII, 413 behauptet Hieronymus sogar: „Origini tuo licet ... Christumque dicere saepe passum et saepius passurum, ut quod semel profuit, semper prosit assumptum" („Nach deinem Origenes wäre es sogar so ... daß Christus öfter gelitten hat und öfter leiden wird, so daß, was einmal geholfen hat, für immer hilfreich gehalten wird"). – Doch ist keineswegs sicher, daß Origenes diese Auffassung ohne Einschränkung vertreten hat; eher hat er sie als Hypothesen vorgetragen. Hieronymus neigt da eher zu Übertreibungen.

[108] *Origenes,* De principiis, II, 3,4: „Iam vero qui indissimiles sibi mundus ac per omnia pars aliquando evenire confirmant, nescio quibus id possint asserere documentis. Si enim per omnia similis mundo mundus dicitur, erit ut iterum Adam vel Eva eadem faciant quae fecerunt; idem iterum (erit) diluvium, atque idem Moyses rursus populum sexcenta nullia numero educet ex Aegypto ... quod non puto ratione aliqua posse firmari, arbitrii libertate aguntur animae, et vel profectus suos vel decessus pro voluntatis suae sustinent potestate. Non enim cursu aliquo in eosdem se circulos post multa saecula revolvente aguntur animae, ut hoc aut illud vel agant vel cupiant, sed quocumque proprii ingenii libertas intenderit, illi gestorum suorum dirigunt cursum ... Ita ergo mihi impossibile videtur eodem ordine eisdem modis nascentium ac morientium atque agentium quid secundo mundum posse reparari; sed immutationibus non minimus diversos posse mundos existere, ita ut pro manifestis quibus causis melior status sit alterius mundi et pro aliis inferior et pro aliis medius quidem status. Qui autem vel numerus vel modus hic sit, ergo me nescire fateor" („Und deshalb glaube ich, daß die Welten, die entstehen, verschieden sind wegen der Verschiedenheit ihrer Ursachen; so wird der Irrtum derer ausgeschaltet,

Widerstände erheben: sein Glaube an die menschliche Freiheit läßt die Hypothese von identischen Zyklen nicht zu, und seine Hoffnung auf eine endgültige Weltvollendung, bei der sogar der Teufel erlöst werden soll, war mit der stoischen Konzeption ebensowenig vereinbar [109]. Jedenfalls, so interessant die stoische Eschatologie auf den ersten Blick zu sein scheint, sie ließ sich gleichwohl mit den grundlegenden Gegebenheiten der christlichen Tradition nicht vereinbaren. Man kann hinzufügen, daß sie auch gegen die reine hellenistische Tradition verstieß. Auch hatten manche Lehrer der Schule bereits darauf verzichtet, von einem allgemeinen Weltenbrand zu reden. Panaitios von Rhodos hatte gelehrt, daß diese schöne und vollkommene Welt stets dieselbe Ordnung, wie wir sie schauen, behalten würde [110]. Poseidonios von Apamäa ist ihm darin wahrscheinlich gefolgt, so nach dem Zeugnis des Philo von Alexandrien [111], das dem des Aetios vorzuziehen ist [112]. So bleiben die Christen zusammen mit den Juden die einzigen, welche das Kommen des großen Gerichts und das Erscheinen einer besseren Welt lehrten.

---

die behaupten, die Welten wären einander gleich. Denn wenn man sagt, die Welt sei der anderen in allen Stücken gleich, so heißt das, daß Adam und Eva wieder dasselbe tun werden, was sie einst getan haben, daß dieselbe Sintflut ein zweites Mal sein wird und derselbe Mose wieder ein Volk, 600 000 an der Zahl, aus Ägypten führen wird ... Dies läßt sich, meine ich, mit keinem vernünftigen Grund stützen, sofern die Seelen durch ihre Willensfreiheit angetrieben werden und ihre Fortschritte und Rückschritte gemäß der Kraft ihres Willens erfahren. Denn die Seelen werden nicht durch einen Kreislauf, der nach langen Zeiträumen in dieselbe Bahn zurückkehrt, dazu getrieben, dies oder jenes zu tun oder zu begehren; sondern worauf sich ihr persönlicher freier Entschluß richtet, dahin lenken sie den Lauf ihrer Handlungen ... So scheint es mir auch unmöglich, daß die Welt sich wiederholen könnte mit Geburten, Toden, Handlungen in der gleichen Ordnung und der gleichen Weise; dagegen können, meine ich, verschiedene Welten mit erheblichen Unterschieden existieren, wobei der Zustand einer Welt aus bestimmten Ursachen besser, aus anderen schlechter, aus wieder anderen ein mittlerer sein kann. Über Zahl und Art (dieser Welten) gestehe ich nichts zu wissen").

[109] Die Vorstellung einer Bekehrung des Teufels, wie sie Origenes mit Sympathie in „De principiis" darlegt, wurde sofort als antichristlich bekämpft; der große Lehrer verteidigte sich in einem Brief an die Alexandriner, er habe sie niemals gelehrt; vgl. *Rufin,* De adulter. libror. Origenis, PG XVII, 624. Später verfaßte er eine wahre Revision. Er warnt seine allzu enthusiastischen Schüler vor bestimmten Konsequenzen, die sich aus der Vorstellung einer letzten Vollendung ergeben könnten. Sie stellten sich, über die zukünftige Welt hinaus noch eine weitere Zukunft vor, wo alle Strafen enden würden. „Was mich betrifft", sagt ihnen Origenes, „so kenne ich Leute, die von ihren eigenen Sünden beherrscht bleiben, und wenn diese in der kommenden Welt nicht vergeben sind, werden sie es auch in den nachfolgenden (Welten) nicht sein" (In Joann. comment. XIX, 3; PG XIV, 552). Vgl. *R. Cadiou,* La jeunesse d'Origène, Histoire de l'école d'Alexandrie au debut du III\e siècle, Paris 1937, 328.
[110] *Cicero,* De natura deorum I, 115.
[111] *Philon,* De aeternitate mundi, ed. *Cohn-Wendland* VI, §§ 76 ff.
[112] *Aetius,* Placita II, 9, 3.

Die christliche Eschatologie hatte noch andere Schwierigkeiten. Nach einer seit Jahrhunderten verbreiteten Legende hatte man das goldene Zeitalter nicht für eine mehr oder weniger ferne Zukunft zu erwarten. Es war vielmehr schon Vergangenheit. Nicht in die Zukunft sollte die Menschheit schauen, um dort das verheißene Glück zu finden, dieses war vielmehr für immer verloren. Nach dem goldenen Zeitalter kam das silberne, und danach das eiserne Zeitalter. In einer Welt, in der alles vom Schlechten zum Schlimmeren ging; wo die Menschen selbst, anstatt besser zu werden, nicht damit aufhörten, sich immer mehr zu korrumpieren, hatte man nichts zu hoffen. Allerdings hatte Vergil die Rückkehr des goldenen Zeitalters angekündigt:

„Ultima Cumaei venit iam carminis aetas,
Magnus ab integro saeclorum nascitur ordo.
Iam redit et Virgo, redeunt Saturnia regna;
Iam nova progenies caelo demittitur alto." [113]

Das Erscheinen des Kaisers Augustus und der Friede, den er brachte, rechtfertigten zum Teil diese Hoffnungen. Zahlreiche Zeugnisse aus dieser Zeit geben uns Kunde, daß man in der ganzen griechisch-römischen Welt einige Jahre hindurch einen wunderbaren Eindruck von Beruhigung hatte, und daß man sich fragen mochte, ob die Rückkehr des goldenen Zeitalters nicht unmittelbar bevorstünde. Aber bald darauf mußte man sich neu besinnen. Das Übel, in welchem die Menschen leben, war doch zu groß; nichts gab ihnen das verlorene Paradies zurück.

Nichts, außer der christlichen Hoffnung. Denn allem zum Trotz ist die Menschheit nicht dazu bereit, ohne Hoffnung zu leben und in der Verwirrung der Seelen fand die neue Heilsbotschaft Christi eine Resonanz als Botschaft der Freude und des Friedens. Zweifellos waren die Glaubenswahrheiten, die sie den Menschen auferlegte, schwer zu akzeptieren; wir haben es gerade gezeigt. Doch im großen und ganzen wurden diese Schwierigkeiten hauptsächlich von den Intellektuellen empfunden; diese freilich machten nicht den Großteil der Hörer, die von der neuen Botschaft erreicht wurden, aus. Die kleinen Leute, die Sklaven, Armen, Arbeiter schenkten den von den Weisen erhobenen Einwänden keine übertriebene Aufmerksamkeit. Sie hielten sich vor

---

[113] *Vergil,* Bucolica IV, 4–7:
„Letzte Weltzeit ist nun da cumaeischen Sanges; groß aus Ursprungsreine erwächst der Zeitalter Reihe.
Nun kehrt wieder die Jungfrau, kehrt wieder saturnische Herrschaft, nun wird neu ein Sproß entsandt aus himmlischen Höhen."

allem an die Predigt, die sie hörten, daß Jesus der Sohn Gottes, den die Propheten Israels vorherverkündet hatten, gestorben war, um sie zu erlösen, und daß er von den Toten auferstanden war, um ihre eigene Auferstehung im voraus zu bezeugen. Neben diesen beiden Gewißheiten war der Rest nur unbedeutende Details.

Darüber hinaus waren die Prediger selbst alle oder fast alle Konvertiten und konnten sich, wenn sie sich an ihre noch heidnischen Brüder wandten, auf ihre eigenen Erfahrungen berufen. Sie hatten schon angefangen, die Dinge, die sie sagten und verkündigten, als Wohltaten in ihrem persönlichen Leben zu realisieren. Als Justin seine Apologie „dem Kaiser Titus Älius Hadrianus Antoninus Pius Cäsar Augustus; seinem Sohn Verissimus, dem Philosophen; dem Lucius, Cäsars leiblichem und des Pius Adoptivsohn, einem Freund der Wissenschaften sowie dem heiligen Senat und dem ganzen römischen Volk" präsentierte [114], als Athenagoras seine Bittschrift „an die Kaiser Mark Aurelius Antoninus und Lucius Aurelius Commodus, Armeniern und Sarmaten, vor allem aber Philosophen" [115] richtete, da konnten beide in aller Ehrerbietung darauf hinweisen, daß sie zuerst Heiden waren, und daß sie, wenn sie Christen wurden, dazu nicht durch Ehrgeiz oder eitle Ruhmsucht getrieben worden waren, sondern einzig und allein aus Liebe zur Wahrheit. Ihre Apologien waren keine leeren Reden; sie waren vielmehr Zeugnisse, die ein größeres Gewicht hatten als die der kynischen Philosophen; denn diese riskierten in den meisten Fällen nicht sehr viel, während jene ihr eigenes Leben einsetzten, und sie wußten das auch [116]. Wie hätten aufrichtige Gemüter von solchen Zeugnissen nicht bewegt werden sollen?

Schließlich ist auch noch anzumerken, daß das christliche Dogma, trotz der erwähnten Schwierigkeiten, sich als Vollendung und Erfüllung der griechischen Weisheit darzustellen beliebte. Diejenigen, die wie ein Tatian, Tertullian und Hermias das antike Erbe radikal ablehnten, waren offenbar selten. Aber auch diese lehnten es nicht so radikal ab, wie es nach ihren Worten schien, und man hätte diese Extremisten ganz schön in Verlegenheit gebracht, hätte man von ih-

---

[114] *Justin,* 1. Apologie I,1.

[115] *Athenagoras,* Supplicatio, inscript.

[116] Vgl. z. B. *Justin,* 2. Apologie, 3, 1–2: „Auch ich erwarte, von einem der Genannten verfolgt und in den Block gespannt zu werden, vielleicht von Kreszenz, dem Spektakelmacher und Prahlhans. Denn den Namen Philosoph darf man einem Manne nicht geben, der öffentlich von uns Dinge aussagt, von denen er nichts versteht, nämlich daß wir Gottesleugner und Majestätsverbrecher sind; das tut er nur, um der irregeführten Menge einen Gefallen zu erweisen und Freude zu machen."

nen verlangt, auf alles, was sie der profanen Kultur verdankten, zu verzichten. Der Katalog der Statuen in der „Rede an die Bekenner des Griechentums" („Oratio ad Graecos") des Tatian [117], die Anleihen aus den Schriften des Arztes Soranos bei Tertullian [118], um nur diese Beispiele zu erwähnen, zeigen zur Genüge, daß sie deren Wissenschaften zu schätzen wußten. Andere zeigten, bei allem Respekt vor der Transzendenz des Christentums, gerne, daß die Christen alles, was die alten Weisen an Wahrheiten gelehrt hatten, festhielten und es weiter entwickelten: „Denn was auch immer die Denker und Gesetzgeber jemals Treffliches gesagt und gefunden haben, das ist ihnen nach dem Teilchen vom Logos, das ihnen zuteil geworden war, durch Forschen und Anschauen mit Mühe erarbeitet worden. Da sie aber nicht das Ganze des Logos, der Christus ist, erkannten, so sprachen sie oft einander Widersprechendes aus." [119]

Manche gehen noch einen Schritt weiter und versicherten mit schöner Kühnheit, daß bereits die griechischen Philosophen alles, was sie an Wahrem sagen konnten, den Juden entlehnt hatten [120], so daß die heidnische Weisheit bereits eine spezifisch christliche gewesen wäre. Von diesen beiden Erklärungen, einer inneren Erleuchtung und einer äußerlichen Entlehnung, ist die erstere, die sich auf den Johannes-Prolog (Joh 1, 9) berufen kann, ohne Zweifel die philosophischere; sie ist jedoch weniger verbreitet und Justin ist fast der einzige, der damit arbeitet. Die zweiten dagegen haben eine lange Vergangenheit hinter sich; denn schon die jüdischen Apologeten hatten davon einen hemmungslosen Gebrauch gemacht. Schon Artapanus hielt den Orpheus für einen Schüler des Musaios, das heißt des Moses. Nach Philo hätten Heraklit und die Stoiker sich von Moses inspirieren lassen. Pseudo-Aristobul läßt nicht nur Homer und Hesiod von Moses abhängig sein, sondern auch Pythagoras, Sokrates und Platon [121]. Nachdem Josephus die jüdische Gottesidee dargelegt hat, fügt er hinzu, daß die Weisesten unter den Griechen sich von den Lehren, die Moses zum ersten Mal formuliert hatte, hätten inspirieren lassen [122]. Die christliche Apologeten blieben bei dieser Tradition, wenn sie dieses

---

[117] *Tatian,* Oratio, 33–34.
[118] *Tertullian,* De anima passim.
[119] *Justin,* 2. Apologie, 10, 3.
[120] Vgl. *Justin,* 1. Apologie, 59, 2: „Damit ihr aber erkennt, daß von unseren Lehrern, wir meinen von dem durch die Propheten vorherverkündeten Logos, Platon den Satz übernommen hat, Gott habe durch Umwandlung gestaltlosen Stoffes die Welt erschaffen ..."
[121] Vgl. *Eusebius,* Praeparatio Evang. XIII, 12.
[122] *Josephus,* Contra Apionem II, 16, 167–168.

Argument übernehmen, und es gibt fast keinen unter ihnen, der dies nicht getan hätte.

Jedenfalls konnten die Heiden in derartigen Erklärungen eine gewisse Befriedigung finden. Wenn Christus nicht gekommen war, um zu zerstören, sondern um zu erfüllen, wenn das Evangelium die letzte Frucht der antiken Weisheit war, wie konnte man dann seinen Appell mißachten? Sicher bedurfte es einiger Erfindungsgabe, um diese Theorie zu entwickeln, da die christlichen Dogmen, wie wir gesehen haben, eher dazu angetan waren, eine Ablehnung zu provozieren. Trotzdem gelang es, diese Argumentation abzusichern. So blieb nur noch das letzte und auf die Dauer stärkste Hindernis der christlichen Bekehrung zu überwinden, nämlich die Forderung einer moralischen Vollkommenheit und Heiligkeit.

3. Die Forderung vollkommener Moral und Heiligkeit

Was diesen Punkt betrifft, so gibt es keinen Vorbehalt. Klar ist auf jeden Fall, daß Jesus nicht gekommen war, um die Gerechten zu heilen, sondern die Sünder (vgl. Mt 9, 11–13; Mk 2, 15–17; Lk 5, 30–32); daß er erklärte, im Himmel herrsche mehr Freude über einen Sünder, der umkehrt, als über neunundneunzig Gerechte, die der Umkehr nicht bedürfen (Lk 15, 7); daß er den Vater im Himmel mit dem Vater des verlorenen Sohnes verglich (Lk 15, 11–32). Nach Matthäus hat er mit den Zöllnern gespeist (Mt 9, 9–13; Lk 5, 27–38; Mk 2, 13–22); er hat der Ehebrecherin vergeben, welche die Juden steinigen wollten (Joh 8, 1–8), und sogar die Gastfreundschaft eines Zachäus herausgefordert (Lk 19, 1–10); er hat sich von der Sünderin Magdalena mit kostbarem Nardenöl die Füße waschen und sie mit ihren Haaren trocknen lassen (Joh 12, 1–3; Lk 7, 36–50; Mt 26, 6–16; Mk 14, 3–9)[123]. Solchen Lehren und Beispielen ihres Meisters getreu hat die Kirche von Anfang an nie gezögert, alle Sünder, die sich wirklich bekehren wollten und mit der Bitte um die Taufe der Wiedergeburt zu ihr kamen, zu akzeptieren. In ihren Augen gab es keine unvergebbaren Sünden, außer der geheimnisvollen Sünde gegen den Heiligen Geist, von welcher der

---

[123] G. Bardy vertritt hier eine „harmonisierende" Auffassung der verschiedenen Salbungsgeschichten; vgl. dazu jetzt *J. Blank,* Frauen in den Jesusüberlieferungen, in: *Dautzenberg–Merklein–Müller,* Die Frau im Urchristentum, Freiburg–Basel–Wien ²1986, 9–91; zur Salbung in Betanien 22–28; Jesus und die Sünderin (Lk 7, 36–50), 42–48 (Anm. d. Übers.).

Herr selbst gesagt hatte, sie könne weder in dieser noch in der anderen Welt vergeben werden (vgl. Mt 12,31; Lk 12,10). Danach genügte es, zu kommen und sich taufen zu lassen, um des Heiles gewiß zu sein. Eine derart barmherzige Lehre erregte den Anstoß der Pharisäer, doch findet er sich nicht nur bei den Juden:

„Wenn durch Wort und Schrift die Menschen, welche einen schlechten Lebenswandel führen, von uns zur Bekehrung aufgefordert und zur Sinnesänderung und Besserung ihrer Seele ermahnt werden, so verdreht dies Kelsos und behauptet, *wir lehrten, Gott sei (nur) für die Sünder gesendet worden'*. Dies ist gerade so, wie wenn er Leuten einen Vorwurf machen würde, wenn sie sagen, ein menschenfreundlicher König habe in eine Stadt seinen Arzt wegen der Personen geschickt, die in derselben krank lägen. *Gesandt wurde'* nur Gott, das Wort, insofern er Arzt war, für die Sünder, insofern er aber Lehrer göttlicher Geheimnisse war, für die, welche bereits rein sind und nicht mehr sündigen. Kelsos aber kann dies nicht auseinanderhalten, weil er gar nicht tiefer in die Sache eindringen wollte, und fährt deshalb fort: *Warum aber wurde er nicht zu den Sündlosen gesandt? Ist es denn etwas Böses, keine Sünde begangen zu haben?'* Wir antworten: Meint er unter den *Sündlosen'* solche, die nicht mehr sündigen, so wurde Jesus, unser Heiland, auch für diese gesandt, aber nicht als Arzt. Versteht er aber unter „den Sündlosen" solche, die niemals gesündigt haben ..., dann sagen wir: Einen Menschen, der in diesem Sinne *sündlos'* wäre, kann es nicht geben. Wenn wir dies aber sagen, so nehmen wir den Menschen aus, der in Jesus ist, wie der Glaube uns lehrt, und *der keine Sünde getan hat.'* [124]

Aber nachdem er einmal getauft war, sollte der neue Mensch ohne Sünde leben; er hatte nicht die Erlaubnis, in seine vergangenen Fehler zurückzufallen, zumindest nicht in schwere Fehltritte, die eine wirkliche Befleckung der Seele und des Leibes darstellen [125]. Der Autor des Hebräerbriefes äußert sich zu diesem Punkt mit einer Energie, die manche Exegeten herunterzuspielen suchen, die man aber aus Gründen der Klugheit und der Wahrhaftigkeit besser respektieren sollte: „Es ist nämlich unmöglich, solche, die einmal erleuchtet worden

---

[124] *Origenes,* Gegen Kelsos III,62. – Ebenso hält auch *Porphyrius,* Contra Christian. fragm. 88 die Praxis der Erwachsenentaufe für unmoralisch; daß so viele Befleckungen und Schandtaten durch ein einmaliges Reinigungsbad und die Anrufung des Namens Christi abgewaschen werden sollen, so daß der Katechumene seine Sündenlast abwirft wie die Schlange ihre Haut: eine solche Disziplin erschien ihm als Schule des Lasters und der Gottlosigkeit.
[125] Allgemein anerkannt ist seit den ersten Tagen der Kirche, daß Christen faktisch Schwachheits-Sünden begehen können. Man braucht nur die Briefe des Apostels Paulus zu lesen, um festzustellen, daß die Christen von Galatien, Korinth, Thessalonich und anderwärts von der ersehnten Vollkommenheit noch weit entfernt waren. Aber diese Sünden sind keine „Sünde zum Tode", nach der Formulierung von 1 Joh 5,16, und können durch Gebet, Fasten und Almosen vergeben werden.

sind[126] und die himmlische Gabe verkostet haben und das herrliche Wort Gottes sowie die Kräfte der zukünftigen Welt verkostet haben und dann dennoch abgefallen sind, wiederum zu neuer Umkehr zu bringen, da sie den Sohn Gottes für ihre Person abermals kreuzigen und zum öffentlichen Gespött machen" (Hebr 6, 4–6; vgl. Joh 5, 16). Diese Erklärung ist in jeder Hinsicht klar. Vor der Taufe ist der Sünder die Beute der Sünde; er ist der Gewalt Satans unterworfen, der über ihn seine Macht ausübt. Die Taufe macht ihn frei und öffnet ihm die Tore zu einem neuen Leben. In ihm gibt es für das Böse keinen Raum mehr[127].

Die Christen wissen das, und das sicherste Zeichen ihrer Bekehrung ist die Reinheit ihrer Sitten:

„Die Christen aber, o Kaiser", schreibt Aristides, der älteste Apologet, dessen Verteidigungsschrift uns erhalten geblieben ist, „haben umhersuchend die Wahrheit gefunden und stehen, wie wir ihren Schriften entnommen haben, der Wahrheit und genauen Erkenntnis näher als die übrigen Völker. Denn sie kennen Gott und glauben an ihn als den Schöpfer und Werkmeister des Alls, durch den alles und von dem alles ist, der keinen andern Gott neben sich hat, von dem sie Gebote empfingen, die sie in ihren Sinn eingezeichnet haben und beobachten, in der Hoffnung und Erwartung der künftigen Welt.

Deshalb treiben sie nicht Ehebruch und Unzucht, legen kein falsches Zeugnis ab, unterschlagen kein hinterlegtes Gut, begehren nicht, was nicht ihr eigen, ehren Vater und Mutter, erweisen ihrem Nächsten Gutes und richten, wenn Richter, nach Gerechtigkeit. Götzen in Menschengestalt beten sie nicht an, und was sie nicht wollen, daß ihnen andere tun, das tun sie auch niemand. Von der Götzenopferspeise essen sie nicht, denn sie sind rein. Denen, die sie kränken, reden sie zu und machen sie sich zu Freunden; den Feinden spenden sie eifrig Wohltaten.

Ihre Frauen, o Kaiser, sind rein wie Jungfrauen und ihre Töchter sittsam. Ihre Männer enthalten sich jedes ungesetzlichen Verkehrs und aller Unlauterkeit in der Hoffnung auf die in der anderen Welt wirkende Vergeltung. Die Sklaven aber und Sklavinnen oder die Kinder, die deren einzelne haben mögen, bereden sie aus Liebe zu ihnen, Christen zu werden; und sind sie es geworden, so nennen sie dieselben ohne Unterschied Brüder. Die fremden Götter beten sie nicht an. Sie wandeln in aller Demut und Freundlichkeit.

---

[126] Es handelt sich natürlich um die „Erleuchtung" der Taufe.

[127] Vgl. z. B. 1 Kor 6, 9–11. Der einmal gerechtgemachte Christ versteht sich nicht nur als einer, dem vergeben worden ist, sondern als einer der befreit wurde. Er ist hinfort von Gott, der ihn zum Leben erweckte, behütet. Was die Fehler und Tugenden anbelangt, so braucht man nur an die zahlreichen Kataloge im Neuen Testament und darüber hinaus in der gesamten frühchristlichen Literatur zu erinnern; vgl. *A. Vögtle,* Die Tugend- und Lasterkataloge im Neuen Testament, exegetisch-religions- und formgeschichtlich untersucht, Münster i. W. 1936. Diese Listen waren Gegenstand zahlreicher Studien; siehe zuletzt *C. Spicq,* Saint Paul, les épîtres pastorales, Paris 1947, 379–382.

Lüge wird bei ihnen nicht gefunden. Sie lieben einander. Die Witwen mißachten sie nicht; die Waise befreien sie von dem, der sie mißhandelt. Wer hat, gibt neidlos dem, der nicht hat. Wenn sie einen Fremdling erblicken, führen sie ihn unter Dach und freuen sich über ihn, wie über einen wirklichen Bruder. Denn sie nennen sich nicht Brüder dem Leibe nach, sondern (Brüder) im Geist und in Gott. Wenn aber einer von ihren Armen aus der Welt scheidet und ihn irgendeiner von ihnen sieht, so sorgt er nach Vermögen für sein Begräbnis. Und hören sie, daß einer von ihnen wegen des Namens ihres Christus gefangen oder bedrängt ist, so sorgen alle für seinen Bedarf und befreien ihn, wo möglich. Und ist unter ihnen irgendein Armer oder Dürftiger, und sie haben keinen überflüssigen Bedarf, so fasten sie zwei bis drei Tage, damit sie den Dürftigen ihren Bedarf an Nahrung decken.

Die Gebote ihres Christus halten sie (gar) gewissenhaft, indem sie rechtschaffen und ehrbar leben, so wie der Herr ihr Gott ihnen befohlen. Alle Morgen und zu allen Stunden preisen und loben sie Gott ob der ihnen gespendeten Wohltaten und danken ihm für Speise und Trank. Und wenn ein Gerechter von ihnen aus der Welt scheidet, so freuen sie sich und danken Gott und geben seiner Leiche das Geleite, gleich als zöge er (nur) von einem Ort zum andern. Und wenn einem von ihnen ein Kind geboren worden, so preisen sie Gott; und sollte es dann (schon) in seiner Kindheit sterben, so preisen sie Gott überaus, ist es doch ohne Sünde aus der Welt geschieden. Müssen sie hinwiederum sehen, wie einer von ihnen in seiner Gottlosigkeit und seinen Sünden stirbt, so weinen sie über diesen bitterlich und seufzen, soll er ja zur Strafe hingehen.

Das, o Kaiser, ist das Gebot des Gesetzes der Christen und ihre Lebensführung.« [128]

Justin drückt sich ganz ähnlich aus.

»... wie auch wir, nachdem wir dem Logos gefolgt sind, von jenen uns losgesagt haben und Gott allein, dem Ungezeugten, durch seinen Sohn anhangen. Hatten wir früher an unzüchtigen Dingen Gefallen, so huldigen wir jetzt der Keuschheit allein; gaben wir uns mit Zauberkünsten ab, so haben wir uns jetzt dem guten und ungezeugten Gotte geweiht; wenn wir Geldmittel und Besitz über alles schätzten, so stellen wir jetzt, was wir haben, in den Dienst der Allgemeinheit und teilen jedem Dürftigen davon mit; haßten und mordeten wir einander, und hielten wir mit denen, die nicht unseres Stammes sind, wegen der verschiedenen Stammesgewohnheiten nicht einmal Herdgemeinschaft, so leben wir jetzt nach Christi Erscheinen als Tischgenossen zusammen, beten für unsre Feinde und suchen die, welche uns mit Unrecht hassen, zu bereden, daß auch sie nach Christi schönen Weisungen leben und guter Hoffnung seien, daß auch sie dieselben Güter wie wir von dem allherrschenden Gott erlangen werden.« [129]

---

[128] *Aristides,* Apologie 15; vgl. BKV, Frühchristliche Apologeten I, 48–51.
[129] *Justin,* 1. Apologie, 14,2–3; BKV 24 f.; man findet zahlreiche analoge Beschreibungen der christlichen Sitten bei den Apologeten, vgl. Diognetbrief 5; *Athenagoras,* Supplicatio 32; *Theophilus von Antiochien,* An Autolykos, 3, 15; *Tertullian,* Apologeticum 45 etc.

Wahrscheinlich sind diese Darstellungen, die für heidnische Leser bestimmt sind, ein wenig idealisiert, was um so eher verständlich ist, als die Verleumdungen der christlichen Moralität nicht aufhören, wie Ehebrüche, Kindermord, Menschenfresserei, Inzest; es gibt kaum ein Verbrechen, das die Menge den Christen nicht zum Vorwurf macht[130]. Diese haben freilich das Recht, sich zu verteidigen und dabei sich besser darzustellen, als sie in Wirklichkeit sind. Aber hätten sie, die vor den Augen der Öffentlichkeit lebten, das tun können, hätten sie nicht das Bewußtsein gehabt, ihrer Berufung entsprechend zu leben? So sagt es Octavius, ihr Wortführer, im Dialog des Minucius Felix:

„Auch wir waren ja in der gleichen Lage wie ihr und hatten dieselben Ansichten, solange wir noch blind und taub waren; etwa, daß die Christen Ungeheuer anbeteten, daß sie kleine Kinder fräßen oder unzüchtige Gelage feierten. Auch wir erkannten nicht, daß diese Verleumdungen von eben jenen Dämonen immer lebendig gehalten, daß sie aber niemals nachgeprüft oder bewiesen werden; daß es in so langer Zeit auch nicht einen einzigen Verräter gegeben hat, der doch nicht nur Verzeihung für seine Taten erlangen, sondern sogar eine Belohnung für seine Anzeige hätte einheimsen können; und daß ihre Taten schließlich so schlecht nicht sein konnten, wenn ein angeklagter Christ weder Scham noch Furcht zeigte, sondern nur das eine bedauerte: nicht schon früher Christ gewesen zu sein."[131]

Diese Antwort ist durchschlagend; wenn die Heiden fair sind und sich die Mühe machten, das Leben der Christen kennenzulernen, dann müssen sie ihre Sittenreinheit zur Kenntnis nehmen. Man hat darauf hingewiesen, und das stimmt auch, daß die Forderungen der Kirche in dieser Hinsicht nicht wesentlich andere waren, als sie in dieser Zeit von der Philosophie und der heidnischen Religion erhoben wurden[132]. Auch muß man anerkennen, daß wir kein Recht haben, unterschiedslos die ziemlich horrenden Beschreibungen des Apostels Paulus (vgl. Röm 1,29ff.; Gal 5,19; 1 Kor 11,9; Kol 3,5ff.; Eph 2,1–2.11–12) auf alle Heiden des römischen Imperiums zu übertragen. Diese Beschreibungen sind im Stil polemisch und wurden schon

---

[130] Vgl. z. B. *Justin,* 1. Apologie 27,4–5; Brief der Kirche von Lyon, zitiert bei *Eusebius,* KG 5,1; *Athenagoras,* Supplicatio 35; *Minucius Felix,* Octavius, 28,2.

[131] *Minucius Felix,* Octavius, hgg., übersetzt und eingeleitet von *B. Kytzler,* München 1965, 28,2; 158ff.

[132] Vgl. *A. D. Nock,* Conversion 215–216: „These ideals would of course be at variance with the habits of society as a whole at that time, as at any other. Yet, they are not widely different from the ideals then held up by philosophic teachers of the popular type". Bereits im zweiten Jahrhundert verglichen die Heiden die christliche Moral mit derjenigen der Philosophen, vgl. *Kelsos* bei *Origenes,* Gegen Kelsos I,4; *Tertullian,* Apologeticum 46.

von den jüdischen Apologeten erfunden[133]. Um ein exaktes Bild der Wirklichkeit zu bekommen, muß man auch die zahlreichen unfreiwilligen Zeugnisse mit in Betracht ziehen, wie sie uns durch die Epitaphe, die Graffiti und persönlichen Briefe mitgeteilt werden. Diese Dokumente, in denen sich die Stimme der Kleinen und der Unterschichten der Provinzstädte, der Siedlungen zu Wort meldet, zeigen uns, daß die familiären und bürgerlichen Tugenden ihren Einfluß auf viele Gemüter ausübten. Man wußte im Zeitalter des Augustus, wie man als guter Ehegatte, guter Familienvater, guter Staatsbürger sich zu verhalten hatte; man ist großzügig und hilfsbereit[134]. Neben dem schamlosen Lebensstil, den sich in den Großstädten die reichen Emporkömmlinge leisten, jene, die sich auch mit der Literatur beschäftigen, ist diese doch für jene geschrieben, erscheinen die Einfachheit und oft die Großzügigkeit der Armen diesen Neulingen wie eine Offenbarung.

Jedoch, auch wenn man einer teilweisen Rehabilitierung der heidnischen Welt zustimmt, so drängen sich zwei Bemerkungen auf, welche die Größe der moralischen Forderungen der christlichen Bekehrung ins rechte Licht setzen. Einmal die Absage an die sündige Vergangenheit muß eine vollständige sein. Die früheste christliche Predigt beginnt mit einem Aufruf zur Buße. Johannes der Täufer, Jesus selbst fordern jene wirksame Buße von allen, die sich taufen lassen wollen. Die Apostel fordern sie von ihren Hörern genau so. Es erübrigt sich, Texte zu zitieren. Im zweiten Jahrhundert und später ist es nicht anders: „Alle, die sich von der Wahrheit unserer Lehren und Aussagen überzeugen lassen, die glauben und versprechen, daß sie es vermögen, ihr Leben danach einzurichten, werden angeleitet zu beten, und unter Fasten Verzeihung ihrer früheren Vergehungen von Gott zu erflehen. Auch wir beten und fasten mit ihnen."[135] Man kann für die folgende Zeit leicht schwere und zahlreiche Abstriche feststellen. Schon Hermas sieht sich verpflichtet, seinen Zeitgenossen eine Art außerordentliches Jubeljahr zu verkünden. Gegen Ende des dritten Jahrhunderts ist die Bußdisziplin weitgehend organisiert. Allmählich vergeben die Bischöfe auch solche Sünden, die man anfangs als unvergebbar angesehen hatte. Callistus (Rom), Agrippinus von Carthago ergreifen Maßnahmen zur Sündenvergebung, die von Rigori-

---

[133] Vgl. *J. Bonsirven,* Le Judaisme palestinien I, 101–104.
[134] Vgl. *A. J. Festugière,* Le monde gréco-romain II, 190–200.
[135] *Justin,* 1. Apologie, 61, 2.

sten wie Hippolyt (Rom) und Tertullian (Carthago) abgelehnt werden. Auch die Getauften bleiben armselige Sünder. Aber, und das ist wesentlich, das Ideal bleibt intakt.

Weit davon entfernt, nachlässiger zu werden, wird die Kirchendisziplin immer strenger, je zahlreicher die Taufbewerber werden. Man spürt bei den Hauptverantwortlichen sehr lebhaft die Sorge, die Vollkommenheit der ethischen Forderungen aufrechtzuerhalten; lieber nimmt man eine geringere Anzahl von Konvertiten in Kauf, mit deren Treue zu den christlichen Tugenden man rechnen kann. Seit Anfang des dritten Jahrhunderts, aber wahrscheinlich schon früher, hält man eine beachtliche Zahl von Berufen für ein Hindernis für den Empfang der Taufe, ja schon für die Eintragung in die Liste der Taufbewerber. Zugelassen sind nur Kandidaten, die frei über sich verfügen können und einen ehrenhaften Lebenswandel führen. Sklaven werden nur mit Zustimmung ihrer Herren aufgenommen; Ehegatten nur, wenn sie zusammenleben. Bildhauer und Maler müssen ihre Berufe aufgeben, denn sie könnten ja Götzenbilder anfertigen; ebenso diejenigen, die bei den Zirkusspielen beschäftigt sind, Jäger, Fischer, Soldaten, Pferdeburschen, Wahrsager, Astrologen, Magier, Magistratsbeamte, Präfekte, Traumdeuter, Hersteller von Zaubertränken und von Amuletten. Lehrer können zugelassen werden, wenn sie keine anderen Verdienstmöglichkeiten haben und die Kinder keinen Götzendienst lehren [136].

Wenn das Katechumenat seinem Ende entgegengeht, muß der Bischof das Leben der Taufkandidaten prüfen.

„Wenn die Taufbewerber ausgesondert werden, prüft man ihren Lebenswandel: Haben sie in der Zeit, da sie Katechumenen waren, ehrbar gelebt? Haben sie die Witwen geehrt? Haben sie die Kranken besucht? Haben sie jede Art von guten Werken geübt? Und wenn jene, die sie herbeigeführt haben (sc. die Paten), über jeden unter ihnen das Zeugnis abgelegt haben: „Es hat sich so verhalten", hören sie das Evangelium. Von dem Moment an, da sie ausgesondert sind, legt man ihnen täglich die Hände auf, wobei sie exorziert werden. Wenn der Tag der Taufe sich naht, exorziert der Bischof jeden einzelnen, um zu erkennen, ob er rein sei. Ist aber einer nicht gut und nicht rein, stellt man ihn beiseite, da er das Wort nicht im Glauben gehört hat; denn es ist unmöglich, daß ein Fremder sich immer verbergen kann." [137]

Man muß also mit der Änderung des Lebenswandels nicht warten, bis man die Taufe empfangen hat; man kann sie gar nicht empfangen,

---

[136] *Hippolyt,* Traditio Apostolica, ed. *Botte,* 70 f.; vgl. Canones Hippolyti 62–68.

[137] *Hippolyt,* Traditio Apostolica, ed. *Botte,* 70–73.

wenn die Bekehrung des Herzens und der Sitten nicht davon Zeugnis ablegt, daß man würdig ist, in die Kirche einzutreten. Freilich gibt es Zauderer und Lässige, die die notwendige Bekehrung so lange wie möglich hinausschieben; diese lassen sich zwar in die Liste der Katechumenen eintragen, aber sie haben es nicht eilig damit, in die Kategorie der Auserwählten, das heißt der Taufkandidaten zu kommen, um ihren Lebenswandel nicht zu ändern und der Sünde absagen zu müssen. Mit seiner gewohnten Schlagkraft geißelt Tertullian diese inkonsequenten Sünder, die zwar gerne gerettet werden wollen, die aber keine der zur Erlangung des Heiles notwendigen Handlungen vollziehen:

„Niemand rede sich also ein, das Sündigen sei ihm jetzt noch erlaubt, weil er noch zu den *Anfängern* im Unterricht gehört. Sobald du den Herrn kennengelernt hast, solltest du ihn auch fürchten; sobald du ihn erblickt hast, auch ehrfurchtsvoll verehren. Was hilft es dir sonst, ihn erkannt zu haben, wenn du dich mit denselben Dingen abgibst wie früher in deiner Unwissenheit? ... Jenes Bad (der Taufe) ist ja nur eine Besiegelung des Glaubens, welcher mit der Zuverlässigkeit der Bekehrung seinen Anfang nimmt und durch sie eine Empfehlung erhält. Wir werden nicht deshalb abgewaschen, damit wir aufhören zu sündigen, sondern deshalb, weil wir bereits aufgehört haben, weil wir dem Herzen nach schon abgewaschen sind. Das ist die erste Taufe, die der Hörenden, die vollkommene Furcht Gottes. Von da an, sofern du den Herrn nur fühlst, datiert der gesunde Glaube und ein Gewissen, das sich ein für allemal der Bekehrung zugewendet hat."[138]

Gleichwohl haben alle diese Vorsichtsmaßregeln, die man trifft, alle guten Ratschläge, die man ausgiebig erteilt, um sich der guten Einstellungen der Neubekehrten zu versichern, etwas Beunruhigendes. Zeigen sie doch auf ihre Weise, daß das moralische Niveau des Christentums zu sinken anfängt, und daß es Zeit wird, einen Damm aufzurichten gegen die herandrängende Flut der Mittelmäßigkeit, wenn man dem von Christus aufgestellten Ideal treu bleiben will. Männer wie Origenes[139] schauen auf die Vergangenheit wie auf eine Ideal-Zeit zurück, in welcher die Kirche sich aus lauter Heiligen zusammensetzte:

„Wahrhaftig", so sagte er, „wenn wir die Dinge nach der Wahrheit und nicht nach der Meinung der Masse beurteilen, wenn wir die Dinge frei beurteilen, nicht nach den Mengen, die wir in unseren Versammlungen sehen, dann wer-

---

[138] *Tertullian,* Von der Buße, BKV I, 236.
[139] Vgl. *A. von Harnack,* Der kirchengeschichtliche Ertrag der exegetischen Arbeiten des Origenes, Leipzig 1918/19, I, 81; II, 114 ff.

den wir heute sehen, daß wir nicht gläubig sind. Ja, es gab Gläubige, als es
großartige Zeugnisse (Martyrien) gab, als wir uns, wenn wir von den Grabstät-
ten, wo wir die Märtyrer beigesetzt hatten, in den Kirchen zusammendräng-
ten; da die Kirche als ganze nicht verwirrt war; als die Katechumenen noch
durch das Martyrium und den Tod der Bekenner lernten, die Wahrheit bis
zum Tod zu verteidigen … Wir kennen Leute, die die außerordentlichen und
wunderbaren Zeichen noch gesehen haben. Damals gab es nur eine kleine
Menge von Gläubigen, aber es handelte sich um wahre Gläubige. Sie folgten
dem schmalen und steilen Weg, der zum Leben führt. Heute, da wir zahlreich
geworden sind, da es nicht viele Auserwählte geben kann, sind es nur noch wenige in dieser ganzen Menge derer, denen die Verehrung des wahren Gottes
gelehrt wurde, die zur Erwählung und zur ewigen Glückseligkeit gelangen."[140]

Ja noch mehr, sie sind dabei, sich von der Kirche zu trennen, da diese
zu mittelmäßig geworden sei, um ihren Ansprüchen zu genügen, und
sich in die Wüste zurückzuziehen, in eine Einsamkeit, wo sie wenigstens ihre asketischen Übungen ohne Kritik praktizieren können[141].
Ähnliche Versuchungen, vor allem, wenn sie bei der Elite auftauchen,

---

[140] Origenes, In Hierem., hom. IV,3; XV,3., ed. *Klostermann,* 25; vgl. In Matth.
comm. XII,12; XVI,22; In Matth. comment. series 19,20; 24; „Multos est apud nos inve-
nire peccata huius modi peccantes et glutientes camelos in eo quod maxima crimina com-
mittunt; et oportet huiusmodi homines frequenter considerare quomodo in rebus
minimis religionem suam ostendant; et bene eos hypocritas appellat … Multi sunt in nobis, qui circa res leves caute vivere existimantur, circa res autem necessarias contem-
nunt seipsos … Sunt quidam et martyrii simulatores, quidam autem episcopatus vel
presbyteratus vel diaconatus vel ecclesiasticae scientiae vel doctrinae; vere sunt inimici
earundem virtutum quas simulant" („Man kann bei uns viele finden, die solch große
Sünden begehen und Kamele verschlucken, indem sie die schlimmsten Verbrechen begehen; zugleich kann man bei diesen Leuten häufig beobachten, wie sie in Kleinigkeiten
ihre Religion zum Ausdruck bringen; mit Recht bezeichnet er (Jesus) sie als Heuchler …
Es gibt bei uns viele, die im Hinblick auf leichte Dinge ein peinliches Verhalten für richtig erachten, im Hinblick auf die wichtigen Dinge sich selber nicht ernst nehmen … Ja es
gibt sogar Leute, die das Martyrium simulieren, andere das Episkopat oder das Presbyte-
rat oder das Diakonat oder auch die kirchliche Wissenschaft und Lehre; diese sind in der
Tat die Feinde der Tugenden, die sie simulieren").
[141] *Origenes,* In Hierem. hom. XX,8, ed. *Klostermann,* 189: „Ἰερεμίας λέγει ταῦτα πεπον-
θώς τι ἀνθρώπινον, ὃ καὶ ἡμεῖς (οἱ διδάσκαλοι) κινδυνεύομεν πολλάκις πεπονθέναι,
καὶ μάλιστα εἴ τις σύνοιδεν ἑαυτῷ διὰ τὴν διδασκαλίαν ποτὲ καὶ τὸν λόγον τα-
λαιπωρήσαντι καὶ παθόντι καὶ μισηθέντι, πολλάκις λέγει· Ἀναχωρῶ, τί μοι καὶ πράγ-
μασιν; εἰ ἐκ τούτου καὶ ἐν πράγμασίν εἰμι ἐκ τοῦ διδάσκειν, ἐκ τοῦ προΐεσθαι τὸν
λόγον, διὰ τί οὐχὶ μᾶλλον ἀναχωρῶ ἐπὶ τὴν ἐρημίαν καὶ ἡσυχίαν". („Jeremias sagt das
im Hinblick auf den, der rein auf Menschliches vertraut, eine Gefahr, die auch uns (den
Lehrern) häufig unterläuft, vor allem dann, wenn einer sich dessen bewußt wird, daß er
wegen der Lehre und des Wortes Mühsal erfährt, leiden muß und verachtet wird; dann
spricht er häufig: Ich gehe weg; was habe ich mit diesen Dingen zu schaffen? Wenn ich
dadurch nur in Schwierigkeiten gerate, durch das Lehren, durch das Verkünden des
Wortes: Warum gehe ich dann nicht lieber gleich weg in die Einsamkeit und die beschau-
liche Ruhe?"). – Vgl. *Bornemann,* In investiganda monachatus origene quid Origines
contulerit, 1885, 35.

sind sehr beunruhigend, weil sie einen Stand der Dinge offenlegen, gegen den anzukämpfen fast aussichtslos ist. Seit der ersten Hälfte des dritten Jahrhunderts nehmen unter den Christen die Sünder und Gleichgültigen zu. Man kommt nicht mehr zur Kirche, um dort das Wort Gottes zu hören und an der Eucharistiefeier teilzunehmen [142], oder wenn man kommt, geht man vor der Homilie wieder fort; man bleibt hinter den Pfeilern stehen, um nach Belieben zu schwatzen und sich mit profanen Geschäften zu befassen [143]. Schließlich kam noch die Verfolgung des Decius hinzu; das Ausmaß der Apostasien zeigte auch den am wenigsten vorbereiteten Augen das ganze Ausmaß des Übels.

Vergeblich versucht die Kirche, nach dem Ende der Verfolgung, zu reagieren und die Bedingungen für die Wiederversöhnung der Abgefallenen festzulegen. Sie sieht sich verpflichtet, all denen, die mit gutem Willen zu ihr zurückkehren, zu verzeihen und den unnachgiebigen Rigorismus eines Novatian zu verurteilen: die angeblichen Gerechten sind nicht mehr wert als die andern und die Sünder, die demütig bereuen, haben einen größeren moralischen Wert als die stolzen Heuchler. Das christliche Ideal ändert sich nicht, und es gibt immer eine große Zahl von Männern und Frauen, die es praktizieren; doch allmählich schließen die Asketen sich in Gruppen untereinander zusammen; sie haben in der Kirche ihre reservierten Plätze; sie versammeln sich zum Gebet und zu gemeinsamer Lektüre der Bibel. Die Zeit ist nahe, wo sie die Stadt verlassen, um allein oder in Gemeinschaft eine abgesonderte Existenz zu führen. Ihre Haltung wird ein lebendiger Protest gegen die Toleranz der Christenheit und gegen die Schwäche eines Großteils ihrer Glieder sein.

Im vierten Jahrhundert, nach der Verfolgung des Diokletian und der Bekehrung Konstantins, ist das Übel vollkommen; es gibt kein Mittel mehr, den Strom aufzuhalten. Man stürzt sich von allen Seiten her ins Christentum; ein vulgärer Opportunismus, Anbiederungen an die etablierte Staatsgewalt verbinden sich mit dem Verlangen nach Heil und schleußen allerlei Ehrgeizlinge und Intriganten in die Kirche ein. Viele freilich folgen dem Beispiel der Kaiser Konstantin und Konstantius und schieben ihre Taufe bis ans Lebensende hinaus. Das macht es ihnen möglich, weiterhin ohne Sorge um ihr Heil zu sündigen, da sie ja versichert sind, vor Gott im weißen Gewand der Neo-

---

[142] *Origenes,* In Genes. hom. XI.
[143] *Origenes,* In Exod. hom. XII, 2.

phyten, dem Symbol ihrer wiedergefundenen und bewahrten Unschuld, zu erscheinen. Was besonders überrascht, ist die Tatsache, daß man dieselbe Praxis in den besten christlichen Familien antrifft. Die Eltern geben sich keine Eile, ihre Kinder taufen zu lassen; sie warten lieber, zumindest wenn es sich um Buben handelt, bis die gefährlichen Pubertäts-Krisen vorbei sind[144]. So kommt es, daß beim Herannahen der Osterzeit die Priester sich verpflichtet sehen, an die Neugierde der Katechumenen zu appellieren, indem man ihnen die Offenbarung geheimer Mysterien verspricht, um diese zum Empfang des Initiations-Sakramentes zu ermuntern, wenn sie der Kirche eine genügende Anzahl von Nachwuchs präsentieren wollen[145].

Doch – und dies ist bedeutsam – die offizielle Lehre der Kirche ändert sich nicht. Am Beginn des fünften wie am Ende des zweiten Jahrhunderts wiederholen die Prediger unablässig, daß der Taufe eine erste Buße vorauszugehen hat, gefolgt von einem tadellosen moralischen Leben. Hippolyt verschärft die Zulassungsbedingungen für die Katechumenen, Augustinus intensiviert die Einladungen zu ihrem endgültigen Eintritt. Beide drücken sich verschieden aus, aber sie vertreten beide dasselbe Ideal der Heiligkeit. Die Kirche, deren Bestimmung es ist, Heilige heranzubilden, verlangt von allen ihren Kindern und bereits von denen, die es werden wollen, zumindest ein ernsthaftes Verlangen nach Vollkommenheit. Sie ist von ihren ersten Anfängen an die *Heilige Kirche;* sie bleibt es auch, trotz mancher negativer Erscheinungen.

Nach der Darlegung der moralischen Forderungen stellt sich die Frage nach dem tragenden Motiv. Da ist einmal die große Neuheit des Christentums. Auch die Philosophen geben ihren Schülern Gründe an die Hand, um ein weises und den Forderungen der moralischen Regeln entsprechendes Leben zu führen. So stellten die Stoiker den Gehorsam gegen die Naturgesetze in den Vordergrund und zeigten die Größe des Menschen auf, der sie ohne Furcht annimmt, weil sie das Werk der allerhöchsten Vernunft sind. Vor allem bestanden sie auf der Zugehörigkeit des Menschen zur glückseligen Polis des Zeus

---

[144] Unter vielen anderen seien hier nur genannt Basilius, Gregor von Nyssa, Rufin, Hieronymus, Ambrosius und Augustinus. Dieser wäre beinahe im Alter von 12 Jahren, bei einer schweren Krankheit, getauft worden, Confess. I, 11. Nachdem die Krise überstanden ist, ist Monica selbst dafür, die Taufe ihres Sohnes so lange hinauszuschieben, bis er ins reifere Mannesalter gekommen wäre. Übrigens bestand der Brauch der Kindertaufe schon lange und wurde für eine apostolische Überlieferung gehalten, vgl. *Origenes,* In epistol. ad Rom. V, 9; In Lucam hom. XIV.
[145] Vgl. *Augustin,* Sermo 132, 1; Pl 38, 735.

und zeigten, daß diese Polis nur dann harmonisch organisiert sein kann, wenn jeder darin seine von der Vorsehung bestimmte Rolle übernimmt. Die Epikuräer warnten diejenigen, die gegen die Verwirrung durch die Leidenschaften nicht ankämpfen wollten und ermahnten sie, ihr Glück in der Seelenruhe zu suchen usw. Doch hat keiner von ihnen jemals von der Liebe Gottes zu seinen Geschöpfen gesprochen und von der entsprechenden Verpflichtung der Geschöpfe, Gott von ganzem Herzen, mit ganzer Seele, mit allen Kräften und mit ganzem Gemüt zu lieben.

Dagegen ist der Christ ein Mensch, der an die Liebe glaubt (vgl. 1 Joh 4, 16). Er weiß, daß Gott der Schöpfer der Welt und der Menschen im besonderen ist. Andererseits „kennen die Weisen von Hellas den Schöpfungs-Gedanken nicht. Der Demiurg und Weltenbildner der Platoniker bearbeitet eine präexistente Materie. Für Aristoteles ist die Welt so ewig wie der Actus purus (der Erste unbewegte Beweger). Für die Stoiker ist Gott die Welt selbst, der Hauch, der sie bewegt; die Vernunft, die zuinnerst den unveränderlichen Lauf der Phänomene bestimmt."[146] Die Lehre von der Schöpfung ist eine große Neuheit; ebenso ist sie eine Lehre der Liebe. Gott ist von Ewigkeit her vollkommen glückselig in sich selbst; er bedarf keiner Sache; er genügt sich selbst, indem er sich erkennt und liebt. Doch aus reiner Freiheit wollte er etwas von seinen unsichtbaren Vollkommenheiten außerhalb seiner offenbaren; und weil er selbst die Liebe ist, schuf er eine Welt, die ihn zu lieben fähig wäre. Darüber hinaus ließ er in dieser Welt ein vernunftbegabtes Wesen wie er selbst erscheinen und trug ihm auf, Sänger und Herold seines ganzen Werkes zu sein. Hineingestellt in das Zentrum aller Dinge ist der Mensch, geschaffen nach Gottes Bild und Gleichnis, das höchste Werk der Liebe. Er ist der Sohn Gottes, und dies ist der entscheidende Grund, weshalb er zuerst gegenüber Gott Liebe mit Liebe beantworten soll.

Doch weiter. Der Mensch in seiner Undankbarkeit vergißt seinen Schöpfer. Er treibt es in seiner Torheit so weit, daß er ihm gleich werden möchte, indem er unsterblich wird und die Erkenntnis von Gut und Böse gewinnt. Gott hätte zurückschlagen und ihn für immer aus der Welt vertilgen können. Gott hätte ihn aufgeben und ihn in seinem physischen und moralischen Elend, in das ihn sein Fall gestürzt hatte, belassen können. Aber, man muß es wiederholen, Gott ist Liebe. Er liebte den Menschen vor wie nach dem Sündenfall, da er doch das

---

[146] *A. J. Festugière,* Le sage et le saint, in: La Vie intellectuelle, t.27, 25. März 1934, 403.

Werk seiner Hände war und noch viel mehr, der Sohn seiner Liebe, und sandte ihm den Erlöser, seinen einzigen Sohn Jesus Christus; dieser erbrachte den höchsten Beweis der Liebe, indem er starb, um die Menschheit von der Sünde zu erlösen. O glückselige Schuld, die uns einen solchen Erlöser verdient hat: Dieses, dieses vor allem hatten die Heiden noch nicht gekannt. Kein einziger der Mysteriengötter war gekommen, um den Menschen zu erlösen. Kein einziger ist für sie gestorben. Attis, Adonis, Osiris können wohl sterben und wiedergeboren werden, so wie Jahr um Jahr das Gras der Felder. Sie sind vor allem Symbole, die das Absterben und die Erneuerung der Vegetation zum Ausdruck bringen. Ihre Geschichte läßt sich dem Rahmen der menschlichen Geschichten nicht einfügen. Von keinem von ihnen kann man sagen, was Johannes vom fleischgewordenen Logos sagt: „Er hat unter uns gewohnt, und wir haben seine Herrlichkeit geschaut" (Joh 1,14). Oder: „Was von Anfang an war, was wir gehört und mit unseren Augen gesehen haben, was wir betrachtet und was unsere Hände betastet haben, vom Wort des Lebens – und das Leben ist erschienen, und wir haben gesehen und bezeugen und verkündigen euch das ewige Leben, das beim Vater war und uns erschienen ist ..." (1 Joh 1,1–2). Jesus ist geboren von Maria der Jungfrau. Er hat gelitten unter Pontius Pilatus: diese ganz kleine Notiz unseres Glaubensbekenntnisses, diese scheinbar unbedeutenden, aber geschichtsträchtigen Worte sind die Offenbarung der Liebe. Sie allein genügen, um aus dem Christentum eine einzigartige Religion zu machen gegenüber allen andern.

Nur, dieser Liebe Gottes, die alle Menschenseelen anzieht, entspricht eine ethische Forderung, die man kaum vollkommen erfüllen kann. Wenn Gott uns geliebt hat, will er, daß wir ihn mit einer ähnlichen Liebe wiederlieben; und, so könnte man sagen, um der Wirkung unserer Liebe sicher zu sein, will er, daß wir unsere Brüder lieben, bis zur Bereitschaft, für die Geringsten unter ihnen unser Leben hinzugeben (vgl. 1 Joh 3,16; 4,11). Christliche Moral ist, so gesehen, etwas ganz anderes, als keine Sünden mehr zu begehen. Sie ist ein positives Werk; sie ist Hingabe seiner selbst bis zum äußersten; sie ist Liebe:

„Wenn ich mit Menschen- und Engelzungen rede,
jedoch Liebe nicht habe,
bin ich ein tönendes Erz und eine gellende Zimbel geworden.
Und wenn ich Prophetengabe habe
und alle Geheimnisse weiß
und jegliche Erkenntnis,

und wenn ich allen Glauben habe,
so daß ich Berge versetzen kann,
und habe Liebe nicht,
so bin ich nichts.
Und wenn ich meine Habe Stück um Stück verteile,
und wenn ich meinen Leib hingebe zum Verbrennen,
und habe Liebe nicht,
es nützte mir nichts.

Die Liebe ist langmütig,
gütig ist die Liebe,
nicht neidisch ist die Liebe,
sie prahlt nicht,
sie überhebt sich nicht,
sie handelt nicht unschicklich,
sie sucht nicht das Ihre,
sie läßt sich nicht erbittern,
sie trägt das Böse nicht nach,
sie freut sich nicht über das Unrecht,
sie freut sich dagegen mit an der Wahrheit.
Alles bedeckt sie;
alles glaubt sie;
alles hofft sie;
alles hält sie geduldig aus.

Die Liebe hört niemals auf.

Seien es Prophezeiungen,
sie werden abgetan;
seien es Sprachengaben,
sie werden enden;
sei es Erkenntnis,
sie wird abgetan.
Denn Stückwerk ist unser Erkennen,
und Stückwerk ist unsre Prophezeiung;
wenn aber die Vollendung kommt,
wird das Stückwerk abgetan.

Als ich ein Kind war,
redete ich wie ein Kind,
dachte wie ein Kind,
urteilte wie ein Kind;
da ich aber Mann geworden,
habe ich die kindische Art abgelegt.

Noch schauen wir wie durch einen Spiegel, rätselhaft,
dann aber von Angesicht zu Angesicht.

Noch erkenne ich nur stückweise;
dann aber werde ich erkennen,
wie ich selbst erkannt bin.

Nun aber bleiben
Glaube, Hoffnung, Liebe,
diese drei;
aber das Größte von diesen ist
die Liebe" (1 Kor 13).

Dies ist das christliche Gesetz. Alles andere ist nur der Kommentar
dazu und könnte fast überflüssig erscheinen. Augustinus hat es noch
knapper zusammengefaßt, wenn er sagt: „Liebe, und tue, was du
willst."[147] Den Menschen, welche die Offenbarung der Liebe begriffen haben, gibt sich Gott ganz. Er kommt zu ihnen, um bei ihnen
Wohnung zu nehmen (Joh 14,23). So wird ihnen alles möglich; denn
es sind nicht mehr sie, die handeln, sondern Christus, der in ihnen ist
(Gal 2,20). Was die anderen Religionen vergeblich versprochen haben, nämlich die Vergöttlichung, das läßt das Christentum schon in
diesem Leben den glaubenden und liebenden Menschen zuteil werden. Dadurch wird leicht, was den menschlichen Kräften zunächst
unmöglich schien, weil unsere Schwachheit durch die göttliche Kraft
unterstützt wird. Das wußten die Bekehrten wohl, vor allem diejenigen, die für Christus das höchste Zeugnis ablegten. Von ihnen könnte
jeder sagen, was die Christen von Lyon und Vienne von ihren dahingeopferten Brüdern sagten:

„So eifrig haben sie Christus ... nachgeahmt, daß sie, obwohl sie in so hohen
Ehren standen und nicht nur ein- oder zweimal, sondern wiederholt offen Bekenntnis abgelegt hatten, und von den Tieren weg wieder ins Gefängnis geworfen worden waren und Brandmale, Striemen und Wunden am ganzen
Körper trugen, sich selbst gar nicht als Märtyrer bezeichneten und es uns
durchaus nicht gestatteten, sie also zu benennen. Wenn einer von uns sie in einem Briefe oder in einer Anrede als Märtyrer ansprach, wurde er von ihnen
scharf zurechtgewiesen. Gerne überließen sie den Titel eines Märtyrers Christus, dem treuen und wahren Märtyrer, dem Erstgeborenen aus den Toten,
dem Urheber des göttlichen Lebens."[148]

---

[147] *Augustinus,* In Epist. ad Parthos, VII,8.
[148] Brief der Kirche von Lyon, zitiert bei *Eusebius,* KG V,2,2–3.

Sechstes Kapitel

Die Bekehrung zum Christentum:

III. Ihre Widerstände

Die Bekehrung zum Christentum stellt nicht nur strenge Forderungen. Sie stößt auch auf Widerstände, nicht nur von seiten der Familie, und der ganzen Gesellschaft; um diese zu brechen, muß man bereit sein, in einer neuen Welt zu leben, außerhalb der Gesetze dieser Welt. In einem sehr literarischen Stil profiliert der unbekannte Autor des „Briefes an Diognet" die paradoxe Situation des Christen:

„Denn die Christen unterscheiden sich nicht durch Land, Sprache oder Sitten von den übrigen Menschen. Denn nirgendwo bewohnen sie eigene Städte, noch bedienen sie sich irgendeiner abweichenden Sprache, noch führen sie ein auffallendes Leben. Gewiß ist nicht durch irgendeinen Einfall und Gedanken geschäftiger Menschen diese Art von Wissenschaft von ihnen erfunden, noch vertreten sie eine menschliche Lehrmeinung, wie es manche tun. Obwohl sie griechische und barbarische Städte bewohnen, wie es einen jeden traf, und die landesüblichen Sitten befolgen in Kleidung und Kost sowie im übrigen Lebensvollzug, legen sie doch eine erstaunliche und anerkanntermaßen eigenartige Beschaffenheit ihrer Lebensführung an den Tag. Sie bewohnen das eigene Vaterland, aber wie Beisassen. Sie nehmen an allem teil wie Bürger, und alles ertragen sie wie Fremde. Jede Fremde ist ihr Vaterland und jedes Vaterland eine Fremde. Sie heiraten wie alle, zeugen und gebären Kinder; aber sie setzen die Neugeborenen nicht aus. Ihren Tisch bieten sie als gemeinsam an, aber nicht ihr Bett. Im Fleisch befinden sie sich, aber sie leben nicht nach dem Fleisch. Auf Erden weilen sie, aber im Himmel sind sie Bürger. Sie gehorchen den erlassenen Gesetzen, und mit der ihnen eigenen Lebensweise überbieten sie die Gesetze.
Sie lieben alle – und werden doch von allen verfolgt. Man weiß nichts von ihnen – und verurteilt sie doch. Sie werden getötet – und dennoch lebendig gemacht. Sie sind arm – und machen doch viele reich. An allem leiden sie Mangel – und haben dennoch alles im Überfluß. Sie werden beschimpft – und in den Beschimpfungen doch gepriesen. Sie werden verleumdet – und dennoch ins Recht gesetzt. Sie werden geschmäht – und sie segnen. Sie werden beleidigt – und sie zeigen Ehrerbietung. Obwohl sie Gutes tun, werden sie wie Übeltäter bestraft, wenn sie bestraft werden, freuen sie sich, als würden sie mit Leben begabt. Von den Juden werden sie wie Heiden bekämpft und von den Griechen verfolgt, und den Grund ihrer Feindschaft vermögen die Hasser nicht anzugeben.

Um es aber kurz zu sagen: Genau das, was im Leib die Seele ist, das sind in der Welt die Christen. Durch alle Glieder des Leibes hin ist die Seele verteilt, und die Christen sind es über die Städte der Welt. Die Seele wohnt zwar im Leib, sie ist aber nicht vom Leib. Auch die Christen wohnen in der Welt, sie sind aber nicht von der Welt. Unsichtbar wird die Seele im sichtbaren Leib festgehalten; auch bei den Christen erkennt man zwar, daß sie in der Welt sind, unsichtbar aber bleibt ihre Religion. Das Fleisch haßt die Seele und streitet wider sie, obwohl es kein Unrecht von ihr leidet – nur deshalb, weil sie es davon abhalten will, sich den Genüssen hinzugeben. Es haßt auch die Welt die Christen, obwohl sie kein Unrecht von ihnen leidet, weil sie den Genüssen entgegentreten. Die Seele liebt das Fleisch, von dem sie gehaßt wird, und die Glieder. Auch die Christen lieben ihre Hasser. Die Seele ist zwar im Leib eingeschlossen, sie aber hält den Leib zusammen. Auch die Christen werden zwar in der Welt wie in einem Gefängnis festgehalten, sie aber halten die Welt zusammen. Unsterblich wohnt die Seele in einer sterblichen Behausung. Auch die Christen wohnen als Beisassen in vergänglichen Behausungen, während sie die Unvergänglichkeit im Himmel erwarten. Schlecht behandelt mit Speise und Trank, wird die Seele besser. Auch die Christen werden dadurch, daß sie gestraft werden, täglich mehr an Zahl. Auf einen so wichtigen Posten hat Gott sie gestellt, dem sich zu entziehen ihnen nicht erlaubt ist."[1]

Nicht unbeeindruckt liest man diese schöne Stelle, die von paulinischen Anklängen durchsetzt ist, aber noch mehr von stoischen Formeln. Aber genauer betrachtet, gleicht sie zu stark einer Übung in Rhetorik; ihre Parallelismen und wohlausgewogenen Antithesen irritieren ein wenig, wenn man die tragischen Realitäten bedenkt, die sie beschreiben wollen. Es kommt uns jetzt darauf an, diese Realitäten etwas ins Licht zu rücken. Fremd gegenüber den Traditionen, die sie freiwillig aufgegeben haben, wird der neue Konvertit zum Fremdling gegenüber seiner Familie, seinem sozialen Milieu, gegenüber seiner Polis; er weiß das und schreckt vor diesen Aussichten nicht zurück. Wo liegt die Kraft, die es ihm ermöglicht, dergleichen Widerstände zu überwinden!

---

[1] An Diognet, Kap. 5 und 6. Zitiert nach *K. Wengst*, Schriften des Urchristentums, Zweiter Teil, Darmstadt 1984, 319–323; *D. P. Andriessen*, L'apologie de Quadratus conservée sous le titre d'Epître à Diognète, in: Recherches de théologie ancienne et médiévale, t. XIII (1946) 5–39; 125–149; 234–260; t. XIV (1947), 121–156; identifiziert den mysteriösen Autor mit Quadratus von Athen. – Zum gegenwärtigen Stand der Vf.-Frage vgl. jetzt *K. Wengst*, Schriften zum Urchristentum, II. Teil, Einleitung, 285 ff., bes. 305–309; der Vf. ist nach Wengst als „Randsiedler" anzusehen, der für uns anonym bleibt, 305.

1. Der Christ außerhalb der religiösen Traditionen

An erster Stelle begeben die Christen sich außerhalb der von Urväter-Zeiten ererbten Traditionen, und das ist äußerst gravierend, vor allem auf dem Gebiete der Religion, wo die Gebräuche der Alten, welche immer es seien, des höchsten Respektes würdig sind. So bringt in den „Mänaden" des Euripides der alte Teiresias, der sich an den alten Kadmos wendet, die respektvolle Glaubenshaltung der ganzen Antike aufs schönste zum Ausdruck. Wenn Kadmos erklärt: „Ich bin ein Mensch und füge mich dem Gott", so antwortet ihm Teiresias darauf: „Wir rechnen beide nicht mit Göttern ab. Was uns von Alters überliefert ist, / Macht kein Verstand zunichte, wenn er auch / Den Gipfel aller Klugheit sich erklimmt."[2]

Selbst wenn man innerlich nicht mehr an die Götter glaubt, so muß man doch ihren Kult nach den überkommenen Regeln praktizieren. In der Schrift „De natura deorum" setzt Cicero einen Oberpriester namens Cotta in Szene, der ein Schöngeist ist und dazu ein abgebrühter Skeptiker und der mit einer sehr bewußten Ironie die Rolle zugeteilt bekommt, alle Argumente seiner Dialog-Partner zugunsten der Existenz der Götter eines nach dem anderen zunichte zu machen. Cotta beginnt mit der Erklärung: „Die erste Frage in dieser Untersuchung über das Wesen der Götter ist die, ob es Götter gibt oder nicht. – ,Es wäre bedenklich, das zu leugnen'. – Gewiß, wenn diese Frage in einer öffentlichen Versammlung gestellt würde, aber bei einem derartigen Gespräch und in unserem vertrauten Kreise ist es ganz unbedenklich. Daher möchte ich persönlich als Oberpriester, der die Meinung vertritt, man müsse die religiösen Gebräuche und die öffentliche Götterverehrung ganz gewissenhaft beachten, in dem ersten Punkt, der Existenz der Götter, nicht nur aufgrund einer bloßen Annahme, sondern der reinen Wahrheitsfindung nach überzeugt werden."[3]

Später erläutert Cotta seine eigene Einstellung folgendermaßen:

„Ausgezeichnet!" entgegnete Cotta jetzt. „Dann wollen wir also so verfahren, wie das Gespräch uns dazu führt. Doch ehe ich über das Thema rede, noch ein paar Worte über mich selbst! Ich bin tatsächlich tief beeindruckt von deiner Persönlichkeit, mein Balbus, und von deinen Ausführungen, die an mich zum Schluß die Mahnung richteten, daran zu denken, daß ich ja Cotta und Ponti-

---

[2] *Buschor*, Tragödien 7, 238. Vgl. *A. J. Festugière*, L'idéal religieux des Grecs, 35, Anm.
[3] *M. Tullius Cicero*, Vom Wesen der Götter, Drei Bücher, lateinisch-deutsch, herausgegeben, übersetzt und erläutert von *W. Gerlach* und *K. Bayer*. 2. überarbeitete Auflage, Darmstadt 1987, I, 61 f., 71 ff.

fex sei; das zielte, wie ich glaube, darauf ab, daß ich die Vorstellungen, die wir von unseren Vorfahren über die unsterblichen Götter übernommen haben, die Opfer, Riten und religiösen Bräuche verteidigen müßte. Ich werde sie immer verteidigen und habe sie immer verteidigt, und von der Vorstellung, die ich von den Vorfahren über die Verehrung der unsterblichen Götter übernommen habe, wird mich kein Fachmann und kein Laie mit seiner Rede jemals abbringen. Im Gegenteil: Wenn es sich um Fragen der Religion handelt, dann folge ich einem Pontifex Maximus wie Tiberius Coruncanius, Publius Scipio und Publius Scaevola, nicht aber einem Zenon, Kleanthes oder Chrysipp, und halte mich an Gaius Laelius, der ein Augur und zugleich ein Weiser ist und den ich über die Fragen des Kultes in seiner berühmten Rede lieber sprechen hören will als irgendeinen führenden Vertreter der Stoiker. Und da der gesamte Kult des römischen Volkes in Opfer und Deutungen des Vogelfluges eingeteilt ist, und zu diesen als Drittes dann noch besondere Fälle hinzukommen, wenn die Erklärer der Sybillinischen Bücher oder die Haruspices aus ungewöhnlichen Ereignissen und naturwidrigen Erscheinungen weissagen, habe ich keinen dieser heiligen Bräuche jemals für verächtlich gehalten und bin der Überzeugung, daß Romulus mit der Einführung der Beobachtung des Vogelfluges und Numa mit der der Opfer die Grundlagen unseres Staates gelegt haben, der sich bestimmt niemals zu einer solchen Größe hätte erheben können, wenn die unsterblichen Götter nicht im höchsten Maße besänftigt worden wären. Damit, mein lieber Balbus kennst du die Ansicht des Cotta und des Pontifex; sorge nur du dafür, daß ich begreife, was *deine* Meinung ist; denn von dir, dem Philosophen, muß ich eine zum Glauben an die Götter zwingende Beweisführung hören, unseren Vorfahren, auch ohne daß sie eine Begründung geben, Glauben schenken."[4]

Der philosophische Skeptizismus eines Cotta verträgt sich sehr gut mit einem rigorosen Konservatismus in Sachen der Religion und sehr viele am Ausgang der Republik denken genau so wie er. In der gleichen Zeit, da man die alten Bräuche festhält oder wiederherstellt[5], erklärt man auch, es sei heiliger und respektvoller, an die Taten der Götter zu glauben, als von ihnen eine rationale Erkenntnis zu haben[6]. Kelsos lobt die Juden dafür, daß sie die von ihren Vätern ererbten Gesetze bewahrt haben: „Die Juden nun, die ein besonderes Volk gewor-

---

[4] *Cicero*, De natura deorum, III, 5–6; Vgl. *M. J. Lagrange*, La religion de Cicéron d'après le De natura deorum, in: Ephemerides theologiae Lovanienses, Juli 1928.

[5] *A. J. Festugière*, L'idéal religieux, 27 Anm. 7 bemerkt mit Recht, daß diese Sorge vor allem in hellenistischer und römischer Zeit anzutreffen ist und bringt dafür zahlreiche Beispiele. Die von Augustus gewollte und unternommene religiöse Restauration zeigt etwas anderes als nur den Wunsch eines Souverän; sie drückt mehr oder weniger bewußt das Verlangen aller Zeitgenossen aus, die Traditionen der Väter zu bewahren. In einer Welt, die sich verändert, bleiben alleine noch die religiösen Verhaltensweisen stabil.

[6] *Tacitus*, Germania 34: „Sanctius est ac reverentius de actis deorum credere quam scire."

den sind und sich nach der Landessitte Gesetze gegeben haben und diese bei sich auch jetzt noch bewahren und einen Gottesdienst haben, der, wie er sonst auch immer beschaffen sein mag, doch von den Vätern ererbt ist, handeln ähnlich wie die andern Menschen; denn ein jedes Volk hält die von den Vorfahren überkommenen Gebräuche, von welcher Art sie auch sein mögen, in Ehren. Ein solches Verhalten scheint auch von Nutzen zu sein, nicht nur insofern, als die einen diese, die andern jene Bestimmungen zu treffen für gut fanden und man an den für die Gesamtheit gültigen Beschlüssen festhalten muß, sondern auch deshalb, weil es wahrscheinlich ist, daß die Teile der Erde von Anfang an teils diesen, teils jenen zur Aufsicht zugewiesen und in bestimmte Herrschaftsgebiete geschieden sind und so auch verwaltet werden. Und so dürfte sich wohl das staatliche Leben bei den einzelnen Völkern richtig vollziehen, wenn es so geschieht, wie es jenen Herrschern lieb ist. Nicht gottgefällig aber scheint es zu sein, die Gebräuche abzuschaffen, die an den verschiedenen Orten von Anfang an eingeführt worden sind."[7]

Die Lehre des Cotta und des Kelsos wird von Caecilius im Dialog „Octavius" des Minucius Felix aufgenommen. Dieser elegante, gebildete und wohlerzogene Römer ist erregt und verbittert, wenn er sieht, daß Menschen ohne Erziehung, ohne literarische Bildung, die nicht einmal ein Handwerk beherrschen, sich rühmen, im Hinblick auf Gott irgendeine Gewißheit zu haben, während seit Jahrhunderten, ja man kann sagen, seit eh und je die großen Philosophen darüber nachgedacht haben. Ja selbst für die Weisen bedeutet dies, sich an eine sinnlose und absurde Arbeit zu machen, die über die Grenzen unserer unzulänglichen Natur weit hinausgeht und die sich in maßloser Wißbegier noch über Himmel und Sterne erheben will, wenn man Gott mit dem Licht der Vernunft erkennen will[8]. Was soll man machen, da man auf jeden Fall leben muß? Die Lösung dieser Schwierigkeit ist ganz einfach: sich so verhalten, wie man sich immer verhalten hat, die alten Bräuche bewahren:

„Wenn also entweder das Walten des Zufalls gewiß ist oder aber das Naturgesetz unerforschlich bleibt, dann ist es weitaus besser und auch pietätvoller, daß sich die Diener der Wahrheit der Lehre der Alten anschließen, die überlieferten Religionen pflegen und jene Götter verehren, die dich die Eltern weniger vertraulich kennen als vor allem fürchten lehrten; statt über ihr göttliches

---

[7] *Origenes*, Gegen Kelsos V, 25.
[8] *Minucius Felix*, Octavius 5.

Wesen zu urteilen, sollte man den Vorfahren Glauben schenken, die in der Einfachheit der Zeit des Weltenbeginns sich Götter zu Freunden oder zu Königen gewannen. So können wir auch sehen, wie durch das ganze Imperium hin die einzelnen Provinzen und Städte ihre besonderen Kultriten haben und einheimische Gottheiten verehrten; die Eleusiner zum Beispiel die Ceres, die Phryger die Große Mutter, die Epidaurier den Äsculap, die Chaldäer den Belus, Astarte die Syrer, Diane die Taurier, die Gallier den Merkur – und die Römer sie alle." [9]

Es wäre nicht schwierig, noch andere Zeugnisse zu zitieren. Die Juden stimmen darin mit den Heiden überein, und wenn das Imperium sich ihnen gegenüber tolerant zeigt, so vor allem deshalb, weil sie ihre traditionellen Bräuche üben. Sie bilden ein Volk, eine Nation, sie haben ihre Gesetze und wollen ihnen treu bleiben: keiner maßt sich das Recht an, sie zu verpflichten, anders zu handeln als ihre Väter, auch und vor allem in Sachen der Religion. Es genügt dem Josephus, das Alter des Judentums zu beweisen, um seine Überlegenheit darzutun. Danach verweist der Apologet auf die Überlegenheit des mosaischen Gesetzes, auf die Tugenden, die es lehrt; er hat das Recht, diese zusätzlichen Argumente einzuführen, doch er könnte darauf ebensogut verzichten, denn sie sind, weit davon entfernt, keineswegs die wirksamsten. Gegenüber einer Welt, wo der Respekt vor der Vergangenheit in Fragen der Religion die Grundregel ist, erscheinen die Christen als Leute ohne Geschichte. Gewiß suchen sie den Anschluß an das Judentum. Sie beziehen sich auf dessen heilige Bücher. Sie bestehen auf der Tatsache, daß Jesus der von den Propheten Israel angekündigte und verheißene Messias ist, so zwar, daß die Verwirklichung der Orakel in seiner Person für sie nicht nur der entscheidende Beweis seines göttlichen Charakters ist, sondern auch das unauflösliche Band mit einer Vergangenheit. Pseudo-Barnabas zögert nicht, zu behaupten, die Juden hätten das Gesetz des Mose niemals verstanden, weil sie es im Litteralsinn interpretierten; dieses Gesetz sei viel mehr das Eigentum der Christen. Theophil von Antiochien setzt dem Autolykos die geringfügigsten Details einer Chronologie auseinander, aus der hervorgehen soll, daß die jüdische Religion die allerälteste ist, denn sie geht zurück bis auf die Erschaffung des Menschen, und er ist so felsenfest davon überzeugt, daß das Christentum ihre Fortsetzung ist, daß er in seinen Rechnungen nicht einmal die Geburt und den Tod des Erlösers erwähnt.

---

[9] *Minucius Felix*, Octavius 6,1.

Aber die Christen können ihre Gegener kaum vom Wert ihrer Berechnungen überzeugen. Die Juden zeigen sich unbeeindruckt und verteidigen das Monopol ihrer heiligen Bücher: sie zeigen sich während der ersten Jahrhunderte auch wenig bereit, mit den Christen zu diskutieren, und der Talmud enthält nur seltene Anspielungen auf derartige Kontroversen[10]. Die Heiden wissen gegen Ende des 1. Jahrhunderts sehr wohl zwischen Christen und Juden zu unterscheiden; während sie die Juden wegen der Bindung an ihre Traditionen respektieren, haben sie für die Christen nur Verachtung übrig: „Das ist eine heimtückische Rotte, ein lichtscheues Gesindel", erklärt Caecilius, „stumm in der Öffentlichkeit, in Winkeln geschwätzig, Tempel verachten sie, als ob es Gräber wären, vor Götterbildern speien sie aus, verlachen die heiligen Opfer; selbst bemitleidenswert, schauen sie – darf man das überhaupt erwähnen? – mitleidig auf unsere Priester herab ... Weshalb haben sie keine Altäre, keine bekannten Heiligtümer? Warum reden sie nie öffentlich, treffen sich nie frei, wenn nicht das, was sie da heimlich treiben, Strafe einbrächte oder Schande? Und wer ist dieser einzige, einsame, verlassene Gott? Wo ist er? Woher kommt er? Kein freies Volk, kein Königreich, nicht einmal der religiöse Eifer der Römer kennt ihn. Allein das jämmerliche Judenvölkchen verehrt ebenfalls einen einzigen Gott, aber doch in aller Öffentlichkeit, mit Tempeln und Altären, mit Opfern und Zeremonien. Freilich ist er so schwach und machtlos, daß er mitsamt seinem auserwählten Volk in die Gefangenschaft der Römer geraten ist, die doch nur Menschen sind."[11]

Gegen Ende des 2. Jahrhunderts gibt man den Christen, wenigstens in bestimmten Kreisen Carthagos, um sie lächerlich zu machen, den Namen des „dritten Geschlechts", des „tertium genus"[12]. Das sind

---

[10] Vgl. *M. J. Lagrange*, Le Messianisme chez les Juifs, 291–300. *J. Maier*, Jesus von Nazareth in der Talmudischen Überlieferung, EdF 82, Darmstadt 1978; – ders., Jüdische Auseinandersetzung mit dem Christentum in der Antike, EdF 177, Darmstadt 1982.

[11] *Minucius Felix*, Octavius 8,4; 10, 3–4.

[12] *Tertullian*, Ad nationes I, 8: „Plane tertium genus dicimur. Verum recogitate ne quos tertium genus dicitis principem locum obtineant, siquidem non ulla gens, non christiana ... Itaque, quaecumque gens prima, nihilominus christiana. Ridicula dementia novissimos dicitis et tertios nominatis. Sed de superstitione tertium genus deputamur non de natione, ut sint Romani, Judaei dehinc Christiani ... Porro si tam monstruosi qui tertii loci, quales habendi qui primo et secundo antecedunt?" („Gewiß werden wir das „dritte Geschlecht" genannt ... Doch gebet acht, ob jene, die ihr als das „dritte Geschlecht" bezeichnet, nicht den ersten Platz einnehmen; da es kein Geschlecht gibt, das nicht christlich wäre ... Welches Geschlecht auch immer das erste sei, es ist nichtsdestotrotz christlich. In lächerlicher Verrücktheit bezeichnet ihr die allerneuesten als die dritten. Wir werden

Leute, so sagt man, die weder Juden noch Römer sind. Man kann sie nicht einordnen[13]. Man hat keinen Platz für sie innerhalb der vorhandenen Kategorien und ist deshalb gezwungen, um von einer so neuen Religion zu sprechen, auch neue Formeln für sie zu finden. Die Christen akzeptieren schließlich diesen Begriff des „dritten Geschlechts"; man begegnet ihm in einer pseudo-cyprianischen Schrift *„De pascha computus"*, entstanden um 242–243. Der Autor spricht von dem Feuer, das die drei Jünglinge im Feuerofen umgab (Daniel 3, 46–50) und schreibt dazu: „Et ipsos tres pueros a Dei filio protectos, – in mysterio nostro qui sumus tertium genus hominum – non vexavit" („Und man quälte die drei Männer, die vom Sohn Gottes beschützt wurden, nicht – nach unserem Mysterium, die wir das dritte Geschlecht der Menschen sind")[14]. Doch im allgemeinen liebt man diese Bezeichnung nicht sehr[15] und bezeichnet sich lieber als „neues Volk"[16]. In dieser

---

der Andersgläubigkeit wegen als „drittes Geschlecht" bezeichnet, nicht der nationalen Abstammung wegen, weil es Römer und Juden gibt, so auch Christen … Wenn wir so seltsame Leute sind, daß man uns auf den dritten Platz rückt, wofür muß man dann diejenigen halten, die auf dem ersten und zweiten Platz vorausgehen?"); vgl. Ad nationes I, 20; – Scorpiace 10: „Illic constitues et synagogas Judaeorum, fontes persecutionum, apud quas apostoli flagella perpessi sunt, et populos nationum cum suo quidem circo, ubi facile conclamant: „Usquequo genus tertium?" („Dahin versetze auch die Synagogen der Juden, diese Ausgangspunkte der Verfolgungen, vor welchen die Apostel gegeißelt worden sind; dahin die heidnischen Völker, jedes mit seinem Zirkus, wo sie so gern schreien: Wo bleibt denn das dritte Geschlecht?"). Die Bezeichnung der Christen als „tertium genus" kommt in erster Linie von ihrem Kult, von ihrer Religion, die sie von Heiden und Juden unterscheidet; doch wenn die Neuheit auch nicht eigentlich anvisiert ist, so ist sie doch stets eingeschlossen; vgl. *A. von Harnack*, Mission und Ausbreitung I, 285–288.
[13] Vgl. *Origenes*, In psalm. 36, hom. 1, ed. *Lommatzsch*, XII, 155: „Nos sumus non gens, qui pauci in ista civitate credimus et alii ex alia, et nusquam gens integra ab initio credulitatis videtur assumpta … Non enim sicut Judaeorum gens erat vel Aegyptiorum gens, ita etiam christianorum genus gens est una vel integra, sed sparsim ex singulis gentibus congregantur" („Wir sind nicht ein Volk, wie manche aus dieser Stadt glauben und andere aus einer anderen, und nirgends wurde ein vollständiges Volk vom Anbeginn des Glaubens an angenommen … Nicht wie die Juden ein Volk waren, oder die Aegypter, ist das Geschlecht der Christen ein einziges und ungeteiltes Volk; vielmehr werden diese allmählich aus den einzelnen Völkern gesammelt").
[14] *Pseudo-Cyprian*, De Pascha computus, 27.
[15] In einer Passage der „Praedicatio Petri", zitiert bei *Klemens von Alexandrien*, Stromat. VI, 5, 41 ist von den verschiedenen Weisen der Gottesverehrung die Rede, jener der Griechen, der Juden und, an dritter Stelle, der Christen: „ὑμεῖς δὲ οἱ καινῶς αὐτὸν τρίτῳ γένει σεβόμενοι (οἱ) χριστιανοί ("Wir aber sind die ihn auf neue Weise als ein drittes Geschlecht verehrenden Christen"). *Klemens von Alexandrien* selber stellt den Griechen und Juden das „dritte Geschlecht" der Christen gegenüber, Stromat. III, 10, 70; V, 14,98; VI, 5, 42. Von diesen beiden Autoren abgesehen, hat man die Christen anscheinend nirgends auf diese Weise verstanden; vgl. *A. von Harnack*, Mission und Ausbreitung, I, 267.
[16] Das „neue Volk der Christen" begegnet im „Hirten" des Hermas; – Barnabas-Brief 5,7; 7,5; 13,6; 2. Klemensbrief 2,3; Ign Eph Kap. 19; 20; *Aristides*, Apol. 16; *Justin*, Dialog 119; – Oracula Sybill. I, 383 ff.; *Irenäus*, Adv. haer. III, 12, 14; *Bardesanes; Klemens von*

Hinsicht täuschte man sich nicht und man sieht genau, daß das Argument von ihrer angeblichen Altertümlichkeit auch in ihren eigenen Augen nur ein polemisches Interesse hatte, dessen Bedeutung man nicht überschätzen durfte. Wenn die Christen den heidnischen Religionen eine entscheidende Widerlegung liefern wollen, dann gebrauchen sie rationale Argumente, anstatt sich hinter einer Tradition zu verbergen. Sie verweisen auf die Nichtigkeit der Götter; sie bestehen auf der Amoralität ihrer Legenden; sie machen die Idole lächerlich und verfügen über ein ganzes Arsenal von Beweisen, die in diese Richtung zielen. Im Gegensatz dazu ist die Tradition die höchste Zuflucht ihrer Gegner, eine Zuflucht, von der man sie nur schwer abbringen kann[17].

Doch mit der Zeit wird auch das Christentum älter. Sobald es das konnte, hat es selbst auch das Traditionsargument benützt, um seine Lehre zu rechtfertigen[18]. Um 200 herum macht Tertullian in seiner Schrift „De praescriptione haereticorum" („Prozeßeinrede gegen die Häretiker") davon einen entscheidenden Gebrauch, und es ist gut, sich seine ausdruckskräftigen Formulierungen zu vergegenwärtigen:

„Posterior nostra res non est, immo omnibus prior est: hoc erit testimonium veritatis, ubique occupantis principatum. Ab apostolis utique non damnatur, immo defenditur: hoc erit indicium proprietatis ... Si haec ita se habent, ut veritas nobis adiudicetur quicumque in ea regula incedimus quam Ecclesia ab apostolis, apostoli a Christo, Christus a Deo tradidit, constat ratio propositi nostri definientis non esse admittendos haereticos ad ineundam de scripturis provocationem" („Später entstanden ist unsere Sache nicht, sondern sie ist vielmehr die, welche gegen alle die Priorität behauptet; das ist das Zeugnis der Wahrheit, die überall die erste Stelle einnimmt. Von den Aposteln wird sie keinesfalls verworfen, im Gegenteil, in Schutz genommen – das ist das Kennzeichen des rechtmäßigen Besitzstandes ... Wenn sich das alles nun so verhält, und die Wahrheit uns zuerkannt werden muß, die wir in derjenigen Glaubensregel wandeln, welche die Kirchen von den Aposteln, die Apostel von Chri-

---

Alexandrien, Paidagogos I, 5, 15; I, 5, 20; I, 7, 58; *Constantin*, Orat. ad sanctor. coetum, 19 etc... Die Neuheit des Christentums ist das, was alle Geister beeindruckt; sie ist im allerweitesten Sinne zu verstehen. Allgemein war man sich der profunden Originalität der Botschaft des Evangeliums bewußt.

[17] Nach der Invasion der Barbaren und dem Falle Roms (410 n. Chr.) schreiben die Heiden die Übel des Imperiums dem Abfall von den traditionellen Göttern zu; darauf sucht Augustinus des langen und breiten in den ersten Büchern seines „De civitate Dei" zu antworten.

[18] Vgl. dazu *B. Reynders*, Paradosis. Le progrès de l'idée de tradition jusqu'à Saint Irénée, in: Recherches de théologie ancienne et médiévale, t. V (1933), 155–191; *D. van den Eynde*, Les normes de la doctrine chrétienne dans la littérature patristique des trois premiers siècles, Paris 1933.

stus, Christus von Gott empfangen hat, so steht auch unser anfänglicher Satz als begründet fest, welcher besagte, daß die Häretiker zur Einlegung einer Berufung auf die heilige Schrift gar nicht zugelassen werden ...").[19]

Viele denken freilich anders. Derselbe Tertullian, der die Nutzlosigkeit jeder Forschung nach den Evangelien behauptet[20], zögert nicht, an anderer Stelle zu schreiben, es sei nicht die Gewohnheit, als vielmehr die Wahrheit, welche die Häresie überwindet[21]. Doch als er so redet, ist er schon Montanist geworden, beziehungsweise auf dem Weg dazu. Anders ist der Fall des Cyprian, der das Traditions-Argument, auf das sich Papst Stephan in der Frage der Häretiker-Taufe beruft, entschieden zurückweist: „Non est de consuetudine prescribendum, sed ratione vincendum" („Man darf nicht nach der Gewohnheit eine Vorschrift erlassen, sondern muß dies vernünftig begründen")[22]. Hier revoltiert der Bischof von Carthago mehr oder weniger gegen Rom. Er bleibt mit seinen abweichenden Voten trotzdem allein: in allgemeiner Form bindet die Kirche sich an die Tradition; sie rühmt sich, daß ihre Lehre, ihre Disziplin und ihre Hierarchie auf die Apostel zurückgehen und durch diese von Christus selbst herkommen. Sie besteht vor allem auf der Apostolizität, mehr als auf der Altertümlichkeit, und sie hat damit recht; es kommt ein Moment, wo die beiden Dinge nahezu synonym sind; als Vinzenz von Lerin nach einer Formel sucht, die ebenso kurz wie prägnant das, was man glauben muß, ausdrücken soll, da genügt es ihm zu sagen: „Quod semper, quod ubique, quod ab omnibus" („Was immer, was überall und was von allen / geglaubt worden ist /")[23].

Doch zunächst sind die Heiden im Besitzstand; sie sind es, die die väterlichen Traditionen bewahren. In ihren Augen stellt sich jeder, der Christ werden will, außerhalb der heidnischen Bräuche. Er bricht mit der Vergangenheit, er stellt sich gegen seine Vorfahren, und dies alles wiegt sehr schwer, um für viele ein fast unübersteigbares Hindernis zu bilden.

---

[19] *Tertullian*, De praescriptione haereticorum 35 und 37.
[20] *Tertullian*, De praescriptione haereticorum 7: „Nobis curiositate opus non est post Christum Jesum, nec inquisitione post Evangelium" („Wir indes bedürfen seit Jesus Christus des Forschens nicht mehr, auch nicht des Untersuchens, seitdem das Evangelium verkündet worden").
[21] *Tertullian*, De virginibus velandis I: „Haeresim non tam novitas quam veritas revincit: quodcumque adversus veritatem sapit, hoc erit haeresis, etiam vetus consuetudo" („Weniger etwas Neues als vielmehr die Wahrheit ist es, welche die Häresie überwindet; alles, was gegen die Wahrheit geht, ist Häresie, auch wenn es sich um eine alte Gewohnheit handelt").
[22] *Cyprian*, Epist. 71, 3.   [23] *Vinzenz von Lerin*, Commonitorium, 2.

2. Der Bruch mit der Familie

Ja noch mehr. Die Bekehrung verlangt nicht nur die Absage an eine zweifellos hochgeschätzte Vergangenheit, von der man aber schließlich sagen konnte, daß sie tot war und daß man sich mit ihr nicht mehr übermäßig beschäftigen mußte. Sie fordert vielmehr den Bruch mit den liebsten und solidesten Bindungen, und zwar mit den familiären Bindungen selbst.

Schon im Evangelium findet sich klar die Forderung eines totalen Verzichts für den, der dem Herrn nachfolgen will: „Wenn man euch vor Gericht stellt, macht euch keine Sorgen, wie und was ihr reden sollt, denn es wird euch in jener Stunde eingegeben, was ihr sagen sollt. Nicht ihr werdet dann reden, sondern der Geist eures Vaters wird durch euch reden. Brüder werden einander dem Tod ausliefern und Väter ihre Kinder, und die Kinder werden sich gegen ihre Eltern auflehnen und sie in den Tod schicken. Und ihr werdet um meines Namens willen von allen gehaßt werden" (Mt 10, 19–22). „Denkt nicht, ich sei gekommen, um Frieden auf die Erde zu bringen. Ich bin nicht gekommen, um Frieden zu bringen, sondern das Schwert. Denn ich bin gekommen, um den Sohn mit seinem Vater zu entzweien und die Tochter mit ihrer Mutter und die Schwiegertochter mit ihrer Schwiegermutter, und die Hausgenossen eines Menschen werden seine Feinde sein. Wer Vater und Mutter mehr liebt als mich, ist meiner nicht würdig, und wer Sohn oder Tochter mehr liebt als mich, ist meiner nicht würdig. Und wer nicht sein Kreuz auf sich nimmt und mir nachfolgt, ist meiner nicht würdig" (Mt 10, 34–38 par. Lk 14, 26 f.).

Das sind keine Metaphern. Der Meister besteht darauf, daß seine Gläubigen sich ihm vollständig hingeben und bereit sind, für ihn alles zu verlassen. Er verlangt von seinen ersten Aposteln einen totalen Verzicht, den er auch von allen verlangt, die seine Jünger sein wollen. Petrus und Andreas lassen ihre Boote und ihre Netze zurück; Jakobus und Johannes verlassen ihren Vater Zebedäus. Matthäus erhebt sich von seiner Zollstätte und kehrt nicht mehr dahin zurück. Die Neuheit des Christentums besteht nicht nur darin, daß man sich der Sünde nicht mehr hingeben darf; sie umfaßt vielmehr das ganze Leben. Man braucht nur die Märtyrerakten zu lesen, um sich über die Tragweite der Opfer, die vom Herrn gefordert wurden, Rechenschaft zu geben.

Perpetua, eine junge Frau von edler Herkunft, hat noch ihren Vater und ihre Mutter, zwei Brüder, von denen der eine Katechumene ist und ein Baby, das sie stillen muß, als sie unter der Anklage, Christin zu sein, inhaftiert wird. Ihr alter Vater ist ein überzeugter Heide, der sich alle Mühe gibt, seine Tochter zur traditionellen Religion zurückzuführen. Als sie erfährt, daß sie vor dem Tribunal erscheinen muß, eilt er sofort von seiner Villa in Thuburbo herbei:

„Nach wenigen Tagen ging das Gerücht, wir sollten verhört werden. Es kam aber auch aus der Stadt mein Vater, ganz von Gram verzehrt; er stieg zur mir hinauf, um mich zu Fall zu bringen, und sagte: Tochter, erbarme dich meiner grauen Haare, erbarme dich deines Vaters, wenn du mich noch für wert hältst, dein Vater zu heißen; wenn ich dich mit diesen Händen zu solcher Blüte des Alters aufgezogen, wenn ich dich allen deinen Brüdern vorgezogen habe, so gib mich nicht dem Spotte der Menschen preis. Blicke auf deine Brüder, blicke auf deine Mutter und deine Tante, blicke auf dein Kind, das nach deinem Tode nicht wird fortleben können. Beuge deinen Sinn, richte uns nicht alle zugrunde, denn keiner von uns wird freimütig reden, wenn dir etwas Schlimmes zustößt. Das sagte er in seiner väterlichen Liebe; er küßte mir die Hände, warf sich zu meinen Füßen und nannte mich unter Tränen nicht mehr Tochter, sondern Frau. Mich schmerzte das Schicksal meines Vaters, daß er allein von meiner ganzen Familie sich über meine Leiden nicht freuen würde; ich tröstete ihn mit den Worten: Das wird auf jener Bühne geschehen, was Gott will; denn wisse, daß wir nicht in unserer, sondern in Gottes Gewalt sein werden. Und er ging traurig von mir hinweg ... Am anderen Tag ... erschien auch der Vater wieder mit meinem Kinde, zog mich von der Stufe hinab und sagte: Bitte um Gnade, erbarme dich deines Kindes! Hilarianus, der damals an Stelle des verstorbenen Prokonsuls Minucius Timianus die Gerichtsbarkeit über Leben und Tod hatte, sagte: Schone die grauen Haare deines Vaters, nimm Rücksicht auf die Kindheit des Knaben, opfere für das Wohl der Kaiser! Ich antwortete: Das tu ich nicht. Darauf Hilarianus: Bist du eine Christin? Und ich entgegnete: Ich bin eine Christin. Und da mein Vater da stand, um mich abzuziehen, wurde er auf Befehl des Hilarianus hinabgestoßen und auch mit der Rute geschlagen. Das Unheil meines Vaters ging mir zu Herzen; als wäre ich selbst geschlagen worden, so schmerzte mich sein unglückliches Alter ... Als aber der Tag des Festspieles herankam, trat mein Vater zu mir herein, ganz von Gram verzehrt; er fing an, seinen Bart auszureißen und auf die Erde zu werfen, sich mit dem Gesichte auf den Boden hinzustrecken, seine Jahre zu verwünschen und solche Worte zu sprechen, die jeden Menschen ergreifen mußten. Mich schmerzte sein unglückseliges Alter." [24]

Es gibt kaum etwas Bewegenderes als diese Erzählung. Perpetua ist nicht gefühllos; sie hat für ihren Vater eine tiefe Anhänglichkeit, sie leidet unter seinem Schmerz und kann seinem Wunsch doch nicht nachkommen: sie gehört Christus. Auch hat sie überhaupt nichts Exaltiertes. Wenn sie Visionen hat, so bleibt sie dabei doch sehr ruhig,

---

[24] Passio Perpetuae et Felicitatis 5–6; 9.

um auf die Fragen zu antworten und sogar beim Sterben. Sie opfert ihr Leben in vollem Bewußtsein, frei und großmütig, weil ihr Herr es von ihr verlangt und sie ihm dieses nicht verweigern will.

Man könnte noch viele andere Beispiele anführen[25]. Aber nicht nur unter solch tragischen Bedingungen verlangt der christliche Glaube derart harten familiären Verzicht. Am Anfang seiner zweiten Apologie berichtet Justin die Geschichte einer Frau, die sich nach einem ziemlich ausschweifenden Leben bekehrt hatte: „Nachdem sie die Lehren Christi kennengelernt hatte, war sie züchtig geworden und suchte nun auch ihren Mann zu einem züchtigen Wandel zu bewegen, indem sie ihm die Lehren vorlegte und die Strafe vorhielt, die den Unzüchtigen und vernunftwidrig Lebenden im ewigen Feuer bevorsteht. Der aber verblieb in demselben Lasterleben und entfremdete sich durch seine Handlungsweise seiner Gattin. Denn da die Frau es für Sünde hielt, fürderhin mit einem Manne das Lager zu teilen, der gegen das Gesetz der Natur und gegen alles Recht auf jede Weise seine Wollust zu befriedigen suchte, wollte sie sich vom Ehebande trennen. Indessen von den Ihrigen gedrängt, die ihr weiterhin in der Ehe zu bleiben rieten, weil sich eine Besserung des Mannes doch noch hoffen lasse, bezwang sie sich und blieb. Als aber ihr Mann nach Ägypten gereist war und Nachrichten kamen, daß er es dort noch ärger trieb, da trennte sie sich von ihm, um nicht an seinen Lastertaten und Freveln, wenn sie in der Ehe verblieb und Tisch und Bett mit ihm gemeinsam hatte, Anteil zu haben, und gab ihm nach römischer Sitte den Scheidebrief. Ihr trefflicher Gatte aber … erhob gegen sie, da sie sich von ihm gegen seinen Willen getrennt hatte, die Anklage, sie sei eine Christin."[26]

Solche Vorgänge, die hundertmal vorkamen, beleuchten die allgemeinen Formulierungen Tertullians: „Wieder andere paktieren mit diesem Haß (sc. gegen die Christen) sogar um den Preis eigener Vorteile; sie finden sich mit dem Schaden ab, wenn sie nur das, was sie hassen, nicht in ihrem Hause haben. Seine Frau, die jetzt keusch ist, verstößt der Gatte, der nicht mehr eifersüchtig zu sein braucht; seinen

---

[25] Man vergleicht noch Paulusakten 10, *Hennecke-Schneemelcher*, Neutestamentliche Apokryphen II, Tübingen 1964, 245; – Martyrium der Agape, Eirene, Chione und Genossen V–VI, in: *Knopf-Krüger-Ruhbach*, Ausgewählte Märtyrerakten, Tübingen 1965, 97–99; Akten der Agathonike, a. a. O., 10 f.; – Martyrium des Irenäus, a. a. O., 103 ff.; Acta Saturnini et Dativi; Acta Mariani et Nicandri, etc. Selbst wenn diese Akten nicht historisch sind, so spiegeln sie doch Situationen wider, die häufiger vorkamen.
[26] *Justin*, 2. Apologie 1.

Sohn, der jetzt gehorsam ist, enterbt der Vater, der früher geduldig blieb; seinen Sklaven, der jetzt zuverlässig ist, verbannt der Herr, der früher Milde walten ließ, aus seinen Augen. Sobald sich jemand im Zeichen dieses Namens bessert, gibt er Anstoß. Kein Vorteil wiegt so schwer wie der Haß gegen die Christen."[27]

Derselbe Tertullian bemüht sich, wenn auch nicht ohne Übertreibungen, uns zu zeigen, daß eine christliche Frau nicht mit einem heidnischen Gemahl zusammenleben kann, ohne die Reinheit ihres Glaubens schweren Gefährdungen auszusetzen. „Alle Handlungen der Religion werden für sie unmöglich; im häuslichen Leben ist der Gatte ein Werkzeug des Dämons. Allein die Notwendigkeit, ihn in die Geheimnisse des christlichen Lebens einzuführen, schafft eine unerträgliche Sklaverei. Gewöhnlich hintergehen die Männer ihre Frauen, und diese Verbindungen führen entweder zum Bruch oder zur Apostasie. Man stelle sich eine Frau vor, die gezwungen ist, im Milieu abergläubischer Praktiken zu leben; die an heidnischen Versammlungen teilnehmen muß, um sich schlüpfrige Lieder anzuhören; nichts in ihrer Umgebung spricht von Gott oder Christus; aber überall gibt es seltsame, feindliche, verbotene Objekte; überall die Spuren des Dämons."[28] Der Unmut unseres Polemikers ist bei solchen Beschreibungen schlimmer als je:

„Indessen mag (eine christliche Frau) zusehen, wie sie ihrem Mann ihre Pflichten leistet! Dem Herrn kann sie sicher nicht genügen, so wie es die Kirchenzucht verlangt. Denn sie hat an ihrer Seite einen Knecht des Teufels, der als Geschäftsführer seines Herrn den Bestrebungen und Leistungen der Gläubigen hinderlich ist, so zwar, daß, wenn ein Stationsfasten zu halten ist, der Mann am frühen Morgen ein Bad bestellt, wenn ein Fasttag zu beobachten wäre, der Mann für denselben Tag ein Gastmahl anrichtet, und wenn man ausgehen sollte, dann gerade die dringendsten häuslichen Geschäfte in den Weg kommen. Denn wer möchte seiner Gattin erlauben, straßenweise in den fremden und gerade in den ärmsten Hütten vorzusprechen, um die Brüder zu besuchen? Wer wird es gern sehen, daß sie, wenn es erforderlich ist, sich nächtlichen Zusammenkünften von seiner Seite wegbegebe? Wer wird zur Zeit der Osterfeierlichkeiten ruhig dulden, daß sie die ganze Nacht wegbleibe? Wer wird sie zu dem bekannten Mahle des Herrn, welches sie so in Verruf bringen, ohne seinen eigenen Argwohn gehen lassen? Wer wird sie in die Kerker schleichen lassen, um die Ketten eines Märtyrers zu küssen? oder

---

[27] *Tertullian,* Apologeticum 3, 4; – *Klemens von Alexandrien,* Quis dives salvetur, 28; – *Pseudo-Klemens,* Recognitiones II, 29; – *Novatian,* De laude martyrii 15; – *Arnobius,* Adversus Gent. II, 2; – *Eusebius von Caesaraea,* Theophan. IV, 12.
[28] *A. D'Alès,* La théologie de Tertullian, 373.

234

gar erst sich irgend einem Mitbruder zum Friedenskuß zu nahen? oder Waschwasser für die Füße der Heiligen zu bringen? von den Speisen und Getränken etwas zu nehmen und zu verlangen, ja daran auch nur zu denken? Wenn ein Mitbruder aus der Fremde ankommt, welche Bewirtung wird er in einem solchen fremden Hause finden, wenn ihm, dem man die ganze Vorratskammer anbieten müßte, sogar die Brotschränke verschlossen sind ...,werfet eure Perlen nicht vor die Schweine', heißt es, ,damit sie dieselben nicht niedertreten, sich umkehren und euch zerreißen' (Mt 7,6). Zu diesen Perlen gehören auch die schönen Übungen des täglichen Lebens. Je mehr man sich bemühen würde, sie zu verheimlichen, um so mehr würde man sie zum Gegenstande des Verdachtes und des Verlangens für die Neugierde der Heiden machen. Wird es unbemerkt bleiben, wenn Du Dein Bett und Dich selbst mit dem Kreuz bezeichnest? wenn Du etwas Unreines von Dir wegbläsest? wenn Du sogar nachts aufstehest, um zu beten? Wird es da nicht scheinen, als wolltest Du eine magische Handlung vornehmen? Dein Mann wird nicht wissen, was das ist, was Du vor jeder anderen Speise heimlich genießest; und wenn er wüßte, daß es Brot sei, würde er dann nicht glauben, es sei dasjenige Brot, von welchem man immer spricht? Und wird wohl jeder, der den Grund nicht kennt, es dulden ohne Unwillen und ohne den Argwohn, es sei Gift und kein Brot? Manche dulden alle diese Dinge wohl, aber nur, um sie zu verachten, sie dulden sie, um mit solchen Frauen ein Spiel zu spielen, indem sie deren Geheimnisse für den Fall einer vermeintlichen Gefahr, wenn sie selber einmal beleidigt werden sollten, bei sich bewahren und sich um den Preis ihrer Mitgift durch Vorhalten ihres christlichen Bekenntnisses das Stillschweigen abkaufen lassen, da sie nämlich sonst vor dem achtsamen Schiedsrichter mit ihnen prozessieren würden. Das haben viele nicht vorausgesehen und sind nur mit Verlust ihres Vermögens oder ihres Glaubens dazugekommen. Die Dienerin Gottes hält sich auf bei fremden Hausgöttern und unter ihnen; sie wird bei allen vorkommenden, den Dämonen erwiesenen Ehrenbezeigungen, allen Festlichkeiten des Landesfürsten, beim Jahresbeginn und Monatsanfang durch den Dunst des Weihrauchs belästigt. Sie tritt aus einer mit Lorbeer und Laternen behängten Tür, wie aus einem Standquartier öffentlicher Unzucht, sie sitzt mit ihrem Ehemann häufig bei Schmausereien zu Tisch, häufig auch in den Garküchen, auch wird sie manchmal ruchlosen Menschen aufwarten, da sie früher gewohnt war, den Heiligen aufzuwarten. Wird sie darin, daß sie denjenigen zu Dienst sein muß, welche von ihr gerichtet werden sollen, nicht ein Vorzeichen ihrer Verwerfung erblicken? Aus wessen Hand wird sie etwas erwarten? Aus wessen Becher wird sie mittrinken? Was wird ihr Mann ihr, oder was wird sie ihrem Manne vorsingen? Fürwahr, sie wird ein Stück von der Bühne zu hören bekommen, etwas aus dem Wirtshause, aus der Kneipe! Wo bleibt das Andenken an Gott, wo die Anrufung Christi? Wo die Belebung des Glaubens durch Einlegung der Schriftlesung? Wo die Erfrischung des Geistes? Wo der heilige Segen?"[29]

---

[29] *Tertullian*, Ad uxorem II, 4–6.

Dies alles ist kaum übertrieben. Tertullian denkt hier vor allem an christliche Frauen, die mit Heiden verheiratet sind, und das ist zu seiner Zeit und noch für Jahrhunderte danach sehr häufig, denn die Kirche gewinnt ihre Mitglieder mehr unter den Frauen als unter den Männern[30]. Er hätte genausogut die Probleme der umgekehrten Situation beschreiben können, die, obgleich seltener doch immer wieder vorkam: seine Beschreibung wäre nicht weniger heftig und schmerzlich gewesen; denn die Situation eines christlichen Ehegatten, der sich den Anforderungen einer heidnischen Frau zu fügen hatte, war auch nicht beneidenswert. Der afrikanische Moralist kommt zu dem Schluß, formell alle Mischehen zu verurteilen, die nach seiner Ansicht nur Hurerei sind, und er erklärt jeden, der auf solche Weise die Glieder Christi entehrt, der kirchlichen Gemeinschaft für unwürdig[31].

Cyprian zeigt sich kaum weniger streng als er, auch wenn er nicht von Exkommunikation spricht; er erklärt ganz deutlich, daß man sich mit Heiden nicht verheiraten soll: „Matrimonium cum gentilibus non jungendum"[32]. Doch die Kirche bestätigt solch strenge Maßnahmen nicht, die eine zu große Anzahl junger Christen zu einer unerwünschten Enthaltsamkeit verpflichtet hätten, und die Strenge ihrer Prinzipien muß sich vor der Lektion der Tatsachen beugen[33]. Sie gibt dem zuversichtlichen Optimismus eines Klemens von Alexandrien den Vorzug gegenüber der Härte eines Tertullian, wenn er den christli-

---

[30] Vgl. *A. von Harnack*, Mission und Ausbreitung II, 607 ff.

[31] *Tertullian*, Ad uxorem II, 3: „Fideles gentilium matrimonia subeuntes stupri reos esse constat et arcendos ab omni communicatione fraternitatis" („Wenn dem so ist, dann steht fest, daß Gläubige, welche Ehen mit Heiden eingehen, sich der Hurerei schuldig machen und von jedem Verkehr mit der Brüdergemeinde auszuschließen sind"). Vgl. De corona militis, 13: „Ideo non nubemus ethnici, ne nos ad idololatriam usque deducant, a qua aqud illos nuptiae incipiunt" („... darum eben heiraten wir keine Heiden, damit uns nicht zum Götzendienst hinziehen, womit bei ihnen die Hochzeiten ihren Anfang nehmen").

[32] *Cyprian*, Testimonia III, 62; vgl. De lapsis, 6.

[33] Um 300 n. Chr. legt das Konzil von Elvira, obwohl es im Prinzip Mischehen untersagt, den Zuwiderhandelnden keinerlei Strafe auf: „Propter copiam puellarum gentilibus minime in matrimonium dandae sunt virgines christianae, ne aetas in flore tumens in adulterium animae solvatur" („Wegen der Vielzahl der Mädchen soll man doch möglichst nicht den Heiden christliche Jungfrauen zur Ehe geben, damit nicht das blühende Alter durch einen Ehebruch der Seele aufgelöst würde", Can. 15). Die Canones 16 und 17, die sich auf Ehen mit Häretikern oder Juden beziehen, sind strenger als der Canon 15, und sehen eine Exkommunikation von 5 Jahren vor. Canon 17 untersagt bei lebenslänglicher Exkommunikation die Ehe mit einem heidnischen Priester. 314 spricht das Konzil von Arles von einer zeitweiligen, aber zweifellos kurzen Exkommunikation: „De puellis fidelibus quae gentilibus junguntur, placuit ut aliquanto tempore a communione separentur" („Gläubige Mädchen, die mit Heiden verheiratet werden, sollen für eine gewisse Zeit exkommuniziert werden").

chen Frauen den Rat gibt, alles zu tun, um ihre Männer zum Glauben zu führen und ihnen in allem zu gehorchen, ausgenommen in Dingen, die mit dem Heil zu tun haben: „Wenn aber jemand seine Frau oder eine Dienerin, die ohne jede Heuchelei einen solchen Weg gehen, von einem derartigen Verhalten abbringen will, dann scheint ein solcher Mann zu dieser Zeit nichts anderes zu tun, als sie mit Absicht von Gerechtigkeit und Sittsamkeit abzuhalten, in dem Entschluß, seine eigene Familie ungerecht und zugleich zuchtlos zu machen."[34]

Das ist richtig; Klemens folgt dem Weg, den Petrus in seinem ersten Brief angebahnt hat; denn der Apostel empfiehlt den Frauen, sie sollten sich ihren Männern unterordnen, damit diese durch die Bewunderung ihrer Tugenden für den Glauben gewonnen würden (1 Petr 3, 1). Es ist kaum daran zu zweifeln, daß in den ersten christlichen Jahrhunderten eine ganze Anzahl von Konversionen durch die Sorgfalt wahrhaft christlicher Frauen in Gang gekommen ist; das klassische Beispiel dafür ist das der heiligen Monika, die den alten Patricius mit Geduld und Freundlichkeit gewonnen hat[35]; es gibt deren noch viele andere[36]. Klemens sieht auch den Fall vor, daß ein Mann sich nicht rühren läßt und sagt dazu:

„Wenn er aber nicht darauf hört, dann wird sie versuchen, soweit es der menschlichen Natur möglich ist, ein sündloses Leben zu führen, mag sie nun ihr Verständigsein im Sterben bewähren müssen oder in längerem Leben; dabei soll sie überzeugt sein, daß Gott ihr bei solchem Handeln Helfer und Gefährte ist, ihr wahrer ‚Beistand und Retter' für die Gegenwart und für die Zukunft."[37]

Die kurze Zwischenbemerkung „im Sterben", die en passant erfolgt, eröffnet traurige Perspektiven auf das Los, das christliche Frauen manchmal von ihren heidnischen Männern zu erwarten hatten; diese

---

[34] *Klemens von Alexandrien*, Stromateis IV, 19, 123.
[35] *Augustinus*, Confessiones IX, 9, 22.
[36] Die Märtyrerakten erwähnen eine gewisse Anzahl derartiger Fälle. Die heilige Caecilia zum Beispiel erregt die Neugier ihres Gemahls Valerianus, wenn sie ihm von dem Engel erzählt, der sie während des Gebets aufsucht und der auch der Wächter ihrer Jungfräulichkeit ist und sie verspricht ihm, er werde den Engel auch sehen, wenn er Christ würde. Natürlich bekehrt sich Valerianus daraufhin. – Nachdem die heilige Daphrosa ihren Mann verloren hat, der im Exil für den Glauben gestorben war, wurde sie einem seiner Verwandten namens Faustus anvertraut, der sie vom Christentum abzubringen suchte. Das Gegenteil geschieht: Daphrosa bekehrt ihn, und er läßt sich vom Priester Johannes taufen. – Vgl. *H. Delehaye*, Études sur le légendier romain, les saints de novembre et de décembre, Brüssel 1936, 75 und 130. Es macht kaum etwas aus, daß diese Geschichten nicht authentisch sind; denn ähnliche Fälle hat es durchaus gegeben.
[37] *Klemens von Alexandrien*, Stromateis IV, 20, 127.

zögern nicht, ihre Frauen den Behörden auszuliefern, oder ihnen zumindest das Leben unmöglich zu machen[38]. Wir kennen bereits den von Justin erwähnten Fall jenes Mannes, der sich an seiner Frau, die Christin geworden war und sich hatte scheiden lassen, um seinen Mißhandlungen zu entgehen, rächen will, indem er sie wegen ihres Glaubens anzeigt, ebenso den Lehrer, der sie bekehrt hatte[39]. Ähnliche Fälle dürften öfter vorgekommen sein.

Die Frauen sind jedoch nicht die einzigen, die leiden müssen, wenn sie Christen sind. Ähnliche Schwierigkeiten erwarten auch die Kinder. Genauer gesagt, wir kennen aus den ersten Jahrhunderten nur wenig Kinder, die schon als Kinder getauft wurden[40], und solche Fälle dürften auch nur in christlichen Familien vorgekommen sein. Doch wissen wir von Kelsos, daß die Kinder speziell durch die christliche Propaganda angesprochen wurden, und der heidnische Polemiker hat ein sehr lebhaftes, wenn auch satirisches Bild einer Katechismusstunde hinterlassen. Die Szene spielt sich in einem wohlhabenden Hause ab. Die Katecheten sind Wollarbeiter, Schuster und Walker, Leute ohne Bildung und Kultur. Solange ältere Lehrmeister oder Leute von Urteil anwesend sind, hüten sie sich, den Mund aufzumachen; aber sobald sie die Kinder für sich allein haben oder auch Frauen ohne gesunden Hausverstand wie sie selber, dann erzählen sie lauter wunderbare Geschichten. Vor allem sagen sie ihnen, man dürfe nicht auf den Vater hören, auch nicht auf die Lehrmeister, sondern müsse ihnen allein gehorchen; und wenn der Lehrmeister oder der Vater plötzlich, während sie so daherreden, erscheinen, fürchten die Vorsichtigen unter ihnen sich und fliehen; während die Frecheren die Kinder aufhetzen. Dabei flüstern sie zum Beispiel den Kindern in Ge-

---

[38] Die Akten der heiligen Anastasia erzählen, daß diese, ärmlich gekleidet und in Begleitung nur einer einzigen Dienerin die Christen in ihrem Gefängnis besuchte, und daß ihr Gemahl Publius, nachdem er davon erfahren hatte, sie genau überwachen ließ. Etwas später, als Publius nach Persien verreisen muß, unterwirft er Anastasia einem noch schlimmeren Reglement, in der Hoffnung, sie werde daran sterben. Diese Hoffnung erfüllt sich nicht, denn auf Anastasia warten andere Kämpfe. – Vgl. *H. Delehaye*, Le légendier romain, 151–152. Es gibt unzählige ähnliche Geschichten in den Märtyrerakten.
[39] *Justin*, 2. Apologie 1; vgl. oben S.
[40] Der bekannte Fall ist der des Origenes, wovon *Eusebius KG VI*, ausführlich berichtet. Origenes hat christliche Eltern, und sein Vater Leonidas ist ein Beispiel eines glühenden Glaubens; er ist es, der dem Kind seine erste religiöse Erziehung vermittelt und es die heilige Schrift lesen lehrt. Allerdings wird er verhaftet, und der damals noch sehr junge Origenes ermuntert ihn, mutig das Martyrium auf sich zu nehmen. Es ist anzumerken, daß Autoren wie Tertullian der Kindertaufe, die wohl gegen Ende des 2. Jahrhunderts – und wahrscheinlich schon früher – praktiziert wurde, nicht besonders günstig gegenüberstehen.

genwart ihrer Väter und Lehrmeister zu, daß sie ihnen jetzt nichts Gutes beibringen wollten und könnten, um sich nicht selber dem Spott und der Ungeschliffenheit dieser verdorbenen und äußerst lasterhaften Menschen auszusetzen. Wollten sie aber etwas Gutes lernen, so müßten sie sich von ihrem Vater und Lehrmeister losmachen und mit den Frauen und Spielkameraden ins Frauengemach gehen, dort würde ihnen die wahre Weisheit verkündet[41].

Man kann schwerlich glauben, daß christliche Lehrmeister, die dieser Bezeichnung würdig waren, die Kinder von sich aus von dem den Eltern schuldigen Gehorsam abgebracht hätten, nach allem, was Paulus dazu an Ermahnungen geschrieben hatte (vgl. Eph 6,1; Kol 3,20). Doch ist auch sicher, daß es in manchen Familien zu Konflikten kam, wenn Kinder im Gegensatz zu ihren Eltern das Christentum annahmen, oder auch umgekehrt, wenn Familienväter sich bekehrten und ihre Kinder im Heidentum zurückließen. Noch mitten im 4. Jahrhundert sehen wir, daß die Eltern des heiligen Martin noch lange dem Heidentum treu blieben. Er selbst, der in der traditionellen Religion erzogen wurde, fühlt sich im Alter von 10 Jahren vom Christentum angezogen, wodurch weiß man nicht genau. Er bittet darum, in die Zahl der Katechumenen aufgenommen zu werden. Seine Eltern leisten keinen entschiedenen Widerstand, aber sie sind auch weit davon entfernt, die Bekehrung zu begünstigen und scheinen sich, nachdem er in die Armee aufgenommen ist, nicht sehr um ihn zu kümmern. Erst sehr viel später kehrt Martin, auf eine Weisung des Himmels, nach Pannonien zurück; er hat die große Freude, daß er seine Mutter vom Heidentum befreien kann; aber er stößt auf den unüberwindlichen Widerstand seines Vaters, der dem Beispiel der Ahnen treu bleiben will[42].

Andererseits haben wir die besonders bewegenden Erzählungen, wo Eltern das Martyrium erleiden, ohne sich weiter um die Kinder, die sie zurücklassen, sorgen zu können. Als die heilige Agathonike, die sich selbst als Christin angezeigt hat, vor dem Prokonsul erscheint, erhebt sich der einstimmige Ruf der Volksmenge: „Habt Mitleid mit euch und euren Kindern!" Und der Prokonsul wiederholt: „Betrachtet eure Situation! Habt Mitleid mit euch und euren Kindern, wie die Menge ruft!" Doch die tapfere Mutter begnügt sich mit der Antwort: „Was meine Kinder betrifft, so wird Gott sie beschützen; ich selbst

---

[41] *Origenes*, Gegen Kelsos III, 55.
[42] *Sulpicius Severus*, Leben des heiligen Martin VI.

verweigere euch den Gehorsam und opfere dem Dämon nicht."[43] Irenäus von Sirmium wird seinerseits grausam gequält, als seine Eltern erscheinen. Als sie ihn in solchen Qualen erleben, bitten sie ihn darum, nachzugeben. Es sind die eigenen Kinder, die seine Füße umklammern und sagen: „Habe Mitleid mit dir und mit uns, Vater!" Er selber gibt niemand eine Antwort, sondern eilt seiner himmlischen Berufung entgegen[44]. Immer wieder realisiert sich das Wort des Erlösers: „Ich bin gekommen, um den Sohn mit seinem Vater zu entzweien und den Vater mit dem Sohn."

3. Der Bruch mit den sozialen Bindungen

Die Ansprüche des Familienlebens bilden nicht den einzigen Widerstand gegen eine Bekehrung. Genau so, ja mit stärkerem Grund, verhält es sich mit den Anforderungen des gesellschaftlichen Lebens. Der Bekehrte begibt sich in die Randzone einer Welt, in der er zugleich weiterleben muß, und das in einer doppelten Weise: die öffentliche Meinung verurteilt ihn; die Institutionen und Gewohnheiten schließen ihn aus.

Die öffentliche Meinung verurteilt ihn. Was diesen Punkt betrifft, sind die Zeugnisse zahlreich; wir brauchen nur einige davon zu zitieren: „Und warum überlassen sich viele geschlossenen Auges diesem Haß so weit, daß sie, auch wenn sie jemandem von uns ein gutes Zeugnis ausstellen müssen, ihm doch zugleich den Christennamen zum Vorwurf machen?" „Gaius Seius", heißt es da, „ist ein anständiger Mann – abgesehen davon, daß er Christ ist." Ebenso sagt ein anderer: „Ich wundere mich, daß Lucius Titius, ein so kluger Mann, plötzlich Christ geworden ist." Niemand denkt darüber nach, ob nicht deshalb Gaius anständig und Lucius gescheit ist, weil er Christ ist oder ob er deshalb Christ ist, weil er gescheit und anständig ist[45]. Alle Vorwürfe sind berechtigt, sobald man sie gegen die Christen verwenden kann, und Caecilius, der Wortführer im „Octavius", spart nicht damit:

„Wir sehen, wie Leute aus einer kläglichen, verbotenen, hoffnungslosen Rotte Sturm gegen die Götter laufen. Aus der untersten Hefe des Volkes sammeln

---

[43] Vgl. Ausgewählte Märtyrerakten, 12 f.
[44] Martyrium des Irenäus, Ausgewählte Märtyrerakten, 103 f.
[45] *Tertullian*, Apologeticum III, 1.

sich da die Ungebildeten und die leichtgläubigen Weiber, die wegen der Beeinflußbarkeit ihres Geschlechts ohnedies auf alles hereinfallen; sie bilden eine gemeinsame Verschwörerbande, die sich in nächtlichen Zusammenkünften, bei Feierlichkeiten mit Fasten und menschenunwürdiger Speise nicht im Kult, sondern im Verbrechen verbrüdert; eine obskure, lichtscheue Gesellschaft, stumm in der Öffentlichkeit, in Winkeln geschwätzig; Tempel verachten sie, als ob es Gräber wären, vor Götterbildern speien sie aus, verlachen die heiligen Opfer; selbst bemitleidenswert, schauen sie – darf man das überhaupt erwähnen? – mitleidig auf unsere Priester herab; selbst halb nackt, verachten sie Ämter und Würden ... Warum bemühen sie sich denn so sehr, den Gegenstand ihrer Verehrung, was er auch sein mag, zu verbergen und zu verheimlichen? Anständigkeit läßt sich immer gern sehen, nur Laster hält man geheim! Weshalb sonst haben sie keine Altäre, keine bekannten Heiligtümer? Warum reden sie nie öffentlich, treffen sich nie frei, wenn nicht das, was sie da heimlich treiben, Strafe einbrächte oder Schande?"[46]

Caecilius ist ein gebildeter Mann, sehr kultiviert, von ausgezeichneter Erziehung und macht den Eindruck eines wohldistinguierten Menschen. Doch hat er keinerlei Hemmungen, den schlimmsten Klatsch, der im Volk über die Christen verbreitet wird, selbst zu glauben und weiterzuerzählen: „Läge nicht auch etwas Wahres zugrunde, würde die scharfsichtige Fama nicht die verschiedenen ungeheuerlichen Dinge berichten, für deren Erwähnung allein man schon um Entschuldigung bitten muß."[47] Dazu bringt er die infamsten Gerüchte, welche die Menge verbreitet: die Anbetung eines Esels, den rituellen Kindermord, die wahnsinnigen Orgien während der Nacht. Die ganze Welt um ihn herum glaubt diesen bestens fundierten Lärm. Er selbst macht sich zum Echo eines Fronto, des berühmten Redners aus Cirta, Lehrmeisters Mark Aurels, von eitler und oberflächlicher Intelligenz, der sich damit amüsiert, eine Lobrede auf den Rauch, auf den Staub oder auf die Nachlässigkeit zu halten, sonst jedoch ein Gentleman, gerecht und maßvoll in seinen Urteilen, „eine Seele ohne Arg und Bitterkeit"[48], womit alles gesagt ist. Vergebens, daß die Apologeten, einer nach dem andern, gegen diese Anwürfe zu Felde ziehen: Justin[49], Athenagoras[50], Tertullian[51] und andere. Die Verleumdung greift trotzdem weiter und breitet sich aus. Tertullian fühlt sich veranlaßt, diejenigen – sie sind recht zahlreich – zurückzuweisen, welche die

[46] *Minucius Felix*, Octavius 8, 3–4; 10, 2.
[47] *Minucius Felix*, Octavius 9, 3.
[48] *P. de Labriolle*, La réaction païenne, 93.
[49] *Justin*, Dialog, 10; 17, 3; 108, 2; 1. Apologie 10; 26, 7; 2. Apologie 12, 1.
[50] *Athenagoras*, Bittschrift, 31–32.
[51] *Tertullian*, Apologeticum, 16.

Christen beschuldigen, einen Esel, ein Kreuz oder die Sonne anzubeten; er berichtet, wie man sogar in Carthago, kurze Zeit vor der Abfassung des Apologeticums, öffentlich ein Bild aufgestellt habe, das den Gott der Christen darstellen sollte, mit Eselsohren, Bocksfuß, ein Buch in der Hand, und mit einer Toga bekleidet, mit der Inschrift: „Deus Christianorum onokoites". Wir haben, sagt er, über den Namen und das Bild gelacht. Das ist wahrscheinlich; denn Tertullian ist ein geistvoller Mann. Aber die Volksmenge hat sich davon beeindrucken lassen, und die Christen mußten eine derartige öffentliche Beleidigung mit Stillschweigen ertragen[52]. Zu diesem vulgären Geschwätz muß man den Vorwurf des Atheismus hinzufügen[53], des Fremdkultes, des Scharlatanismus und der Magie[54]; es gibt noch andere, wie die Verachtung der öffentlichen Angelegenheiten, der Faulheit[55], der Traurigkeit[56], kurz, absolut alles ist gut, um Argumente gegen das Christentum zu liefern[57].

Manchmal kommt es vor, daß das zügellose Volk diese Anklagen zum Schlimmeren wendet und den Christen die Katastrophen, die sich hier und da ereignen, in die Schuhe schiebt. Man betrachtet sie als die Ursache aller öffentlichen Miseren und alles nationalen Unglücks. Wird der Tiber in Rom überschwemmt? Bleibt dagegen die Überschwemmung des Nil über die Felder Ägyptens, das Land zu befruchten, aus? Bleibt der Himmel unverändert, zittert die Erde vor Hunger, wird die Pest vielleicht alles verschlingen? Sofort ruft man: „Die Christen vor die Löwen!"[58]. Die öffentliche Wut kennt da keine Grenzen mehr. Zum Verdruß sogar der Behörden, die die öffentliche Ordnung aufrechterhalten wollen, stürzt sich der Volkszorn, entflammt durch seine eigene Bewegung, mit Steinen und mit Fackeln

---

[52] *Tertullian*, Apologeticum, 16, 12.

[53] *A. von Harnack*, Der Vorwurf des Atheismus in den drei ersten Jahrhunderten (TU 28, 4), Leipzig 1905.

[54] Christus selbst wurde häufig der Magie angeklagt, vgl. *Justin*, I. Apologie 30; Dialog 69; – *Pseudo-Klemens*, Recognitionen I, 48; – *Athanasius*, De incarnatione, 48.

[55] Vgl. *Dion Cassius*, Hist.; *Sueton*, Domitian, 15; *Eusebius*, KG III, 17; Sueton berichtet, daß der Konsul Flavius wegen seiner *contemptissima inertia* verurteilt wurde. Dion Cassius spricht dagegen von fremden Sitten und Atheismus.

[56] *Tertullian*, Scorpiace 7: „Funesta religio, lugubres ritus, ara rogus, pollinctor sacerdos" („seine Religion sei eine blutbefleckte, seine Riten jammervoll, sein Altar ein Scheiterhaufen, sein Priester ein Leichenbitter).

[57] Vgl. *H. Leclerq*, Accusation contre les chrétiens, in: Dict. de Liturgie et d'Archéologie chrétienne I, col. 265 ff.

[58] *Tertullian*, Apologeticum 27, 2. Der Schrei „Die Christen vor die Löwen!" muß in Carthago häufig erklungen sein; denn Tertullian zitiert ihn mindestens viermal in seinen Schriften: De Spectac. 27; De exhortat. castitat. 12; De resurrectione, 23.

auf die Christen. Mit einer Wut wie bei den Bacchanalen, spart sie nicht einmal die toten Christen aus; sie zerrt aus der Grabesruhe die bereits Verwesten, unkenntlich gewordenen Leichen, zertrümmert oder zerstreut deren Gebeine[59]. Jahrhundertelang macht man die Christen für die öffentlichen Übel verantwortlich. Origenes[60], Arnobius[61], selbst Augustinus[62] sehen sich verpflichtet, auf diese Angriffe zu antworten und daran zu erinnern, daß es auch schon vor der Verkündigung des Evangeliums Überschwemmungen, Pestepidemien und Kriege gegeben habe.

Zu gewissen Zeiten scheint das Antichristentum einer Welle gesunden Menschenverstandes und der Toleranz Platz zu machen. Während die Behörden ihre Anstrengungen, den gesetzlichen Verurteilungen zu entkommen, intensivieren, während man die Christen ihren Gerichten überliefert, zeigen die Gebildeten, wenn auch noch nicht das Volk selber, eine gewisse Achtung für eine Religion, die unter ihren Anhängern so überragende Gläubige wie Origenes und Cyprian hat. Doch bald kommt eine neue Krise und die Situation der Christen wird vor der öffentlichen Meinung schlimmer als je. Am Beginn des 4. Jahrhunderts ist Laktanz ein betrübter und wahrhaftiger Zeuge für einen dieser Rückschläge. Er kennt Leute, die der Anblick eines Christen wütend macht. Wenn mein Buch, so schreibt er, unter ihre Augen kommt, dann brechen sie in Flüche aus, sie weisen es voller Zorn zurück; sie glauben sich mit einem unsühnbaren Verbrechen befleckt, wenn sie es selber lesen oder beim Vorlesen zuhören[63]. Diese Leute haben nur Verachtung übrig für eine Religion, die sich aus dem Niedervolk und ungebildeten Frauen rekrutiert, die weder Schriftsteller noch Philosophen besitzt, die diesen Namen verdienen, deren heilige Bücher in einer barbarischen Sprache geschrieben sind, die von Söle-

---

[59] *Tertullian*, Apologeticum 37, 2.
[60] *Origenes*, In Matth. comment. series 3q: „Scimus et apud nos terrae motum factum in locis quibusdam et factas fuisse quasdam ruinas, ita ut, qui erant impii extra fidem, causam terrae motus dicerent christianos, propter quod et persecutiones passae sunt Ecclesiae et incensae sunt; non solum autem illi, sed qui videbantur prudentes talia in publico dicebant, quia propter christianos fiunt gravissimi terrae motus" („Bekanntlich fand auch bei uns ein Erdbeben statt, und an manchen Orten kam es auch zu manchen Einstürzen, so daß unfromme Gläubige sagten, die Ursache für das Erdbeben wären die Christen; daraufhin kam es auch zu Verfolgungen der Kirche und zu Brandstiftungen; aber nicht nur solche, sondern auch ganz kluge Leute haben derartiges in der Öffentlichkeit behauptet, daß wegen der Christen die schwersten Erdbeben aufgetreten wären"). Vgl. weiter Matth. Tract. 28; gegen Kelsos III, 15.
[61] *Arnobius*, Adversus Nationes I, 4; – I, 6, 14.
[62] *Augustinus*, De Civitate Dei, II, 3.
[63] *Laktanz*, Divin. Instit. V, 1. 1.

zismen und Barbarismen nur so strotzt. Auch machen sie sich über die
hervorragendsten Bischöfe lustig; dem Cyprian geben sie den Beinamen „Copianus", was schlechten Geschmack beweist und beleidi-
gend ist[64]. Sie amüsieren sich, wenn auf dem Theater die heiligsten
Mysterien der Christenheit dargestellt werden, und spenden den
Clownereien der Schauspieler Beifall, wenn diese Neophyten oder Bischöfe darstellen[65]. Arnobius bekräftigt das Zeugnis des Laktanz: er
besteht auf den Witzeleien, deren Gegenstand die Christen andauernd in der oberen Gesellschaft sind; man begnügt sich nicht damit,
sie als Dummköpfe zu behandeln[66]; vielmehr verspottet man sie auf
jede Weise und macht sie lächerlich[67]. Manche Fanatiker gehen noch
weiter. Sie fordern, der Senat möge die Vernichtung mancher Schriften des Cicero anordnen, an erster Stelle des Werkes „De natura Deorum", welche die traditionelle Religion kritisieren und auf diese
Weise der christlichen Apologetik Argumente liefern[68].

In der Epoche der Diokletianischen Christenverfolgung nimmt die
antichristliche Polemik unter den Gebildeten eine neue Schärfe an.
Das große Werk des Porphyrius „Gegen die Christen" wird zu einem
bevorzugten Werk der gebildeten Heiden, und man fertigt davon sorg-
sam ausgewählte Auszüge für eilige Leser an[69]. Neue Autoren treten
auf: Laktanz versichert, daß er viele von ihnen, Griechen und Lateiner, kennt[70]; aber er begnügt sich damit, nur zwei davon, deren Namen er nicht angibt, mit einigen Details zu charakterisieren. Der erste
tritt als Philosoph auf und erklärt mit Emphase, es sei die erste Verpflichtung eines Philosophen, den Verirrten die Hände entgegenzu-
strecken und sie auf den rechten Weg zurückzuführen; er übernimmt

---

[64] *Laktanz*, Divin. Instit. V, 1, 27.

[65] Man erinnere sich an die seltsame Leidensgeschichte des heiligen Genesius, deren
Thema die wirkliche Bekehrung eines Schauspielers ist, der eine Taufszene darstellen
soll, um sie lächerlich zu machen. Auch wenn diese Leidensgeschichte nicht historisch
ist, so zeigt sie dennoch wirkliche Situationen.

[66] *Arnobius*, Adversus nationes I, 59; noch gegen Ende des 4. Jahrhunderts ist das Bei-
wort „stultus" „Dummkopf" bis zum Überdruß auf die Christen angewandt worden, und
zwar von gebildeten Heiden; und *Pseudo-Ambrosius*, Quaestiones Veteris et Novi Testamenti, quaestio 124, beklagt sich bitter deswegen.

[67] *Arnobius*, Adversus nationes I, 41; II, 5.

[68] *Arnobius*, Adversus nationes III, 7.

[69] Wir kennen vor allem das von Macarius Magnes widerlegte Florilegium; vgl. *A. von
Harnack*, Kritik des Neuen Testaments von einem griechischen Philosophen des 3. Jahrhunderts, Leipzig 1911; *G. Bardy*, Les objections d'un philosophe païen, in: Bulletin d'ancienne littérature et d'arched. chrétiennes, t. III, 1913, 95–111. Das Datum des
Florilegiums ist nicht genau bekannt.

[70] *Laktanz*, Divin. Instit. V. 4,2.

die Aufgabe, das Licht der Weisheit denen zu zeigen, die nicht selber sehen können, um sie zugleich zum gesunden Menschenverstand und zum Kult der Götter zurückzuführen[71]. Der zweite, den man allgemein mit einem hohen Funktionär identifiziert[72], Hierokles mit Namen, ist heftiger. Er greift vor allem die heiligen Schriften an und gibt sich alle Mühe, um zu beweisen, daß es sich um ein Gewebe von Lügen und Widersprüchen handle[73]. Noch mehr, man verfertigt, auf Veranlassung des Kaisers Maximin selbst, *Pilatus-Akten*, voller Blasphemie gegen Christus; die Funktionäre werden damit beauftragt, sie überall zu verbreiten, ihre Lektüre besonders zu empfehlen und sogar sie in den Schulen zu lehren und auswendig lernen zu lassen[74].

Alle Mittel sind recht, um die öffentliche Meinung gegen die Christen aufzuhetzen. Man erzählt, die Götter-Orakel könnten ihren Befragern keine Antwort mehr geben wegen der Anwesenheit der Christen[75]; oder sie fordern die Verfolgung[76]. Man provoziert Bittschriften der Bevölkerung an die Kaiser, um von ihnen die Ausrottung der Religion zu verlangen[77]. Man wiederholt die alten Verleumdungen, auch die am meisten abgenützten und die unwahrscheinlichsten; man macht die Christen für alle Übelstände verantwortlich, für Mißernten, Dürre, Kriege, Unwetter, Erdbeben, unter denen besonders der Orient zu leiden hat[78]. Man hält sie aller Schändlichkeiten für schuldig, sogar in ihren Kirchen[79], und man setzt, um diese Fabeln

---

[71] *Laktanz*, Divin. Instit. V.2.

[72] Über diese Persönlichkeit sind wir durch eine Inschrift in Palmyra unterrichtet, Corp. inscr. latin. III, 133 – III, 1661; auch *Laktanz*, De mortib. pasec. 16,4; *Eusebius*, De martyr. Palaest. V, 3; Contra Hierod. 1.

[73] *Laktanz*, Divin, Instit. V, 2, 12.

[74] *Eusebius*, KG IX, 10,1.

[75] *Laktanz*, De mortibus pasec. X,; vgl. *P. De Labriolle*, La réaction paienne, 319 ff.

[76] *Eusebius*, KG IX, 3.

[77] Wir kennen eine dieser Bittschriften dank der Inschrift von Arykanda, corp. inscript. latin. III, 12.132; 13.625 b: „Die Götter, die vom gleichen Geschlecht sind wie ihr hochverehrter Kaiser, haben ihre Gunst überall zugedacht, wo ihre Liebe zur Menschlichkeit sich zeigt, gegenüber denen, welchen die Religion am Herzen liegt und die für die Gesundheit ihrer unbesiegbaren Herren beten: wir haben es deshalb für gut erachtet, uns an Eure unsterbliche Majestät zu wenden und Euch zu bitten, daß die Christen, die seit langem rebellisch sind und jener Verrücktheit unterworfen, endlich unterdrückt werden und mit ihren unheilvollen Neuerungen den den Göttern schuldigen Respekt nicht mehr verletzen. Dieses Ziel wäre erreicht, wenn man durch ein göttliches und ewiges Edikt von Euch die schändlichen Praktiken dieser Atheisten untersagen und verhindern würde und man sie zu dem den Göttern, Euren Ahnherrn, schuldigen Kult zwingen würde, um sie für Eure ewige und unvergleichliche Majestät anzurufen; denn davon würde, das ist offenkundig, das Wohl aller Eurer Untertanen gewaltig profitieren.“

[78] *Eusebius*, KG IX, 7, 8–9.

[79] *Eusebius*, KG IX, 7,2.

zu beweisen, die ganze Welt in Bewegung, die Vogelschauer, Weissager, Vorhersager einer guten Zukunft, die Orakel, die Pseudo-Inspirierten, welche die Zahl ihrer Klienten abnehmen sehen und das Ende ihrer lukrativen Geschäfte befürchten mußten[80]. Die erwähnte Krise (unter Diokletian) ist zweifellos besonders heftig; freilich ist sie auch die letzte derer, die das Volk während der ersten drei Jahrhunderte erschütterten. Doch steht fest, daß die öffentliche Meinung, im ganzen genommen, bis zum Frieden von Mailand (313) gegen das Christentum ausgesprochen feindlich eingestellt ist und einen heftigen Widerstand für die Bekehrung bildet, den viele nicht überwinden konnten. Allerdings konnte man dieser Meinung auch trotzen und sich damit zufriedengeben, am Rand der Gesellschaft zu leben; jedenfalls konnte man das versuchen. Akzeptieren die Christen diese Situation als freiwillig Verbannte innerhalb ihres eigenen Vaterlandes? Finden sie sich damit ab, nicht nur die Tyrannei von Gesetzen zu ertragen, die sie jeden Augenblick und bei jeder Gelegenheit zu einem heidnischen Ritus verpflichten, sondern darüber hinaus die Forderungen ihrer Zeitgenossen und den Druck einer ganzen Gesellschaft? Die Antwort darauf ist schwer. Die gleichen Schriftsteller, die sagen, daß die Christen loyal allen Geschäften nachgehen, sagen uns auch, daß sie sich von den andern Menschen absondern; z. B. schreibt Tertullian in seinem Apologeticum:

„Gestern sind wir erschienen, und schon haben wir alles, was euer ist, überflutet, Städte, Inseln, Garnisonen, Gemeinden, Ortschaften, ja Heerlager, Stadtbezirke und Kurien, Palast, Senat und Forum; gelassen haben wir euch einzig und allein die Tempel[81] ... Wir sind ja doch nicht Brahmanen oder indische Gymnosophisten, nicht Waldbewohner oder lebensflüchtig. Wir denken daran, daß wir Gott, unserem Herrn und Schöpfer, Dank schulden; den Gebrauch keiner seiner Gaben lehnen wir ab, üben allerdings Mäßigung, um uns ihrer nicht über Gebühr oder in verkehrter Weise zu bedienen. So kommt es, daß wir nicht ohne euer Forum, nicht ohne euren Markt, nicht ohne eure Badestuben, Bazare, Werkstätten, Gasthäuser, Messen und sonstigen Handelsplätze mit euch zusammen in dieser Welt leben. Auch fahren wir mit euch zusammen zur See, sind wie ihr Soldaten und Bauern, und ebenso treiben wir mit euch Handel; unser Können, unsere Erzeugnisse stellen wir euch allen zur Verfügung. Inwiefern wir unnütz sein sollen für euren Handel, da wir doch mit euch und von euch leben, verstehe ich nicht."[82]

[80] *Arnobius*, Adversus nationes I, 24.
[81] *Tertullian*, Apologeticum 37, 4.
[82] *Tertullian*, Apologeticum 42, 2–3.

In dem gleichen Werk sagt Tertullian auch: „Keine Sache ist uns mehr fremd als die Sache aller, der Staat. *Einen* Staat nur kennen wir für alle: die Welt"[83]. „Ein Christ begehrt nicht einmal die Ädilenwürde."[84] In der Schrift „De pallio" richtet er an seinen Philosophenmantel die folgende Ansprache:

„Ich habe keine Verpflichtungen für das Forum, keine für das Marsfeld und die Ratsversammlung, ich brauche zu keinem Dienst früh aufzustehen, zu keiner Rednerbühne dränge ich mich hinzu, nach keinem prätorischen Amtshause habe ich mich zu richten, in die Kanäle habe ich meine Nase nicht zu stecken, die Gerichtsschranken betrete ich nicht, die Richterbänke beschwere ich nicht, das Recht verwirre ich nicht. Prozeßreden belfere ich nicht herunter; ich bin nicht Richter, nicht Soldat, nicht Regierungsbeamter. Ich bin aus dem Volke ausgeschieden und habe nur ganz allein mit mir zu tun; ich bin nur dafür besorgt, daß ich keine Sorgen habe. In der Zurückgezogenheit würdest auch Du Dein Leben besser genießen als in der Geschäftigkeit. Aber Du verschreist das als schlaffe Untätigkeit; denn natürlich muß man dem Vaterlande, dem Reiche und dem Erwerbe leben. Das war früher die herrschende Ansicht. Allein es wird niemand für einen andern geboren, da man nur für sich selbst stirbt."[85]

Zweifellos ist das Plädoyer für den Philosophenmantel ironisch und übertrieben; auch Tertullian selbst wollte das nicht für ernst genommen wissen. Aber die gebildeten Heiden sind sehr zahlreich, die in der Tat den Christen ihr Desinteresse an den Dingen dieser Welt, vor allem an den öffentlichen Dingen, verübeln, was nicht ohne jeden Grund gewesen sein dürfte[86]. Es fehlt dazu nicht an christlichen Zeugnissen. Tatian erklärt, daß er weder herrschen will noch sich bereichern, noch das Waffenhandwerk ausüben, noch seine eigene Ehre suchen[87]. Speratus, einer der Märtyrer von Scilli, behauptet, er kenne kein Reich von dieser Welt[88]; und sogar Klemens von Alexandrien, dieser Humanist, behauptet, daß die Gläubigen auf Erden keine Heimat hätten[89].

Das Schwierige liegt darin, daß den Gläubigen eine solche Haltung keineswegs exklusiv, vielleicht nicht einmal in erster Linie von ihrer religiösen Einstellung zudiktiert wird. Sie ist ihnen vielmehr durch die Welt, in der sie leben müssen, auferlegt, weil diese vom Götzendienst

---

[83] *Tertulian*, Apologeticum 38, 3. Das Thema ist stoischen Ursprungs; man kann nicht darauf insistieren.
[84] *Tertulian*, Apologeticum 46,13.   [85] *Tertulian*, De pallio, 5.
[86] Vgl. *Minucius Felix*, Octavius, 8.   [87] *Tatian*, Rede an die Griechen, 11.
[88] Akten der Scilitanischen Märtyrer, Ausgewählte Märtyrerakten, 29.
[89] *Klemens von Alexandrien*, Paidagogos III, 8, 41.

völlig durchtränkt ist. Die Frage, die sich ihnen stellt, ist eine jener Grundsatzfragen, die im Prinzip nur durch eine Entscheidung zwischen zwei Gegensätzen gelöst werden können. Man muß zwischen der Welt und Gott wählen. Jeder Glaubens-Kandidat steht vor dieser Entscheidung. Er kann vielleicht der öffentlichen Meinung Trotz bieten und ihr den menschlichen Respekt versagen; aber kann er auch mit einem Einsiedlerleben fertig werden, auf jede soziale Aktivität verzichten, sich der Wohltat des bürgerlichen Zusammenlebens entziehen, einzig und allein um Christus nachzufolgen? Vielleicht hat keiner diese Alternative, die Größe des Widerstandes besser herausgestellt als Kelsos in einer von Origenes zitierten Passage:

„Eins von beiden fordert die Vernunft. Wenn sie es verschmähen, den üblichen Gottesdienst zu verrichten und die mit seiner Leitung Betrauten zu ehren, so sollen sie sich dann weder freien lassen noch ein Weib heimführen, noch Kinder empfangen, noch sich irgendwie anders im Leben betätigen, sondern ganz und gar von hier weggehen, ohne Nachkommen zu hinterlassen, damit eine solche Menschenart auf Erden gänzlich ausgerottet werde. Wollen sie aber Weiber heimführen und Kinder zeugen und Früchte (der Erde) genießen und an den Freuden des Lebens teilnehmen und die ihnen auferlegten Übel ertragen – die Natur bringt es ja mit sich, daß alle Menschen Übel zu erdulden haben; denn es ist notwendig, daß es Übel gibt, und nur auf Erden ist ein Platz für sie –, so müssen sie also denen, die hiermit betraut sind, die gebührenden Ehren erweisen und dem Leben die geziemenden Pflichten erfüllen, bis sie von den (irdischen) Fesseln befreit sind, damit sie nicht auch undankbar diesen Wesen gegenüber zu sein scheinen. Denn es wäre ungerecht, an den Gütern, die diese besitzen, teilzunehmen, ihnen aber dafür nichts zu entrichten"[90]

Das ist sehr gut gesehen. Aber auch Kelsos versteht die Größe des Einsatzes nicht. Ein Heide sieht überhaupt kein Problem darin, allen Arten von Göttern zu opfern; vielleicht findet er darin sogar Vorteile. Für den Christen ist dies eine Frage des ewigen Lebens oder Todes, die sich hier auftut. Wer dem Herrn gehört, der hat kein Recht, einen Götzen anzubeten, wer immer das auch sei. Nun ist aber das gesamte antike Leben vom Morgen bis zum Abend voll von götzendienerischen Handlungen, und Tertullian macht sich daraus ein schmerzliches Vergnügen, in drei Traktaten, die alle seiner montanistischen Zeit angehören, dies seinen Brüdern in Erinnerung zu rufen, in „De idololatria" (Vom Götzendienst), „De spectaculis" (Von den Schauspielen) und in „De corona militis" (Vom Kranz des Soldaten).

Der Götzendienst, so sagt unser aufbrausender Karthager, findet

---

[90] *Origenes*, Gegen Kelsos VIII, 55.

sich überall. Er besteht nicht nur, wie man gewöhnlich meint, darin, den Götzen Opfer darzubringen oder ihnen Weihrauch zu streuen. Er beginnt schon mit der Anfertigung von Götzen. Deshalb kann kein Christ Bildhauer, Maler oder Dekorateur sein; denn er müßte dann ja Götzenbilder machen und Dinge tun, die mit ihrem Kult zusammenhängen[91]. Er kann auch kaum Schulmeister oder Professor werden, denn die ganze Schultradition ist vom Götzendienst geprägt; unaufhörlich erwähnen die klassischen Autoren die Götter, und der Lehrer muß ja erklären, wer diese Götter sind, er muß ihre Geschichten erzählen, ihre Genealogien. Das schulische Leben wird vom Kalender geregelt, der Lehrer muß diese Feste feiern, zumindest indem er an diesen Tagen seinen Schülern schulfrei gibt[92]. Es ist ihm kaum möglich, einen Handel zu treiben, der das Produkt der Begehrlichkeit ist, die Habsucht und Lüge erzeugt, die ein hauptsächlicher Vorläufer des Götzendienstes ist. Will man Gewürzkräuter für ein christliches Begräbnis verkaufen? Wie könnte man sie einem heidnischen Kunden verweigern, der sie für heidnische Opfer verwenden will? Verkauft man Wein: Kann er dann nicht den Libationen für Götzen dienen? Oder Kleider: Ihre Käufer werden sie bei heidnischen Zeremonien tragen. Man könnte diese Aufzählung leicht fortsetzen. Kurz, es gibt keine Kunst, keinen Beruf, keinen Handel, der dem Götzendienst keine Chance böte, sobald man unter „Götzendienst" nichts anderes versteht als „die Verehrung von Götzen"[93].

Tertullian bleibt nicht dabei stehen. Das ganze Leben, sogar das Intimleben der Familie, ist andauernd vom Götzendienst bedroht. Wenn man seine Haustüre an manchen Tagen mit Lampions und Lorbeer schmückt, ohne dabei etwas Böses zu denken, einfach um es seinen Nachbarn gleichzutun und sich durch Abstinenz nicht zu

---

[91] *Tertullian*, Vom Götzendienst III–VIII. Diese Auslassung Tertullians wird erhellt durch die Geschichte der „vier heiligen Gekrönten", die sich als Bildhauer energisch dagegen wehrten, eine Asklepius-Statue anzufertigen, was Kaiser Diokletian befohlen hatte, und die für ihre Weigerung zum Tode verurteilt wurden. Vgl. *H. Delehaye*, Etude sur légendier romain, les saints de novembre et de décembre, 64–74.

[92] *Tertullian*, Vom Götzendienst 10; vgl. *G. Bardy*, L'Église et l'enseignement durant les trois premiers siècles, in: Revue des Sciences Religieux, t. XII (1932) 1–28.

[93] *Tertullian*, Vom Götzendienst, 11: „Nulla igitur ars, nulla professio, nulla negociatio, quae quid aut instruendis aut formandis idolis administrat carere potuit titulo idololatriae: nisi si aliud omnino interpretemur idolatriam quam famulatam idolorum colendorum" („Also, keine Kunstfertigkeit, kein Beruf, kein Handelsgeschäft, welches zur Ausstattung oder Herstellung von Götzenbildern irgend etwas beiträgt, kann von dem Vorwurf der Idolatrie frei sein. Es müßte denn sein, daß wir unter Idolatrie etwas anderes verständen als eine Dienstleistung zur Verehrung der Idole", BKV Tertullian I, 155).

isolieren, erweist man bereits den Genien des Eingangs besondere Ehre; nimmt man an einem Familienfest teil, wie am Empfang der Toga, an einer Verlobung, Hochzeit oder Namensgebung, dann riskiert man, sich durch die Teilnahme an religiösen Zeremonien, die bei solchen Feiern begangen wurden, zu kompromittieren. Nennt man die Namen heidnischer Götter, etwa um den Tempel des Asklepios, die Straße der Isis oder den Priester des Jupiter zu bezeichnen, dann muß man davon mit einer Achtung sprechen, die den Hörer vermuten läßt, daß man an diese Götter glaubt. Sobald man, ohne überhaupt daran zu denken, bestimmte Redensarten gebraucht wie *me hercule, me deus fidius*, dann drückt man sich aus wie die Heiden und begibt sich auf deren Niveau. Läßt man sich durch die Götter segnen oder flucht man ihnen, dann scheint man ihre Macht zu fürchten. Dem Dämon ist jeder Weg recht, der den Götzendienst fördert; die Christen müssen darauf achten, beständig auf der Hut zu sein [94].

Die Gefahr ist groß, wenn man den Schauspielen, die im römischen Leben von erstrangiger Bedeutung sind, beiwohnt; Tertullian sieht sich verpflichtet, diesem Thema einen besonderen Traktat zu widmen. Am Tage, da der Katechumene ins Taufbecken hinabsteigt, hat er feierlich erklärt, dem Teufel, seinem Pomp und seinen Engeln zu entsagen, das heißt vor allem jeder Form von Götzendienst; erst nach diesem „Fahneneid" (sacramentum) wird er in die Kirche aufgenommen. „Alles bei den heidnischen Schauspielen ist Götzendienst; ihre Ursprünge, die sich auf einen Gott beziehen; im Zirkus die ganze aufwendige Apparatur, der Platz selbst ist von Gottheiten bevölkert; die mythologischen Anspielungen: im Theater herrschen Venus und Liber; bei den Spielen und gymnastischen Wettkämpfen herrscht die Erinnerung an die göttlichen Namensgeber dieser Spiele; bei den Gladiatorenkämpfen begegnet man den alten Opfern, deren Transformation diese Kämpfe sind; das Amphitheater, das durch mehr Opfer als das Kapitol geweiht ist, ist ein Pandämonium, bei dem Mars und Diana den ersten Rang einnehmen. Wie man sich vom Götzenopferfleisch enthalten muß, so muß man sich erst recht von allem enthalten, was die Ohren, die Augen und die Seele selber befleckt. Die Heiden täuschen sich übrigens nicht: Das erste Kennzeichen eines neuen Christen besteht darin, daß er nicht mehr zu den Schauspielen geht; kehrt er zu ihnen zurück, ist er ein Deserteur." [95]

---

[94] *Tertullian*, Vom Götzendienst 14–24.
[95] *A. D. Alès*, La théologie de Tertullian, 412–413.

Der Militärdienst lockt die Christen vielleicht mehr als jeder andere Beruf, in bestimmten Fällen war er vom Staate strikt gefordert, und dem kann man sich nur unter Todesstrafe entziehen. Auch ihm widmet Tertullian eine eigene Schrift, und er zögert natürlich nicht, ihn zu verurteilen, und zwar mit der ganz einfachen Begründung, daß man nicht zwei Herren auf einmal dienen könne; nachdem man einmal Christus den „Fahneneid" geschworen habe, könne man dem Kaiser keinen Fahneneid mehr leisten [96].

Es sind also alle Berufe, alle Zerstreuungen, kurz das gesamte Leben in heidnischem Milieu, was Tertullian verurteilt. Sein Traum wäre, wie er es im Apologeticum ausdrückt, eine allgemeine Flucht der Christen in die Wüste und ein exklusiv christliches Gemeinwesen [97], zweifellos ein unrealisierbarer Wunschtraum; die Gläubigen selbst staunen über derartige Forderungen; sie wollen den Lebensnotwendigkeiten Genüge tun, ihrer Sorge um das tägliche Brot; sie denken an die Zukunft ihrer Kinder, an die Beziehungen zu ihren Angehörigen. Tertullian nimmt von dem Gesagten nichts zurück. Es ist zu spät, so lautet seine Antwort. Man muß darüber vor der Bekehrung nachdenken, und wenn man die Widerstände zu hoch findet, soll man sich nicht engagieren. Sobald aber der „Fahneneid" einmal geleistet ist, hat man sich nur noch an den Worten des Herrn zu inspirieren und ihnen Vertrauen zu schenken. [98]

---

[96] *Tertullian*, Vom Kranz des Soldaten, 11. Man muß freilich beachten, daß Tertullian in seinen frühen Schriften den Militärdienst gebilligt hat; daß er jedenfalls, ohne dies zu tadeln, feststellte, daß viele Christen Soldaten wären, Apologeticum 37, 4; 42. Die Schrift „Vom Kranz des Soldaten", gehört übrigens, wie „Über den Götzendienst" zur montanistischen Periode seines Lebens.

[97] Vgl. *Tertullian*, Apologeticum 37, 6: „Potuimus et inermes nec rebelles, sed tantummodo discordes, solius divortii invidia adversus vos dimicasse. Si enim tanta vis hominum in aliquem orbis remoti sinum abrupissemus a vobis, suffudisset utique dominationem vestram tot qualicumque civium amissio, immo etiam et ipsa destitutione punisset. Procul dubio expavissetis ad solitudinem vestram, ad silentium rerum et stuporem quemdam quasi mortui orbis; quaessisetis quibus imperaretis; plures hostes quam cives vobis remansissent" („Möglich gewesen wäre uns auch, ohne Waffen und ohne Aufstand, sondern bloß durch ein Auseinandergehen, durch Bruch und Entzweigung gegen euch zu kämpfen. Wenn nämlich eine solche Menge Menschen wie nur in irgendeinem fernen Erdwinkel sich von euch losgerissen hätte, dann hätte der Verlust so vieler – wie immer gearteter – Bürger euch Herrscher gewiß schamrot werden lassen, nein sogar durch eben diese Verlassenheit bestraft. Aufgeschreckt wäret ihr ohne Zweifel angesichts eurer Einsamkeit, angesichts des Schweigens ringsum und der Erstarrung der beinahe erstorbenen Erdkreises; gesucht hättet ihr, wenn ihr gebieten könntet; mehr Feinde als Bürger wären euch geblieben").

[98] *Tertullian*, Vom Götzendienst, 12: „Male nobis de necessitatibus humanae exhibitiones supplaudimus, si post fidem obsignatam dicimus: non habeo quo vivam. Jam hic enim plenius illi abruptae propositioni respondebo. Sero dicitur. Ante enim fuit delibe-

251

Es ist wahr, Tertullian ist ein Fanatiker, der seine Folgerungen durchzieht, so weit es geht. Aber man kann ihm logischen Geist und das Bedürfnis nach Klarheit nicht absprechen. Wenn er aus den Christen Fremdlinge gegenüber der Welt macht, dann deshalb, weil das Evangelium damit zuerst angefangen hat, die Forderung radikalen Verzichts zu proklamieren, nicht nur im Hinblick auf Reichtümer, sondern im Hinblick auf alle irdisch-weltlichen Beziehungen; bei bestimmten Gelegenheiten lassen die Heiden es auch die Christen spüren, daß sie diese als außerhalb des Gesetzes stehend betrachten. Anläßlich der großen Verfolgung von 177 n. Chr. in Lyon „untersagt man den Gläubigen nicht nur die Häuser, die Bäder, das Forum, sondern man verbietet ihnen überhaupt irgendwo zu erscheinen"[99]. Ungefähr zwanzig Jahre später, unter der Herrschaft des Septimius Severus ist die Feindschaft der Ungläubigen gegen Origenes so groß, „daß sie sich zusammenrotteten und mit Soldaten das Haus umstellten, in dem er wohnte, wegen der Menge, die von ihm in der heiligen Religion unterrichtet wurde. Die Verfolgung entbrannte gegen ihn von Tag zu Tag mehr, so daß er in der ganzen Stadt keinen Platz mehr fand, immer wieder die Wohnung wechseln mußte und überall vertrieben wurde wegen der Zahl derer, die durch ihn der göttlichen Lehre zugeführt wurden."[100]

Falls man den Wert des Zeugnisses Tertullians bestreitet, dann informiert uns ein Dokument, das offiziellen Charakter beansprucht und das nicht viel jünger ist, nämlich die *„Traditio apostolica"* des hei-

---

randum, ex similitudine providentissimi aedificis illius, qui prius sumptus operis cum viribus suis supputat, ne, ubi caeperit, defectus postea erubescat. Sed et nunc habes dicta Domini et exempla adimentia tibi omnem causationem. Quid enim dicis? Egebo. Sed felices egenos Dominus appellat. Victum non habebo. Sed nolite, inquit, cogitare de victu. Et vestitus: habemus exemplum lilia. Substantia mihi opus erat. At quin omnia vendenda sunt et egentibus dividenda" („Es nützt nichts, sich mit der Notwendigkeit des Lebensunterhaltes trösten zu wollen und sich nach Annahme des Glaubens noch sagen zu wollen: Ich habe nichts zu leben. Ich will nämlich auf die oben abgebrochene Proposition nunmehr vollständiger antworten. Die Ausrede kommt zu spät. Das wäre zu überlegen gewesen nach dem Beispiel jenes umsichtigen Hauserbauers (vgl. Lk 14,28), der erst die Kosten des Baues und seine Mittel überschlägt, um nicht, wenn er angefangen hat, nachher abstehen und sich schämen zu müssen. Es gibt auch jetzt für dich noch Aussprüche und Gleichnisse des Herrn, die dich jeder Entschuldigung berauben. Wie sagst du? Ich werde Mangel leiden! Aber der Herr nennt die Armen glücklich. Ich werde keinen Lebensunterhalt haben! – Aber es heißt: ,Seid nicht besorgt wegen eures Unterhalts', und als Gleichnis betreffs der Kleidung haben wir die Lilien. Vermögen wäre nur nötig! – Ich soll ja alles verkaufen und es unter die Armen verteilen").

[99] Brief der Kirche von Lyon, zitiert bei *Eusebius,* KG V, 1,5.
[100] *Eusebius,* KG VI, 3, 5–6.

ligen Hippolyt, noch viel besser über die Widerstände, welche die Welt der Bekehrung entgegenstellte:

„Man soll Untersuchungen anstellen über das Handwerk und die Berufe derer, die (als Taufbewerber) herbeigeführt werden zum Unterricht.

Wenn einer ein Bordellbesitzer ist und Dirnen zu ernähren hat, muß er damit aufhören, oder er wird zurückgewiesen.

Wenn einer Bildhauer ist oder Maler, muß man sie belehren, keine Götzenbilder anzufertigen, entweder hören sie damit auf, oder sie werden zurückgewiesen.

Wenn einer Schauspieler ist oder sonst Vorstellungen im Theater gibt, dann höre er damit auf, oder er wird zurückgewiesen.

Wer als Lehrer Kinder zu unterrichten hat, für den ist es gut, damit aufzuhören; wenn er jedoch keinen anderen Beruf hat, soll man ihm gestatten, zu lehren.

Ein Wagenlenker, der an Wettkämpfen teilnimmt und kämpft, soll damit aufhören, oder er wird zurückgewiesen.

Ein Gladiator oder einer, der Gladiatoren zu kämpfen lehrt, oder ein Tierhalter, der (in der Arena) an der Tierhetze teilnimmt, oder ein an Gladiatorenspielen beteiligter Funktionär sollen aufhören, oder sie werden zurückgewiesen.

Ein Priester eines Götzen oder ein Wächter eines Götzen(tempels) soll aufhören, oder sie werden zurückgewiesen.

Ein Soldat in untergeordneter Stellung soll keinen Menschen töten. Wird er dazu befohlen, soll er den Befehl nicht ausführen und keinen Fahneneid leisten. Weigert er sich, wird er zurückgewiesen. Wer die Vollmacht des Schwertes hat oder Magistrat einer Stadt ist oder ein Purpurträger (Senator), die sollen aufhören, oder sie werden zurückgewiesen.

Ein Katechumene oder ein Glaubender, die Soldat werden wollen, werden zurückgewiesen, weil sie Gott verachten.

Dirnen oder der Ausschweifung Verfallene oder Liebesknaben oder wer Dinge tut, über die man nicht spricht, werden zurückgewiesen; denn sie sind Unreine.

Magier lasse man zur Prüfung nicht zu.

Sänger, Astrologen, Weissager, Traumdeuter, Scharlatane, Falschmünzer, Hersteller von Amuletten sollen aufhören, oder sie werden zurückgewiesen."[101]

Diese Liste, von der schon die Rede war[102], ist charakteristisch, und ihr Autor, ein autorisierter Sprecher der Kirche, beschließt sie folgendermaßen: „Wenn dabei etwas vergessen wurde, dann trefft die entsprechende Entscheidung selbst; denn wir haben alle den Geist Gottes". Wenn wir uns alle Berufe ansehen, mit denen das Christen-

---

[101] *Hippolyt*, Traditio Apostolica Nr. 16, 70–75.
[102] Vgl. oben S. 212 ff.

tum sich nicht abfinden konnte, dann müssen wir feststellen, daß kaum noch solche, die man empfehlen konnte oder die überhaupt erlaubt waren, übrigblieben. Die also formulierten Forderungen erklären sich ohne weiteres: Niemand kann zwei Herren zugleich dienen. Es gibt keine Gemeinschaft zwischen Christus und Belial. Aber sie bilden so viele Widerstände für einen gutwilligen Heiden, der von den Verheißungen des Heils, die im Evangelium enthalten sind, angesprochen wird und der zugleich weder die Kraft verspürt noch das Recht hat, aus seiner Situation auszusteigen und aus der Welt fortzugehen, in der er immer gelebt hat, und statt dessen sich selbst zu einem veritablen Exil zu verurteilen.

4. Anpassung und Toleranz

Es ist richtig, daß die Praxis nicht notwendigerweise mit solch rigorosen Prinzipien übereinstimmt und daß sie die Tür für Anpassungen offen läßt. Gegen Ende des zweiten Jahrhunderts ist das, was einen kultivierten Heiden wie Kelsos am Verhalten der Christen am meisten schockiert, ihr Desinteresse gegenüber der römischen Sache und gegenüber den öffentlichen Funktionen: „Handelten nämlich alle so wie du, so wird nichts im Wege stehen, daß er allein und einsam übrigbleibt, die Herrschaft auf Erden aber den gesetzlosesten und wildesten Barbaren zufällt und daß weder von deiner Gottesverehrung noch von der wahren Weisheit unter den Menschen ferner eine Kunde übrigbleibt."[103] Und weiter: „Wir wollen dem Kaiser beistehen mit aller Kraft, mit ihm für das uns abmühen, was recht ist, für ihn kämpfen und, wenn die Not es fordert, mit ihm ins Feld rücken und mit ihm seine Truppen anführen ..."[104] „Wir sollten obrigkeitliche Ämter in der Vaterstadt übernehmen, wenn die Erhaltung der Gesetze und die Gottesfurcht auch dieses fordere."[105] Aber Origenes, der sonst so Verständige, versteht es keineswegs so:

„Eure eigenen Priester, die für gewisse Götterbilder zu sorgen haben, und die Tempeldiener derjenigen, die ihr für Götter haltet, dürfen der Opfer wegen ihre Rechte nicht beflecken, damit sie mit reinen Händen, an denen kein Menschenblut haftet, euren Göttern die herkömmlichen Opfer darbringen kön-

---

[103] *Origenes*, Gegen Kelsos VIII, 68.
[104] *Origenes*, Gegen Kelsos VIII, 73.
[105] *Origenes*, Gegen Kelsos VIII, 75.

nen; und wenn ein Krieg ausbricht, so macht ihr doch wohl nicht auch die Priester zu Soldaten. Wenn dies nun mit gutem Grund geschieht, um wieviel mehr wird es dann vernünftig sein, daß die Christen, während die andern zu Felde ziehen, als Priester und Diener Gottes an dem Feldzuge teilnehmen, indem sie ihre Hände rein bewahren und in ihren an Gott gerichteten Gebeten für die gerechte Sache und deren Verteidiger und für den rechtmäßigen Herrn kämpfen, damit alles vernichtet werde, was sich der guten Sache und ihren Verteidigern feindlich widersetzt ... Verlangt aber Kelsos von uns, daß wir „zur Verteidigung des Vaterlandes" auch „die Führung von Truppen" übernehmen, so mag er wissen, daß wir auch dieses tun, und zwar nicht in der Absicht, um von den Menschen gesehen zu werden und bei ihnen eitlen Ruhm zu ernten. Denn im Verborgenen und in unserem Herzensinnern sind die Gebete, die, wie von Priestern, von uns für das Wohl unserer Mitbürger zum Himmel emporgesandt werden. Die Christen aber erweisen ihrem Vaterlande mehr Wohltaten als die übrigen Menschen. Denn sie unterrichten die Bürger und lehren sie fromm zu sein gegenüber dem über der Stadt waltenden Gott und heben diejenigen, welche in den kleinsten Städten ein sittlich gutes Leben geführt haben, zu einer gewissen göttlichen und himmlischen Stadt empor." [106]

In der gleichen Zeit richten andere keinen so absoluten Gegensatz auf und übernehmen staatliche Funktionen oder dienen Gott in der Armee[107]; Apollonius, der unter der Herrschaft des Commodus das Martyrium erleidet, ist ohne Zweifel Senator[108]. Tertullian schreibt, nicht ohne Stolz: „Gestern sind wir erschienen, und schon haben wir alles, was hier ist, überflutet, Städte und Inseln, Garnisonen, Gemeinden, Ortschaften, ja Heerlager, Stadtbezirke und Dekurien, Palast, Senat und Forum ..." [109] Diese rhetorischen Übertreibungen dürfen uns nicht hindern, den Wahrheitskern, den sie enthalten, zu sehen. Bald danach ist Ambrosius, der Freund des Origenes, decurio[110].

Noch etwas später breitet das Christentum sich überall aus. Das zweite Edikt des Kaisers Valerian von 258 ist sehr charakteristisch für den neuen Stand der Dinge: „Die Senatoren, die *egregii viri*, die römischen Ritter sollen ihre Würden verlieren, dekretiert der Kaiser, sie sollen ihrer Güter beraubt werden; und wenn sie nach der Konfiszierung ihres Vermögens selbst dabei bleiben, sich als Christen zu bekennen, dann sind sie mit dem Tod zu bestrafen. Die Güter der Matronen sind zu konfiszieren; sie selbst sind ins Exil zu schicken. Was die Cae-

[106] *Origenes*, Gegen Kelsos VIII, 73–74.
[107] Es scheint, daß schon gegen Ende des 1. Jhdts. der Konsul Flavius Clemens ein Christ gewesen ist, vgl. *A. von Harnack*, Mission und Ausbreitung II, 559 ff.
[108] Vgl. *Krüger-Ruhbach*, Märtyrerakten, 7. Akten des Apollonius, 30–35.
[109] *Tertullian*, Apologeticum 37, 4–5; vgl. An Scapula, 4–5.
[110] *Origenes*, Exhortat. ad martyr. 36.

sariani betrifft, so soll man ihre Güter konfiszieren und sie selber (aus dem Gut) entlassen und sie in den Sklavenstand auf den kaiserlichen Domänen einsetzen."[111] Solch allgemeine Formulierungen sind nur dann zulässig, wenn sie auch auf breitem Feld angewendet werden können, und wir wissen, daß Bischöfe wie Cyprian von Carthago, Dionysius von Alexandrien, Anatol von Laodikaia, Paulus von Samosata, Phileas von Thmuis bei den höchsten Funktionären einen großen Kredit besaßen, auch wenn sie selber keine öffentlichen Funktionen ausübten.

Gegen Ende des dritten Jahrhunderts ist das Christentum, auch wenn die Gesetze sich nicht geändert haben, überall verbreitet; es bedarf keiner großen Anstrengungen mehr, um eine legale und anerkannte Religion zu werden. Nicht nur, daß seine Anhänger sich aus allen Klassen rekrutieren; sie können alle Funktionen ausüben, ohne sich mit idolatrischen Handlungen befassen zu müssen wie früher. „Die Herrscher vermehrten ihre Gunstbezeigungen gegenüber den Unsrigen. Sie betrauten sie sogar mit der Leitung von Provinzen und entbanden sie dabei gemäß dem großen Wohlwollen, das sie für die Lehre hegten, von der ihre Gewissen beängstigenden Opferpflicht. Was soll man von den Leuten in den kaiserlichen Palästen und den obersten Beamten sagen? Diese ließen es zu, daß die Hofleute, Frauen, Kinder und Sklaven offen in Wort und Tat den Glauben bekannten, und gestatteten ihnen geradezu, sich ihrer Glaubensfreiheit zu rühmen …" „Dazu konnte man sehen", fügt Eusebius hinzu, „welch freundlicher Aufnahme sich die Leiter der einzelnen Kirchen bei allen Zivil- und Militärbeamten erfreuten."[112]

Leider zitiert der Historiker nur wenige Eigennamen, an denen man diese allgemeinen Behauptungen demonstrieren könnte. Außer Dorotheus, dem Direktor der kaiserlichen Purpurmanufakturen in Tyrus; Gorgonius, der eine wichtige Stellung im Palast zu Nikomedien innehat[113], kennen wir nur noch Philoromus zu Alexandrien[114] und

---

[111] *Cyprian*, Epist. LXXX. Kaum etwas anderes als dieses Reskript zeigt besser den sozialen Aufstieg des Christentums seit dem Ende des 2. Jahrhunderts. Was zur Zeit Tertullians noch die Ausnahme war, wurde 50 bis 60 Jahre später ziemlich häufig. Die – legendären – Akten der heiligen Calacerus und Parthenius erwähnen einen christlichen Konsul namens Aemilianus, dessen Existenz unwahrscheinlich ist.

[112] *Eusebius*, KG VIII, 1,2–3.5.

[113] *Eusebius*, KG VIII, 6,5; vgl. VII, 32,2–3.

[114] *Eusebius*, KG VIII, 9,7: „Zu ihnen gehörte Philoromus, der die hohe Stelle eines kaiserlichen Provinzialverwaltungsbeamten in Alexandrien innehatte und kraft seines Ranges und seiner römischen Würde, von Soldaten umgeben, täglich gerichtliche Unter-

Adauctus in Phrygien[115], denen man zweifellos noch Marcus Julius Eugenes, den Bischof von Laodikaia in Phrygien, hinzufügen muß, der, bevor er Bischof wurde, wichtige Funktionen neben dem Gouverneur von Pisidien zu erfüllen hatte[116]. Wir möchten besonders gerne wissen, wie alle diese Christen, deren doppelte Loyalität gegenüber Christus und gegenüber dem Kaiser keinem falschen Verdacht unterliegt – mehrere von ihnen beendeten ihr Leben durch das Martyrium –, ihre Pflichten gegenüber Gott und ihren Funktionen, die sie dazu verpflichteten, heidnischen Zeremonien zu präsidieren oder sogar sie auszuführen, miteinander zu vereinbaren wußten. Zu diesem Punkt fehlen uns präzise Angaben; doch scheint es sicher zu sein, daß Kirche und heidnisches Imperium zum gegebenen Zeitpunkt stillschweigend die von gemäßigten Geistern erwünschten Konzessionen machten und auf diese Weise einen der ernsthaftesten Widerstände gegen die Bekehrung beseitigten[117].

suchungen zu führen pflegte. Bevor Phileas von Thmuis Bischof wurde, war er berühmt durch seine öffentliche Tätigkeit und seinen Dienst für das Gemeinwohl seiner Vaterstadt und seiner Kenntnis der Philosophie" (ebd.).

[115] *Eusebius*, KG VIII, 11,2: „Da lebte weiter ein Mann, namens Adauktus, ein römischer Würdenträger aus vornehmem italischem Geschlechte, der alle kaiserlichen Ehrenstufen durchlaufen, ja sogar die Verwaltung der Hofkasse und des Fiskus tadellos geführt hatte. Zu alledem zeichnete er sich aus durch die edlen Werke der Gottesfurcht und die Bekenntnisse zu dem Gesalbten Gottes." – In demselben Kapitel, KG VIII, 11,1, erwähnt Eusebius noch eine Kleinstadt in Phrygien, vielleicht Eumeneia, in der alle, der Kurator und der oberste Kommandant des Militärs, sowie alle, die eine öffentliche Stellung innehatten, sich als Christen bekannten. Diese Stadt wurde vollständig durch ein Feuer zerstört, das die mit der Aufgabe, das Verfolgungsedikt zu vollstrecken, beauftragten Soldaten angezündet hatten.

[116] Vgl. *F. Batiffol*, L'épitaphe de Marc Jules Eugène, évêque de Laodicée, in: Bulletin d'anc. littér. et d'archéol. chrét., 6. 1 (1911) 25–34.

[117] Um 300 hatte das Konzil von Elvira sich mit Christen zu befassen, die den Dienst eines *flamen* oder andere heidnische Priesterdienste übernommen hatten oder das Duumvirat in ihrer Stadt ausübten. Canon 56 entscheidet, daß die *duumviri* während des Jahres ihrer Amtszeit sich vom Kirchenbesuch enthalten müssen. Die Canones 2 bis 4 und 55 verurteilen dagegen ziemlich klar das Flaminat von Christen, ausgenommen jene, die sich weigerten, den Kranz, das Zeichen ihrer Amtswürde, zu tragen und die an keinem Opfer teilnahmen: letztere wurden nach zweijähriger Bußzeit wieder zur Kommunion zugelassen. – Vgl. *L. Duchesne*, Le concile d'Elvire et des flamines chrétiens, in: Mélanges Renier, Paris 1887, 171 ff. – Die Kirche in Spanien scheint im 3. Jahrhundert nicht durch sehr rigoristische Strenge geprägt gewesen zu sein, zumindest wenn man vom Beispiel der Bischöfe Basilides und Martial ausgeht, das Cyprian Ep. LXVII, 6 berichtet: „Auch Martialis hat nicht nur lange Zeit schändliche und schmutzige Gelage in der Gesellschaft der Heiden besucht und seine Söhne in der gleichen Gesellschaft nach heidnischer Sitte in ungeweihten Gräbern beigesetzt und neben Andersgläubigen bestattet, sondern er hat auch in der öffentlichen Gerichtsverhandlung vor dem Prokurator Ducenarius versichert, daß er sich dem Götzendienst gefügt und Christus verleugnet hat". – Übrigens weiß man nichts von Vorläufern dieses Martialis und ob er überhaupt schon bekehrt war.

Die Frage nach dem Militärdienst stellt sich auf analoge Weise wie die nach den staatlichen Funktionen[118]; aber sie bringt zusätzliche Schwierigkeiten, da die Soldaten durch ihren Beruf zum Blutvergießen verpflichtet sind[119], was den Geboten des Evangeliums der Sanftmut und des Widerstand-Verzichtes ebenso widerspricht wie den Geboten des Dekalogs; auch müssen ihre Kommandeure vom *ius gladii* einen strengeren Gebrauch machen als die hohen staatlichen Beamten. Außerdem ist die Gefahr des Götzendienstes in der Armee bedrohlicher als überall sonst; denn die Soldaten sind durch ihren Fahneneid gegenüber dem Imperator verpflichtet, und die geringfügigsten Handlungen in ihrem Leben haben religiösen Charakter. Wir wissen bereits, daß gegen 200 n. Chr. die Unnachgiebigen, wie Tertullian, die Anwesenheit von Christen in der Armee rücksichtslos verurteilten:

„Halten wir es für erlaubt, einen menschlichen Fahneneid auf einen göttlichen zu setzen, uns noch einem andern Herrn nach Christus zuzugeloben und von Vater und Mutter uns loszuschwören, die doch das Gesetz zu ehren und nächst Gott zu lieben vorschreibt... ? Wird es erlaubt sein, mit dem Schwert zu hantieren, da der Herr den Ausspruch tut, „wer sich des Schwertes bedient, werde durch das Schwert umkommen"? Soll der Sohn des Friedens in der Schlacht mitwirken, er, für den sich nicht einmal das Prozessieren geziemt ...? Wird er ferner für andere Nachtwache halten als für Christen, oder auch am Sonntag, an welchem Tage er sie nicht einmal für Christen hält?"[120]

Unter der Feder dieses streitbaren Schriftstellers drängen sich die Argumente zusammen, und wenn sie auch nicht alle überzeugen, so bewegt ihre Häufung trotzdem. Sie behalten lange ihre Wirkkraft. Gegen Ende des 4. Jahrhunderts übernimmt auch Laktanz die Position eines Tertullian und drückt dabei eine gängige Auffassung aus.

„Dem Gerechten ist es nicht erlaubt", so schreibt er, „Waffen zu tragen; sein Militärdienst ist vielmehr die Gerechtigkeit; ihm ist es auch nicht erlaubt, gegen irgend jemand den Antrag auf Todesstrafe zu stellen; es macht kaum einen Unterschied, ob man jemand durch das Schwert oder durch das Wort

---

[118] Vgl. *A. von Harnack*, Militia Christi in den ersten drei Jahrhunderten, Tübingen 1905; *E. Vacandard*, La question du service militaire chez les chrétiens des premiers siècles, in: Etudes de critiques et d'histoire religieuse, 2ᵉ série, Paris 1910, 129–168; – Neuere Literatur: *Ch. Munier*, L'Église dans l'Empire romain (IIᵉ et IIIᵉ siècles), Paris 1979, Livre II, Chapitre I, III: Les chrétiens et le service militaire, 184–195; *J. Blank*, Im Dienst der Versöhnung, München 1984, 35–60 (Anm. d. Übers.).

[119] Vgl. *Tertullian*, Adversus Judaeos, 9,17: „Quis ense operabitur et non contraria lenitati et justitiae exercet, id est dolum et asperitatem et injustitiam, propriam scilicet negotii praeliorum?"

[120] *Tertullian*, Vom Kranz des Soldaten, 11; – Vom Götzendienst, 13.

tötet, Töten als solches ist verboten. Es gibt nicht die geringste Ausnahme gegenüber dem göttlichen Gebot: einen Menschen töten ist stets ein Verbrechen." [121]

Gewiß, solche absoluten Thesen hindern die christlichen Soldaten nicht daran, ihrem Fahneneid treu zu sein und dafür auch höchste Zustimmung zu finden. Wenn der Soldat von Lambesa sich weigert, den üblichen „Kranz des Soldaten" in Empfang zu nehmen, dann gibt es daneben christliche Soldaten, die sich darüber ärgern und darin einen übertriebenen Eifer erblicken [122]. In seinen frühen Schriften gibt Tertullian seinem Erstaunen darüber Ausdruck, daß die römischen Armeen voll von Christen sind [123]. Klemens von Alexandrien zögert nicht mit Lob für die Haltung derjenigen, die, nachdem sie Christen geworden, in der Armee geblieben sind: „Bist du Bauer", sagt er, „bearbeite den Boden, aber bekenne Gott, indem du ihn bebaust. Bist du Schiffer, dann fahre zur See, aber bitte den himmlischen Steuermann. Bist du Soldat, als der christliche Glaube dich gewann, dann höre auf den Kommandanten, dessen Befehl die Gerechtigkeit ist." [124]

Allerdings, von einem bestimmten Zeitpunkt an bildet sich ein Kompromiß heraus: die Hauptleute verlangen von ihren christlichen Soldaten keine Rechenschaft über ihren Glauben, und diese leisten gewissenhaft ihren Dienst, wobei sie die positiven Akte des Götzendienstes umgehen. Marinus verhält sich zum Beispiel so und hat den Anspruch auf eine Auszeichnung, die sogenannte „Weinrebe"; alles scheint normal zu verlaufen, wenn ein ehrgeiziger Kamerad ihn nicht als Christen angezeigt und die alten Reglements in Erinnerung gerufen hätte, die noch immer in Kraft seien. Erst jetzt muß Marinus zwischen dem Evangelium und dem Schwert wählen. Er wählt das Evangelium und wird zum Tode verurteilt [125]. Der Fall ereignete sich um 260 n. Chr. Später, 302 n. Chr., hat ein Veteran namens Julius erst nach 27 Jahren und sieben Schlachten Gewissensbedenken [126]. Anscheinend hat man sich die ganze Zeit hindurch niemals um seine Religion gekümmert, und wenn man ihn jetzt vors Gericht bringt, dann nur aufgrund der neuen Edikte, welche die Säuberung der Armee an-

---

[121] *Laktanz*, Divin. Instit. VI, 20.

[122] *Tertullian*, Vom Kranz des Soldaten.

[123] *Tertullian*, Apologeticum 37; 42; – In „Ad Scapulam", das der montanistischen Periode seines Lebens angehört, muß Tertullian erkennen, daß eine erkleckliche Anzahl Soldaten Christen sind.

[124] *Klemens von Alexandrien*, Protreptikos X, 100.

[125] *Eusebius*, KG VII, 15.

[126] 27. Akten des Julius, vgl. *Krüger-Ruhbach*, Märtyrerakten, 105 f.

geordnet haben[127]. Gewiß erklären andere, wie Basilides von Alexandrien, sich direkt als Christen[128], oder sie weigern sich, wie der Rekrut Maximilian[129], energisch, sich inskribieren zu lassen. Das sind Einzelfälle, die auf persönlicher Entscheidung beruhen. Allgemein betrachtet, konnte die Kirche die Anwesenheit von Getauften in der Armee nicht favorisieren: sie verbietet sie nicht ausdrücklich, tatsächlich aber profitieren viele von ihrer Toleranz.

Trotz der Prinzipien wird es also einem Christen möglich, ein Staatsamt zu übernehmen und in der Armee Dienst zu tun. Erst recht ist es ihm möglich, als Einzelner in der Welt zu leben, vorausgesetzt, daß er die mit seiner Religion übernommenen Risiken akzeptiert, die Schmähungen der Menge erträgt, ebenso das Scherbengericht seiner Angehörigen und, wenn es nötig sein sollte, für Christus das Blutzeugnis des Martyriums ablegt. Die Widerstände gegen eine Bekehrung sind zahlreich und real; man darf sie nicht herunterspielen. Aber sie bleiben nicht unüberwindlich, wie man annehmen könnte, wenn man die Übertreibungen mancher Logiker allzu wörtlich nimmt.

Es ist hinzuzufügen, daß bei zunehmender Erstarkung der Kirche der Eintritt in diese immer leichter wird, weil die Widerstände, die man den Taufkandidaten in den Weg legt, sich einebnen. Gegen Ende des 2. Jahrhunderts sieht die Kirche sich selbst zur Strenge verpflichtet, wenn sie die Taufbedingungen festlegt, welche die zukünfigen Täuflinge erfüllen müssen, und wenn sie das Katechumenat organisiert[130]. Ihre Gesetze, die sie aufstellt, können den ansteigenden Zustrom der Neophyten nicht aufhalten, und deren Qualität entspricht

---

[127] Die große Christenverfolgung begann gegen Ende des 2. Jahrhunderts durch von Galerius ergriffene Maßnahmen gegen die Präsenz von Christen in der Armee. Vgl. *Eusebius*, KG VIII, 4,2–3: „... indem er nicht zugleich gegen uns alle den Krieg begann, sondern vorerst auf eine Probe mit den im Heere Stehenden sich beschränkte ... das konnte man sehen, wie sehr viele Krieger freudigst ins bürgerliche Leben übertraten, um nicht ihre Frömmigkeit gegenüber dem Schöpfer des Alls verleugnen zu müssen. Wie nämlich der Oberbefehlshaber, wer immer er war, die Verfolgung gegen das Heer mit einer Sichtung und Säuberung der Truppe eröffnete, indem er zur Wahl stellte, entweder zu gehorchen und damit den angenommenen Rang beizubehalten, oder aber im Falle der Widersetzlichkeit gegen den Befehl diesen zu verlieren, da zogen sehr viele Streiter des Reiches Christi unbekümmert und ohne Besinnen das Bekenntnis zu Christus scheinbarem Ruhme und Wohlergehen, das sie genossen, vor." – Vgl. ferner *Eusebius*, KG VIII, 1,7; *Laktanz*, De mortibus persecut. 10.
[128] *Eusebius*, KG VI, 5.
[129] 19. Akten des Maximilianus, *Krüger-Ruhbach*, Märtyrerakten 86f.
[130] Vgl. *B. Capelle*, L'introduction du catéchuménat à Rome, in: Recherches de théologie ancienne et médiévale V (1933) 129–154; *P. De Puniet*, Art. „Catéchuménat", in: DACL I, Sp. 265ff.

bei weitem nicht der Quantität. Die Verfolgung des Decius stellt in dieser Hinsicht einen entscheidenden Beweis dar: die Zahl der Abtrünnigen ist so groß, daß die Bischöfe überall Maßnahmen der Barmherzigkeit gegenüber denen, die sich wiederversöhnen wollen, ergreifen müssen. Wenn man also von Widerständen gegen die christliche Bekehrung spricht, muß man vor allem jene Zeiten in den Blick fassen, wo diese Widerstände sich noch in ihrer ganzen Kraft zeigen, das ist gegen Ende des 2. Jahrhunderts; da beginnt auch bereits ihr Nachlassen, und das ziemlich rapide.

Siebtes Kapitel

Die Bekehrung zum Christentum:

IV. Ihre Methoden

Seinen Forderungen und den sich häufenden Widerständen zum Trotz hat das Christentum auf seinem Weg die griechisch-römische Welt erobert. Nachdem es dreihundert Jahre lang eine *„religio illicita"* (eine gesetzlich unerlaubte Religion) war, wurde es nicht nur eine anerkannte Religion, sondern die Religion der Kaiser und des ganzen Imperiums. Welche Methoden waren notwendig, um seinen Erfolg über die Geister zu erreichen? Durch welche Mittel hat es so viele Bekehrungen bewirkt, daß gegen Ende des 2. Jahrhunderts Tertullian, gewiß nicht ohne Übertreibung, sagen konnte, es existiere überall und habe alles erfüllt? Man geniert sich offenkundig, solche Fragen zu stellen. Denn die Bekehrung ist vor allem ein persönlicher Akt, eine geistige Entscheidung, die sich unmittelbar auf Gott richtet; mit Justin muß man hinzufügen, daß die göttliche Gnade dazugehört, und daß kein Mensch Gott und seinen Christus begreifen kann, wenn diese nicht ihr Licht dazugeben[1]. Ist das nicht sehr aufdringlich, das Geheimnis der Herzen erforschen zu wollen, und erst recht, Gott und sein Vorgehen zur Rechenschaft zu ziehen? Sieht man freilich näher zu, dann bemerkt man, daß menschliche Faktoren sehr häufig mit der Gnade Gottes zusammenarbeiten. Von daher scheint es dem Historiker auch erlaubt, die Rolle dieser Faktoren zu studieren, und sei es nur, um deren reiche Variationsbreite aufzuzeigen.

1. Der individuelle Weg

Das Johannesevangelium berichtet, daß Johannes der Täufer mit zweien seiner Jünger Jesus am Jordanufer vorübergehen sah. Der Vorläufer zeigte ihn seinen Gefährten, und die beiden folgten ihm eilends. Einer von ihnen war Andreas, der Bruder des Simon Petrus. Er

---

[1] *Justin,* Dialog 7; vgl. Joh 6, 44: „Niemand kann zu mir kommen, wenn ihn nicht der Vater, der mich gesandt hat, zieht."

ging hin, seinen Bruder Simon zu finden und sprach zu ihm: Wir haben den Messias gefunden! und brachte ihn zu Jesus. Am nächsten Tag wollte dieser nach Galiläa gehen und begegnete dem Philippus; er sprach zu ihm, Folge mir! Philippus war von Bethsaida, der Stadt des Andreas und Petrus. Philippus traf den Nathanael und sagte zu ihm: Wir haben den gefunden, über den Mose im Gesetz und auch die Propheten geschrieben haben; Jesus aus Nazareth, den Sohn Josephs (Joh 1,35–45). Auf diese Weise gewann der Herr seine ersten Jünger. Dasselbe Verfahren einer individuellen Aktion findet man in der Kirche von Anfang an, und wahrscheinlich hat das Christentum während der ersten beiden Jahrhunderte auf diese Weise die meisten seiner Anhänger gewonnen. Jeder Gläubige ist natürlich selbst wieder ein Apostel: von dem Augenblick an, da er die Wahrheit gefunden hat, gibt es für ihn keine Ruhe und keinen Zügel mehr, ehe er nicht sein Glück mit den Mitgliedern seiner Familie, mit seinen Freunden und Arbeitskameraden teilen kann. Er kann seine oft schwierige Eroberung nicht für sich alleine behalten und träumt davon, anderen die Anstrengungen, die er selber machen mußte, ersparen zu können, indem er das Licht, in dessen Besitz er gelangt war, den anderen zeigte. Alle sind zu diesem Apostolat fähig, auch die Allerärmsten, Ungebildetsten, Verachtetsten: Sklaven gegenüber ihren Leidensgenossen; Matrosen in den Häfen, wo ihre Schiffe liegen; Kaufleute gegenüber ihren Klienten, die stets auf Neuigkeiten aus der weiten Welt aus sind; Gefangene gegenüber ihren Wächtern und Henkern; wer weiß das alles? Keine Situation, kein sozialer Status, wie gering er auch sein mag, kann solches Werben verhindern. Im Gegenteil, es sind keineswegs vor allem die Reichen und Gebildeten, die am geeignetsten und am besten in der Lage wären, der Kirche neue Gläubige zuzuführen; erstens, weil sie im entstehenden Christentum nicht sehr zahlreich waren; zweitens vor allem, weil sie ihrerseits wegen ihrer Zugehörigkeit zur Oberschicht ganz festgefahrene Vorurteile zu überwinden hatten. Das wahre Milieu der persönlichen Bekehrung ist das gewöhnliche Volk; dort kennt man sich, liebt man sich und spricht ganz offen von seinem Ärger und seinen Beunruhigungen, ohne den menschlichen Respekt fürchten zu müssen. Dort erwartet und ersehnt man auch eine totale Befreiung von Knechtschaft, und dort erlöst Christus auch die Sklaven von der Sündenmacht, um sie der Freiheit der Kinder Gottes zuzuführen. Dort sucht man auch die Geheimnisse des Lebens und des Schicksals zu ergründen; die Gute Nachricht enthält dies auch; dann das ewige Leben; denn das ewige Leben, so wenigstens sagt sie, besteht darin, „daß sie dich, den einen, wahren Gott erkennen und den du gesandt hast, Jesus Christus" (Joh 17,3).

So fruchtbar dieses Apostolat auch gewesen sein mag, so ist klar, daß es uns ziemlich unbekannt ist. Es hat niemals einen Historiker gefunden und jene, die sich ihm widmeten, wollten niemals bekannt werden, weder der Nachwelt noch ihren Zeitgenossen. Die wenigen, uns etwas besser bekannten Fälle sind die der Intellektuellen, die durch Diskussionen oder doch durch Gespräche mit Christen bekehrt wurden. Diese sind gewiß interessant, und wir werden auch hauptsächlich von ihnen zu sprechen haben, aber man darf, wenn man sie studiert, gleichwohl nicht ihren sehr außergewöhnlichen Charakter vergessen.

Der Philosoph Justin stammt aus Nablus in Palästina. Von heidnischen Eltern geboren, wurde er in einem Milieu groß, wo die verschiedensten Religionen zusammenstoßen. Die Samaritaner praktizieren ein mehr oder weniger orthodoxes Judentum, was ihnen den Haß und die Verachtung der Jerusalemer zuzieht (vgl. Joh 4,9); viele von ihnen sind Götzendiener und bezeugen eine besondere Verehrung der Kore – Persephone[2]; andere verehren den Magier Simon und seine Begleiterin Helena[3]; nach dem Zeugnis Justins selbst hat dieser Kult im Land eine beachtliche Zahl von Anhängern[4]. Es verwundert nicht, daß Justin als geradliniger und loyaler Mann unter solchen Umständen sich bei Gelegenheit auf die Suche nach der Wahrheit begab. Natürlich wandte er sich zuerst an diejenigen, die sich am meisten rühmten, sie zu besitzen, also zu den Philosophen und studierte, ohne Erfolg, die verschiedenen Systeme durch. Er will sich gerade von der Lehre Platons vereinnahmen lassen, die ihm die unsichtbare Welt geoffenbart hatte, als er am Gestade des Meeres, wo er in Schweigen und Einsamkeit meditieren wollte, einem Greis begegnete, dessen Anblick nichts Verächtliches an sich hatte und der von sanftem und ehrwürdigem Charakter schien[5]. Zwischen den beiden Männern, die beide von der Philosophie ergriffen sind, ergibt sich ein Gespräch, und der unbekannte Greis hat es nicht schwer, seinem Gesprächspart-

---

[2] Vgl. *H. L. Vincent,* Le culte d'Hélène à Samarie, in: Revue Biblique t. XLV (1936) 221 ff.

[3] Vgl. Apg 8,9 ff. Ferner *L. Cerfaux,* La gnose simonienne, in: Recherches des Science religieuse, t. XV (1925) 489–811; t. XVI (1926) 5–20; 265–285; 481–503; – *ders.,* Simon le magicien à Samarie, ebd. t. XXVII (1937) 615–617.

[4] *Justin,* 1. Apologie, 26; – Dialog, 120.

[5] *Justin,* Dialog, 3,1.

ner die Unzulänglichkeit des Platonismus, was die grundlegenden Probleme der Seele und ihres Schicksals angeht, aufzuzeigen.

Auf eine letzte Frage Justins antwortet er:

„Es ist schon lange her, da lebten Männer, älter als alle diese sogenannten Philosophen. Sie waren glücklich, gerecht und von Gott geliebt. Sie predigten im Geiste Gottes, sie sagten die Zukunft voraus, das nämlich, was nun tatsächlich eintritt. Propheten nennt man sie. Sie allein sind es, welche die Wahrheit gesehen und sie den Menschen, ohne dieselben zu fürchten und ohne ihnen zu schmeicheln, frei von Ruhmsucht verkündet haben. Sie haben ja nur das gelehrt, was sie, vom Heiligen Geist erfüllt, gehört und gesehen hatten. Ihre Schriften sind noch jetzt erhalten, und wer sich mit ihnen abgibt und ihnen Glauben schenkt, kann sehr viel davon profitieren, wenn es sich um Ursprung und Ende, überhaupt um den notwendigen Wissensbestand eines Philosophen handelt. Denn sie haben damals nicht erst Beweise zu Hilfe genommen, um damit ihre Lehren darzutun; sie verzichten gerade auf alle Beweisführung und sind dennoch glaubwürdige Zeugen der Wahrheit. Die Geschichte der Vergangenheit und Gegenwart ist es, welche zwingt, ihren Worten zuzustimmen. Jedoch auch wegen der Wundertaten, welche sie wirkten, waren sie glaubwürdig, da sie (damit) Gott den Weltschöpfer und Vater verherrlichten und seinen von ihm kommenden Sohn Christus verkündeten. Das Wirken der vom Geiste der Lüge und Unreinheit erfüllten falschen Propheten war und ist dagegen nicht das gleiche. Im Gegenteil, sie erfrechen sich, Wunder zu wirken, um die Menschen zu schrecken, und sie verherrlichen damit die Lügengeister und Dämonen. Bete aber, daß dir vor allem die Tore des Lichtes geöffnet werden! Denn niemand kann schauen und verstehen, außer Gott und sein Christus gibt einem die Gnade des Verständnisses." [6]

Die Fortsetzung des Gespräches berichtet Justin nicht; er begnügt sich mit dem Hinweis:

„Nachdem der Greis dies und noch vieles andere, was zu erzählen jetzt nicht Zeit ist, gesagt hatte, ging er fort mit der Bitte, ich möchte seine Worte befolgen. Ich habe ihn nicht mehr gesehen. In meiner Seele aber fing es sofort an zu brennen, und es erfaßte mich die Liebe zu den Propheten und jenen Männern, welche die Freunde Christi sind. Ich dachte bei mir über die Lehren des Mannes nach und fand darin die allein verlässige und nutzenbringende Philosophie." [7]

Vielleicht ist der Bericht Justins zu stark stilisiert und die Dichtung in schwer einzuschätzender Weise mit der Wahrheit vermischt [8]. Zumindest erscheint er unvollständig; denn der Apologet spricht an anderer Stelle von dem Eindruck, den die christlichen Martyrien auf ihn ge-

---

[6] *Justin,* Dialog, 7.   [7] *Justin,* Dialog, 8,1.
[8] Vgl. *A. Puech,* Les Apologistes grecs du IIᵉ siècles de notre ère, 48–50; 314f.

macht hätten[9], wovon er hier nichts sagt. Doch haben wir keinen Grund, die providentielle Rolle dieses alten Christen, der ihn an die Pforten der Kirche führt, anzuzweifeln oder zu leugnen. Die Bekehrung, auch die eines Paulus (Apg 9,10ff.), vollendet sich gleichsam nie ohne das Dazwischentreten eines bereits gläubigen Menschen. Mitunter sind die menschlichen Lehrer zahlreich und jeder von ihnen prägt mehr oder weniger tief den Schüler, der sich in seine Schule begeben hatte.

So erscheint Klemens von Alexandrien schon sehr stark dem Christentum zugeneigt, als er jene langen Reisen unternimmt, die in Ägypten enden und die die entscheidende Phase seines geistlichen Lebens bilden. Er berichtet davon, wie sehr er würdig erachtet wurde, zu hören, „jene seligen und wahrhaft bedeutenden Männer. Von ihnen war der eine in Griechenland, der Jonier, die anderen in Großgriechenland (von diesen beiden stammte der eine aus Kölesyrien, der andere aus Ägypten), andere aber im Osten; und hiervon war der eine aus dem Lande der Assyrier, der andere, in Palästina, war seiner Abstammung nach ein Hebräer. Als ich aber einen letzten angetroffen hatte (seiner Wirkung nach war er jedoch der erste), da gab ich weiteres Suchen auf, nachdem ich ihn in Ägypten, wo er verborgen war, aufgespürt hatte. Er war in der Tat eine sizilische Biene, indem er aus den Blumen der prophetischen und apostolischen Wiese Honig sog und in den Seelen seiner Zuhörer ein lauteres Erkenntnisgut erzeugte."[10] Man hat oft genug versucht, die Lehrer, denen Klemens seine christliche Erziehung verdankt, zu identifizieren; es ist möglich, daß der „Jonier" Athenagoras ist, der Assyrer Tatian und man hält es für gesichert, daß der Letzte, der ihm die ganze Wahrheit zeigte, Pantainos ist. Was hier besonders hervorzuheben ist, das sind die Reisen, die Klemens unternimmt und ihr ausschlaggebendes Motiv; glücklicher als er, mußte Justin nicht die ganze Welt durchwandern, um die wahre Religion zu entdecken[11].

---

[9] *Justin,* 2. Apologie, 12. Der Greis, dem Justin begegnet ist, wurde mit Recht mit dem verglichen, der im Hermotimos des Lukian von Samosata vorkommt. – Vgl. *A. D. Nock,* Conversion, 256.

[10] *Klemens von Alexandrien,* Stromateis I, 11. Es ist nichts Ungewöhnliches, daß sich jemand auf die Suche macht nach einem Meister, der fähig ist, ihn die Wahrheit zu lehren und der sich, wenn er ihn gefunden hat, fest an ihn bindet. So machen es Arrian gegenüber Epiktet; Plotin gegenüber Ammonius Saccas, dessen Schüler er elf Jahre lang bleibt; Porphyrius und andere gegenüber Plotin; Gregor Thaumaturgos und sein Bruder Athenodorus gegenüber Origenes. Derartige Fälle sind in der Antike häufig.

[11] Das Motiv der „Reisen" wird in der Literatur häufig verwendet. Der Arzt Thessalos berichtet, wie er in Kleinasien seine ersten Studien machte und wie er seine Untersu-

Wie Justin, so findet auch Cyprian von Carthago die Wahrheit in seiner eigenen Heimat; hier ist es ein Priester, Caecilianus, der für ihn als Instrument der Vorsehung agiert. Pontius, der Biograph des Heiligen, berichtet in der Tat, „daß Caecilianus den Cyprian vom profanen Irrtum befreit und zur Erkenntnis der wahren Gottheit geführt hatte". Er fügt hinzu, daß Cyprian, nachdem er Bischof geworden war, immer die größte Hochachtung für diesen verehrungswürdigen Priester gehabt habe, und daß er ihn „nicht nur als Freund seiner Seele und als Gleichgestellten betrachtet habe, sondern als Vater seines neuen Lebens". Andererseits hatte Caecilian so viel Liebe zu Cyprian, daß er bei seinem Tod ihn als Vormund für seine Frau und seine Kinder beauftragte[12]. War es vor oder nach seiner Begegnung mit Caecilian, daß Cyprian „die heiligen Schriften kennenlernte und die Wolken der Welt sich zerstreuen sah und wie ihm das Licht der geistlichen Weisheit aufging?"[13] Man kann es nicht genau sagen. Hier zumindest ging die Initiative vom Konvertiten aus; wie er ruhelos war, weil er Probleme hatte, ergreift Cyprian die guten Dienste des Caecilianus.

Derartige Fälle waren ziemlich selten. Am häufigsten sind es die

---

chungen in Alexandrien fortsetzte. Nach einem Mißerfolg in der Anwendung bestimmter Heilmittel reist er, verzweifelt, in das Innere Ägyptens, um dort eine Erklärung seines Mißerfolges zu suchen. Tatsächlich findet er auch in Groß-Diospolis einen Priester, der ihm ein Gespräch mit Asklepios ermöglicht. Vgl. *A. J. Festugière,* L'expérience religieuse du médecin Thessalos, in: Revue Biblique t. XLVIII (1939) 49 ff. – Der *Nigrinus* von *Lukian von Samosata* berichtet ebenfalls von den Reisen, die der Autor auf der Suche nach Gewißheit unternommen hat; doch bleibt das Werk umstritten, vgl. *M. Caster,* Lucien et la pensée religieuse de son temps, Paris 1937, 373–380.

In der christlichen Literatur ist vor allem der Bericht von der Bekehrung des (Pseudo-) Klemens zu erwähnen, Recognitiones I, 1–19; Homilien I, 1–20. Klemens erzählt im Detail, wie er auch noch in Rom damit begann, die Wahrheit in den verschiedenen Philosophenschulen zu erforschen und wie er, verzweifelt ihr je zu begegnen, sich entschloß, nach Ägypten zu reisen, um einen Nekromantiker zu befragen und die Seele eines Toten anzurufen, die ihm das Geheimnis des Schicksals enthüllen sollte. Ein kluger Freund rät ihm, auf dieses abenteuerliche Projekt doch lieber zu verzichten und er bleibt ungewisser denn je, was den Sinn des Lebens betrifft, zurück. In diesem Augenblick hört er von Christus reden, zunächst durch öffentliches Gerede, sodann durch einen Unbekannten, den er auch in den *Homilien* nicht näher bezeichnet und der ihm die Frohe Botschaft offen vermittelt. Von dem, was er dabei erfährt, tiefbewegt, entschließt er sich dazu, nach Judäa zu gehen, um dort sich zu informieren. Ein Sturm verschlägt sein Schiff nach Alexandrien, wo er dem Barnabas begegnet, der dort das Evangelium predigt, doch ohne Erfolg. Er übernimmt die Verteidigung des Apostels gegen die Umtriebe des Volkes und wird sein Freund. Auch läßt er jenen früher nach Palästina abfahren, so daß er, als er selber in Caesarea ankommt, von Petrus und den übrigen Christen mit offenen Armen empfangen wird. Die Vollendung seiner Bekehrung ist dann nur noch eine Frage der Zeit. Man kann auch noch auf die Reisen Cyprians von Antiochien verweisen; vgl. *Acta Sanctorum septembris,* VII, 222 ff.

[12] *Pontius,* Leben des heiligen Cyprian, 4. Kapitel, Cyprian I, BKV 13.
[13] *Pontius,* Leben des heiligen Cyprian, 2. Kapitel, Cyprian I, BKV 9 ff.

Christen, die sich darum bemühen, der Kirche neue Bewerber zuzuführen. Sie nehmen alle Gelegenheiten, die sich ihnen bieten, wahr,
um ihre Lehre bekannt zu machen. Ein unwissender und grobschläch-
tiger Sophist wie Kreszenz, der mehr den Lärm als die Wahrheit liebt,
behandelt er die Christen deshalb als Atheisten und Unfromme, um
damit bei einer ungelehrigen Menge Eindruck zu machen? Justin
kennt ihn, hat ihn öffentlich reden hören und stellt ihm diesbezüglich
einige Fragen; er fragt ihn und diskutiert mit ihm. Doch umsonst.
Kreszenz ist böswillig und kennt kein einziges Wort jener Lehre, die
er so hartnäckig bekämpft. Dieses Verhalten bringt den redlichen
Gegner auf die Palme:

„Denn wenn er, ohne in die Lehren Christi Einsicht genommen zu haben, gegen uns loszieht, so ist er ein nichtswürdiger Mensch und steht viel tiefer als
das gemeine Volk, das doch gewöhnlich sich davon fernhält, über Dinge, die
es nicht versteht, zu sprechen und Zeugnis abzulegen; hat er aber Kenntnis
von ihnen genommen, ohne das Erhabene in ihnen zu verstehen, oder versteht
er es zwar, tut aber so, um nicht in den Verdacht zu kommen, ein Christ zu
sein, dann ist er noch viel niederträchtiger und schlimmer, da er dann als
Sklave eines unvernünftigen Wahnes und der Furcht dasteht." [14]

Im übrigen entmutigt ihn das nicht, er erklärt sich bereit, Kreszenz
von neuem vor dem Kaiser zu befragen, falls dieser von den früheren
Diskussionen noch keine Kenntnis hätte, und um die Ignoranz und
Böswilligkeit seines Gegners noch deutlicher herauszustellen [15]. Was
hat es nach all dem zu bedeuten, wenn er eines Tages durch diesen Sophisten angezeigt und zum Tode verurteilt werden wird? Die Wahrheit muß den Vorrang vor dem menschlichen Leben haben [16].

Wird ein gebildeter Heide, der mit christlichen Freunden einen
Spaziergang macht, beim Vorübergehen an einer Statue des Serapis
diesem ein Zeichen seiner Verehrung geben? Einer seiner Freunde
sagt zum andern: „Das paßt aber nicht zu einem ordentlichen Manne,
mein lieber Marcus! Einen Menschen, der zu Hause und in der Öffentlichkeit stets dicht an deiner Seite zu finden ist, wie das ungebildete Volk in Blindheit stecken zu lassen! Wie kannst du es
mitansehen, daß er sich an einem so strahlenden Tage mit Steinen abgibt, mögen sie auch von Künstlerhand geformt und gesalbt und mit

---

[14] *Justin,* 2. Apologie, 3,3.
[15] *Justin,* 2. Apologie, 3,5–6. Daraus ergibt sich, daß die Diskussion durch Stenographen
aufgezeichnet worden war.
[16] *Justin,* 2. Apologie, 3,6 zitiert hier diese Maxime des Sokrates, vgl. *Platon,* Staat, 10,
595 c.

Kränzen geschmückt sein. Du mußt doch wissen, daß dir sein Irrtum nicht weniger Schande macht als ihm selbst!"[17] Diese einfachen Worte treffen unseren Heiden sehr; er will es nicht bei dieser Aussage belassen und schlägt seinen Freunden eine offene und vollständige Diskussion über das Problem des Christentums vor[18]. Das Angebot wird akzeptiert; sofort ergibt sich eine Diskussion; sie entwickelt sich so, daß der Heide sich besiegt geben muß und sich zur Konversion bereit erklärt, nachdem er einige zusätzliche Erklärungen bekommen hat[19]. Das ist das Thema des „Octavius" des Minucius Felix. Dieser Dialog ist zu literarisch, als daß er so, wie er uns erzählt wird, stattgefunden haben könnte; kann man aber mit Sicherheit behaupten, daß er seinen Ausgangspunkt nicht in einer wirklichen Begebenheit gehabt haben könnte und darüber hinaus, daß derartige Gespräche über das Christentum in einer ähnlichen Form nie stattgefunden hätten?

Ein anderer Heide tadelt ganz offen einen seiner Freunde, weil er sich zum Christentum bekehrt hatte. Dieser verteidigt sich, so gut er kann, in einer Reihe von Gesprächen. Ein erstes Gespräch scheint den Heiden zu erschüttern. Der Christ nützt diesen unerwarteten Vorteil aus, um die Diskussion wieder aufzunehmen und kräftig voranzutreiben. Aber diesmal entspricht das Ergebnis seinen Erwartungen nicht. Weit entfernt, sich zu bekehren, bleibt der Freund Heide; er erholt sich und macht sogar mit einer gewissen Energie gegen alle diese Angriffe Front. Ein dritter Versuch erweist sich als nötig, an dessen Ende der Sieg zugunsten des Apologeten sich abzuzeichnen beginnt, obwohl er noch nicht endgültig ist. Um seinen Glaubensgenossen behilflich zu sein, zeichnet er alle Repliken, die er seinem Freund gemacht hat, schriftlich auf, und in dieser Form haben wir sie kennengelernt; denn sie bilden im ganzen das Thema der drei Bücher des Bischofs Theophilus von Antiochien „An Autolykos". „Im Rahmen dieses Dialogs gibt es zweifellos eine Mischung aus Dichtung und Wahrheit. Die Einführungen zu den einzelnen Büchern gehören wohl nicht dazu; von einigen banalen Formulierungen, die von Zeit zu Zeit die Erzählung in Erinnerung rufen, ist der Gesamttenor der eines an die Öffentlichkeit gerichteten Werkes."[20] Dennoch kann man in diesem Falle nicht annehmen, die Person des Autolykos sei frei erfunden, sondern daß Theophilus wirklich auf seine Angriffe gegen

---

[17] *Minucius Felix,* Octavius, 3, 1.
[18] *Minucius Felix,* Octavius, 4, 3–4.
[19] *Minucius Felix,* Octavius, XL, 2.
[20] *A. Puech,* Histoire de la litteratur greque chrétienne, Paris 1928, t. II, 207.

die Neuheit des Christentums und den neuen Charakter seiner Schriften hat entgegnen wollen.

Die Gläubigen suchen nicht nur die Heiden zu bekehren. Sie wenden sich ohne Scheu genau so an die Juden, obwohl diese viel schwerer zu gewinnen sind und die Diskussionen sehr häufig fruchtlos bleiben. Das allgemeine Thema solcher Diskussionen ist die Autorität der heiligen Schrift und die Erfüllung der Prophezeiungen in Jesus Christus. Dies kann mit einigen Erfolgsaussichten nur von gebildeten Christen behandelt werden, die sowohl die Schrifttexte als auch die Feinheiten der rabbinischen Schriftauslegung kennen. Trotzdem gibt es Leute, welche die Juden zu überzeugen suchen, seit Ariston von Pella, dem Autor des „Dialogs zwischen Jason und Papiscus", und Justin, dem Autor des „Dialogs mit dem Juden Tryphon". Während der ganzen patristischen Zeit und darüber hinaus gibt es solche Diskussionen, die immer wieder mit neuen Argumenten aufgenommen werden[21]. Zahlreich sind solche Werke, die in der Form von Dialogen verfaßt, die Erinnerung an engagierte Dialoge festhalten. Einmal mehr ist darauf hinzuweisen, daß es sich zum großen Teil um reine Literatur handelt; aber man muß auch den Anteil von „Realität" verzeichnen, der doch recht beachtlich bleibt.

Neben den Gutwilligen, die aufrichtig die christlichen Lehren kennenlernen wollen, gibt es auch eingefleischte Heiden, die sogar die Bischöfe aufsuchen, um sie mit den stupidesten Argumenten zu behelligen. Es gibt kein Mittel, solche Leute zu bekehren; man muß sie trotzdem empfangen und versuchen, ihnen zu antworten, zumal da sie die Bischöfe der Ignoranz bezichtigen und sich selbst in der Öffentlichkeit brüsten wollen. Anstatt von diesen sich verhören zu lassen, schreibt man ihre Widerlegung. Auch diese enthält manch wirklichen Dialog, auch wenn sie diesen nur auszugsweise wiedergibt. Cyprians Werk „Ad Demetrianum" kann für diese literarische Gattung als repräsentativ gelten. „Man hat zuweilen die Realität dieser Persönlichkeit angezweifelt; es handle sich um eine Fiktion, die der Phantasie Cyprians entstamme und als Wortführer aller populären Vor-

---

[21] Vgl. *A. Lukyn Williams,* Adversus Judaeos. A birds eye view of christian Apologiae until the Renaissance, Cambridge 1935. Zur heutigen Diskussion sind außerdem heranzuziehen: *M. Simon, Verus Esrael,* Etude sur les relations entre Chrétiens et Juifs dans l'empire Romaine (135–425), Paris ²1964; *R. Ruether,* Nächstenliebe und Brudermord. Die theologischen Wurzeln des Antisemitismus, München 1978, 113–168; *S. Sandmel,* Anti-Semitism in the New Testament? Philadelphia 1978; *F. Mussner,* Traktat über die Juden, München 1979; *ders.,* Die Kraft der Wurzel, Judentum–Jesus–Kirche, Freiburg i. Br. 1987 (Anm. d. Übers.).

würfe, die man gegen die Christen erhob, zu gelten habe und die er widerlegen wolle."[22] Diese Hypothese erscheint wenig plausibel. Die Züge entstammen dem wirklichen Leben[23]. Nachdem er durch diesen unbelehrbaren Schwätzer bereits öfter belästigt worden war, entschließt sich der Bischof, um seine Ruhe zu haben, ihn mit der christlichen Meinung öffentlich zu konfrontieren.

Die privaten Bekehrungen sind häufig durch die öffentlichen oder halböffentlichen Vorträge ersetzt oder vervollständigt, ähnlich denen, wie sie die Sophisten von ihren Reisen erzählen. Die Petrus-Akten, die in der Provinz Asien gegen Ende des 3. Jahrhunderts verfaßt wurden[24], geben eine Vorstellung von solchen Konferenzen, wie sie im Anschluß an eine Diskussion gewöhnlich stattfanden. Die Szene wird nach Rom verlegt. Petrus und Simon der Magier führen zunächst ein Streitgespräch, das eine große Anzahl Neugieriger herbeilockt. Jeder muß für seinen Platz ein Goldstück entrichten. Neben den Christen nehmen auch zahlreiche Heiden an dieser Veranstaltung teil, sogar Senatoren, Präfekte, Funktionäre jeglichen Ranges. Die Beisitzer ermutigen den Apostel: Zeige uns, Petrus, wer dein Gott ist, oder wer ist diese Majestät, die dir ihr Vertrauen geschenkt hat? Sei auf die Römer nicht böse; denn sie lieben ihre Götter! Doch laßt uns die Beweise des Simon sehen; wir wollen aber auch deine; zeigt uns alle beide, wem wir glauben sollen[25]! Daraufhin beginnt die Diskussion; als sie beendet ist, wird jeder der beiden Redner eingeladen, seine Beweise vorzulegen. Der Magier läßt sogleich einen Menschen sterben; doch Petrus erweckt ihn und noch zwei andere zum Leben; sein Sieg ist indiskutabel.

Auch die Märtyrer profitieren häufig davon, daß sie dem Magistrat vorgeführt werden, um diesem mehr oder minder detailliert den Inhalt ihres Glaubens darzulegen. In den authentischen Märtyrerakten, wie denen des Justin, ist dieses Exposé sehr kurz[26] und man mag über

---

[22] B. Aubé, L'Église et l'État dans la seconde moitié du IIIe siècle, Paris 1885, 305–308.

[23] A. D'Alès, La théologie de Saint Cyprien, 336–337.

[24] L. Vouaux, Les Actes de Pierre, Paris 1922, 207; – Vgl. Hennecke-Schneemelcher, Neutestamentliche Apokryphen II, W. Schneemelcher, Petrusakten, 177–221, 187 f.

[25] Petrusakten, Neutestamentliche Apokryphen II, 210–216.

[26] Akten Justins und seiner Genossen, II, 5: „Die christliche Gottesverehrung besteht darin, daß wir an einen Gott glauben, der die ganze sichtbare und unsichtbare Schöpfung gemacht und hervorgebracht hat, und an den Herrn Jesus Christus, den die Propheten vorherverkündet haben, daß er dem Menschengeschlechte erscheinen werde als Herold des Heiles und als Verkünder trefflicher Lehren. Ich, ein Mensch, bin zu schwach, solches auszusagen, was seiner unendlichen Gottheit würdig wäre, ich kenne aber eine prophetische Macht an; denn über ihn, den ich hier Sohn Gottes genannt habe, ist

den Richter beunruhigt sein, der das Christentum schlecht kennt und darüber informiert werden will, um guten Gewissens sein Urteil fällen zu können[27]. Manchmal jedoch wird der Märtyrer aufgefordert, sich länger zu verteidigen; er macht von solcher Erlaubnis Gebrauch, um ein regelrechtes Plädoyer zu halten. So verhält es sich beispielsweise in den „Akten des Apollonius"[28] und denen des Pionius[29] sowie im Bericht des Rufinus über das Leiden des heiligen Lukian von Antiochien[30]. Je weiter man sich von der geschichtlichen Wahrheit entfernt, desto mehr entfalten sich diese endlosen apologetischen Reden; manche von ihnen sind recht schön; die meisten freilich begnügen sich mit der Wiederholung von Gemeinplätzen und man fragt sich, wem diese Apologien, wenn sie wirklich gehalten worden sind, denn genützt haben[31].

Die Darlegungen des Glaubens, von denen wir sprechen, sind Gelegenheitsäußerungen. Daneben gibt es andere, die einen offiziellen und regulären Charakter haben: die von Bischöfen, in manchen Ländern auch von einem Priester oder auch von einfachen Laien an das gläubige Volk gerichteten Homilien[32]. Theoretisch sind diese Homilien nicht dafür bestimmt, Heiden zu bekehren; für diese sind sie nicht gemacht. Ihnen geht es vor allem um die großen Verpflichtungen des christlichen Lebens, mehr als um die Lehren der Kirche. Ihnen können alle Leute zuhören, Heiden, Katechumenen und Ge-

---

vorherverkündet worden; ich weiß, daß durch Eingebung Gottes die Propheten über sein zukünftiges Verweilen unter den Menschen vorhergesagt haben." Vgl. *G. Rauschen* (Übers.), Märtyrerakten, Frühchristliche Apologeten II, BKV 21 f./309 f.

[27] *Plinius der Jüngere,* Epist. 10,96. Es kommt auch vor, daß der Richter jede Erklärung zurückweist. In den „Akten der skillitanischen Märtyrer" schlägt Speratus dem Prokonsul Sartuninus vor, ihm ein „Geheimnis der Einfalt" zu sagen. Darauf entgegnet dieser: „Wenn du anfängst, unseren Kultus schlecht zu machen, werde ich dir kein Gehör schenken; schwöre lieber bei dem Genius unseres Herrn, des Kaisers". *Rauschen,* Märtyrerakten, Frühchristliche Apologeten II, BKV 29 f./317 f.

[28] 7. Akten des Apollonius, *Krüger-Ruhbach,* Märtyrerakten, 30–35.

[29] 10. Martyrium des Pionius. *Krüger-Ruhbach,* Märtyrerakten, 45–57.

[30] *Rufinus,* Hist. Eccl. IX, 6.

[31] Vgl. *H. Delehaye,* Les passions des martyrs et les genres littéraires, Brüssel 1921, 274–273. Die Apologie des Aristides wurde, in leicht veränderter Form, in der Legende der heiligen Barlaam und Josaphat wiedergefunden. R. Harris glaubte, die verlorene Apologie des Quadratus mit der Verteidigungsrede der heiligen Katharina von Alexandrien identifizieren zu können, PG CXVI, 627 ff. Doch läßt sich die Hypothese nicht verifizieren.

[32] Origenes war noch Laie, als er durch die Bischöfe Alexander von Jerusalem und Theoktist von Caesarea eingeladen wurde, in Palästina zu predigen. Dies ist auch der Brauch, dem man in Laranda, in Ikonium und in Synade folgte. In Alexandrien jedoch mußte man Priester sein, um in der Gemeinde öffentlich sprechen zu dürfen. *Eusebius* KG VI, 19, 16–18.

taufte; es gibt da keine Geheimlehren: „An dem Tag, den man Helios-Tag (Sonntag) nennt, findet eine Versammlung aller statt, die in Städten oder auf dem Lande wohnen", erläutert Justin. „Dabei werden die Denkwürdigkeiten der Apostel oder die Schriften der Propheten vorgelesen, solange es geht. Ist der Vorleser damit fertig, dann gibt der Vorsteher in einer Ansprache eine Ermahnung und Aufforderung zur Nachahmung all dieses Guten. Danach stehen wir alle zusammen auf und senden Gebete empor; und wie schon gesagt, wird nach Beendigung des Gebets Brot dargebracht und Wein und Wasser; und der Vorsteher sendet je nach Vermögen Bitten ebenso wie Danksagungen empor und das Volk stimmt zu, indem es das Amen sagt. Darauf findet das Austeilen statt und jeder empfängt seinen Anteil von den verdanksagten Gaben; den Abwesenden aber wird er durch den Diakon gebracht."[33] „Diese Speise heißt bei uns Eucharistia. An ihr darf nur derjenige teilnehmen, der glaubt, daß unsere Lehren wahr sind, der das Bad zur Sündenvergebung und Wiedergeburt empfangen hat und der so lebt, wie es der Christus überliefert hat."[34] Die Fremden, eingeschlossen die Katechumenen, werden aus der Gemeinde weggeschickt, bevor das große Weihegebet anfängt. Es wäre wohl zuviel gesagt, daß sie die Predigt anhören und daraus je nach Belieben ihren Vorteil ziehen könnten[35].

Dieser Umstand ist bemerkenswert und kennzeichnet das Christentum im Unterschied zu den Mysterienreligionen. In diese muß man aufgenommen sein, nicht nur um am Kult teilzunehmen, sondern auch um die Lehren kennenzulernen, vorausgesetzt, daß sie eine haben. Alles vollzieht sich im Rahmen strengster Geheimhaltung, und wenn Apuleius seine Einweihung in die Mysterien der Isis erzählt, dann gibt es da einen Augenblick, wo er innehält, um das nicht zu offenbaren, was man nicht sagen darf[36]. Dagegen kennt das Christentum, wenigstens in der Anfangszeit, überhaupt keine Geheimlehren. In einer Apologie, die sich an Heiden richtet, sagt Justin absolut alles

---

[33] *Justin,* 1. Apologie, 67,3–5.   [34] *Justin,* 1. Apologie, 66,1.
[35] Es sei nur daran erinnert, daß Augustinus vor seiner Taufe den Homilien des Ambrosius beiwohnt, und daß er großen Geschmack an der allegorischen Methode des Mailänder Bischofs findet. Auch Paulus gibt 1 Kor 14,23 einen deutlichen Hinweis, daß der Zugang zur christlichen Gemeindeversammlung frei ist.
[36] *Apuleius,* Metamorphosen XI, 23. *Macrobius,* Saturnalien I, 7: „Denn die geheimen und strömenden Gründe kommen aus der Quelle der allerreinsten Wahrheit und man darf sie nicht einmal bei den Weihen aussprechen; wenn jemand Anhänger davon ist, wird ihm befohlen, sie in seinem Gewissen verborgen zu halten." Auch beim Hermetismus ist die Geheimhaltung die Regel; vgl. z. B. Asklepios, 1; Corpus Hermeticum 13,16; Traktat 16,1–2 verbietet, die hermetische Lehre ins Griechische zu übersetzen.

und er erklärt sich bereit, seinen Lesern weitere Aufschlüsse zu geben, sofern diese sie verlangen. Erst gegen Ende des 2. Jahrhunderts, wahrscheinlich unter dem Einfluß der Mysterienreligionen, wird die Arkandisziplin in die Kirche eingeführt, und die Prediger geben sich Mühe, in einer verhüllten Sprache zu reden oder auch nicht, zu reden von dem, was die Nichtgetauften noch nicht hören sollen; auch jetzt noch bezieht dieses sich auf Weniges, so daß gesagt werden kann, daß der Zugang zum Ganzen der christlichen Lehre jedermann offensteht.

2. *Das christliche Apostolat*

Wenn wir das Gebiet der individuellen Bekehrungen und der literarischen Zeugnisse, die uns darüber berichten, verlassen, die Situation der Märtyrer vor ihren Richtern, die gelegentlichen Wirkungen eines Predigers, dann verfügen wir nur noch über fragmentarische Zeugnisse über die Methoden der christlichen Propaganda. Jeder Gläubige ist – wir haben es bereits gesagt – ein Apostel; das heißt, daß er die bescheidensten Gelegenheiten ausnützt, um diejenigen, mit denen er zusammenlebt, zu bekehren.

An einer ziemlich ironischen Stelle, die wir schon einmal erwähnten, aber die man hier unbedingt anführen muß, beschreibt Kelsos das von den Gläubigen angewandte Verfahren folgendermaßen:

„Wir sehen doch wohl auch die Leute, die auf den Märkten die berüchtigsten Dinge zur Schau stellen und Gaben erbetteln … Diese Leute würden niemals zu einer Vereinigung verständiger Männer herantreten und auch nicht wagen, dort ihre Kunststücke zu zeigen. Wo sie aber junge Burschen und einen Haufen Sklaven und eine Schar von Dummköpfen sehen, da drängen sie sich hin und machen sich schön … Wir sehen nun auch, wie in den Privathäusern Wollarbeiter, Schuster und Walker und die ungebildetsten und ungeschliffensten Leute in Gegenwart ihrer würdigen und verständigen Dienstherrn den Mund nicht zu öffnen wagen. Sobald sie sich aber ohne Zeugen mit den Kindern und einigen unverständigen Weibern allein wissen, dann bringen sie ganz wunderbare Dinge vor und weisen nach, daß man verpflichtet sei, ihnen zu gehorchen, nicht aber auf den eigenen Vater und die Lehrer zu achten. Diese seien Faselhänse und Schwachköpfe, und in eitlen Vorurteilen befangen, könnten sie weder einen wahrhaft guten Gedanken fassen noch verwirklichen; nur sie allein wüßten es, wie man leben müsse. Würden die Kinder ihnen folgen, so würden sie selbst selig werden und ihr ganzes Haus selig machen. Sehen sie dann, während sie so reden, einen Lehrer der Wissenschaften oder einen verständigen Mann oder auch den Vater selbst herankommen, so pflegen die Vorsichtigeren unter ihnen auseinanderzulaufen, die Unverschämteren aber hetzen die Kinder auf, den Zügel abzustreifen. Hierbei flüstern sie ihnen solche Dinge zu: daß sie in Gegenwart ihres Vaters und ihrer Lehrer den Kindern etwas Gutes weder erklären könnten noch wollten; denn sie wollten sie der Torheit und Ungeschliffenheit dieser ganz verdorbenen und in die Schlechtigkeit tief versunkenen Menschen nicht aussetzen, deren Strafe sie zu fürchten hätten. Wollten sie aber (etwas Gutes lernen), so müßten sie sich von ihrem Vater und den Lehrern losmachen und mit den Weibern und Spielkameraden in das Frauengemach oder in die Schusterwerkstatt oder in die Walke gehen, um dort die vollkommene Weisheit zu empfangen. Mit solchen Worten wissen sie (die jungen Leute) zu überreden."[37]

Kelsos mag wohl übertreiben, nichtsdestoweniger beruht seine Darstellung auf einem realen Fundament. Vor allem sind es die kleinen Leute, die Armen, die Ungebildeten, die sich zu Propagandisten der Lehre Christi machen. Sie waren zuerst für die Frohe Botschaft gewonnen worden; sie haben keine materiellen Interessen zu verteidigen; sie haben sich ganz und gar dem Meister verschrieben, der ihnen das Heil und die Freiheit versprochen hatte: wie sollten sie die Botschaft, die sie selber ergriffen hatte, nicht weitersagen? Sklaven gegenüber ihren Herren; Händler gegenüber ihren Kunden; Soldaten gegenüber ihren Kameraden im Feld oder in der Kaserne, das ist das naturgegebene Milieu, wo die einen oder andern ihre neuen Anhänger fanden[38].

---

[37] *Origenes,* Gegen Kelsos III, 53.55.
[38] Eine derartige Propaganda ist weit davon entfernt, exklusiv christlich zu sein. Man findet sie z.B. auch im Judentum. Haben wir nicht den Fall der jüdischen Sklavin des syrischen Feldherrn Naaman, die ihrem Herrn rät, den Propheten Elischa aufzusuchen und von ihm seinen Aussatz heilen zu lassen? *Juvenal,* Satiren VI, 542 ff. beschreibt voller Ironie das Vorgehen der Juden zu seiner Zeit: "Wich dann jener vom Platz, dann bettelt sich zitternd die Jüdin heimlich zum Ohre, nachdem sie verlassen das Heu und den Tragkorb, als Interpret der Gesetz der Hebräer und mächtige Priesterin unter dem Baum und des obersten Himmels getreue Prophetin: Ihr auch füllt sich die Hand, doch kärglicher; weniges Geld nur nehmen die Juden, wofür sie nach Wunsch dir die Träume verkaufen" (Zit. nach "Römische Satiren", 378).
Man findet dieselben Prozeduren auch bei den orientalischen Religionen. Der syrische Sklave Eunus in Sizilien behauptet, von der syrischen Göttin erfahren zu haben, daß er König würde. Die syrischen Soldaten der 3. Legion begrüßen ihn als ihren Gott und als die aufgehende Sonne, *Tacitus,* Hist. III, 24. – Sulla sieht die Göttin Enyo-Ma bei seinem ersten Marsch nach Rom, *Plutarch,* Sulla, 9. – *Tertullian,* Vom Kranz des Soldaten, 15, unterstreicht den Anteil der Soldaten bei der Ausbreitung des Mithras-Kultes. Vgl. *F. Cumont,* Die Mysterien des Mithra. Ein Beitrag zur Religionsgeschichte der römischen Kaiserzeit. Autorisierte deutsche Ausgabe von *Georg Gehrlich,* Darmstadt [5]1981, 29–75.
Es wäre interessant, im einzelnen zu erforschen, welchen Anteil die levantinischen Händler aus Ägypten oder Syrien bei der Ausbreitung der orientalischen Heiligen im Okzident hatten: waren es nicht z.B. Kaufleute aus Alexandrien gewesen, die über Ostia den Kult des heiligen Mennos eingeführt haben? Man könnte bei Gregor von Tours zu diesem Punkt zahlreiche Hinweise finden.

Den Bekennern und Märtyrern gebührt hier ein besonderer Platz. Ihr Beispiel ist selbst schon eine Predigt. Der Mut, mit dem sie die schlimmsten Torturen und selbst den Tod ertragen, beeindruckt die Heiden, die sich häufig durch die Verheißungen des ewigen Lebens gewinnen lassen. Die Geschichte des Soldaten Basilides, der durch die heilige Potämiana bekehrt wurde, ist äußerst charakteristisch. Basilides war, nach dem Bericht des Eusebius, von den Soldaten damit beauftragt worden, Potämiana zum Tode zu bringen, und während die Volksmenge sich alle Mühe gab, die Verurteilte mit Schimpfworten zu kränken und zu belästigen, distanzierte er sich von den Verfolgern und bezeigte großes Mitleid mit dem jungen Mädchen. Diese nahm die Respektsbezeigungen, die sich an sie richteten, gerne an, und ermahnte den Soldaten zur Entschlossenheit, indem sie versprach, für ihn zu beten und ihm all das zu vergelten, was er zu ihren Gunsten getan hatte. Einige Tage später, als Basilides einen Eid leisten sollte, weigerte er sich mit der Begründung, er wäre Christ:

„Zunächst meinte man, Basilides scherze. Als er aber bei seiner Aussage verblieb, wurde er vor den Richter geführt, und da er auch vor diesem bei seinem Widerstand beharrte, in den Kerker geworfen. Als die christlichen Brüder zu ihm kamen und ihn nach der Ursache dieses plötzlichen und auffallenden Entschlusses fragten, soll er gesagt haben, Potämiana sei drei Tage nach ihrem Martyrium nachts vor ihn getreten, habe ihm einen Kranz auf das Haupt gelegt und ihm mitgeteilt, daß sie den Herrn für ihn gebeten habe und der Antwort gewürdigt worden sei, er werde ihn bald zu sich nehmen. Daraufhin erteilten ihm die Brüder das Siegel im Herrn. Am anderen Tage aber wurde er, nachdem er sich in ehrender Weise zum Herrn bekannt hatte, enthauptet. Auch mehrere andere Bewohner von Alexandrien sollen sich damals plötzlich der Lehre Christi zugewendet haben, da ihnen Potämiana im Schlafe erschienen sei und zu ihnen geredet habe. Doch genug hiervon."[39]

Gefangene in ihren Gefängnissen, Verbannte in ihren entlegenen Gebieten, die Verurteilten in den Steinbrüchen oder Minen sind sehr häufig die Werkzeuge der göttlichen Gnade. Der Bischof Dionysios von Alexandrien, der nach Kephron verbannt worden war, findet dort überreichen Trost. „Auch hier öffnete uns Gott eine Tür, das Wort zu verkünden. Anfangs allerdings wurden wir verfolgt und mit Steinen beworfen, später aber verließen nicht wenige von den Heiden ihre Götzen und bekehrten sich zu Gott. Wir waren damals die ersten, die das Wort in sie säten, von dem sie zuvor nichts gehört hatten. Es war,

---

[39] *Eusebius,* KG VI, 5,5–7.

als hätte uns Gott gerade deswegen zu ihnen geführt; denn nachdem wir diesen Dienst vollendet, führte er uns wieder von dannen."[40]

Demetrianus, Bischof von Antiochien, den die Perser, nachdem sie seine Bischofsstadt erobert hatten (256 n. Chr.), ins Exil mitnahmen, übt seinen Dienst an den christlichen Gefangenen des Gundesapur aus, die ihn darum bitten, weiterhin ihr Bischof zu bleiben und sich um sie kümmern[41]; es ist zumindest wahrscheinlich, daß er die Gelegenheit benützt, um auch Heiden zu gewinnen. Die Christen, die von den Goten bei ihren Einfällen in Kappadokien um 250 n. Chr. gefangen worden waren, wurden, nach Sozomenos, die ersten Apostel dieser Barbaren[42]. In Georgien ist es ebenfalls eine christliche Gefangene mit Namen Nina, die die Religion des Erlösers ins Land bringt; ihre Tugend und Frömmigkeit beginnen, die allgemeine Aufmerksamkeit zu erregen; schließlich erreicht sie mit ihren Gebeten die Heilung eines Kindes und sogar die der Königin selbst. Von diesen Wundern bewegt, wendet der König Mirian sich an den Kaiser Konstantin, um von ihm Priester zu erhalten, und so kommt es dazu, daß das ganze Volk den christlichen Glauben annimmt[43].

Alle, von denen wir sprechen, üben ihren Dienst auf mehr oder weniger zufällige Weise aus. Manchmal handelt es sich um Bischöfe oder Priester, die man außerhalb ihrer Diözese gebracht hat; häufiger um irgendwelche Christen, welche die Gelegenheiten ergreifen, um die Frohe Botschaft ihren Mitmenschen bekannt zu machen. Aber es gibt auch andere Christen, die ohne ein ausdrückliches Mandat, abgesehen von ihrem Eifer und ihrem guten Willen, sich selbst zu Predigern machen und in langen Wanderungen das Werk einer Bekehrung der Welt verrichten. In einer knappen Skizze zeichnet uns Origenes das Werk dieser freiwilligen Arbeiter:

„Die Christen, soviel an ihnen liegt, sind eifrig bemüht, ihre Lehre über die ganze Erde zu verbreiten. Daher machen es sich einige förmlich zu ihrer Lebensaufgabe, nicht nur von Stadt zu Stadt, sondern auch von Dorf zu Dorf

---

[40] *Eusebius,* KG VII, 11,13 f.

[41] Vgl. *P. Peeters,* Demetrianus, évêque d'Antioche, in: Analecta Bollandiana, t. XLII, 1924, 310.

[42] *Sozomenos,* Hist. Eccles. II, 6. Vgl. *J. Zeiller,* Les origines chrétiennes dans les provinces danubiennes de l'empire romaine, Paris 1918, 407–409. Durch den heiligen Basilius, Epist. 165, kennen wir einen dieser kappadokischen Kriegsgefangenen, die zu Aposteln wurden, er hieß Eutyches.

[43] *Rufin,* Hist. Eccles., I, 10. Diese Geschichte wurde dem Rufin von einem anderen georgischen König Bakur, der eine höhere Stellung in der römischen Armee hatte, erzählt; vgl. auch *L. Duchesne,* Histoire ancienne de l'Église III, Paris 1910, 521.

und von Gehöft zu Gehöft zu wandern, um auch andere für den Glauben an Gott zu gewinnen. Und man wird nicht sagen können, daß sie dies des Gewinnes wegen täten, da sie bisweilen nicht einmal so viel nehmen wollen, als sie zur Nahrung brauchen; und wenn der Mangel daran sie einmal zwingt, etwas anzunehmen, so begnügen sie sich mit der Befriedigung der dringendsten Bedürfnisse, wenn man sie auch mehr genießen lassen und über ihre Bedürfnisse hinaus versorgen will. Jetzt nun, wo bei der großen Anzahl der Personen, die zum christlichen Glauben übertreten, einige reiche und hochgestellte Männer und zartfühlende und edle Frauen den Glaubensboten gastliche Aufnahme gewähren, wird vielleicht jemand zu behaupten wagen, daß einige aus Verlangen nach eitlem Ruhm die Unterweisung im Christentum besorgten. In den ersten Zeiten freilich, wo gerade den Predigern des Glaubens große Gefahr drohte, konnte man einen solchen Argwohn nicht mit Grund hegen. Und heutzutage ist die Geringschätzung, mit welcher ihnen Andersgläubige begegnen, größer als die übliche Ehre, die ihnen die Glaubensgenossen und nicht einmal alle erweisen."[44]

Origenes scheint selbst solche Wanderprediger zu kennen; denn er spricht von ihnen im Präsens und vergleicht die Prediger, die zu seiner Zeit durch die Welt eilen mit denen, die die Frohe Botschaft in den ersten Zeiten der Kirche ausgebreitet haben. Eusebius von Caesarea dagegen unterstreicht den Gegensatz, wenn er schreibt:

„Sehr viele von den damals lebenden Jüngern zogen nämlich, nachdem sie, vom göttlichen Worte zu heißer Liebe für Philosophie begeistert, in Befolgung eines Erlöserwortes ihr Vermögen an die Armen verschenkt hatten, in die Ferne und waren als Evangelisten tätig und eifrig bemüht, denen, die noch gar nichts von der Glaubenslehre gehört hatten, zu predigen und ihnen die Schriften der göttlichen Evangelien zu bringen. Nachdem sie auf fremdem Boden nur erst den Grund des Glaubens gelegt hatten, stellten sie andere Männer als Hirten auf, um diesen die Pflege der Neubekehrten anzuvertrauen. Sodann zogen sie wieder in andere Länder zu anderen Völkern, von Gottes Gnade und Kraft unterstützt."[45]

Doch müssen wir zugeben, daß die Darstellung des Eusebius uns bei weitem nicht befriedigt; denn sie vermittelt einen unrealistischen Eindruck. Zweifellos hat der Historiker sein Bild nach literarischen Vorlagen oder auch nach seiner eigenen Phantasie gestaltet. Wir können

---

[44] *Origenes,* Gegen Kelsos III, 9.
[45] *Eusebius,* KG III, 37, 2–3; an anderer Stelle, KG V, 10, 2, wo er vom Ende des 2. Jahrhunderts spricht, macht er uns mit einem dieser Evangelisten bekannt: „Es gab nämlich tatsächlich damals noch Wortverkündiger die Menge, die das Verlangen hatten, ihren göttlichen Eifer, die Apostel nachzuahmen, zur Ausbreitung und Vermehrung des göttlichen Wortes einzusetzen. Zu ihnen gehörte Pantänus, der nach Indien gekommen sein soll." Statt an Indien, hätte man eher den Arabien zu denken, bis zu dem Zeitpunkt, da er sich endgültig in Alexandrien niederließ.

ihm, was seine Mitteilungen über die ersten Akteure der christlichen Bekehrung angeht, kaum vertrauen. Wir sind wohl verpflichtet, dasselbe zu sagen im Hinblick auf die Nachrichten, welche die Didaché über die Lehrer, Propheten und Apostel erklärt:

„Wer nun kommt und euch all das vorher Mitgeteilte lehrt, den nehmt auf! Wenn aber der, der lehrt, sich selber abkehrt und eine andere Lehre lehrt, so daß er auflöst, dann hört nicht auf ihn; (wenn er) aber (lehrt), so daß er Gerechtigkeit und Erkenntnis des Herrn mehrt, dann nehmt ihn auf wie den Herrn! Betreffs der Apostel und Propheten: verfahrt so, wie das Gebot des Evangeliums lautet! Jeder Apostel, der zu euch kommt, soll jedoch nur einen Tag bleiben; wenn es nötig ist, auch einen zweiten! Wenn er aber drei Tage bleibt, ist er ein Lügenprophet. Geht der Apostel weiter, soll er nichts bekommen außer Brot, bis er übernachtet: Wenn er aber Geld nimmt, ist er ein Lügenprophet. Und jeden Propheten, der im Geist redet, sollt ihr weder prüfen noch beurteilen! Denn jede Sünde wird vergeben werden, diese Sünde aber wird nicht vergeben werden. Nicht jeder, der im Geist redet, ist ein Prophet, sondern nur, wenn seine Lebensweise sich am Herrn orientiert. An der Lebensweise also sollt ihr erkennen, ob einer ein echter Prophet ist! Und jeder Prophet, der eine Mahlzeit bestellt, wird nicht von ihr essen; andernfalls ist er ein Lügenprophet. Und jeder Prophet, der die Wahrheit lehrt – wenn er nicht tut, was er lehrt, ist er ein Lügenprophet. Jeder bewährte, echte Prophet, der so handelt, daß das irdische Geheimnis der Kirche entsteht, nicht aber zu tun lehrt, was er selber tut, soll vor euch nicht gerichtet werden! Denn er hat sein Gericht bei Gott. Ebenso haben nämlich auch die alten Propheten gehandelt. Wer aber im Geist sagt: Gib mir Geld oder etwas anderes, auf den sollt ihr nicht hören. Wenn er jedoch für einen anderen zu geben anordnet, soll ihn keiner richten! – Jeder, der im Namen des Herrn kommt, soll aufgenommen werden! Dann aber sollt ihr ihn prüfen und euch Kenntnis über ihn verschaffen! Ihr habt ja Einsicht, um rechts und links zu unterscheiden. Wenn der Ankömmling auf der Durchreise ist, helft ihm, soviel ihr könnt! Er soll aber nur zwei oder drei Tage bei euch bleiben, wenn es nötig ist! Wenn er sich aber bei euch niederlassen will, weil er ein Handwerker ist, soll er arbeiten und essen! Hat er aber kein Handwerk, überlegt euch vorsorglich gemäß eurer Einsicht, wie er nicht müßig bei euch bleibe! Wenn er aber nicht so verfahren will, ist er einer, der mit Christus Schacher treibt. Hütet euch vor solchen Leuten!"[46]

Zweifellos ist dieses Bild in manchen seiner Aspekte recht lebendig. Es zeigt uns eine Welt, wo man unablässig von einer Gemeinde zur andern zieht: Apostel, Propheten, Lehrer sind dauernd auf Wanderschaft. Sie haben nicht einmal das Recht, sich länger als zwei oder drei Tage in einer christlichen Gemeinde aufzuhalten und auf Kosten der Gemeinschaft zu leben. Wollen sie länger bleiben, dann sollen sie

---

[46] Didaché, 11–13.

ein Handwerk ausüben und arbeiten, andernfalls sollen sie weiterziehen. Die Brüder gewähren ihnen zu Anfang eine großzügige Gastfreundschaft, ohne danach zu fragen, woher sie kommen und wohin sie gehen. Es genügt, sich auf Christus zu berufen, um aufgenommen zu werden. Aber entspricht dies der Wirklichkeit? Das ist eine andere und keineswegs leichte Frage[47]. Jedenfalls sagt die Didaché uns nichts darüber, wie die schon existierenden Gemeinden sich ihnen gegenüber verhalten sollen. Üben sie ihre Tätigkeit im heidnischen Milieu aus? Sind sie professionelle Bekehrungsprediger und haben sie das Recht, sich bei Heiden länger aufzuhalten, um dort das Fundament für eine christliche Gemeinde zu legen? Bekräftigen sie ihre Lehren durch Wunder? Gehorchen sie blind einem Auftrag, der das Prinzip ihres Apostolates wäre und sie in allen ihren weiteren Schritten leitet? Dies alles wissen wir nicht, und das gerade wäre für uns zu wissen wichtig! So ist besser, auf einem solch mysteriösen und unvollständigen Zeugnis nicht weiter zu insistieren.

Sicher ist allerdings, daß es schon sehr bald, und zwar seit den Anfängen, begeisterte Christen gab, die sich berufen fühlten, an der Heidenbekehrung mitzuarbeiten und die, nachdem sie alle irdischen Verpflichtungen aufgegeben haben, sich auf den Weg machten durch die ganze Welt, um ihre Absicht zu verwirklichen. Lukian und Kelsos haben von ihnen satirische Porträts geliefert, die freilich nicht ohne Interesse sind.

Der Prediger, von dem Lukian spricht, ist eine konkrete Persönlichkeit namens Peregrinus, er hat höchstwahrscheinlich existiert, obwohl er in Wirklichkeit ganz sicher etwas anderes war als der eitle Betrüger, den sein Karikaturist uns zeichnet[48]. Jedenfalls berichtet Lukian uns nur von seiner Jugend, „Peregrinus hat sich in skandalöse Abenteuer eingelassen, aus denen er auf sehr demütigende und lästige Weise herausgeholt wurde. Er hat in sich das Zeug zu einem perfekten Verbrecher. Als sein Vater sich in den Kopf gesetzt hatte, sein Leben über die Sechzig hinaus zu verlängern, hat er ihn ganz einfach erdrosselt. Bald

---

[47] Vgl. *F. E. Vokes,* The riddle of the Didache, London 1938; *G. Bardy,* La théologie de l'Église de Saint Clément de Rome à Saint Irénée, Paris 1945, 134 ff.
[48] Peregrinus, der sich selbst den Beinamen „Proteus" zulegte, war in Parium geboren. Sein theatralischer Selbstmord 165 n. Chr. blieb im Gedächtnis der Menge haften und seine Mitbürger weihten ihm eine Statue, die Orakel gegeben haben soll. *Aulus Gellius,* Die attischen Nächte, übersetzt von *F. Weiss,* 2 Bde., Darmstadt 1981, XII, 11 siehe II, 155 f., der ihn persönlich gekannt hatte, von ihm mit Hochachtung spricht und ihm erbauliche Maximen zuschreibt. – Vgl. *Athenagoras,* Bittschrift, 27; *Tatian,* Rede an die Griechen XXV.

nach dieser scheußlichen Tat beginnt er, die Christen zu frequentieren und schließt sich ihrer Sekte an."[49]

„Es war zu dieser Zeit", schreibt der Satiriker, „da lernte Peregrinus auch die wunderbare Weisheit der Christen kennen, indem er in Palästina ihre Priester und Schriftausleger besuchte ... Er machte ihnen klar, daß sie im Vergleich zu ihm kleine Kinder wären; er selbst sei doch Prophet, Vorsteher und Versammlungsleiter, er allein in all diesen Rollen. Er legte ihre Bücher aus und übersetzte sie, verfaßte auch selber viele Bücher. Die Christen hielten ihn bald für einen Gott. Sie hielten sich an seine Gesetze und nahmen ihn unter ihre Prominenz auf ... (Endlich) wurde Proteus verhaftet und ins Gefängnis geworfen. Dies brachte ihm für den Rest seines Lebens hohe Anerkennung ein, wovon seine Aktivität als Wundertäter profitierte; dieser Geschmack am Ehrgeiz war bei ihm eine Leidenschaft. Von dem Tage an, da er in Fesseln lag, setzten die Christen, die sein Schicksal als Unglück betrachteten, alles in Bewegung, um ihn frei zu bekommen; und da dies für sie unmöglich war, erwiesen sie ihm jede Art von Diensten mit unermüdlichem Eifer. Schon am frühen Morgen sah man in der Umgebung des Gefängnisses eine Menge alter Frauen, Witwen und Waisen. Die bedeutendsten Häupter der Sekte verbrachten die Nacht mit ihm, nachdem sie die Wächter mit Geld bestochen hatten; sie ließen allerlei Speisen herbeibringen und lasen sich ihre heiligen Texte vor. Schließlich wurde der gute Peregrinus – er trug diesen Namen noch immer – von ihnen „der neue Sokrates" genannt"[50].

Das Wirken des Peregrinus spielt sich vor allem unter den Christen selber ab und es ist nicht sicher, ob er überhaupt versucht hat, viele Heiden zu bekehren. Doch darf man annehmen, daß er die apostolische Tätigkeit, die seinem Gaukler-Talent entspricht, keineswegs verachtet. Überall, wo er erscheint, ist man sicher, ihn immer bereit zu finden, durch seine unermüdliche Geschwätzigkeit die Aufmerksamkeit auf sich zu ziehen, ebenso durch seine Tricks, die er als Wunder ausgibt. Man könnte sagen, er ist der Bruder des falschen Propheten Alexander[51], doch während dieser einen neuen Kult gründet, begnügt jener sich damit, für das Christentum zu werben und in diesem die Rolle einer unentbehrlichen Persönlichkeit zu spielen.

Im Gegensatz zu Lukian nennt Kelsos niemals die Namen der Leute, über die er berichtet. Nach ihm handelt es sich um Propheten, die Palästina und Phönikien durchwandern; doch präzisiert er nicht, ob es sich dabei um Christen oder um Heiden handelt:

[49] *P. de Labriolle,* La réaction païenne, 101–102.
[50] *Lukian,* De morte peregrini XI; – Übersetzung *De Labriolle,* a.a.O.; vgl. *M. Caster,* Lucien et la pensée religeuse de son temps, 237–255.
[51] Vgl. *M. Caster,* Commentaires sur Alexandre ou le faux prophète de Lucien, Paris 1938.

„Viele Leute ohne Ruf und Namen gibt es, die mit größter Leichtigkeit und aus ganz zufälliger Ursache teils in Tempeln, teils außerhalb derselben, einige auch bettelnd und Städte und Kriegslager heimsuchend, sich so gebärden, als ob sie weissagen könnten. Ein jeder dieser Propheten pflegt die Worte im Munde zu führen: Ich bin Gott oder Gottes Sohn oder göttlicher Geist. Ich bin aber gekommen; denn schon bald geht die Welt zugrunde, und ihr, o Menschen, fahrt wegen eurer Ungerechtigkeiten dahin. Ich aber will euch retten; und ihr werdet mich mit himmlischer Macht wiederkommen sehen. Selig ist, wer jetzt mich ehrt; auf die andern alle, auch auf Städte und Länder, werde ich ewiges Feuer werfen. Und die Menschen, welche die ihnen bevorstehenden Strafen nicht kennen, werden vergeblich bereuen und seufzen; jene aber, die nur Glauben geschenkt haben, werde ich ewig bewahren." Im Anschluß hieran sagt er: „Wenn sie diese Dinge drohend vorgehalten haben, fügen sie der Reihe nach unverständliche, verrückte und ganz unklare Worte hinzu, deren Sinn kein Verständiger herausbringen könnte; denn sie sind dunkel und nichtssagend, geben aber jedem Toren und Betrüger in jeder Hinsicht eine Handhabe, das Gesagte so, wie er will, sich anzueignen."[52]

Man hat über diese Propheten viel diskutiert. Verschiedene Historiker, wie Harnack[53] und Reitzenstein[54], nehmen an, daß Kelsos heidnische Prediger im Blick habe. Andere, wie Ritschel[55], denken an Montanisten. Die erste Hypothese ist wenig wahrscheinlich. Das von Kelsos referierte Orakel ist offenkundig christlich. Der Inspirierte gebraucht dabei Formulierungen, die er auf sich selber bezieht, die sich von denen, welche die Evangelisten Jesus in den Mund legen, kaum unterscheiden, und diese Formulierungen sind zu stark christlich eingefärbt, als daß sie ein Heide, gleich welcher Art, auf eigene Rechnung übernommen hätte[56]. Die zweite Erklärung ist plausibler. P. de Labriolle zögert freilich nicht damit, sie abzulehnen, weil die Anwesenheit montanistischer Propheten in Palästina und Phönikien zwischen 176 und 180 kaum möglich ist und weil Origenes, der über das Werk des Montanus genau Bescheid weiß, in seiner Widerlegung des Kelsos sicher nicht versäumt hätte, darauf hinzuweisen[57]. Also sind die fraglichen Propheten keine Häretiker, sondern gehören zur großen Kirche. Beeinflußt von seinem Vorurteil, hat der heidnische Phi-

---

[52] *Origenes,* Gegen Kelsos VII, 9.
[53] *A. von Harnack,* Mission und Ausbreitung I, 364 A.1.
[54] *R. Reitzenstein,* Die hellenistischen Mysterienreligionen. Nach ihren Grundgedanken und Wirkungen, photomechanischer Nachdruck der dritten Auflage von 1927, Darmstadt 1956, 316.
[55] *A. Ritschl,* Die Entstehung der altkatholischen Kirche, Bonn 1850, 506.
[56] Vgl. *P. de Labriolle,* La crise montaniste, Paris 1913, 95 ff.
[57] Vgl. *P. de Labriolle,* a.a.O., 99.

losoph den Sinn ihrer Predigten, deren wesentliche Themen er referiert, vom nahen Ende der Welt und der Notwendigkeit der Bekehrung, gewiß nicht verstanden und davon nur die ausgefallensten Aspekte, die dem Charisma der Glossolalie, wie Paulus sie beschreibt (vgl. 1 Kor 14), besonders hervorgehoben. Was die Darstellung des Kelsos angeht, so halten wir vor allem fest, daß zu seiner Zeit die christliche Propaganda unter ihren auffälligsten Vertretern auch Ekstatiker hat, und daß diese in den Augen der Heiden nicht unbemerkt blieben, so sehr diese auch an die ausgefallensten Erscheinungen in Sachen Religion gewöhnt waren.

Was uns an dieser volkstümlichen Propaganda am meisten überrascht, ist der Umstand, daß sie vor allem von ungebildeten und einfachen Leuten betrieben wurde, die von der christlichen Lehre nur eine ziemlich rudimentäre Kenntnis haben konnten. Die Intellektuellen regen sich darüber auf und fällen mitunter recht harte Urteile, nicht nur über die einfachen Gläubigen, sondern auch über ihre berufenen Vorsteher. Tertullian spricht nicht ohne Ironie von den Gläubigen ohne Klugheit und Bildung, die unter dem Vorwand, die göttliche Monarchie (die Einzigkeit Gottes) zu verteidigen, die Lehre vom göttlichen Wort zurückweisen und sich hartnäckig darauf berufen, die göttliche Monarchie zu verteidigen, und dabei das Wort „Monarchie" nicht einmal richtig aussprechen können[58]. Hippolyt von Rom charakterisiert den Papst Zephyrinus als einfältigen, ungebildeten Mann, der nicht einmal die kirchlichen Normen kennt; er spottet über sein Glaubensbekenntnis, das nach ihm vergeblich den Versuch unternimmt, in der Trinitätslehre die Orthodoxie mit der Irrlehre des Sabellius zu versöhnen[59]. Der anonyme Gegner des Artemon berichtet, daß die Parteigänger des Theodot keine qualifiziertere Person fanden, als einen ungelehrten Bekenner namens Natalius, um diesen zu ihrem Bi-

---

[58] *Tertullian,* Advers. Prax., III: „Simplices enim quique, ne dixerim imprudentes et idiotae quae major semper credentium pars est, quoniam et ipsa regula fidei a pluribus diis saeculi ad unicum et verum deum transfert ... expavescunt quod oikonomiam, numerum et dispositionem trinitatis divisionem praesumunt unitatis ... Monarchiam, inquiunt, tenemus, et ita sonum ipsum vocaliter exprimunt etiam Latini, etiam opifices, ut putes illos tam bene intelligere monarchiam quam enutiant" („Die Einfachen, um nicht zu sagen die Unklugen und Eigenbrötler, die den größeren Teil der Gläubigen bilden, da auch die Glaubensregel von den Göttern dieser Welt wegführt zum alleinigen und wahren Gott ... befürchten, daß die Oikonomia, die Zahl und Ordnung der Trinität eine Teilung der Einheit bedeuten könnte ... Wir halten an der Monarchia fest, sagen sie, und sprechen dabei das Wort wie Lateiner aus, wie Handwerker, damit man meinen soll, sie hätten die Monarchia ebensogut verstanden wie sie diese aussprechen").
[59] *Hippolyt,* Philosophoumena IX, 11.

schof zu machen [60]. Papst Cornelius weist seinerseits darauf hin, daß die drei italienischen Bischöfe, die den Novatian geweiht hatten, sehr naiv und leichtgläubig waren, und sich ohne weiteres dazu hergaben, den gebildeten römischen Presbyter zu ordinieren [61]. Wir wollen keineswegs behaupten, daß die Intellektuellen sich um die Bekehrung der einfachen Leute nicht gekümmert hätten; nichts wäre verkehrter. [62] Aber wenn sie sich mit der Glaubenspropaganda befassen, verwenden sie andere Methoden als die Leute, von denen wir gerade sprechen; sie eröffnen Schulen oder schreiben Apologien.

3. Die christlichen Schulen

Wir können uns nicht lange dabei aufhalten, welche Rolle die christlichen Schulen bei der Bekehrung der antiken Welt gespielt haben; einmal, weil es sicher ist, daß diese Rolle minimal war, dann und vor allem, weil wir die Organisation und das wirkliche Ziel der in Frage kommenden Schulen nicht kennen. Die erste Schule, die ausdrücklich erwähnt wird, ist diejenige, die der Philosoph Justin zu Rom eröffnete, in der Nähe der Bäder des Timotheus, nicht weit vom Hause eines gewissen Martin. Dort hat er seine Wohnung und allen, die ihn dort besuchen wollten, teilte er die Lehre der Wahrheit mit [63]. Justin hat keinen offiziellen Auftrag; seine Lehre ist rein privater Natur. Er wendet sich auch an Heiden wie an Neubekehrte, aber auch an Christen. Als der Meister nach seiner Verhaftung zusammen mit seinen Schülern verhört wird, stellt der Präfekt Rufinus an diese die Frage, ob Justin sie zu Christen gemacht hätte. Hierax erklärt, daß er schon seit langem Christ sei und es auch bleiben werde; Päon sagt, daß er von seinen Eltern dies schöne Bekenntnis übernommen habe; Euelpistos sagt, daß er mit Freuden die Vorlesungen Justins höre; aber das

---

[60] Der anonyme Gegner des Artemon, zit. bei *Eusebius*, KG V, 28.

[61] *Cornelius*, Brief an Fabius, zit. bei *Eusebius*, KG VI, 43,7–9.

[62] Origenes legt Wert darauf, gegen Kelsos zu beweisen, daß das Christentum keine Religion der Ungebildeten ist. Er erklärt, daß die wahre Kultur kein Übel sei und Bildung ein Weg zur Tugend, Gegen Kelsos III, 49; es gebe nichts Solideres in der Welt als Wissenschaft und Wahrheit; denn sie kommen aus der Weisheit, ebd. III, 72. Er geht so weit zu sagen: „Wir bemühen uns, keinem trefflichen Ausspruch gram zu sein, und wenn die Gegner unseres Glaubens einen trefflichen Ausspruch tun, so wollen wir nicht mit ihnen streiten, und auch das nicht zu widerlegen suchen, was der gesunden Vernunft entspricht", ebd. VII, 46. – Aber er freut sich auch darüber, wenn er sieht, wie die Massen in die Kirche eintreten und dort eine Bekehrung der Sitten erfahren, die sie anderswo vergeblich suchten, ebd. III, 56.

[63] Akten Justins und seiner Genossen, III; *Krüger-Ruhbach*, Märtyrerakten, 16.

Christentum habe er durch seine Eltern kennengelernt[64]. Über die anderen Angeklagten Chariton, Charito und Liberianus sind wir nicht informiert, vielleicht hatte Justin diese Bekehrung veranlaßt. Nach seinen Aussagen hat man nicht den Eindruck, daß er besonders eifrig gewesen wäre, viele Schüler an sich zu ziehen; er begnügte sich damit, diejenigen aufzunehmen, die zu ihm kamen und einen Rat oder eine Bekehrung von ihm wollten; doch ist es durchaus möglich, daß er innerhalb mehrerer Jahre durch sein klares und lautes Wort zahlreiche Seelen für die Lehre Christi gewonnen hat[65].

In Alexandrien wurde Origenes zunächst offiziell vom Bischof Demetrius mit der Katechese beauftragt, das heißt mit dem christlichen Elementarunterricht für die Taufkandidaten; und vom Beginn seiner Lehrtätigkeit an hat er die Freude, daß verschiedene seiner Schüler, Katechumenen oder Neophyten, großmütig das Martyrium in der Verfolgung des Septimius Severus auf sich nahmen[66]. Aber zu einem bestimmten Zeitpunkt ändert er seinen Unterricht; er überläßt die Katechese seinem Schüler Heraklas und behält für sich selber diejenigen, die schon in den elementaren Lehren unterrichtet sind, um sie in die Philosophie einzuführen[67]. Viele Gebildete drängen sich zu seiner Schule, da ihr Renommee sich überall verbreitete und weit über die Grenzen Ägyptens hinausging. „Zahlreiche Häretiker und nicht wenige von den angesehensten Philosophen hörten mit Eifer ihm zu und ließen sich von ihm ebenso in den göttlichen Dingen wie auch in der heidnischen Philosophie unterrichten."[68] Daß der Meister bei denen, die seinen Unterricht besuchen, auch Bekehrungen bewirkt, ist nicht zu bezweifeln, aber von diesen Neuerwerbungen kennen wir nur den Fall des Ambrosius, eines Schülers des Gnostikers Valentin, der, nachdem er sich zuerst von den Illusionen der falschen Gnosis hatte blenden lassen, seinen Irrtum erkennt und sich selbst fest an seinen

---

[64] Akten Justins und seiner Genossen, IV; a.a.O., 16.
[65] Zu Carthago hatte Saturus Perpetua, Felicitas und ihre Genossen bekehrt … Am Tage ihrer Verhaftung ist er nicht bei den Märtyrern, aber er liefert sich selbst aus, als er die Gefahr, in der sich die Bekehrten befinden, bemerkt. Saturus scheint jedoch keine Schule unterhalten zu haben. Die Akten des Saturninus und Dativus führen uns freilich nach Carthago (*Ruinart,* Acta martyrum, Regensburg 1859, 417). Dativus wird angeklagt, Victoria, die Schwester des Fortunatian, bekehrt zu haben. Doch ist wahrscheinlich, daß Victoria nicht die einzige Erwerbung ist und daß er auch Secunda und Restituta zum Glauben führte, von denen die gleiche Akten-Notiz spricht.
[66] *Eusebius,* KG VI, 4. Eusebius nennt unter den Schülern des Origenes, die das Martyrium erlitten, Plutarch, den Bruder des Heraklas; Serenus, zwei Katechumenen, Heraklides und Herais; zwei Neophyten, Heron und einen anderen Serenus.
[67] *Eusebius,* KG VI, 15.
[68] *Eusebius,* KG VI, 18,2.

Lehrer bindet, so daß er ihm sein Vermögen zur Verfügung stellt und ihm vor allem die Schnellschreiber besorgt, die für das Diktat und die Kopierung seiner Werke unerläßlich waren[69]. Der Unterricht des Origenes zu Alexandrien wird jedoch 230 n. Chr. brüsk durch die Exkommunikation unterbrochen, die der Bischof Demetrius gegen seinen gelehrten Schüler schleudert; wir wissen nicht, ob im Verlauf der folgenden Jahre die Katechetenschule, die einzige, die offiziell in der Großstadt existierte, neue Bekehrungen machen konnte; aber das war auch nicht ihre eigentliche Aufgabe; denn sie beschränkt sich darauf, diejenigen, die man ihr im Hinblick auf die Taufe zuschickte, aufzunehmen und auszubilden; sie will nicht erobern, sondern befestigen und unterweisen[70].

Viele von den christlichen Lehrern, die wir kennen, an erster Stelle Origenes, begnügen sich nicht mit mündlicher Lehre. Sie machen von ihrer intellektuellen Bildung, die breiter ist als bei den meisten ihrer Glaubensgenossen, Gebrauch, um Bücher zu schreiben, um so nach ihrer Meinung das Christentum einem breiteren Publikum bekannt zu machen. Doch bleiben die Heiden, die genügend Mut oder genügend Neugier haben, um diesen Vorlesungen zu folgen, wenig zahlreich; immerhin können sie ihre Werke lesen und sich selbst über den geistlichen Gehalt des Evangeliums Rechenschaft ablegen. Damit verfolgen die Apologeten eine Tradition, welche bereits die Juden lange vorher begründet hatten. Nach dem Zeugnis des Pseudo-Aristeas hat die Übersetzung der Septuaginta einen apologetischen Zweck verfolgt; die Bibel sollte einen Beitrag zur Erziehung der Griechen leisten[71].

Aristobul „hat zahlreiche Bücher verfaßt, um zu zeigen, daß die peripatetische Philosophie entweder vom Gesetz des Mose oder von den anderen Propheten abhängt"[72]. „Das vierte Buch der Makkabäer", dessen wahrer Titel heißt: „Von der Herrschaft der Vernunft", war verfaßt worden, um zu zeigen, daß die auf Frömmigkeit gegründete Vernunft die wahre Herrschaft über die Leidenschaften ist[73]. Das

---

[69] *Eusebius,* KG VI, 18,1; 23,2.

[70] Vgl. *G. Bardy,* Pour l'histoire de l'école d'Alexandrie, in: Vivre et Penser, 2ᵉ série, Paris 1942, 80–109.

[71] Aristeasbrief, Übersetzung und Einführung von *N. Meisner,* in: *W. G. Kümmel* (Hrsg.), Jüdische Schriften aus hellenistisch-römischer Zeit II, Lieferung 1, Gütersloh 1973, 35–87; *K.-H. Müller,* Art. Aristeasbrief (Lit.), TRE 3, Berlin 1978, 719–725.

[72] *Klemens von Alexandrien,* Stromat. V, 14,97.

[73] 4 Makk 1,1 ff. vgl. *A. Dupont-Sommer,* Le quatrième livre des Macchabées, Paris 1939, dazu die Besprechung von *A. J. Festugière,* in: Revue des Études grecques, t. LIV (1941), 127–131.

„Buch der Weisheit (Salomos)" hat zu seinem wesentlichen Ziel, durchschlagende Argumente gegen den Götzendienst zusammenzutragen, in dem es sich hauptsächlich der Widerlegung der Stoiker, die damals die Mode-Philosophen waren, anschließt und von den Besonderheiten des ägyptischen Heidentums Rechenschaft gibt; aber sein Autor, der die Geneigtheit der Heiden gewinnen will, hütet sich sehr, ihre Aufnahmebereitschaft zu verletzen; er hat nicht nur versucht, sie zu entschuldigen, sondern auch den reinsten Bestrebungen des griechischen Geistes zu huldigen, dem Streben nach Schönheit und Wahrheit [74]. Allmählich verwendet man die Geschichte, die Philosophie, die Poesie, das Theater, mit einem Wort alle literarischen Gattungen, um das Judentum darzustellen und zu verteidigen.

Mehr als alle anderen haben zwei Männer dieser apologetischen Aufgabe ihr Leben geweiht, Philon von Alexandrien und Flavius Josephus. Man hat sich gefragt, ob Philon seine allegorischen Kommentare für gebildete Heiden geschrieben habe oder für Juden, die in der Versuchung standen, das mosaische Gesetz aufzugeben. Beide Hypothesen bleiben möglich [75], und es ist sicher, daß er seine Zeit verschwendet hätte, wenn er mit vielen Lesern aus dem heidnischen Milieu gerechnet hätte; denn seine Bücher scheinen dort unbemerkt geblieben zu sein. Die Absicht des Josephus ist deutlicher: Er wollte den heidnischen Römern zeigen, daß die jüdische Religion älter sei als alle anderen, „um die Verleumder und böswilligen Lügner zurückzuweisen, die Unwissenheit anderer zu beseitigen und zu belehren alle, die über unsere Anciennität die Wahrheit wissen wollen" [76]. Im übrigen ist es nicht sicher, daß er in der griechisch-römischen Welt, auch bei seinen guten Beziehungen, die er in Rom selbst hatte, wesentlich mehr Leser erreichte als Philon. Wenn sogar die Bibel der heidnischen Welt unbekannt blieb, wie sollen da ihre Interpreten Gehör finden? [77]

---

[74] *M. J. Lagrange,* Le Judaisme avant Jésus-Christ, Paris 1931, 538.
[75] A. a. O., 544.
[76] *Josephus,* Contra Apionem I, § 3.
[77] Kaum, daß man bei den heidnischen Autoren eine seltene Erwähnung der Bibel findet. Allerdings mag man das Interesse unterstreichen, das die neuplatonischen Philosophen den heiligen Schriften entgegenbringen, zumindest einige von ihnen. Numerius von Apamaea bezeichnet Platon als einen „attischen Moses"; er läßt den figürlichen Sinn mancher hebräischer Prophetien gelten und interessiert sich für die Geschichte Jesu. Amelius verteidigt das Wort Gott, seine Inkarnation, seine Gottheit in Begriffen, die dem Johannes-Prolog ähnlich sind. – Vgl. *P. de Labriolle,* La réaction païenne, 227–228. Doch das sind Ausnahmen aus einer späteren Zeit.

Die christlichen Apologeten orientieren sich also am Vorbild der Juden, wenn sie die Sache ihrer Religion einem größeren Publikum vortragen. Damit setzen sie sich ein doppeltes Ziel: Sie wollen das Christentum gegen die ungerechten Anklagen verteidigen und die legale Existenzberechtigung erlangen; sie wollen aber auch die Heiden zu ihrem Glauben führen, indem sie ihnen die Wahrheit der Lehren des Evangeliums aufzeigen. Um ihr Ziel besser zu erreichen, zögern sie nicht, sich an die höchsten Autoritäten zu wenden. Quadratus widmete und überreichte nach Eusebius dem Kaiser Hadrian eine Schrift, in der er die Verteidigung des Christentums übernimmt[78]. Aristides wendet sich, wenn man dem Eusebius glauben darf, ebenfalls an Hadrian, doch handelt es sich in Wirklichkeit um den Kaiser Antoninus Pius, dem diese älteste Apologie, die uns erhalten ist, gewidmet ist[79]. Justin beginnt seine Apologie mit der Formulierung: „An den Kaiser Titus Älius Hadrianus Antoninus Pius Cäsar Augustus, an seinen Sohn Verissimus den Philosophen, an Lucius, eines philosophischen Cäsars leiblichen und des Pius angenommenen Sohn, den Freund der Wissenschaften, an den heiligen Senat und das ganze römische Volk richte ich, Justinus, Sohn des Priskus, und Enkel des Bakchius aus Flavia Neapolis in der syrischen Landschaft Palästina, für die Leute aus jedem Volksstamm, die mit Unrecht gestraft und verleumdet werden, zu denen ich auch selbst gehöre, folgende Anfrage und Bittschrift"[80]. Miltiades widmet seine Apologie „den weltlichen Autoritäten, um die Philosophie zu verteidigen", die er praktizierte[81]. Apollinaris, Bischof von Hierapolis in Phrygien, widmet die seine dem Mark Aurel[82] und Meliton, Bischof von Sardes, macht es ebenso[83]. Athenagoras redet zu den Kaisern Mark Aurel Antonin und Lucius Aurelius Commodus, Armeniern, Sarmaten, und, was am wichtigsten ist, Philosophen[84]. Tertullian, der zahlreiche propagandistische Werke verfaßt, wendet sich einmal ganz allgemein an die Heiden *(Ad Nationes),* bald an die Magistrate des römischen Imperiums *(Apologeticum),* bald an einen ganz bestimmten Magistrat *(Ad Scapulam).* Allgemein an die Griechen richtet sich die „Oratio" (Rede) des Ta-

---

[78] *Eusebius,* KG IV, 3.
[79] *Eusebius,* KG IV, 3; Chronic. ad annum, 125.
[80] *Justin,* 1. Apologie 1, 1. Die zweite Apologie Justins hat keine Widmung. Sie kann als Vervollständigung der ersten verstanden werden.
[81] *Eusebius,* KG V, 17; vgl. *Tertullian,* Adversus Valentinum, 5.
[82] *Eusebius,* KG IV, 27.
[83] *Eusebius,* KG IV, 26, 1.
[84] *Athenagoras,* Bittschrift, Inscriptio.

tian[85], die *Oratio* und *Cohortatio* des Pseudo-Justin, während der Bischof Theophil von Antiochien an eine bestimmte Person mit Namen Autolykos schreibt.

Die Apologeten drücken sich so aus, als hätten sie die Hoffnung, von ihren Adressaten auch gelesen und gehört zu werden. Justin zum Beispiel erklärt: „Unsere Aufgabe ist es also, in unser Leben und in unsere Lehren allen Einsicht zu verschaffen, damit wir nicht für solche, die erfahrungsgemäß mit unseren Verhältnissen unbekannt sind und aus Unwissenheit fehlen, selbst die Strafe auf uns laden; eure Sache aber ist es, uns, wie die Vernunft es fordert, anzuhören und euch als gerechte Richter zu erweisen. Denn seid ihr einmal unterrichtet, so wird euch fürderhin keine Entschuldigung bei Gott mehr zustehen, wenn ihr nicht Gerechtigkeit übet." [86] Athenagoras drückt sich aus, als hielte er seine Rede vor dem Kaiser: „Wenn ich mich nun anschicke, unseren Standpunkt zu verteidigen, muß ich euch, mächtigste Herrscher, bitten, uns unparteiisch anzuhören, und anstatt Euch durch das alberne Tagesgeschwätz zu einem Vorurteil hinreißen zu lassen, Euren Wissensdrang und Eure Wahrheitsliebe unserer Sache zuzuwenden. Dann werdet weder ihr infolge mangelhafter Belehrung Fehler machen, noch werden wir länger bekriegt werden, wenn es uns gelingt, die auf dem gedankenlosen Gerede der Menge beruhenden Beschuldigungen zu widerlegen." [87] Er gibt sich so, als wäre die Menge von seiner Eloquenz bewegt: „Gestattet hier, da diese Lehre weithin hörbar mit lautem Schall ergangen ist, von der Redefreiheit Gebrauch zu machen, wie dies einer tun darf, der vor Herrschern steht, die Philosophen sind." [88] Meliton von Sardes ist noch direkter: „Deine frommen Väter haben allerdings die Torheit jener wieder gutgemacht, indem sie wiederholt die vielen, welche bezüglich der Christen unerhörte Methoden anzuwenden sich erkühnen, in Reskripten zurechtwiesen. So hat bekanntlich dein Großvater Hadrian sich außer an viele andere auch an den Prokonsul Fundanus, den obersten Beamten Asiens, schriftlich gewandt. Und dein Vater hat, als du mit ihm die Staatsgeschäfte führtest, in einem Schreiben die Städte angewiesen, uns gegenüber keine neuen Methoden einzuschlagen. Unter diesen Anweisungen finden sich Schreiben an die Bewohner von Larissa, von Thessalonike, von Athen und an alle Hellenen. Da du von den

---

[85] *Tatian,* Rede an die Griechen, 42.
[86] *Justin,* 1. Apologie, 3,4–5; vgl. 1. Apologie 14,1 und 4; 23,1; 45,6; 2. Apologie 3,1.
[87] *Athenagoras,* Bittschrift 2; vgl. 9,1; 11,1; 23,1; 24,1; 30,1; 37.
[88] *Athenagoras,* Bittschrift 11,4.

Christen die gleiche Meinung wie dieser Kaiser, ja eine noch gütigere und vollständigere Vorstellung hast, sind wir von dir erst recht überzeugt, daß du alle unsere Bitten gewährst."[89]

Wenn das nicht nur rhetorische Floskeln sind, und das scheint nicht der Fall zu sein, dann bezeugen sie auf seiten ihrer Autoren eine ganz schöne Portion Optimismus, wenn nicht gar Naivität. Die Kaiser haben andere Dinge zu tun, als solche Bittschriften zu lesen oder anzuhören, welche diese Christen an sie richten. Sie waren zwar verpflichtet, die Fragen, welche die damit befaßten Funktionäre betreffs der Christen vorlegten, zu beantworten und sie bemühten sich auch, Urteile zu finden, die den Bedingungen der Justiz und des Gemeinwohls entsprachen. Aber sie beschäftigten sich kaum damit, die christlichen Lehren gründlicher zu studieren und das Staatsinteresse, wie sie es sahen, verbot es ihnen, die geringste Kritik an der überlieferten Religion aufkommen zu lassen. Ein christlicher Herrscher war für sie eine Unmöglichkeit, und gegen Ende des 2. Jahrhunderts faßt auch ein Tertullian eine solche Möglichkeit nicht ins Auge[90].

Es ist nicht einmal sicher, daß heidnische Gebildete die Apologien lasen, die sie eigentlich hätten interessieren sollen, weil sie die Fundamente von Religion und Moral in Frage stellten. Kelsos, der den „Dialog des Jason mit Papiscus" kennt und vielleicht den Barnabasbrief gelesen hat, scheint in der apologetischen Literatur des 2. Jahrhunderts, trotz ihrer Fülle, nicht bewandert zu sein[91]. Freilich rühmt er sich, alle zu kennen[92], doch übertreibt er offenkundig und seine Bildung geht überhaupt eher in die Breite als in die Tiefe. Außerdem, auch wenn die Apologien einem breiteren heidnischen Leserkreis bekannt gewesen wären, so muß man sich doch fragen, ob sie die Erwartungen ihrer Autoren erfüllt und zahlreiche Bekehrungen bewirkt hätten. „Der Freimut und die Kraft ihrer Angriffe, die sie gegen den Polytheismus richteten, waren eher dazu angetan, diejenigen zu irritieren, die mit einem Lächeln an die Götter der Mythen dachten; die meisten mochten durch die Lektüre einer Apologie in der Überzeu-

---

[89] *Meliton von Sardes,* zitiert bei *Eusebius* KG IV, 26.
[90] *Tertullian,* Apologeticum, 21,24.
[91] Die Frage wird noch diskutiert. *P. de Labriolle,* La réaction païenne, 126, ist der Auffassung, daß es keinen durchschlagenden Beweis für eine Kenntnis der Apologien bei Kelsos gibt. – *A. Puech,* Histoire de la littérature grecque chrétienne, t. II, 230, meint im Gegenteil, daß der „Alethes Logos" des Kelsos eine Antwort an die Apologeten wäre; er wäre wenigstens teilweise veranlaßt durch die Erregung, die ihre Werke im heidnischen Publikum hervorgerufen hätten.
[92] *Origenes,* Gegen Kelsos I, 12; vgl. II, 74.76.

290

gung bestärkt werden, daß die Christen genau so waren, wie man sie sich vorstellt: fanatische Feinde aller Ideen, auf denen die antike Kultur beruhte ... Zweitens, wenn die Apologeten ihre Lehren auseinandersetzten, auch wenn sie bemüht waren, die Schwierigkeiten, auf die ihre Propaganda stoßen konnte, im voraus zu bedenken, konnten sie bei ihrem Enthusiasmus deren Gewicht nicht immer richtig abschätzen. Erst allmählich begriffen sie zum Beispiel, welcher Klugheit es bedurfte, damit das Argument der erfüllten prophetischen Verheißungen vom Geist ihrer Hörer erfaßt wurde. Ebenso gaben sie sich erst allmählich Rechenschaft darüber, daß die Analogien, die sie zwischen Christentum und Philosophie aufzeigen zu können glaubten, nicht zu billig sein durften, um nicht als tollkühn oder zu willkürlich zu erscheinen."[93]

Aufs Ganze gesehen, scheinen die christlichen Apologeten kaum mehr Bekehrungen zuwege gebracht zu haben als ihre jüdischen Vorgänger. Man darf dieses Manko aber nicht, wie dies mitunter geschah, auf intellektuelles Unvermögen zurückführen. Wenn man sie mit ihren Zeitgenossen vergleicht, mit einem Fronto im Westen, einem Aelius Aristides, einem Maximus von Tyros, einem Lukian von Samosata und einem Kelsos im Osten, dann muß man doch feststellen, daß sie ihnen, was die Wissenschaft angeht, durchaus gleichwertig sind, und daß sie diese unter moralischem Gesichtspunkt weit übertreffen. Wenn sie die größten heidnischen Schriftsteller nur aus zweiter Hand, aus Florilegien, kennen, so ist das bei den Heiden kaum anders. Wenn sie zur Interpretation der heiligen Schriften die Allegorie benützen, dann legen die Heiden ihre Göttergeschichten ebenso aus[94]. Wenn sie durch die Chronologie und durch die Geschichte das hohe Alter ihrer Religion zu beweisen versuchen, dann war diese Methode durch die jüdischen Apologeten in Gebrauch gekommen. Den heidnischen Historikern entlehnen sie Jahreszahlen und Daten. Allerdings, zur Zeit, als sie ihre Apologien abfassen, interessiert die öffentliche Meinung sich kaum für das Christentum, am allerwenigsten jene, die fähig wären, sie zu lesen und darüber nachzudenken. Was geht es das gebildete Publikum an, daß sich eine neue Religion aus dem Orient unter der Masse der Sklaven und des Niedervolkes ausbreitet? Man hat davon schon genügend andere gesehen. Das wird genau so verlaufen wie früher: Nach einem vorübergehenden Aufflammen wie bei einem

---

[93] *A. Puech*, Histoire de la littérature grecque chrétienne II, 231–232.
[94] *P. Decharme*, La critique des traditions religieuses chez les Grecs, Paris 1904.

Strohfeuer wird das wieder verschwinden, ohne Spuren zu hinterlassen. Was bringt es, die Bücher ihrer Verteidiger zu lesen, wenn man sich mit den Phantastereien eines Lukian unterhalten kann, oder mit den leeren Banalitäten eines Fronto seine Zeit vertrödeln, oder wenn man etwas Ernsthaftes vorzieht, so kann man von den moralischen Reflexionen eines Plutarch, Epiktet oder Mark Aurel profitieren. Die christlichen Apologeten blieben also unbekannt[95]. Die Bücher sind ohnmächtig, die Aufmerksamkeit der Massen zu erregen. Da braucht es unerwartete Schauspiele, populäre Gesänge, Prozessionen und Wunder: hat das Christentum auch solche, etwas grobschlächtige Mittel gebraucht und welchen Nutzen zog es daraus?

4. Die christliche Liturgie

Die orientalischen Religionen, die das römische Reich überfluteten, verfügten alle über bewegende Liturgien, um die Neugier der profanen Menge zu erregen und sie definitiv an sich zu binden. Zwar wurden ihre Mysterien nur den Eingeweihten in einer Reihe aufregender Zeremonien enthüllt; aber um das religiöse Gefühl zu steigern, hatten sie auch ihre Prozessionen, Umzüge, Lieder, die Gegenstand öffentlicher Schauspiele waren, die niemanden gleichgültig ließen. Die heidnischen Autoren, auch die am meisten skeptischen, können, wenn sie die Riten, deren Zeugen sie waren, beschreiben, bei der Erinnerung sich einer gewissen Erregung nicht enthalten. Wir haben bereits das Bild erwähnt, das Lukrez vom Kybele-Kult zeichnet:

---

[95] Die Christen selbst haben keineswegs dieselbe Gleichgültigkeit gegenüber ihren Apologeten. Irenäus, selbst Schüler Justins in Rom, benützt dessen Apologien und hängt vielleicht auch von Theophilus von Antiochien ab. Tertullian und Theophilus kennen ihrerseits die Apologien Justins. Gegen Ende des 2. Jahrhunderts besitzt Tertullian ein veritables „Corpus apologetarum"; vgl. *De testimonio animae 1:* „Nonnulli quidem, quibus de pristina litteratura et curiositatis labor et memoriae tenor perseveravit, ad eum modum opuscula penes nos condiderunt, commemorantes et contestificantes in singula rationem et originem et traditionem et argumenta sententiarum, per quae recognosci possit nihil nos aut novum aut portentosum suscepisse, de quo non etiam communes et publicae litterae ad suffragium nobis patrocinentur si quid aut erroris ejecimus aut aequitatis admisimus". („Zwar haben einige der Unsrigen, denen von ihrer ehemaligen literarischen Beschäftigung her noch die Arbeitslust der Wißbegierde und Treue des Gedächtnisses geblieben ist, kleine Werke von dieser Richtung abgefaßt, und im einzelnen den Grund und den Ursprung der Traditionen, sowie auch die Beweise für die Meinungen beigebracht und mit Zeugnissen belegt, woraus man genau zu ersehen imstande ist, daß wir nichts Unerhörtes und Auffallendes unternommen haben, nichts, worin uns nicht sogar allgemein verbreitete und öffentlich bekannte Schriften durch ihre Zustimmung zu Hilfe kämen, mag es nun sein, daß wir etwas als Irrtum verwerfen oder etwas als berechtigt zulassen", BKV, Tertullian I, 203 f.).

„Haben den Scheitel des Haupts mit der Mauern Reife bekrönet"
(d. h. die Göttin trägt einen Kranz in Gestalt einer Stadtmauer),
„weil auf ragendem Felsen befestigt sie Städte emporhält;
Mit diesem Zeichen geschmückt wird jetzt durch mächtige Länder
schauererregend das Bild der großen Mutter getragen.
Bunter Völker Zahl nach alter Weise der Riten
nennen sie Mutter vom Ida und geben phrygische Scharen
ihr zu Begleitern, dieweil, wie sie sagen, aus jenen Gebieten
hin durch den Erdkreis zuerst die Feldfrucht begann zu entstehen.
Geben Verschnittene bei zum Zeichen, daß die, so der Mutter
heiligen Willen verletzt und als undankbar ihren Zeugern
wurden erfunden, man nicht erachten durfte als würdig,
lebenden Nachwuchs hervor in des Lichtes Gestade zu bringen.
Pralle Pauken ertönen unter den Händen und Becken
rings, die hohlen, es droht das Horn mit belegtem Gesange
und im phrygischen Takt peitscht Pfeife der Flöten die Sinne;
Waffen trägt man voran, die Zeichen gewaltsamen Wütens,
daß sie den danklosen Sinn und die unfrommen Herzen des Volkes
schrecken können in Furcht mit dem göttlichen Willen der Göttin.
Wenn sie darum, kaum eingeführt in die stattlichen Städte,
stumm mit schweigendem Gruß die Sterbenden reichlich gesegnet,
streuen den ganzen Pfad sie der Straßen mit Kupfer und Silber,
reich mit erklecklicher Gabe sie machend, und lassen mit Blüten
schnein es der Rosen, die Mutter beschattend und folgenden Scharen.
Wenn hier vielleicht der bewaffnete Trupp, Kureten mit Namen,
wie ihn die Griechen nennen, unter den phrygischen Scharen
tollt und hoch nach dem Takte aufspringt, schwelgend im Blute,
schüttelnd die schreckerregenden Mähnen mit Werfen der Köpfe ...[96].

In Rom wurden die Feste der Kybele und des Attis alljährlich vom 15.
bis zum 27. März gefeiert, zur Zeit, da der Frühling beginnt und die
Vegetation aufblüht. „Am 15. März wurde das mystische Drama
durch einen Zug von *cannophoren* oder Schilfträgern eingeleitet; sie
erinnern ohne Zweifel an die Auffindung des Attis durch Kybele, welche der Sage nach als Kind an den Ufern des Sangarius, des großen
phrygischen Flusses, ausgesetzt worden war. Der Archigalle opferte
einen sechsjährigen Stier, um die Fruchtbarkeit der Felder zu sichern;
diese Zeremonie läßt an ein ursprünglich ländliches Fest denken.
Nach sieben Tagen der Enthaltsamkeit und des Fastens begann am
Tage des Frühlingsäquinoktiums die eigentliche Handlung: eine Pi-
nie wurde gefällt und in den Tempel auf dem Palatin gebracht, und

---

[96] *Lukrez,* (De rerum natura)/Welt aus Atomen II, 608–632, deutsch von *K. Büchner,*
193–195.

zwar durch eine Bruderschaft, welche dieser Funktion ihren Namen *dendrophori* (Baumträger) verdanken. Jener Baum, der wie ein Leichnam mit wollenen Binden umwickelt und mit Veilchen bekränzt wurde, stellte den toten Attis dar: dieser bedeutete ursprünglich nichts anderes als den Geist der Pflanzen, und somit lebte ein uralter ländlicher Brauch der phrygischen Bauern neben dem Palast der Cäsaren in den Ehren fort, welche diesem „Märzbaum" erwiesen wurden. Der folgende Tag war der Trauer gewidmet: die Gläubigen fasteten und wehklagten um den gestorbenen Gott. Der 24. führte in den Kalendern den bezeichnenden Namen *Sanguis.* Man hat in ihm die Leichenfeier des Attis wiedererkannt, dessen Namen man durch blutige Libationen beschriftete, wie man es bei einem gewöhnlichen Sterblichen getan haben würde. Die Galli, ihre schrillen Schreie in den gellenden Klang der Flöten mischend, geißelten sich, verwundeten sich durch Einschnitte, und die auf dem Gipfel der Raserei angelangten Neophyten vollzogen, gegen den Schmerz unempfindlich geworden, mit Hilfe eines scharfen Steines das höchste Opfer. Nun folgte, nach einem noch strengeren Fasten eine geheimnisvolle Vigilie *(Pannychis),* an der die Totenklagen über den verschiedenen Gott von neuem begannen, bis zu dem Augenblick, wo der Priester die erwartete Auferstehung verkündigte. Dann ging man unvermittelt von den Verzweiflungsschreien zu frenetischem Jubel über: das waren die „Hilarien", der 25. März. Mit der Wiedererneuerung der Natur erwachte Attis aus seinem langen Todesschlaf; und in zügellosen Vergnügungen, mutwilligen Maskeraden, reichlichen Mahlzeiten ließ man der Freude freien Lauf, die seine Auferstehung hervorgerufen hatte. Nach vierundzwanzig Stunden durchaus notwendiger Ruhe *(requietio)* schlossen die Festlichkeiten am 27. mit einer triumphalen Prozession, die ihren Prunk auf den Straßen und in der Umgebung Roms entfaltete. Begleitet von der Priesterschaft und den Gallen, von den öffentlichen Behörden, von bewaffneten Wächtern, von Musikanten und von einer unübersehbaren Menge wurde das silberne Standbild der Kybele unter einem Regen von Blumen auf einem Prunkwagen nach dem Bache Almo geführt, wo es nach einem zur Erlangung von Regen im Altertum sehr verbreiteten Brauche gebadet und gereinigt wurde *(lavatio)."* [97]

Nicht weniger eindrucksvoll war der Kult der Isis. Außer der täglichen Liturgie beim Öffnen und Schließen ihres Tempels gab es all-

---

[97] *Cumont,* Die orientalischen Religionen, 52 f.

jährlich eine Reihe sehr schöner Zeremonien: „Der Rhetor Apuleius hat uns von einem dieser Feste, dem *Navigium Isidis,* eine glänzende Beschreibung hinterlassen und, um mit den Alten zu reden, alle seine Farbentuben zu diesem Zwecke geleert. Am 5. März, dem Tage, an welchem die durch die Wintermonate unterbrochene Schiffahrt wieder eröffnet wurde, bewegte sich eine prunkvolle Prozession nach dem Strande, und man ließ ein der Isis, der Schutzpatronin der Seeleute, geweihtes Schiff in die Wellen gleiten. Eine burleske Gruppe von verkleideten Personen eröffnete den Zug, dann kamen blumenstreuende Frauen in weißen Gewändern; die Stolisten, welche die Toilettenutensilien der Göttin schwenkten; die Dadophoren mit brennenden Fackeln in der Hand; die Hymnoden, deren Wechselgesänge sich in den schrillen Ton der Querpfeifen und in das Rasseln der metallenen Sistren mischten, dann die dichtgedrängte Schar der Eingeweihten und der Priester, die, mit geschorenem Kopf und in schneeweiße Kleider gehüllt, die Bilder der tiergestaltigen Götter mit ihren seltsamen Symbolen wie eine goldene Urne mit dem göttlichen Nilwasser trugen ... Vor Ruhealtären machte man Halt, wo diese heiligen Dinge den Gläubigen zur Verehrung dargeboten wurden. Diese verschwenderische und bizarre Pracht, welche bei diesen Festen entfaltet wurde, hinterließ bei der schaulustigen Menge einen unvergeßlichen Eindruck." [98]

Gegen Ende des 2. Jahrhunderts n. Chr. brachte auch der Dionysoskult prunkvolle Umzüge, deren Zusammensetzung wir durch eine Inschrift am Torre Nova in der Nähe von Rom kennen: „An der Spitze der *Heros* Macrinus, vielleicht ein Neffe der *Pompeia*[99]; dann die Daduche Cethegilla, Tochter der Pompeia; sieben Priester, unter ihnen Gallicanus, Gemahl der Pompeia; ein Macrinus, Bruder der Pompeia und andere adelige Römer; zwei Priesterinnen, Agathopous[100], zwei Theophoren, Träger der Statue des Gottes, ein Diener und Wächter der Silenen, drei Korbträgerinnen, drei Erz-Ochsentreiber, neun heilige Ochsentreiber; drei Erz-Bassariden mit einem Fuchsfell bekleidet, zwei Amphitaleis-Kinder (Kinder, deren beide

---

[98] *Cumont,* Die orientalischen Religionen, 89 f.
[99] Diese Pompeia ist die Vorsitzende des Thiasos, man ist versucht, zu schreiben „ihrer Kongregation" und die Inschrift ist ein Geschenk zu ihrer Ehre. Sie war die Frau des Gavius Squilla Callicanus, der 150 n. Chr. Konsul war. Pompeia Agrippinilla stammt von einem Griechen, Theophanes von Mytilene ab, einem Freund des Pompeius, der ihm das römische Bürgerrecht verschafft hat. Der Thiasos zählt ungefähr siebzig Römer, darunter mehrere Senatoren, und mehr als dreihundert Griechen, vor allem aus Kleinasien.
[100] Man begegnet häufig Griechen, Sklaven oder Freigelassenen, mit diesem Namen.

Eltern noch leben); drei weibliche Liknaphoren, eine weibliche Phallophore, zwei Pyrophoren, ein Hieromnemon, ein Anführer der jungen Leute, vier Archibassarrai, elf Ochsentreiber, neunzig Eingeweihte beiderlei Geschlechts, *apò katazôséôs,* die die Nebris empfangen haben, umgürtet mit einem Hirschkalbfell; fünfzehn Bakchen *apò katazôseôs;* drei Bakchen *apò katazôseôs,* einhundertsechzig heilige Bakchen, zwei Wächter der Höhle, siebenundvierzig Bakchen; schließlich dreiundzwanzig Sigêtai beiderlei Geschlechts: das sind Novizen, die während der Zeit ihres Noviziats zum Stillschweigen verpflichtet sind."[101]

Was hatten das Christentum diesen prächtigen, abwechslungsreichen heidnischen Kulten, die genau darauf angelegt waren, die Leute zu erregen und anzuziehen, gegenüberzustellen? In den ersten beiden Jahrhunderten, das heißt bis zur Regierung des Commodus oder des Septimius Severus hatten die Gläubigen nicht einmal eigene Kultgebäude[102]. Sie trafen sich, wo sie konnten, im Hause eines christlichen Bruders, vielleicht in einem Konferenzraum, wenn einer der Ihren so etwas zur Verfügung stellen konnte, oder auch unter freiem Himmel, in der Nähe der Stadt, wenn gerade keine Verfolgung sie zu völliger Geheimhaltung zwang. Sie feierten miteinander die Eucharistie und ließen zum Brotbrechen einen Unbekannten nicht zu. Falls ein Fremder hinzukam, wurde er mit Freuden aufgenommen, sobald er einen Empfehlungsbrief mit der Unterschrift oder dem Siegel seines Bischofs vorweisen konnte[103]. War der Fremdling selber ein Bischof, dann wurde er eingeladen, anstelle und in Gegenwart des Ortsbischofs die Eucharistie zu feiern[104]. Doch wenn man auch gerne die Brüder, die manchmal von weit herkamen, aufnahm, Nicht-Bekehrte konnte man bei ihnen nicht einführen. Gewiß, man hatte nichts zu verheimlichen und ihre Schriftsteller erklären das Geheimnis der Eucharistie in aller Deutlichkeit. Aber sie hielten nicht weniger daran fest, daß man, nach einem Ausdruck des Evangeliums das Heilige nicht vor die Hunde werfen darf (vgl. Mt 7,6) und Ungläubige am Leib des Herrn nicht teilnehmen dürften.

---

[101] *A. J. Festugière,* Le monde gréco-romain II, 175–176.
[102] Vgl. *A. von Harnack,* Mission und Ausbreitung, 611–618.
[103] Die Synode von Elvira regelt um 300 sorgfältig den Gebrauch von Kommunion-Briefen; aber seit der Frühzeit des Christentums waren solche von Christen auf der Durchreise in einer fremden Gemeinde gefordert.
[104] Als Polykarp von Smyrna unter dem Pontifikat des Aniket nach Rom kommt, bittet ihn dieser, an seiner Stelle die Eucharistie zu feiern, vgl. *Irenäus,* Brief an Viktor, zitiert bei *Eusebius,* KG V, 24.

Doch nehmen wir an, daß ein Heide an einem christlichen Gottesdienst hätte teilnehmen können, was hätte er dann sehen und hören können, was seine Begeisterung hätte hervorrufen oder seine Neugierde wecken können? Er wäre in einen Saal gekommen, in dessen Hintergrund ein zubereiteter Tisch gestanden hätte. Er hätte gesehen, wie die Gläubigen in geordneter Weise Platz genommen hätten, auf der einen Seite die Männer, auf der anderen die Frauen, unter der Leitung des Klerus. Er hätte zunächst Schriftlesungen aus dem Alten und Neuen Testament gehört, und wenn er auch nur ein wenig gebildet war, dann wäre er wohl betroffen gewesen vom volkstümlichen Charakter dieser Bücher, von ihrem schlechten Stil, ihrer grammatikalischen Unkorrektheit; wahrscheinlich hätte er nicht viel verstanden von den Prophetien und hätte sich sehr belustigt über die Arche Noah, die Eselin Bileams und den Fisch des Jona.

Nach alledem hätte er eine Predigt hören können, meist einen allegorischen oder moralischen Kommentar zu den Lesungen, und wahrscheinlich hätte er sich innerlich beeilt, eine Methode zu kritisieren, mit der man die historischen Schwierigkeiten so schön übergehen konnte. Auch der Gesang der Gläubigen hätte ihn, wegen seiner Monotonie, nicht übermäßig begeistert. Was das Gebet des Bischofs angeht, so hätte dieses wohl seine Verwunderung hervorgerufen wegen seiner Länge; denn, anstatt sorgfältiger Wiederholung eines unveränderlichen Textes, woran man sich in der Tradition der alten römischen Kulte gewöhnt hatte, hörte er hier eine mehr oder weniger lange Improvisation, die freilich immer als Danksagung gegen Gott formuliert war und als Fürbitte, in der ihm alle Bedürfnisse der Gemeinde, der gesamten Kirche und der ganzen Welt vorgetragen wurden. Vielleicht hätte dieses Gebet ihn ergreifen können, wie ja auch noch uns, so eingebildet wir heute sind, die Gebete eines Clemens von Rom [105] und eines Polykarp von Smyrna [106] anrühren; aber das ist wahrscheinlich auch das einzige Moment der Liturgie, wo man spürte, daß die Versammlung von einem großen religiösen Atem bewegt war. Nach alledem hätte er dann mit interessierter Neugierde beobachtet, wie die Brüder sich dem Tische näherten, und das geweihte Brot empfingen und wie die Diakone den Anteil, der für die Abwesenden bestimmt war, mit Andacht entgegennahmen. In der Tat, nichts von alldem konnte sich an Feierlichkeiten mit den großen heidnischen Ze-

---

[105] 1. Klemensbrief, 59–61.
[106] Martyrium des Polykarp, 14.

remonien messen, von denen wir gesprochen haben; nichts von alldem erklärt den Erfolg der Skandalgeschichten, die manche Leute
von den christlichen Zusammenkünften kolportierten. Da wurden
keine kleinen Kinder erdrosselt; es wurden auch keine Lichter ausgelöscht, um schändliche Dinge zu treiben: Wie konnte man sich nur
über derart einfache und wohlgeordnete Dinge so aufregen?
Hat unser Fremder wirklich religiöse Gefühle gehabt, dann konnten gerade diese Einfachheit und Geordnetheit ihn zum Nachdenken
veranlassen. Er hätte auch den Geist der Liebe unter den Christen bemerken können, die sich untereinander als Brüder und Schwestern
verstanden, die sich nicht damit begnügten, für die Abwesenden,
Kranken und Gefangenen zu beten, sondern allen, die etwas nötig
hatten, auch große Unterstützungen zukommen ließen. Tertullian, der
übrigens nicht die Eucharistie beschreibt, spricht in bewegenden
Worten von den Mählern der Christen:

„Nicht eher legt man sich zu Tisch als ein Gebet zu Gott im voraus verkostet
ist; man ißt soviel, wie man für den Hunger braucht; man trinkt so viel, wie
Anständigen gut ist. So sättigt man sich wie jemand, der daran denkt, daß er
auch zur Nachtzeit zu Gott beten muß; so spricht man miteinander wie jemand, der weiß, daß Gott es hört. Nachdem das Wasser für die Hände ge-
reicht ist und die Lichter angezündet sind, wird jeder aufgefordert, wie er es
aus den heiligen Schriften oder aus eigenem Können vermag, vor den anderen
Gott Lob zu singen; damit wird geprüft, in welcher Weise er getrunken hat.
Ebenso löst ein Gebet die Tischgesellschaft auf." [107]

Wenn diese Mahlzeiten, die mit der Liturgie nichts zu tun haben,
schon derart von religiösem Geist geprägt sind, wie muß das erst von
jenem Vorgang gelten, bei dem man das Gedächtnis des Erlösertodes
Christi feierte und mehr noch jener, in welchem die Kirche sich wirklich mit ihrem Herrn vereinte, der mitten unter seinen Brüdern durch
das Wort und durch die Konsekration gegenwärtig war? Konnte solche Atmosphäre religiöser Inbrunst Menschen mit aufrichtiger Gesinnung und liebenden Herzen trotz ihrer einfachen Riten und Formeln
gleichgültig lassen; mußte sie nicht im Gegenteil zumindest gewich-
tige Fragen hervorrufen?
Vom dritten Jahrhundert an werden die Dinge schon gemäßigter;
denn jetzt besaßen die Christen schon richtige Kirchen. Unter der Regierung des Heliogabal gegen 221 n. Chr. bauen die Christen von Em-
maus-Nikopolis, der Julius Africanus vorsteht, eine Basilika mit

---

[107] *Tertullian,* Apologeticum 39, 17–18.

dreifacher Apsis, die aber nicht lange besteht[108]. Eine Kirche samt Baptisterium zu Dura Europos stammt vielleicht aus der Zeit des Commodus und ein Graffito von 232 bezeichnet vielleicht die endgültige Fertigstellung. Malereien, die Adam und Eva im Paradies darstellen, der gute Hirte, die heiligen Frauen am Grab, die Heilung des Gelähmten am Teiche Bethesda, Jesus, der über das Wasser schreitet, David, der den Goliath besiegt, die Samariterin am Jakobsbrunnen: dies ist der Schmuck der Vorhalle (Paradies) der Kirche[109]. Das sind nur Beispiele; denn die Autoren des dritten Jahrhunderts sprechen einhellig von Kirchen, wo die Gläubigen sich zum Gebet versammeln, oder um das Wort Gottes zu hören und an der Eucharistie teilzunehmen[110]. Nach der Verfolgung des Decius läßt der Elan etwas nach, um aber bald noch intensiver zu werden[111], und die Bekehrung Konstantins ist überall das Signal eines Baufiebers, das die ganze Welt mit aufwendigen Kirchen ausstattet. Inschriften, wie diejenige des Eusebius für die Kirche von Tyros[112], Inventarverzeichnisse, wie sie der *liber Pontificalis* berichtet, Schenkungen an die Kirche von Rom durch den Kaiser machen die Großartigkeit der zu Ehren Christi und der Heiligen errichteten Gebäude hinreichend deutlich[113].

---

[108] Vgl. *H. Vincent - F. M. Abel,* Emmaus ..., sa basilique et son histoire, Paris 1932.
[109] *M. I. Rostovtzeff,* The excavations at Dura-Europos ... Prelimilary report of fifth season of work, oct. 1931 – march 1932, New Haven 1934, 328–288; vgl. *L. H. Vincent,* in: Revue Biblique 45 (1936) 126–127; ferner *A. Grabar,* Die Kunst des frühen Christentums, Universum der Kunst, München 1967; *B. Brenk,* Spätantike und frühes Christentum, Propyläen-Kunstgeschichte, Supplementband I, Berlin 1977.
[110] Vgl. z. B. *Hippolyt,* In Danielem I, 20; *Klemens von Alexandrien,* Stromat. VII, 5; *Origenes,* In Exodum hom. II, 2; hom. XII, 2; In Levit. hom. IX, 9; In Jesu Nave, hom II, 1; *Cyprian,* De oper. et eleemos., 15. – Wenig später, im Jahre 238, erbaut Gregor Thaumaturgos eine Kirche zu Neocaesaraea; andere Kirchen folgen in seiner Provinz sehr schnell. Nach der Absetzung des Paul von Samosata spricht Aurelian das Kirchengebäude demjenigen Bischof zu, der in Gemeinschaft mit Rom steht, *Eusebius* KG VII, 28.
[111] Das Edikt des Gallienus bringt die Christen wieder in den Besitz ihrer Kirchen, die von *Valerian* enteignet worden waren, *Eusebius* KG VII, 13, 2. – Zu späteren Neubauten nach diesem Edikt vgl. *Eusebius,* KG VIII, 1.
[112] *Eusebius,* KG X, 4; – Die Inschrift von M. Julius Eugenes, Bischof von Laodikaia in Pisidien, bezeugt die Sorgen dieser Persönlichkeit am Wiederaufbau der Kirche: „Nachdem wir das Bischofsamt fünfundzwanzig Jahre mit Sorgfalt verwaltet und die gesamte Kirche von den Fundamenten an wieder aufgebaut und ihren ganzen Schmuck, das heißt der Säulen, Pfeiler, Tierornamenten, Mosaiken, Wasserbehälter, Vorhalle und mit allen Steinmetzarbeiten (versehen haben)" usw. (εἴκοσι πέντε ὅλοις ἔτεσιν τὴν ἐπισκοπὴν μετὰ πολλῆς ἐπιτειμίαις διοικήσας καὶ πᾶσαν τὴν ἐκκλησίαν ἀνοικοδομήσας ἀπὸ θεμελίων καὶ σύνπαντα τὸν περὶ αὐτὴν κόσμαν τοῦτ' ἔστιν στοῶν τε καὶ τετραστόων καὶ ἱλῳγραφίων καὶ κεντήσεων καὶ ὑδρείου καὶ προπύλου καὶ πᾶσι τοῖς λιθοξόικους ἔργοις κτλ.) vgl. *Batiffol,* L'épitaphe d'Eugène évêque de Laodicée, in: Bulletin d'anc. Litter. et d'archéol. chrét. t. I, 1911, 25–34.
[113] *Liber Pontificalis,* Sylvester; édit. *L. Duchesne,* t. I, 170 ff.; vgl. S. CXLIII ff. *Zenon*

Gleichzeitig entwickelt sich der Kult. Der Klerus wird zahlreicher; er umgibt den Bischof, der in der Apsis seiner Basilika thront, inmitten seiner Priester, Diakone und der übrigen Kultdiener. Die Gesänge gewinnen neue Dimensionen und tragen zur Aufmerksamkeit des Volkes bei, auch wenn dieses sich nicht unmittelbar am Gesang der Psalmen, Hymnen und anderen Liedern beteiligen kann. Verständlicherweise können wir darauf nicht näher eingehen. Doch muß man sich die Bedeutung des Kirchengesanges klarmachen; denn hier liegt ein Element, das eine gewisse Zahl von Gemütern zum Christentum hinziehen konnte.

Von den ersten Zeiten an besaßen die Christen eigene Hymnen und Lieder; Paulus empfiehlt den Kolossern, sie sollten sich gegenseitig belehren mit Hymnen, Psalmen und geistlichen Liedern (Kol 3, 16). Die Epheser erhalten eine ähnliche Empfehlung: „Laßt euch vom Geist erfüllen! Laßt in eurer Mitte Psalmen, Hymnen und Lieder erklingen, wie der Geist sie eingibt. Singt und jubelt aus vollem Herzen zum Lobe des Herrn! Sagt Gott dem Vater jederzeit Dank für alles im Namen Jesu Christi unseres Herrn" (Eph 5, 18–20). Vielleicht sind uns einige Fragmente dieser frühen Hymnen erhalten, etwa die drei Verse:

„Wache auf, du Schläfer,
und stehe auf von den Toten
und Christus wird dich erleuchten" (Eph 5, 14)

Oder:
„Wahrhaftig groß ist das Geheimnis der Frömmigkeit:
Er wurde offenbart im Fleisch
Gerechtfertigt im Geist,
Geschaut von den Engeln
Verkündet unter den Völkern,
Geglaubt in der Welt,
Aufgenommen in die Herrlichkeit" (1 Tim 3, 16).

---

von Verona, hom. 1, 14 versichert, daß zu seiner Zeit, gegen Ende des 4. Jahrhunderts die christlichen Kirchen nicht so schön waren wie die heidnischen Tempel: „Quid, quod aut nullum aut perrarum est per omnem ecclesiam Dei orationis loci membrum, quod possit quavis ruina in se mergentibus idololatriae sedibus nunc usque aliquatenus comparari" („Es gibt entweder keine oder nur selten eine Kirche Gottes als Gebetshaus, die man auch nur entfernt mit den untergehenden Sitzen des Götzendienstes vergleichen könnte"). Doch spricht er nur für sein Gebiet, das erst ziemlich spät christianisiert wurde.

Auch die Johannes-Apokalypse scheint sich, wenn sie die himmlische Liturgie beschreibt, von der irdischen Liturgie inspirieren zu lassen; die Lieder, die sie den Bürgern des himmlischen Jerusalem, den Engeln oder den vierundzwanzig Ältesten zuschreibt, wurden wohl zuerst in den Versammlungen der Heiligen auf Erden gesungen[114]. Am Beginn des 2. Jahrhunderts schreibt Plinius der Jüngere an Trajan, daß die Christen bei ihren Zusammenkünften Christus als einem Gott Hymnen singen[115]. Später sprechen auch Justin[116] und Tertullian[117] ebenfalls von solchen Liedern im Rahmen der liturgischen Zeremonien. In einem Fragment des Artemon-Gegners, den Eusebius zitiert, stellt dieser den Neuerungen der Häresiarchen „die vielen Psalmen und Lieder" entgegen, „die von Anfang an von gläubigen Brüdern geschrieben wurden, die Christus, das Wort Gottes, besingen und seine Gottheit verkünden"[118]. Ein Orakel des Apollo, das Porphyrios in seinem großen Werk gegen die Christen zitiert, erwähnt den Brauch ebenfalls[119]. Es sind aber nicht nur die Orthodoxen, die sich des Metrums und der Musik bedienen; wir kennen durch das Fragment Muratori[120] und durch Tertullian[121] die Existenz gnostischer Hymnen. In den *Philosophoumena* zitiert Hippolyt einen Hym-

---

[114] Vgl. Apk 4,8 und 11; 5,9.10, 12–13; 7,10 und 12; 11,17–18; 15,3–4. – Vgl. *J. Marty, Études de textes cultuels de prières contenu dans le Nouveau Testament*, in: Revue d'hist. et de philosophie relig. t. IX, 1929.

[115] *Plinius Minor*, Epist. X, 96. Zum christlichen Lied in Bithynien vgl. *F. Dölger*, Sol Salutis, Münster i. W. ²1925, 103–136.

[116] 1. Apologie 13: θεῷ διὰ λόγου πόμπας καὶ ὕμνους πέμπειν" („Gott senden wir durch den Logos Gesänge und Hymnen empor").

[117] *Tertullian*, Apologeticum 39, 18: „... ut quisque de scripturis sanctis vel de proprio ingenio potest, provocatur in medium deo canere" („... jeder wird aufgefordert, wie er es aus den heiligen Schriften oder aus eigenem Können vermag, vor den anderen Gott Lob zu singen"). Vgl. De anima 9; De orat. 27; De spectac. 29; Scorpiace 7; De exhort. castitat. 10.

[118] *Eusebius*, KG V, 28; vgl. *P. Batiffol*, Histoire du bréviaire romain, Paris ³1911, 11; zu den Christus-Hymnen im allgemeinen *J. Lebreton*, Histoire du dogme de la Trinité II, 218–226.

[119] *Porphyrios*, zit. bei *Augustinus*, De civitate Dei XIX, 23: „Pergat quomodo vult inanibus fallaciis mortuum deum cantans, quem judicibus recta sentientibus perditum pessima in speciosis ferro vincta mors interfecit". („Möge sie nach Belieben in ihrem eitlen Wahn verharren und einen toten Gott in Klageliedern feiern, den nach gerechtem Urteilsspruch in den besten Jahren ein schimpflicher Tod mit rauher Gewalt dahingerafft hat".) – Vorher hatte Porphyrius von einer christlich gewordenen Gattin gesagt: „Eher möchtest du wohl in lesbarer Schrift auf Wasser schreiben oder als Vogel leichtbeschwingt durch die Lüfte fliegen, als den Sinn der befleckten gottlosen Gattin ändern", vgl. *Aurelius Augustinus*, Vom Gottesstaat, Buch 11–22, dtv-bibliothek 6088, München 1978, 570. Vgl. *P. Batiffol*, Oracula Lellenia, in: Revue Biblique XXV, 1916, 193.

[120] Fragm. Murat., Zeile 82 f.

[121] *Tertullian*, De carne Christi, 17,1; 20,3.

nus der Valentinianer[122]. Die apokryphen Thomas-Akten[123] sowie die Pistis-Sophia haben uns Beispiele dieser Literatur erhalten. Wenig später verbietet Paul von Samosata zu Antiochien die Lieder zu Ehren Christi als zu modern und von allzu modernen Menschen verfaßt, um sie durch Hymnen eigener Komposition zu ersetzen und diese durch Frauen in den gefüllten Kirchen singen zu lassen[124]. Zu manchen Zeiten beunruhigen sich manche Bischöfe über die Propaganda, die auf diese Weise von den Häretikern betrieben wurde; das Konzil von Laodikaia im 4. Jahrhundert geht so weit, die von einzelnen verfaßten Psalmen und die nichtkanonischen Bücher zu verbieten[125].

Diese Vorschriften kommen jedoch zu spät und sind zu absolut, um noch irgendeine Wirkung zu erzielen. Im Verlauf des 4. Jahrhunderts entwickelt sich die Kirchenmusik und wird reichhaltiger, sie wird kunstvoller, auch bewegender. Das Ziel der meisten christlichen Lieder ist nicht so sehr die Unterweisung als die Erregung einer gewissen Ekstase und die Vereinigung der Sänger, nicht nur der Zuhörer, mit Gott. In solcher Weise erläutert Augustinus die Bedeutung des Jubilus:

„Was heißt jubeln (jubilare)?" und die Antwort darauf: „Wenn man die Freude mit Worten nicht ausdrücken kann und trotzdem durch die Stimme die inneren Vorstellungen zeigen will, aber sie mit Worten nicht erklären kann: das ist Jubilieren. Eure Lieben mögen jene betrachten, die bei manchen Liedern jubilieren, und dies bei manchen Anlässen weltlicher Freude, dann wird man sehen, daß sie zwischen den Wörtern der Lieder Freuden-Jauchzer von sich geben, zu denen die Wörter nicht reichen, wie sie da jubilieren, um ihre Gemüts-Stimmung zu zeigen; mit Worten kann nicht ausgedrückt werden, was das Herz empfindet. Wenn jene also wegen irdischer Freude jubilieren, sollen wir dann wegen der himmlischen Freude nicht jubilieren, was wir mit Worten nicht ausdrücken können?"[126]

Aber das Jubilieren gefällt nicht allen Leuten, zumal da es schwierig ist, es in einem Chor durchzuführen. Die einfachen Leute ziehen die weniger komplizierten Gesänge vor, bei denen sie selbst den Refrain

---

[122] *Hippolyt,* Philosophumena VI, 37.
[123] *Bevan,* The hymn of the soul, contained in the syriac Acts of saint Thomas (Textes and Studies, V, 3), Cambridge 1898; *G. Bornkamm,* 5. Thomasakten, in: *Hennecke-Schneemelcher,* Neutestamentliche Apokryphen II, Tübingen 1964, 297–372; C. *Andresen* (Hrsg.), Die Gnosis I, Zürich – Stuttgart 1969, XXII. Kapitel: Die Thomasakten 430–467; das Perlenlied, 455.
[124] Brief des Konzils von Antiochien, zit. bei *Eusebius* KG VII, 30, 10.
[125] Konzil von Laodikaia, canon 59; *Mansi,* Concil. II, 573 C.
[126] *Augustinus,* Enarrat. in psalmos 94. Vgl. auch a. a. O. zu Ps 99, 4; 32, 2; 88, 16.

mitsingen können. Diesem Bedürfnis entspricht der antiphonale Gesang der Psalmen, das heißt die Aufteilung der Verse zwischen zwei abwechselnden Chören[127] oder die Hymnen mit einfacher Melodie, die man ohne weiteres behalten kann[128]. Allgemein bekannt sind die bewegten Äußerungen, wo Augustinus den Eindruck beschreibt, den auf ihn diese neue Musik in Mailand gemacht hat: „Ja, ich konnte nicht genug der wunderbaren Süße jener Tage kosten, nachzudenken der Tiefe Deines Planes zum Heil des Menschengeschlechtes. Wie weinte ich bei den Hymnen und Gesängen auf Dich, mächtig bewegt vom Wohllaut dieser Lieder Deiner Kirche! Die Weisen drangen an mein Ohr, und die Wahrheit flößte sich ins Herz und fromminniges Gefühl wallte über: die Tränen flossen, und mir war wohl bei ihnen."[129]

Neben den Kirchenliedern muß man als Instrumente der Propaganda und Mittel der Bekehrung auch die Gesänge erwähnen, die für das Volk auf der Straße bestimmt waren und von allen leicht behalten werden konnten. Diese Art von Schlagern und volkstümlichen Songs hatten bei bestimmten Gelegenheiten in bestimmten Milieus großen Erfolg. Vor allem sind uns zwei Beispiele bekannt. Da ist einmal Arius, der nach dem Zeugnis des Philostergos Chansons komponierte, um seine Lehre damit unters Volk zu bringen. Chansons nach Art der Matrosen, der Seeleute und der Reisenden, so daß Hafen und Märkte von diesen neuartigen Liedern widerhallten[130]. Der zweite Fall ist der des Augustinus, der auf die von Parmenius von Carthago komponierten Lieder der Donatisten mit einem ähnlichen Psalm reagierte, der aus zweiundzwanzig Strophen von je zwölf Versen besteht, die jeweils mit einem Refrain schließen: „Ihr, die ihr den Frieden liebt / beurteilt jetzt die Wahrheit." Man kann sich kaum et-

---

[127] Nach *Theodoret*, Hist. Eccles. II, 9 hat der antiphonarische Gesang der Psalmen seinen Ursprung in Syrien; von hier aus verbreitete er sich sehr rasch im Orient ab 350 n. Chr. – vgl. *Basilius*, Epist. 207, für Caesarea; – *Socrates*, Hist. Eccles. VI, 8; – *Sozomenos*, Hist. Eccles. VIII, 8; für Konstantinopel. – *Ambrosius* führte diese Sangesweise in Mailand ein, vgl. *Augustinus*, Confessiones IX, 7.
[128] Die ersten auf Lateinisch verfaßten Hymnen waren die des heiligen Hilarius; aber sie waren zu kunstvoll und wurden deshalb im liturgischen Gottesdienst kaum gesungen. Der eigentliche Schöpfer der abendländischen Hymnologie ist Ambrosius von Mailand; vgl. *Augustinus* Confessiones IX, 7,15.
[129] *Augustinus*, Confessiones IX, 7,14.
[130] *Philostergus*, Hist. Eccles. II, 2; vgl. Vita Constantini, ed. *Bidez*, Philostergius Kirchengeschichte, 13.24 ff. Diese Chansons haben übrigens nichts zu tun mit der *Thalia*, diese war ein theologischer Traktat, der teilweise in Versen verfaßt war; vgl. *G. Bardy*, Recherches sur saint Lucien d'Antioche et son école, Paris 1946, 248.

was Volkstümlicheres vorstellen als diesen „Abecedarius-Psalm" [131], dessen Schluß durch eine Hebung und Senkung sich dem Gedächtnis leicht einprägt. Bald singen ihn alle Katholiken in den Straßen von Hippo und tragen so zur Sache der Wahrheit bei.

Fügen wir noch hinzu, daß der Antidonatisten-Psalm des Augustinus genausowenig wie die Chansons des Arius für die Bekehrung von Heiden bestimmt waren, sondern dafür, die Christen zur Orthodoxie zurückzuführen, oder umgekehrt, sie für die Häresie zu gewinnen. Sie konnten bei den Heiden, die schon längst die Rivalitäten christlicher Gruppierungen erkannt hatten, die sich die Kehlen heiser schrien, nur Unwillen erregen [132]. Wir kennen auch keine volkstümlichen Lieder ähnlicher Art, die sich als Propaganda gegen die Verteidiger der alten Kulte gerichtet hätten. Was nun die Lieder der Kirche angeht, die Psalmen, heiligen Hymnen, das Ganze der Liturgie, zu deren Bestandteilen diese Gesänge gehörten, so müssen wir zugeben, daß wir keine direkten Beweise dafür haben, welchen Einfluß sie auf die Gemüter ausübten. Unsere gegenwärtigen Gottesdienste bewegen mit ihrer Feierlichkeit die verhärteten Gemüter und bewegen sie zum Glauben. War dies in den ersten Jahrhunderten bereits ähnlich? Das ist möglich, aber wir sind uns dessen nicht sicher; wenn wir uns diese Frage stellen mußten, so tun wir doch gut daran, sie unbeantwortet zu lassen.

---

[131] Zum „Antidonatisten-Psalm" („Psalmus contra partem Donati") vgl. jetzt Oeuvres de Saint Augustin (Desclée de Brouwer) 28, Paris 1963, 150–191; „Abecedarius" = Akrostich; die Strophen-Anfänge folgen dem Alphabet (A, B, C usw.) (Anm. d. Übers.).

[132] Vgl. *Kelsos,* zitiert *Origenes,* Gegen Kelsos III, 12; V, 62; *Ammian Marcellinus,* Hist. XXII, 5, 4 berichtet, wenn Julian Apostata zunächst versuchte, die Meinungsverschiedenheiten der Bischöfe friedlich beizulegen, so deshalb, weil er die Erfahrung gemacht hatte, daß es kaum wilde Tiere gibt, die gegen die Menschen so feindselig sind, wie eine gewisse Anzahl verkehrter Leute unter den Christen: *Julian* selbst, Epist. 114. – *Bidez,* Kaiser Julian rde 26, Hamburg 1956 über die von Julian aus der Verbannung zurückgerufenen Bischöfe: „So wurden diese streitbaren Kleriker, die Julian der Kirche wieder zuführte, die leidenschaftlichsten Eiferer ihrer Religion anstatt die Gemeinden zu spalten und zu schwächen, wie es sich der Kaiser gedacht hatte. Die begeisterten Hörer, die sie zu gewinnen wußten, waren keineswegs nur sektiererische Christen; oft rekrutierten sie sich aus heidnischen Kreisen. Infolgedessen verursachten diese amnestierten Priester dem Kaiser häufig Unannehmlichkeiten."

5. Schlußbetrachtung

Haben wir damit die Liste der Mittel erschöpft, die von der Kirche in den ersten Jahrhunderten angewendet wurden, um die Menschen dahin zu führen, das Christentum kennenzulernen und so auf die Gnade der Bekehrung vorzubereiten? Vielleicht [133]. Aber es versteht sich von

---

[133] Es wäre nicht unmöglich, diese Liste zu verlängern. Da wäre zum Beispiel die Bedeutung der Umbildung mancher heidnischer Bräuche oder Zeremonien zu erwähnen, die dem Christentum angepaßt wurden. Eines der ersten bekannten Beispiele dieser Methode gibt Gregor Thaumaturgos gegen Ende des 3. Jahrhunderts. *Gregor von Nyssa,* Vita s. Gregor. Taumat., P. G. XLVI, 893 f. drückt sich so aus: „Er bemerkte, daß die unwissende und unerfahrene Menge dem Kult der Götzen treu blieb wegen der körperlichen Lustempfindungen, die damit verbunden waren; deshalb erlaubte er, um das Wesentliche zu erreichen, nämlich die Abkehr von dem eitlen Aberglauben und die Bindung an den wahren Gott, zu Ehren der Märtyrer Freudenfeste zu veranstalten, in der Hoffnung, sie würden mit der Zeit von selbst zu jenem Ernst und jener Strenge der Lebensführung, wie der Glaube sie verlangte, hinfinden."

Gegen Ende der patristischen Ära gibt Papst *Gregor d. Gr.,* Epist. XI, 56 Anweisungen, die vom nämlichen Geist geprägt sind, in einem Brief an Mellotus, einen der Apostel von England: „Nachdem der allmächtige Gott euch zum ehrwürdigen Bischof Augustinus, unserem Bruder, geführt hat, bringt ihm das Ergebnis meiner langen Überlegungen zu den Angelegenheiten Englands: man soll die Götzen-Tempel, die es bei diesem Volke gibt, nicht zerstören; es genügt, die Götzenbilder, die sie enthalten, zu zerschlagen; man soll diese Gebäude mit Weihwasser besprengen, Altäre darin aufstellen und Reliquien deponieren; handelt es sich um solide Bauten, dann soll man die Tempel vom Kult der Dämonen in den Dienst des wahren Gottes nehmen. Wenn das Volk sieht, daß seine Tempel nicht zerstört werden, wird es den Irrtum seiner Seele verbannen und, zur Erkenntnis gelangt, den wahren Gott anbeten und leichter an den ihm vertrauten Stätten zusammenkommen. Weiter, wenn sie gewohnt sind, Stiere dem Dämon zu opfern, dann kommt es darauf an, diese Praxis in ein christliches Fest umzuwandeln. Am Tag der Kirchweihe oder am Jahrestag der Märtyrer, deren Reliquien dort ruhen, soll man Laubhütten um die Kirche, die früher einmal ein Götzentempel war, herum errichten und festlich fromme Agapen feiern. Ihre Tiere sollen sie nicht dem Teufel zu Ehren opfern, sondern als Nahrung zur Ehre Gottes, des Spenders alles Guten, genießen und ihm dafür danken. Wenn man ihnen gewisse äußere Freuden gestattet, dann werden sie leichter die inneren Freuden verkosten. Zweifellos ist es unmöglich, auf einen Schlag bei diesen unkultivierten Geistern all das auszurotten; wer einen Gipfel ersteigen will, muß sich stufenweise dahin begeben, Schritt für Schritt, nicht in einem Sprung."

Die beiden Texte mögen hier genügen. Das Problem heidnischer Überbleibsel im Christentum würde größere Ausführlichkeit verlangen und ist schon öfter behandelt worden, vgl. z. B. *H. Delehaye,* Les légendes hagiographique, Brüssel [3]1927, 140–201, und vor allem die verschiedenen Studien von *F. Doelger,* in „Antike und Christentum", Münster 1930 ff. – Vgl. auch die Publikation des „Reallexikons für Antike und Christentum" (RAC) seit 1941.

Auch hätte man die Massen-Bekehrung eines ganzen Volkes zusammen mit seinem König erwähnen müssen: so in Edessa, vgl. *Eusebius* KG II, 1, 7; in Georgien, vgl. *Rufin,* Hist. Eccl. I, 10; in Armenien, vgl. *Sozomenos,* Hist. Eccles. II, 8; später in Gallien, vgl. *Gregor von Tours,* Hist. Francor. II, 29.31; *Avit von Vienne,* Epist. ad Chlodov.; etc., in England vgl. *Beda Venerabilis,* Hist. Eccles. I, 25–26; *Gregor der Große,* Epist. VIII, 29; XI, 36. Die ältesten Berichte über derartige Vorgänge sind häufig legendär oder zumindest in Legenden verpackt. Diese späteren Ereignisse gehen jedoch über den Rahmen dieser Arbeit hinaus.

selbst, daß Gottes Zuwendung auch noch andere Methoden hat als die Menschen, auch wenn diese zur Kirche gehören, und daß sie kaum Hindernisse kennt, um Menschen guten Willens zur Wahrheit zu führen. Der Herr wirkt, wenn es nötig ist, Wunder oder Prophezeiungen; und von solch wunderbaren Vorgängen kann man nicht so reden wie von rein menschlichen Veranstaltungen. Nur diese Letzteren konnten wir hier behandeln und wir sahen, daß sie zahlreich waren und vielfältig. Der Erlöser hat vor seiner Himmelfahrt seine Apostel zur Eroberung der Welt ausgesandt. Ohne sich durch die Paradoxie einer solchen Anweisung entmutigen zu lassen, hat die junge Kirche sie ernstgenommen und versucht, sie zu verwirklichen. Durch individuelles Apostolat, durch öffentliche Verkündigung, durch das Beispiel ihrer Tugenden, durch mündliche Lehre, durch geschriebene Apologien, durch die Liturgie, durch den Gesang der Hymnen und Lieder, alle, Bischöfe, Kleriker, Gläubige machten sich damals ans Werk. In weniger als dreihundert Jahren hatten sie die Veränderung der griechisch-römischen Welt vorbereitet.

Achtes Kapitel

Der Abfall vom Glauben

Die Apostasie, der Abfall vom Glauben, ist gleichsam die Kehrseite der Bekehrung; denn jeder Bekehrte ist fast notwendigerweise ein Apostat von jener Religion, von der er desertiert; der Partei, die er zurückläßt; der Philosophenschule, die er aufgibt. Zumindest in der Theorie, ohne auf die Etymologie näher einzugehen, hat der Begriff der Apostasie keine abwertende Bedeutung; denn er drückt nur die Idee einer Entfernung, des Fortgehens oder Positionswechsel aus[1]. Der Apostat ist ein Mensch, der seinen Standort ändert, der fortgeht, der den Ideen, welchen er zuvor anhing, absagt; der sich von den Kameraden, mit denen er zusammen gedacht, gedient oder gekämpft hat, entfernt, und es ist gut, den Irrtum für die manchmal erst nach langen Anstrengungen erkannte Wahrheit preiszugeben, mutig mit seiner Vergangenheit zu brechen, um einer besseren und einer weitaus offeneren Gesellschaft anzuhängen.

Es gibt in dieser Haltung aber auch etwas Heikles. Ein ehrenhafter Mann, wie wir ihn uns erträumen, ändert seine Auffassung nicht; denn er bleibt den Ideen seiner Jugend und den Traditionen seiner Vergangenheit treu. Sobald er sich neuen Lehren zuwendet, die seinen Geist und sein Herz mehr befriedigen, dann hat die Gruppe, deren Glied er war, sobald er sich von ihr freiwillig entfernt, das Recht, den Apostaten mit Strenge zu richten und seine Trennung zu verurteilen. Handelt es sich um eine Armee, dann betrachtet sie ihn als Deserteur; bei einer staatlichen Gemeinschaft gilt er als Verräter oder Revolutionär; bei einer Religion oder Kirche handelt es sich um einen Renegaten. Damit gewinnt der Begriff der Apostasie den Charakter einer Gemeinheit, und man braucht kaum noch näher zu erläutern, daß er als solcher die soziale Ablehnung provoziert, die ihn trifft. So

---

[1] Diese Bedeutung ist dem Neuen Testament nicht unbekannt, vgl. Lk 13,27: „ἀπόστητε ἀπ' ἐμοῦ, πάντες ἐργάται ἀδικίας" („Weichet von mir, alle Übeltäter"); dies ist übrigens eine Parallele zu Ps 6,9: „ἀπόστητε ἀπ' ἐμοῦ, πάντες οἱ ἐργαζόμενοι τὴν ἀνομίαν" („Weicht zurück von mir, all ihr Frevler"). In beiden Fällen handelt es sich um ein Verdammungs-Urteil, das Gott selbst verkündet, der keine Frevler in seiner Nähe duldet.

gesehen, kommt Apostasie in allen ihren Formen einem Verbrechen nahe. Der Apostat ist gegenüber dem König, dessen Untertan er ist, ein Rebell[2], ebenso gegenüber dem Vaterland, dessen Bürger er ist[3]. In noch spez-ielleren Weise, die sehr rasch in den allgemeinen Sprachgebrauch eingeht, und bald exklusiv wird, ist er ein Renegat gegenüber einem Gott, dem er die Zusage des Glaubens gemacht hat. Die Septuaginta, die die politische Bedeutung der Wörter ἀποστάτης, ἀποστασία[4] durchaus kennt, gebraucht sie gewöhnlich, und zwar ohne nähere Bestimmung, um den religiösen Abfall zu kennzeichnen[5]. Ebenso ist es im Neuen Testament. Hier wird die Apostasie, die von Gott entfernt, als das größte Verbrechen angesehen. Im Lukasevangelium verurteilt die Auslegung des Sämann-Gleichnisses jene, die, nachdem sie das Wort Gottes gehört haben, eine Zeitlang glauben, „doch zur Zeit der Versuchung gehen sie weg“, ἀφίστανται (Lk 8,13); das heißt, sie verlassen den Weg der Heiligkeit, auf dem zu wandeln sie begonnen hatten und, um es mit einem Wort zu sagen, sie fallen ab[6]. Die „Zeit der Versuchung“, von der hier die Rede ist, kann sich auf das öffentliche Leben Jesu beziehen, an dessen Schwierigkeiten die Jünger teilgenommen hatten[7]; andere Ausleger finden hier eine Anspielung auf den Unglauben, der zahlreiche Opfer finden wird in der Zeit unmittelbar vor der Parusie[8]. Eine Stelle aus dem Hebräerbrief ist in dieser Hinsicht keineswegs deutlicher: der Autor stellt den bösen Herzen, die im Unglauben verhärtet sind und vom lebendigen Gott abfallen, die Gläubigen gegenüber, die an Christus teilhaben

---

[2] Vgl. *Polybius,* Hist. V, 41,6; 57,4; „ἀποστασία τοῦ βασιλέως“ („Abfall vom König“).

[3] Vgl. *Diodoros von Sizilien,* Hist. XV, 18: „ἀποστασία τῆς πατρίδος“ („Abfall vom Vaterland“).

[4] Vgl. Gen 14,4; 2 Chr 21,8; Tob 1,4; 1 Esdr 2,23.

[5] Vgl. Jos 22,22; Jer 2,19; 2 Chr 29,19; 1 Makk 2,15; Jer 3,14: „ἐπιστράφητε υἱοὶ ἀφεστηκότες“ („Kehrt um, ihr abtrünnigen Söhne“); Jes 30,4: „τέκνα ἀποστάται“ („Abgefallene Kinder“). Häufig wird der Sinn präzisiert: „ἀπὸ θεοῦ, ἀπὸ κυρίου“ („von Gott“; „vom Herrn“ usw.); vgl. 1 Makk 1,15: „ἀπο διαθήκης ἁγίας“ („vom heiligen Bund“); 1 Makk 2,19: „ἀπο λατρείας πατέρων“ („Vom Gottesdienst der Väter“); 2 Makk 5,8: „ὡς τῶν νόμων ἀποστάτης“ („als Verräter der Gesetze“).

[6] Vgl. *M. J. Lagrange,* L'Évangile selon Saint Luc, Paris 1921, 241–242. „Markus beschreibt mehr die persönliche Psychologie, Lukas mehr die Situation gegenüber der Gemeinschft der Glaubenden. Bei Markus geht es um diejenigen, „die Anstoß (Ärgernis) nehmen“, ein jüdischer Terminus, den Lukas kaum gebraucht ... und den er durch ἀφίστημι ersetzt, um eine bewußte Trennung zu bezeichnen, ein Terminus, der dem Markus und Matthäus unbekannt ist, den er jedoch gerne gebraucht.“

[7] *M. J. Lagrange,* a. a. O., 242.

[8] Vgl. *H. Schlier,* Art. ἀφίστημι, ἀποστασία, in ThWNT I, 509–511.

308

und ihren Glauben so fest wie im Anfang bewahren [9]. In diesen Formulierungen deutet nichts auf das Weltende hin. Dagegen scheint es sich im 1. Timotheusbrief um den allgemeinen Abfall, der der Ankunft des Messias vorausgeht, zu handeln. Der Verfasser spricht in der Tat davon, daß in den letzten Zeiten manche vom Glauben abfallen werden, um sich an Geister des Irrtums und an dämonische Lehren zu binden [10].

Im 2. Thessalonicherbrief finden wir weitere Details. Der Verfasser bittet seine Adressaten, sich durch eine vorzeitige Ankündigung der Parusie nicht erschüttern zu lassen und fügt hinzu: „Laßt euch durch niemand und auf keine Weise täuschen! Denn zuerst muß der Abfall von Gott kommen und der Mensch der Gesetzwidrigkeit erscheinen, der Sohn des Verderbens, der Widersacher, der sich über alles, was Gott oder Heiligtum heißt, so sehr erhebt, daß er sich sogar in den Tempel Gottes setzt und sich als Gott ausgibt." [11] Wir brauchen auf die hier geäußerten Gedanken nicht näher einzugehen; der Herr selbst hat angekündigt, daß in den letzten Tagen falsche Propheten

---

[9] Hebr 3, 12–14: „Βλέπετε, ἀδελφοί, μήποτε ἔσται ἔν τινι ὑμῶν καρδία πονηρὰ ἀπιστίας ἐν τῷ ἀποστῆναι ἀπὸ θεοῦ ζῶντος … μέτοχοι γὰρ τοῦ Χριστοῦ γεγόναμεν, ἐανπερ τὴν ἀρχὴν τῆς ὑποστάσεως μέχρι τέλους βεβαίαν κατάσχωμεν" („Brüder, seht zu, daß nicht einer von euch ein schlechtes, ungläubiges Herz habe zum Abfall vom lebendigen Gott … Denn wir sind Christi Teilhaber geworden, wenn wir nur festhalten die anfängliche Zuversicht bis zum Ende").

[10] 1 Tim 4, 1: Τὸ δὲ πνεῦμα ῥητῶς λέγει ὅτι ἐν ὑστέροις καιροῖς ἀποστήσονταί τινες τῆς πίστεως, προσέχοντες πνεύμασιν πλάνοις καὶ διδασκαλίαις δαιμονίων. Mit anderen Wendungen kommt der Verfasser der Pastoralbriefe häufiger auf die eschatologischen Probleme zurück, vgl. 2 Tim 3, 1: „ἐν ἐσχάταις ἡμέραις ἐνστήσονται καιροὶ χαλεποί" („in den letzten Tagen werden schlimme Zeiten kommen"); 2 Tim 3, 1; vgl. C. Spicq, Saint Paul, Les epîtres pastorales, 136.

[11] 2 Thess 2, 3–4: „Μή τις ὑμᾶς ἐξαπατήσῃ κατὰ μηδένα τρόπον. ὅτι ἐὰν μὴ ἔλθῃ ἡ ἀποστασία πρῶτον καὶ ἀποκαλυφθῇ ὁ ἄνθρωπος τῆς ἀνομίας, ὁ υἱὸς τῆς ἀπωλείας, ὁ ἀντικείμενος καὶ ὑπεραιρόμενος ἐπὶ πάντα λεγόμενον θεὸν ἢ σέβασμα, ὥστε αὐτὸν εἰς τὸν ναὸν τοῦ θεοῦ καθίσαι ἀποδεικνύντα ἑαυτὸν ὅτι ἐστὶν θεός." Die Aussage bleibt offen, jedoch der Sinn ist klar: der Widersacher muß sich zuerst offenbaren, dann kommt der Messias, um ihn zu bekämpfen. Bemerkenswert ist, daß die Person, die hier unter dem Namen ἄνθρωπος τῆς ἁμαρτίας („Mensch der Sünde") eingeführt wird, bei Justin, Dialog, 110, 3, den Namen ὁ τῆς ἀποστασίας ἄνθρωπος („der Mensch des Abfalls") trägt, als ob zu seiner Charakteristik die „Apostasie" genügte. An anderer Stelle, Dialog 103, 5 erläutert Justin den Namen des Teufels „Satanas" als „ein zusammengesetztes Wort, mit welchem der Teufel, wie Jesus zu erkennen gibt, wegen seines Verhaltens benannt wurde; denn Sata heißt in der Sprache der Juden und Syrer ein Abtrünniger, und das wort Nas wird mit Schlange übersetzt, und aus diesen beiden Worten ist das eine Wort Satanas gebildet". Vgl. auch Irenäus, Adversus haereses V, 21, 2: „Satan ist nämlich ein hebräisches Wort und bedeutet den Abtrünnigen." – Die Etymologie ist zwar falsch, aber die Idee, die sie ausdrückt, verdient, festgehalten zu werden. Die größte Sünde des Engels der Finsternis ist sein Abfall von Gott.

aufstehen und eine große Anzahl von Menschen verführen würden; und weil die Ungerechtigkeit überhand nimmt, wird die Liebe bei vielen erkalten (Mt 24,11–13)[12]. Die Evangelisten sprechen nicht ausdrücklich von Apostasie, aber die Idee, die sie zum Ausdruck bringen, ist dieselbe, die wir mit diesem Wort umschreiben.

Der christliche Sprachgebrauch beruht natürlich auf dem des Neuen Testaments. Hier bedeutet „abfallen" in erster Linie „Gott leugnen". Im „Hirten" des Hermas sind die Apostaten, die Verräter der Kirche, diejenigen, die durch ihre Sünden den Herrn verlästern, oder die sich des Namens des Herrn, der über ihnen (in der Taufe) angerufen wurde, schämen, für immer tot für Gott[13]. Abfallen ist beinahe synonym mit „Gott verleugnen"[14]. Ebenso spricht Justin von Jüngern des Herrn, die ihn verlassen und verleugnet haben[15]. Er tadelt den Fehler derjenigen, die sich vom Wort des Erlösers entfernen[16], von der Erkenntnis Gottes[17], vom Glauben Christi[18]. Allerdings ist die technische Bedeutung, auch wenn sie vorherrscht, nicht exklusiv. Tertullian bezeichnet zum Beispiel die Juden als „apostatae filii"[19] und spricht von Häretikern, die ebenfalls das Wort „Apostat" gebrauchen[20]. Auch Saul, den ein böser Geist in einen anderen

---

[12] Die jüdische Tradition rechnete häufig mit dem Verlust des Glaubens und einer Apostasie, die der Ankunft des Messias vorangehen sollte; vgl. *M. J. Lagrange,* Le Messianisme chez les Juifs, 186 ff.; *J. Bonsirven,* Le Judaïsme palestinien au temps de Jésus-Christ: sa théologie, Paris 1935, I, 399–404.

[13] *Hermas,* Simil. VIII,6,4: „οὗτοί εἰσιν οἱ ἀποστάται καὶ προδόται τῆς ἐκκλησίας" („Diese sind die Abtrünnigen und die Verräter der Kirche"). – Vgl. Simil. IX, 19.1: „ἀποστάται καὶ βλάσφημοι εἰς τὸν κύριον καὶ προδόται τῶν δούλων τοῦ θεοῦ, τούτοις δὲ μετάνοια οὐκ ἔστι, θάνατος δὲ ἔστι" („die Abtrünnigen und die den Herrn schmähen; und Verräter sind sie der Knechte des Herrn; eine Buße für sie gibt es nicht; ihnen bleibt nur der Tod").

[14] *Hermas,* Simil. VIII,8,2: „τινές δὲ αὐτῶν εἰς τέλος ἀποστάται. οὗτοι οὖν μετάνοιαν οὐκ ἔχουσιν· διὰ γὰρ τὰς πραγματείας αὐτῶν ἐβλασφήμησαν τὸν κύριον καὶ ἀπηρνήσαντο" („Manche von ihnen bleiben Abgefallene bis ans Ende. Diese also haben keine Buße, denn durch ihre Taten schmähten sie den Herrn und verleugneten ihn").

[15] *Justin,* 1. Apologie, 50,12: „οἱ γνώριμοι αὐτοῦ πάντες ἀπέστησαν, ἀρνησάμενοι αὐτόν" („Nach seiner Kreuzigung fielen nämlich auch alle seine Vertrauten von ihm ab und verleugneten ihn").

[16] *Justin,* Dialog 8,2: „ἀφίστασθαι τῶν τοῦ σωτῆρος λόγων" („abzufallen von des Heilands Worten").

[17] *Justin,* Dialog 20,1: „ἀφίστασθαι τῆς γνώσεως (θεοῦ)" („Abgefallen von der Erkenntnis Gottes").

[18] *Justin,* Dialog 111,2: ἀφίστασθαι τῆς πίστεως (Χριστοῦ)" („Abgefallen vom Glauben an Christus, vom christlichen Glauben abgefallen").

[19] *Tertullian,* De pudicitia, 8.

[20] *Tertullian,* De praescript. haer., 4,3; 41,6; vgl. Adv. Valent., 1: „Valentiniani frequentissimum plane collegium inter haereticos, quia plurimum ex apostatis veritatis" („Die Valentinianer sind offenkundig die größte häretische Gruppe, da sie zumeist aus Aposta-

Menschen verwandelt hat, bezeichnet er als Apostaten[21]. Doch ebenso kann er dem Begriff „Apostat" seine aktuelle Bedeutung geben[22]; seit Cyprian steht diese Bedeutung, unter Ausschluß aller anderen, endgültig fest[23]. Diese Beispiele genügen, um uns begreiflich zu machen, was Apostasie in den Augen der Christen bedeutet und worin die Schwere dieses Vergehens besteht. Der Apostat ist einer, der, nachdem er Anhänger der Lehre Christi war und die Taufe empfangen hat, die Kirche verläßt und ihre Verheißungen verrät. Seit den ersten Zeiten gehört dieses Vergehen zu denen, die keine Vergebung finden: „Denn es ist unmöglich, Menschen, die einmal erleuchtet worden sind, die von der himmlischen Gabe genossen und Anteil am Heiligen Geist empfangen haben, die das gute Wort Gottes und die Kräfte der zukünftigen Welt kennengelernt haben, dann aber abgefallen sind, erneut zur Umkehr zu bringen; denn sie schlagen den Sohn Gottes noch einmal ans Kreuz und machen ihn zum Gespött" (Hebr 6, 4–6).

1. Der Abfall im Neuen Testament

So schwer die Apostasie an sich ist, so furchtbar ihre geistlichen Folgen sind, so ist sie doch in der Urkirche nicht ohne Beispiel. Der erste Fall dieser Art, an den man sich nur mit Schmerzen erinnert, ist der des Apostels Judas Iskariot. Wenn sein Name in den Apostellisten erwähnt wird, versäumen die Evangelisten nicht, darauf hinzuweisen, daß er den Meister verraten hat (Mk 3, 19; Mt 10,4; Lk 6,16; vgl. Joh 12,4). Auch hat die Geschichte nicht versäumt, ihn als den Verräter schlechthin zu betrachten. Seit der Antike haben manche Gnostiker ihn zu rehabilitieren versucht, freilich umsonst. Es scheint, daß man ihn bei den Kainiten, oder doch bei manchen Mitgliedern dieser

---

ten von der Wahrheit bestehen"). Die Häresien fanden in der katholischen Kirche die meisten Anhänger; der Begriff „Apostat" wird hier also mit Recht angewendet.
[21] *Tertullian,* De anima, 11,5: „Mali spiritus postea vertit in alium virum, in apostatam scilicet" („Der Geist des Bösen verwandelte ihn später in einen anderen Mann, nämlich in einen Apostaten"). Ähnlich spricht Tertullian, De anima II,3 von „apostatarum spirituum", nämlich von den gefallenen Engeln.
[22] *Tertullian,* De pudicitia, 6 und 9.
[23] *Cyprian,* Epist. LVII, 3,1: „Eos qui vel apostaverunt et ad saeculum cui renuntiaverant reversi gentiliter vivunt" („Diejenigen, die vielleicht abgefallen und zu jener Welt, der sie entsagt hatten, zurückgekehrt, wieder heidnisch leben"); vgl. *P. de Labriolle,* Art. Apostasie, in: RAC I, 550–551.

Sekte[24], „als einen höheren Geist angesehen hat, der zum Geheimnis des Alls gehörte. Er wußte, so heißt es, daß die feindlichen Mächte den Tod Jesu verhindern wollten, weil dieser Tod das Heil der Menschheit sein sollte. Um dies zu vereiteln, habe Judas Jesus ausgeliefert. Andere waren so kühn zu behaupten, Jesus habe die Menschheit verraten wollen, und aus diesem Grunde habe Judas ihn ausgeliefert."[25]

Manche modernen Autoren haben ähnliche Auffassungen vertreten[26]. Diese Versuche hatten weniger Erfolg. Wir würden gerne wissen, was den Judas zum Verrat Jesu veranlaßt hat; aber wir sind dazu auf reine Hypothesen angewiesen. Am ehesten könnte man sagen, daß der Mann aus Karjot vom Geld angezogen wurde: Er war der Kassenverwalter im Zwölferkreis Jesu und hatte für ihre Bedürfnisse zu sorgen (vgl. Joh 12,6; 13,29); er vor allem war es, der sich bei dem Festmahl, das Lazarus und seine Schwestern für Jesus und seine Jünger veranstaltete, über die Ausgießung des kostbaren Salböls über die Füße Jesu beschwert (Joh 12,4–6)[27] und die erste Frage, die er an die Priester und die Sanhedristen bei seinem Angebot, Jesus zu verraten, stellt, dreht sich um den Lohn, den er dafür bekommen soll (Mk

---

[24] Vgl. *Irenäus,* Adv. haeres. I, 31,1; ed. *A. Rousseau – L. Doutreleau,* SC 264, Paris 1979, 386: „Et haec Judam proditorem diligenter cognovisse dicunt, et solum prae ceteris cognoscentem veritatem, perfecisse proditionis mysterium" („Das habe auch der Verräter Judas genau gewußt; er allein habe die Wahrheit erkannt und das Geheimnis des Verrates vollendet ..."). – *Pseudo-Tertullian,* Adversus omnes haereses 2: „Hi qui hoc asserunt etiam Judam proditorem defendunt, admirabilem illum et magnum esse memorantes propter utilitates quas humano generi contulisse jactatur. Quidem enim ipsorum gratiarum actionem Judae propter hanc causam reddendam putant. Animadvertens enim, inquiunt, Judas quod Christus vellet subvertere, tradidit illum ne subverti veritas posset" („Die solches behaupten, verteidigen auch den Verräter Judas, indem sie seiner als eines wunderbaren und großen Menschen gedenken, wegen der Wohltaten, die er für die Menschheit getan. Manche von ihnen glauben deshalb, dem Judas Dank sagen zu müssen, Judas habe, so sagen sie, bemerkt, daß Christus die Wahrheit verkehren wolle, und er habe ihn deshalb verraten, damit er die Wahrheit nicht umkehren könne"). *Epiphanius,* Haeres. XXXVII, 1,1–5; ed. *Holl,* t. II, 63–64; *Filastrus,* Haeres., II und XXXIV unterscheidet genau zwischen den Kainiten und den Bewunderern des Judas. Doch hat sein relativ spätes Zeugnis kein großes Gewicht. Außerdem hat dieses Problem für unsere Untersuchung keine große Bedeutung.
[25] *E. de Faye,* Gnostiques et gnosticisme. Etudes critiques des documents du gnosticisme chretien au IIe et IIIe siècles, Paris ²1925, 372.
[26] Zum Beispiel *Ed. Fleg,* Jésus raconté par le Juif errant, Paris 1933, 67, 250, 273 et passim. Nach *Fleg* wäre Judas der Wissende, der verrät, um die Prophezeiung zu verwirklichen und der darin seine äußerste Hingabe an Jesus bezeugt, indem er ihm hilft, das zu verwirklichen, was über ihn geschrieben steht.
[27] Die anderen Evangelisten erwähnen in ihrem Bericht Judas nicht, Mt 26,8; Mk 14,4–5; – Lk 7,36ff. erzählt die Geschichte von der zerbrochenen Vase und dem kostbaren Salböl ganz anders.

14,10; Mt 26,14–16; Lk 22,3–6). Johannes bezeichnet ihn ganz schlicht als Dieb (Joh 12,6). Genügt dies aber als Erklärung für diese finstere Tat? Und wie soll man, bei der Annahme einer gemeinen Gesinnung, die tiefe, wenn auch ungenügende Reue des untreuen Apostels nach vollbrachter Tat erklären (vgl. Mt 27,3 ff.)? Beim Abfall des Judas bleibt alles rätselhaft. Es ist notwendig, dies zu unterstreichen; verstehen kann man es kaum.

Die anderen im Neuen Testament berichteten Fälle sind einfacher. Die Bekehrung der ersten Christen war in der Mehrzahl der Fälle das Ergebnis einer enthusiastischen Begeisterung: die Herabkunft des Heiligen Geistes auf die Apostel (Apg 2,41); die Heilung des Lahmen an der „Schönen Pforte" (Apg 4,4); die durch Petrus und seine Gefährten vollbrachten Wunder (Apg 5,12–14); die wunderbare Befreiung der verhafteten Apostel (Apg 5,42; 6,1) – dies alles hatte die Anzahl der Jünger beträchtlich erweitert. Von den ersten Gläubigen wurde nicht viel verlangt: Buße für die vergangenen Sünden; das Bekenntnis zur Messianität, vielleicht auch der Göttlichkeit Jesu, das waren die einzigen Bedingungen für den Empfang der Taufe[28]. Wie soll man unter diesen Umständen überrascht sein, daß, nachdem der erste Eifer einmal verflogen war, eine gewisse Anzahl der Glaubenden ihre alten Gewohnheiten wieder aufnahmen und mehr oder weniger ausdrücklich Christus, dem sie vorbehaltlosen Dienst versprochen hatten, wieder absagten?

In Wahrheit handelt es sich nicht immer, nicht einmal in den meisten Fällen, um klare und einfache Apostasie. Die Dinge der menschlichen Seele sind viel komplizierter, und wenn man einmal durch Christus gewonnen war, wenn man einmal die Tiefe seiner Botschaft von Gott, Mensch und Welt erfaßt hatte, war es schwierig, wieder dahinter zurück zu gehen, ohne einen unverwischbaren Eindruck dieser Lehren zu behalten. Also versucht man, den christlichen Glauben mit den verschiedensten Menschenlehren in Einklang zu bringen und verfällt eher der Häresie als der Apostasie im eigentlichen Sinn. Jene, die aus dem Judentum kommen, lassen sich dazu überreden, daß die Beschneidung und die rituellen Zeremonialgesetze der Mose-Tora auch

---

[28] Vgl. Apg 8,26–40: nachdem der Diakon Philippus dem Eunuchen der Königin Kandake die Prophetie des Deuterojesaja über den „Knecht JHWHs" erklärt hat, sagt er zu ihm, er könne getauft werden, wenn er von ganzem Herzen glaube, daß Jesus der Sohn Gottes ist. Der Eunuche antwortet, daß er glaubt und wird sofort in die Zahl der Gläubigen aufgenommen. Eine so schnelle und oberflächliche „Katechese" setzt uns immer wieder in Erstaunen.

weiterhin, trotz der durch Christus vollbrachten Befreiung, verpflichtend wären. Umsonst schreibt Paulus:

„Ihr unverständigen Galater! Wer hat euch verblendet? Ist euch Jesus Christus nicht deutlich als der Gekreuzigte vor Augen gestellt worden? Dies eine möchte ich von euch erfahren: Habt ihr den Geist durch die Werke des Gesetzes oder durch die Botschaft des Glaubens empfangen? ... Ihr wart auf dem richtigen Weg: Wer hat euch gehindert, weiter der Wahrheit zu folgen" (Gal 3, 1–2; 5, 7).

Falsche Apostel, ungerechte Arbeiter verwirren die Gewissen und wollen diejenigen, die zur Freiheit Christi berufen sind, zur jüdischen Observanz zurückführen. Andere, die aus dem Heidentum kommen, hören gerne die Lehrer einer menschlichen Weisheit; ihnen gefallen die endlosen Genealogien der Äonen (1 Tim 1, 4; Tit 3, 9), die komplizierten Theorien über die Gestirne und unsere Abhängigkeit von diesen (Kol 2, 20; Gal 4, 3.9); wenn ihnen der Apostel einschärft, daß die menschliche Weisheit nur Torheit vor Gott ist, und daß er sich dafür entschieden hat, nichts anderes wissen zu wollen als Jesus Christus, und diesen als den Gekreuzigten (1 Kor 2, 2), dann machen sie sich über ihn lustig und wollen ihn nicht mehr anhören (2 Kor 10, 9–11).

Wir können das Ausmaß dieser Gegenbewegung nicht mehr ermessen. Sie war, so meinen wir, am Anfang der christlichen Verkündigung relativ schwach. Aber sie könnte sich, wenigstens da und dort, im Lauf der Jahre entwickelt haben, und die neutestamentlichen Schriften vermitteln den Eindruck, daß gegen Ende des ersten Jahrhunderts die Apostasien in der Kirche doch recht zahlreich gewesen sind.

Die Pastoralbriefe warnen Timotheus und Titus vor heuchlerischen Verführern, welche die Ehe ablehnen oder eine Abstinenz von Speisen propagieren, die Gott geschaffen hat, damit man sie mit Dankbarkeit genieße (1 Tim 4, 3); die sich in die Häuser einschleichen, um die Zustimmung der Frauen zu gewinnen (2 Tim 3, 6; 4, 3–4); die törichte Fragen im Hinblick auf Genealogien und Auseinandersetzungen über das Gesetz provozieren (Tit 3, 9). Wenn man diese Darstellungen liest, dann haben wohl die judaisierenden Praktiken einen großen Raum in der Botschaft dieser falschen Lehrer eingenommen; sie stehen nicht allein zur Debatte, vielmehr haben es die Schüler des Apostels Paulus mit einem Synkretismus zu tun, der um so gefährlicher ist, als er sich sehr raffiniert und subtil gibt und dem man mit allen Kräften Widerstand leisten muß. Wir kennen die Namen einiger notorischer Apostaten: Hymenäus und Alexander haben im Glauben Schiffbruch erlitten, der Apostel hat sie dem Satan übergeben, damit sie lernen, nicht mehr zu lästern (1 Tim 1, 19–20)[29]. Wir wissen über die Irrlehren Alexanders nichts. Was den Hymenäus angeht, der anderswo an der Seite eines Philetus erscheint (2 Tim 2, 17–18)[30], so lehrte er, daß die Auferstehung bereits geschehen sei, und daß er damit den Glauben der Mehrzahl zerstört habe. Phýgelos, Hermogenes und Demas, die Paulus verlassen haben (vgl. 2 Tim 1, 15; 4, 10), sind vielleicht weniger schuldig; der 2. Timotheusbrief behandelt sie gleichwohl mit betrübter Strenge[31].

Der 2. Petrusbrief und der Judasbrief lassen die wachsenden Schwierigkeiten erkennen. Man spricht davon im Futur:

„Es gab aber auch falsche Propheten im Volk; so wird es auch bei euch falsche Lehrer geben. Sie werden verderbliche Irrlehren verbreiten und den Herrscher, der sie freigekauft hat, verleugnen; doch dadurch werden sie sich selbst bald ins Verderben stürzen. Bei ihren Ausschweifungen werden sie viele Anhänger finden, und ihretwegen wird der Weg der Wahrheit in Verruf kommen. In ihrer Habgier werden sie euch mit verlogenen Worten zu kaufen versuchen, aber das Gericht über sie bereitet sich schon seit langem vor, und das Verderben, das ihnen droht, schläft nicht" (2 Petr 2, 1–3; vgl. auch Jud 4).

Doch darf man sich davon nicht täuschen lassen; dieses Futur ist nur ein „Schleier für die Aktualität"; denn die Irrlehrer arbeiten schon lange in der Kirche:

„Diese Menschen sind Quellen ohne Wasser, sie sind Wolken, die der Sturm vor sich herjagt; für sie ist die dunkelste Finsternis bestimmt. Sie führen geschwollene und nichtssagende Reden; sie lassen sich von ihren fleischlichen Begierden treiben und locken mit ihren Ausschweifungen die Menschen an, die sich eben erst von denen getrennt haben, die im Irrtum leben. Freiheit versprechen sie ihnen und sind doch selbst Sklaven des Verderbens; denn von wem jemand überwältigt worden ist, dessen Sklave ist er. Sie waren dem Schmutz der Welt entronnen, weil sie den Herrn und Retter Jesus Christus er-

---

[29] Wahrscheinlich gehörten Hymenäus und Alexander der Gemeinde von Ephesus an und vielleicht hat Paulus sie noch vor seiner Abreise aus dieser Stadt verurteilt. Vielleicht ist Alexander jener Schmied, über den Paulus sich beschwert, 2 Tim 4, 14; Hymenäus wird noch einmal erwähnt, neben einem gewissen Philetos, 2 Tim 2, 17. Wir wissen nicht genau, worin die Strafe, von der hier die Rede ist, bestand; vgl. schon 1 Kor 5, 5.

[30] Nach dem *Ambrosiaster* hätten Hymenäus und Philetos sich vorgestellt, daß die Auferstehung sich in unseren Söhnen vollzöge, daß also der Mensch in seinen Kindern weiterlebt. Aber das sagt der Verfasser nicht. Nach ihm behaupten die beiden, die Auferstehung sei bereits geschehen und sie sei eine rein geistige. Sie mußten sie mit der Wiedergeburt der Taufe verwechselt haben.

[31] Vgl. dazu *M. Dibelius,* Die Pastoralbriefe, HNT 13, 3. neubearb. Auflage von *H. Conzelmann,* Tübingen 1955; *N. Brox,* Die Pastoralbriefe, RNT 7, 4. völlig neu bearbeitete Auflage, Regensburg 1969 (Anm. d. Übs.).

kannt hatten; wenn sie sich aber von neuem davon fangen und überwältigen lassen, dann steht es mit ihnen am Ende schlimmer als vorher. Es wäre besser für sie, den Weg der Gerechtigkeit gar nicht erkannt zu haben, als ihn erkannt zu haben und sich danach wieder von dem heiligen Gebot abzuwenden, das ihnen überliefert worden ist. Auf sie trifft das wahre Sprichwort zu: Der Hund kehrt zurück zu dem, was er erbrochen hat (Spr 26,11)" (2 Petr 2,17–22).

Die beschworene Gefahr ist groß. In den vom Verfasser angesprochenen christlichen Gemeinden mehren sich die Apostasien, welche die Irrlehrer hervorgerufen haben. Sie kommen vor allem bei Neubekehrten vor, die in ihrem Glauben noch nicht ganz verläßlich sind und es scheint, daß sie, zum Großteil wenigstens, durch moralische Schwächen hervorgerufen wurden. Die Irrlehrer setzen vor allem auf die Schwachheit des Fleisches, um die Gläubigen in ihren Netzen zu fangen und ihr Erfolg zeigt, daß sie sich darin nicht getäuscht haben. Wäre es da für die armen Apostaten nicht besser gewesen, in ihrem Heidentum zu verbleiben, als Jesus Christus kennenzulernen und ihn alsbald wieder zu verlassen?

Die sieben „Sendschreiben" an die Gemeinden von Kleinasien in der Johannesapokalypse zeichnen, zumindest in manchen Gemeinden, kein wesentlich besseres Bild der kirchlichen Situation. Für Pergamon beklagt der Verfasser die Anwesenheit von Leuten, „die an der Lehre Bileams festhalten; Bileam lehrte Balak, er solle die Israeliten dazu verführen, Fleisch zu essen, das den Götzen geweiht war, und Unzucht zu treiben" (Apk 2,14–15); es handelt sich um Nikolaiten. In Thyatira fordert eine Frau, die sich als Prophetin ausgibt und die Diener Gottes betrügt, diese dazu auf, in Unreinheit zu leben und Götzenopferfleisch zu essen (Apk 2,20). Manche lassen sich von ihr verführen und sind deshalb vom göttlichen Strafgericht bedroht. In Sardes scheinen die Dinge besonders schlecht zu laufen:

„Du hast den Namen, daß du lebst, doch du bist tot. Werde wach und stärke das Übrige, das am Sterben ist. Denn ich fand deine Werke nicht vollendet vor meinem Gott. Bedenke also, wie du empfangen und gehört hast, und bewahre es und kehre um" (Apk 3,1–3).

In dieser Kirche, deren Anfänge verheißungsvoll waren, ist der Glaube fast verschwunden; man hat die Traditionen vergessen; es gibt nur noch Reste davon, deren Fortdauer nicht einmal mehr gesichert ist. In Laodikaia schließlich herrscht die Lauheit, nicht gerade die Apostasie, aber die Gleichgültigkeit anstelle glühenden Eifers, den der Apostel bei seinen Adressaten gerne gesehen hätte; dieser Zustand erscheint ihm derart schlimm, daß er ihm entschiedene Kälte vorzöge.

Wenn auch kein Grund besteht, die Klagen, die wir gerade gelesen haben, zu übertreiben, so darf man sie doch auch nicht herunterspielen, und der Bericht des Klemens von Alexandrien am Ende seiner Schrift „Quis dives salvetur" („Welcher Reiche wird gerettet?") gibt ein konkretes Beispiel der Kirche Asiens: dort sehen wir einem jungen Apostaten, der Anführer einer Räuberbande geworden war, einen zweifellos guten und frommen Bischof gegenüber, der unfähig ist, seine Schafe auf dem rechten Weg zu leiten; der alte Apostel (Johannes) muß sich trotz seines hohen Alters auf den Weg machen, um die verirrte Herde in den Schafstall Christi zurückzuführen [32]. Die Johannesbriefe verstärken diesen Eindruck. Viele Verführer sind in die Welt gekommen, die nicht glauben, daß Jesus Christus wirklich Fleisch angenommen habe; zu viele Gläubige haben sich von ihren Reden vereinnahmen lassen und die Kirche verlassen (1 Joh 2, 18–19; 4, 1–3; 2 Joh 7). Fast überall findet die Häresie ihre Opfer und zieht durch ihre trügerischen Verheißungen die Jünger in ihren Bann.

Übrigens ist es nicht allein die Häresie; manche Konvertiten fallen wieder ins Heidentum zurück, nachdem sie kürzere oder längere Zeit hindurch die Lehren Christi befolgt haben:

„Es wurde auch", schreibt Plinius der Jüngere, „eine viele Namen enthaltende anonyme Schrift vorgelegt. Diejenigen, die leugneten, Christen zu sein oder gewesen zu sein, und nach meinem Beispiel die Götter anriefen und Deinem Bilde, das ich zu diesem Zweck zusammen mit den Götterstatuen hatte herbeischaffen lassen, Weihrauch und Wein opferten, außerdem Christus schmähten – lauter Dinge, zu denen wahre Christen, wie man sagt, nicht gezwungen werden können – glaubte ich freilassen zu sollen. Andere, deren Name von diesem Anzeiger genannt worden war, sagten, sie seien Christen und leugneten es später: sie seien es zwar gewesen, hätten aber damit aufgehört, manche vor drei, manche vor mehr Jahren, einige sogar vor zwanzig. Auch diese alle verehrten dein Bild und die Götterstatuen und schmähten Christus ... (Aufgrund ihrer Angaben) hielt ich es für notwendig, zwei Sklavinnen, die sie Diakonissen nannten, sogar auf der Folter zu befragen, was wahr sei. Ich fand nichts anderes, als einen verkehrten, maßlosen Aberglauben." [33]

Plinius äußert sich nicht über die Zahl der Apostaten, er läßt sich auch nicht, was besonders interessant wäre, über die Gründe aus, wel-

---

[32] *Klemens von Alexandrien,* Quis dives salvetur, 42.
[33] *Plinius der Jüngere,* Sämtliche Briefe, eingeleitet, übersetzt und erläutert von *A. Lambert,* Zürich 1969, X, 96, 422–424.

che die Gläubigen zum Götterkult zurückgeführt haben. Es scheint allerdings, nach den von ihm gebrauchten Formulierungen, die offenkundig darauf abzielen, die Gunst des Kaisers zu gewinnen, daß die Abfälle nichts außergewöhnliches waren, und daß viele Konvertiten die Kirche vor einer Untersuchung und einem Strafverfahren wieder verließen. Es ist möglich, wenn nicht sogar wahrscheinlich, daß moralische Gründe für das Versagen der meisten ausschlaggebend waren; denn das Christentum, wie es sich bei den Angeklagten darstellt, ist vor allem eine Lebens-Form: eine eidliche Verpflichtung, keine Verbrechen zu begehen, weder Diebstahl, noch Raub, noch Ehebruch, noch Lüge, noch Betrug; weiter die Teilnahme an unschuldigen Mahlzeiten, das Absingen von Hymnen zu Ehren Christi als eines Gottes: das sind alle Fehler oder Irrtümer, die man zugibt. Man darf vermuten, daß solche Forderungen die Gemüter, die an ein lasches Leben gewöhnt waren, ziemlich belastet haben, und daß der Abfall von Christus das Ergebnis einer zu großen moralischen Schwäche war. Fügen wir gleich hinzu, daß die wahren Gläubigen trotzdem in der Mehrzahl waren. Umsonst versucht der hohe Staatsbeamte den Kaiser Trajan davon zu überzeugen, daß das Christentum leicht beseitigt werden könne. Die Begrifflichkeit seines Briefes läßt in dieser Hinsicht keinen Zweifel offen. Die Angeklagten, jeden Alters, Standes und Geschlechts sind sehr zahlreich und die Verhöre sind noch längst nicht abgeschlossen. Nicht nur die Städte sind inzwischen erreicht, auch die Dörfer und die ländlichen Gebiete sind bereits betroffen[34].

Auch wenn es um 110 in Bithynien zahlreiche Apostaten gibt, so gewinnt trotzdem das Christentum zunehmend an Macht und Einfluß. Der Weggang der Schwachen ist eine Prüfung für die Kirche; alles in allem genommen, ist es eine heilsame Prüfung.

2. Das zweite Jahrhundert: die Attraktion der Häresien

Das zweite Jahrhundert ist das Jahrhundert der Häresien par excellence. Gegenüber einem orthodoxen Christentum, das seine Dogmen noch nicht definitiv ausformuliert hat, das noch über keine indiskutable und mächtige Leitungs-Autorität verfügt und seine Einheit in

---

[34] *Plinius der Jüngere*, A. a. O.

Glauben und Leben nur in unerschütterlicher Bindung an die apostolischen Traditionen und die bischöfliche Hierarchie besitzt[35], schießen die Häresien ins Kraut und vermehren sich rasch. Judaisierender Doketismus; der Gnostizismus, in dem sich in unterschiedlichen Verhältnissen orientalische Mysterien und christliche Lehren miteinander vermischen, Marcionismus, Montanismus, etwas später der Adoptianismus, Sabellianismus und Patripassianismus, sie richten nacheinander oder nebeneinander ihren Appell an die Welt; all das lebt, entwickelt sich, erscheint und verschwindet wieder, ohne sich zu stabilisieren. Kaum hat ein Lehrer sich ein neues System ausgedacht, so arbeiten seine Schüler bereits an seiner Transformation, bis sie es endlich völlig unkenntlich gemacht haben. Die renommierten Lehrer gründen eher Schulen, aber keine Gemeinden bzw. Kirchen; selbst Marcion, dem die Historiker die Ehre zugestehen, eine Kirche institutionalisiert zu haben[36], kann seine Leute nicht daran hindern, sich in rivalisierenden Sekten auseinanderzudividieren und seine Lehren grundlegend zu verändern.

Die Häresien verfügen über alles, was man braucht, um die Gemüter zu fesseln. Die einen versprechen vor allem die Offenbarung verborgener Mysterien und die Kenntnis komplizierter Begriffe, mit denen man die Schicksalsmacht besiegen kann; andere versichern ihren Anhängern den Besitz des Heiligen Geistes und die Gabe der Prophetie, andere wieder scheinen mit Hilfe magischer Prozeduren Wunder zu wirken; manche verlangen von ihren Gläubigen eine Askese, die sie außerhalb der normalen menschlichen Existenzbedingungen ansiedeln muß, während wieder andere die Indifferenz aller Handlungen für die Pneumatiker proklamieren und ihnen die größten Schamlosigkeiten erlauben. Es gibt keinerlei menschliche Regung, sie sei gut oder schlecht, der sie nicht eine Erfüllung versprechen würden, und man versteht ohne weiteres den Einfluß, den sie ausüben. In der Mitte des 2. Jahrhunderts verfaßt der Philosoph Justin ein Werk gegen die Häresien[37] und liefert damit ein Beispiel, das zahlreiche Nachahmer findet.

Leider sind wir schlecht informiert über den wirklichen Erfolg dieser Sekten und es wäre ebenso unexakt, ihn zu übertreiben wie ihn zu

[35] Vgl. *G. Bardy,* La théologie de l'Église, de saint Clément à saint Irenée (Unam Sanctam XIII) Paris 1945, 11–12.
[36] Vgl. *A. von Harnack,* Das Evangelium vom fremden Gott – Neue Studien zu Marcion (Leipzig ²1924), Nachdruck Darmstadt 1960.
[37] *Justin,* 1. Apologie, 26,8.

leugnen, wenn Justin versichert, daß eine große Anzahl von Leuten die Lehre Marcions angenommen habe[38], oder wenn Irenäus sich über die von den Gnostikern bewirkten Bekehrungen im Rhône-Tal beklagt[39], wenn Origenes fast jedes Mal in seinen Homilien die Irrtümer eines Marcion, Basilides und Valentin erwähnt[40], dann hat man kein Recht, zu behaupten, daß diese Verteidiger der Orthodoxie ins Leere hinein reden und imaginäre Gegner bekämpfen würden. Aber es ist eine Tatsache, daß am Beginn des 3. Jahrhunderts die häretische Gefahr für die Kirche einigermaßen gebannt ist; diese hat einen Sieg errungen, der ebenso rasch wie endgültig war.

Vor allem möchten wir gerne wissen, in welchem Milieu die Häretiker gewöhnlich ihre Gläubigen rekrutieren: kommen diese direkt aus dem Heidentum, oder handelt es sich in den meisten Fällen um Apostaten vom Katholizismus? Wenn man den alten Autoren glauben darf, dann wäre die zweite Hypothese wahr, daß nämlich die meisten Häretiker, nicht nur die Lehrer, sondern auch die einfachen Gläubigen, den Katholizismus durchlaufen hatten, als sie der Irrlehre anheimfielen.

Was die Sektenanhänger angeht, sagt Tertullian:

„Wo war damals Marcion, der Schiffsreeder aus Pontus, der Verehrer der Stoa? Wo Valentinus, der Anhänger des Platonismus? Es ist ja eine bekannte Sache, daß sie unlängst erst gelebt haben, etwa unter der Regierung des Antoninus, und in der römischen Gemeinde unter dem Episkopat des lobwürdigen Eleutherius sich zuerst zu der katholischen Lehre bekannt haben, bis sie wegen ihrer unruhigen Zweifelsucht, womit sie oftmals auch die Brüder ansteckten, mehrfach exkommuniziert – Marcion trotz seiner zweihunderttausend Sesterzien, die er der Kirche eingebracht hatte – zuletzt zu einer beständigen Ausschließung verurteilt, das Gift ihrer Lehren ausgebreitet haben. Späterhin übernahm Marcion die Kirchenbuße, aber als er sich der ihm auferlegten Bedingung – er sollte nämlich die Gemeinschaft alsdann wieder erhalten, wenn er auch die übrigen durch seine Lehre ins Verderben Geführten der Kirche wiedergewänne – unterziehen wollte, wurde er vom Tode überrascht."[41]

---

[38] *Justin,* 1. Apologie, 58,1.
[39] *Irenäus,* Adv. Haeres. I, 13 f.
[40] Vgl. *A. von Harnack,* Der Kirchengeschichtliche Ertrag der exegetischen Arbeiten des Origenes, TU XLII, 3 und 4, Leipzig 1918, I, 30–39; II, 54–81.
[41] *Tertullian,* Prozeßeinreden gegen die Häretiker, 30,2–3. – Nach der Tradition war Marcion der Sohn eines Bischofs von Sinope und war zuerst in seiner Heimatgemeinde exkommuniziert worden, weil er eine Jungfrau verletzt hatte; vgl. *Pseudo-Tertullian,* Adversus omnes haereses. 1. – Was den Valentinus betrifft, vgl. *Tertullian,* Adversus Valentinum IV, der über ihn schreibt: „Speraverat (Romae) episcopatum Valentinus ... sed alium ex martyrii praerogativa loci potitum indignatus de ecclesia authenticae regulae

Auch Montanus ist selbst ein Neubekehrter[42], der „in unbändigem Verlangen, Führer zu sein, dem Widersacher Zutritt gestattet hatte". Unter seinen Schülern rühmt sich Thémison, sich zu Christus bekannt zu haben; in Wahrheit hatte er, um seinem Gefängnis zu entkommen und die Freiheit zu gewinnen, eine anständige Summe bezahlt[43]. Ein anderer namens Alexander beansprucht ebenfalls, als Bekenner behandelt zu werden:

„Damit jedoch die Wißbegierigen die Geschichte Alexanders kennenlernen, so bemerke ich: er wurde von dem Proconsul Ämilius Frontinus in Ephesus nicht wegen seines Glaubens verurteilt, sondern wegen der Räubereien, die er als bereits Abtrünninger verübt hatte. Die Lüge, er sei um des Namens des Herrn willen verurteilt worden, täuschte die dortigen Gläubigen und erwirkte seine Loskaufung. Doch die eigene Heimatgemeinde nahm ihn nicht auf, weil er Räuber war. Wer über ihn Genaueres erfahren will, dem steht das öffentliche Archiv Asiens zur Verfügung."[44]

All diese Leute sind den Strick nicht wert, um sie zu fangen; wenigstens wenn wir von den zitierten Informationen ausgehen. Sie haben die Kirche verlassen, weil sie nicht anders können; weil sie ihrer nicht würdig waren und weil ihre Lehre ebenso wie der von ihr geforderte Lebenswandel für diese Leute zu anspruchsvoll waren.

Was ihre Anhänger betrifft, so ist ihr Fall noch klarer.

Irenäus sagt: „Es gibt Leute, welche die Wahrheit aus dem Hause schicken, die Lüge aber hereinrufen und endlose Stammtafeln erdenken, die mehr Klügeleien fördern, wie der Apostel sagt, als göttliche Erbauung im Glauben. Durch Scheingründe, die sie geschickt zusammenstellen, verführen sie die Halbgebildeten und nehmen sie gefangen, indem sie des Herrn Worte fälschen und schlechte Deuter seiner guten Reden werden. So bringen sie viele auf Irrwege und unter dem Deckmantel der Wissenschaft, Gnosis genannt, als ob sie etwas Höheres und Größeres zu zeigen hätten als den, der Himmel und Erde gemacht hat und alles, was darin ist, lenken sie viele ab von dem Urheber der Ordnung und Schönheit des Weltalls. Wie Ratgeber leiten sie durch kunstvolle Worte die Harmlosen auf den Weg des Suchens und stürzen sie ratlos ins

---

abrupit" („Valentinus erhoffte für sich in Rom das Bischofsamt … als aber ein anderer aufgrund seines Märtyrer-Ansehens die Stelle erhielt, brach er beleidigt mit der Kirche der authentischen Wahrheit"). *Irenäus,* Adv. haeres. III, 4,3 versichert, daß Kerdon Katholik war, ehe er der Häresie verfiel, und daß er sogar zur Buße zugelassen worden war, wie schon vorher Marcion und Valentinus. In diesen Nachrichten kann ein Stück Legende liegen, im Sinne von Wander-Legenden; aber wir haben keinen durchschlagenden Grund, die Apostasie dieser Leute zu bezweifeln.
[42] *Anonymus,* zitiert bei *Eusebius* KG V, 16, 6.
[43] Apollonius, KG V, 18, 5.
[44] Apollonius, KG V, 18,9.

Verderben, bis diese zur Gottlosigkeit und Lästerung gegen den Welterbauer gelangt sind und die Lüge von der Wahrheit nicht mehr zu unterscheiden vermögen. Die Lüge zeigt sich nämlich nicht als solche und läßt sich nicht in ihrer Nacktheit erblicken; geschickt versteht sie es, sich in ein ehrbar Gewand zu kleiden, um nach außen für die urteilslose Menge wahrer zu erscheinen als die Wahrheit selber."[45]

Tertullian fügt diesem Bild weitere Präzisierungen hinzu:

„Was soll ich aber erst von ihrer Art, das Wort Gottes zu verwalten, sagen, da es nicht ihr Geschäft ist, Heiden zu bekehren, sondern die Unserigen zum Abfall zu verlocken? Sie jagen mehr der Ehre nach, die Stehenden zum Falle zu bringen, als der, die Gefallenen aufzurichten, da ja auch das Gebäude selbst, das ihnen gehört, nicht ihrer eigenen Bautätigkeit sein Dasein verdankt, sondern der Zerstörung der Wahrheit. Das Unsrige untergraben sie, um das Ihrige aufzubauen. Nimm ihnen das Gesetz des Moses, die Propheten und Gott den Schöpfer, darüber hinaus haben sie keine Klage auszustoßen. So kommt es, daß sie es leichter zustande bringen, stehende Gebäude in Trümmer zu legen, als am Boden liegende aufzurichten. Zu diesem Zwecke ganz allein spielen sie die Demütigen, die Liebenswürdigen, die ergebensten Diener. Sonst kennen sie nicht einmal ihren Vorstehern gegenüber Ehrerbietung. Und das ist auch der Grund, warum es bei den Häretikern sozusagen keine Kirchenspaltungen gibt, weil solche, auch wenn sie vorhanden sind, nicht zutage treten. Im Schisma besteht gerade ihre Einheit."[46]

An anderer Stelle erklärt uns Tertullian, was laue Christen zur Häresie hinziehen konnte. Da steht an erster Stelle der Ehrgeiz, das Verlangen nach den ersten Plätzen:

„Die Ordinationen der Häretiker sind aufs Geratewohl leichtfertig und ohne Bestand. Bald stellen sie Neophyten an, bald an die Welt gefesselte Männer, bald unsere Apostaten, um die Leute durch Ehre an sich zu ketten, da sie es durch Wahrheit nicht vermögen[47]. Nirgends gibt es leichtere Beförderung als im Lager der Rebellen, wo bloß sich aufzuhalten schon als Verdienst gilt."[48]

Ebenso häufig ist es die Schwachheit im Glauben:

[45] *Irenäus*, Advers. haer. I, Praefat.; Übs. BKV, Irenäus I, 1.
[46] *Tertullian*, Prozeßeinreden 42, 1–6; vgl. auch *Tertullian*, Adversus Valentinum I, „Valentiniani, frequentissimum plane collegium inter haereticos quia plurimum ex apostatis veritatis" („Die Valentinianer bilden die zahlreichste Gruppe unter den Häretikern, und zwar aus den Apostaten der Wahrheit").
[47] Bekannt ist der Fall des Natalis, den der anonyme Anti-Artemon-Referent bei *Eusebius*, KG V, 28, 10–12 erwähnt: „Natalis ließ sich dazu überreden, daß er sich gegen Besoldung von monatlich 150 Denaren zum Bischof dieser Häresie ernennen lasse ... Natalis war durch die Würde des Vorsitzenden und durch Gewinnsucht, durch die die meisten verderben, berückt".
[48] *Tertullian*, Prozeßeinreden 41, 6.

„Ja, es ist allerdings etwas Wunderbares, daß das Böse seine Macht hat, aber nur darum, weil die Häresien bei denen große Stärke besitzen, welche keine Stärke im Glauben besitzen. Im Faust- oder Gladiatorenkampf siegt einer sehr oft, nicht weil er tapfer ist oder nicht besiegt werden könnte, sondern weil der besiegte Gegner schwach von Kräften war ... Gerade so erlangen die Häresien ihre Macht nur durch die Schwäche mancher Leute, während sie keine Macht haben, wenn sie auf einen recht kräftigen Glauben stoßen."[49]

Warum soll man sich darüber wundern, wenn ein Bischof, ein Diakon, eine Witwe oder eine Jungfrau, wenn ein Lehrer oder sogar ein Märtyerer sich von der Glaubens-Regel entfernen? Niemand kann sich rühmen, über der Versuchung oder gar über der Sünde zu stehen. Es muß Häresien geben, damit die Gerechten ans Licht kommen, ebenso wie es Verfolgungen geben muß, um die Standhaftigkeit derer zu prüfen, die sich der Fertigkeit rühmen. Aber „die Verfolgung macht wenigstens Märtyrer, während die Häresie nur Apostaten erzeugt"[50].

Im übrigen hat jede Häresie ihre eigene Anziehungskraft und ihre eigene Weise, um schwache oder schwankende Gemüter zu verführen. Bei den Montanisten ist das prophetische Charisma die große Attraktion. Alle, die dem Montanus folgen, sind von einem Enthusiasmus ergriffen, der sie in Ekstase versetzt. Vergeblich versuchen die Katholiken, gegen diesen Sog anzukämpfen und vergebens versucht Militiades zu beweisen, daß ein Prophet nicht in Ekstase reden darf[51]. Diese Fanatiker wollen nichts davon hören[52]. Darüber hinaus kündigt Montanus seinen Jüngern die unmittelbar bevorstehende Ankunft des himmlischen Jerusalem in der Ebene von Pepuza an; diese Verheißung läuft hauptsächlich darauf hinaus, die Gemüter zu erregen und zahlreiche Massen versammeln sich an diesem vorgenannten Ort, um sicher zu gehen, daß sie das triumphale Schauspiel der trium-

---

[49] *Tertullian,* Prozeßeinreden 2, 6–8.
[50] *Tertullian,* Prozeßeinreden 4, 5: „Quod persecutio et martyras facit, haeresis apostatas tantum."
[51] Vgl. *Eusebius,* KG V, 17, 1.
[52] *Der Anonymus,* zitiert bei *Eusebius,* KG V, 16, 8–9: „Die anderen seiner Zuhörer aber, voll stolzen Vertrauens auf die Heiligkeit seines Geistes und auf seine prophetische Begabung, aufgeblasen und das Gebot des Herrn vergessend, bezaubert und irregemacht, drangen in den Tollheit stiftenden, schmeichlerischen, aufwiegelnden Geist, daß er sich nicht zum Schweigen zwingen lasse ... Da der Geist (des Montanus) die, welche sich an ihm freuten und auf ihn stolz waren, selig pries und sie durch die Größe seiner Verheißung aufgeblasen machte, da und dort allerdings auch in geschickter und Vertrauen heischender Weise unverhohlen verurteilte, um den Schein eines Richters zu erwecken ..."

phalen Parusie ja nicht versäumen[53]. Noch lange nach diesen ersten Enttäuschungen gibt es Christen, sogar Bischöfe, die bereit sind, sich von neuen Verheißungen täuschen zu lassen; jede Ankündigung des nahen Weltendes provoziert eine Krise, die von den ruhigeren Geistern kaum geteilt werden kann[54].

Die von Irenäus beschriebenen Markosier[55] verwenden gerne magische Praktiken, um die Aufmerksamkeit auf sich zu lenken.

„Der große Meister der Sekte, Markus mit Namen, gibt sich den Anschein, über einen mit Wein gefüllten Kelch die Danksagung zu sprechen. Indem er das Wort der Epiklese lange ausdehnt, läßt er ihn purpurfarbenrot erscheinen, damit man glaubt, daß die überirdische Charis (die Gnade) ihr Blut in jenen Kelch träufeln lasse wegen seiner Anrufung. Alle Anwesenden aber sehnen sich danach, von diesem Trank zu kosten, damit die angerufene Charis auf sie herabträufele. Am meisten jedoch widmet er sich den Frauen und läßt für sie Kelche segnen; diese setzt er in Erstaunen und verführt sie, vor allem wenn sie elegant und reich sind. Unter dem Vorwand, ihnen die Charis mitzuteilen und ihnen die Gabe der Prophetie zu verleihen, erhält er von ihnen Geschenke, Reichtümer, manchmal auch ihre Liebe ... Manche seiner Schüler errichten ein Brautgemach und organisieren eine mystische Zeremonie für jene, die sie einweihen; das ist, so sagen sie, die geistliche Hochzeit, als Bild der übernatürlichen Vereinigungen der Äonen. Andere taufen mit Wasser, indem sie sagen: Im Namen des unbekannten Vaters aller Dinge, im Hinblick auf die Wahrheit, die Mutter aller Dinge, im Hinblick auf Jesus, der herabsteigt zur Vereinigung, Erlösung und Gemeinschaft der Mächte. Andere sprechen hebräische Wörter aus: *Basyna, cacabasa, canaa* ... die man so erklärt: Der du alle Kraft des Vaters übersteigst, ich rufe dich an, der du dich Licht nennst, Geist und Leben, denn in einem Leib hast du geherrscht ... Andere kaufen Sterbende (Sklaven?) zurück und gießen Wasser und Öl über ihr Haupt, oder Salbe und Öl und rezitieren die uns bekannten Formeln. Sie weisen diese Sterbenden an, daß sie nach ihrem Tod, wenn sie den Mächten begegnen, diese Formel aussprechen: Ich bin ein Sohn, der kommt, Vater des ersten Vaters; ich bin ein Sohn in diesem Augenblick. Ich bin gekommen, um alle Dinge zu schauen, jene, die mir gehören, und jene, die anderen gehören, jene wenigstens, die der Achamot, der weiblichen, gehören und die sie für sich selbst gemacht hat; ich empfange mein Sein vom ersten Sein, und ich kehre zurück von mir, von wo ich hergekommen bin."[56]

---

[53] *Apollonius*, zitiert bei *Eusebius*, KG V, 18, 2. Zum Erfolg der montanistischen Propaganda vgl. *P. de Labriolle*, La crise montaniste, Paris 1913, 145–146. Ganze Städte, wie Thyatira, liefen über zur Häresie, *Epiphanius*, Haeres., 33.
[54] Vgl. *Hippolyt*, In Daniel III, 18; vgl. ad. *M. Lefèvre – G. Bardy*, SC 14, Paris 1947, 296 ff. *Firmilian von Caesaraea*, Epist. ad Cyprianum, bei *Cyprian*, Briefe LXXV, 10.
[55] *Irenäus*, Adv. Haeres. I, 13 ff.; BKV Irenäus I, 40–56.
[56] Dieser Text ist ein Resumee des Irenäus von *A. Dufourcq*, Saint Irénée (La pensée chrétienne), Paris 1905, 54–56.

Wie hätten derart seltsame Zeremonien, so mysteriöse Formulierungen nicht großen Erfolg bei neugierigen Gemütern oder bei Menschen, die sich nach Befreiung sehnten, haben sollen? Nach dem Zeugnis des Bischofs von Lyon haben die Markosier ihre Erfolge im Rhônetal vermehrt und ihr Einfluß erstreckt sich sogar bis in Kleriker-Familien[57].

Die Artemoniten wenden sich vor allem an die Intellektuellen, die sich durch ihr Wissen beeindrucken:

„Sie fragen nicht, was die heiligen Schriften sagen, sondern mühen sich eifrig ab, logische Schlüsse zu finden, um ihre Gottlosigkeit zu begründen. Wenn ihnen jemand ein Wort der göttlichen Schrift vorhält, dann forschen sie darüber, ob dasselbe gestatte, den konjunktiven oder den disjunktiven Schluß anzuwenden. Unter Verachtung der heiligen Schriften Gottes beschäftigen sie sich mit Geometrie; denn sie sind Erdmenschen, sie reden irdisch und kennen den nicht, der von oben kommt. Eifrig studieren sie die Geometrie Euklids. Sie bewundern Aristoteles und Theophrast. Galen gar wird von einigen vielleicht angebetet. Soll ich es noch eigens vermerken, daß die, welche die Wissenschaft der Ungläubigen brauchen, um ihre Häresie zu beweisen, und den kindlichen Glauben der göttlichen Schriften mit der Schlauheit der Gottlosen fälschen, mit dem Glauben nichts zu tun haben? Und so legten sie an die göttlichen Schriften keck ihre Hände und gaben vor, sie hätten dieselben verbessert. Daß ich hiermit nicht falsch über sie berichte, davon kann sich jeder, der will, überzeugen. Wenn nämlich jemand die Abschriften eines jeden von ihnen sammeln und miteinander vergleichen wollte, würde er finden, daß sie vielfach nicht übereinstimmen. So stehen die Abschriften des Asklepiades nicht im Einklang mit denen des Theodot. Zahlreich sind die Beispiele, die sich aufweisen lassen; denn ihre Schüler haben sich mit großem Fleiß das aufgeschrieben, was jeder von ihnen, wie sie selbst sagen, verbessert, in der Tat aber verfälscht hatte. Mit diesen Abschriften stimmen wiederum nicht überein die des Hermophilus. Ja die Abschriften des Apolloniades stimmen nicht einmal unter sich selbst überein."[58]

Gegenüber solchen, welche die Kritik nicht interessiert, haben die Artemoniten andere Methoden. Sie behaupten, daß die Tradition der Kirche zu ihren Gunsten spreche, daß die Alten und sogar die Apostel selbst das, was sie selber heute lehren, empfangen und gelehrt hätten, daß die Wahrheit der Verkündigung bis zur Zeit Viktors, des 13. Bischofs von Rom seit Petrus, bewahrt worden wäre, aber seit dessen Nachfolger Zephyrinus sei sie verfälscht worden.[59] Die Argumente

---

[57] *Irenäus,* Adv. haer. I, 13,6.
[58] *Anonymus,* zitiert von *Eusebius,* KG V, 28,13–17.
[59] A.a.O., KG V, 28,3.

bleiben nicht fruchtlos. Die Häresie des Artemon verbreitet sich im römischen Milieu, wo sie zahlreiche Anhänger gewinnt; ihr Einfluß reicht vielleicht sogar bis nach Antiochien, wenn es stimmt, wie Eusebius annimmt, daß Paul von Samosata sie erneuert habe [60]. Das ganze 2. Jahrhundert hindurch arbeitet die Häresie auf diese Weise, die Gläubigen von der Großkirche abspenstig zu machen. Man hat tatsächlich angenommen, daß die Häresie vor der Orthodoxie bestanden habe, und daß diese das Ergebnis einer heftigen Opposition gegen das freie Denken sei [61]. Ein derartiges Paradox braucht keine ausführliche Widerlegung [62]. In Wirklichkeit macht der Irrtum seine größten Eroberungen in einem Milieu, das bereits für das Christentum gewonnen war, und als die Kirche hinreichend gut organisiert war, um dem einen wirksamen Widerstand entgegenzusetzen, hört jener auf, eine echte Gefahr zu sein. Gegen Ende des 4. Jahrhunderts kann Optatus von Mileve versichern, daß sogar die Namen der Häretiker Marcion, Praxeas, Sabellius, Valentin und anderer bis zu den Kataphrygiern (= Montanisten) in Afrika vollkommen unbekannt wären [63]. Viel Zeit ist bereits verflossen, als Optatus von Mileve dieses Zeugnis ablegt.

3. Die kirchliche Reaktion auf die Apostasie

Außer den Häresien gibt es noch andere Gründe für die Zunahme der Apostasien. Einer der wirksamsten, der sich besonders während der großen Krise des 3. Jahrhunderts bemerkbar machte, aber sich auch schon lange davor zeigte, ist die Angst vor dem Martyrium, verbunden mit dem allzumenschlichen Verlangen nach Ruhe und einem gefahrlosen Leben. Bis zur Bekehrung Konstantins kannte die Kirche echte Friedensperioden, und bis zum Erlaß des Kaisers Decius (250 n. Chr.) traf die Verfolgung niemals die Gesamtkirche als solche. Trotzdem ist es wahr, daß die Christen fast 300 Jahre hindurch mehr oder weniger der Gefahr, ihr Leben für den Herrn opfern zu müssen,

---

[60] *Eusebius,* KG V, 28,1.
[61] Vgl. *W. Bauer,* Rechtgläubigkeit und Ketzerei im ältesten Christentum, Tübingen 1934.
[62] Vgl. *A. von Harnack,* Mission und Ausbreitung II, 9, 28: „Die Grundsätze und Lehren dieser (häretischen) Gemeinschaften waren so beschaffen, daß sie nicht leicht dort eine Anhängerschaft finden konnten, wo nicht schon eine gewisse Christlichkeit vorhanden war".
[63] *Optatus von Mileve,* De Schismat. Donat. I, 9.

ausgesetzt waren. Sie wissen das sehr wohl; und so ist der Heroismus eine wesentliche Bedingung für ihre Zugehörigkeit zur Kirche. Viele vergessen das übrigens; sie lassen sich von der Sorglosigkeit der ruhigen Jahre treiben, so daß die Prüfung sie völlig ungeschützt und ohnmächtig trifft.

Um 150 hat die Kirche von Rom, wie Hermas sie beschreibt, eine zu große Anzahl solcher Gläubigen. „Es gibt Leute, die niemals nachgedacht haben über die Wahrheit, die nach der Gottheit nicht geforscht, sondern nur geglaubt haben, die aber in Geschäfte, Reichtum, heidnische Liebhabereien und sonst in vielerlei Dingen dieser Welt verwickelt sind …“[64] Die Folgen einer solchen Einstellung lassen sich leicht voraussehen:

„Die Überbringer sodann von den Zweigen, die zu zwei Dritteln dürr und nur zu einem Drittel grün sind, das sind solche, die gläubig waren, dann aber reich wurden und angesehen unter den Heiden; sie hüllten sich in ein hochmütiges Gebaren, wurden stolz, wichen ab von der Wahrheit und verkehrten nicht mehr mit den Gerechten, sondern richteten ihr Leben auf heidnische Weise ein, und dieser Weg schien ihnen bequemer zu sein; von Gott sind sie nicht abgefallen, vielmehr verharrten sie im Glauben, aber sie taten nicht die Werke des Glaubens. Viele von ihnen taten nun Buße, und diese erhielten Wohnung im Turme. Andere aber, die immer mit den Heiden verkehrten, ließen sich durch die Eitelkeiten derselben verderben, fielen von Gott ab und taten die Werke der Heiden. Diese wurden zu den Heiden gerechnet. Andere aber von ihnen verfielen in Zweifel, da sie an ihrem Heil verzweifelten wegen der Werke, die sie getan; andere fielen gleichfalls in Zweifel und richteten Spaltungen an in ihren Kreisen.“[65]

Dieses Bild ist nicht gerade schmeichelhaft und läßt eine gewisse Lässigkeit in der römischen Gemeinde erkennen. Auch wenn ausdrückliche Apostasien selten vorkommen, welch anderen Namen als den eines Apostaten soll man Christen geben, die sich für die Religion nicht mehr interessieren und die wieder einen heidnischen Lebenswandel aufnehmen, ohne sich über ihre geistlichen Bedürfnisse auch nur die geringsten Gedanken zu machen? Dieser Zustand der Dinge ist nicht nur für Rom spezifisch. Um 200 beklagt Tertullian ihn auch für Carthago. Er kennt Leute, die Christen sind, wenn ihnen das gefällt, je nach Laune und Windrichtung, könnte man sagen[66]. Er spricht auch von Gläubigen, welche die Risiken der Liebeslust weit

---

[64] *Hermas*, Mandat. X, 1,4.
[65] *Hermas*, Similit. VIII, 9,1–4; vgl. BKV, Apostol. Väter, 255.
[66] *Tertullian*, Scorpiace, I.

mehr von der Kirche entfernen, als das Risiko des Lebens[67]. In Caesarea ist die Lage keineswegs besser. Origenes erklärt seinen Zuhörern, daß sie es gar nicht verdienen, verfolgt zu werden und Gott sähe voraus, daß sie zum Martyrium nicht genug Mut besäßen[68]. Sobald die Zeit der Prüfung kommt, werden die Apostasien zahlreicher. Die Kinder des Hermas verlästern den Herrn und verraten mit viel Bosheit ihre Eltern; zu diesen Fehlern kommen bei ihnen moralische Auflösungserscheinungen und eine wahre Sintflut an Gemeinheiten hinzu, was ihren allzu nachsichtigen Vater nicht daran hindert, ihnen Verzeihung zu versprechen, wenn sie sich entschuldigen[69]. Im Verlauf derselben Verfolgung machen es viele Christen in Rom genau so: sie verlästern den Herrn und verraten die Diener Gottes[70], weniger mitleidig mit diesen wie mit den eigenen Kindern bezeichnet der Seher sie als Apostaten, Verbrecher und erklärt, daß es für sie keine Buße gäbe. Im Zusammenhang mit der Verfolgung, deren prominentestes Opfer der Bischof Polykarp war, ist zu Smyrna ein Phrygier namens Quintus so tollkühn, sich selber bei der Regierung anzuzeigen, und andere Christen zu ermuntern, seinem Beispiel zu folgen. Doch als er im Zirkus sich den wilden Tieren gegenübersieht, wird er von der Angst gepackt, so sehr, daß der Prokonsul ihn durch seine Bitten dazu bewegen kann, beim Glück des Kaisers zu schwören und den

---

[67] *Tertullian,* De spectaculis, II, 3, ed. *Boulanger,* Paris 1933, 41: „Plures denique invenios quos magis periculum voluptatis quam vitae evocet ab hac secta".
[68] *Origenes,* In Numer., X, 2; edit. *Baehrens,* t. II, 72: „Nos dicere debemus quia hostiae martyrium non offeruntur pro nobis, idcirco manent in nobis peccata nostra; non enim meremur persecutionem pati propter Christum nec mori propter nomen filii Dei: et idem etiam diabolus, sciens per passionem martyrii fieri remissionem peccatorum, non vult nobis publicas gentilium persecutiones movere; scit enim, quia si ad reges et praesides adducamur propter nomen Christi ad testimonium Judaeis et gentibus, gaudium nobis et exultatio sit, quia merces nostra multa in caelis est. Haec non facit inimicus vel quia ipse gloriae nostrae invidet, vel fortasse quia ille qui omnia providet, praenoscit nos non esse idoneos ad martyrium tolerandum" („Wir müssen zugeben, daß die Opfer der Märtyrer nicht für uns dargebracht werden, darum bleiben unsere Sünden in uns. Denn wir verdienen es nicht, Verfolgung zu leiden um Christi willen, noch für den Namen des Sohnes Gottes zu sterben. Selbst der Teufel weiß ja, daß durch das Leiden des Martyriums Vergebung der Sünden geschieht, darum will er keine öffentlichen Verfolgungen durch die Heiden erregen; er weiß ja, daß, wenn wir vor Könige und Statthalter geführt werden, um vor Juden und Heiden für den Namen Christi Zeugnis abzulegen, dies für uns Freude und Jubel ist, denn groß ist unser Lohn im Himmel. Der böse Feind mag solches nicht, weil er entweder uns diese Ehre neidet, oder auch vielleicht, weil Der, welcher alles voraussieht, auch vorausweiß, daß wir nicht sehr geeignet sind, um das Martyrium zu ertragen").
[69] *Hermas,* Vis. II, 2.1.
[70] *Hermas,* Similit. IX, 19.1. Über die Märtyrer dieser Verfolgung vgl. Vis. III, 2, 1; Similit. VIII, 3, 6–7.

Göttern zu opfern. Dieses klägliche Beispiel macht auf die ganze Gemeinde einen tiefen Eindruck[71]. Zu Lyon wird 177 n. Chr. eine große Anzahl von Gläubigen gleichzeitig mit dem Bischof Pothinus und dem Diakon Sanctus ins Gefängnis gesperrt; sehr schnell ergibt sich unter den Gefangenen eine gemeinsame Absprache:

Der Redaktor des Briefes an die Gemeinden in Asien und Phrygien schreibt: „Nunmehr trat unter den übrigen eine Scheidung ein. Offen und bereitwillig wurden die einen zu den ersten Märtyrern und bekannten sich auch unumwunden mit größter Bereitwilligkeit. Andere gab es, denen die Bereitwilligkeit, die Übung und die Kraft noch fehlte und die nicht fähig waren, die Wucht des schweren Kampfes auszuhalten. Etwa zehn hatten nämlich versagt. Diese verursachten uns große Trauer und grenzenlosen Schmerz und lähmten den Mut der anderen, die nicht ergriffen worden waren und, obwohl sie alle Bitterkeiten erfahren mußten, doch mit den Märtyrern verkehrten und nicht von ihnen ließen. Damals waren wir alle sehr niedergeschlagen, weil nicht alle das Bekenntnis abgelegt hatten[72]. Die Verleugnung hatte ihnen damals nichts genützt. Im Gegenteil, während die, welche offen bekannten, was sie waren, nur als Christen eingekerkert wurden, ohne daß ihnen sonst etwas zur Last gelegt werden konnte, wurden diese als Mörder und Verbrecher eingesperrt, waren also gegenüber den andern doppelt gestraft ... (Sie) schritten mit niedergeschlagenen Augen, tiefgebeugt, finster und ohne Haltung einher und mußten sich überdies selbst von den Heiden als ehrlose, feige Menschen beschimpfen lassen; denn ihren ehrenvollen, ruhmreichen, lebensspendenden Titel hatten sie preisgegeben und den Vorwurf, Mörder zu sein, eingetauscht. Solcher Anblick veranlaßte die übrigen zur Festigkeit."[73] „In besonderer Weise wurde Christus durch die verherrlicht, welche ehedem ihren Glauben verleugnet hatten, nunmehr aber sich wider die Erwartung der Heiden als Christen bekannten. Man wollte sie nach gesondertem Verhör in Freiheit setzen; doch sie bekannten den Glauben und gesellten sich zu der Schar der Märtyrer. Ferne davon aber blieben diejenigen, welche nie eine Spur von Glauben, nie Sinn für ein bräutliches Gewand, nie Verständnis für Gottesfurcht hatten, sondern schon durch ihren Lebenswandel die rechte Lehre lästerten. Ich meine die Kinder des Verderbens."[74]

Gleichzeitig spielen sich unter der Herrschaft des Mark Aurel zu Edessa ähnliche Vorgänge ab. Der Bischof Noach wird hingerichtet und die anschließende Verfolgung ist so hart, daß viele Brüder, die in ihrem Glauben noch schwach sind, zum Kult der Dämonen zurück-

---

[71] Martyrium des Polykarp, Kap. 4. Der Redaktor fügt noch hinzu: „Darum, Brüder, loben wir nicht die, welche sich selbst darbieten; so lehrt auch nicht das Evangelium." Vgl. BKV, Frühchristliche Apologeten und Märtyrerakten II, 299.
[72] Brief der Gemeinde von Lyon, zitiert bei *Eusebius*, KG V, 1,11–12.
[73] A. a. O. V, 1,35.
[74] A. a. O. V, 1,48.

kehren; vier Jahre lang kann man keinen Bischof weihen [75]. Überall kommen die gleichen Dinge vor. Am Beginn des 3. Jahrhunderts wird die Verfolgung ein so schrecklicher Anlaß für die Apostasie, daß die Bischöfe nicht zögern, ihren Gläubigen die Flucht in andere Städte zu empfehlen, oder sogar selbst das Beispiel zur Flucht geben; manche von ihnen kaufen sich selbst und ihre Gemeinden mit Geld frei, um nicht das höchste Zeugnis, das Blutzeugnis, ablegen zu müssen. Tertullian verurteilt als Montanist in seiner Schrift „De fuga in persecutione" energisch diese doppelte Toleranz [76]. So eloquent diese Schrift auch sein mag, der Protest bleibt ohne Wirkung. Die Katholische Kirche, die mehr Mitleid für die menschliche Schwäche hat, und mehr mütterliches Mitfühlen, hält sich nicht dazu verpflichtet, ihre Kinder Prüfungen zu unterwerfen, die über deren Kräfte gehen, und sie unbekümmert der Apostasie auszuliefern.

Bis dahin kann man fast nur individuelle Apostasie feststellen. Das Edikt des Kaisers Decius im Jahre 250 n. Chr. provoziert auch kollektive Apostasien, die sogar die Existenz mancher Gemeinden gefährden. Die erste Hälfte des 3. Jahrhunderts war für den Katholizismus eine Periode großer Eroberungen gewesen [77]. Zwischen der Verfolgung des Septimius Severus und der des Maximinus Thrax hatte eine ununterbrochene Friedenszeit geherrscht und dadurch begünstigt ka-

---

[75] Chronic. Arbel., 5; ed. *Zorell* (Orientalia Christiana, VIII,4), Rom 1927, 21.

[76] Vgl. *Tertullian,* De fuga 5,1; CCSL II, ed. *J. J. Thierry,* Thurnhoud 1954, 1141: „Sed quod meum est", inquit, „fugio, ne peream, si negavero; illius est, si voluerit, etiam fugientem me reducere in medium". Hoc mihi prius responde: certus es te negaturum, si non fugeris, an incertus? Si enim certus, iam negasti, quia praesumendo te negaturum id despopondisti, de quo praesumpsisti et vane iam fugis, ne neges, qui si negaturus es, iam negasti" („Was mich betrifft", sagst du, „so fliehe ich, damit ich nicht zugrunde gehe, wenn ich leugne; ich überlasse es Gott, wenn er will, mich auch als Flüchtling wieder in die Mitte zurückzuholen". Antworte mir zuerst: Bist du sicher, daß du leugnen wirst, wenn du nicht fliehst, oder unsicher? Wenn du dessen sicher bist, hast du bereits geleugnet; denn wenn du präsumierst, du werdest leugnen, hast du dich bereits darauf eingestellt, was du annimmst, und schon umsonst fliehest, um nicht zu leugnen; denn wenn du leugnen wirst, hast du ja schon geleugnet").

[77] Die Schriften des Origenes genügen, um uns eine Vorstellung von diesen Eroberungen zu machen. Wenn Origenes vom Anfang des 3. Jahrhunderts (um 200) redet, dann sagt er, daß zu diesem Zeitpunkt die Christen noch nicht sehr zahlreich waren; es gab damals noch keine vollständig christliche Stadt und in keiner hatten die Christen die Mehrheit, vgl. Gegen Kelsos III, 30; in Psalm 36 hom I, 1; wenn er sich dagegen auf die Periode 235–250 bezieht, behauptet er, daß die christliche Predigt die ganze Welt erreicht habe, De Genes. Homil. IX,2; In Cant. Cantic., II etc. Man braucht diese Texte nicht zu überstrapazieren. Um die Parusieverzögerung zu erklären, meint *Origenes,* In Matthaeum Comment., ser. 3q, daß es überall Gemeinden Christi gäbe. Der Gesamteindruck entspricht unserer Darstellung. Vgl. *A. von Harnack,* Mission und Ausbreitung II, 535–538; 548–549.

men viele Neulinge zur Kirche. Auf der anderen Seite hatten die christlichen Familien zugenommen, und die Formel Tertullians *„fiunt, non nascuntur Christiani"* („man wird nicht als Christ geboren, sondern muß es werden") hatte an Wahrheitswert verloren, da jetzt die Kindertaufen häufiger wurden[78]. Aber die Qualität der neuen Gläubigen hatte sich keineswegs verbessert, im Gegenteil[79].

Dazu Cyprian: „Da war jeder nur auf die Vergrößerung seines Vermögens bedacht, und ohne daran zu denken, was die Gläubigen früher zur Zeit der Apostel getan hatten, und immer tun sollten, verlegte man sich, von unersättlicher Habgier entflammt, nur auf die Mehrung seines Besitzes. Vergebens suchte man die ergebene Gottesfurcht bei den Priestern, die unbefleckte Treue bei den Dienern, da kannte man keine Barmherzigkeit in den Werken, keine Zucht in den Sitten. Die Männer fälschten den Bart, die Frauen schminkten ihr Gesicht; entstellt wurden die von Gottes Hand geschaffenen Augen und die Haare mit lügnerischen Mitteln gefärbt. Schlauer Trug diente dazu, die Herzen der Einfältigen zu täuschen, tückische Ränke halfen die eigenen Brüder zu überlisten. Mit Ungläubigen knüpfte man das Band der Ehe, Heiden gab man die Glieder Christi preis. Man war nicht nur leichtfertig im Schwören, sondern man schwur auch Meineide; die Vorgesetzten verachtete man in übermütigem Dünkel, mit vergiftetem Munde verleumdete man einander, mit unerbittlichem Haß lebte man in gegenseitiger Feindschaft. Gar viele Bischöfe, die doch den übrigen eine Mahnung und ein Vorbild sein sollten, vernachlässigten ihr göttliches Amt und wurden die Beamten weltlicher Herrscher; sie verließen ihren Stuhl, ließen die Gemeinden im Stich, reisten durch fremde Provinzen und trieben auf den Märkten ihr einträgliches Geschäft. Während die Brüder in der Gemeinde darbten, wollten sie Geld im Überflusse haben, brachten Grundstücke durch tückischen Betrug an sich und mehrten durch hohen Wucherzins ihr Kapital."[80]

Das Portrait ist nicht schmeichelhaft, übrigens könnte man es, vor allem aus den Homilien des Origenes noch bestätigen, wenn nicht gar verdüstern. Auch wenn man der notwendigen Strenge des Moralisten weitgehend Rechnung trägt, ergibt sich daraus als Schluß: die Kirche des 5. Jahrhunderts hat zu viele gleichgültige und laxe Christen. Das Edikt des Decius bricht wie ein Blitz aus heiterem Himmel über sie herein. Wir kennen nicht das genaue Datum, aber wir wissen, daß es

---

[78] *Tertullian,* De Baptismo 18, kennt die Kindertaufe, aber er empfiehlt sie nicht; er bezweifelt eher ihren Wert, wegen des Risikos der Apostasie, das mit ihr gegeben ist. Dagegen erklärt *Origenes,* In Epist. ad Rom. Comment., V, 9, die Kirche habe es als apostolische Überlieferung empfangen, auch Kindern die Taufe zu spenden. Vgl. auch In Luc., hom. XIV.
[79] Vgl. oben S. 203–206.
[80] *Cyprian,* De Lapsis, 6; vgl. BKV Cyprian I, Über die Gefallenen, 96 ff.

alle Untertanen des Kaisers dazu verpflichtete, sich ein Zertifikat zu beschaffen, das die Zugehörigkeit zur offiziellen Religion bestätigte, und daß man die entsprechenden Riten in Gegenwart eines dazu abgeordneten Beamten vollzogen hatte. Einige solcher Zertifikate sind uns überliefert. Sie sind nach einem einheitlichen Schema abgefaßt und gelten ein für alle Mal:

„An die zur Überwachung der Opfer gewählte Kommission von Aurelios Asesis Serenos aus dem Dorf Theadelphia: Immer habe ich den Göttern geopfert, und auch jetzt brachte ich in eurer Gegenwart, dem Edikt entsprechend, Trank- und Tieropfer dar und kostete vom Opferfleisch, und ich ersuche euch, mir das zur Unterschrift zu bescheinigen. Gehabt euch wohl. (Gez) Asesis, 32 Jahre alt, zu Unrecht beschuldigt. ... Wir, Aurelius Serenus und Aurelius Hermas, haben dich opfern sehen. Ich, Hermas, bescheinige es. Im ersten Jahr des Imperator Caesar Gaius Messius Quintus Traianus Decius Pius Felix Augustus, am 18. Payni."[81]

Hatte Decius vielleicht erwartet, mit seinen Maßnahmen das Christentum zerstören zu können, so waren die Tatsachen freilich eher geeignet, ihm seinen Irrtum zu beweisen. Doch im ersten Moment mochte er sich als Sieger betrachten, so groß war die Anzahl derjenigen, die sich dem Edikt unterwarfen oder wenigstens so taten, als hätten sie sich unterworfen[82]. Die Zeugnisse, die wir besitzen, beziehen sich auf Carthago und Alexandrien. Sie sind ebenso bedauerlich wie eindeutig.

Dazu wieder Cyprian: „Sie warteten nicht einmal mit dem Emporsteigen zum Kapitol, bis sie etwa ergriffen, mit dem Ableugnen, bis sie gefragt wurden. Vor der Schlacht schon besiegt, ohne Kampf schon niedergestreckt, retteten viele für sich nicht einmal den Schein, als ob sie etwa nur widerwillig den Götzen geopfert hätten. Nein, aus freien Stücken liefen sie auf das Forum, freiwillig eilten sie ihrem geistlichen Tod entgegen, gerade als ob sie das schon längst ersehnt, als ob sie nur eine sich bietende Gelegenheit ergriffen, die sie von Herzen gewünscht hätten. Wie viele wurden da von den Behörden zurückgestellt, weil der Abend hereinbrach, wie viele baten sogar noch darum, ihren

---

[81] H. Leclercq, Les certificats de sacrifice païen sous Dèce en 250, in: Bulletin d'ancienne littérature et d'archéologie chrétiennes t. IV, 1914, 130. Deutsche Übers. nach Kirchen- und Theologiegeschichte in Quellen I, A. M. Ritter, Alte Kirche, Neukirchen 1977, 89. Es genügt, ein Beispiel zu zitieren. Andere Texte bringen nichts Neues.
[82] Tatsächlich war es auch möglich, sich Gefälligkeits-Zertifikate zu besorgen, sei es von weniger strengen Beamten oder für gutes Geld. Die strengen Christen waren geneigt, diese Praktiken rücksichtslos zu verurteilen, und sie hatten keineswegs damit absolut unrecht. Trotz allem war der Fehler der „Libellatici" – so der Ausdruck für jene, die sich Zertifikate kauften – weniger groß als derjenige der Apostaten, die den Götzen wirklich geopfert hatten oder die sich damit begnügt hatten, ihnen Weihrauch zu streuen.

Untergang nur ja nicht zu verschieben ... Und vielen genügte noch nicht einmal der eigene Untergang. Durch gegenseitige Ermunterung wurde das Volk ins Verderben getrieben ... Und damit ja nichts fehle, um das Maß des Frevels voll zu machen, wurden sogar die Kinder von den Eltern auf den Armen herbeigetragen oder (an der Hand) herangeschleppt, um in frühester Jugend das zu verlieren, was sie gleich beim Eintritt in das Leben erlangt hatten ... Die Wahrheit, liebe Brüder, darf nicht verschleiert, die Ursache und der Grund unserer Würde nicht verschwiegen werden. Viele hat die blinde Liebe zu ihrem Mammon verführt, und allerdings konnten solche unmöglich dazu bereit und gerüstet sein, zu entweichen, die von ihren Schätzen wie von Fesseln festgehalten wurden."[83]

Der Bischof von Alexandrien sekundiert dem von Carthago mit Worten, die den Eindruck einer gegenseitigen Abstimmung der beiden Texte aufeinander machen.

Dionysius von Alexandrien schreibt: „Alle waren bestürzt. Von den Vornehmeren fanden sich auf der Stelle viele aus Furcht ein, während die Beamten von ihrer beruflichen Tätigkeit weggeholt wurden; andere von ihnen ließen sich von ihren Freunden hinzerren. Namentlich aufgerufen, traten sie zu den Unreinen und unheiligen Opfern, die einen allerdings bleich und zitternd, gerade als wollten sie nicht opfern, sondern als sollten sie selbst den Götzen geopfert und geschlachtet werden, so daß sie von der umherstehenden Menge verspottet wurden und ihre Feigheit sowohl zum Sterben als zum Opfern offen an den Tag trat. Andere gingen bereitwillig zu den Altären und behaupteten verwegen, sie seien früher gar nicht Christen gewesen. An ihnen bewahrheitete sich vollauf die Prophezeiung des Herrn: sie werden kaum gerettet werden. Von den übrigen folgten die einen diesen, die anderen jenen. Andere aber flohen. Wieder andere wurden verhaftet. Von diesen ließen sich einige fesseln und einsperren, einige sogar auf mehrere Tage, dann aber, noch ehe sie vor den Richterstuhl geführt wurden, schwuren sie (den Glauben) ab. Einige der Gefangenen sagten sich erst, nachdem sie ein gewisses Maß von Martern ertragen hatten, angesichts weiterer Qualen vom Glauben los."[84]

Unter diesen beklagenswerten Fällen ist der Bischof Euktemon von Smyrna einer der schmerzlichsten. Wir wissen nicht genau, welchen Umständen er bei seiner Apostasie hatte Rechnung tragen müssen, aber es ist zu gut belegt, daß er in voller Kenntnis der Sache den Glauben verleugnet hat und bis in seinen Klerus hinein vermehrte Anstrengungen machte, um Nachahmer zu finden. Nachdem er Christus verleugnet hatte, begab er sich in den Tempel der Nemesis mit einem Lamm, das er der Göttin opfern wollte und dessen Fleisch er zusam-

---

[83] *Cyprian*, De. Lapsis 8–11; BKV Cyprian I, Über die Gefallenen, 98–101.
[84] *Dionysius von Alexandrien*, Epist. ad. Fab., zitiert bei *Eusebius*, KG VI, 41, 11–13.

men mit dem Priester Pionius, der vor Gericht gestellt worden war, um sich wegen einer Anklage als Christ zu verantworten, verzehren wollte; er hatte sein Lamm sogar vor der Göttin braten lassen; jedoch Pionius und seine Gefährten weigerten sich energisch, davon zu kosten, der Bischof blieb mit seinem Mahl allein und mußte das Lamm, das kaum angeschnitten war, nach Hause tragen. „Durch diesen Abfall hatte der arme Bischof sich sehr lächerlich gemacht, obwohl er für seinen Eid auf das Glück des Kaisers und auf die Nemesis mit einem Kranz geschmückt worden war."[85]

Neben der Apostasie des Euktemon muß man die nicht weniger Aufsehen erregende zweier spanischer Bischöfe, des Basilides von Legio und Asturia und des Martial von Emerita erwähnen, die wir durch einen Brief Cyprians kennen:

„Wie nun ihr, geliebteste Brüder, schreibt und wie unsere Amtsgenossen Felix und Sabinus bestätigen und wie ein anderer Felix aus Cäsaraugusta, ein Diener des Glaubens und Verteidiger der Wahrheit, in seinem Schreiben mitteilt, haben sich Basilides und Martialis durch ein ruchloses Opferzeugnis über Götzendienst befleckt; überdies hat Basilides, abgesehen von diesem befleckenden Zeugnis, auch noch auf dem Krankenbett Gott gelästert und diese Lästerung auch eingestanden und infolge seiner Gewissensbisse sein bischöfliches Amt freiwillig niedergelegt und sich der Buße zugewandt, indem er Gott anflehte und sich beglückwünschte, wenn es ihm auch nur vergönnt sei, als Laie in der Gemeinschaft zu bleiben. Auch Martialis hat nicht nur lange Zeit schändliche und schmutzige Gelage in der Gesellschaft der Heiden besucht und seine Söhne in der gleichen Gesellschaft nach heidnischer Sitte in ungeweihten Gräbern beigesetzt und neben Andersgläubigen bestattet, sondern er hat auch in der öffentlichen Gerichtsverhandlung vor dem Prokurator Ducenarius versichert, daß er sich dem Götzendienst gefügt und Christus verleugnet habe. Auch einer Reihe anderer schwerer Verfehlungen haben sich Basilides und Martialis schuldig gemacht."[86]

Die Fälle der beiden Bischöfe, vor allem der des Martial, sind äußerst interessant. Basilides begnügt sich, nach allem, mit einem Opfer-Schein; über andere Vergehen, die ihm nachgesagt werden, weiß man nichts Genaues. Martial dagegen ist kaum Christ, da läßt sein Lebenswandel bereits jene Fehler vorausahnen, die ungefähr fünfzig Jahre später das Konzil von Elvira verurteilen wird[87]. Man wundert sich nur

---

[85] Vgl. *Krüger-Ruhbach,* Märtyrerakten, 54 ff.
[86] *Cyprian,* Briefe, 67,6, BKV II, 650 f.
[87] Vgl. *Ch. Guignebert,* Les demi-chrétiens et leur place dans l'Église antique, in: Revue d'Histoire des Religions, 1923.

darüber, wie ein solcher Mann in der katholischen Kirche zum Bischofsamt hat kommen können, und man muß annehmen, daß er vor allem auf die materiellen Vorteile, die mit diesem Amt verbunden waren, aus war.

Noch andere bischöflichen Apostaten werden in der Korrespondenz Cyprians erwähnt: Evaristus ist Italiener, vielleicht einer der Konsekratoren des Novatian[88]. Nachdem er von seinem Bischofsamt abgesetzt war, blieb er, wie der Bischof von Carthago versichert, nicht einmal ein einfacher Gläubiger; nachdem er die Kirche verlassen hatte, irrte er in der Ferne in anderen Provinzen umher. Ihm genügte es nicht, daß er persönlich Schiffbruch im Glauben erlitten hatte; er hat auch versucht, in seiner Umgebung ähnliche Schiffbrüche zu provozieren[89]. Andere sind Afrikaner, wie Jovinus und Maximus, „die wegen abscheulicher Götzenopfer und anderer ihnen nachgewiesener Verbrechen von neun unserer Amtsgenossen verurteilt worden waren", und die dann nochmals von einem Konzil von 252 n. Chr. ausgeschlossen worden waren; Repostus aus Saturnuca, der nicht nur selbst zu Fall gekommen ist, sondern durch böse Ratschläge auch noch den größten Teil seiner Gemeinde zu Fall gebracht hat[90]. All diese Personen sind wenig interessant; es handelt sich um arme Teufel, die von Ehrgeiz oder Stolz erfüllt waren, mißgünstig gegenüber der wahren Heiligkeit und von ausgesprochener Schwäche gegenüber den Strafen, die ihnen drohen konnten; kurz, Christen ohne Charakter und ohne Willen, bereit, ihr Mäntelchen nach jedem Wind zu hängen und sich dem geringsten Meinungsumschwung anzupassen. Es ist nicht so sehr ihre Apostasie, als vielmehr ihr Christentum, vor allem ihr Aufstieg in den Klerus und sogar ins Bischofsamt, was uns vor schwierige Probleme stellt[91].

---

[88] Vgl. *Cornelius* (röm. Bischof), Epist. ad Cyprian; inter Cypriani Epist., L, 2; BKV Cyprian II, 158 f. Evaristus ist hier durch Zetus ersetzt. Er war anscheinend eher ein Schismatiker als ein Apostat im strengen Sinn.
[89] BKV, Cyprian II, Brief 52, 1.2.
[90] BKV, Cyprian II, Brief 59, 10, 2–3.
[91] Wir haben hier nicht von Novatian zu sprechen, dessen Fall dunkel bleibt. *Cornelius* schreibt in seinem Brief an Fabius von Antiochien, den *Eusebius* zitiert, KG VI, 43, 16: „Aus Feigheit und Lebensgier hat er zur Zeit der Verfolgung geleugnet, daß er Presbyter sei. Er war nämlich von den Diakonen dringlich gebeten worden, er möchte doch die Zelle, in welche er sich eingeschlossen, verlassen, um den Brüdern zu helfen, soweit es sich für einen Presbyter gebühre und er die Möglichkeit habe, notleidenden und hilfsbedürftigen Brüdern Hilfe zu bringen. Allein, statt der Aufforderung der Diakonen Folge zu leisten, ging er unfreiwillig fort und ließ sie allein. Er erklärt nämlich, er wolle nicht weiter Presbyter sein, denn er sei Anhänger einer anderen Philosophie." *Cornelius* fügt

Unter den Apostaten während der Verfolgung des Decius mochten viele nicht das Ende ihrer Qualen abwarten, um ihren Fall zu bereuen und sich um die Wiederaufnahme in die Kirche zu bemühen. Die Zahl der Büßer nimmt beachtlich zu, nachdem die Gefahr vorbei ist, und zwar so sehr, daß, nachdem sie sehr dezimiert worden war, die Kirche im Endergebnis ungefähr genau so stark war wie vorher. Manche der christlichen Gemeindemitglieder waren der Auffassung, den reuigen Apostaten die Versöhnung mit der Kirche zu verweigern. Ihre Meinung hatte jedoch bei den Gläubigen wenig Erfolg und konnte sich im Gros der Bischöfe nicht durchsetzen. Die „Didaskalia der Apostel" erklärt mit einem Freimut, der fast an Naivität grenzt, daß die Sünder, denen ein Bischof ihre Sünden nicht vergibt, und die er zu streng behandelt, ins Heidentum zurückfallen würden und dabei Nachahmer finden könnten [92]. Auch wenn man sich nicht so kategorisch ausdrückt wie Cornelius, Cyprian oder Dionysius von Alexandrien, die Furcht vor dem Verlust vieler Mitglieder erklärt teilweise doch ihre barmherzige Einstellung. Aber was sind die Gläubigen, die keine Prüfungen ertragen können, wert?

Der große Friede zwischen der Verfolgung des Valerian bis zu der des Diokletian, war für die Ausbreitung des Christentums günstig, wenn auch nicht für sein moralisches Wachstum. Eusebius beschreibt in aufschlußreichen Skizzen die besonderen Merkmale dieser Friedenszeit:

„Wer vermöchte jene tausendköpfigen Versammlungen zu schildern und die Mengen derer, die jetzt Stadt für Stadt zusammenkamen, und die herrlichen Zusammenkünfte in den Bethäusern? Da die alten Gebäude nicht mehr genügten, erbaute man in allen Städten ganz neue und geräumige Kirchen ... Da aber infolge zu großer Freiheit unser Sinn zu Stolz und Lässigkeit sich kehrte, indem der eine den andern beneidete und beschimpfte, und wir uns, wenn es sich so traf, im Wortstreit beinahe wie mit Schwert und Speer bekämpften, Vorsteher mit Vorstehern zusammenstießen und Laien gegen Laien sich erhoben, unaussprechliche Heuchelei und Verstellung den höchsten Grad ihrer Bosheit erreichten, da begann das göttliche Strafgericht in der ihm eigenen schonenden Weise ..."[93]

---

hinzu: „Dieser angesehene Mann verließ nämlich die Kirche Gottes, in der er nach Annahme des Glaubens durch die Gunst des Bischofs, der ihm die Hand zur Weihe aufgelegt, Presbyter geworden war" (KG VI, 17). Aber wir wissen, daß Novatian die römische Kirche an der Spitze des Presbyteriums während der Sedisvakanz des bischöfl. Stuhles geleitet hat, und daß er der Autor von Briefen Roms an Cyprian gewesen ist (Epist. 30 und 36). Dies reimt sich mit den Aussagen des Cornelius wenig zusammen.

[92] Didascalia Apost. VII, ed. *H. R. Connolly*, 65–67.
[93] *Eusebius*, KG VIII, 1, 5–7.

Man versteht ohne weiteres, daß unter solchen Bedingungen die Verfolgung des Diokletian die gleichen Erscheinungen der Apostasie hervorbringen mußte wie bei Decius. Es fehlen uns die notwendigen Unterlagen, um eine Statistik aufstellen zu können, ja sogar um Vergleiche zwischen den beiden Verfolgungen, zweifellos die schlimmsten, welche die alte Kirche gekannt hat, anstellen zu können. Genausowenig wie Decius wollten Diokletian und seine Mitregenten Märtyrer schaffen, sie hätten es bei weitem vorgezogen, Apostaten zu machen und sparten kein Mittel, dies zu erreichen. Eusebius berichtet Einzelheiten von Zwangsapostasien, wie man sie, so scheint es, seit den Tagen des Decius nicht gesehen hat:

„Da wurde einer von anderen gewaltsam mitgezerrt und zu den abscheulichen und unheiligen Opfern geführt und dann entlassen, wie wenn er geopfert hätte, auch wenn er tatsächlich nicht geopfert hatte. Der konnte frei abziehen, obwohl er gar nicht (an den Altar) getreten war und nichts Unreines berührt hatte, da andere vorgaben, er hätte geopfert, und er die falsche Angabe stillschweigend hinnahm. Ein anderer wurde halbtot aufgefunden und als Toter weggeworfen. Wieder ein anderer, auf dem Boden liegend, wurde an den Füßen eine Strecke weit gezerrt und zu denen gezählt, welche geopfert haben. Dabei rief und beteuerte der eine mit lauter Stimme, daß er sich geweigert habe zu opfern; ein anderer schrie: „Ich bin ein Christ!", stolz auf das Bekenntnis des heilbringenden Namens und ein dritter wiederholte beharrlich, er habe nicht geopfert und werde nie opfern. Aber gleichwohl wurden auch diese durch die zahlreiche hierzu beorderte Mannschaft, die sie durch Schläge auf den Mund zum Schweigen brachte, unter Hieben auf Gesicht und Wangen mit Gewalt weggedrängt. So suchten die Feinde der Gottesfurcht um jeden Preis den Schein zu erwecken, als hätten sie ihr Ziel erreicht."[94]

Es versteht sich, daß die angewandten Methoden nicht überall dieselben waren und sich im Lauf der Jahre der Verfolgung auch modifizierten. Mancherorts gaben die Magistrate nach, was die Forderungen der Regierung betraf, und wandten die Edikte mit Milde an, andererseits zögerten die Heiden selber, aufgebracht vom Anblick der Hinrichtungen und sensibel für den von den Märtyrern gezeigten Mut, nicht damit, die Verteidigung der Gläubigen zu übernehmen[95]. Jedenfalls, wenn es viele Märtyrer gegeben hat, so doch auch viele Renegaten und selbst Eusebius schreibt: „Danach nun litten sehr viele

---

[94] *Eusebius,* KG VIII, 3,2–3; vgl. auch De martyr. Palest. 1,3–5.
[95] *Athanasius,* Hist. Arian. ad monach., LXIV: „Meine Eltern haben mir erzählt, daß zu der Zeit, als die Verfolgung begann, Heiden unsere christlichen Brüder den Untersuchungen ihrer Feinde entzogen, ja sogar ihre Güter aufopferten oder gegen die Gefängnisse anstürmten, als daß sie (die Christen) verraten hätten; sie nahmen die Unsrigen, die sich zu ihnen flüchteten, auf und exponierten sich, um sie zu beschützen."

Vorsteher der Kirche standhaft schreckliche Qualen und boten das Schauspiel herrlicher Kämpfe. Ungezählte andere aber erstarrten seelisch in Furcht und erlagen daher sogleich beim ersten Ansturm."[96] Besonders gut sind wir für Africa über das Verhalten der Bischöfe und des Klerus unterrichtet aufgrund der offiziellen Dokumente, die durch das donatistische Schisma provoziert wurden oder durch die Sorgfalt der Autoritäten, insbesondere durch die Untersuchungsprotokolle der Kirche[97] wie auch der Bischofsversammlung von Cirta[98].

Die kaiserlichen Edikte hatten die Auslieferung und Zerstörung sämtlicher Manuskripte der heiligen Schriften gefordert. Manche Bischöfe glaubten, sie könnten sich dadurch aus der Affäre ziehen, indem sie den Beamten profane Schriften übergaben, etwa medizinische Schriften, oder gar häretische Schriften. Aber die Traditoren, wie man sie sehr bald nannte, waren außerordentlich zahlreich, besonders in Numidien. Wenn auch Paul von Cirta persönlich nichts auslieferte, so kam es doch dahin, daß die heiligen Schriften von seinen Subdiakonen und von den Lektoren, die auf sie achtzugeben hatten, ausgeliefert wurden. Donatus von Mascula, Marinus von Aquae Thibitanae, Donatus von Calama, Victor von Rusiade machten keine Ausnahme, was die Schwachheit betrifft; Purpurius von Limata[99] und Secundus von Tigisi, damals Dekan der Provinz Numidien[100] nahmen

---

[96] *Eusebius,* KG VIII, 3, 1.
[97] Acta Munati Felicis, eingeschoben in: Gesta apud Zenophilum, Pl 8, 730–733.
[98] *Augustinus,* Contra Cresconium donatistam, III, 17,30; Pl 43, 510.
[99] Nichts ist so aufschlußreich wie die Befragung des Purpurius von Limata durch den Vorsitzenden (Dekan) Secundus von Tigisi: „Secundus sagt zu Purpurius: Man sagt, du habest im Gefängnis von Mileve zwei Söhne deiner Schwester umgebracht! – Purpurius gab zur Antwort: Meinst du, du könntest mich einschüchtern wie die anderen? Was hast du denn getan, als du vom Curator und vom Rat in Gewahrsam gehalten wurdest, damit du die heiligen Schriften ausliefern würdest? Wie bist du ihren Händen entronnen, wenn du ihnen nicht alles übergeben hättest oder wenigstens so getan hast! Man hat dich gewiß nicht ohne Grund laufen lassen. Was mich angeht, so habe ich getötet und werde auch alle, die gegen mich sind, töten! Fordere mich also nicht heraus, daß ich noch mehr sage! Du weißt, daß ich keinen sanft anfasse! – Secundus der Jüngere gab für seinen Onkel Secundus zur Antwort: Du hörst, was er über dich sagt. Er läßt es darauf ankommen, daß er sich zurückzieht und ein Schisma verursacht, und nicht nur er allein, sondern alle, die du anschuldigst. Ich sehe, daß sie dich verlassen und ein Urteil gegen dich verkünden werden, und du bleibst allein als Häretiker zurück. Was geht dich das an, was jeder einzelne getan hat? Jeder wird vor Gott Rechenschaft ablegen müssen. – Secundus sagt zu Felix von Rotaia, Nabor von Centuriones und Victor von Garbe: Was ist eure Meinung? – Sie antworteten: Sie werden vor Gott Rechenschaft geben müssen. – Secundus sagte: Ihr wißt, was an der Sache dran ist, und Gott weiß es auch. Nehmt Platz! – Alle gaben zur Antwort: Gott sei Dank." – Welche Bischöfe! Zum Protokoll von Cirta vgl. *Augustinus,* Oeuvres 32, Traités Anti-Donatistes, vol. V, Paris 1965, Breviculus collationis cum Donatistis, 198–203; ferner Notes complémentaires 34. Le protocole de Cirta, a. a. O., 729.

ebenfalls eine mehr oder weniger laxe Haltung ein. Auch in der „Africa pronconsularis" zeigten sich Mängel, obwohl unsere Informationen hier weniger präzise sind. Fundamus von Abilina war zweifellos schuldig und hatte die Schriften ausgeliefert. Novellus von Thisica und Faustinus von Thuburbo hatten es wahrscheinlich genau so gehalten; Maurus von Utica hatte sich, wie es scheint, mit Geld freigekauft. Er brachte es nicht soweit wie Mensurius von Carthago, der der Kritik keine Angriffsfläche bot und sich nicht rechtfertigen mußte; man weiß, daß er die heiligen Bücher gerettet hatte, dank einer Strategie, die er für geschickt hielt, der es aber doch an Durchsichtigkeit fehlte; denn er hatte anstelle der heiligen Schrift häretische Schriften untergeschoben und die Agenten des Prokonsuls hatten diese, ohne einen Blick darauf zu werfen, angenommen[101].

Die Geschichte hat uns nicht von allen Mängeln einschließlich der Bischöfe und des Klerus, die sich überall zutrugen, detaillierte Angaben hinterlassen. Optatus von Mileve versichert uns, daß sie außerordentlich zahlreich waren. „Von wenigen Katholiken abgesehen, sagt er, haben alle gesündigt und unter dem Bilde der Unschuld ließ man vieles Unrecht zu."[102] Als die Ruhe wieder einkehrte, rühmten sich jene, die nichts ausgeliefert hatten, ihrer Fertigkeit und sie wurden dabei von einer guten Anzahl von Traditoren unterstützt, denen es darauf ankam, ihre jungfräuliche Unschuld wiederherzustellen. Unter den letzteren war Secundus von Tigisi nicht der am wenigsten Freche; er schrie so lange und so laut, daß er unschuldig sei, daß man es ihm schließlich glaubte, und daß sein Kollege Mensurius von Carthago ihm und seinen Genossen gegenüber bereits in die Situation eines Angeklagten, ja eines Schuldigen geriet. Von da an kamen Unschuldige in Verdacht. Manche, wie Felix von Aptonge, den die Umstände in den Vordergrund geschoben hatten, konnten ihre Treue nachweisen[103]. Andere blieben unter dem Hammer ungerechter Anschuldigungen. Nur die Frechsten und Gewalttätigsten konnten sich als Heilige präsentieren.

---

[100] Secundus hatte seine eigene Version, seine Haltung zu erklären. Den Abgesandten des Curators habe er geantwortet: „Ich bin ein Christ und ein Bischof; ich bin kein Traditor". Man habe ihn gedrängt, wenigstens irgendetwas herauszugeben, auch wenn es wertlos wäre. Auch das habe er verweigert, vgl. *Augustinus,* Brevic. collat. III, 25. Es ist unmöglich, in dieser Geschichte die Wahrheit herauszufinden.

[101] *Augustinus,* Breviculus collat. III, 13,25.

[102] *Optatus von Mileve,* De schism. Donat., I,20: „Praeter paucos catholicos peccaverant universi et quasi imago fuerat innocentiae inter multos nefas ad missum."

[103] Gesta purgationis Felicis; Pl VIII, 718ff.

An und für sich bieten diese afrikanischen Apostasien nichts besonders Interessantes. Bei den Gläubigen herrscht in erster Linie Angst: angesichts der Gefahr gilt die Treue zu Christus und seiner Kirche nur wenig[104]. Man hatte die Taufe empfangen, als ihr Empfang noch keine Risiken bot, man leugnet es ab, sobald die Verfolgung begann, zweifellos mit dem Hintergedanken auf Vergebung, sobald die Verhältnisse wieder günstiger geworden waren. Bei den Bischöfen, die für die Kirchenbauten und die heiligen Schriften verantwortlich waren, appelliert man an die Kasuistik. Was bedeuten die Konstruktionen aus Stein und sogar die Bücher gegenüber dem menschlichen Leben? Kirchen kann man wieder aufbauen, Manuskripte kann man wieder abschreiben lassen; wenn aber jemand tot ist, kann man ihn nicht wiedererwecken. Wenn der Heiland erlaubt hatte, in der Verfolgungszeit die Flucht zu ergreifen, soll man sich dann denen gegenüber unbarmherzig zeigen, die den Heiden nur Bücher ausgeliefert hatten? Und weiter, begeht man nicht eine lobenswerte Handlung, wenn man durch die Heiden Bücher von Häretikern vernichten läßt, oder auch profane Werke, die für den Glauben gefährlich waren? Werden List oder auch Lüge in ähnlichen Fällen nicht zu guten Werken? Von 305 n. Chr. an läßt die Verfolgung etwas nach, die die Zerstörung der afrikanischen Christenheit angestrebt hatte. Nun geht es um die Beseitigung der angehäuften Ruinen. Wir wissen allzu gut, wie sehr das Werk des Wiederaufbaus durch die überheblichen Anmaßungen des Donatismus kompromittiert wurde.

Weit weniger wissen wir, was in den anderen Kirchen passierte: „Das Edikt, die Kirchengüter – Mobilien und Immobilien – zu konfiszieren, wurde auch in Rom ohne Schwierigkeiten durchgeführt. Die dortige Christengemeinde war so beachtlich und bekannt, daß jede

---

[104] Man muß hinzufügen, daß in Africa die Mehrzahl der Katholiken ihrer Herkunft nach Römer waren, oder doch romanisierte Afrikaner. Außer in Numidien hat das Christentum in der einheimischen Bevölkerung keine tiefen Wurzeln geschlagen. Es blieb an der Oberfläche haften, um so mehr als es von Fremden importiert worden war, die zugleich die Kolonial-Herren waren. Die Verfolgung bot also einem authentisch-afrikanischen Christentum die Gelegenheit, sich gegen den römischen Katholizismus in Positur zu bringen. Die Donatisten, die sich vor allem aus Numidien rekrutierten, widersetzen sich mit allen Kräften den Katholiken der Africa Proconsularis und Mauretaniens, weil sie die lokalen Traditionen vertreten. Die Religionskriege, die sich unter verschiedenen Formen und mit wechselndem Geschick durch das 4. Jahrhundert hindurchziehen, nehmen die Gestalt nationaler (und sozialer, A. d. Übs.) Auseinandersetzungen an. Der donatistische Fanatismus ist eine Form von Patriotismus. Apostasie ist, für die Söhne der Heiligen, eine echte Form von Vaterlands-Verrat. (Vgl. dazu auch *J. Blank*, Die „Heilige Inquisition", 1. Zur Vorgeschichte: Der Donatistenstreit und Augustinus, in: Pommersfeldener Beiträge 4/1985, 1–31; Anm. d. Übers.).

340

Verheimlichung nicht nur gefährlich sondern auch unmöglich war."[105] Römischer Bischof war damals Marcellinus, der sehr bald starb (24. Oktober 304). Später machten gemeine Geschichten über ihn die Runde. Die Donatisten rangierten ihn unter die Zahl der Traditoren und manche unter ihnen behaupteten sogar, er habe auf heidnischen Altären Weihrauch geopfert[106]. Das römische Volk ließ sich solche Gerüchte mehr oder weniger gefallen, die ihre Spuren bis in die Schriften gegen Ende des 6. Jahrhunderts hinterlassen haben, das falsche *Konzil von Sinuessa* und die „Vita Marcellini" bis in den „Liber Pontificalis". Wie weit das alles der Realität entspricht, kann man heute unmöglich mehr sagen[107].

Im Osten, wo die Verfolgung länger und grausamer war als im Westen, ist der einzige Zeuge für eine Massenapostasie der kanonische Brief des Bischofs Petrus von Alexandrien. Die Entscheidungen, die man damals traf, bezeugen im Ganzen große Milde gegenüber den Versagern, weshalb sie von den Rigoristen nicht akzeptiert wurden und deshalb Anlaß zu einem Schisma waren, dem des Melitius von Lykopolis. Sie waren aber um so opportuner, weil die Anzahl der Märtyrer in diesem Land sehr groß war und weil im Ganzen die Kirche von Ägypten vielleicht eine derjenigen war, wo der Widerstand gegen die staatliche Gewalt sich am heftigsten behauptet hatte[108]. Die Maßnahmen die man ergriffen hatte, um Zwangs-Apostasien zu erreichen, waren grausamer als jene, von denen Eusebius spricht:

Petrus von Alexandrien schreibt: „Solche, die Gewalt erleiden mußten und gezwungen waren, mit einem Knebel im Mund und ihrer Bewegungsfähigkeit beraubt, doch unerschütterlich im Glauben, mutig ihre zum eigenen Schaden ausgestreckten Hände auf dem Opferaltar verbrennen zu lassen (wie nur aus ihrem Gefängnis die seligen Märtyrer von denen aus Libyen, aber auch andere meiner Kollegen geschrieben haben), so können diese, vor allem, wenn noch das Zeugnis anderer Brüder hinzukommt, in der Gottesdienstversammlung den Rang von Confessoren einnehmen, ebenso wie jene, die nach der Folter gerade noch ein bißchen Lebenshauch in sich hatten und der Sprechfähigkeit beraubt, nichts sagten und sich nicht bewegten, um denen, die Gewalt gegen sie übten, Widerstand zu leisten; denn sie haben dem Unrecht jener in keiner Weise zugestimmt, wie meine Kollegen mir versichert haben."[109]

---

[105] *L. Duchesne,* Histoire ancienne de l'Église, II,92.
[106] *Augustinus,* Contra litteras Petiliani, II,207; de unico baptismo, 27.
[107] Liber Pontificalis, ed. *L. Duchesne,* I, 162.
[108] Vgl. *Eusebius,* KG VIII, 8–9; – *H. Delehaye,* Les martyrs d'Égypte, Brüssel 1923, 18 f.
[109] *Petrus von Alexandrien,* Epist. canon., ed. *A. O. de Lagarde,* Reliquiae iuris ecclesiastici antiquissimae, 73.

Über Apostasien, die anderswo vorgekommen wären, haben wir kaum präzise Angaben. Wir wissen zum Beispiel, daß zwei Schüler des Lukian von Antiochien, Asterius und Alexander, aus Schwäche Götzenopfer darbrachten. Philostorg versucht umsonst, die beiden zu entschuldigen, indem er sagt, sie seien durch tyrannische Gewalt besiegt worden[110]. Obwohl das, was wir über die Zwangsmaßnahmen, die man anwandte, um eine Ableugnung zu provozieren, die Behauptung wahrscheinlich macht. Die beiden Versager unterzogen sich der Buße für ihren Abfall, dank der Hilfe des Lukian[111] und, wie Tillemont, nach der Bemerkung, Asterius sei ein Arianer der ersten Stunde gewesen, schreibt: „Die Kirche hatte wenigstens diesen Vorteil davon, daß aufgrund seiner Apostasie die Eusebianer es nicht wagten, ihn in einen kirchlichen Rang aufzunehmen, obwohl er immer bei ihnen war als einer ihrer eifrigsten Schüler und obwohl er bei allen Bischofs-Versammlungen, mit großer Demut, dabei sein zu dürfen, anwesend war."[112]

4. Die intellektuelle Apostasie:
Ammonius Sakkas und Porphyrius

Sicher ist nichts mehr zu beklagen, aber es ist auch nichts banaler als die Apostasien, wie sie in den Verfolgungen des Decius und des Diokletian vorkamen. Es bringt nichts ein, bei diesen Abfällen nach Argumenten oder Vorwänden zu suchen. Hier offenbart sich nur die menschliche Schwachheit, zumindest wenn es sich um freiwillige Apostasie handelt, und nur auf diese kommt es wirklich an. Entschuldbare Schwächen, ohne Zweifel, wenn man an die schrecklichen Quälereien denkt, die man für die Gläubigen vorgesehen hatte, oder an die Prozeduren, die man anwandte, um Abschwörungen zu erzielen; Versprechen oder Drohungen, nichts wurde ausgespart[113], und man versteht ohne weiteres, daß selbst mutige Leute solcher Prüfung unterlagen; trotzdem handelt es sich um Schwächen ohne jede Alternative außer der Reue, wenn diese sich zeigte, was nicht sehr häufig vorkam.

---

[110] *Philostorg,* Hist. eccles. II, 14; ed. *Bidez,* 25. Nach Athanasius, De synod. XVIII, erfolgte diese Apostasie seit der ersten Verfolgung, die unter dem Großvater Konstantins, Maximian Herkules, stattfand.

[111] *Philostorg,* Hist. eccles. II, 14.

[112] *Tillemont,* Mémoires t. VI, 292.

[113] Vgl. *H. Delehaye,* Les Passions des martyrs et les genres littéraires, 273 ff.

Sehr selten scheinen im Lauf der ersten Jahrhunderte die wohlüberlegten Apostasien gewesen zu sein, ich meine die Rückkehr zum Heidentum aus intellektuellen oder moralischen Gründen, deren Studium am meisten interessant wäre. Dies erklärt sich aus einer Reihe von Motiven. Wir setzen heute an die erste Stelle solcher Motive die unbestreitbare Überlegenheit des Christentums im Vergleich mit den heidnischen Religionen. In unseren Augen ist der Monotheismus ein echter Fortschritt gegenüber dem Polytheismus, insbesondere gegenüber einem so grobschlächtigen Polytheismus wie der Griechisch-Römischen Mythologie [114]. Die christliche Lehre vom ersten Sündenfall und von der Erlösung scheint eine wirklich zufriedenstellende Lösung für das Problem des Bösen zu bieten, trotz der Mysterien, die sie enthält.

In der Antike war das nicht so, und wir kennen nicht viele Gläubige, die im Christentum eine Weisheitslehre gesucht hätten. Das christliche Dogma von der Auferstehung hätte allein schon genügt, um einen Großteil reflektierender Geister abzuschrecken; man denke nur an die Spötteleien, die dem Apostel Paulus zu Athen widerfuhren, als er nur das Wort „Auferstehung" aussprach (Apg 17,32). Man denke auch an die zahlreichen Traktate über dieses Thema im Verlauf der Jahrhunderte [115]. Hier lag ein Widerstand, an dem viele Gutwilligen gestolpert sind, auch solche, die mit einer höheren Intelligenz begabt waren. Auf der anderen Seite war, wie wir bereits wissen [116], die Zahl der christlichen Intellektuellen während der ersten Jahrhunderte

---

[114] Man beschuldigt zuweilen die Apologeten der ersten Jahrhunderte, sie würden sich mit Phantomen herumschlagen, wenn sie ihre besten Anstrengungen auf die endlos wiederholte Zurückweisung mythologischer Legenden verlegen unter dem Vorwand, damals hätte niemand mehr an diese Legenden geglaubt. Dieser Vorwurf erscheint mir nicht begründet. Auch wenn aufgeklärte Leute und selbst die Masse des Volkes Bescheid wußte, was man von den angeblichen Abenteuern eines Zeus und anderer Götter zu halten hatte, so übten gleichwohl die Geschichten der Dichter, die Skulpturen und Malereien der Künstler, die rituellen Zeremonien einen zu starken Einfluß aus, als daß man diesen Göttern gegenüber hätte gleichgültig bleiben können, wie uns mit ihren Leidenschaften doch so nahestanden und durch ihre Unveränderlichkeit und ihr Glück so verschieden von uns waren. Meint man vielleicht, daß ein Augustinus oder ein Theodoret von Kyros soviel Zeit und Kraft darauf verwendet hätten, um das Heidentum zu widerlegen, wenn dieses keine Anziehungskraft mehr für die Zeitgenossen gehabt hätte, die Gebildeten eingeschlossen?
[115] Erwähnt seien hier nur die Namen eines Justin, Athenagoras, Tertullian, Origenes, Petrus von Alexandrien, Methodius von Olympos. Außer den Werken, die sich ausdrücklich mit dem Auferstehungsglauben befassen, gibt es kaum einen Autor der drei ersten Jahrhunderte, der dieses Thema nicht in ausführlichen Passagen behandelt hätte, vgl. A. D. Nock, Conversion 247 ff.
[116] Vgl. oben Seite 243 f.

sehr schwach; die meisten Konvertiten sind kleine, ungebildete Leute, die kaum intellektuelle Bedürfnisse haben. Sie haben über ihre Bindung an Christus kaum reflektiert. Wahrscheinlich denken sie auch nicht über eine Rückkehr zum Götzenkult nach. Sie überlassen sich ihren Eindrücken, folgen den Umständen und wenn zufällig ein Gebildeter oder ein Philosoph sich Christus anschließt, wie ein Justin oder Klemens von Alexandrien, dann tut er dies mit solch ernsthafter Reflexion, daß die Versuchung eines Rückfalls kaum noch besteht.

Die Geschichte verzeichnet allerdings einige solcher Fälle: den des Ammonius Sakkas, des Begründers des Neuplatonismus und den des Porphyrius, des Herausgebers der Schriften Plotins sind die bekanntesten [117] und verdienen deshalb ein so genaues Studium, wie es der Quellenbefund ermöglicht, sowohl im Hinblick auf ihren außergewöhnlichen Charakter wie um der hohen intellektuellen Bedeutung der fraglichen Persönlichkeiten willen.

Das Leben des Ammonius Sakkas ist kaum bekannt. Er war, so wird uns berichtet, ein ehemaliger Lastenträger und soll in seiner Jugend im Hafen von Alexandrien Getreidesäcke eingeschifft haben. Unter dem Kaiser Commodus bekehrte er sich zur Philosophie und behielt von seinem früheren Handwerk nur den Beinamen Sakkas.

Diese Bekehrung scheint vollständig und definitiv gewesen zu sein; sie änderte nicht nur seine Denkweise, sondern seine ganze Existenz; er wurde Professor am Mousaion, aber neben seinen offiziellen Verpflichtungen scharte er eine Anzahl seiner treuesten und fleißigsten Hörer um sich und es scheint, daß er mit diesen auch ein gemeinsames Leben führte. Allerdings fehlt uns für diese *syssitie,* wie man damals sagte, der Beweis; solche Vereinigungen waren zu dieser Zeit in Alexandrien häufig; die Lebensweise Plotins in bezug auf seine eigenen Schüler scheint von den Erinnerungen an seine Jugend inspiriert zu sein; all dies führt uns zur generellen Annahme, daß Ammonius mit denen, die gewöhnlich seine Vorlesungen besuchten, ein Gemeinschaftsleben geführt hat [118]. Diese Leute unterzogen sich seinem tiefgreifenden Einfluß, und einer von ihnen, Hierocles, beschreibt den Eindruck, den sein Meister auf ihn machte, folgendermaßen:

„Er, der von Gott inspiriert war, war der Erste, der sich mit Begeisterung an das hielt, was es an wahrem in der Philosophie gibt und der die verschiedenen

---

[117] Wir brauchen auf den Fall des Domnus, den *Eusebius,* KG VI, 12, 1 zitiert, nicht weiter einzugehen. Er war ein Christ, der in der Verfolgung vom Glauben an Christus abfiel und zum Judentum übertrat.

[118] *E. Brehier,* Plotin, Enneades, I, S. III.

Meinungen überblickte, die aus der Philosophie einen Gegenstand der Verachtung machten, nämlich die Lehren Platons und des Aristoteles, und der versuchte, sie in einem einzigen Geiste zu vereinen, um so die Philosophie in Frieden an seine Schüler weiterzugeben. Aufgrund des Widerspruchs dieser beiden Lehren verfielen die Einen gerne einem endlosen Disput, während die Anderen sich vom Vorurteil und von Unwissenheit leiten ließen. Dies war die Einstellung der Mehrzahl der Philosophen, als plötzlich die höhere Weisheit des Ammonius zu leuchten begann, die man mit der Bezeichnung eines ‚Gott-Inspirierten‘ feiert. Er war es in der Tat, der die Meinungen der alten Philosophen zur Übereinstimmung brachte und die aufkeimenden Träume der einen oder anderen Seite so umformte, daß er die Harmonie zwischen den Lehren Platons und des Aristoteles in dem, was sie an Wesenhaftem und Fundamentalem haben, herstellte."[119]

Ammonius mußte sich ganz und gar der Philosophie widmen, um eine solche Begeisterung zu erzeugen und den Namen eines „Gott-Inspirierten" zu verdienen. Seine Bekehrung interessiert uns hier deshalb, weil sie nach Angabe des Porphyrius ein Abfall vom Christentum gewesen sei. Er schreibt in der Tat in seinem dritten Buch „Gegen die Christen", das Eusebius zitiert:

„Ammonius nämlich wandte sich, obwohl von seinen Eltern als Christ im Christentum erzogen, sobald er zu denken und zu philosophieren anfing, sofort der den Gesetzen entsprechenden Lebensweise zu."[120]

Allein schon die Idee einer Apostasie des Ammonius schien dem Kirchenhistoriker so unerträglich, daß er sich heftig gegen die Behauptung des Porphyrius wehrt:

„Auch Ammonius bewahrte die göttliche Lebensauffassung rein und unverfälscht bis zum letzten Lebensende. Dies beweisen noch jetzt die Arbeiten dieses durch seine hinterlassenen Schriften bei den meisten in Ansehen stehenden Mannes, z. B. das Buch, das die Aufschrift trägt: ‚Die Übereinstimmung zwischen Moses und Jesus‘ und alle jene anderen Schriften, welche sich bei den Freunden des Schönen und Guten finden."[121]

Theoretisch ist es keineswegs unmöglich, daß Ammonius weiterhin Christ geblieben wäre, auch wenn er den kurzen Philosophenmantel trug und Philosophie lehrte. Der Philosoph Justin hatte dieses Gewand beibehalten, während Tertullian es ablegte, beide ohne jeden kirchlichen Einfluß. Heraclas, selbst Schüler des Ammonius und Priester von Alexandrien hatte die Vorlesungen des Meisters schon fünf Jahre lang besucht, als er den Origenes dahin mitnahm: „Während

---

[119] *Hierocles,* zit. bei *Photius,* Bibliotheca, cod. 214; PG CIII, 701.
[120] *Porphyrius,* Contra christ. III, zitiert bei *Eusebius,* KG VI, 19,7.
[121] *Eusebius,* KG VI, 19,10.

dieser Zeit", fügte Origenes in einem Verteidigungsbrief gegen seine Widersacher hinzu, „hatte Heraclas das gewöhnliche Kleid, das er früher getragen, abgelegt und den Philosophenmantel angezogen. Und er trägt denselben noch heute, wie er auch nicht aufhört, sich, soweit es seine Kräfte erlauben, mit den Büchern der Heiden zu befassen."[122] Etwas später hatte die Kirche von Laodikaia einen gewissen Anatol zum Bischof, der aus Alexandrien stammte und von dem Eusebius folgendes Porträt liefert:

„Auch er stammte aus Alexandrien und nahm infolge seiner Gelehrsamkeit und Erziehung und seiner Schulung in der griechischen Philosophie unter den angesehensten Männern unserer Zeit den ersten Rang ein. In Arithmetik und Geometrie, in Astronomie und anderen Wissenschaften, in Dialektik und auch in Physik und Rhetorik hatte er es zur höchsten Vollkommenheit gebracht und wurde daher, wie berichtet wird, von den Bürgern Alexandriens gebeten, dort die Schule aristotelischer Richtung zu gründen."[123]

Es fehlt also am Beginn des 3. Jahrhunderts nicht an Beispielen christlicher Philosophen. Aber wir sind nicht weniger dazu verpflichtet, das Zeugnis des Eusebius zu bestreiten. Wir wissen, daß Ammonius Sakkas tatsächlich nichts geschrieben hat. Weit davon entfernt, seine Lehre nach draußen zu verbreiten, machte er daraus das Privileg einiger Eingeweihten, denen er die strengste Diskretion auferlegte, wenn nicht überhaupt Geheimhaltung, was übrigens in den Philosophenschulen damals gang und gäbe war[124]. Andererseits, keiner von den Alten, die uns über Ammonius berichten, zeigen ihn an exegetischen Fragen interessiert, wie man sie im christlichen Milieu stellen konnte; nur die Philosophie findet seine Aufmerksamkeit; jedenfalls hat sie ihn ganz gewonnen[125]. Es ist also höchst wahrscheinlich, daß Euse-

---

[122] *Origenes,* zitiert bei *Eusebius,* KG VI, 19,14.

[123] *Eusebius,* KG VII, 32,6. Zu Antiochien, wo der Priester Malchion, dem es allein gelang, die Häresie des Paul von Samosata aufzudecken, Haupt einer Sophistenschule war, in der man die Lehren der Griechen vermittelte; *Eusebius,* KG VII, 29,2. Die Geschichte der alten Kirche bietet noch mehrere ähnliche Beispiele.

[124] Vgl. *Porphyrius,* Vita Plotini[3]: „Herennius, Origenes und Plotin waren übereingekommen, die Lehrsätze (Dogmen) des Ammonius geheimzuhalten, die ihnen ihr Lehrer in den Vorlesungen in aller Klarheit dargelegt hatte. Plotin hat sein Versprechen gehalten; er stand mit manchen Personen, die ihn aufsuchten, in Beziehungen; aber er zeigte sich unwissend in allen Lehrsätzen, die er von Ammonius empfangen hatte. Herennius brach als erster die Übereinkunft, Origenes folgte ihm nach." Freilich ist nicht sicher, daß Ammonius selbst die Geheimhaltung in dieser strengen Form von seinen Schülern verlangt hat; diese hielten sich an einen Rat ihres Meisters und verpflichteten sich selbst.

[125] Vgl. *F. Heinemann,* Ammonios Sakkas und der Ursprung des Neuplatonismus, in: Hermas, LXI (1926), 1 ff.; *H. von Arnim,* Quellen der Überlieferung über Ammonius Sakkas, in: Rheinisches Museum, XLII, 1887, 276–285; *R. Cadiou,* La Jeunesse d'Origène, 184–203; 231–234.

bius sich durch eine Namensgleichheit täuschen ließ und als gewissenhafter Apologet den Ammonius Sakkas vielleicht mit einem Träger gleichen Namens verwechselt hat, wie C. Schmidt annimmt, nämlich mit dem Bischof Ammonius von Thmuis, einem Schüler des Origenes[126]; dann wäre es dieser und nicht Sakkas, der über die Übereinstimmung zwischen Moses und Jesus geschrieben hätte[127].

Dagegen haben wir keinen Grund, die Behauptung des Porphyrius anzuzweifeln, wenn er von einer Apostasie des Ammonius spricht. Denn Pophyrius war in der Tat bestens in der Lage, um über die Ideen eines Mannes Bescheid zu wissen, der der geliebte und verehrte Lehrer seines eigenen Meisters Plotin gewesen war und von dem er wohl oft aus der Erinnerung hat reden hören. Doch wenn Ammonius in seiner Kindheit, wie es scheint, getauft worden war, und später sich mit seiner Hände Arbeit seinen Lebensunterhalt verdienen mußte, dann darf man auch annehmen, daß er vom Christentum niemals eine persönliche Kenntnis gewonnen hat und auch keine Anstrengung unternahm, es zu studieren. Das Erwachen seiner Intelligenz war durch die heidnische Philosophie hervorgerufen worden, eine Philosophie, die zwar dem Christentum an sich nicht prinzipiell feindlich gegenüberstand, es aber doch völlig ignorierte, was vielleicht noch schlimmer war. Er hat sich also ohne Krise einer Religion entledigt, welcher er nie mit innerster Seele angehört hatte; warum sollte er Christ bleiben, wenn die Philosophie ihm einen lebendigen Glauben gab und ihn einer Gewißheit versicherte, die er in den von der Kirche gelehrten Mysterien nicht gefunden hatte? Hierocles stellt ihn, wie wir sahen, als einen Enthusiasten und Inspirierten dar[128]. Menschen von solchem Charakter sind leicht zu gewinnen, sobald sich ihnen eine Lehre anbietet, die mystisch und rational zugleich ist. Die griechische Weisheit brachte der glühenden Seele des Ammonius den Mystizismus eines

---

[126] *C. Schmidt,* Plotins Stellung zum Gnostizismus und kirchlichen Christentum, TU XX, Leipzig 1910, 6, Anm. 1. Der Name Ammonius war in Ägypten sehr weit verbreitet. Vor allem hieß ein zeitgenössischer Peripatetiker so, „der an Gelehrsamkeit seinesgleichen nicht hatte". *Longinus,* De fine, zit. bei *Porphyrius,* Vita Plotini, 20; ed. *Bréhier,* 22.

[127] Man muß freilich bedenken, daß im 3. Jahrhundert, vor allem unter der Regierung der Severen, das Christentum selbst in scheinbar ablehnenden Kreisen in Mode war. Numenius von Apameia, ein Neupythagoreer, den *Porphyrius* zitiert, bei *Eusebius,* KG VI, 19, 8; und *Hieronymus,* Epist. 70, 4 und anderen, und den noch niemand für das Christentum zu reklamieren gedachte, zeigte große Hochachtung gegenüber dem Judentum und seinem Gesetzgeber; er bezeichnete Platon als „attischen Moses"; er ließ den figürlichen Sinn mancher hebräischer Prophezeiungen zu und interessierte sich für die Geschichte Jesu, die er auf die allegorische Ebene hob. Vgl. *P. de Labriolle,* La Réaction païenne, 228.

[128] Vgl. oben S. 344 f.

347

Platon und den Rationalismus des Aristoteles. Nach einer ganzen Reihe anderer, eines Potamos zum Beispiel [129], dessen Vorlesungen er besucht hatte, versuchte er einen neuen Eklektizismus; hier gab es keinen Platz für ein christliches Element [130].

So gesehen ist die Apostasie des Ammonius Sakkas die einfachste und banalste Sache der Welt, der Bruch mit einer Kirche, der gegenüber er immer gleichgültig geblieben war. Aber was soll man von der Apostasie halten, die man dem Porphyrius zuschreibt? Zunächst: war Porphyrius wirklich Christ gewesen? „Beim gegenwärtigen Stand unserer Kenntnisse", schreibt P. de Labriolle, „scheint diese Frage nahezu unlösbar. Augustinus, der sein Buch Κατὰ χριστιανῶν („Gegen die Christen") nicht in den Händen hatte, aber er hatte manche andere seiner Werke gelesen, gibt ihm niemals diesen Namen. Er schreibt nur in „De Civitate Dei", X, 28: „Wärest du wirklich ein Liebhaber der Tugend und Weisheit, hättest du Christus, der Gottes Kraft und Weisheit ist, erkannt und wärst nicht, aufgeblasen vom Dünkel eitler Gelehrsamkeit, vor seiner heilbringenden Niedrigkeit zurückgewichen ..." (... nec ab eius saluberrima humilitate resiluisses"). Das Wort „resiluisses" ist von schwer wiederzugebender Lebendigkeit; es handelt sich um ein Zurückweichen. Der Ausdruck schließt nicht notwendig das Verlassen des Glaubens ein, den man einmal geteilt hat; es kann auch eine unüberwindliche Apathie gegenüber bestimmten Ausdrucksformen der christlichen Mentalität bedeuten. Andererseits versichert der Historiker Sokrates um die Mitte des 5. Jahrhunderts, Porphyrius habe das Christentum verlassen, τὸν χριστιανισμὸν ἀπέλιπεν [131]. Er schreibt diesen Abfall einer kindischen Begebenheit zu: Porphyrius wäre zu Cäsaräa in Palästina von einigen Christen verprügelt worden und habe aufgrund dieser Mißhandlung einen solchen Zorn gehabt, daß er in seiner Verstimmung, ἐκ μελαγχολίας, dem Glauben abgesagt und den Plan gefaßt habe, ein polemisches Buch zu schreiben [132]. Diese Anekdote ist ziemlich su-

---

[129] Vgl. *E. Krakowski,* Plotin et le paganisme religieux, Paris 1933, 140.

[130] Vgl. die einfachen Gläubigen, von denen *Klemens,* Stromateis VI, 80; V, 85; I, 45 spricht, hatten nicht ganz unrecht, wenn sie sich vor der Philosophie fürchteten und in ihr eine echte Gefahr für einen aufgeklärten Glauben sahen. Wenn Klemens entschlossen die Partei dieser Philosophen ergreift, dann deshalb, weil er selbst ein Gelehrter ist, der sich in das Netzwerk menschlicher Weisheit nicht mehr verstricken läßt.

[131] *Socrates,* KG III, 33, 37; PG LXVII, 444.

[132] Die Anekdote ist, mit Ausschmückungen, wiedergegeben in einer „Theosophia", die dem *Aristokritos* (Ende des 5. Jahrhunderts) zugeschrieben wird, der sie selbst ebenfalls dem Eusebius verdankt; siehe *Buresch,* Klaros 1889, 124.

spekt. Allerdings konnte er sie von Eusebius von Cäsarea erhalten haben, der den Porphyrius ebenfalls bekämpft hatte und über die Vergangenheit der Christengemeinde in Cäsarea wohl unterrichtet war[133].

Die Zeugnisse des Augustinus und des Sokrates sind praktisch die einzigen, die das Christentum des Porphyrius behaupten und wir haben gesehen, daß beide sehr schwach sind. Welches Gewicht haben sie im Vergleich zu dem, was wir mit Sicherheit über das Leben und die intellektuelle Aktivitität des neuplatonischen Philosophen wissen?

Geboren oder zumindest aufgewachsen zu Tyrus war Porphyrius schon früh Christen begegnet. Er mußte sie in seiner Heimat sehen. Später, in der Schule des Ammonius, war er Mitschüler des Heraklas und des Origenes und es ist schwer zu glauben, daß er sich mit Letzterem, der ein glühender Anhänger des christlichen Glaubens war, niemals über religiöse Fragen unterhalten hätte. Jedenfalls wußte er dessen Geistesschärfe und seinen Eifer im Studium heidnischer Philosophen zu schätzen, obwohl er seine Methode, die heiligen Schriften allegorisch auszulegen, schonungslos kritisierte[134]. Seine weitgespannte Neugierde hatte ihn schon ziemlich früh zum Studium religiöser Probleme geführt[135]. In Phönikien sowohl wie in Alexandrien

[133] *P. de Labriolle,* La Réaction païenne, 231–232. Abgesehen davon, was Labriolle dazu meint, ich selbst bin keineswegs sicher, daß Sokrates die Grundzüge seiner Erzählung von Eusebius übernommen hat; denn wir haben keinen Beweis dafür. Ich folge ihm auch darin nicht, daß Eusebius selbst von einem derart unwichtigen Ereignis wie der Prügelei eines Gläubigen informiert gewesen sein muß. Er konnte die Geschichte seiner Gemeinde kennen, ohne darin etwas Diesbezügliches zu finden. Im Gegenteil wäre es normal gewesen, diesen großen Gegner des Christentums als Renegaten darzustellen. Seine Angriffe wären dann um so gehässiger.

[134] *Porphyrius,* zitiert bei *Eusebius,* KG VI, 19, 7–8: „Origenes aber irrte, obwohl als Grieche erzogen, zu barbarischer Dreistigkeit ab. Ihr zuliebe verkaufte er sich und seine Bildung. Sein Leben war das eines Christen und widersprach den Gesetzen. In seiner Auffassung von der Welt und Gott dachte er wie ein Grieche und schob den fremden Mythen griechische Ideen unter. Ständig beschäftigte er sich nämlich mit Plato. Er war vertraut mit den Schriften des Numenius, Kronius, Apollophanes, Longinus, Moderatus, Nikomachus und der berühmten Männer aus der pythagoreischen Schule. Er benützte aber auch die Bücher des Stoikers Chäremon und des Kornutus, von welchen er die allegorische Auslegung der heidnischen Mysterien erlernte, und wandte diese Methoden auf die jüdischen Schriften an."

[135] Vgl. *J. Bidez,* Vie de Porphyre, Gand 1913, 9–10: „Er konnte den Dialekt seiner Heimat sprechen, und vielleicht gefiel er sich darin, Hebräisch zu verstehen. Er war vertraut mit den Mysterien der Chaldäer, der Perser und der Ägypter. Man sah ihn eine Art Hieroglyphe beschreiben und interpretieren und die heiligen Bücher, ebenso die profanen der Juden und der Phönikier traktieren. Sogar Indien hatte seine Neugierde angelockt und man wandte sich an ihn, um die Nicht-Authentizität mancher gnostischer Schriften, die unter dem Namen des Zoroaster erschienen waren, bewiesen zu bekommen."

konnte er mühelos im Gemisch der orientalischen Kulte, die sich abstießen oder gegenseitig beeinflußten, diejenigen Elemente herausfinden, die ihn befriedigten. Unter den übrigen Religionen mußte ihm
das Christentum wegen der großen Zahl seiner Anhänger und wegen
des Widerstandes, den es allen Verfolgungen entgegensetzte, ausfallen. Hat er, wie man uns öfter glauben machten wollte, auch nur die
geringste Sympathie für es gezeigt?[136]
Das ist zumindest zweifelhaft. Wenn er in dem Werk „Philosophie
der Orakel" von Christus in lobenden Worten spricht, so zeigt er sich
gegenüber den Christen erbarmungslos, und zwar so sehr, daß Augustinus in strengen Worten seine Doppeldeutigkeit geißelt: „Wer wäre
nun so töricht, nicht einzusehen, daß diese Orakelsprüche (die Augustin zitiert und interpretiert) von einem schlauen, dazu den Christen
höchst feindseligen Menschen erfunden oder in ähnlicher Absicht
von unreinen Dämonen vorgebracht sind, um durch Lobsprüche für
Christus die immer gegen die Christen gerichteten Tadel glaubhaft zu
machen und so womöglich den Weg zum ewigen Heil zu versperren,
den jeder, der Christ wird, betritt?"[137]
In Wahrheit ist der Geist des Porphyrius zutiefst vom Hellenismus
durchdrungen, genau so wie der des Plotin, was auf die Aussage hinausläuft, daß er völlig unempfindlich war für das, was die besondere
Originalität der christlichen Offenbarung ausmacht. Die fünfzehn Bücher „Gegen die Christen", die er im vollen Besitz seiner geistigen
Kräfte verfaßte, sind ein eindeutiges Zeugnis seiner tiefsitzenden
Feindschaft gegen das Christentum. Sie sind das Werk eines Mannes,
der den Gegenstand, den zu behandeln er sich vorgenommen, so gut
wie möglich kennt, der die Evangelien und die Paulusbriefe gelesen
hat, ebenso alle, oder mehrere Bücher des Alten Testaments; der seinen erbarmungslosen, unheimlich scharfsichtigen Blick auf das Leben der Kirche geworfen hat. Indessen gibt es nichts, wenigstens nicht
in den zahlreichen Fragmenten, die von seinem umfangreichen Werk
erhalten geblieben sind, was uns zu der Annahme berechtigen würde,

---

[136] Vgl. *Bidez*, a.a.O., 13: „Seine zarte und feine Natur konnte nur durch das Edle und
die unendliche Güte der Worte Jesu angezogen werden. Er begriff die Schönheit der Bibel ebenso wie ihre Größe. Lange Zeit hindurch bewahrte er sich für die Person Christi
eine aufrichtige Verehrung." Mit viel größerem Recht hat *P. de Labriolle,* La Réaction
païenne, 233 ff. gezeigt, daß man in den Werken des Porphyrius, nicht einmal in seiner
„Philosophie der Orakel", nicht das geringste echte Wohlwollen für Christus und das
Christentum finden kann. *Eusebius,* Demonstr. evang. III, 7, ed. *Heikel,* 140, kann die
Formeln des Porphyrius nur loben, nachdem er sie rücksichtslos zerfleddert hatte.
[137] *Augustinus,* De civitate Dei XIX, 23.

daß der Autor das Christentum jemals von innen kennengelernt und selbst praktiziert hätte. Im 3. Jahrhundert mußte man nur Augen im Kopf haben und sehen, um die Katechumenen von den Gläubigen zu unterscheiden, Priester und Bischöfe von den Laien, oder um, nicht ohne gewissen Neid, die großen Bauten zu bewundern, wo sich in aller Öffentlichkeit die christlichen Versammlungen abspielten. Vorausgesetzt, daß Porphyrius jemals getauft wurde, dann muß dies, wie bei Ammonius, in der Kindheit geschehen sein; seine Gesinnung, die niemals christlich gewesen war, hatte nichts abzuschwören. Doch haben wir diese Hypothese nicht nötig; Sokrates, der schließlich der einzige präzise Garant für das Christentum des Porphyrius wäre, ist für uns kein hinreichend autorisierter Zeuge.

Daraus ergibt sich: die beiden einzigen Namen von Apostasien notorischer Intellektueller, die uns die Geschichte der ersten drei Jahrhunderte überliefert: Ammonius Sakkas und Porphyrius, verdienen es kaum, als solche festgehalten zu werden. Es ist sehr wahrscheinlich, daß im Verlauf der zweihundertfünfzig Jahre, einer Periode, die mit allen möglichen Ereignissen belastet war, eine gewisse Anzahl von Austritten aus intellektuellen Gründen vorkam. Wenn man vor einigen Jahren die Gemeinsamkeiten zwischen zwei so offensichtlich grundverschiedenen Mentalitäten wie zwischen Kelsos und Origenes hat aufzeigen können [138], so kann man auch ohne jedes Paradox die menschlich nahezu unüberbrückbare Kluft aufzeigen, die Plotin von den Christen trennt [139]. Selten waren bis zum Kirchenfrieden die Christen Philosophen; ebensowenig ist sicher, daß sie alle im Glauben durchgehalten hätten [140].

---

[138] M. *Miura-Stange*, Celsus und Origenes, das Gemeinsame ihrer Weltanschauung nach den acht Büchern des Origenes gegen Celsus, Giessen 1926.

[139] Vgl. *J. Lebreton* in: *A. Fliche – V. Martin*, Histoire de l'Église II, 216–220; *E. Bréhier*, Plotin, Ennéades II. 108–110.

[140] Gewiß hat die Häresie auf manche unter ihnen eine Anziehung ausgeübt; vgl. oben S. 318 ff. Ohne die enthusiastische Bewunderung zu teilen, die E. de Faye beispielsweise manchen gnostischen Schulhäuptern entgegenbringt, braucht man an der intellektuellen Bedeutung solcher Männer wie Basilides, Valentin, Herakleon, Ptolemäus und Marcion nicht zu zweifeln. So schlecht wir sie auch kennen, so muß man diese Männer doch als echte Denker betrachten; die meisten von ihnen, wenn nicht alle, waren durch den Katholizismus hindurchgegangen, bevor sie die Häresie lehrten.

5. Julian der Abtrünnige

Wir müssen nun endlich zu Kaiser Julian kommen, dem die christlichen Jahrhunderte den Beinamen *„Apostata, der Abtrünnige"* schlechthin gegeben haben, um einen klaren Fall zu finden für eine gewollte und geliebte Rückkehr zu den Göttern des Heidentums[141].

Die Kindheit des jungen Prinzen war, wie man weiß, einsam und unglücklich. Einige Monate nach seiner Geburt seiner Mutter beraubt, seines Vaters im Alter von sieben Jahren, wuchs er unter der Obhut mißtrauischer Wächter auf, die ihm die gefühlsmäßige Zuneigung, nach der sein glühendes Herz sich sehnte, weder geben konnten noch wollten. Der einzige Lehrmeister, dem er ein gutes Andenken bewahrte, war der alte Eunuch Mardonius, der zwar anfordernd und streng, jedoch zutiefst ergeben war. Dieser Mardonius war es auch, der Julian in die Schönheit der homerischen Gedichte einführte und ihn mit der geistigen Präsenz eines Achill, eines Odysseus, der Nausikaa und der Kalypso vertraut machte; liebe Phantome, von denen er sich niemals mehr trennen sollte; jedoch übte jener niemals einen Einfluß auf seine religiöse Erziehung aus. Diese war hauptsächlich dem Bischof Eusebius von Nikomedien anvertraut und, nach dessen Tod, dem Georg von Kappadokien. Man konnte keine schlimmeren Lehrer finden als diese beiden Männer: der eine war ein Hofbischof, der mit Intrigen alt geworden war und ebenso ehrgeizig, um noch am Vorabend seines Todes den Aufstieg auf den Bischofsstuhl von Konstantinopel zu wünschen; der andere, Sohn eines Walkers, ehemaliger Lieferant von Schweinefleisch für die Armee, ein Erpresser und Denunziant; beide Arianer der ersten Stunde und Haarspalter, mehr an theologischen Diskussionen interessiert, als an einer christlichen Lebenspraxis. Dort, wo man heiligmäßige Männer gebraucht hätte, geneigt, alle Pflichten ihres Amtes gut zu erfüllen und das Beispiel einer christlichen Liebe zu geben, fand Konstantinus, der für die Erziehung seines Vetters verantwortliche Kaiser, keine passenden Leute, um diese großgeartete und enthusiastische Seele zu erzie-

---

[141] Vgl. *P. Allard,* Julien l'Apostat, Paris 1903; *J. Bidez,* Kaiser Julian, Der Untergang der heidnischen Welt, rde 26, Reinbek 1956; *J. Geffcken,* Kaiser Julianus, Leipzig 1914; (vgl. jetzt auch Julian Apostata, WdF Band 509, hgg. von *R. Klein,* Darmstadt 1978, mit ausführlicher Lit.; hier ist darauf hinzuweisen, daß G. Bardy natürlich keine vollständige Geschichte Julians bieten will, wohl aber versucht, seine religiösen Überzeugungen zu erklären und besonders auf die Rezeption *christlicher* Elemente in seinem „Neuheidentum" aufmerksam macht, A. d. Übers.).

hen, sondern nur gerissene Sophisten und skrupellose Abenteurer: wie sollte man von der Erziehung solcher Lehrmeister glückliche Resultate erhoffen dürfen?

Auf den ersten Blick indessen scheinen die Unterrichtsstunden des Eusebius und Georg bei Julian zu fruchten und dieser bewahrte während seines ganzen Lebens eine tiefe Erinnerung an seine ersten christlichen Erfahrungen. Auf diese Erfahrungen bezieht er sich immer wieder, wenn er die Wiederherstellung des Heidentums voranbringen will; er gibt sie selber offen zu und die alten Historiker haben sie nach ihm hervorgehoben; so schreibt Sozomenos:

„Da er begriffen hatte, daß das Christentum seine Stärke aus der Lebensweise seiner Bekenner bezieht, beschloß Julian, überall in den griechischen Tempeln Apparat und Organisation des christlichen Kultes einzuführen, Tribünen und Ehrensitze mit Vorstehern und Lektoren zur Lehre der griechischen Dogmen und der Moral, ebenso wurden Gebete auf Stunde und Tag genau festgelegt, Klöster für Männer und Frauen, die sich der Philosophie widmeten, Asyle für Fremde und Bettler sowie allerlei philanthropische Werke zugunsten der Bedürftigen. Ihm ging es dabei um das Ansehen des Glaubens der Heiden. Er gedachte auch, christliche Traditionen nachzuahmen, indem er eine stufenweise Buße für die freiwilligen und unfreiwilligen Sünden vorschrieb, verbunden mit Reue. Was vor allem, sagt man, seine Nachahmung fand, war die Gewohnheit der Bischöfe, untereinander Scherben [142] auszutauschen, welche die Empfehlungsbriefe begleiten sollten, mit denen sich die Reisenden unterwegs schützten, damit die Fremden überall, wohin sie kämen, eine Unterkunft und die nötige Fürsorge fänden; das Zeugnis der Scherben bewirkte, daß man sich als Bekannte und Freunde ansah."[143]

Eine derartige, bis in Einzelheiten gehende Nachahmung setzt einen wirklichen Einfluß auf die Seele Julians voraus. Aber dieser Einfluß ist rein intellektuell. Der Kaiser hatte vollkommen begriffen, was die Stärke der Kirche ausmachte: die Tugend ihrer Priester, die Würde ihrer Zeremonien, die Liebe der Gläubigen, die Festigkeit der Querverbindungen unter allen Gemeinden; genau dies sind die Züge, die er nachzuahmen versucht, wenn er auf seine Weise die heidnische Reli-

---

[142] Es handelt sich hier um die sogenannte „tessera hospitalis": Gastfreunde zerbrachen einen Ring oder eine Scherbe; nach Zeiten langer Unterbrechung bzw. Abwesenheit und Reisen konnte man, wenn die Hälften sich genau zusammenfügten, erkennen, daß der Fremdling in der Tat der alte Gastfreund war (Anm. d. Übers.).
[143] *Sozomenos*, Hist. Eccles., V, 16; vgl. *Gregor von Nazianz*, Orat. VI, 111. Julian erteilt den heidnischen Priestern seine Direktiven in den Briefen, 84–89. ed. *Bidez*, die sich gegenseitig ergänzen und ein ganzes Reformprogramm des Heidentums entwerfen, vgl. *J. Bidez*, L'Empereur Julian, Lettres, Paris 1924, 95–105; vgl. auch *L. Goessler*, Kaiser Julian der Abtrünnige, Die Briefe, Zürich und Stuttgart 1971, 113–144; *M. J. Lagrange*, Julien l'Apostat, prédicateur de retraites ecclésiastiques, in: La vie spirituelle.

gion neu organisiert. Aber war er davon auch in seinem Gefühl, in seinem Herzen ergriffen worden? Liebte er Jesus Christus? Es ist erlaubt, daran zu zweifeln, denn er spricht niemals von ihm mit jener melancholischen Zartheit, wie sie Apostaten häufig bekunden. „Man darf aber nicht außer acht lassen, daß die Schriften Julians, in denen er sich in dieser Weise über die christliche Nächstenliebe äußert, einen ausgesprochen tendenziösen Charakter haben und als Enzykliken eines sektiererischen Pontifex zu bewerten sind, der den Galiläern alles nur denkbare Böse zufügen möchte. Als Herrscher eines Reiches, das er zum Kult der alten Götter zurückzuführen sucht, empfiehlt er zwar die Werke der Nächstenliebe, die er in der Zeit seiner christlichen Erziehung kennengelernt hat, will sie aber andererseits im Interesse seiner Politik nur als Ausdruck der Berechnung und Verstellung gelten lassen."[144]

Freilich, auch seine intimsten Briefe bezeugen nirgendwo, daß er vom Geist des Christentums durchdrungen gewesen wäre und die Liebe Christi verkostet hätte. Er war ein Christ guten Glaubens gewesen, aufrichtig, wie man in der Kindheit und Jugend ist, vor jeder persönlichen Reflexion. Er war es nicht im Gemüt. Was dagegen seine Liebe, seinen Enthusiasmus von den frühesten Jahren an ergriff, war das Schauspiel der Welt; die von der Sonne erleuchtet wurde. „In seiner Rede über den *König Helios* behauptete der Prinz, daß ihn der Strahl einer ersten Erleuchtung schon sehr früh durch die Nebelwolken, die ihm den Heilsweg verbargen, blitzhaft getroffen. Als er sich auf einsamen Spaziergängen seiner Kindheit, vielleicht bei Macellum, den Eindrücken empfindsamer Träumerei hingab, fühlte er sich bereits vom magischen Wirken der Weltseele angerührt. Manchmal, am hellen Tage geschah es ihm, daß die Sonne ihn mit ihren Strahlen einhüllte, ihn an sich zog und ihn in einer mystischen Entrückung ihre Allmacht erkennen, lieben und verehren lehrte; manchmal wieder war es mitten im Schweigen der Nacht, wenn der Lärm menschlichen Getriebes verstummt und die Stimmen der Dinge wieder vernehmbar werden, daß er lange in der Betrachtung des Himmels und der Gestirne versunken blieb. Dieses Schauspiel riß ihn bis zur ekstatischen Verzückung hin. Mehr als einmal versuchte er, diesen seelischen Vorgang zu wiederholen. Wenn man seinen Angaben Glauben schenken darf, war er mit dem Stand der Fixsterne und Planeten so vertraut, daß er beispielsweise ihre verschiedenen Positionen von Tag zu Tag

---

[144] *J. Bidez*, Kaiser Julian, 25.

notierte … Diese Kontemplationen hinterließen ihm eine Erinnerung, in die er später den ersten Anstoß für seinen Sonnenglauben legt."[145]

Es bleibt erlaubt, späteren Interpretationen zu mißtrauen, und man darf annehmen, daß das Kind, im ersten Augenblick, nicht so weitgehend den Sinn seiner ersten Erfahrungen gesucht hat. Aber man muß die Erfahrungen als solche festhalten, die in gewisser Hinsicht bei den Griechen so selten sind. Was ihn bezaubert, ist nicht die mit der Vernunft ergriffene Weltordnung, sondern die Ordnung, die er mit dem Herzen und all seiner erschauernden Sensibilität wahrnimmt. Seitdem bedarf er einer Religion, die sein Empfinden für das Geheimnis der Dinge befriedigt. Das Christentum ist für ihn diese Religion in gar keiner Weise. Nichts ist schlichter als seine Liturgie, trotz der Großartigkeit seiner Kirchen, des Reichtums seiner sakralen Gewänder, der Abwechslung seiner Lieder, alle Aufmerksamkeit konzentriert sich auf den Altar, wo der Priester Brot und Wein opfert. Nichts ist zudem abstrakter als sein Dogma, wie die Arianer es erklären, die sich anstrengen, Gott den Vater in eine unzugängliche Ferne zu verbannen, oder in Christus ein einfaches Geschöpf sehen, die unendlich über die Begriffe „gezeugt und ungezeugt" diskutieren, aber niemals von der Liebe Gottes zu seinen Kindern, den Menschen reden. Wozu soll solche Dialektik gut sein, wozu derlei Diskussionen, wo es doch darum geht, ganz und gar in den göttlichen Bereich einzudringen?

Jahre hindurch bleiben solche Eindrücke ziemlich vage. Der Tag kommt, wo sie präzisere Gestalt annehmen. Unter den Philosophen, die Julian in Pergamon besuchte, fand sich ein bemerkenswerter Neuplatoniker *Aedesius,* der, da er die Ausbildung des jungen Mannes nicht persönlich übernehmen wollte, ihn zu einem seiner Schüler namens Eusebius schickte, und dieser erzählte ihm von Maximus, dessen Ansehen und intimen Beziehungen zu den Göttern die Bewunderung seiner Anhänger erregte. Seinem verzückten Auditorium sagte er etwa Folgendes:

„Vor einiger Zeit wurde ich, zusammen mit mehreren Freunden durch Maximus in den Tempel der Hekate gerufen; es ergab sich, daß er viele Zeugen gegen ihn selber versammelt hatte. Nachdem wir die Götter gegrüßt hatten, rief Maximus: Nehmt Platz meine Freunde, und achtet genau auf das, was geschehen wird, und seht zu, ob ich nicht ein höherer Mensch bin als die andern. Wir setzten uns alle nieder. Daraufhin verbrannte Maximus ein Weihrauchkorn,

---

[145] *J. Bidez,* Kaiser Julian, 41 f.; vgl. Julian, Orat. IV, 130–131.

sang für sich eine, ich weiß nicht was für eine Hymne und trieb seine Exhibition so weit, daß plötzlich das Bild der Hekate zu lächeln, bald laut zu lachen schien. Als wir genügend bewegt erschienen, sagte Maximus zu uns: Lasse keiner von euch sich verwirren. In einem Augenblick werden sich die Fackeln, welche die Göttin in ihren Händen hält, entzünden. Er hatte seine Rede noch nicht beendet, als bereits das Feuer am Ende der Fackeln leuchtete. Wir zogen uns zurück, augenblicklich von Staunen über diesen theatralischen Wundertäter ergriffen und fragten uns, ob wir wirklich so schöne Dinge gesehen hatten. Aber, so fügte Eusebius hinzu, wundert euch von vornherein nicht über keinerlei derartigen Vorgänge, wie ich mich selbst nicht mehr wundere, und glaubet, daß es nichts Wichtiges gibt als die Reinigung, die von der Vernunft ausgeht. Daraufhin erhob sich der göttliche Julian. Auf Wiedersehen, sagte er nur. Versenkt euch in eure Bücher; ihr habt mir den Mann, den ich suchte, geoffenbart."[146]

Nichts ist aufschlußreicher als diese Geschichte, wo sich so deutlich der Rationalist Eusebius und der Mystiker Julian gegenüberstehen. Wenn der Philosoph die von Maximus bewirkten Zaubereien beschreibt, dann ganz bestimmt, um seinen kaiserlichen Schüler von einem Scharlatan wegzubringen, dem er nicht den geringsten Glauben schenkt. Damit erreicht er jedoch genau das Gegenteil davon. Ohne im geringsten zu zögern, wird Julian den Maximus wieder aufsuchen; sofort ist er von ihm völlig bestrickt. Dieser Enthusiasmus erstaunt uns immer wieder. Für uns wie für Eusebius ist Maximus nur eine Art Taschenspieler, der die öffentliche Leichtgläubigkeit ausnützt; wir kennen dank der Philosophumena Hippolyts einige der Prozeduren genauer, welche die Magier und Priester anwenden, um ihre Taschenspielertricks gut über die Runden zu bringen.[147] Es fällt uns schwer, zu begreifen, daß ein so kraftvoller und scharfer Geist wie Julian sich so schnell mißbrauchen lassen konnte. Aber wir sind nicht mehr in der antiken Welt, und wir sind auch nicht sicher, daß ähnliche Dinge sogar in unserer Welt nicht mehr vorkommen könnten. Eine kraftvolle und vernünftige Intelligenz ist nicht das Einzige, worauf es ankommt, wenn es um Fragen der Religion und der Moral geht. Während sie auf allen anderen Gebieten ausreicht, ist sie hier durch andere mächtigere Kräfte verdunkelt. Ein junger Mann, vor allem wenn er in seiner Jugend durch Mangel an Gefühlen ausgetrocknet ist, großgeworden in der Isolation, wird eine leichte Beute für Verführer, die ihm die Eroberung der Welt und den Besitz Gottes versprechen.

---

[146] *Eunap*, Vitae sophistarum, Maximus, ed. *Boissonade*, 474–475.
[147] *Hippolyt*, Philosoph., IV,35. Vgl. *R. Ganschinietz*, Hippolytos Kapitel gegen die Magie, TU XXXIX, 2, Leipzig 1913.

Libanius, der nichts Mystisches an sich hat, erklärt uns auf ganz rationalistische Weise den Einfluß von Neuplatonikern, vor allem des Maximus von Ephesus auf Julian. Nach ihm wäre der junge Mann nur durch den Glanz des Wahren gewonnen worden:

„Julian", so sagt er, „war hingerissen, wenn er Menschen begegnete, die von der Lehre Platons geprägt waren, die er von Göttern und Dämonen hatte reden hören, von Wesen, die in Wahrheit dieses Universum gemacht hatten und es erhalten; wenn er von ihnen gelernt hatte, was die Seele ist, woher sie kommt und wohin sie geht, was sie zum Fall veranlaßt und sie wieder erhebt, was sie definiert, was sie erhöht, was für sie Gefangenschaft oder Freiheit bedeutet, wie man das Eine vermeiden oder das Andere erreichen kann. Daraufhin verwarf er die Dummheiten, an die er bisher geglaubt hatte, um in seinem Leben den Glanz der Wahrheit einzufügen, so wie man bei einem großen Volk die Statuen der Götter wieder einführen muß, die zuvor durch den Schlamm beschmutzt worden waren."[148]

Die Beschreibung ist nicht ungenau in diesem Sinne, daß die Initiatoren Julians wirklich Philosophen waren. Maximus selber, Autor eines Kommentars zu den *Kategorien des Aristoteles,* hat sich nicht nur mit Theurgie befaßt. Priscus, den er später in Athen kennenlernt, und der, zusammen mit Maximus Zeuge und Tröster seiner letzten Augenblicke war, legte größten Wert darauf, in seinem Lebenswandel und seinem ganzen Verhalten die Würde eines wahren Philosophen zu bewahren. Doch dies bleibt unvollständig. In sich selbst betrachtet, ist der Neuplatonismus nicht notwendig heidnisch; das Beispiel Augustins, der bald danach in den neuplatonischen Büchern die Offenbarung der geistigen Wirklichkeit entdeckt, ebenso die sicherste Straße zum Christentum, mag als Beweis genügen. Gregor von Nazianz und Basilius, die ihrerseits Mitschüler Julians in Athen waren, ließen sich auch für die Lehren Platons vereinnahmen, ohne deshalb der christlichen Religion abzuschwören; sie waren zu ihrer Zeit deren kraftvollste Verteidiger. Es reicht hin, zu sagen, daß, wenn die Intelligenz Julians von der hellenistischen Weisheit ergriffen wurde, er damit keineswegs allein stand und nicht einmal hauptsächlich zur Debatte steht.

Was Julian von Gott vor allem verlangte und weshalb er ein glühender Schüler des Maximus von Ephesus und dessen Freunden wurde, waren seine religiösen Empfindungen, eine Liebe und eine Ergebenheit, wie das Christentum sie ihm niemals beigebracht hatte, und als

---

[148] *Libanius,* Orat. XVIII, 18.

357

er dafür gewonnen war, gab er sich ganz und gar hin, ohne Hoffnung auf Rückkehr. Neben ihm hat die Geschichte noch andere schwankende und frivole Apostaten aufzuweisen, den Rhetor Hekebolis, der zuerst Heide war, dann Christ und 361 wieder Heide wurde, und wieder Christ seit 362; der Bischof Pegasios von Ilion, der dumm und ehrgeizig war, im geheimen die Götter verehrte, während er gleichzeitig die bischöflichen Funktionen ausübte und der, nachdem er heidnischer Priester geworden war, mit genau so wenig Eifer an sein neues Metier glaubt, wie an sein altes [149]; der Bruder seiner Mutter, Julian, der ein Christenverfolger war, der aber, nach Philostorg, nur abgefallen war, um Julian eine Freude zu machen [150]. Für diese energie- und glaubenslosen Charaktere, die bereit waren, sich nach jedem Wind zu richten, zeigte Julian niemals auch nur den geringsten Respekt. Er konnte sie gebrauchen, vertraute sich ihnen aber nicht an. Seine Religion war von anderem Zuschnitt als die ihre, davon gibt sein ganzes Leben Zeugnis. Als er sich zu den Göttern Griechenlands bekehrte, hatte er dabei einigen Verdienst; denn Konstantius war Christ und verstand in Sachen Religion keinen Spaß. Wenn er während seiner zwanzigjährigen Regierung das Heidentum im Reiche nicht ausrotten konnte, so fehlte es keineswegs am Verlangen dazu und verschiedene

---

[149] Vgl. *Julian,* Epist. 79, vgl. *Goessler,* Briefe 90–94; ein Teil dieses so charakteristischen Briefes sei zitiert: „Nachdem ich noch im tiefen Morgengrauen von Troas aufgebrochen war, kam ich zur Zeit, da sich der Marktplatz füllt, nach Ilion. Da kam mir Pegasios entgegen, und weil ich die Stadt besichtigen wollte – dies war mein Vorwand, um die Tempel besuchen zu können –, machte er den Fremdenführer und zeigte mir alle Sehenswürdigkeiten ... Es befindet sich dort ein Heroenheiligtum des Hektor, mit einer Bronzestatue von ihm in einem kleinen Tempelchen. Gegenüber hat man unter freiem Himmel eine Statue des großen Achill aufgestellt ... Dort fand ich die Altäre noch brennend, ja beinahe möchte ich sagen, noch lodernd vor und die Statue des Hektor glänzend von Salböl. Ich heftete den Blick auf Pegasios und fragte: ,Was bedeutet das? Opfern denn die Bewohner von Ilion?' Damit wollte ich vorsichtig ergründen, wie es um seine Gesinnung stand. ,Und was ist denn da Merkwürdiges dabei', antwortete er, ,wenn sie einem edlen Mann, der ihr Mitbürger war, ihre Verehrung erweisen, so wie wir unsere Märtyrer verehren?'
Der Vergleich hinkte, aber in Anbetracht der damaligen Zeit war die Absicht, die sich dahinter erkennen ließ, von gebildeter Freiheit. Und was geschah dann? ,Gehen wir', sagte ich, ,zum Heiligtum der Athene von Ilion.' Mit größter Bereitwilligkeit führte er mich hin, schloß mir den Tempel auf und zeigte mir, wie um mich gleichsam zum Zeugen aufzurufen, die Statuen, die alle in völlig unversehrtem Zustand waren ... Pegasios begleitete mich auch noch bis zum Achilleion und zeigte mir das Grab: es war unversehrt. Dabei hatte man mir eingeredet, auch dieses sei von ihnen zerstört worden. Er jedoch näherte sich dem Grab, und zwar in großer Ehrfurcht. Dies habe ich mit eigenen Augen gesehen. Ferner habe ich von Leuten, die ihm jetzt feindlich gesinnt sind, gehört, er rufe im geheimen den Helios an und bete zu ihm" (a. a. O., 92–93).
[150] *Philostorg,* Hist. Eccles., VII, 4; VII, 10; ed. *Bidez,* 82, 19 ff; 97 ff.

Gesetze, die von ihm erlassen wurden, waren dazu bestimmt, die Ausübung der alten Kulte mehr und mehr zu erschweren. Er mußte häufig Heiden in seinem Dienst beschäftigen; aber in seiner nächsten Umgebung findet man vor allem Christen, auch Bischöfe.

Seit Konstantin war es ausgemacht, daß das Imperium christlich war, daß die kaiserliche Familie und der Kaiser selbst Christus die Ehre erwiesen. Mit seinem Bekenntnis zum Heidentum brach Julian mit Gewohnheit und Tradition. Er tat das, ohne zu zögern, zunächst im geheimen, doch waren seine Freunde sehr bald darüber informiert, sodann offen, sobald die Umstände es erlaubten; danach gab es niemals ein Moment des Zögerns oder der Schwäche. Man tadelte ihn, kritisierte ihn, man machte sich über ihn lustig. Manchmal verpflichtete ihn seine Frömmigkeit dazu, sich in mehr oder weniger schlüpfrigen Kulten, die seine Strenge ablehnen mußte, zu kompromittieren; gegenüber den Anforderungen der Religion hatten moralische Skrupel zu schweigen. Darüber hinaus, wenn es wahr ist, daß der Tod der höchste Beweis der Glaubenseinstellungen ist, die einem geholfen haben, zu leben, dann wußte Julian als Heide zu sterben. Seinen Freunden, die sich unter Tränen um sein Lager, auf dem er seinen letzten Atemzug machen sollte, versammelt hatten, warf er ihre Schwäche vor: „Das ist eine Demütigung für uns, sagte er, daß ihr einen Prinzen beweint, dessen Seele sogleich zum Himmel aufsteigen und sich mit dem Feuer der Gestirne vermischen soll." Schweigen breitete sich um ihn aus, und er konnte daraufhin mit Priscus und Maximus ein Gespräch über das zukünftige Leben und den unendlichen Adel der Seele aufnehmen. Diese Gespräche sowie ein früher von Helios, seinem Lieblingsgott, erteiltes Orakel stärkten ihn. Er gab seine Seele mit Freude seinem Gott zurück, der ihn eine Zeitlang in einen sterblichen Leib verbannt hatte[151].

Muß man hinzufügen, daß eine solche Religion intolerant sein mußte und es auch tatsächlich war? Julian wollte seinen früheren Religionsgenossen gegenüber seine ganze Ruhe bewahren, und sie womöglich zum Heidentum zurückführen, allein mit den Waffen der Überzeugung. Manchmal gab er hinreißende Erklärungen ab, etwa in diesem Sinne:

„Ich verbiete den jungen Leuten den Eintritt in die (heidnische) Schule nicht, wenn sie diese besuchen wollen. In der Tat, es wäre weder natürlich noch vernünftig, Kindern den guten Weg zu verschließen, die noch nicht wissen, wo-

---

[151] *Ammian Marcellin*, Histor. XXV, 3 ff.

hin sie sich wenden sollen, und dieses aus Angst, in einer freien Wahl unseren alten Traditionen zu folgen. Andernfalls hätte man nicht das Recht, sie zu heilen, wie man die Verrückten ohne ihre Zustimmung heilt, wohlverstanden, indem man ihnen ihre Krankheit verzeiht. Denn nach unserer Auffassung muß man die Leute, die unvernünftig sind, aufklären, nicht sie bestrafen."[152]

„Man muß die Menschen durch Vernunft zu überzeugen und zu belehren suchen, nicht durch Schläge und Beleidigungen und körperliche Mißhandlungen. Wieder und wieder ermahne ich die, welche nach der wahren Frömmigkeit trachten, der Gemeinde der Galiläer nichts zuleide zu tun, sie nicht anzugreifen, sie nicht zu beleidigen. Bemitleiden eher als hassen muß man sie, um die es in den wichtigsten Belangen so schlecht steht. Denn wie die Gottesfurcht wahr und wahrhaftig das größte Gut ist, so ist im Gegensatz dazu die Gottlosigkeit das größte Übel."[153]

Das sind, trotz des verächtlichen Tons dieser Formulierungen, weise Grundsätze; aber ein anderes ist, sie zu verkünden, und ein anderes, sie in die Praxis umzusetzen. Die Christen wollten keineswegs das obrigkeitliche Wohlwollen, das ihnen der Kaiser anbot, und dieser wollte sich ihren Forderungen nicht unterwerfen. Freiwillig oder gezwungen, mußte er zum Verfolger werden. Dies beweist die Gewalt und die Aufrichtigkeit seiner heidnischen Überzeugungen.

Wir möchten zunächst unterstreichen, daß Julian in seinem Versuch, das heidnische Imperium wiederherzustellen, Mut gezeigt hat, wie ihn jede Anstrengung für Dinge verlangt, die nicht von vornherein verloren oder zumindest riskant sind. Es ist wahr, „das Unternehmen, das Julian lockte, erschien den Heiden seiner Zeit so verführerisch, daß es seit den Zeiten des Magnentius während mindestens zweier Jahrhunderte zu unaufhörlich wiederholten gegenrevolutionären Versuchen Anlaß gab. Kurz nach dem Tode des Apostaten haben sich erst sein Vetter Prokop und nach ihm der junge Theodoros von dem gleichen Ehrgeiz wie er verleiten lassen. Dann folgte der Mordversuch des Heerführers Lucius an Theodosius zum Zwecke einer Wiedereinführung des alten Götterkultes; später traten Eugenius, Maximus und Anthemius in Rom, die Verschwörer um Pamprepius und viele andere in Ägypten als Heiden auf und schmiedeten wie Julian den Plan des Gegenstoßes gegen die Ausbreitung des Christentums. Die Tatsache dieser fortgesetzten Revolten ist nicht weiter erstaunlich. Das Hellenentum bot demjenigen, der ihm die Weltherrschaft wieder verschaffen wollte, eine Fülle unschätzbarer Hilfsquellen.

---

[152] *Julian,* Epist., 61, ed. *Bidez,* 75.
[153] *Julian,* Epist., 114, ed. *Bidez,* 195; vgl. Briefe, 170.

Selbst die christlichen Kaiser vor Theodosius hielten es für erforderlich, der hellenistischen Bewegung mit Achtung und Rücksichtnahme zu begegnen."[154]

Trotz allem darf man nicht vergessen, daß seit den Tagen Konstantins die christliche Sache gewonnen hatte. Wenn eine Religion durch solch schwere Prüfungen wie die Verfolgungen eines Decius, Valerian und Diokletian hindurchgegangen ist, dann hat sie trotz ihrer Verluste sich als hinreichend mächtig erwiesen, um ihre Verfolger nicht nur zu ihrer Anerkennung und zu Toleranz zu verpflichten, sondern auch öffentlich das Bekenntnis abzulegen: Sie ist praktisch unbesiegbar. Vergegenwärtigt man sich die Anstrengungen eines Julian, dann muß man wohl an den schönen Vers Lukians denken: *„Victrix causa diis placuit, sed victa Catoni"* („Den Göttern gefiel die siegreiche Sache, doch die besiegte dem Cato").

6. Schlußbetrachtung: Das Geheimnis der Seelen

Es wäre ein leichtes, nach Julian noch andere Apostasien zu finden, die zwar weniger lautstark waren, aber für den Historiker ebenso interessant, wenn es sich nicht gerade um diesen oder jenen Senator, ehemaligen Konsul handelt, der gegen Ende des 4. Jahrhunderts, nachdem er das Christentum angenommen hatte und einige Jahre dabei blieb, es wieder verließ für den Kult der „Magna Mater", und dem ein unbekannter Dichter eines Tages eine dringende, aber höfliche Aufforderung widmete, zur Religion, die er verlassen hatte, zurückzukehren[155]. Doch man muß sich begrenzen. Wir haben nichts Neues mehr zu lernen, um unsere Untersuchung weiter zu führen und der Fall der kaiserlichen Apostaten beantwortet alle Fragen, die mit einer Rückkehr zu den heidnischen Kulten zusammenhängen.

Muß man hinzufügen, daß er nach unserer Kenntnis fast einzig dasteht, um zu antworten? Wenn Männer wie Marcion, Basilides, Valentin und Novatian die Kirche verlassen, um ein häretisches System zu erfinden oder ein Schisma herbeizuführen, geht es nicht nach rückwärts. Sie bilden sich ein und machen jene, die ihre Schüler werden, glauben, daß es sich um einen Schritt nach vorne handle, daß man eine Korrektur, wenn nicht eine unbestreitbare Bereicherung zum tra-

---

[154] *Bidez,* Kaiser Julian, 59.
[155] *Pseudo-Cyprian,* Ad quemdam Senatorem, ed. *Peiper* (CSEL XXIII), 227.

ditionellen Christentum hinzubringt; daß es sich um eine bessere, reichere und fruchtbringendere Lehre handelt als jene, der man absagt. Dabei mußten wir uns nicht lange aufhalten. Aber wenn Massen, unter denen übrigens auch bedeutende Persönlichkeiten auftauchen können, den Götzen-Opfern zustimmen oder einfach Götzenopferfleisch essen oder Opferschweine kaufen, dann folgen sie einer allzu menschlichen Furcht vor Quälereien und vor dem Tod und wir wissen durch die fürchterlichen Beschreibungen eines Eusebius, daß solche Quälereien den Gläubigen vorbehalten waren, wir verstehen ohne weiteres solche Furcht und entschuldigen sie, wie wir ebenso bereit sind, für sie dieselben Gefühle barmherziger Vergebung zu empfinden wie ein Cyprian von Carthago, ein Dionysius von Alexandrien, ein Gregor von Neocäsarea, mit einem Wort, wie die ganze katholische Kirche. Kann man den Mut haben, den armen Sündern, die Reue zeigen, eine Verweigerung aufzuerlegen, die mehr von Stolz als von einer Aufrechterhaltung des christlichen Ideals diktiert ist? Wenn religiöse Ehrgeizlinge oder Intriganten die Religion, in der sie erzogen waren, oder die sie freiwillig gewählt hatten, verlassen, um eine wohlerworbene Stellung zu behalten, um dem Kaiser oder einem hohen Beamten zu gefallen, um dem Verlust ihrer irdischen Reichtümer zu entgehen, oder auch um neue zu erwerben, so verstehen wir auch diese Haltung noch, so gewöhnlich sie auch sei, denn sie ist zu natürlich zu erklären durch manche der tiefsten Instinkte unserer Natur; aber das interessiert uns kaum.

Wenn aber ein im Christentum groß gewordener Mann, der in seiner Religion durch sozusagen kompetente Lehrer unterrichtet wurde [156], die sogar in den Rang des Klerus aufgenommen waren [157], sich frei dafür entscheidet, zu den Göttern des Heidentums zurückzukehren, wenn er sich dabei dem Widerstand der Seinen, dem Gespött und den Anwürfen des gläubigen Volkes aussetzt; wenn er, durch die Umstände zur kaiserlichen Würde gelangt, sich bemüht, die minutiösesten Praktiken seines besonders geliebten Kultes auszuführen und

---

[156] Julian war schon im geheimen abgefallen, als sein Bruder Gallus, der sich um seinen Glauben sorgte, ihm den zweifelhaftesten Dialektiker des Arianismus schickte. Keiner verstand sich so gut wie Aetios darauf, die Dogmen in Syllogismen umzudeuten. Es gelang ihm, Julian dafür zu interessieren, der ihm auch sein Wohlwollen bewahrte und ihm als Kaiser eine Domäne auf der Insel Mitylene schenkte; aber bekehrt hat er ihn nicht.

[157] Man kann kaum daran zweifeln, daß Julian zum Lektorat geweiht worden war und von daher die Aufgabe hatte, in der Kirche bei der offiziellen Liturgie aus der Heiligen Schrift vorzulesen.

sich dabei anstrengt, allen Widerständen zum Trotz überall den schwankenden Glauben seiner Untertanen zu restaurieren, dann kann uns nichts daran hindern, vor ihm inne zu halten und ihn nach den letzten Grünen seines Verhaltens zu fragen.

Warum hat Julian dem Christentum abgeschworen? Intellektuelle Gründe berührten ihn wenig. Die christliche Religion war zu seiner Zeit nicht mehr das Privileg der Armen und Unwissenden. Sie zählte unter ihren Gläubigen Männer von höchstem Rang und dies bis in die Ränge renommierter Professoren; sie wurde ausgewiesen und verteidigt durch Bischöfe wie Athanasius und Hilarius, die an Wissenschaft und Beredsamkeit mit den gebildetsten Leuten ihrer Epoche konkurrieren konnten. Es stimmt, daß Julian in seinem Buch „Gegen die Christen" das Christentum oft als eine Krankheit der Intelligenz beschreibt, daß er gerne Wörter aus der Fabel, der Lüge, des Irrationalen benutzt, um davon zu reden, daß er ihm vorwirft, eine aus der Bosheit der Menschen konzipierte Erfindung zu sein und überhaupt nichts Göttliches zu enthalten. Aber dies alles erklärt seine Ablehnung nicht. Wenn er die heidnischen Götter angebetet hat, dann vor allem, weil er sie liebte. Er fand in ihrem Kult die Schönheit, von der seine glühende Seele gepackt war; in ihren mit Hilfe der Allegorie interpretierten Legenden fand er die Erklärung der Welt, deren Schauspiel seine einsame Jugend entzückt hatte; in ihren Initiationen und ihren Mysterien fand er die Heilsgewißheit, nach der er mit allen Kräften strebte. Die Kirche hätte ihm das alles geben können; denn sie besaß unvergleichlich Besseres als das Heidentum. Aber sie hat es nicht getan; vielleicht konnte diesem Griechen, der Julian war, nur eine griechische Religion entsprechen. Wenn man von Griechenland und vom Hellenismus redet, denkt man vor allem an den Rationalismus der Philosophen; der Fall Julians zwingt uns dazu, uns daran zu erinnern, daß es auch eine griechische Mystik gibt, und daß sie viele Gemüter bezaubert hat.

Das genügt gewiß nicht, um das Mysterium der Apostasie als solches zu erklären. Die Menschenherzen bewahren ihr Geheimnis, niemand kann es ihnen entreißen. Nachdem wir lange die historischen Probleme, die durch die Bekehrung der römischen Welt zum Christentum aufgeworfen werden, studiert haben, haben wir der Apostasie das letzte Kapitel unserer Arbeit gewidmet, um eine Gegenprobe zu versuchen, die uns notwendig schien. Wir konnten in der Tat eine gute Anzahl interessanter Fälle aufzeigen, aufschlußreiche Beispiele zusammenstellen; aber wir würden niemals zu behaupten wagen, daß wir in die Seelen der Apostaten eingedrungen wären, die oft viel schwerer zu verstehen sind als die der Konvertiten.

Und doch sind es die letzteren, die uns festgehalten haben, und wir wollen mit dem Gedanken an sie dieses Buch schließen. Im Lauf der Jahrhunderte kam es vor, daß ganze Völker sich auf einen Schlag bekehrten, im Gefolge ihres Königs; es kam auch vor, daß große Massen durch Zwang, Nachahmung und durch Ehrgeiz zur Kirche kamen. So wichtig solche Begebenheiten für die allgemeine Geschichte auch waren, sie sind in unseren Augen doch weniger bestimmend als die individuellen Bekehrungen, die durch Gottes Gnade bewirkt sind. Der Apostel Paulus, der Philosoph Justin, Cyprian von Carthago, Arnobius, Laktanz, Augustinus: die Namen dieser Männer bleiben uns wertvoll für immer, weil sie geradlinige und loyale Männer sind, die sich immer durch die Wahrheit haben führen lassen.

Das Buch mit den sieben Siegeln

Die Offenbarung des Johannes in Auswahl gedeutet

„Anton Vögtle, dem wohl bedeutendsten katholischen Bibelausleger der Gegenwart, gelingt es, dieser Schrift des Sehers Johannes alles Fremde, Unheimliche zu nehmen" (Kirchenzeitung, Köln).

„Ein zuverlässiger Führer durch die Offenbarung des Johannes" (Zeitschrift für katholische Theologie).

„Das vielleicht rätselvollste Buch der ganzen Bibel wird hier von einem bedeutenden Bibelwissenschaftler erschlossen. ... Das vorliegende Buch ist ein Musterbeispiel einer leicht zugänglichen Schriftdeutung, die wissenschaftlich zuverlässig ist, ohne dem Leser die Lasten gelehrter Forschungsarbeit aufzubürden" (Deutsche Tagespost).

2. Auflage, 192 Seiten, Paperback. ISBN 3-451-19426-0

Verlag Herder Freiburg · Basel · Wien

Die Dynamik des Anfangs

Leben und Fragen der jungen Kirche

„Anton Vögtle, ... der in seiner Forschung zum Neuen Testament viele brennende Probleme angepackt hat, legt in einem dicht und zugleich verständlich geschriebenen Buch einen Extrakt seiner Arbeit vor, eine Auswahl, die durch den Blick auf Leben und Fragen der jungen Kirche eine einheitliche Ausrichtung gewinnt. Es geht ihm um eine solide, wissenschaftlich verantwortbare Orientierung über die Anfänge und frühen Entwicklungen der Kirche, und das ist ihm hervorragend gelungen. Eine solche historisch-kritische Rückschau ist wichtig, heilsam, ja unentbehrlich, wenn wir die heutige Kirche, die mit ihrem Ursprung verbunden bleiben muß, die richtigen Perspektiven, nötige Anfragen und vorwärts drängende Antriebe erlangen wollen" (Christ in der Gegenwart).

208 Seiten, gebunden. ISBN 3-451-21191-2

Verlag Herder Freiburg · Basel · Wien